资政院
议场会议速记录

晚清预备国会论辩实录

（修订版）

下卷

李启成 校注

商务印书馆
创于1897　The Commercial Press

下卷目录

资政院第一次常年会第二十八号议场速记录……647
资政院第一次常年会第二十九号议场速记录……670
资政院第一次常年会第三十号议场速记录……705
资政院第一次常年会第三十一号议场速记录……742
资政院第一次常年会第三十二号议场速记录……781
资政院第一次常年会第三十三号议场速记录……787
资政院第一次常年会第三十四号议场速记录……814
资政院第一次常年会第三十五号议场速记录……845
资政院第一次常年会第三十六号议场速记录……880
资政院第一次常年会第三十七号议场速记录……900
资政院第一次常年会第三十八号议场速记录……932
资政院第一次常年会第三十九号议场速记录……966
资政院第一次常年会第四十号议场速记录……1000
资政院第一次常年会第四十一号议场速记录……1012
资政院第一次常年会第四十二号议场速记录……1092

附录

资政院第一次常年会相关法规……1095
 资政院院章……1095
 资政院议事细则……1104
 资政院分股办事细则……1118
 谘议局章程……1125
 资政院旁听规则……1143

硕学通儒选举资政院议员章程……………………………1145
保送资政院硕学通儒议员简明办法十条………………1146
资政院官制清单……………………………………………1148
资政院议场座位图………………………………………………1153
资政院第一次常年会议员简介…………………………………1154
政府特派员简介…………………………………………………1223

初版致谢……………………………………………………1250

资政院第一次常年会第二十八号议场速记录

【标题】通过明定军机大臣责任的具奏案

【关键词】刘春霖 《大清商律》《出版律》 禁烟

【内容提示】先朗读了具奏稿，又在议员间引发了是明定军机大臣责任抑或弹劾军机个人还是弹劾领班军机庆亲王的激烈辩论，最后通过了明定军机大臣责任的具奏方案。其中刘春霖在议场的发言可圈可点，曰："本员说话……发于忠爱之至诚，本员受先朝特达之知，今日又为国民代表，断不敢作诣谀的话贻误全局……所以本员昨天不得不有激切之词，然而语虽激切，实发于忠爱之至诚。在上可以对皇上，在下可以对国民。就是本议员见了监国摄政王，也是这样说，不敢作诣谀之词。"接着讨论了改订《大清商律》"总则、公司"议案、《出版律》议案、提议陈请全国禁烟办法议案等。

宣统二年十月二十日下午二点三十分钟开议。

议事日表第二十六号：

　　第一，改定《大清商律》"总则、公司"议案，政府提出，初读；

　　第二，《出版律》议案，政府提出，初读；

　　第三，提议陈请全国禁烟办法案，股员长报告，会议；

　　第四，提议陈请浙江铁路公司适用《商律》议案，股员长报告，会议；

　　第五，提议陈请广东定期禁赌议案，股员长报告，会议；

第六，提议陈请川路倒款关系《公司律》存废议案，股员长报告，会议；

第七，修正《城镇乡地方自治章程》议案，议员提出，会议；

第八，扼重农政以开财源议案，股员长报告，会议。

议长：今日议员到会者一百二十七人，现由秘书官报告文件。

秘书官（张祖廉）承命报告文件。

议长：陈请股审查江苏教育总会陈请修改小学堂章程一案，现在咨询本院可否归并前次审查关于教育会事件特任股员一并审查？

众呼"赞成"。

秘书官（张祖廉）续行报告文件。

议长：安徽谘议局陈请改良盐法一案，可否交税法公债股一并审查？

众呼"赞成"。

秘书官（张祖廉）续行报告文件毕。

94号（王议员佐良）：现在距闭会日期已近，可否请议长再开一秘密会，把山东路政的事情，列入议事日表第一。

议长：可以照办。

134号（余议员镜清）：山东路政的事情已经报告过了，似不能归并在秘密会内。

157号（尹议员祚章）：本员质问外务部、度支部的说帖已经月余，何以至今尚未答覆，请议员迅行催问。

议长：可以催问。

109号（籍议员忠寅）：前次议决上奏案奏稿，听起草员说已经交与议长，请议长命秘书官朗读。

议长：现在就要朗读。

112号（陈议员树楷）：本员质问民政部及农工商部的说帖已经四十五天，还没有答覆，请议长催他从速答覆。

议长：可以催问。现在由秘书长朗诵奏稿。

秘书长承命朗读请明定军机大臣责任奏稿毕。

151号（黎议员尚雯）请登台发言。

议长请黎议员发言。

151号（黎议员尚雯）：那天是表决再行弹劾军机大臣与否，未议及弹劾方法，本员的意见所以未发表。今天听这个奏稿，又是弹劾军机处的机关，在起草员之苦心，无非要使责任内阁发生。据本员看来，仍是无效。本员之意，以为应弹劾军机之个人，应弹劾军机领袖之庆亲王。庆亲王当国十余年，得君如彼其专，行政如彼其久，应如何竭忠尽智，上有以副朝廷倚托之重，下有以慰薄海望治之殷，乃近年来，内政、外交，种种失败，致成今日极危迫之现象，是谁之过？现在一般忧时之士，对于军机大臣之首领，均有恶感而疾视之。若不将此一个人去了，将来全国人民以疾视军机大臣之首领之心而疾视朝廷，则国家前途殊甚危险。况从前极言敢谏之士，因参劾庆亲王而去位者已非一人。自古君明臣直，何必隐言？本员主张此次上奏，先弹劾军机大臣首领庆亲王，要历数其误国殃民之过失，以昭示天下而儆将来。如此进行，立宪前途才可以望有成效。我们资政院议员，对于朝廷是议员，对于人民是代表，本有兴利除害之责任。现在既未能兴利，应为朝廷先除一害，也就可以上对朝廷、下对人民了。本员意见如此，请大家讨论。

190号（吴议员赐龄）：这个奏稿，本员也不以为然。前此请开国会等呈，此等议论，累牍盈篇，已经成了老生常谈，不必袭用。本员的意见，还是以破坏为成立。这个奏稿是因前日朱谕而来的，若如此说来，真是启迪君主，不是弹劾军机。

议长：起草员于折稿有无说明？

137号（邵议员羲）：本议员是此次起草员主任者，起草的意见是要将立宪政体的好处陈明于君主之前。前天的朱谕是以君主与人民立于对待之地位，非立宪政体之所宜有。起草之时，就不能不将军机大臣拉出来与资政院相对待，因为各国议院必有一种对待之机关。现在责任内阁既未成立，于未成立之前，亦必寻一个对待之机关。其机关为何？就是军机大臣。军机大臣若不负责任，就有种种危险，所以必要将军机大臣拉出来与资政院作个对待的机关。现在国会虽未成立，而资政院为上下议院之基础。我们资政院议员，因欲保护资政院之地位，就不能不责成军机大臣负责任。此是对待机关而言，并非对于个人而言。若果对于个人，则一御史弹劾足矣，何必要我们二百人之机关哓哓渎请？现在军机大臣躲在君主背后，若不将他拉出来，资政院就没有对待之机关。若无对待之机关，将来议决的事情与奉旨依议的事情，通通都没有效力。所以陈明必以军机大臣为对待之机关，不能以君主当其冲，此是起草的本旨。

149号（罗议员杰）：本员也是起草员之一。方才黎议员说这奏稿是弹劾机关，不是弹劾军机大臣，本员有几句话答覆。那天我们六个起草员会议时，对于院内院外意思分为三层：第一层意思，要弹劾内阁会议政务处，侧重军机负责任，这个意思，本员是原来有的；第二层意思军机共有四位，其中行政力量及在位时期均不及军机领袖，所以军机领袖得权既重，责备亦应重，要弹劾就弹劾其首领，这个意思，本员极主张的；第三层意思主张混合弹劾四位军机大臣。前二层意思，本员均与各起草员商量几次，多数主张第三层意思，以为紧跟军机大臣负责任不负责任来的。今天宣读奏稿，恐怕大家不知道当日起草时的情形，故本员特为报告如此。

137号（邵议员义）：我们所以不弹劾个人者，因他在君主之背后，非先拉他出来不可。至于弹劾个人，又是以后的文章。

190号（吴议员赐龄）：前次具奏案上去，军机大臣居然辞职，以君主之名义当资政院之冲。此次若不弹劾个人，彼复以君主当资政院之冲，是案终不能解决。

129号（汪议员龙光）：凡是都有个由来。此事之所由来，是因军机大臣答覆易议员声明不负责任，于是有前次之具奏案。有前次之具奏案，于是有朱谕，于是乎有今日再行具奏之讨论。起草之意，重在一线到底，要他担负责任，不准他躲在君主背后以为藏身之所。所谓有一定之目的，始终不肯放松一步者也。若舍是不图，移而弹劾个人，则是置正当交涉不顾，逞其忿气，漫骂一场，作为了事。平心而论，有何裨益？吴议员谓这个奏稿不过向政府申明立宪法理以外毫无力量，本议员也是起草员之一，原为这个法理，政府岂不知之，而必须剀切申明者，正所以卜朝廷立宪之真假耳。如是真立宪,自然此折有效;如其无效,就是假立宪。我们资政院纵然政府不解散,本院也应当辞职。

109号(籍议员忠寅):方才朗读奏稿,这个奏稿的意思,本员是很赞成的。不过文章上的措词,本员有不十分满意的地方。方才也有两位议员对于奏稿不满足的,但是本员又不是同这两位一个意见。本员的意见,此回上奏要就责任问题上说话。这个意见本员已经发表过了,大致是赞成的。所不赞成者在何处?就是应该加入一点力量。因为这个上奏,要预想将来得什么结果。这个结果或是降个谕旨,明定军机大臣责任。如果没有这个上谕,必定另有一个上谕,就是责备资政院比上回还要严厉的。无论哪一边,总要得个结果。若此奏折上去,能有效力,则资政院前途可保,中国宪政前途亦可保。不然,资政院就同虚设,不如解散。本员的意思,这个奏稿前半措词历引各国立宪政体,看这立宪政体是怎么样子的政体,然后再解释先朝所定的宪法大纲。本来立宪政体的立法机关是与政府相对待的负责任的政府,就是责任内阁。现在责任内阁既未成立,则军机处就是内阁之基础。议院未成立,则资政院就是议院之基础。军机处负责任,就是对于资政院负责任。如果不负责任,我们资政院就不能不说话,不能不监督他们。前天朱谕说"军机负责任、不负责任,朝廷自有权衡,该院不得擅预",在朝廷的意思,军机不负责任,朝廷自能监督。但是自有此次朱谕,恐怕以后军机不负责任,反以此次朱谕为该大臣等之护符,于中国宪政前途非常危险。臣院因处此危急时代,对于军机大臣不负责任,不敢不说。如以臣院为是,请明降谕旨,明定军机大臣责任。如朝廷不以为然,必要责备资政院,也是我们所希望的。如以我们为逾越权限,则资政院自不能不解散,解散之后还得召集,还得选举。将来的资政院比现在资政院力量还要大些,这也是本院所希望的。本员这个倡议,如大家均以为然,就请六位起草员再修正一下,修正以后,再提出到大会通过,就可以上奏的。

137号(邵议员羲):前天上奏,因为资政院要找个对待机关,而前天朱谕下来,成了个君主与议院对待的现象,所以这回我们奏稿措词一定说君主不能与议院对待,要离开君主才好。现在军机大臣已经藏在君主背后，我们总要把他拉出来与资政院对待，然各国议院断没有君主与人民相对待的。本员与籍议员不同之点正在此处。

151号（黎议员尚雯）：照现在军机领袖可以把持朝廷要挟君主，我们无论如何同他讲法律，还是无效的。所以宪政应办的事都办不通。本员以为非弹劾个人不可。

109号（籍议员忠寅）：邵议员的话很不错的。因为议院不能与君主对待，这是立宪国的原则。不过军机大臣藏在君主背后，已经看不见了。如果一定要拉他出来，就得如吴议员、黎议员的话，另用别的方法说别的话。究竟本员也是不赞成，因为这个奏稿不能不对本题说话，因为前天已有朱谕。既（有）［要］对本题说话，前天的朱谕是躲不开的，所以要先把朝廷的意思原谅出来。因为如此，对于前天上谕没有法子，所以这次上奏，所怕的是军机大臣借朱谕以为护符，所以不能不把这层说破。

153号（易议员宗夔）：本员对于这个具奏案也甚不满意。据本员看来，这个上奏案纯是一篇军机大臣不负责任的论，并非参劾奏案的体裁。前天表决上奏时候，已经说明都有解散之决心。既是都有解散之决心，起草员做这篇文章就很好做的，就是对于朱谕说话也很好说的，请摄政王收回成命都可以作得到的。即不然，弹劾军机个人也是做得到的。既不请摄政王收回成命，又不弹劾军机个人，仅作此一篇空论，其结果定较前次更坏。前次军机大臣还辞职，这次必定连辞职也不辞了。这次上谕又万万没有解散资政院的地方，所以本员很不赞成。

149号（罗议员杰）：方才易议员所说这回奏稿是一篇军机大臣不负责任论，这话本员不敢受。本员前天曾说了三个弹劾方法：第一种是弹劾内阁会议政务处责成军机负连带的责任；第二种是弹劾军机的个人；第三种是浑括弹劾四位军机。本员最主张第二种意思，方才又说过。请议长将第二、第三种意思先付表决。

115号（许议员鼎霖）：此事上次开会已经议了一天，若不赶紧解决，别的议题都不能议了。本员向来是调和派，今天说得是，请诸君不用拍手；若说得不是，请诸君亦不可作叱声。俟本员说完了，大家再辩驳。方才籍议员说奏案上去，能设责任内阁是好希望，本员极满意。若说一解散资政院也是好希望，本来立宪国议院与政府有冲突，不是政府辞职就是议院解散，但是要晓得解散以前，有许多委婉曲折，必至不得已而后解散，并非一哄就解散了。现在中国正在危险时候，若我们对于弹劾军机大臣，就存一个解散的决心，于实际上很危险的。何以见之？现在一般人民有立宪国民的意气，并无立宪国民的程度，一经解散，他们必说国家解散人民的代表，即是弃绝人民，恐怕革命党、哥老会乘此机会煽惑民心，暴动起来，就不得了。政府固然不得辞其咎，我们议员也不得辞其咎。就此看来，我们必须等到万不得已的时候，再行辞职解散，才对得起国家，才对得住百姓。就是黎议员说参军机领袖，据本员看来，也可以不必。果然责任内阁成立，自然他不能不负责任，不然就是罢斥四个军机，再换上四个军机，还是不负责任的。我们资政院就天天弹劾军机，恐怕也是无益的。所以本员不赞成这个解散说法。至于负责任一层，既有前天谕旨，军机大臣必说我是军机大臣，不是内阁总理大臣，可以推得干干净净了。据本员意见，现在法典股既有罗议员提出缩短筹备清单，已送到宪政编查馆去了，这筹备清单内责任内阁、议院法、选举法一切具备，苟能同意，速奏不负责任问题自解决了。本员以为，应看筹备清单军机大臣会同上奏否？如不上奏，我们再弹劾军机大臣也未晚。（语未毕）

151号（黎议员尚雯）起立欲加辩驳。

115号（许议员鼎霖）：俟本员说话说完了，再请发言。

137号（邵议员羲）：许议员所说的不是起草员的本意，并不能说对于此案没有什么要紧。若照许议员解释，反将此奏稿之精意全失。许议员虽赞成此案起草，本员对于许议员赞成之演说却不能表同情。

115号（许议员鼎霖）：我们目的是在请设责任内阁，同大家意见没有分别。本员还有一句话，前次与军机大臣协商的时候，军机大臣说对于各衙门官制、官俸，不要诸位议员催促，摄政王已催得很急的。可见军机大臣没有反对资政院的意思。若两江总督张人骏反对立宪，曾于颁发宣统五年开国会后电致军机，说议员果能把预算办好，就于五年开国会。其意以为，如果预算办不好，国会就不开了。我们议员不想弹劾两江总督，独要弹劾军机，何也？请大家注意。

151号（黎议员尚雯）：请问许议员，前次到会议政务处协商的时候，军机领袖到了没有？军机大臣领袖是否负责任，是否应不负责任？

115号（许议员鼎霖）：现在还未到报告的时候，应该等报告时再说。头一次庆亲王未有到，第二次派有领班军机章京华君世奎来说，庆亲王亦表同情的。

109号（籍议员忠寅）：方才本员倡议，请议长咨询本院，看大家赞成否。

149号（罗议员杰）：请议长把本员所说三种办法先付表决。

112号（陈议员树楷）：本员也是起草员之一，也要发表意见。上次表决时候，曾说此次上奏无效，大家都要有解散的决心，然后才可以上奏。这是很有价值的话，但是解散后的结果是不一样的。我们资政院议员，一面是国家钦选的，一面是人民公举的，都是全国的代表。如果漫然解散，就失了全国人民的信任，且有负朝廷设立资政院的本意，所以解散方法不能不审慎。本员意见，此次上奏还是该军机大臣当负责任的话，悱恻缠绵地说一番，如不感悟，至于解散，上可以对国家，下可以对人民。这个解散是很有价值的，若因偶一不得其请，即以气愤用事，肆意弹劾，不过一个御史之责，非我们全国人民代表之所为。如此而至解散，是很无价值的。所以此次本院上奏，必须以痛哭流涕之诚，出以悱恻缠绵之语，如果仍无效果，然后再行胪列该大臣等破坏宪政之罪，列款纠参，并请明降谕旨解散本院。此系最后之办法，似不必持之太急。

190号（吴议员赐龄）：请诸位起草员的眼光看一看，如果现在政府与现在资政院议员一班人物，两无更动，因循到底，于国家前途，究竟有无益处？

112号（陈议员树楷）：本员意思还没有发表完全。上次弹劾有上谕出来，结果无不知道的，将来还有上谕，其结果非悬揣而知的。所以我们这回奏稿，不是与军机大臣看，是与皇上看的。就是弹劾军机个人，亦未必可以发生效力，所以我们上奏，要看结果是怎么样。

190号（吴议员赐龄）：这个结果不过是一回说不清楚，再将立宪国法理又说一次而已，与中国立宪前途有何补益？

84号（严议员复）：本员看大家讨论的意思，无非与要求变法的意思一样。从前军机大臣本是对于皇上负责任的，现在大家要变法，使军机大臣对于资政院负责任。这个问题无非是要求皇上规定该大臣等实在的责任，并无所谓弹劾。

190号（吴议员赐龄）：许议员代表起草员，心理甚是明白。既然说军机大臣于责任内阁未成立以前不负责任，毫无罪状，可以谓之军机大臣的辩护士。

108号（刘议员春霖）：本员极赞成籍议员的倡议。方才许议员所说，我们这个时候总要使军机大臣负责任。若军机大臣不负责任，而徒事弹劾，就是推倒这个军机大臣，恐后来的军机仍是不负责任。这个话本员是很赞成的，与原来起草的意思同是一个样子。今天奏稿为什么发生的呢？严议员说不是弹劾，要说弹劾，其实不是弹劾。军机大臣如有不法的事情，我们才可以弹劾。看昨天两道朱谕，不叫军机大臣负责任，而君主与人民直接立于对待的地位，于立宪精神很相背驰，将来立宪政体很不牢固，仍恐要变成专制的。我们这个上奏案，要请收回成命，非军机大臣负责任不可。上奏之后，请明定出责任来，我们才可以弹劾。现在我们所争的，就是为"军机负责任与不负责任，非资政院所能擅预"这一句话，并非弹劾军机。至昨日朱谕于将来君主地位非常危险，折内尽可直言。自古圣帝贤王，未有不以改过为美者。我们何必以诡谀之词上陈？若说皇上的话没有不是，这不是资政院议员应当说的。比不得作诗作赋，当用颂扬的话头。这个时候我们参预大政，一言系国家安危，不应作颂扬语。本员昨天看这朱谕，似监国摄政王于立宪政体没有十分研究，而军机大臣宜详为说明，乃军机大臣不为说明，可见军机大臣辅弼无状。不然，何以朱谕不叫军机大臣负责任而自己出来负责任呢？立宪国君主本立于安荣地位，是神圣不可侵犯的。摄政王要是知道，又岂有不愿就安荣的呢？看这个上谕，就见得军机大臣没有把立宪国真精神入告。既然由专制政体改为立宪政体，这个话是断断不适用的，还是请收回成命，明定出军机大臣负责任为是。昨天许议员私与本员说，前次会议时，本员所说的话言调过激，是危险的，谓有人在政府献议，说议员胡闹，非照戊戌那年办几个人不可。

　　115号（许议员鼎霖）：本员昨夕规劝贵议员不可在会场说议员奴颜婢膝，并不是怕政府有强硬手段，昨夕席间并不是一个人听见的，此是议题外的话，请贵议员可以不必说。

　　108号（刘议员春霖）：本员说话诚不免有过激的地方，但是发于忠爱之至诚，本员受先朝特达之知，今日又为国民代表，断不敢作诒谀的话贻误全局。诚以有几个议员在政府里头平素多奴颜婢膝，而政府遂轻视资政院。这一种议员不但自失身分，并且说所谓全体议决，其实并不是全体，不过几个人胡闹而已。政府觉得你不是全体，所以越发看着资政院很轻，致使资政院议案全归于无效。这全是坏在这几个议员身上。所以本员昨天不得不有激切之词，然而语虽激切，实发于忠爱之至诚。在上可以对皇上，在下可以对国民。就是本议员见了监国摄政王，也是这样说，不敢作诒谀之词。此次的朱谕与先朝立宪主义很不相符，以摄政王之贤明，果然知道立宪国君主立在尊严之地位，自应令军机对于资政院负责任，这个话是无妨的。请议长将籍议员所倡议的先付表决为妙。

　　122号（江议员谦）：本员以为弹劾军机是一个问题，请明定军机大臣负责任又是一个问题，请组织责任内阁又是一个问题。这三个问题，对于弹劾的问题，本员是很赞成；从速设责任内阁的问题，也是很赞成的。就是请明定军机大臣责任的问题，本员是最不赞成，何以呢？我们的目的〔还〕是要想保全军机处，还是要设立责任内阁？〔还〕是愿意军机为本院对待的机关，还是愿意责任内阁为本院对待的机关呢？有责任内阁为我们对待的机关，这是本院最完全之希望，可以请于资政院闭会之日为内阁成立之期。军机大臣不过数天、数十天、一个月就完了。我们不必要军机大臣负责任，亦未尝不可。如果请明定军机大臣责任，是无异保全军机处，反妨害责任内阁成立之期。本员以为，明定责任与弹劾军机的本旨是不相符，与设立责任内阁的本旨也是不相符。我们的希望是速设立责任内阁，其余别的话都可以不必说。

137号（邵议员羲）：江议员的话是误解了，谓起草员欲保全军机大臣不希望设立责任内阁意思，此是大误。江议员说资政院闭会之日为内阁成立之日，但是现在内阁既未成立，而资政院开一日能否可以无对待之机关担负责任，则今日所开之资政院谓之全无效果可也。

109号（籍议员忠寅）：这个事讨论很久，方才本员有个倡议，看大家的意思，赞成的很多，然而没有结果，请议长咨询本院，看赞成不赞成本员的倡议再想方法。本员是把大意说一下，再请这六位起草员修正一下，把本员的议论加在里头就是。

190号（吴议员赐龄）：现在这个朱谕，是以君主同我们对待，军机大臣都以文明自待，居然辞职，愈见军机大臣辅弼无状。我们现在但再将立宪的精神说与皇上听，是任听军机大臣还躲到皇上背后了。我们还是要直接弹劾军机大臣个人，使他无处躲闪。

109号（籍议员忠寅）：这个事情说是因前天朱谕发生这个上奏案，恐怕有这个上奏案以后，再发生许多流弊来，于宪政前途很大危险。至于邵议员说要拉出军机大臣来同他说话，本员很赞成的，不过没有拉他的方法。如果现在要拉他说话，是要另外说旁的话，这个就与将来自己的地步不甚牢固。所以那个样子，就是两次上奏作为一次上奏，言论既是非常之复杂的，将来的结果也是非常之复杂的，不是完全的，也不是明确的。

190号（吴议员赐龄）：贵议员以为将来结果是非常之复杂，毕竟非弹劾他不可。现在如果说因为这个朱谕生出许多危险，这两个朱谕又并不错，既云不错，何以生出许多危险？须知这个错，一定是军机大臣辅弼无状出来的。现在我们还要再说与皇上听听，一定要把军机大臣同本院对待，这个根据岂不是堂堂正正的吗？

109号（籍议员忠寅）：头一次败了，这次成功不成功，不是我们所能希望到的。不过这次上奏，我们有这种权力，有这种义务，应该作的事情，不是希望成的。如果希望成的，就是照吴议员的话弹劾军机个人，这个目的在什么〔时〕地方呢？就在要推倒军机大臣。试问我们现在有这个权力没有，一定是没有的。

115号（许议员鼎霖）：请讨论终局。

129号（汪议员龙光）：今天的问题是因军机不负责任，又得一道朱谕以为护符，我们始终仍要吃紧，使军机出而对待，是为惟一目的。至于弹劾个人，又是一个问题。如果现在又变而弹劾个人，岂不是把这一面不干，又干那一面罢。设或弹劾个人又无效果，将辗转迁移至于胡底？岂不一事均无归宿么？至江议员谓今日不弹劾个人，即应促设内阁，如一味要军机担任责任，岂不是仍保军机处，所见甚善。但本议员意思，明知责任内阁不久应可组织成立，然距发表之期，至短总须数月。此数月中，正是青黄不接之时，世界风云一日万变，何时不当危惧？何事可容失败？譬诸上滩之舟，失却一篙而倒退数里。军机处一日不撤，彼自有一日之责任，是万万不可放松的。

109号、110号、190号同时发言，声浪错杂。

109号（籍议员忠寅）：本员提出讨论终局，本员的倡议，请议长咨询大家赞成不赞成。

110号（于议员邦华）：这个问题大家意思一样，请议长付表决。

115号（许议员鼎霖）：请分两层表决：一层是陈议员、籍议员所说的意思，一层是吴议员所说的意思。

129号（汪议员龙光）：大家赞成这个奏稿大体，就不错了。如果大体都不赞成，再以吴议员的话提出表决。

137号（邵议员羲）：先将起草的奏稿表决，再将籍议员的倡议表决。

议长：现在讨论终局，表决奏稿，赞成者请起立。

众议员起立赞成。

议长命秘书官点起立人数。

55号（崇议员芳）：这个奏稿不是不赞成，不过这里头没有明确的意思。（语未毕）

议长：现在表决奏稿，不必说话，先点算起立人数。

众议员因有人发议，起立后旋即坐下者甚多。

137号（邵议员羲）：要赞成者就起立，不必起立之后又坐下。

59号（顾议员栋臣）：请议长点人数，曾否满三分之二。如不到三分之二，此表决亦不能作算。

议长命秘书官点人数。

59号（顾议员栋臣）：本员有两句简单的话，另外的提议还可以说不可以说？

议长：请简单发言。

59号（顾议员栋臣）：在场的人数既不满三分之二，本议员因此有一倡议。现在资政院开会的日期已经过去九分之八，应议之议案，有政府提出的，有议员自行提出的，还有各省谘议局及人民陈请的，以少数之日期议多数之议案，势必不能。然就便延长会期至封印日为止，亦不过三十天。若照以前议事办法，仍恐不能议毕。国家初次设立资政院，何等重大！我们初次充当议员，何等责任！本议员有几句刍言：一、定章下午一点钟开会，近来往往因人数未齐，延至二三点钟方得开议。天时既短，转瞬即已日暮，所议之事无多。请诸君以后务必早临，以便即时开会。二、休息并非散会，然休息后往往私自引散，及再入议场时，人数常不满三分之二，以致不能开议。诸君以后应格外热心，不可即散。三、各股员会照章须到会议员有过半数方能开议。现在常有一点钟开会，至四五点钟人数尚未到满一半，以致展会者。请各股员以后务必早到，免得浪费时日。以上各节，请诸君注意。现在既要弹劾军机不负责任，我们资政院议员却不可不负责任，贻人口实。

123号（江议员辛）：顾议员倡议，本员不敢赞成，何以呢？因现在重大问题尚没有解决，我们议决的事无人负责任，还有什么效力？就是将预算办好，一切法典定好，试问谁执行呢？

议长：方才诸位起立后，旋即坐下，秘书官计算不清究竟起立的是多数？是少数？尚不明白。方才起立作为无效，再重新表决。秘书官已点过在场人数，共一百二十七位，已足三分之二，可以表决。赞成奏稿的请起立。

众议员起立。

秘书官检点起立人数报告议长。

议长：现在起立者六十三位，人数共一百二十七位，差一个人，少数。

109号（籍议员忠寅）：请把本员倡议表决。

议长：籍议员倡议修正奏稿，修正的大旨已经演述过了，现在打算把这个付表决。

74号（陆议员宗舆）：现在这个奏稿已经少数表决，即作为否决。应请议长将原稿取消，另行指定起草员再行起草为是。

115号（许议员鼎霖）：方才表决因为邵议员的话误会了，所以少一人。陈议员、刘议员先都是起立的，现在没有起立。因为少修正两个字，所以误会了。

129号（汪议员龙光）：窥全院意思，对于奏稿起草大体是赞成的，因为没有修正字样，所以赞成居少数，仍请把籍议员修正的话提出表决。

115号（许议员鼎霖）：表决要分两层：一层是陈议员、籍议员的意见；一层是吴议员、易议员的意见。

190号（吴议员赐龄）：请问议长，顷间奏稿少数之表决有效无效？

109号（籍议员忠寅）：方才陆议员所说的话不要紧。因为照《议事细则》，如果多数赞成，可以交股员会修正。这个起草案本是股员修正案，如果大家赞成，还是六位修正。

137号（邵议员羲）：这个起草已经不赞成，就算起草不成立，如果再加修正，总要另指起草员。

134号（余议员镜清）：吴议员与籍议员倡议的宜分开表决，否则不知赞成籍议员的占多数，[或]赞成吴议员的占多数？

109号（籍议员忠寅）：本员再把所倡议的说明一下。

59号（顾议员栋臣）：可以先将吴议员的倡议付表决。

109号（籍议员忠寅）：这个话同先前的次序不对。方才议长是说表决本员的倡议，然后再表决吴议员的倡议。

144号（胡议员柏年）：请议长将交付原来起草员加入修正或是另指起草员，分二种表决。

161号（张议员之锐）：起草员所拟之稿，既经多数否决，现在应表决者尚有两方面，应先尽对于原稿用意相去较远者表决，籍议员倡议修正之说与原稿无大出入，不过徒为延宕时日之计耳。

59号（顾议员栋臣）：先表决原案，如果不赞成，再表决籍议员倡议的修正案。

153号（易议员宗夔）：请议长将籍议员的表决，再看怎么样。

议长：方才否决是否决奏稿那篇文章，至于那个题目并未否决，故籍议员的倡议可以付表决。

109号（籍议员忠寅）：可以照本员的话修正，但本员不是起草员，不能修正。方才已经把大体说明了，请起草员再修正为是。

议长：现在应表决籍议员的倡议，请籍议员再简单说明修正的大旨。

109号（籍议员忠寅）：本员的意思本来与原案有相同的地方，不过改变一个说法，先把立宪各国的政体引出来说明一下，然后再解释先朝的钦定宪法大纲，立宪政体的资政院是上下议院的基础，确为立法机关，政府应该负责任，与资政院对待的。现在责任内阁没有成立，而这个军机大臣就是办内阁的事体，所以现在军机大臣就应该负责任，就应该对于资政院负责任，这是对待机关。资政院既与他是对待机关，如果政府不负责任，资政院就应该有监督的权力，不能缄默不言的。前天有这两个朱谕下来之后，朝廷的意思以为军机大臣的责任出自朝廷，朝廷的意思原是不错，不过恐怕向来不负责任的人，转以为这回朱谕为借口之地，以后更不负责任了，岂不是于将来立宪前途非常之危险吗？还是请朝廷明降谕旨，明定军机大臣的责任为是。

121号（方议员还）：军机大臣与资政院对待，章程上已经有了，第十七条、第十八条、第二十一条都是对待的规定，只要申明责任就好了。然虽说申明，还要请赶紧组织内阁，不是只叫军机大臣负责任就完了。

109号（籍议员忠寅）：就请议长付表决。

议长：现在付表决。照籍议员倡议的意思交原起草员修正折稿，赞成者起立。

众议员起立。

秘书官检点起立人数报告于议长。

议长：现在起立赞成者共八十六位，是多数。

121号（方议员还）："明定责任"之"明定"二字不好，还改为"申明"为是。

议长：此事讨论已久，议事日表还有几件要紧议案亟须开议，既是赞成籍议员倡议之大体，其修改字句，可向起草员说明意见，或将来议决奏稿时再加修正，亦无不可。既已表决过了，此时可以不必再提此事了。

81号（章议员宗元）：起草员之内可以把籍议员加入。

议长：可以添指籍议员为起草员，想来诸位均无异议。

众无异议。

134号（余议员镜清）：请问起草员，明天可以报告不可？

议长：上次起草今日已经报告，此次修正大约下次开会即可报告。（拍手）

149号（罗议员杰）：还是请议长另指派起草员。

153号（易议员宗夔）：起草员是一种特任股员，特任股员是没有辞职的。

149号（罗议员杰）：易议员不是我心里的什么东西，何以能知我是负气？我之辞职，我的自由，不受人干涉。

议长：现在开议。议事日表第一改订《大清商律》"总则、公司"议案，可否省略朗读？

众呼"赞成省略朗读"。

议长：请农工商部特派员说明主旨。

农工商部特派员（胡子明）：说明改订《大清商律》"总则、公司"议案之宗旨，中国《商律》始于光绪二十九年三月二十五日，其时尚未

有商部，是年九月商部才成立。（话未毕）

110号（于议员邦华）：请特派员简单发言。

农工商部特派员（胡子明）：这个《商律》为什么要改订呢？在光绪二十九年十一月朝廷以《商律》责成商部，十二月奏定"商人通例"及"公司"两编，嗣后设立法律馆，而修订商律属焉，所以本部未便接续编订。近因法律编定需时，而查明旧律有不适用之处，奏明改订。正审查之间，据上海商会呈送调查案到部，详细参考，采择甚多。查各国立法，必先有民法，然后有商法。中国既已先有《商律》，而其中有不适用处，改订而修正之，原无不可，况商律渐有世界大同之趋向乎？旧律商人通例，本案改为总则编，第一是推广商人之意义，第二是定各项登记法又及使用人、代理商以为商人之补助。登记法各国分两种，一是登记与否，听商人自便；一是定有怠于登记之制裁。而制裁的办法又分两种，一种是直接的，不登记则罚金，德国商法是也；一种是间接的，不登记并不罚金，惟诉讼破产的时候，官厅凭登记之手续以裁判之，日本、西班牙、葡萄牙商法是也。中国向来登记制度，若直接的办法，恐有难行。旧律公司分四种，有不明了处，兹照调查案改订。至于股分公司的条文颇多，且关系甚大，在中国为输入新企业。（语未毕）

110号（于议员邦华）：请简单发言。

农工商部特派员（胡子明）：股分公司是不能不说明的，这是与作股东的很有关系。

百二十号（陈议员树楷）：应该交法典股审查，有好几百条，一时也说不完，可以到法典股再说。

农工商部特派员（胡子明）：第一是股东的权利义务，旧律五元一股，有一股就有一议决权。其实此五元之股东，会议时往往自己不去表决，不尽股东之义务，而权利亦不确当，不如元数加多，重股东之义务，以保股东之权利。第二是股本亏折之关系。股分公司解散时，往往援照有限的办法，尽公司破产外，其余就可以不赔，但破产时董事及监察人有责任，此与商家很有关系，所以要有（文明）[明文]规定。至于外国人入股，令其遵守我国的法律，往往空言无效，旧律第五十七条此次已经删去，未知诸君以为如何？

议长：农工商部现在提出这个议案，有无质疑？

众议员呼"无疑义"。

议长：既无疑义，应付法典股审查。

172号（卢议员润瀛）：本员提出修正公司律并催农工商部速订完全商律实行保护商人以励实业议案，前经秘书官报告，得众赞成，请速刷印分布，以便与政府提出《商律》"总则、公司"案同审查，借资采择。

议长：可以照办。议事日表第二《出版律》议案，可否省略朗读？

众议员呼"赞成省略朗读"。

议长：请民政部特派员说明主旨。

民政部特派员（延鸿）：本部提出《出版律》，应遵照《议事细则》，由本员说明主旨。现在立宪各国皆以宪法保障人民之言论自由，然亦不可毫无限制，是以特定专律，以为自由之标准。本部此次提出《出版律》，即取此意。兹将规定本律重要主旨简单说明。一是采用呈报主义。著作物苟经呈报出版，即得同时发行，不待官署之检定，所以防积压阻滞之弊也。盖既经呈报，即使记载失当，尚可由官署禁止发行，并可没收其出版物，此呈报所以优于检定主（意）［义］也。二是注重负担责任之人。本律第二条即列举著作人、发行人、印刷人，而于发行人、印刷人又特加规定者，系因出版物虽足以增进国家文明，苟不得其当，适足以妨害国家秩序。若将发行人及印刷人之责任定明，则不正当之出版自不能畅行也。三是处罚从轻。《出版律》之罚则虽系准据《报律》，而较《报律》减轻者，盖报纸为多数人所阅看，流传最广，势力较大，为防危险起见，处罚不得不从重。至寻常出版，则未必人人尽阅，故处罚亦可从轻也。以上三端为本律重要主旨，其余理由详见各条，兹不赘述。

议长：此案有无质疑？

众议员呼"无疑义"。

议长：将此案付法典股审查。议事日表第三提议陈请全国禁烟办法议案，照发言表，请林议员发言。

57号（林议员炳章）：全国禁烟案前曾经法典股报告大旨，本员极为赞成。惟于《暂行章程》删去一层，在法典股意思，以宣统四年既经实行《新刑律》，则《新刑律》中已有禁种、禁吸、禁运办法，可以援用，无须另立章程。然《新刑律》实行在四年，此案禁种系限在本年之冬，禁运系限至三年之夏。三年春间有种者，便为犯法；秋间有运者，便为犯法。未至四年，《新刑律》尚未发生效力，青黄不接之时，地方官办理此案，以何者为据？此《暂行章程》不能删除之理由也。至该章程中有举发罚金充赏之条，地方官办理不力给以处分之条，此两条亦万不可删，何则？吸烟人不外贫富两等，贫者既有监禁之罚矣，富者深居简出，胥役查探所不到，最易漏网。一定举发之罚金，则纵未经举发，而烟瘾未断一天，彼吸烟人便如芒刺在背，此以充赏奖励举发之人，即以善法促迫赴戒之人也。至地方官办理禁烟不力，大率各处州县署事者，多均不负责任，诿卸系其惯技也。能定以办理不力之处分，则宣统三年不为州县则已，如其为之，便须负戒烟责任矣。有此两条加入《暂行章程》，本员可决其宣统四年，烟祸十去八九。盖本员在籍办理禁烟已历四年，设局数处，年禁烟者数千人，多则匝月，少仅一二星期，便可断瘾。因禁烟而毙命者，不过千万之一二。各处办理之少效验者，即因于戒烟无法律之故耳。诸君试思烟祸蔓延，至于此极，不为振作精神计，独不为止塞漏卮计乎？只就洋药进口而论，据宣统元年海关报告，共四万二千余箱，以现值每箱二千元计之，年输出金钱共八千余万元。吾国民穷财尽，年输巨款，安得不匮且竭？诚能严行禁令，则此按年所例出之八千余万元留而周转于国中，财政前途大有裨益。所以本员向来提议，此时急救中国困穷之法，无有过于严禁鸦片者。禁烟既关吾国如斯之重，则法律更不得不严。仍请议长再交股员会审查，仍留《暂行章程》，并要求举发得赏及地方官处分两条一律加入。本员意见如此，请议长咨询本院。

112号（陈议员树楷）：当初审查《暂行章程》与《禁烟条例》时，本议员亦是特任股员中之一，却不赞成法典股审查报告书。怎么说呢？

法典股审查报告书于《禁烟暂行章程》第三章机关、第四章查报均已裁去。按《暂行章程》是分为五章，第一章总则、第二章期限、第三章机关、第四章查报、第五章附则，统共五章。第一章统其大概，第二章期限，已经上次表决了的，第五章附则，于正条无甚紧要。这样看起来，《暂行章程》最重要的就是机关与查报两章，若两章裁去，这个章程就不能成立了。裁去这两章，就如把这个章程通通作废一样。报告书上说减两章的理由，本员是不赞成的。现在禁烟这个事体，是很难很难的。原来规定十年后一律禁绝，国会缩短以后，这个禁烟的事项于是乎亦不得不缩短。拿难办的事情去叫各省随便去办，这是万不能有效的。前几年对于禁烟事情，何尝不叫各省随便去办，所以至今多无成效。现在一年内就要禁好，非规定章程，强制他执行不可。各省照章程去办，明年就可以一律禁清。若按报告书所定办法，要由该管衙门以命令定之，本员是不赞成的。因为禁烟的要点全在机关与查报，若使他以命令定之，各省一定有流弊。这个禁烟条例报告书上说，《新刑律》已经规定，不必再要这个《禁烟条例》，可是《新刑律》在宣统四年方能实行，这个条例是《新刑律》没有实行以前应用的，且《新刑律》第九条有特别规定者适用特别规定，将来《新刑律》实行时，仍用这个条件，亦未始不可。《新刑律》实行时，即用《新刑律》，将这个条文作废亦可。这些事情届时再行斟酌。本员的意见，系主张这个禁烟章程与禁烟条例断断不可作废的，请议长仍付法典股审查，有不妥当的地方可以修正，使章程与条例之成立。本议员所甚盼望的。

151号（黎议员尚雯）：要禁烟，必先不准洋药入口；要洋药不入口，必先改中英条约；要改中英条约，必于中英条约十年期满之前六月磋商办理。现在中英条约将满十年，应由外务部速与英国交涉。我们资政院将近闭会且将解散，非赶紧表决上奏，恐没有再付表决之期。请议长即付法典股赶快审查，下次开会就可通过。

179号（张议员政）：这法典股审查报告，本员很不赞成的，何也？据这报告说是《禁烟条例》与《新刑律》鸦片烟罪处罚重轻不能一致，同时并施，不无抵触，故条例可以不必修正。这话差得多呢！依本员看起来,《禁烟条例》本是过渡时代一种法律,(拍手)自宣统元年十二月奏定奉旨颁行之日起,至将来实行《新刑律》之日止,俱为适用期间,故去年十二月宪政编查馆核定禁烟条例原奏有云,此项条例乃适用于新陈递嬗之交,可见将来实行《新刑律》,此项条例当然归于消灭。分晰言之,自宣统元年十二月颁行《禁烟条例》之日起,至修正禁烟条例案奉旨准行之日止,为旧条例适用期间;自《修正禁烟条例》奉旨准行之日起,则适用《新刑律》,而修正之禁烟条例亦归于消灭。这《禁烟条例》与《新刑律》万万不会同时并行的,又何虑其处罚重轻不能一律呢?(拍手)旧日筹备清单《新刑律》该今年颁布,宣统五年实行。假使明年正月能实行《新刑律》,则《禁烟条例》可不修正。万一宣统四年方实行《新刑律》,则明年这一年正是禁烟吃紧之际,万不可不有严重之法律以资援用而促进行,所以这修正禁烟例案(渐渐)[断断]不能废。请议长赶快仍交法典股审查。

110号(于议员邦华):本员对于法典股的报告书亦是不赞成,所以不赞成的缘故,已经诸位说过。本员意思要拿条例付法典股修正,今天大家就可表决。若是赞成机关与查报不能删去,这是一层表决。还有第四条赞成法典股的修正案,因为这第四条是于宣统二年九月封禁土膏店,修正案是提前于六月间将土膏店一律封禁,所以本员很赞成的。若以机关与查报全行删去,那是本员不赞成的。请议长咨询大众速行表决,付法典股审查。

178号(高议员凌霄):方才黎议员所说我们中国实行禁烟,必先禁洋药入口,必先废江宁条约,本员很赞成的。现在华商囤积土药太多,关系全国经济非常危险。前月民政部派主事王荃善到四川调查,现据回京报告,四川一省各府州县搁起的土药,约值银二千多万。又闻上海大清银行一家押土药值银一千三百余万。一省一埠如此,他省他埠可知。现在虽在禁烟,而洋药入口(到)[倒]反逐月加多,土商不能得利,外国洋药分外畅销,本年上海倒款,亦未尝不受此影响,所以这个事情关系经济,非常危险。现在总要与英国交涉,把这个条约废除,速行禁止洋药入口,〔运〕华商所积土药,得以稍纾才好。

112号（陈议员树楷）：本员对于高议员的话有点疑义。高议员所说外货入口是外交的事情，现在我们所议禁烟章程是内政的事情，将来废约立案，是外务部与外人特别交涉。我们今天可以不必议的，我们应当议的是内政的事情，就是禁烟则例与禁烟章程。（拍手）

178号（高议员凌霄）：本员还有要声明的话。方才陈议员所说废除禁烟条约是外交问题，我们禁烟是内政问题。本员所说我们禁烟，不先禁洋药入口，土商成本太巨，一旦禁运不能销售，必惹起全国经济恐慌，正是关系内政。

110号（于议员邦华）：这个议案若已经议决上奏，就可以把这个议案咨送外务部，叫他与英人交涉。

某议员：这个剪发易服案还要从速上奏。

议长：本日议事日表所载议案尚未议完，不能议及他案。

52号（毓议员善）：请议长将于议员倡议付表决。

议长：于议员倡议将特任股员会原拟之机关及查报二章仍存留不删，诸位以为何如？

130号（刘议员景烈）：这个禁烟章程，政府若是不设机关也是无效，至于查报这一层，要是办好也很难的。现在各省查报有许多不实的，可见此事也是作不到的。

112号（陈议员树楷）：方才刘议员说的，我们有两个问题：一个是财政上的问题，本章程未施行以前，各省已有禁烟局、调验公所等名目。本章程施行后，也不过整顿整顿而已，并不至有多大更动。至于现在各州县已有自治区禁烟经费，可以归并自治去办，于财政上并没有什么妨害。一个是查报的手续，没有这个章程他们也要查报。不过是没有这个章程，他们可以自由查报；有这个章程之规定，是叫他就着实照这个章程去查报。据本员看来，还是规定好了，叫他去办，比他自由去办，似乎好一点。（拍手）因为规定出一个章程，一定他们多加慎重的。

议长：那么表决林议员的倡议罢。林议员倡议再交法典股审查，仍留《暂行章程》并将举发得赏及地方官处分两条，诸位以为何如？

众呼"赞成"。

议长：诸位既赞成林议员之倡议，就再付法典股审查，并请林议员提出意见书送付参考。

众议员呼"赞成"。

112号（陈议员树楷）：还要请议长声明，"赞成"这是"赞成章程成立"，法典股不过就条件去修正便是。

57号（林议员炳章）：这个章程宣统三年就要用的，万不能是宣统四年。因为明年正月就要施行，并且章程上有"以宣统三年六月为期"之语，则宣统四年全然消灭。

130号（刘议员景烈）：实行禁烟条例必要在宣统三年，至于"宣统四年实行"之语，可以消灭的。

57号（林议员炳章）：本来的原案说是宣统四年十二月后，经大家讨论提前一年，所以改为宣统三年，宣统四年之语自然消灭无效了。

110号（于议员邦华）：方才林议员修正的这几条，全体意见相同，固不必说。至于以外特别的几条，法典股已经审查过一次，也没有什么费讨论的，惟须下次开会即行报告才好。不然法典股的事情很多，一积压起来，怕是到了闭会也提不出来。

178号（高议员凌霄）：商人因为禁烟事情有陈请先禁洋药入口的说帖，已经送到秘书厅，请议长一并付法典股审查。

130号（刘议员景烈）：请于章程未修正以前，诸位修正案送交法典股。

57号（林议员炳章）：本员修正案已经交与议长了。

议长：天气已晚，现在散会。

下午五点四十分钟散会。

资政院第一次常年会第二十九号议场速记录

【标题】对开院以来历次大会的小结及通过速设责任内阁上奏案等议案

【关键词】议事日表　易宗夔　宣统三年预算案　《新刑律》　川路倒款　广东禁赌　禁烟　浙江铁路公司适用《商律》

【内容提示】由于离闭会期已近,议员们先讨论了议事日表的先后问题。易宗夔对开院以来历次大会进行了一个小结,略云:"本院今岁亦多有价值之议案,如缩短国会期限具奏案、修正《报律》、请赦国事犯案、请剪发易服具奏案、禁烟具奏案、请昭雪戊戌六人冤狱具奏案、弹劾军机大臣不负责任具奏案、修正院章议案、请改用阳历议案,这些议案都是很有价值的。但是现在有结果的,就是缩短国会一件,此外都没有结果。"本次会议多数表决通过了速设责任内阁奏稿、提议陈请全国禁烟办法议案、提议陈请浙江铁路公司适用商律案、提议陈请广东定期禁赌议案等,其中在议浙江铁路公司议案时,议员们与邮传部特派员发生了较为激烈的争议。

宣统二年十一月二十三日下午二点三十五分钟开议。

议事日表第二十七号:

　　第一,试办宣统三年岁入岁出总预算案,股员长报告,会议;

　　第二,大清《新刑律》议案,股员长报告,续初读;

　　第三,提议陈请全国禁烟办法议案,股员长报告,会议;

第四，提议陈请浙江铁路公司适用《商律》议案，股员长报告，会议；

第五，提议陈请广东定期禁赌议案，股员长报告，会议；

第六，提议陈请川路倒款关系《公司律》存废议案，股员长报告，会议；

第七，修正《城镇乡地方自治章程》议案，议员提出，会议；

第八，扼重农政以开财源议案，股员长报告，会议。

180号（刘议员纬）：四川谘议局来电，因预算调查各衙署、各学堂、局所岁入，四川总督一概拒绝，以致处处不能调查。现川局临时会又将闭会，应请议长从速电覆。

议长：现已电覆。

110号（于议员邦华）：本员有个倡议，这个禁烟章程今年就要颁布，且禁种以今年为止。现在已经审查过了，不过几句话就可议决的。至于预算案、《新刑律》不是一两天可以议完的，请议长改定议事日表，将禁烟案提前会议。

149号（罗议员杰）：本员有个倡议，这个请赦国事犯、剪发易服、修改筹备宪政清单三件议案，都是关系重大，已经审查好了。请议长催股员会从速报告。

153号（易议员宗夔）：本员有个倡议，在东西各国议会，一年中议决几个有价值的议案，谓之有价值之议会；一年中未议决有价值的议案，谓之无价值议会。本院今岁亦多有价值之议案，如缩短国会期限具奏案、修正《报律》、请赦国事犯案、请剪发易服具奏案、禁烟具奏案、请昭雪戊戌六人冤狱具奏案、弹劾军机大臣不负责任具奏案、修正院章议案、请改用阳历议案，这些议案都是很有价值的。但是现在有结果的，就是缩短国会一件，此外都没有结果。如《报律》案尚未上奏，请从速上奏。至于请赦国事犯与剪发易服具奏案，审查报告书宣读一遍，明天就可以上奏，不然恐怕生出别的变故。其次就是请昭雪戊戌六人冤狱具奏案，与于议员倡议提前会议；禁烟章程议案与弹劾军机不负责任等议案，均关系重大，应从速上奏。至于宣统三年预算案与《新刑律》

议案都是很麻烦的，非几天不能议完。又改用阳历这个议案，是本员提出来的，请议长命股员会从速审查。本员又有一个倡议，现已距闭会之期很近，这些案子都没有议完。请从明日起，上午开股员审查会，下午开正式会。如果这些议案都办不了，今年资政院就谓之无价值的议会。如果能够办齐，就谓之有价值的议会。此非特议员之光荣，亦议长之光荣也。（拍手拍手）

149号（罗议员杰）：修改筹备宪政清单议案，请议长命股员会从速报告出来。因为本案分法律、机关、财政三类，而请即设责任内阁与即开国会为机关类中之很有关系的机关，现在奉天第四次请愿速开国会已到本院，请议长命陈请股员从速审查报告出来。

133号（陈议员敬第）：今天议事日表第四是提议陈请浙江铁路公司适用《商律》这个议案，不仅浙江铁路公司的关系，是全国商办铁路公司的关系，适用《商律》与否，并不独《商律》关系，是全国立法的关系。这个议案列入议事日表好几次，没有开议。请问议长，可否提前会议？

180号（刘议员纬）：本员看今天议事日表第一、第二、第三都是很要紧的，但非一日可以决议。第六议案已经股员会审查报告，顷刻即可解决。昨日上海来电，川路款项又倒数十万，共计二三百万之多，如不早日维持，全体必致破坏，可否请议长咨询本院提前会议？

109号（籍议员忠寅）：方才易议员说剪发易服很重要的，不过剪发已经表决过的，而易服这一层，可以略加修正再行上奏，股员会已经修正好了，可否提出会议？

110号（于议员邦华）：这个禁烟议案总宜早些议决宣布，其余议案，有一天可以议得好几个的。至于《新刑律》、预算案这些大议案，可以单列议事日表会议。今天第三、第四两条，很容易议决的。又剪发的议案已经修正，可以提出修正案，通过大会，早些上奏为好。

112号（陈议员树楷）：听众议员所说，有普通认为重要的，有特别认为重要的，议过的与没有议过的，共有二十余件。今天起算到闭会日期只有七天，这几天就开七次正式会。这些重大议案手续很多，也还是不能议决通过的。本员意思，还要展会几天才好。

149号（罗议员杰）：这些重大议案非展会不可，若不展会，无论如何都是议不完的。

议长：方才易议员所说甚是，本议长当即留心办理。至于于议员倡议将禁烟案提前会议，众位赞成否？

众有呼赞成者。

73号（汪议员荣宝）：本员不赞成，还是照议事日表会议。

议长：禁烟案提前会议，想不至耽搁工夫。

153号（易议员宗夔）：这个剪发易服议案已经审查过了，请议长命秘书官朗读一遍，明天就可上奏。若不从速上奏，恐怕又弄出变故来了。

184号（周议员廷励）：禁烟与禁赌是一样的事，可否请议长将禁赌议案提前会议？

57号（林议员炳章）：这禁烟议案已经法典股审查，大家对于烟祸蔓延，恨不得早日痛绝。全院既无反对，亦无异议，只要提出略事讨论，便可通过，通过之后就可上奏。

73号（汪议员荣宝）：会议时间，不要各说闲话。

议长：今天议员到会者一百四十二人，现由秘书官报告文件。

75号（长议员福）：本员有个倡议，现在天气不早，请先开议，文件可否改天报告？

168号（李议员素）：山西借外债事情已到资政院，请议长注意才好。

议长：已经电覆。

议长：长议员的倡议，今天不报告文件，与本院章程不符，还以报告文件为是。现由秘书官报告文件，决不至耽误许多时间。

101号（书议员铭）：照章应当先报告文件，然后议事。

137号（邵议员羲）：请议长命秘书官报告文件，与其都说空话耽搁时间，不如从速报告。

秘书官（张祖廉）承命报告文件。

99号（陈议员瀛洲）：请示议长，本月二十日东三省第四次国会请愿代表在本院呈递陈请书一件是否接到？盖此次国会请愿，虽由东三省人民发起，而各省谘议局近日均有专电深表同情，是此件陈请书非仅关系东三省，实与全国有密切之关系。第以本院将届闭会，由今日起算（止）[只]有一星期。若按照《院章》办理，必须交陈请股审查，认为合例可采，当场报告，然后再行会议。稍一延宕，即到闭会之期，则此件陈请书势必作为无效，岂不可惜？是以本员不揣冒昧，恳请议长俯念东三省危迫之情形，鉴原代表诸人之苦衷，即日咨询本院可否作为议案。如经决定，即请提前列入议事日表，以便从速会议。此是本员等所叩求的，亦是东三省代表团等所馨香祷祝的。

议长：已经接到了，向来陈请事件都是交陈请股审查之后，再行会议。此次闭会之期虽近，但是这个事情关系重大，若不先交陈请股审查，与本院章程不合，不过须请陈请股从速审查报告就是了。

149号（罗议员杰）：请议长将奉天第四次请愿开国会的书从速交陈请股审查。

秘书官（曾彝进）接续报告文件。

议长：陈请股审查江苏拔贡杨钟钰陈请修改《新刑律》说帖，认为应交法典股审查，但是现在《新刑律》审查已毕，咨询本院应否交法典股再行审查。

议员有呼赞成再行审查者。

137号（邵议员羲）：现在是二三少数之人口称"赞成"，不能作为成立，请付表决才好。

议长：这个说帖现在还没有印刷出来，似乎可以送法典股审查，就不必付表决了。

73号（汪议员荣宝）：本员系法典股副股员长，《新刑律》审查已经完竣了，似乎不必再送交法典股审查。

议长：《新刑律》虽审查完竣，然尚未报告。此说帖到会议时作为参考就是了。

110号（于议员邦华）：可否印刷出来附入修正案一同分布作为

参考？

153号（易议员宗夔）：这个说帖是什么说帖，请议长说明大旨。

议长：还是江苏拔贡生杨钟钰陈请修改《新刑律》的说帖，现由秘书官将陈请股审查报告再读一遍，就可以说明了。

秘书官（曾彝进）承命再读陈请股审查杨钟钰说帖报告书。

153号（易议员宗夔）：这个说帖不能交法典股审查，照章没有陈请修改法典的事情，应请作废。

121号（方议员还）：这个不能作废，刑律是关于全国利害的事情，既有陈请书来院，应作为参考。

153号（易议员宗夔）：陈请修改法典是章程上所无的。

109号（籍议员忠寅）：此说帖虽经陈请股审查以为关系全国利害，然既经大会认为无庸会议，这个议案就不能成立。因为《新刑律》本院已经有修正案了，此说帖应作废。

176号（罗议员其光）：这是关系全国风化的问题，可以交法典股作为参考，如将此修正《新刑律》的陈请案作废，则《新刑律》亦可作废。试问《新刑律》能作废否？

121号（方议员还）：这个陈请书断断不能作废的。

130号（刘议员景烈）：这个陈请书，还是请议长咨询本院表决一下。

议长：此陈请书既关全国利害，不妨于会议时作为参考。现在开议。

110号（于议员邦华）：请速设责任内阁的奏折已经起草员修正好了，何以尚未朗读？

议长：正拟由秘书长朗读此奏稿。

153号（易议员宗夔）：请问议长，剪发奏稿已经告成否？

议长：这个奏稿现在还未修正好，修正好了就可以上奏。

149号（罗议员杰）：这个奏案大体已经表决，不过修正几个字，请议长从速再行表决就是。

议长：现由秘书长朗读请速设责任内阁奏稿。

秘书长承命朗读请速设责任内阁奏稿毕。

议长：请问奏稿起草员有无说明？

109号（籍议员忠寅）：本员稍有点说明，此次修正奏稿，由本员倡议大家赞成，于是再交起草员修正，并由议长将本员亦加在内，共是七人负修正的责任。至于修正内容，前天倡议已经大家赞成过了。不过当时倡议是口说的，到下笔的时候不能不稍有变更，并且想出一种关系，前天在议场倡议当时说奏稿的材料及理由是要引证东西各国责任内阁与国会有如何之关系，内阁对于国会应该如何负责任，到下笔的时候又想起立宪国的通例，内阁对于国会固应当负责任。中国现在虽是预备立宪时代，而就中国的旧例看来，军机大臣也是应要负责任的，其负责任之性质虽各不同，而其为应负责任，则一也。以中国旧例而论，军机大臣虽对于皇上负责任，而对于一切政事自然应负责任。况此时正值预备立宪时代，新内阁既未成立，对于议会，尤不可不负责任，所以军机大臣在此时代所负之责任，应当比平常尤重。想到这个理由，所以不能不将旧例引来再加上去，就于材料上亦不能不稍有增减。至于归宿的地方，原来倡议是要请谕旨申明军机大臣的责任，到起草时大家仔细商量，以为资政院最初之目的与全国人民之目的，都是希望责任内阁成立。如新内阁不成立，就是申明军机大臣的责任，仍恐靠不住的，所以就没有提起这一层。如果将各议员前天所说，请明定军机大臣责任的意思加入，上头倒生出许多障碍，不惟与资政院惟一之目的不符，也与全国人民之目的不符。并且上次朱谕说"负责任、不负责任，朝廷自有权衡，资政院不能擅预"，若一定要请申明军机大臣责任，是与前次朱谕相反，恐这个折子上去，就没有法子下上谕了。至于后来的结果，就是资政院解散，也是正当的结果，正当的法律。我们并不是怕这一层，是要于万不得已之中还望生出效力，达到我们最初之目的，不至于解散。这是我们所最希望的，至于请明定责任，明知道没有效果而必以此折尝试，就不如抱最初之目的，请立责任内阁为妙。这个折子关系非常之重大，就是于本员倡议的话，稍有变更，而于大家意见也没有什么相反的，还是希望大家赞成为好。

133号（陈议员敬第）：本议员对于这个奏稿颇有疑问，究竟此奏稿还是催促设立责任内阁，还是未设［责］任内阁以前请军机大臣负责任？据此奏稿首尾看来，只说应速设责任内阁，是一方面已隐然承认未设责任内阁以前，军机大臣可不负责任，与中幅意义未能一贯。况责任内阁朝廷本拟设立，何须我辈催促然？则此折与不上等。现在中国前途非常危险，实不可一日无负责任之人，前次讨论，本院请朝廷明降谕旨，申明军机大臣责任，而此奏稿直是为军机大臣开脱。本议员殊不满意，仍要说明未设立内阁以前，务须请军机大臣负责任。必如此说法，方能贯串。

122号（江议员谦）：这个奏稿，本议员还请加上两句：以资政院闭会之日为责任内阁成立之期。

137号（邵议员羲）：本员也是起草员之一，但是这个奏稿的意思，本员可是不同意。因第二次议长指定起草员时，本员因意见难合，业经辞职，未蒙议长许可，所以虽为起草员，本员的意见所主张与此奏稿所主张不同。本员主张之大旨，因人民万不能与君主为对待，人民与君主之间必另有一机关为议会之对待，方能保持立宪之精神。今日奏稿所讲之话，是把人民与君主为对待，引用朱谕却与君主神圣不可侵犯之尊严二语相背驰，这是第一层意见不同之处。至第二层，因现在军机大臣已躲到君主背后不负责任，我们正要将此意陈明于君主之前，把军机大臣拉出来，说明在责任内阁未成立以前，军机大臣对于资政院要担责任方是正当办法。今日奏稿用意，实与本员意思相反。请速设责任内阁，前次奏折已经言过，况初三日上谕亦言明预定组织责任内阁，本院可不必再言。现在所最要紧者，资政院开会一日，即不可无一日与资政院相对待之机关而负责任。折稿末尾说到请早设责任内阁，是军机大臣之不负责任，本院已明明承认了，又何必多此一篇弹章？本员虽为起草员之一，但对于今日奏稿主意不能赞成，不能不将自己意思于院场报告。

74号（陆议员宗典）：本议员的意见也是同邵议员一样，特为表明。

123号（江议员辛）：本员的意思很赞成籍议员的意见，怎么样呢？凡属商议一件事有目的、有手段。我们的目的是要赶紧组织责任内阁，我们的手段是要弹劾军机大臣。如果责任内阁成立，军机处就消灭了。本员以为弹劾军机大臣还可以放宽一步，而奏请从速组织责任内阁是最要注意的。

153号（易议员宗夔）：这个奏稿很妥当的，请议长即付表决，从速上奏。

48号（陈议员懋鼎）：本员对于这个奏稿大致赞成，就是籍议员的意思既说是不要对着朱谕说话，奏稿内何必又提及朱谕这一层？本员很不赞成的。

153号（易议员宗夔）：本员对于陈议员的话有解释的地方，如今我们是主圣臣直的时候，应该直言极谏。就是中国历史上无不以此为国家之美谈。据本员意见，此次奏稿将朱谕引出，并没有什么不妥，不必多生顾虑。

48号（陈议员懋鼎）：我们的目的在责任内阁，还是可以不必提及朱谕为好。

129号（汪议员龙光）：新内阁一日不成立，便要军机大臣负一日之责任，此目前希望之效果也。促设责任内阁，此将来希望之效果也。不得于此则得于彼，正是我们希望有归宿处，故促设内阁一层，必不可删。现在大家讨论许久，殊无一定归宿，徒以空空洞洞言语，耽搁议场可宝贵之光阴，殊属可惜。请议长速付表决。

议长：现在付表决，赞成奏稿者起立。

众议员起立赞成。

秘书官检点起立人数，报告议长。

议长：现在起立者八十六位，是多数，奏稿可决。

130号（刘议员景烈）：大家多数表决，其结果已经完了，就可以从速上奏。

议长：明天可以上奏，至迟当不出后天。

149号（罗议员杰）：大凡具奏案有修正字句的地方，不必定要印刷出来。如果把这个修正的意见说出来，就可以不必印刷了。从前剪发的案子，全体已经表决，修正报告书不过稍为更动几个字句，可以仿弹劲军机的原案办法，也是请起草员把意见报告，不必印刷出来，即可从速上奏。

153号（易议员宗夔）：这个剪发的报告书已经印刷出来了，请议长命秘书官朗读一遍就是。

149号（罗议员杰）：现在外国人无不讥诮，说中国这件事情都不能办，尚留此长物到底有何用处？请议长把外国报一看就知道了的。

议长：这一案从速赶办上奏就是了。现在开议。议事日表第三提议陈请全国禁烟办法议案改为第一，请法典股员长说明理由。

5号（议员润贝勒）：第二次审查报告，本员按照《议事细则》第五十三条之规定委托刘议员曜垣代为说明。

议长：请刘议员说明理由。

183号（刘议员曜垣）：这个议案从前交法典股审查已有报告了，《禁烟暂行章程》第三章机关、第四章查报，前回开会时，各议员主张这两条不能删去，本股员会再三讨论，仍要删去者，因为各省办法不同，当时民政部特派员在股员会里头已经答应了归民政部那边定一个详细的办法，因此两章办法有不完不备之故。随后林议员又有两条修正案，此刻都加进去了。第八条（连）[违]犯本章程者，无论何人均可告发。林议员主张罚金以一半充赏，本股员会恐滋骚扰，且《禁烟条例》本来有罚金的，所以把这罚金一层仍旧删去。至于《修改禁烟条例》，因为附则里头有以宣统四年正月初一日为实行期限，现在《新刑律》亦将颁行，其第二十一章鸦片烟罪与修改《禁烟条例》，处罚轻重未能一致，恐相抵触。明年《新刑律》若不颁布，偶有违犯禁烟章程，用什么法子办呢？本来有个《禁烟条例》，若有违犯本章程者，应照本股员会修正案第七条处罚，所以本股员会仍要将《修改禁烟条例》删去。本股员会审查的结果如此。

议长：现在诸位有无讨论？

177号（李议员文熙）：禁烟章程修正案第二条"嗣后不得栽种"一语"嗣后不得"四个字可以删去。

153号（易议员宗夔）：本员很赞成李议员的话，删去"嗣后不得"

四个字。请议长即付表决，不必多讨论了。

130号（刘议员景烈）：禁烟期限本不是我们法典股所主张的，因前回表决禁烟期限，系今年年底，故今年年内所种在不禁之列。如删"嗣后不得"四字，则目下已种者皆应铲除，是与前回表决不合，请李议员注意。

177号（李议员文熙）：将"嗣后不得"四字删去，也没有什么不好处。

130号（刘议员景烈）：不要"嗣后不得"四字，禁种期限没有什么限制。本章程颁行之后，若没有什么限制，与第二条不对了。

130号与177号同时发言，声浪错杂。

130号（刘议员景烈）：这个章程大家已经表决过了，现在不必更改。

177号（李议员文熙）：禁种的事，现在各省陆续已经禁绝者不少，定至本年年底一律禁绝，不过是最远的期限。在本员主张删去"嗣后不得"四字，实在没有什么妨害。

康议员咏、李议员文熙同时发言。

议长：请发言者先报号数。

159号（蒋议员鸿斌）："嗣后不得"四字可以删去。

130号（刘议员景烈）：这四个字如果删去，与前次的表决就相冲突了。

167号（王议员用霖）：对于李议员的话是赞成的，可以删去。

177号（李议员文熙）：刘议员以为删去，于从前表决时期有冲突，本员以为删去始不冲突，如果不删去反冲突了。何以故呢？种烟之期在本年九月、十月，收烟之期在明年二月、三月，设嗣后始得不种，明年二三月各处地方尚有烟苗。前日表决"本年十二月一律禁净"之语，岂不全失效力吗？且禁烟一事，是一种强制的命令，不可稍存姑息，多放任一年，将来售不尽时，人民财产上反多受一层影响。

153号（易议员宗夔）：这四个字不必讨论了，以下还有《新刑律》大议案。请议长将此案付表决。

议长：现在表决李议员倡议删去第二条内"嗣后不得"四字，请赞成者起立。

众议员起立赞成。

议长：多数。

议长：现在表决修正报告书全体，拟即省略朗读，请赞成修正报告书者起立。

众议员起立赞成。

议长：多数，照此次法典股报告书可决。

134号（余议员镜清）：议事日表第四所列事件是关系全国人民生命财产，陈议员已经倡议，得多数赞成。请议长提前开议。

议长：请依次讨论，断不能两个议案同时会议。本议长现拟咨询诸位，还是先照议事日表递推往下议呢？还是先议原列第一之预算案？

110号（于议员邦华）：请议长将这个禁烟案从速上奏，还要请议长将议决案的情形，备文知照外务部的文里头加上一层，说请贵部知会英公使改定条约。

议长：尚不知上奏后旨意如何？故此层似乎还须斟酌。

57号（林议员炳章）：议案既经通过，上奏必荷裁可。惟此次缩短期限，并非特为陷阱，令全国人罹入法网，系将所定种、吸、运三者期限及犯者罚则，要人人知道，早日禁戒，及期自不至犯法。既系此意，则此项缩短，必须明降谕旨，方可一新耳目。据资政院日来所裁可之奏，见诸宫门抄者仅"依议"二字，外间人不甚注意。此次应请议长于禁烟奏末提明，请将禁吸、禁种、禁运三者期限，明降谕旨，俾海内外晓然知朝廷于此事深恶痛绝，及期必行，万无侥免之理，则于禁烟前途较有把握。

议长：奏稿上可以加入此层。

74号（陆议员宗舆）：请议长先议预算，预算是资政院第一紧要事件。

153号（易议员宗夔）：本员有个倡议，不要以一省事情耽误时间，总是先议预算，预算是关于全国的事情。

137号（邵议员羲）：方才议长已经允许了改定议事日表，自应按照第三、第四、第五次序开议，何以现在又要变更？

134号（余议员镜清）：预算案重要，何消说呢！议长"眼光要注重全国"这句话，本员也极表同情。所以浙江铁路的事情必须提前开议者，亦以商办铁路全国皆有，并不是关系一省的。若邮传部可以任意违反法律，则人民无法律可以自卫，全国实业谁肯去办？其影响于实业前途甚大，况议长已经允许，有数分钟即可通过，这也请贵议员注意。

73号（汪议员荣宝）：请先议预算案。

议长：方才议的是议事日表第三，正要咨询众位应否接续会议议事日表第四，抑折回议议事日表第一预算案？

众议员争辩复杂，议场骚然。

153号（易议员宗夔）：本员的意见，还是先议议事日表第一预算案。

137号（邵议员羲）：何以能变更议事日表第三为第一，不能变更议事日表第四为第二呢？此甚不可解。

110号（于议员邦华）：第四、第五可以速行表决，预算案讨论非一二日所能完毕。

190号（吴议员赐龄）：第四、第五议题外面风潮甚大，期望甚切，还是请议长改正议事日表，提前开议。至预算案、《新刑律》案，非数日议得完的，不可因此搁置前两案。

115号（许议员鼎霖）：第四、第五、第六都是股员长报告，大约不费什么时间，不如将此三条议完，可以专心去讨论预算。

议长：末后是许议员倡议，现将许议员的倡议付表决，请赞成者起立。

众议员起立赞成。

秘书官计数起立人数报告议长

议长：起立者八十二位，是多数，照许议员的倡议办理。议事日表第四提议陈请浙江铁路公司适用《商律》案，请特任股员长说明审查结果及理由。①

议长：现在股员长铠公未到，是否有人代理报告？

116号（孟议员昭常）：本股股员长已经委托本员代理报告。

议长：请孟议员代为说明。

73号（汪议员荣宝）：请简单发言。

116号（孟议员昭常）：这个议案是陈请案，是浙江铁路公司代表陈请的。他这个陈请书说是铁路公司与普通公司不同，邮传部并且以命令变更法律。因为邮传部以命令变更法律，是关系全国的利害，所以陈请到我们资政院来。我们资政院可是处于协赞立法的地位，如果有人以命令变更法律，我们资政院是应当有维持法律之责任，不能任人以命令变更法律。所以审查的要点就在于审查邮传部是否以命令变更法律，这是审查的最要点。但是审查的时候，看陈请书并看邮传部原奏片，原奏片说是铁路公司与普通公司不同，这个话很骇人听闻。什么叫铁路公司与普通公司不同呢？既然是公司，就有一个《公司律》，没有两个《公司律》。骤然听之，甚属骇异，要仔细审查这个理由充足不充足。无论什么商业，要归主务官厅管辖，要说这个铁路，归官办理，当然与商办公司不同。如果是商人凑合资本开起来的，就是公司。既然是公司，万万没有不用《公司律》的道理。所以审查时候，殊觉这个理由不充足。再者原奏片说是指七十七条而言，七十七条说是股东可以公举总理，股东有这个权限。而原奏片上说不适用七十七条，仿佛已经把范围缩小了，并不是全部不适用，是专指七十七条不适用。这七十七条在《商律》全部之中是很要紧的条件，股东能够保护自己的权利，就是七十七条，因为他所举的是他信用的人，断不能举不信用的人作总理。如七十七条不适用，全部都不能适用了。况且七十七条不适用，应当在七十七条第二项规定某项公司不在此限，这就可算是以另外法律规定，铁路公司就不适用了。今另外法律既没有规定，以外复生出奏案，说是不适用，就是以命令变更法律。审查到这个时候，就可以断定是以命令变更法律。再看奏片说遵照奏片办理，似乎邮传部有根据的。仔细审查历次奏案，是一种（是）［事］实上的关系。因当时股东公举总理，自己愿意向主务官厅呈报，由主务官厅替他请邮传部奏报，这是事实上的事。股东权利还是完全无缺，股东也没有说抛弃七十七条的权利，主务官厅也不能说股东抛弃七十七条权利。如果没有这个奏片申明，并无变更法律成案；已经有这个奏片申明，真真是以命令变更法律。所以审查出来，这个实实在在是以命令变更法律，不能勉强说不算是以命令变更法律的。审查报告的结果应当由本院具奏，要把变更法律回覆过来，不得以命令变更法律的，是这样意思。所以审查时候有种种情节，报告书上没有全载上的，因为报告的是资政院应有拥护法律的责任，只要法律完全，人家不能破坏，就算是资政院责任尽了。如果都要载上，就要生出许多事体来，就有许多不方便的地方。所以这个报告书可以不必全行载出，总是要拥护法律为是，以外种种情事，可以不管。如果要说到的事情，恐怕于事实上毫无一点好处，而于这个拥护法律的意思倒减少了，所以报告书不全载。本股员会审查报告如此。

议长：按发言表，请方议员还发言。

121号（方议员还）：没有什么意见，不过这个铁路公司总理，由奏派是很危险的。从前各省铁路公司总理都是由股东公举，到近年都是由奏派的，这是真危险极了。

94号（王议员佐良）：本员对于此案细索真情，实有正当的理由。浙人陈请书及审查报告已经详细说明，无用再说。以本员看来，邮传部对于商办铁路，纯乎用破坏手段。这个铁路自先朝德宗景皇帝已经先布明诏，急宜收回自办，浙省人民仰体圣意，人人感奋，凑集资本，全省皆是股东，铁路成绩为全国之冠。邮传部应如何保护，以慰我德宗景皇帝在天之灵，乃邮传部不但不保护，并且徇盛宣怀一人之情，硬把"悖谬"字样坐在汤寿潜身上，要破坏浙江之铁路。看邮传部的意思，都是用种种的手段破坏全国的商办铁路。为什么呢？他以为改为官办就可以借款，借款即可以得九五扣，并且使人用巨资来运动总理、协理，更可以位置私人，更可以得私人常年之报效。从中渔利，非常便当。如果浙江铁路总理汤寿潜肯吸取浙江人民的脂膏，报效邮传部十万、八万，邮传部断不至有这个结果。本员以为，邮传部摧残商办铁路，参革汤寿潜，其罪小；以命令变更法律，其罪大。可否请议长从速奏参邮传部？

倘若我皇上赫然震怒，将邮传部许多大运动家一齐去掉，不但是浙江一省之福，直是我们全国之福！

邮传部特派员（龙建章）：《公司律》七十七条不适用之理由，实因习惯上生出。查《商律》订于光绪二十九年，而商部奏派浙江铁路公司总理则在光绪三十一年，是变更法律则在商部。而商部之所以发生此奏案者，则因浙路公司之禀请奏派，是变更法律，又在浙路公司矣。邮传部所谓遵照历次奏案者，即此商部过去之奏案，并非今日新撰。既曰遵照，并无变更之义。如谓此项奏案为非，则变更之始在商部与浙路公司；若谓为是，则邮传部所谓遵照奏案并无可议。且历次奏案，奏派总理皆由股东、董事公举后，禀部奏派，权限甚清。审查会未经将历次奏案审查明白，但曰"不知何所指"，故有误会。

121号（方议员还）：浙江铁路开股东会已经适用《商律》，何以又独不能适用七十七条呢？

邮传部特派员（龙建章）：奏案上都是由股东公举。

94号（王议员佐良）：既然公举，似乎权在股东，而现在何以公然撤销呢？

121号（方议员还）：浙江总理汤寿潜的事情我们不管他，但是铁路的事情，总要遵照《商律》办理。既然不适用《商律》，为什么不先声明？既没有发表于先，就不能说铁路公司不能适用七十七条。总理既由股东公举，偏不能适用《商律》，这是非常危险的。

邮传部特派员龙建章、邵议员羲、方议员还同时发言，声浪错杂。

115号（许议员鼎霖）：请质问特派员，到底应用《商律》七十七条与否？

邮传部特派员（龙建章）：其所以不适用必须奏派理由，因事实上习惯上不能不如此办理。盖路政甚重，非经奏派不能坚股东之信任。公举后由部奏派，是权仍在股东，亦无妨碍，故习惯已久，人无异言。盖不适用云者，不如此则有不甚妥贴安适之意，并非不能用、不得用之谓。不能用、不得用，则宜将全条文删去，或修正，或加条件，而七十七条之习惯奏派，系因原文公举发生，故但云遵照历次奏案办理，且不适用之处又限以历次公举后乃得奏派之奏案，则范围甚小，似系无关得失，不必小题大作。

115号（许议员鼎霖）：各省铁路公举之总理，邮传部有撤过没有？

邮传部特派员（龙建章）：没有。

115号（许议员鼎霖）：各省铁路公举之总理，邮传部有驳回没有？

邮传部特派员（龙建章）：没有。

115号（许议员鼎霖）：因此看来邮传部于从前奏案皆不错，其错在附片。方才股员长报告是规复《商律》七十七条，将来规定《路律》后，再照《路律》办理，现在不必讨论。

110号（于议员邦华）：奏派是公举不是？

邮传部特派员（龙建章）：是公举的。

110号（于议员邦华）：既是公举，怎么不适用《商律》？

邮传部特派员（龙建章）：那是习惯，不能不照习惯办理。若今为浙路公司一人而除此习惯，则从前所派各路总理应否裁撤，有无牵动，是当研究的。且浙路公司章程内载奏设总协理二人，毋庸再设董事长，则浙路公司久已承认此项奏案矣。总之，本部所谓《公司律》七十七条不适用之理由，则在历次奏案。历次奏案之是否变更法律，请问商部与浙路公司。本部所谓遵照者，只有遵守，并无变更。贵院责备本部之言，实在不敢承认。

190号（吴议员赐龄）：什么事实上不适用，不过是邮传部欲收回官办，多一生财之道而矣。

115号（许议员鼎霖）：既然承认公举，便是七十七条了。

邮传部特派员（龙建章）起立答辩。

115号（许议员鼎霖）：照《院章》，贵特派员不能中止议员发言。此事没有什么难解决的，所说奏派缘故，是为对于督抚办事灵便起见，于《商律》无妨。虽经邮传部奏派，仍是股东公举的，自与《商律》七十七条相合，可以不必说了。

邮传部特派员（龙建章）：本部如不申明系遵照历次奏案，人将谓本部以命令变更法律自我为之。

115号（许议员鼎霖）：这是个人的话，可不必说。

177号（李议员文熙）：请问特派员，方才对于《公司律》说是七十七条不适用。既是一条不适用，全体当然适用。何以对于浙江铁路七十七条不适用，对于川汉铁路一百二十九条也不适用。如此看来，不但不遵守《公司律》，并且是有意破坏商办的铁路。

153号（易议员宗夔）：请问特派员，方才说是遵照奏案，既是遵照奏案，何以七十七条不适用呢？

邮传部特派员（龙建章）：那是习惯上的，请查历次奏案所派江西、四川、福建、广东等省铁路总理，均系奏派，何以各省皆无异言？

孟议员昭常、王议员廷扬、邮传部特派员龙建章，同时发言，互相答辩，声音喧杂，议场骚然。

137号（邵议员羲）：某议员说农工商部奏案仍说明遵照《商律》办理，邮部既承认应照奏案办理，奏案内容仍有遵照《商律》之语，而邮传部何以又要奏明七十七条不能适用？一面赞成奏案之遵用《商律》；一面又奏明《商律》某条不适用，岂非自相矛盾？况一部《商律》亦断不能分开某条适用，某条不适用，断无如此解释法律的办法。

邮传部特派员（龙建章）：那是习惯，不能不照习惯办理。

135号（郑议员际平）：本员提起讨论终局的倡议。

议长：现在讨论终局，这个修正报告书，请赞成者起立。

众议员起立赞成。

议长：多数。

议长：议事日表第五提议陈请广东定期禁赌议案，请特任股员长说明审查情形。

196号（牟议员琳）：今天股员长没有到，本员代为报告广东禁赌一案。在广东谘议局开局的时候，就停会要求督抚代奏，最后因为定期禁赌，谘议局议员互相争论，几至解散。为禁赌的事情，到资政院的电有数十起。本院于审查各省谘议局关系事件的时候，本来就拿广东禁赌的事情作为议案了，但是定期禁赌没有定出办法来。所以到了两三月之久，都没有办法。当时有广东议员刘议员述尧、周议员廷励到股员会陈述意见。广东的赌饷总共是四百四十万，现在新加的盐税，开办三个月，就可以达二百万两，已经由盐政处派官去查办了。这二百万两就算是有着之款，还有两广总督加酒捐，可得一百万元的款，已经由商人承办。又经谘议局议决承认，还差一百七十万的样子。度支部随后要两广总督筹款，如果筹了款，才能定期禁赌；没有筹款，就不能定期禁赌。然而赌博有罪，载在《大清律》，是应该禁止的。不仅中国以赌博为犯罪事件，就是外国也都有赌罪专条。国家租税、国家法律均须全国一致。我们中国二十二行省，没有一省有赌饷，而独广东一省负此不正当之负担，已失公平之义。同是一个人，在这一省犯了罪，跑到广东就没有罪了，国家亦不应有此不统一之法律。所以无论有款、无款，这种恶税一定要去的。若说要先筹款才能禁赌，这个理由是很不充足的。但是赌饷差了一百七十万，须有一个抵补方法，然后可以定得这个期限来。现在预算案广东余了一百多万两，而本院核减的余了三百多万，这种款都是广东人民的负担，拿了这种租税抵补赌税，本是正当办法，但广东之增加预算，应增之款尚多，若全由赢余款中拨抵，恐怕不足。本股员会以为，其中提出一百万抵补赌饷，所差之七十万，由粤督与谘议局筹抵。广东本是大省分，差这七十万是有限的，再由谘议局同两广总督协商，就可以筹出七十万来抵补，本属毫不费力。广东这个赌害，就可以定期禁绝了。本股审查以为明年正月即可作为禁赌期限，但由赢余款内拨出百万两，须要度支部承认才可以施行。所以本股员会的意思，请议长上奏之后，交度支部同两广总督通盘筹算，自然可以定期禁绝。本股员会审查的结果报告如此。

187号（刘议员述尧）：本员有修正案，请简单发言。

议长：刘议员述尧有修正案，先由秘书官朗读一遍。

秘书官曾彝进承命朗读修正案。

议长：请刘议员述尧说明修正之理由。

187号（刘议员述尧）：本员对于报告书大体上非常赞成。广东赌害必应定期禁绝理由，本员在股员会所具说帖已经采入报告，可以不赘。惟尚有前次未尽之意见，并对于报告书有加以修正的地方，须与诸君略为讨论。请先言广东赌祸受毒之惨状，以见必当克期禁绝；次发明修正书之理由，以期达到克期禁绝之目的。赌害可分两层：一、防害国民生计；二、扰乱国家治安。广东赌饷始于光绪十六年，其初只闱姓一项，而番摊山铺票等则作俑于光绪二十六七年之间，而比年大盛，赌饷岁入四百余万，为数之巨，已骇听闻。然粤省之征收赌饷，并非直接取之各乡市赌馆，不过由一省而分之各府，由一府而分之各县，由一县而分之各乡市，其间各行政衙门之陋规，总、分公司之中饱，层层染指，级级取盈。国家所入虽仅有此数，实则统计各乡市赌馆所出，至少不下千万。赌馆改纳饷外，尚有种种消耗费，岁入至少又须视饷项加倍。然则粤人每岁浪掷金钱之数，约计当在两千万两以上矣。广东人口号称三千余万，则平均每人每年几及一元之负担，而投之绝不生产之地，民力安得不憔悴也。其防害生计者一。赌馆岁入既有二千万之巨，以百金中人之产计之，则每年因赌破产者比照应有二十万家，又各地赌博林立，全省统计数万间，每自司理以至佣役约用十人，则以赌为业者又当有数十万人。语曰：一夫不耕，或受之饥；一妇不织，或受之寒。今竭亿万家破产之财，而养数十万不耕而食、不织而衣之徒，以为社会蠹，奈之何民不穷且盗也？其防害生计者二。民穷财尽，则弱者至于沟壑，强者流为盗贼。赌为盗媒，实不可逃之公例。广东自开赌禁以来，群盗满山，伏莽遍地，禁掠掳杀之案，层见叠出。往往一夕数劫，一劫数家，一家数命。匪之害民，岁数千家；兵之杀匪，亦岁数千人，卒之愈杀愈多，愈多愈炽。国家因盗而设兵，因兵而筹饷，因饷而开赌，因赌而致盗，因果循环，是无异设机械以夺民财，置陷阱以残民命。而民之嗜赌者，始则以金钱为纳饷之孤注，继则以头颅为纳饷之代价。质言之，国家岁取广东数百万之赌饷，实则岁取广东数千人之性命而已。赌害无禁绝之时，盗风无或息之日。所谓扰乱治安者一。国家筹备宪政，莫要于地方自治，而赌之性质，绝对与自治不相容。例如推广教育，所以进人于善，而赌则足以陷人于恶；振兴实业，所以使人富，而赌则足以致人贫，且赌馆为无赖渊薮，明违警章，而警察不能过问。赌徒本不法行为，显干刑典，而刑罚不能实行。其他种种新政，无不受赌饷之破坏。赌害一日不扫除，宪政一日不发达。所谓扰乱治安者二。由前之说，其防害生计既如彼；由后之说，其扰乱治安者又如此。则赌之当厉行禁绝，无复可疑。且就粤省论，开设赌馆，固一省之害；就中国论，征收赌饷，实全国之羞。在本院对于此案应主张速禁之理由，已略其于报告书中。惟抵款一层，除盐、酒税外，所差一百七十万。原书稿拟于粤省预算赢余数内提拨一百万两以资弥补，此外，尚差七十万两。该省素称富厚，尽可另外筹的款弥补等语，则有不能表同情者。查粤省预算原案，现经本院核减二百余万，即提一百七十万尚属有余，无待另筹，一也；另筹的款无论如何总属本省义务之增加，现时该省谘议局因禁赌问题激起争端，全体辞职，已无议事机关，无从议决，二也；行政官得借口于七十万抵款之无着，以延耽禁期；三也。有此三者，故并非专为粤省爱惜此数十万金，不过留此一节，于定期问题未能完满解决，恐全案即不能发生效力耳。故谨修正为：拟于粤省预算案，经本院核减之二百余万内提取一百七十万，如数拨抵。倘盐饷、酒捐，仍恐开办伊始，未能按期足额，查该省还有历年余存款二百余万，及度支部核实盈余款三百余万，虽暂列作预备金并追加预算，均可移缓就急，借资挹注。综计抵款尚属有赢无绌，则各种赌害应准予定期一律禁绝，实无疑义。此修正案于如数拨抵之外，更添入预备金及追加预算两项者，一则预备本为意外需款而设，固不妨挹彼注兹；一则追加尚有减削，即应办各新政，害未除而利断不能兴，亦不妨移缓就急，况盐酒捐本系的款，收足好还，仍属两无窒碍。惟求速定期禁赌之目的，不能不宽筹活动之款项耳。又报告书具奏请旨一节，拟改为应由本院具奏请旨，定期准于宣统三年正月将广东所有赌博一律禁绝，并饬下度支部及该省督臣按照各节切实妥筹办理。盖先定期限，则部臣疆吏筹抵自不容不认真。若听其通筹，恐多生异议，即定期仍为无效也。本员意见如此，请诸君研究。

48号（陈议员懋鼎）：请刘议员简单说明。

187号（刘议员述尧）：不将赌害之理由说明，则修正之主旨无从表见。

144号（胡议员柏年）：请刘议员但说明修正之主旨。

187号（刘议员述尧）：不过报告书没有说明白的地方，今天不能不说一说。本员对于报告书里头不赞成的地方有三层：第一层，做这个报告书，预算案还没有弄好，广东还差七十万两，打算叫广东人另筹。广东预算共二百多万，除七十余万，还有敷余。现在不敷余，可以另筹；要敷余，可以不必另筹。第二层，现在广东谘议局已经为禁赌破坏。

137号（邵议员羲）：请简单说明。

187号（刘议员述尧）：现在如果欲增加义务，谘议局已经停会。第三层就是漏卮，地方官向来不负筹抵责任。既然定期禁赌，就不得不实力奉行，庶可免了漏卮。现在议事机关已经停了，要地方官办，这全案一定不能生效力的。本员意见如此。

184号（周议员廷励）登台发言：现在这个报告书，系将本员与刘议员两人之意见书采取而成。本员极表同意，所有种种理由，方才刘议员已经说过了，本员再补助几句。本员对于报告书为什么要修正呢？因为里头办法有不对的地方。本员并不是为广东争款起见，实为全国利害起见，实为谘议局与资政院立言地位起见。这赌饷虽说是广东的事，其实是全国的事。现在虽为广东谘议局陈请的案，将来即为资政院上奏的案。资政院以规划全国为前题，则对于广东禁赌一案不能不有切实方法。资政院为言论最高机关，则对于禁赌一案，不可不有确当判决。现在报告书上所说以七十万归广东另筹，这个定数是不大切实的，这个断语是不大确当的。即将来通过上奏，还是无效的。何者？从前广东为禁赌一案，其因"筹抵"二字，争议已经两年，在广东人民，则从性质上解决，谓不公平之租税，不应归一省之负担。在行政长官则就事实上处分，谓已有一定之用，即当有一定之抵款，所以相持不下，官绅交争，职是之故。现在盐酒饷二百七十万，及本院核减预算二百五十万，其数已达于赌饷以上。在人民既可免义务上之增加，在地方行政官亦可免事实上之妨害，这是最好的机会，这是绝良的政策，其应尽数拨抵，复何疑义！若以七十万再叫广东另筹，则不免再生枝节矣。窃谓赌为地方之害，为全国之羞，为宪政之蠹，种种为害，无庸殚说。就令地方毫无抵款，在国家亦应施禁。凡事体当权其利害及其次序之先后缓急，截留未用之款，抵偿已有之害，固是正理。即停止已办之一部分之事，以抵消全部之害，亦事之所当为。况现在既有定款，又不废事，岂非两得之道乎？现在广东预算核减二百五十几万，方才报告员已经说得完完全全，这核减内只军政费之四十余万是不敢预决的，其余财务经费、行政经费及各项支费是有名无实，都可以核减的。使必限制为提拨一百万，则彼等贪官污吏得先规复其乾修中饱之私，而另筹之七十万乃再贻地方人民以增加负担之苦。万一彼此坚持前议，再行迁延，则谘议局与资政院立言之地位顿失矣。本员意思，是要将这七十万提出来抵赌饷的。方才对于禁烟一案，诸位不以烟饷岁入数千万计及抵款，何独于广东赌饷之数十万而靳之？请诸位研究研究这事，早一天办到，就是广东早除一天大害。

121 号（方议员还）：现在全院里头以各省情形而论，广东之富甲于全国，差不多人人所公认的。今为此区区七十万，还不承认，未免太过了。况且明年禁赌，预算下来，为广东人民省了两个七十万、三个七十万都不知道。今何必要争执此区区七十万呢？

184 号（周议员廷励）：本员并不是为广东争款，是为全国除害。若留此赌以害地方，则虽有此款而万事皆不可办。若移此款以先除此害，则将来什么事都可办，将来什么款都可筹。这七十万若不提出尽数抵足，到了明年正月，这赌亦不能禁的，即什么事亦不能办的。所以本员主张先办这件事情，然后再办别的事情，凡事先除害而后兴利，那是一定的办法。

153 号（易议员宗夔）：我们并不是吝惜这七十万，因为明年办预算，省了二百多万，已经不少了。

183 号（刘议员曜垣）请发言。

议长：请刘议员简单发言。

183 号（刘议员曜垣）：这个广东禁赌的议题到我们资政院来，我们资政院怎么要审查呢？要审查，与资政院有什么关系？因为第一层与资政院法典上有关系，照《新刑律》第二十二章有规定赌博罪，如果收了他的赌饷，还要禁止他的赌，断没有这个道理。（拍手）一方面办他的罪，一方面收他的税，有这个道理没有呢？（拍手）将来《新刑律》实行，这第二十二章万不能删去的。若在《新刑律》第二十二章加上几句，除广东一省不能适用，这一章是没有这个办法的。（拍手）第二层与资政院税法上有关系。这个广东赌饷，我们要审查他是恶税还是良税。若是恶税，一定要删去；是良税，一定要保全。这是我们资政院所应该研究的办法。现在报告书里头注重的仍是筹抵，不知筹抵之有无，应归行政衙门办理，是行政官的责任，资政院可以不问，但问与本院法典上税法上有妨碍没有便得。今刘议员与周议员亦说这个筹抵有款，岂不是更好！据本议员看来，还是禁赌为重，免致阻《新刑律》之进行。若是徒主张筹抵，假如我们广东筹抵不出来，这个《新刑律》还颁行不颁行呢？这是我们资政院所应该审查的地方。至于税法正当不正当，亦是我们应当审查的地方。今周、刘两议员已有修正报告书，与议员意见虽各不同，究是请旨定期禁绝，请议长将修正报告书付表决就是了。

议长：现将报告书并刘议员、周议员所提出之修正案一齐付表决。

144号（胡议员柏年）：请由秘书官将修正案朗读一遍再付表决。

110号（于议员邦华）：请朗诵修正案，不必朗读报告书了。

议长：现由秘书官朗读刘议员、周议员修正案。

秘书官（曾彝进）朗读刘议员、周议员修正案毕。

议长：刘议员、周议员修正案现已朗读过了，拟即参入报告书中一同表决，请赞成者起立。

众议员起立赞成。

议长：多数。

议长：现在休息十五分钟。

五点三十五分钟议事中止。

五点五十分钟接续开议。

秘书长承命报告，议长因事不能莅会，由副议长代理。

96号（李议员湛阳）：广东定期禁赌一案，请议长从速具奏。近闻广东因为此事日久尚未表决，颇有暴动的情形，所以请议长从速具奏。上谕早下来一日，地方早安静一日。本员在广东最久，很知道赌为广东政治、人民风俗之害，要请议长从速上奏为是。

副议长：从速上奏就是了。

177号（李议员文熙）：请议长查查人数以后便开议。

副议长命秘书官点检议员在坐人数，秘书官点检毕报告副议长。

副议长：现在在坐人数共九十人，不满三分之二，不能开议。

177号（李议员文熙）：人数既是不敷，本员有个意见，川汉铁路的事不是关系四川一省的事，若是不从速解决，今年恐议不及的，请议长下次开会列入议事日表第一号。

副议长：下次总斟酌列在前边就是了。

123号（江议员辛）：议事日表第七修正《城镇乡地方自治章程》的问题很重大的，可以不必讨论，先付法典股审查。②

众呼"赞成"。

109号（籍议员忠寅）：剪发的问题早先议决上奏后，因为农工商部奉了一个上谕，对于剪发的问题没有提及，现在股员会报告书已经出来，请股员会赶紧提出报告书，在议场报告。

副议长：可以从速办理。

168号（李议员素）：请议长将弹劾军机奏稿送到官报局登载，使社会一般人知道我们是弹劾、是调停，此事何必秘密？

副议长：现在有两件要归并审查的议案，由秘书长报告。

秘书长承命报告罗议员杰提出整理边事具奏案③拟送付审查筹办蒙藏事宜及黑龙江移民实边案特任股员一并审查。还有一件余敏时陈请移民屯田案④拟归并审查新疆屯田特任股员审查。

副议长：方才报告是两件，众位有无异议？

众呼"无异议"。

副议长：议事日表第七修正城镇乡地方自治章程议案，江议员倡议暂不讨论，交付法典股审查，众皆赞成，拟即照办，谅无异议。

众呼"无异议"。

副议长：现在散会。

下午六点十五分钟散会。

注释

① 议长公鉴：本月初七、初十日等日迭次开审查浙江铁路公司代表朱福诜等陈请铁路公司应适用《商律》特任股员会，审查得陈请说帖内称"本年八月二十一日邮传部奏，声明铁路公司与普通公司不同，请饬各督抚遵照历次奏案办理等。查光绪二十九年十月十四日，商部奏定《铁路简明章程》第二条云：无论华洋官商禀请开办铁路，均应按照臣部奏定章程办理，其有援引各省前定《铁路章程》与现定相背者，概不准行；至经部批准开办后，应俟臣部奏定公司条律后一律遵行，不得有所违背。是年十二月初五日，颁行奏定《公司律》一百三十一条，此为全国铁路公司当遵用《公司律》之明证。三十二年设邮传部，划分商部行政之一部分属之邮部，而前此商部奏定之《铁路简明章程》及《公司律》未经废止之严重手续，即发生效力如故。人民一方面尽服从法律之义务，一方面得享受法律之权利。所谓法律至为神圣者以此。今乃曰：铁路公司不得以普通公司律相比，而所云历次奏案又不知所指，是部臣以一二人一时之私意，轻率以命令变更法律，剥夺商民应享受法律保护之权利，使投资者寒心，而夭阏全国之实业，究其结果，何堪设想"等语，查此项陈请是为尊重法律，保护商民权利起见，实不仅惟浙路公司而然，邮传部此奏，实系以命令变更法律，虽邮传部原奏指第七十七条而言，然此条既不适用，则股东权利尽失，全部《商律》皆为破坏，民情惶骇。职此之由，盖破坏国家制定之《公司律》，即破坏全国之公司法律之效力既不完全，即商人之权利失所保障。商人无完全法律之保障，则在在堪虞。动色相戒，闻风解体，而一国之商业不可问矣。本院有协赞立法之责，见行政衙门有轻率变更法律情事，不能不起而维持。似此情形，自非请旨饬令邮传部，凡关于铁路公司事项，仍按照《公司律》办理，不足以维持商业而安众情，似应援照《院章》第二十一条，具实奏陈，请旨裁夺。本股员会一再讨论，多数议决，仍候会议公决，谨此报告。审查陈请浙江铁路公司适用商律案特任股员长铠公报告。（"特任股员长铠公审查陈请浙江铁路公司适用《商律》案报告书"，《资政院知会、折奏、章程、说帖、质问、陈请等案件》第十四册《资政院第十一类审查陈请各案件》，宣统二年铅印本）

邮传部在说帖中回覆如下：

资政院奏铁路公司仍照公司商律办理一折，原奏内称：邮传部此奏实以命令变更法律，虽指第七十七条而言，然此条既不适用，则全部商律皆为破坏等语。查本部八月二十一日奏称：《公司律》第七十七条系专指商业性质，无关官治之公司而言，并声明因汤寿潜奉旨不准干预路事，而浙省公司牵引该律，妄请增韫代奏一折，盖由历查成案，光绪二十九年颁行《公司律》后，光绪三十年、三十一年江西、安徽、浙江、福建各省陆续呈请商部奏派总理，原奏声明：如日久无功，由部奏明撤销差使，叠经奉旨依议。是各省铁路公司奏案已非《公司律》第七十七条所能赅括，且恭读光绪三十四年五月二十七日上谕，铁路为交通大政，利商赈灾、运兵转饷以及开通风气、振兴实业，胥赖于此。近年各省官办铁路皆能赶期竣工，成效卓著，而绅商集股请设各公司奏办有多年、无起色，坐失大利，尤碍交通。着邮传部遴选妥员分往各路，确实勘查各路工程应分几年造竣，公司股本能否按年接济，一面妥议办法严定期限。倘所集股资不敷尚巨，或各存意见推诿误工以致未能依限完竣，即由该部会同该管督抚另筹办理，并将该省所举承办人查照商部历次奏案分别撤销，以期各路迅速造通，上裨国计，下厚民生，如再因循瞻顾坐误事机，定惟该部及该管督抚是问等因。钦此。惶惶明谕，薄海同钦，是铁路公司开除总理之权本不能尽任之董事局。本部所谓遵照历次奏案办理者，即引述谕旨所谓查商部历次奏案分别撤销也，而资政院谓本部以命令变更法律，查商部《公司律》本以命令而定，并非经议院之协赞，而历次奏案及先朝谕旨实以后来办法为《公司律》所不能赅括而命令伸释之，不得谓命令变更法律也。资政院又谓邮传部于奏定公司商律限制铁路公司不得援用。查各国均另定单行路律，并非专用《公司律》。盖铁路为行政机关，故建设之始须经批准，路成之后遇有战事，应受陆海军之指挥，满期之日可由国家收回，是其所得之初营业之法皆非简人营业，纯任自由而其享受权利有非普通公司所可同日而语者。如"铁路所有权不可侵犯各国"载于宪法，他如强迫购地、迁坟、拆舍、平毁青苗树株等类，是许其夺他人营业之利权矣。至于自行禁令、自用惩罚、自设巡警、侵毁路线，刑有重罚，材料免税皆为普通公司所无。盖交通为国家大政、社会要需，则国家自有特别之监督保护，故东西洋铁路律于商路总理，其有贻误军事、攫夺干路运费、亏空款项者，无不由政府撤销，所谓任免，仍操之国家也。至浙路总理系由浙江京官公举呈商部，奉旨加四品卿衔，并非援照公司律，由董事局选派、合并声明。谨具说帖，恭候钧裁。盛宣怀、吴郁生谨呈。十二月初三日。（"为资政院奏铁路公司仍照《公司律》办理事说帖"，中国第一历史档案馆藏宫中全宗，档号：04-01-01-1115-026）

外务部也有一份说帖：

查沪杭甬铁路对于内则为商办，对于外则为借款自办。光绪三十四年所订借款合同及部拨存款章程均经奏准，自应一律遵守。乃苏浙两公司以雇佣英工师及领款等事屡与邮传部争执，英公司则以不按合同办事，款不时发，使英使亦迭次来部诘问，并请收回官办。近苏路公司有请部收回之说，尚无成议，浙路公司总理汤寿潜则欲废章程任意攻讦，自奉旨革职、并不准干预路事之后，该公司援引商律，以总理为商人公举不应撤销，经邮传部具奏案声明，又自举代表来京向资政院声诉，资政院复徇其请，以普通之商律驳邮传部之奏案，若如所奏，则凡商办铁路邮传部皆不能过问路事，既无办法借款，亦有责言，恐于内政外交均形窒碍，似应仍由邮传部妥筹办理，其所称以命令变更法律一节，亦应由邮传部援据理由详晰陈明。谨具说帖，恭候钧裁。外务部谨呈。时间不详。（"为拟由邮传部妥筹办理商办铁路事说帖"，中国第一历史档案馆藏军机处全宗，档号：03-7566-028）

② 提议修改城镇乡地方自治章程法案

（议员邵羲提出）

第一，改变名称。

市乡地方自治制

原章程凡称"城镇乡"者俱改称"市乡"。

（理由）改称"市乡"名称之意义，具于第二条理由内说明，因既不取城镇乡之名义，其名称亦自然因之改变。至改"章程"为"制"字，因"制"字生法律上之效力，有强制执行之意。若"章程"不过为通行一种章程，不能表明有法律上强制之效力。）

第二，修改条文。

第一条　市乡自治者，以法律上视为有人格之地方团体，由地方公选合格人民，受地方官之监督，以办理本团体内之自治事务。

（理由）地方团体为公共团体中之一种特别团体，以其具有法律上之人格也。德意志、日本俱认其为有法律上之一个人格，故由国家赋与以自治权。若原文第一条，地方自治以专办地方公益事宜，辅佐官治为主。玩其名义，地方自治专以属诸公益事宜，解释不当。殆以公共团体必以公益为目的，私团体必以私益为目的，以此为区别之标准，界限不明。因非公共团体亦有以公益为目的者，如民法上之法人，或以宗教，或以学术，或以慈善，或以技艺，及其他社团法人、财团法人之专图公益事务者，不得悉目之为公共团体。故以自治团体之行政，而仅目之为专办地方公益事务，未免视自治行政为太轻。欧西各立宪国之视地方自治团体，无不认其为有法律上之人格之公法人，故自治团体亦可认为国家之行政机关。因自治事务虽直接关系地方团体必要之生存，而间接大有关系于国家之行政。必自团体发达后而国家始可发达。若仅视为公益事务，则等于慈善事业之行为，于采取欧西自治之精意全失矣。

第二条　凡府厅州县治地方及其他地方人口满五万以上者为市，不满五万以上者为乡。

（理由）原文称"城镇乡"，"城"之一字最不合用。在昔以城为防御盗贼以固境域之要具，当时军备未精，警察未设，固不能不仰城池以为险要之具。自兵燹而后，有厅州县治而无城者甚多，即西北各省及东三省新设县治，无城者居多。庚子之役，天津府城拆去，永不再筑，列入约章。则"城"之一字，无论有无，事实上均不相符。况世界交通日益发达，欧美各国之京都及通商大埠，率多无城，亦有拆去以便建筑道路，利交通之发达。间有一二存者，因其建筑工程完备，属于古物保存观念，留备后世参观，兴起美术之意，非视为防守要具。今日军政与警务一切行政，日益精密，固无取乎城；有之，反足以阻害交通。若欲改正道路，讲求卫生，蠲除污秽，就吾国情形论，人口蕃生，非扩张城内之区域，拆卸城垣，使人民散居，化乡为都市，则行政不能改良也。

第三条　市之区域，在府厅州县治地方人口满五万以上者，俱得独立为市。如人口不满五万者，准以附近村落并之。乡之区域多至人口四万五千，少亦须满人口二千五百以上。其人口不满二千五百者，不得独立为乡，准以邻近村落析并之。均由该管地方官详确分划，申请本省督抚核定。

（理由）本条定市乡之区域，纯取以人口主义。虽府厅州县治地方，仍以人口满五万以上者为标准。偏僻县治有人口不及五万者，准以邻近之村落合并计算。其他商埠繁盛之所，有人口满五万以上者，仍可独立为市乡，以人口二千五百者为至少之数，多则递加至四万五千。总之自治区域宜广〔区域〕。区域广则自治事务可以发达，利一；自治人才易于选择，利二；区域内人民之负担可以减轻，利三；自治经费易于筹集，利四。有此四利而办理自治，方有把握，不至名不符实，所谓合群策群力以经营之也。

　　同条　第二项第三项全删。
　　（理由）既不取固有境界为标准，则区域之变更，自可规定于第四条内，故此两项可以全删。
　　第四条　市乡地方嗣后若因人口之增减，市有人口不足五万以上者，乡有人口多至五万以上者，有应行变更之处，由各该市乡议事会议决。如有争议时，则由市乡议事会拟具革案，移交府厅州县议事会议决，由该市董事会或乡董呈由地方官申请督抚，分别改为乡、市。
　　（理由）既取人口主义为标准以定市乡之区域，则人口之增减，即有影响于区域之变更。惟区域变更关系自治权之行使范围，必经市乡议事会之议决。若遇彼此争议时，则移交府厅州县议事会议决，方无窒碍。然后由董事会、乡董执行，不由地方官干涉，所以完全其自治权也。
　　第五条　第一款内之"中学堂"删去。
　　（理由）按设立中学堂经费较巨，属之地方自治团体，有经费不足之虑，反足以阻碍普设两等小学堂及蒙养院之弊，不如将中学堂删去，明认中学堂为官立者较妥。
　　同条　第一款内之教育会删去"劝学所"之"所"字，改为"劝学"二字。
　　（理由）教育会为一种目的团体，于教育行政无涉。细玩学部奏定《教育会章程》，无所疑义。劝学所设立之原因，以地方学为重要，因当时无一可以委任之机关，故不得不设一劝学所以专司其事。今地方自治团体成立，又有奏定之《地方学务章程》，责成自治职办理，可无须别立机关。惟劝学终为自治团体所担之责任，故只用"劝学"二字为妥。
　　同条　第二款"医学堂"删去。
　　（理由）医学堂关系重要，组织不易，需费甚繁。现行学制中惟分科大学有医学一科，高等以下暂缺，具有深意。若遽责成地方团体办理，是学堂无论财力不足，即学生资格亦不易得。凡学医学者，必具有中学、高等小学以上之普通学识，方可习此专门医学。故此项医学堂不如认为国家教育行政范围之内。
　　同条　第四款"工业学堂"删去，增"关于农工商业讲习所"九字。
　　（理由）工业学堂需费甚巨，断非自治团体所能负担，不如属之国家行政范围之内。凡地方团体内之农工商事务，欲求其发达，当以研究其利害为主，然后方可改良。故不如易为关于农工商业之讲习所，则费轻而易举，其智识亦易于普及。
　　同条　第八款"其他关于本地方习惯向归绅董办理素无弊端之事"全删。
　　（理由）按一至六款其末项皆有包括之规定，似已包括无所遗漏。即有遗漏，亦应明定，不得再设此款。且第三节标目明称自治范围取列举主义，逐款列举以确定之。本款忽又为概括之规定，不知所谓。"地方习惯向归绅董办理素无弊端之事"者，其范围究以何为标准。向日习惯，绅董办理之事，本无确定权限，且各地方情形不同，权限大小亦各异。或者绅董办理之事，其性质ូ与自治事宜相抵触，或全不相涉，是否亦可认为自治范围之内？是有此款规定，转足以滋疑虑。故将此款全行删去之为愈。

第六条　原章程前条第一至第六款所列举事项，有专属于国家行政者，全不在自治范围之内，全删。

（理由）按第三节标目名义认为自治范围，而又取列举主义，将各项自治事务列举规定。所以确认其为自治范围内之事务，防其与官治相混淆，毫无疑义。如不能确认其为属于国家行政，抑属于自治行政，则又何必名为自治范围而列举之？自有本条规定，反使事务混淆，不能确定，故全删之。

第十二条　原章程第一项、第二项全删。

（理由）第三条规定人口不满二千五百者，不得独立为乡。凡固有之乡，如人口不足二千五百，必须以邻近村落合并，始得独立为乡，自无户口过少之虑，不必设乡选民会。其所以欲扩张人口主义者，其理由已见第三条之下，此不赘言。

第十六条　第四项　年纳直接国税或地方税二元以上者。

（理由）原条正税指解部库、司库者而言，包含间接税在内。各国税法大致分国税、地方税二种，其予以选民权者，必其人有纳直接国税、地方税之能力。若间接税即转嫁税，纳税者非直接负担，仍以其所出税额转嫁于人也。本人既一无负担而予以选民权，则视选举必不能郑重，所选之人亦未必确当，于决议事务甚为危险。故必以直接负担之国税、地方税为宜，使其有利害关系之感觉也。

第二十三条　市议事会议员以三十名为定额，市人口满五万五千者，得于前项规定额外增设议员一名，自此以上，每加人口五千，得增议员一名，至多以六十名为限。

第二十四条　乡议事会议员按照人口之数定之，其比例如下：

人口二千五百者　　　　　　议员十二名；
人口二千五百以上不满五千者　议员十四名；
人口五千以上不满一万者　　　议员十六名；
人口一万以上不满二万者　　　议员十八名；
人口二万以上不满三万者　　　议员二十名；
人口三万以上不满四万者　　　议员二十二名；
人口四万以上　　　　　　　　议员二十四名。

（理由）原条城镇议事会议员法定之数，以二十名为定额，最多数六十名。乡议事会议员最少为六名，最多数为十八名。比较日本市町村会所出议员，未免限制过严。日本市会人口满五万者，出议员三十名或至三十六名，其法定最少数为三十名，最多数为六十名。町村会人口满一千五百人，出议员八名，人口满二万以上者，出议员二十四名，或至三十名。中国人口之多，远过日本，而有参政权之议员定额反少于日本，不足以昭平允，故改正之。

第二十五条　第四项下加第五一条项，凡议事会议员，不得同时兼任府厅州县议事会议员及谘议局议员。

（理由）谘议局与府厅州县议事会皆市乡议事会之上级机关，若同时兼任，则有利害之不同，难期议决之精确。且《府厅州县自治章程》中已有限制，本制中亦宜规定。

第三十五条　原文两项全删。

（理由）已详见第二十条下。

第四十二条　原文全删。
　　理由见前条。
　　第九十条　第三项"公益捐"改称"地方税"。
　　第九十二条　地方税分为二种如下：（一）附加税；（二）特别税。
　　（理由）捐与税不特名异，而性质亦殊。税有强制完纳之义务，捐则近于乐输之意味，似不能有完全强制之性质。与其称捐，不如称税。况地方团体本有强制课居民以纳税之权力也。
　　第一百零七条　地方行文市乡议事会、市乡董事会及乡董用"谕"一句，改用"照会"二字。
　　（理由）吾国习惯，地方官于该管书吏或保正、图董谓"谕"，形式上颇为社会所轻视。地方自治为筹备立宪之基础，自治机关首在得人，断非旧日之乡董、图董所能胜任。况被选为议长、总董、乡董者，不无资望较重之人。就习惯论，地方士绅，督抚对之用照会。今地方官行文用"谕"，形式上未能平允。凡资望较重之士绅，必不肯出而任事，则自治行政竟付诸无足轻重者之手，甚非本意。况《京师地方自治章程》中规定用照会，各省亦宜一列也。（"议员邵羲提出修改城镇乡地方自治章程法案"，《资政院知会、折奏、章程、说帖、质问、陈请等案件》第五册《资政院第三类议员提出提议各案件其一》，清末铅印本）

③　提请整理边事具奏案（议员罗杰提出）
　　秘件勿宣。
　　具案议员罗杰等遵《章程》《细则》提出整理边事具奏案一件，应请议长作为议题会议。窃维绥边之道，扩张为上，次为防守，我国国力未充，扩张固尚有待，而外患荐发，防守果有何把握？近岁以来，外人政治上、经济上侵略之手段日益加甚，海疆且勿论，专论陆边。夫外人以经济制我死命，固不俟决裂而可灭亡，况东蒙、新、藏、滇、桂各边，包括吾国东北以暨西南，鹤唳风声，寸土已皆危境，言念及此，可谓痛心。何则？现在法兵或逼桂边，或已屯滇境；入藏英兵尚未撤尽，而窥藏之路已成；俄则于西伯利亚屯田，由新以至东省，处处可犯，近且于库伦驻兵之外，增兵黑龙江矣；日本拓殖局，如我之理藩部，附于内阁，取便阁议，其关东州为四课之一，所谓关东州即我之东三省，前之九师团，轮扎东省，近则将用兵集中之点进移朝鲜与东省接壤之地，全国之兵不一日可以召到；加之各国互有协约，万一日凌东省、俄掳蒙古、英入西藏、法攻滇桂，不待海疆告急，而瓜分之局成矣。虽然势既如此，与其坐而待亡，何如卧薪尝胆、力图振作？惟是，各国既以政治、经济同时并进，使我专从政治上抵制，则经费苦于难继；专从经济上着手，则国权将尽、削夺无已。惟同时从政治上、经济上着手，或可收亡羊补牢之效。请为我皇上披沥陈之。
　　一曰：请先改良中央殖边行政也。夫工欲善事，必先利器。政欲敏活，必改机关，已成舆论矣。理藩部主管蒙藏，又仅职掌封爵、朝贡、刑罚诸务，殖之一字，久未之讲也。非凡官理藩部者之不肯负责也，弊在无责任内阁与国会。使有责任内阁与国会，该部一方以理藩主管资格，无论沿边有无督抚之地，凡关于殖边行政之务，莫不统一于该部，以为未雨绸缪，提出议案，以请求阁议；一方有内阁总理大臣，将此议案合中央全部机关之知识，以决进行之方；又一方提出阁议已决之殖边预算案，要求国会承诺。合全国财力以为殖边之费，何至于今日危迫者？拟请旨催内阁会议政务处速遵前旨，迅即组织责任内阁，方有担负整理内政外交之重臣殖边一职，尤内政中之关系外交，甚为棘手之务，不可不明定殖边责任，注全力于殖边者也。此就中央之殖边行政而论，当改良机关者一也。

一曰：请先改良边境殖边官治也。夫殖边行政，固恃中央有负责机关以资提挈，尤需有驻边受寄之人以分责任。现在东、蒙、新、桂各边，外忧日迫，拟请旨饬陆军部将全国军区划定，或先将沿边军区划定。所有军区以内责任，除仍应分别责成该管督抚外，均寄诸各路将军、大臣。综之，无论督抚、将军、大臣，凡军事范围以内事项，均应受陆军部指挥、监督或委任，以趋于军务行政之统一，对国会负责。且各路将军、大臣官制，无论军民分管、军民兼管，如依《钦定行政纲目》厘定，其承宣厅内拟请增民政科，何则？我国边务专注军政，以与各国殖民政策相反，不能以民固边养边，坐以削弱，惟是兼顾民政，必有受各路将军、大臣及民政部之指挥监督官吏，然后可以专理民政而接近监督，拟请于各路将军、大臣之下分设支厅为一种特别地方官制，支厅之内，亦当因事设科，略如本管上级机关分类，但暂时兼理审判。当增登记一科，以为身分财产之证据。其充任之资格，除政务官或取其经验，或取其有专门知识而外，其科长科员之事务官则必限以有相当专门知识之人充选，方能各举其职。此就各路官治而请改良机关者，二也。

一曰：请先变通边制参以自治也。评议厅之设，虽列表于官治类，实以树自治之先声。谨案：理藩部签注《行政纲目》，谓藩制与内地不同，宜先官治而后自治。臣等以为，边地自治虽不能骤与内地同科，然自治之基不可不立，以享受宪法上之权利，拟请将各路旧制略为变通。如蒙俯准，各路增设支厅，则蒙古各盟称谓，随支厅之行政区划以为名称，繁盛之地，定若干人举董事一人，构成市董事会；其他盟下各旗或西藏各属土旷人稀之处，变为若干户为一村。每村举一董事，合若干董事为一乡董事会，其陪审一职，定由若干村举陪审员若干，陪本管法官审判，以疏通意见。至区域过辽而人口稀少者，参照各国户长参政制入会，亦无不可，此就边境自治而请新设机关者三也。

一曰：请急维持宗教以防隐患也。蒙藏信仰，即在胡图克图与达赖、班禅二喇嘛，是以近年俄国派人往藏，借名留学，或往蒙古访胡图克图谈经，使亲己离我；英人辄唆班禅以攻达赖，复给封印度教皇而轻我；日人于藏，则诡称华僧学佛于胡图克图，且云日本佛教与该教同源，借行昔年笼络朝鲜手段。是即各国固有之宗教殖民政策也。我国不早驾驭，外人利用红、黄二教以结民心，民心一去，土地随之，甚于百万雄师矣。拟请优加封号，增派各路护法官及翻译各一员，日将世界竞争大势，凡藩属受外人唆叛之结果及本朝实无贪其利益、违反教旨之心，详细开导，俾外不致受愚于外人，内不致生我殖边之阻力，同心一致，以御外侮，并限期召集京师左右僧官，优其供给。凡内廷诵经，奉为主管全国僧纲，令其就谒，以示我全国崇尚黄、红各教之同意。此就崇尊宗教而弭边患者，四也。

一曰：请注重界务以尊主权也。沿边各地，外人出入，当有主权。拟请凡系外人入内孔道，仿俄国恰克图界务局办法分设界务各局，稽察外人出入，逐日报告主管衙门。凡外人之游内地者，必先验其护照真伪，及是否合于条约。不合者拒之，合者一面放行，一面通知外人所可游历之地，主管官以资保护。其充当界务局主任之资格，非通晓国际公法之人不能充当；其补佐之人，必以通晓测量之人充选，定期测量沿边土地，俟内地及沿海测量竣工，绘成总图，送致万国舆地学会，使各国早知我国边界准据经纬某度，界务辖辔从此斩截。此就整理界务而维持边状者，五也。

一曰：请申论屯田以固边圉也。我国屯田历史且不具论，各国殖边多用屯田入手。日之于北海道，法之于其殖民领地，俄之于西北利亚，皆获成效。拟请兼师其意，饬下陆军部与民政、理藩二部协商，先拣要塞之地，测量屯田村区域，划分干路、支路各线，制定每户授田若干，每人移住费若干，若干户为一村，现役、后备役若干年，免税若干年，村内各若干地，为练兵射的及军事教育作业场，编定屯田兵条例、给与地及取扱服役监视各规则与土地收用法，且择要设立屯田事务局，以为入手方法。其屯田兵资格，尽将裁撤之防营、绿营兵及新军之退伍兵支配，各边不足，再募有妻室且其中户长可为军人者充选，在彼使有职业可图，在我得以容易训练，此因交通不便，固我边防者，六也。

一曰：请奖励移民以实边疆也。夫移民捍边，外国恒以此而发展国力，然方法未备，流弊孔多，转移口实。拟请饬该管衙门一面派人先将沿边地形测量土质调查，然后区划等级，分绘路线，列为图表，附以移民指引。（草）凡招垦之地，气候、物产、交通、住居、开垦、灌溉、种子、农具、防风、用薪、旅费逐一详载，其他未开垦地，处分取扱奖励制限各章程一一规定，俾应移之民一览而知，何者为国家奖励，何者为农民应备，量力而往，不致一未收获，流离边塞，弱者饥冻以死，强者迫为盗贼，安边实以扰边。一面择要设立移民事务局，通咨各督抚分任移民事务，转饬该管官绅广为劝导，其经费如国库不能全供，可定为国助几分之几，其余各省自任。其应移资格，尤以家有壮丁、可以征兵为要义，夫然后可以收无事则农、有事则各路皆兵之效。此以移民为实边之要图者七也。

一曰：请以全力发展交通也。美国殖民以铁道入手，先将干路两旁各分为大井田形，民立铁路公司承筑此路，凡成路有一井田形长者，以井田形中之奇数田中之收益奖之。日本之于北海道，亦以矿产几分之几奖给铁路公司。可见，殖边以筑路为最要矣。拟请饬现在内阁会议政务处及将来内阁，勤开铁道会议，制定《特别会计法》及《全国铁道干线法案》交议，分期赶筑。如边境之新锦、新爱、新张、张恰、库伊、川藏各路，当定为第一期线。举张恰一路为例。现在邮部计划先修张绥，然后绥恰。今张绥业已开筑，急宜通轨。绥远展筑库恰，以绥远近便之森林石炭运出，以为筑路之枕木、养路之利益，其他各路因地制宜，或与以地，或奖以矿，减少支出，皆为促路速成之一法。至于铁路未成之先，急将各屯田兵村之干路开筑马车牛车路，以利征调；次将一般之干路关系于商务者，同时修筑马车牛车路，以利运输，然后及于各项支路。若夫邮电一政，先将屯田兵村所必要者，先行措办，次及商用，此以消息运输为殖边最要者，八也。

一曰：请振兴实业以培富源也。拓殖之事，大半地主以不毛之地弃之，有野心者以科学或政治开展之，拟请饬农工商部于各边繁盛之地，一面筹设农业学校附气象台，为将来求高深知识而借以实地练习；一面即设农事试验场、改良畜牧场，以为传种改良之倡导，并令场中之农学毕业之技师、技手，分往各应垦地为农事巡回讲话，教之设灌溉渠，以资蓄泄；造防风林，以适民居；开凿水井，以为灌溉种植果实，以系人心。且仿比利时，于沙漠之地先试种浅草，次灌木，次森林，以为造林之顺序。夫然后天时地利皆得变更，十年之后且富庶矣。不宁惟是，夫农为商之母，工商为农之子，急当同时讲求者也。各国工业未盛之时，无不首先调查本地需要，自制以求抵塞。拟请饬该管衙门提倡拓殖公司，附以拓殖银行，分设本处支处于各路，合全国财力以为经营。国家入股若干，招股若干，担任保商股额息之不足，即就蒙藏各地之天然品与之交易，设厂制造。其他开矿垦荒及制造衣食日用各品所用诸机器，概由公司承办，或租或卖，军用军食各品，即可取资于此。至于银行，凡劝业、兴业、屯田诸事，一一委任，以资周转。行之数年，则不独从此无外人放债各路以攫利权之事，即保边养边之费，取之于此，而有余裕矣。向使新疆不早设省，每岁四百万之政费，不尽投之于不生产之事业而投之于生产事业，则新疆且富强矣。夫新疆不过失策之一例焉者也。此以生产事业为边圉计长久者，九也。

一曰：请统计全局以筹经费也。以上所举殖边诸务，大别之为自治、官治各费，除自治费及将来之国民教育费例由地方自筹外，其余各政费，拟请饬内阁政务处议决分期殖边法案，编制第一期殖边法案中所需之预算案，于明岁资政院开临时会时交议。如无临时会，或先由度支部于第一准备金及垦务大臣所收垦荒项下支出，次期交议追认，亦无不可。就中如屯田及军用电信诸费，当尽裁撤之绿防营费及驿站费挪用，盖此项殖边费用，名为殖边，实系对外国防，比内地防务尤为吃紧，匪与他项政务挪动国防费可比。如筑路费用、购地给薪，亦占大部，可发铁路公债票，其拓殖公司及银行等，如准备金，因测量调查移民等费支出甚巨，力不能给，可发拓殖公债票。如应募难期速效，可仿外国强制公债之例，配销地主及筑路员役或全国官吏及富商大贾。在臣民，可以储蓄私财；在国家，可以凑筹要款，以为救亡扼要之图。此请通力合作以筹要需者，十也。

臣等所陈各节，皆就管见所及，以表献曝之忱。其中关系官制之处，似非议院应言之事项，然臣等以为，裁定官制乃君主之大权，而献可庙堂实议员之本职，况当官制未定，行政纲目正在征集签注之时，同为臣民，知而不言，反负圣主召集之德意。至于政策款项，何者果能尽善尽美，及何项果能移缓就急，均非臣等所能悬定。不过略贡刍荛，以供当局参考。伏乞圣训之后，旨饬内阁会议政务处会同军谘处协议酌度实施，分负责任，转亡为存，易贫而富，机于此矣。如经多数赞成，应请议长、副议长遵照第百六条办理，须至提议者。(《宣统二年资政院议案条文》，清末铅印本)

④ 关于**此案**，股员会审查如下：

议长公鉴，为审查报告事。十二月初五日，本股开会审查中书科中书余敏时陈请移民屯田以救边患一案。该陈请书大旨谓移民政策分为二事：一曰对内，属于经济；一曰对外，属于军略。二者相需以成，各国行之，已有明效。东三省介于二强之间，俄日协约告成，分割可虑。移民实边，须用武装主义，合兵农而一，庶可救危亡于万一。拟请旨饬陆军部筹设屯田事务局，会同东三省总督，派员查勘绘图，划为屯田区，募丁屯垦，每区三百户，年成百区，逐年推广，由东三省及于蒙古、西藏等处，其经费以裁撤防营、缓办新军之费，改拨应用，并附章程三十六条，请核议施行等情。本股查东西列强竞争殖民，我国沿边土旷人稀，东三省尤多膏腴，自应急谋开辟，借杜窥伺。现在东三省总督正拟大兴屯政，与内地各省督抚商办移民之法，屡见报牍。奉天盐运使熊希龄辑有《移民开垦意见书》，于土宜地势、交通保护、设局分科及移民种类，分官费、自费、公司招雇、罪犯迁徙种种，详细筹画，内有参用兵屯一条，设立兵村，且耕且练，与该中书所陈，隐相吻合。所不同者，筹款之法，拟借外债，并闻已经东督奏请朝廷饬政务处核议，是东省官吏于拓殖事宜，未尝不锐意经营。该中书条陈，系仿日本北海道屯田规则，间有可采。惟称以裁汰防营、停练新军之费作为屯费，与陆军部政见不同，殊有窒碍。又所拟章程欲于京师设屯田局，隶于陆军大臣一节，恐遥制不便。陆军事繁，势难兼顾。又所拟招募资格，失之太严，恐应募者寡。此等事理，须由该管督抚遴派承办垦务官员，就地斟酌，变通核议，一俟筹有端绪，再与陆军部、农工商部会同办理。本股股员一再讨论，意见相同，理合恳请议长将余中书说帖咨送东三省总督察核，会商吉林、黑龙江两巡抚参酌办理，以实边圉而固国防。（"中书科中书余敏时陈请审查移民屯田以救边患一案报告事"，《资政院知会、折奏、章程、说帖、质问、陈请等案件》之《资政院第十一类审查陈请各案件》，清末铅印本）

资政院第一次常年会第三十号议场速记录

【标题】取消速设责任内阁折稿及讨论川路倒款案和预算案

【关键词】宪政编查馆　弹劾军机　宣统三年预算案　川路倒款

【内容提示】因朝廷下了著宪政编查馆拟定内阁官制的上谕，对于资政院速设责任内阁折稿是否继续上奏的问题发生了激烈争议，议员们大致分成两派，一派主张取消奏稿，一面主张继续弹劾军机大臣，要其负责任。最后经表决，折稿取消。讨论陈请川路倒款关系《公司律》存废议案，这个议案是四川保路运动一部分，乃清亡之导火索之一。议员们，尤其是川籍议员和邮传部特派员之间展开了激烈辩论，最后决定以邮传部种种不负责任而具奏。预算股员长刘泽熙报告宣统三年预算案审查的总结之说明。办理预算，此次系我国创举。他将预算定性为全国财政和政治的照相片，但政府提交的预算案，却无财政上、政治上之计划，其原因在于当时财政和政治不能统一，皇室经费和国家经费未能划分清楚，各省协拨款项数量不一。总之，"今日中国不图强则已，苟欲图强，非改良政治组织不可；不办预算则已，苟欲办预算，亦非改良政治组织不可。顷所言责任内阁也，新官制也，皆改良政治之根本策也，即改良预算之根本策也，甚望政府急起直追，于数月内见之实行。"

宣统二年十一月二十五日下午二点钟开议。

议事日表第二十八号：

　　第一，试办宣统三年岁入岁出总预算案，股员长报告，会议；

　　第二，大清《新刑律》议案，股员长报告，续初读；

　　第三，提议陈请川路倒款关系《公司律》存废议案，股员长报告，会议。

177号（李议员文熙）：本员有个倡议，请将本日议事日表第三改列第一，因为四川铁路事件非常紧急，报告书已经分布，众人都赞成，不过耽误几分钟的时候，就可以通过上奏。

众呼"赞成"。

议长：李议员的倡议，既经众人赞成，即提前会议。不过预算及《新刑律》两案，关系紧要，并且讨论极费工夫，故望诸位议员注意，对于川汉铁路一案，发言务必简单。

94号（王议员佐良）：上回请议长开秘密会议，议长已经允许，可否于明天、后天即开秘密会，并请议长咨询本院奏请展会。

议长：可以照办，还有几件议案归并一起开秘密会会议。

94号（王议员佐良）：并且请议长咨询本院可否奏请展会。

议长：光景不能不奏请展会。

97号（罗议员乃馨）：广东禁赌的议案已经表决过了，请议长早些上奏。

议长：可以从速上奏。

193号（顾议员视高）：前天会议的请速设责任内阁折稿，是否今天上奏？

议长：请稍待。本议长还要报告，今天到会议员共一百二十九人。

157号（尹议员祚章）：本议员质问度支部的说帖已经答覆了没有？

议长：已经催过，并对于质问说帖，凡各部院行政衙门未经答覆的，都一齐催过了。

议长：本议长现有一事咨询诸位，前次议决的请速设责任内阁上奏案，本拟今天上奏的，因为昨日奉了上谕，①已饬宪政编查馆赶紧编定内阁官制具奏。既然有这个上谕，就与这个奏折内所说的不符，所以昨晚又将此奏折撤回。现在咨询本院，这个上奏案是否应当取消？

109号（籍议员忠寅）：据本员的意思，昨天奉了上谕，著宪政编查馆速定内阁官制，前天的奏案不适用了，应该不上奏。这个奏稿归宿的地方是责任内阁，朝廷已经有旨，若再上奏就是不合。不过本员的意见，前天弹劾案奏折上了一回没有效力，所以再上一回弹劾案，这是资政院对于政府没有解决的问题，这就是将来国会对于责任内阁起冲突的一个基础。现在冲突已经起了，就不能不有个归宿的，有这回上谕，我们所说要责任内阁的话，是已经取消了。至于弹劾军机，却并没有取消。现在全国的事情，都注重在资政院对于政府的问题，若这个案作废，本员有些不以为然。据本员的意思，这个奏稿稍加修正就可以上奏。现在再要上奏，与前天的理由一点不算变更，还是要弹劾他不负责任或者再增加一点到归宿的地方，说现在全国的民命都托于二三大臣之手，非常之危险，就是责任内阁的时候，如果以二三大臣为之总理，也是非常之危险的。臣院受全国人民之盼望，不敢不说。至于怎么办法，出自宸断。这样上去，也没有不合的地方了。

130号（刘议员景烈）：还是用邵议员的初稿似更妥当。

121号（方议员还）：这个折子可以不必上了，本院的目的在责任内阁，现在朝廷已经允许责任内阁，这个折子再上去，于事实上就有些不合了。

153号（易议员宗夔）：这个折子是两端，一端是弹劾军机大臣，一端是责任内阁。此次折子虽没有上去，而厘定内阁官制上谕就出来了。但是我们对于弹劾军机大臣的问题还是没有取消，怎么呢？因为现在责任内阁要成立了，还是他们军机大臣主持的，就是将组织内阁，也是不成为内阁的，所以还要弹劾。籍议员倡议，本员很赞成。

议长：昨天晚上，因奉读速订内阁官制的上谕，就赶紧追回此折，打算今天咨询众位应否再递。如籍议员倡议的理由，多数以为可，自当照办。

121号（方议员还）：请付表决。

110号（于议员邦华）：这个事情是已表决过了，不过迟了几天，事体稍有变迁，然而内容还没有取消。所以这个折子只要请起草员稍为修正一下，就可以上去。

　　115号（许议员鼎霖）：据本员看这个事情没有什么难于解决的，大凡作一项事情，不要徒务虚名，我们总要就事实上作着实的工夫。我们折子归宿的地方是责任内阁，因为有前次的上谕，所以才有第二次上奏，并且有第二次的弹劾案。不料我们的折子还没有上去，昨天就有这上谕下来。据本员的意见，有这个上谕，还是我们弹劾的力量所致。现在说是负责任、不负责任，与朱谕不对，我们现在要弹劾，是怕该大臣等将来又作内阁总理大臣的时候，还是不负责任。如果到那个时候，我们再弹劾他，还可以行的。现在预算案是很要紧的，并且就要当场报告，本员对于这个弹劾的事情，似可以暂从缓议，暂时可以不必弹劾。

　　190号（吴议员赐龄）：现在奉天请愿国会四次代表驱逐回籍，军机大臣已经酿成亡国的祸根，有这上谕下来，中国是非常之危险的。军机大臣越不负责任的，就是责任内阁成立了，这一班军机大臣还是内阁总理大臣。我们现在若不弹劾他，恐亡国的祸胎更不堪设想了。现在东三省闹到这个样子，不是军机大臣不负责任的缘故，又是什么缘故呢？所以据本员的意见，还是要弹劾为好。

　　121号（方议员还）：本员意见与吴议员不同。试看立宪各国政府都是有一定的方针，大半是与国民意思两样的，所以立宪各国政府与人民多有冲突的时候。就我国请开国会的事情，虽说不准亦是平常的事，在日本当初亦是这个样子。吴议员这个话与上奏案并没有什么关系，不能如此说的。

　　190号（吴议员赐龄）：就如请开国会的事情，各省人民是一种披肝沥胆出于忠爱的本性，有万不得已之苦心。军机大臣他还说该请愿代表等是胡闹，这样看来，还不弹劾，要到什么时候才可以弹劾？

　　109号（籍议员忠寅）：本员看前天的上谕，对于请开国会的代表那个事情与资政院没有关系，不过大家主张说是昨天有这个上谕，今天折子不上了。这个理由请大家想一想，到底这个话是根据什么地方？原来大家议决的弹劾案那个时候，岂不知道朝廷先有一个上谕说是从速组织内阁吗？此次上谕著宪政编查馆编定内阁官制，在本员的理想，大家也是知道的。要说是因朝廷既有组织内阁的意思，已经饬宪政编查馆赶紧编定官制，而本院将前次表决的奏案就要取消，可是与本院的宗旨大不对了。本院之所以要上这个弹劾折子，是什么理由呢？因为大家认定军机大臣不负责任，将来资政院的地位非常之危险，就是资政院议决的事，恐怕毫无效力，所以必须要请申明军机大臣的责任出来，弹劾军机大臣不负责任，就是希望生出一个自然之结果。到归宿的话怎么说呢？因为军机大臣不负责任，不足担任立宪的责任。这个话一点不错的，大家的意见都是一致的。既然是这样说，然则昨天上谕说是编定内阁官制，对于弹劾的理由一点没有取消的，所取消的就是责任内阁，朝廷已经饬宪政编查馆编定内阁官制，似无须再请了。那个样子，在归宿的地方改动一两句话就是了。前天的文字是没有多少可以改动的，请大家想一想到底是不是。

议长：不必讨论。今天议事日表所列三件，因为预算案、《新刑律》关系很要紧的，亦且要赶紧议决的，如果现在要把这个事情讨论起来，这个议事日表就要耽误了。我们可以等有工夫的时候再行讨论此事。

某议员：请付表决。

153号（易议员宗夔）：没有什么讨论，请再修正末后几句就行了，无须表决。

178号（高议员凌霄）：我们从前表决弹劾军机大臣，是因为军机大臣不负责任，我们弹劾的目的就是组织责任内阁。现在已经奉上谕饬宪政编查馆赶紧编定责任内阁官制，是这个组织新内阁已经成功，我们的目的已经达到了。我们此时但宜敦促宪政编查馆编定官制草案速行上奏，成立内阁，为我们资政院负完全责任。至某议员谓我们对于政府责任内阁成立之后，恐怕他又不负责任这个话，并料将来，没有根据法律、学理俱是不能说的。据本员的意见，这个弹劾案就可以取消了。

153号（易议员宗夔）：高议员的话很不对的。弹劾军机大臣是弹劾他不负责任，他这个军机大臣不负责任，对于资政院今年议决的事情，恐怕一点效力都没有。就是责任内阁，都是明年的事，试问资政院今年议决的事情是要他有效还是要他无效？

109号（籍议员忠寅）：这个事情讨论已久，本员向来不取破坏主义，是取保全主义的。不过大家要仔细想一想，现在这个上谕出来之后，大家认为可以证明军机大臣负责任了吗？我们的折子就可以不上了吗？如果这个上谕与军机大臣负责任不负责任没有关系，我们就总为证明军机大臣能否负责任。这样看来，我们上奏案的内容一点都没有取消。为什么呢？我们上奏是专说军机大臣不负责任。假如有一天军机大臣负了责任，我们上奏案就应该取消。然现在军机大臣没有负责任，而我们不得不证明他不负责任的（他）[地]方，所以这个上奏案就断不能取消。

48号（陈议员懋鼎）：籍议员所说的话与那天起草员宗旨不对了，那天起草员的折子后头归结到责任内阁，并不是归结到要军机大臣负责任。如归结要军机大臣负责任，现在上谕但说设立内阁，我们的目的没有达到，还可以说。既是折子后头归结到责任内阁，有了昨天的上谕，我们的目总算是达到了。既然目的已经达到了，这个上奏案就可以取消的了。

109号（籍议员忠寅）：这一篇上奏案那天表决的时候，陈议员在座，是否请速设责任内阁？

48号（陈议员懋鼎）：那天本员没有赞成，因为这个奏稿引了朱谕，前后不贯，所以表决时候，本员没有起立。

109号（籍议员忠寅）：本员不是说贵议员赞成奏稿的话，是问贵议员是否在席？这个奏稿末尾虽是说请速设责任内阁，通篇的文字是不是弹劾军机大臣不负责任？如果是这个话，现在是没有取消的，这是第一层。第二层，前天那个折子末尾请速设责任内阁，昨天的上谕饬宪政编查馆赶紧编定内阁官制，编定官制与责任内阁还是两件事情，这个期限还没有领出，责任还没有定出。昨天上谕是说赶紧速定内阁官制，还不是责任内阁就成立了。所以这个折子并不是没有话说，不过恐怕我们这边的理由稍有一点不足，恐怕上去之后，朝廷说已经著宪政编查馆编定官制了，一定说应无庸议，所以现在请速设责任内阁这一层总要去了。这是我们内部变更的方法。我们的目的始终是因为军机大臣不负责任，才发生这个奏稿出来。所以军机大臣不负责任这一层，是没有取消的。

48号（陈议员懋鼎）：这个奏稿的结果总是说责任内阁，譬如我们这个奏稿上去之后，上谕下来也可以照昨天的上谕下法，可见上奏与无上奏，其结果都是相同。若说上谕并未申明内阁即刻成立，还不算为责任内阁，此语实为牵强。上谕明明饬宪政编查馆速定内阁官制，若使内阁官制不定，则内阁何以成立？据籍议员所说，与前次起草员的本旨实是不符，请大家注意。

137号（邵议员羲）：上奏与否，请付表决。我们讨论这个无价值的事情，光阴很可惜的，并且与资政院规则有碍。

144号（胡议员柏年）：现在这个表决是第四回表决了，议了一件事，表决之后又要表决，太不成事体，此次可以不必再行表决。

84号（严议员复）：这个折子本员以为可以不必上了，何以故？军机大臣负责任与否，本非弹劾的问题。若是要弹劾军机大臣，必定说到误国殃民的地方，都要有凭有据，不能以空空洞洞的文字就算是弹劾的理由了。况且本朝向来定制，军机大臣本来对于君主负责任的，现在不过要他对于资政院负责任，这是向来未有的，不能作为弹劾的资料。照昨天的上谕，已经饬宪政编查馆编订内阁官制，然则本院的第二次奏稿，更不适用了。所以本员对于这个奏案，只有取消的一个办法。

121号（方议员还）：对于严议员的话不赞成。《资政院院章》十七条、十八条、二十一条都是军机大臣同资政院对待的，军机大臣既是同资政院对待，就应该负责任的。

190号（吴议员赐龄）：要把《议事细则》所定"不得更正表决"一语先行改正，改正之后再付表决。

73号（汪议员荣宝）：本员提起讨论终局的倡议，请付表决。

声浪错杂，议场骚然。

190号、110号、73号、193号同时发言。

议长：不得同时发言。

168号（李议员素）：弹劾军机奏稿迟之又久，没有上奏，无非是调和的意思。况昨天上谕与弹劾军机何涉？今竟援为口实，欲将奏稿取消，为军机大臣计，则得矣；我们资政院何颜以对天下？

110号（于议员邦华）：这个事情没有变更的，这个弹劾案从何处发生起呢？因为朱谕说"军机大臣负责任、不负责任，非资政院所得擅预"，我们资政院要不弹劾军机大臣，是默认军机大臣不负责任了，何等的危险！向来上谕由军机大臣拟旨，却是善则归己、过则归君。这个事人人知道的，无烦辩论。要弹劾军机大臣不负责任，是全国一致的。要不弹劾，我们议决的事情只好件件取消，资政院也可以不要。

109号（籍议员忠寅）：本员先要答覆陈议员的话，还未说完。陈议员所说昨天的上谕既经下来，上奏与否都是一样下法，假如折子在先，后奉上谕，算是有结果否？如果以此为结果，还要上奏做什么呢？这话本不错，须知我们上奏有个目的。假如上奏后生出这个结果，或者我们没有上奏，朝廷已规定军机大臣的责任，我们原可以不必发出这个冲突来。并不是发生一件事，资政院要居功的。我们上奏说军机大臣种种不负责任，不过归宿的地方，请速设立责任内阁。这个所请的是专主内阁机关，不是请编定内阁官制而言，这个上谕与我们的折子并不是针锋相对，所以还是可以弹劾的。

48号（陈议员懋鼎）：上奏宗旨是设立责任内阁，现在上头既叫宪政［编查馆］编定内阁官制，即是这个宗旨。至于编定官制乃是应该的手续，没有官制怎么能成立责任内阁呢？据本员看，我们资政院现有了改定筹备清单的议案，应将此案办理，望大家注重才好。

74号（陆议员宗舆）：大概盼望责任内阁是全院一致的。现在既有催定内阁官制的上谕，这折稿就应该取消了。但仍若专向军机说话，只求有责任军机，不必要责任内阁，则反于立宪政体愈说愈远，这个宗旨本甚明白。

方议员还、文议员溥同时请议长付表决，不必讨论了。

吴议员赐龄、方议员还同时发言，声浪错杂，议场骚然。

129号（汪议员龙光）：现在议场状态，一方主张仍要弹劾，一方主张不再弹劾，显分两派。主张不再弹劾一面，也不是趋奉军机希图富贵之人，因为我们目的重在促设责任内阁，现在有上谕饬赶紧设立内阁，则目的已达。至军机一日不负责任，则一日应弹劾，此本员向来所主张的。然风闻庆亲王又有辞职的消息，②他又早早躲在君主背后，要我们弹个落空，于事实上可决其无效。现距闭会日期不过五天，我们要他负责任为议院之对待，便算如我所请，也不过作两三天之对待，况且决办不到，此主张不弹劾之理想也。至主张仍要弹劾一面之人，未尝不知于事实上决无果效，只为心潮太热，明知无效，作为万一有效之思想。且明知议场通不过，而持这一派言论，总觉得于资政院有价值，自己的名誉也好些，此主张仍要弹劾之理想也。看来两说均有道理，万不能以这一方面言论牺牲那一方面言论，请议长付表决为是。

众议员请付表决，吴议员赐龄等数人主张不再付表决。

115号（许议员鼎霖）：在法律案三读的时候，还可以更动。现在既有两方面的主张，资政院是取决舆论的地方。如果理由正当，就不怕表决。

109号（籍议员忠寅）：就请议长付表决，情形既有不同，是应该付表决。不过从前议决的事体，我们总要想一想为什么议决。大家心里既是为军机大臣不负责任，所以才议决这个弹劾案。资政院对于政府有冲突的价值，因为当预备立宪时代，全靠政府负责任，若不负责任，是非常危险的。这个问题如果不能解决，一定没有效果的。因为种种困难的情形，才对于军机有这样冲突。若轻轻把从前理由取消了，则困难必日倍一日。试问：何以把最大的目的取消呢？现在一方面请责任内阁赶紧成立，在昨天的上谕不过是编定官制，我们还可以请明定期限，所以这回奏案并非全行取消。

137号（邵议员羲）：籍议员所说的话，本员也赞成的。但前天议决的事体是什么？现在又说到什么？这是彷徨游移，毫无宗旨。

109号（籍议员忠寅）：这话不错，不过邵议员说本员彷徨游移，毫无宗旨，因为本员已说过归宿是责任内阁，这个上谕所说的官制，并非责任内阁。本员现在并没有宗旨前后不合的，不过大家的意思请变更责任内阁这一层，不能再对内阁说话，这是无可如何的办法。就是军机大臣种种不负责任——对皇上说明，请宸断办法，亦未尝不可。

178号（高议员凌霄）：方才籍议员所说，本员有个申明。我们前天议决的弹劾案，大家是希望军机大臣负责任，抑希望内阁大臣负责任？如是望军机大臣负责任，当然要一弹再弹；如是望内阁大臣负责任，现在已奉上谕速行组织内阁，则是军机处是将就消灭的机关，军机大臣是将就退位的人物，我们又何必再三为他请皇上明定责任，巩固他数十日的地位。

众议员请表决。

议长：现在众议员意见分歧，不能不付表决，但现在应先表决哪一层？

众议员请表决取消奏稿。

议长：如此就先表决这一层，赞成取消奏稿者请起立。

众议员起立赞成。

议长命秘书官数算起立人数。

议长：赞成取消者八十五位，是多数。

议长：现在由秘书官报告文件。

秘书官（张祖廉）承命报告文件。

议长：方才秘书官朗读陈请股报告审查安徽谘议局陈请按照新币制定丁漕画一征收方法说帖，关系全国利害，现在咨询众位应否会议。

134号（余议员镜清）：未听得清楚，请再说明。

议长：安徽谘议局陈请征收丁漕画一方法说帖，经陈请股审查，认为关系全国利害，然应否会议，须咨询本院，这是陈请股报告的。如听不清楚，再由秘书官朗读一遍。

秘书官（张祖廉）再读报告书。

议长：现在咨询本院，是否应会议？

130号（刘议员景烈）：新币制还没有出来，此事可无庸交议。

123号（江议员辛）：明年正月新币制就要颁布，贵议员看见了没有？

196号（牟议员琳）：陈请股审查既可作为议案，即应交付会议，章程没有咨询本院一条，请不必咨询。

123号（江议员辛）：请议长交税法公债股审查。

121号（方议员还）：要咨询本院。应交会议、不应交会议这个事体，是应当咨询的。

178号（高议员凌霄）：作为应交会议就是了。

议长：如此，就作为应交会议之案。

秘书官（张祖廉）接续报告文件毕。

48号（陈议员懋鼎）：本员前次有全院股员会细则草案，已经报告过了，请议长下次会议列在议事日表。

议长：可以照办。

149号（罗议员杰）：请问议长，修正筹备清单审查了，怎么还没有报告？要请股员长报告，请议长问一问，到底何以还不报告？

123号（江议员辛）：本员前天有个质问陆军部的说帖，怎么现在还没有报告？

议长：现在还没有印好。

149号（罗议员杰）：请议长问特任股员会是怎么样？

15号议员（那亲王）：这个筹备清单案已经开过三次股员会，其第三次开会时，本员因事未到，系由副股员长籍议员忠寅代理，至审查如何结果，请议长问籍议员便知。

149号（罗议员杰）：明天报告才好。还有一层，剪发议案已经报告过了，现在是怎么样呢？

153号（易议员宗夔）：剪发案请议长从速上奏。

议长：现在正拟奏稿。

99号（陈议员瀛洲）：本员于未会议以前有几句话简单说，请在本座发言，议长能否允许？

议长：可以发言。

99号（陈议员瀛洲）：前天东三省代表为速开国会的事，陈请书已经递到本院，此次无论有无效果，已经议长允许即交陈请股审查，代表人等是感激不忘的。但是前天上谕非常严厉，凡我臣民皆当遵守。况我资政院为立法机关，是极有价值的，万不能因东三省人民再四请求。惟本员有几句话，要向议长及我全体议员报告。东省代表十二人于前天早八点钟已经由巡警押送回籍，还有四人留在内城总厅，始终不肯回去。今天早晨复由总厅派令巡警数名，强迫送至车站，勒令回奉。上火车的时候，有跳下火车碰坏头颅的，甚有顿足捶胸、痛哭流涕，令人耳不忍闻、目不忍睹之情状。据本员看来，此事恐怕不能中止。盖东三省人民对于四次请愿非常激烈，悬想将来，难免有不辞艰险、不避斧钺，接续来京请愿者。果有此举，恐难得良好之结果。所以本员对于这件事再四踌躇，万分焦灼。请求议长咨询本院，对于此次请愿有什么完善办法，以防隐患而保大局。东三省幸甚，全国幸甚！

议长：本议长对于这个事情极为注意，至于咨询全院，恐一时也无妥善办法。今天还有要紧议案，可以先行开议。

众呼"请议长宣告开议"。

议长：方才李议员文熙倡议将议事日表第三川路倒款案改列第一，提前开议。已经多数赞成，请股员长报告审查的结果。③

11号（盈将军议员）：那两天本员请假，由副股员长牟议员说明。

196号（牟议员琳）：原案是说川路倒款，邮传部不负责任，有三个理由。

73号（汪议员荣宝）：请简单报告。

196号（牟议员琳）：原案是说川路倒款，邮传部不负责任，有三个理由：在光绪三十三年有四川人涂熙雯以川路公司亏挪款项，请邮传部查办。邮传部派主事王宗元到成都去查，而上海、宜昌、汉口都未去查，这是不合的第一个理由。今年六月上海倒款一百几十万，经理人是施典章，而用施典章者就是乔树枏。当川路没有倒款的时候，上海道就向邮传部打电，叫他去查办，说施典章拿远期庄票作为存款，以此掩饰调查员耳目，因此来邮传部请示。邮传部也没有派人去查，以致此公司倒了一百多万以后，接续倒至二百万，此邮传部不负责任第二个理由。川路倒款以后，四川京官在邮传部及都察院递呈，邮传部因咨行四川总督去查倒款。在上海，邮传部不电咨江苏巡抚、上海道勒追，而以一纸空文咨行四川总督，已属有意推卸。至上谕下来，交邮传部查核，事经二月，该部并未设法维持，此邮传部不负责任第三个理由。本股员会审查这个说帖很有理由的。邮传部管理全国的路政，无论商办、官办，就有监督之权、保护之法。对于四川铁路倒款，邮传部经六个月之久，并不去设法维持，而四川铁路总理乔树枏又是邮传部奏派的，就应该将乔树枏请旨处分。况邮传部对于公司总理既有奏派之权，该总理若不称职，就有查办之权。所以本股员会审查结果，应请旨饬下邮传部令总理、司事等赔偿倒款，一面将川路总理按照《公司律》须由股东公举，乔树枏是邮传部奏派，并不是股东公举的，邮传部于用人一节，既不慎重于前，于倒款一事又不着实查办于后，实足为邮传部不负责任之确据。而所倒之款，邮传部应该向经理人押追出来，不得任其无着落。本股员会审查的结果大概是如此。

82号（陈议员宝琛）：前天乔树枏有陈请说帖，说施典章不是他用的。

议长：乔树枏亦递有说帖一件，已交陈请股审查，陈请股员长将审查该说帖情形说明，以便各位议员参考。

121号（方议员还）：四川铁路的事情有好几个说帖，都是着重乔树枏、施典章，说是施典章亏空，乔树枏不能不担责任，所以攻击乔树枏。而乔树枏也有说帖，他的意思以为川路总理共是三个人，一个在四川，一个在宜昌，一个在北京。总理担责任固然是应当的，然而三个人应当连带担责任，不能乔树枏一个人担任，这是第一层。第二层，乔树枏没有作总理的时候，施典章已经在公司内〔责〕任事，并不是乔树枏位置私人，这是两个意思。施典章既是朦蔽，应该三个总理一同担任。他以为驻京总理没有管钱财，就不能担责任。方才报告书上说是不负责任。本员是陈请股之一，据原书上审查，乔树枏信任施典章不负责任这一层，这个应当修改的。

177号（李议员文熙）请发言。

议长：现有张议员政、刘议员纬提出报告书修正案，应先请发言。

180号（刘议员纬）：先请李议员演说之后，再行申明本员修正理由。

177号（李议员文熙）：川汉铁路究竟是关于一省还是关于全国，在本员以为实关系（东）[西]南大局。若川汉铁路不通，则川藏、川滇、川黔铁路均无着手处，商业发达尚是第二问题，万一一旦有警，用兵、运饷，动经数日，其危险有不可思议者。关系既如此其大，我辈即当尽力维持，方是正当办法。《资政院章程》凡关系本省事件、本省人不得与议。现在关于本省事件，几成一唯本省人始得议之，此种现象，本员并不赞成。盖畛域观念，资政院不宜有此也。川汉铁路一败坏于官办时期，再败坏于商办时期，总之皆邮传部不负责任所致。何以言之？他省商办铁路皆是自由投资，川汉铁路则系强制入股；他省商办铁路为少数资本家入股，川汉铁路则为一般人民负担，以至各厅、州、县抽收租股，披枷带锁，无地无之。此等敲骨吸髓之股本经营之商办铁路，邮传部对此应当极力维持，方是正当办法，乃邮传部现在不然，不唯不维持，反一味破坏摧残，以为商办铁路非邮传部责任内的事情，且若立于反对地位，非达破坏摧残的目的不止者。请就川汉铁路情形为诸君简单一言：光绪三十三年前官办时，西藏挪用数十万，铜元局挪用二百余万。试问：四川人民所负担者是路款乎？抑西藏、铜元局经费乎？川人明知而不能言，言之而亦无效。邮传部有主持路政之责，胡为任川督之任意挪用而不一言，此其不负责任者一。嗣后锡督奏改商办，川人因见亏挪太巨，呈请邮传部派人查账，所查的（从）[仅]成都总公司账目，其他上海、宜昌、汉口等处，并未去查，只以路远难查为词了事。昨年十月川省开股东会，本员与会，官办时经数年，总账仅存一册，此中黑暗可以想见。邮传部非不知也，胡为置之不问？此其不负责任者二。然我川人以为官办之往事已矣，整顿于商办时期，或可收之桑榆，乃邮传部又不遵照《公司律》，硬行奏派三总理：一驻成都，一驻宜昌，一驻北京。据乔总理说帖三权分立，究竟权限如何划分，有无明文规定？现在已经倒款，究竟哪一个总理负责任？邮传部能指定否？不但此也，汉口有管款者，重庆有管款者，皆系总理委任。胡为上海管款之人，则用奏派，其理由安在？当日用心，得勿以为若有危险，三总理不负责任乎？胡为不施之于重庆、汉口？此等非鹿非马政策，令人百思不得其解。然往事已矣，现在上海倒款事在六月，上海道曾经电京，邮传部未尝不知，当时胡为不派人迳赴上海？此不可解者一。以后川人公呈察院，转咨邮传部，徒以一纸空文，又咨行川省，胡为不迳命苏抚严追倒款？可见邮传部有意延缓，此不可解者二。

某议员：请简单发言。

177号（李议员文熙）：嗣后川人又复公呈邮传部，邮传部亦未尝过问。然此犹可谓人民一方面陈请，邮传部向来漠视也。嗣后又由四川京官邓镕等呈请都察院代奏，奉旨交邮传部知道；又由甘大璋等据请直奏，奉旨邮传部查核具奏。邮传部既经两次奉旨，似宜勉尽责任，认真查办。胡为距倒款的时候已经五月，距奉旨的时候已经两月，邮传部仍无一定办法，不知道邮传部用意在什么地方？（拍手）邮传部对于国家负朝廷的命令，对于人民负人民的希望，吾不知邮传部将何自解。总之，欲谋国家发达，必先谋交通机关发达。而交通机关之能发达与否，则视邮传部之能尽职与否。现在邮传部对于商办的铁路，不惟不提倡维持，反觉处处破坏，于邮传部一方面甚为得计者，真不知邮传部用意之所在。（拍手）譬如营造一屋，邮传部负监工之责，不但不督促工人赶办，反阴纵工人偷去材料，而不知究。如此欲求屋之造成，难矣。现在邮传部放弃责任，听其破坏，何以异是！本院有监督行政之责，欲谋国家发达，而以交通权之责任，委之现在不负责任之邮传部，国家恐永无发达之一日。故非极力弹劾，使之负责任不可。报告书原系援据一百零六条具奏，据本员意思应用二十一条为是，因为浙江铁路一案系援据二十一条，川路情形较重故也。

议长：张议员政、刘议员纬对于报告书提出修正，请即说明理由。

180号（刘议员纬）：这个四川铁路公司有三个总理、六个监督，种种腐败情形不必再说了。倒款的种种情形，审查报告书已经说明，亦不必再说了。但就邮部不负责任之处，对于审查报告书略有修正意见，其修正之理由不能不简单说一说。邮传部主持路政，对于商办铁路、官办铁路，无论如何应有维持查办之责，况川路三个总理之中，乔树枏居上级机关，实负监临主守责任。互相推诿，都不负责任。乔树枏为邮传部奏派之人，乔树枏与邮传部对于川汉路政均负伟大责任，实属毫无疑义。故倒款在施典章，而继归咎于乔者，因乔之不负责任也。不负责任在乔，而终归咎邮传部者，因邮部之不负责任也。乔总理不负责任，关系在四川之铁路；邮传部不负责任，关系不仅在四川之铁路。此次倒款过巨，迟延已久，若不再为设法极力维持，此风一长，不独川路未倒之款可危，推之全国商路前途，亦必因而大受影响。所以川路倒款，初仅十余万，继且百几十万，今又倒数十万，通共二百多万，推其后，不至全路之款倒闭不止也。一省如此，他省随之，不至全国商办之款倒闭不止也。邮传部种种不负责任如此，审查报告书仅照《议事细则》一百零六条办理，实不足以儆戒将来，维持路政。据本员意见，想照《院章》二十一条办理，至川路总理、经理人等倒款之罪，应照《公司律》一百二十九条办理。从前三个总理应即撤销，以后举总理、司事人等，必照《公司律》七十七条办理，方为正当。此本员修正之理由也。

121号（方议员还）：请刘议员发言简单一点，大家既多数赞成了，贵议员可以不必多说。

180号（刘议员纬）：本员修正的意思不能不如此说明。

178号（高议员凌霄）：四川的事情关系甚大，倒款至有二百余万之多，皆是四川人民膏血。现在审查报告是很完备的，我们资政院应议的事很多，不能专讨论这件事情。本员简单说明两句，请议长即付表决就是了。此事自六、七月以至今日，我们四川京官到邮传部一再具呈，奔走呼号，焦头烂额，毫无成效。邮传部不负责任，我们资政院大家是应当注意的。表决之后，应请即行上奏，这是四川人民引领翘足以待的，请议长宣付表决。

邮传部特派员（梁士诒）：本员可否发言？

议长：可以发言。

邮传部特派员（梁士诒）：这个川汉铁路倒款的事，看这个报告书上所说与事实上实实在在有不符的地方，不能不说明一遍。当光绪

三十三年邮传部派人去调查此路账目，到宜昌、汉口、上海等处。（语未毕）

130号（刘议员景烈）：请说话声音大一点儿。

邮传部特派员（梁士诒）：从前光绪三十三年邮传部特派员王宗元、费道纯清查川路款项，后来他们回覆清查这个款项，就收、支、存三款，按月钩稽，收款以簿为凭，且有各州县禀报册文并票据为证；支款亦以簿为凭，以每月报册并四川总督批准印文为凭；存款则以月报为凭。王宗元未到〔列〕宜昌、上海两处，当时宜昌事宜是沈致坚管理，上海是施典章管理，每月均有报告册交到总公司，当时打电报到宜昌、上海去问过的，均有电文回覆即是凭证，并不是无从调查。惟是光绪三十三年之时，施典章并未闹出亏空，至于今年上海钱庄倒闭的事体，现在陈请书与报告书都说上海倒款，邮传部并没有过问；又说上海道有电来而邮传部不覆，这是不对的。其实上海道并没有电来，邮传部却曾先有电到上海道，而上海道却没有覆电。这一层股员会应该问问邮传部有这件事没有？本员把宣统元年七月二十日邮传部发上海道的电报念给诸位听一听，上海道接到邮传部这个电并没有回覆。

177号（李议员文熙）：既然是上海道没有覆电，邮传部何以不再打电去问他。

邮传部特派员（梁士诒）：已曾打电问过的，以后还是没有回覆。

177号（李议员文熙）：邮部再打一电去，既不回覆，何妨再打一电呢？

邮传部特派员（梁士诒）：请慢慢儿听底下的话，可以不必如此之忙。

151号（黎议员尚雯）：上海道蔡乃煌既然是不回电，邮传部为什么不参他呢？

邮传部特派员（梁士诒）：贵议员的话听不清楚。

178号（高议员凌霄）：铁路事情关系全国人民财产，无论国有、民有，邮传部都应该维持监督的，四川铁路此次在上海倒款如此之多，自六、七月以来，四川京官一再请都察院代奏，又前后奉上谕两次，贵部仍没有着急办理。现在在宜昌总理李尧琴到上海去清理存款，又查出侵蚀之款复数十万两，贵部毫无觉察。试问：商办的铁路是不是归邮传部管理的？

邮传部特派员（梁士诒）：本员现在所说的才说到七月二十日的事情，俟本员说完之后，再请质问。七月二十日的电报，上海道没有回覆。后来四川铁路总公司与四川股东于八月二十日以前并没有呈请邮传部代为追还的话。邮传部见上海道没有回电，于是派了银行中人去查款目，从这边调查出来，正元等钱庄倒了，川汉铁路的款已开列到商会去，旋于九月二十二日由度支部主事杜德舆等说是川汉铁路倒款甚巨，具呈到邮传部。这个商办铁路应以股东为主，请问各位：普通商业的法律，随便哪一种人都可以来部控告，可以不可以呢？那是一定不行的。必须股东才可以控告，杜德舆等以个人的资格，焉能来本部控告呢？

182号（万议员慎）：报告书上说上海已经亏空二百多万，邮传部何为不去问乔树枏呢？现在邮传部特派员说了千言万语，何为独不提乔树枏三字呢？

邮传部特派员（梁士诒）：乔树枏并没有将账簿送到邮传部来。

182号（万议员慎）：必要杜德舆到部控告，邮传部才晓得那乔树枏所管何事，邮传部又所管何事？

邮传部特派员（梁士诒）：不要肆口漫骂。至杜德舆等于九月二十二日具呈到邮传部，邮传部从前已经派上海道查办，这还有什么话呢？随后甘大璋、邓镕等呈请都察院代奏，奉旨交邮传部知道，又奉旨交邮传部查核具奏，故再行派员查办。

81号（章议员宗元）：请单简发言，我们还要报告预算。

邮传部特派员（梁士诒）：照中国规则，奉旨查办未完的事情，不应当宣布。请问议长：可以当大众宣布否？

议长：若贵部不以为秘密事情，可以宣布；若以为秘密，就请不必宣布。本议长不能代决。

邮传部特派员（梁士诒）：按照中国规则，查办未完之事，不能宣布。

177号（李议员文熙）：贵特派员认为不能宣布就不必宣布了。本员请问贵特派员：商办铁路与官办铁路性质虽然不同，而商办铁路与商办铁路总应该是一样。何以邮传部对于他省商办铁路只派一个总理，而对于四川商办铁路必要派三个总理？据乔总理陈请书谓三权分立，驻京总理之权限如何？驻宜昌总理权限如何？驻成都总理权限如何？何以一经到款，互相推诿？请邮传部特派员说明权责所在。

182号（万议员慎）：四川倒款如此之多，邮传部何以置之不理？现在何以并不提乔树枏一个字呢？这是什么意思？乔树枏辩证书中说"承商邮传部"，所承商者是何事呢？

177号（李议员文熙）：施典章是奏派的，邮传部何以对于他省管款之人不奏派，而独对于四川管款之人要奏派？何以对于四川重庆、汉口管款之人不奏派，而独对于上海管款之人要奏派呢？

邮传部特派员（梁士诒）：施典章并不是邮传部所奏派的，是四川总督所奏派的。

177号（李议员文熙）：四川一路用三个总理，邮传部既然知道与《公司律》不合，为什么不过问呢？

邮传部特派员（梁士诒）：当初这三个总理是四川人民呈请邮传部代奏的，假如邮传部当时不代奏，四川人民又要说话了。

180号（刘议员纬）：请问贵特派员，既经上海道电禀及京官杜德舆等呈请查办，邮传部不将乔总理照监守自盗例奏请惩办，复不电饬上海道就近勒追，殊不可解。揣邮传部之心，非不知上海倒款，应该饬上海道查究，实与川督无涉，然竟以一纸空文咨回四川总督者，即系有意迟延，不达破坏商办之目的不止也。

邮传部特派员（梁士诒）：上海的一部分已经派人去查清账目，三家钱庄的倒款，将来必要设法一律追还的。

177号（李议员文熙）：邮传部特派员到资政院说话，应当负责任。贵特派员既说一律追还，将来若倒款不能一律追回时，应惟邮传部是问。

邮传部特派员（梁士诒）：本特派员说是一律追还，本是应该代追的，至于追不回来，无论哪国官厅，都未有替人偿还债的理。请问贵议员这个说［法］根据的法律是在何处规定的？

180号（刘议员纬）：三个总理不合《商律》，邮部岂不知之？知之而故听之，致使三个总理互相推诿，是罪在邮部，而不仅在三总理也。川人对于倒款一事，问之成都总理不知，问之驻宜总理不知，问之驻京总理又不知，问之邮传部，而邮传部又仅以一纸空文咨回四川总督，所以四川人民杨重岳等蹈十刹海，种种痛苦，实出于无可如何之举。既经京官杜德舆等两次据情具奏，摄政王知是邮传部责任，所以又两次谕旨均饬邮传部查办。邮传部应即照《公司（例）［律］》一百二十九条办理，方为合法，何以迟至二三月之久？对于此事毫不注意，是邮传部之玩视路政，破坏商律，实属毫无疑义。

196号（牟议员琳）：不必再讨论，请议长速付表决就是了。

邮传部特派员（梁士诒）：三个总理是四川人民选举来的，邮传部可以不认吗？方才所说查办未完的事情，李议员说不必宣布，本员就不必宣布了。至于邮传部第一回奉旨交到查办的事情，邮传部已经派了两个司官去查办，将来自然照一百二十九条《商律》办理的。

73号（汪议员荣宝）：请简单发言。

177号（李议员文熙）：就请议长宣付表决。

议长：现在还有张议员政、刘议员纬的修正报告书亦当表决。

180号（刘议员纬）：请议长命秘书官朗读本员修正稿。

议长：现在由秘书官朗读张议员政、刘议员纬的修正报告书。

秘书官（曾彝进）承命朗读修正报告书。

议长：现在表决张议员政、刘议员纬修正报告书，拟即参入报告书中，赞成者请起立。

众议员起立赞成。

议长：多数。

151号（黎议员尚雯）：上次表决弹劾的时候，议长说取消这个奏稿，并不是取消这个问题，请议长另行指定起草员。现在内政、外交种种失败，此等军机大臣岂能辅弼朝廷，实行宪政？况军机大臣所保用的张人骏、冯汝骥、杨文鼎等各督抚，在地方弄得太坏，而军机大臣既不过问，且为袒庇，即此一端，亦可弹劾。

议长：奏稿已经取消，今日不能再行讨论。因为预算案甚为紧要，应先会议。

151号（黎议员尚雯）：预算固是要紧，而弹劾军机亦很要紧，因为军机大臣不负责任，非本院所能过问，是军机大臣如神圣不可侵犯，而君主反为军机大臣受过矣。应请议长指定起草员再行弹劾。

48号（陈议员懋鼎）：已经表决过取消奏稿，即是取消议案。请议长就宣告开议预算案。

议长：现在议议事日表原列第一之试办宣统三年岁入岁出总预算案，请预算股员长报告审查之结果并说明理由。

62号（刘议员泽熙）：这部预算最为繁难，审查之时，将中国政治腐败情形及财政危险情形都已看出，故今天报告不能不多说几句。但本员报告都是大概情形、大概数目，其详细处，拟委托各科审查长分别报告。政府所提出之预算案，计总册四十二本，分册八十一本，又追加预算二十四本，后经政府陆续送来各处原册计三千二百八十余本，股员会以四十日之光阴，竭四十八人之精力，逐日钩稽，稍稍得其端绪。今日期限已届，例应报告，兹先报告预算案之内容；其次报告审查预算之情形；其次表示本员对于改良预算之意见。其一，报告预算案之内容。预算案内容劈分两大部，一岁入，一岁出。岁入以田赋为大宗，盐课、关税、厘捐次之。岁出以军费为大宗，外债费、财政费次之。岁入二万万九千余万，岁出三万万五千余万，不敷者五千四百余万。岁入、岁出均分经常、临时两门，而岁出又分国家行政经费、地方行政经费两部。其表面上之体例，固与东西各国预算册无甚区别，但精神上不无缺点。缺点维何？一则无财政上之计划，一则无政治上之计划也。原来预算性质，从一方面观之，则为全国财政之照相片，故编制预算，不可不有财政上之计划；从全体观之，则又为全国政治之照相片，故编制预算，不可不有政治上之计划。今政府所提出之预算案，果有财政上之计划否乎？果有政治上之计划否乎？是一疑问〔题〕也。谓其有财政上之计划，则必准各国预算之原则、原理为收支合用之准备。今其内容，出入不敷者五千余万，而全部预算册内，究无何等弥补之方法，则不得谓为有财政上之计划无疑也，其缺点一。如谓其有政治上之计划，则必内审查本国现状，外观各国趋势，以定大政之方针。今其内容，所载军事行政、教育行政、经济行政，果注重何事，实不能得其要领。推其意，几欲皮貌各国文明政治，于一二年内悉举而推行于我国；旧日腐败之政治，又不忍涤荡而廓清之。于是新的、旧的，文明的、腐败的，纷然杂陈于预算案内，毫无损益缓急之区别。此不得谓为有政治上之计划无疑也，其缺点又一。虽然此二缺点也，究竟是何原因？一再思维，当编制预算时，并非政府不愿为财政上之计划、政治上之计划，实以处于现在制度之下，其势有不能为财政上之计划者也。盖一则因财权之不统一，一则因政权之不统一。何谓财权之不统一？我国财务行政本仍袭封建遗意，中央虽有一财政机关，不过拥一稽核之虚名而已。无论田赋、无论盐茶、无论其他课厘一切征权事项，皆归各省督抚管理，因此乃生出一个现象，即中央政府与地方政府恍为民法关系，互立于债权者与债务者之地位也。有时中央政府所需之费，必向地方政府索取，于是督抚者对于中央有解民政部款、有解学部款、有解度支部款、有解陆军部款、有解其他各部之款，其关系似不过封建时代诸侯一种贡献品而已，是中央政府立于债权者之地位，而地方政府立于债务者之地位也。有时地方政府处于贫窭，所需之政费，则又向中央政府索取，于是有奏请部拨款项者、有奏请截留京饷者，又有奏请截留协饷者，其关系似不过民间交易，欲反债务者为债权者而已。是又地方政府立于债权者之地位，而中央政府立于债务者之地位也。不特此也，有时地方政府蓄积有款，惟恐中央政府所知，必设法以弥其隙。举一实例，近日某省藩库运库余款六十余万，某督竟在谘议局宣言，此款若不作为公债抵款，恐为部所提拨。非独视为某省财政，且直视为某督之财政也。是又地方政府于中央政府，以盗行相防者也。不特此也，从预算册内详细审查，又演出一个现象，盖即编制预算时，视为某税应增若干，某款应减若干，一一电询督抚，以为可加也，则加之；以为可减也，则减之。督抚以为不可加也，则不加之；以为不可减也，则不减之。或竟无回覆明文，而于预算册内悬为未决之一问题。是真各国预算案内所无，而中国所独有者也；是真所谓行省财政而非国家财政者也。则编制预算时，欲骤令数十个分离之财政为一个统系之财政，为之移缓就急，为之谋收支适合，固必不能之事也。此则财政权不一，不能为财政计划之原因也。何谓政权之不统一？我国行政向无统系，内而各部各立一割据之状态，政见既不相谋，呼吸复不相应，人人有一部分的观念，而无全局的观念；人人为一部分的活动，而无全体的活动。管军事者，以为军事以外无他立国之图；管教育者，以为教育以外无他立国之图；管实业者，以为实业以外无他立国之图。各就所管事务，极力谋其扩张，而不顾国家之现状究应采用何种政策，国民之负担力究竟能否胜任？彼此对立，互相矛盾，此内部政权不一之情形也。外而各省督抚，亦握国家行政权，举军事、财政、司法及其他各项重要政务，督抚以一身兼而有之，故中央政策不能直接行之各省，必间接以责之督抚。于是甲部发一政令责督抚办甲事，乙部发一政令责督抚办乙事，且莫不以就地筹款责督抚以办事。是在中央，则见为分，而在督抚，则见为合。有时督抚以其政令之冲突也，或以情形不同推宕之，或以财力不足拒绝之，即或勉强照办，亦不过敷衍新政门面，致令中央政策不能行矣。且为督抚者，又各就本省以为计划，不必以中央政策也，故督抚个人之势力大，所处之省分财力大，则所划之政策亦大，所用之经费亦大。有时中央政府恐其政权之过重也，则又设法以掣其肘，致令地方政策亦不能行矣。然此第就中央政府与地方政府之关系言之也，且即地方与地方观之，各省政策各不相谋，因之各省政费亦各不相剂。同一教育费，而甲省与乙省不相谋；同一军事费，而甲省与乙省不相谋。综甲省政费或千数百万乃至数千万，而乙省政费或不过数百万，乃至百数十万。贫富多寡，绝无权衡，是预算册内三万万政费，实数十个地方主义之政府瓜分之，而非一个国家主义之政府支配之也。合而观之，中央与中央不相联，中央与地方不相联，地方与地方又不相联，其不能有统系的计划书明矣。此则政权不一，不能为政治计划之原因也。此外尚有两个缺点：一则宫中、府中，经费之未分也。质言之，即国家经费与皇室经费之混合也。现在东西各国，皇室经费在预算册内，只有一个总数。中国皇室经费，度支部具奏改为宣统三年确定，故此次预算册内尚无此项名称，然与皇室经费性质相近者，大概包括于行政费中，其分类似为不伦。在编制预算者固属无可如何之计，且解内务府款、解宗人府款及所谓缎匹、颜料、例贡等名目，散见于各省预算册内不一而足，纷纭错杂，不可究诘，虽欲分之而无可分，此亦预算册内之一缺点也。一则各省协拨款项之缪轇也，此等款项，以甲省之有余补乙省之不足，虽其数目以中央政府命令定之，而其名义，究非以中央政府协助之也。盖中国制度只有行省财政而无国家财政，故取恤邻主义，彼此互相协拨。当其初政事简陋，故可照常划拨；今者财政支绌，无论受协省分、应协省分，同一处于艰窘，故往往解不足数，或竟拖欠数年不解。在受协省分则奏请饬催，而在应协省分则又奏请截留，此诚财政界上一大缪轇之现象，为各国所无，而我中国独有之特色也。因此缪轇，乃生出一个现象：查预算册内，此等款项往往受协省分则照原额列收，或照近年实解列收；而应协省分则或竟不列支，即列支矣，而其数目与受协省分列收数目相差甚远，且或有应协省分列支数目超过受协省分列收数目者，互相抵牾，真难究诘。推其意在受协者无非欲照原额以争收入之多，在应协者无非欲以浮报，故露其亏窘之象也。转瞬明年即须照预算册收支，在受协〔者〕省分则以此数为收入的款，而在应协省分或解不足数或竟全不一解，是受协省分应收之款，一旦落空，其亏空又何待言？然则预算册内名虽亏空五千余万，而因此故，又不知亏空凡几也。至若拨补厘金等款，更属纸上空谈。全部预算必致为此等款项动摇，此又预算册内之一缺点也。此外缺点尚多，非关宏旨，姑且省略。预算案之内容如此。其次则报告审查预算之情形。办理预算，本系我国创举，前此既无预算案、决算案可以援照比较，故审查时非常困难。筹备清单本年又系试办各省预算，故政府所送来之预算案，皆是省各为册，一省一个统系，所谓俄罗斯之割据预算是也。而资政院章程又以事分科，是预算册之组织与分科之方法不免冲突，故由分离之预算求为统系之预算，又属非常困难之事。经股员会议决，佥以按事审查为一定准的，应不避此困难。此审查方法与原预算案不同之点也。至审查方针，经股员会叠次讨论，全以为中国现在时势，自应从政治一方面鞭辟进行，固不可仅以财政上之眼光审查之，而当以政治上之眼光审查之也。诚以今日财力竭蹶，不足达政治之目的者，其病坐在新旧杂糅，故不可不以政治眼光为革故鼎新之计划也。质言之，即一面敦促政治进行，一面维持财政现状，所谓方针如此。方针既定，先审大体。预算案内三万万政费，究竟支配是否正当，究竟一分一厘是否皆为必要之经费，是不可不一研究之也。就三万万政费约略言之，其近于皇室经费性质者七百余万，其偿还外债者五千余万，其为军事费者一万万。总此三事，已超过入款之半，其留为行政经费者，不及岁入半数，而京师各衙门又占八九千万之谱，所剩者不过六七千万支配于二十二行省及西藏、蒙古、伊犁、青海等处。此六七千万，为国家行政经费又三四千万，其为地方行政经费，不过两三千万。以中国幅员如此之广，人口如此之众，其所分配于地方行政经费乃如此之少，地方事业又焉能发达乎？此政费分配之不匀，即政治措施之不当也。再把三万万款项分析言之，有原案可决者，有加以修正者。其原案可决者，则外债费、公债费而已。外债费以国际条约关系之故，公债费以人民信用关系之故，究不能不分厘偿还，故无所用其修正，均原案可决之。其加以修正者，头绪虽繁，大别之不过军政费、行政费、财政费、教育费、司法费、民政费、实业费、交通费荦荦数端而已。今请先言军政费，现在竞争剧烈，各国为恢张国力起见，无不以整顿军备为要图，故预算册内军费占岁出三分之一乃至半数者有之，今我国军费已逾一万万以上，是亦占三分之一，宜乎国之可以强也，而何以朝不保夕，存亡危急如此也？试一察军政内容则知之矣。最可笑者莫如绿营、旗营及各省驻防。盖绿营、旗营、各省驻防兵额，俱有定数，必待老死而后出缺，故其兵之老弱残疾者多，此等经费，以社会上之眼光观之，直可谓为一种慈善费而已。（拍手）以一兵月得钱粮数两，足以为一家之生活也。若以国家眼光观之，此等兵丁既不能捍卫地方，复不能恢张国力，国家岁用千万，岂非靡费？股员会金谓审查预算当以国家为前提，其无益于国家之经费自不能再行支出，故于绿营饷项悉数裁撤，然而京旗各营、各省驻防，其为老弱残疾与绿营无以异也，其为靡费，亦与绿营无以异也，何以不裁之？得勿股员会意见有所偏袒乎？如以生活论，岂京旗各营、各省驻防之生活宜谋，而绿营之生活不宜谋乎？然而此中有特别之理由在也。盖国朝定制，绿营兵丁可以营业自由，京旗驻防不能营业自由，故绿营兵丁兼营他业者不可胜数，一旦撤伍，尚属有家可归；若京旗驻防，除服当兵之义务外，别无他项营业所恃以养家赡眷者，惟月得之数金而已。不先为之谋〔之〕一生活，遽行裁撤，使数百万旗丁流离失所，其心忍乎？虽审查预算原系谋国家政治上全体利益，不宜以社会眼光为一部分人留此靡费，至于财政有损；然而国家者，集社会而成者也，苟社会上不得其所者太多，亦非国家仁政之所忍出，且变通旗制为政治上最重要之问题，且为政治上最困难之问题，如何发达经济使旗人生活不至困苦，如何减轻财政使国民负担不至增加，其中详细方法最多且繁，现拟另提一建议案，由本院决定，咨送会议政务处查照施行，此本年预算案内不裁撤京旗驻防饷项之理由也。防营一项，为今日保卫地方必要之事，固未可遽行裁撤，但股员会意见以为，兵在精不在多，各省消耗此款未免太巨，拟裁减四成，改为巡警薪饷，亦与保卫地方本意无背。至新军一项为我国军事精神之所在，即为我国国家命脉之所寄，而何以近年以来动辄为世诟病，此非新军之咎，乃办理新军者之咎也。盖扩张军事，当先从根本下手，根本未定而遽行成立多镇，故演出种种奇象。根本维何？将校也，器械也，交通之便利也，饷项之充裕也，军国民之教育也，皆军事之根本也。今者将校果已培养乎？器械果已精良乎？交通果已便利乎？饷项果已充裕乎？军国民教育果已普及乎？五者无一，遽欲扩张军备，是不揣其本而齐其末也。虽然交通也，饷项也，军国民教育也，非陆军部责任，而他部辅助陆军部之责任也；至培养将才、制造器械，则陆军部固有之责任也。今拟划军费一部分改为教育用费、制造资本，较有实济。表面上虽似持消极主义，反对军事，而不知实窥军事要素，持积极主义促军事进行，使与世界第一等军备抗衡也。其次则行政费、财政费。此〔节〕种款项虽非直接生利之资，要为国家必不可少之费，第行政费二千余万，财政费二千余万，其数未免太多。然细察其内容，实因制度未善，致如此巨。以行政论，则督抚各一官署也，司道各一官署也，同通州县乃至佐贰佐杂亦莫不各一官署也，官署林立，故经费澎涨。以财政论，则善后局也、筹饷局也、支应局也、种捐局也，叠床架屋，名目繁多，至如厘金、盐课，则十里一卡，百里一局，局卡林立，故经费澎涨。他日新官制实行，若能聚数官厅同一官署办事，则一切衙署费用可省。改良征收机关，废除重复局所，则一切经征费用可省。然此系官制问题，股员会不能越俎代庖也，第就其中浮费冗员为之略为裁汰尔。其次则教育费、民政费、司法费、交通费、实业费，此数项者皆为立国之要图，即与宪政有密切之关系，总宜澎涨其经费，以敦促其进行，断不可持节约主义，以瑟缩其政务也。但原预算案内教育费虽千七百余万，而为国家行政经费者仅四百余万；实业费虽七百余万，而为国家行政经费者仅二百余万。此四百余万中，学部及提学使署、学务公所经费又占其多数，直接及于教育者殆鲜；此二百余万中，农工商部及劝业道署、劝业公所经费又占其多数，直接及于实业者殆鲜。以中国版图之辽阔，户口之众多，而教育费、实业费仅仅此数，奈何其不愚且贫也！推之民政、司法等费，分布方法莫不皆然，况各主管衙门对于所管事务，皆听各省自为风气，既无一定标准，复无一定计划，故不能确定所管事务经费匀配于全国而无所偏枯，致令富省教育费、警察费、司法费等项，多或数十万乃至数百万，贫省则不过十余万乃至二三万，多少相悬，不啻霄壤，又何能使教育普及，警察普及，司法普及乎？股员会审查此项经费，虽明知其弊而亦无可如何，欲斟酌而匀配之，既无此等权利，即无此等义务，是则在统一财政权以后，各主管衙门之责任也。（拍手）故审查结果仍不得不出于核减之一途，第所核减者，非对于各项政务有所变更，实对于各项政务中而削其浮滥之费而已。总合出入两款，其审查结果增加入款四百九十余万，削减出款五千八百余万，出入两抵，以度支部原奏所亏五千四百余万计算，实盈九百余万。但宣统三年新增筹备事宜，及追加各费约二千四百万两，以所盈相抵，尚亏一千四百余万。但此数仍属未定，以各衙门送来说帖及陆军部续送追加预算一千五百余万，尚须再付审查，其数目当有变动，应俟第二次报告追加预算时方能确定。总而言之，此次审查预算，削减至于如此之巨，人或疑其不揣时势，纯持消极主义，至一切新政不能举办，而不知仍是积极主义，并非消极主义也。盖政治进行，必赖财力以为后盾，若不顾后盾如何，徒奋往前进，一举百举，设一旦财力竭蹶，必至已办者隳于半途，未办者不能举办，波及政治前途，危险何堪设想？是始虽持积极主义，终不免陷于消极主义也。此次预算照股员会削减数目，果能得各主管衙门同意，吾知于一切政治毫无妨碍，而于财政则大有利益。既于财政大有利益，即可以保持政治继续进行，是所谓消极主义之形式而积极主义之精神也。（拍手）此审查预算之大概情形如此，尚望诸君通过，俾此案早日具奏，以便各衙门照册执行，甚为幸事！其次表示改良对于预算之意见。本年本系试办预算，一切根本问题都未解决，实无办理预算之程度，不独编制者非常困难，即审查者亦复非常困难，故不能不筹改良地步，且不能不从根本上筹改良地步。然所谓根本问题者，究竟是老生常谈，人人知道的事，且有业经见之明文、不久即当实行者，固无须喋喋。然本员之所以欲言者，以各省预算，明年三四月间即须编制，非于三四月以前解决一切根本问题，实无可以下手之处，所争者在此数月之期限耳，本员因此不能不有希望政府之事，不能不有敬告政府之语。其语维何？约有五项：其一则速行统一政权也。盖国家政治有因果相生者，有利害相反者，必甲部种因于前而乙部始可收果于后，政权不一，或甲部尚未种因而乙部先欲收果，此所谓倒因为果之政策。同一国家有益之事业，或非今年应办，则为弊；同一国家最良之政治，或与主义相背，则为病；政权不一，则非今年应办者亦欲提前，与主义相背者亦思并进，此所谓以矛攻盾之政策。夫倒因为果，以矛攻盾，实中国今日之奇特现象，政治因之而隳废，财政因之而困穷，可为太息痛恨者也。假令政治统一，则一切政策皆有统系，何者宜因，何者宜革，何者宜缓，何者宜急，必能权衡至当，无所牵掣于其间，内而各部也不能各自为谋，外而各省也不能各为风气，是以三万万政费伏处于一个政策之下，斟酌而支配之。以财政论，何至有捉襟见肘之虞？以政事论，何至有用焉不当之处？此诚改良预算之根本策也。虽然，欲统一政权，非先有统一机关不可。机关维何？即人人心目中所有的，即今日本院所讨论的责任内阁是也。西人政治学家有恒言曰：责任内阁者，政治之母也，换言之，即预算之母也。盖一切财政上之计划、政治上之计划，无不由内阁发生，即无不包括于预算以内。有内阁则有办理预算之资格，无内阁即无办理预算之资格，以预算者，千头万绪，然［非］一部政策所能概括，亦非一部权力所能驱遣，（四）［斯］人所谓内阁为预算之母者即此义也；《周礼》所谓冢宰制国用者，亦此义也。可见办理预算必须有一总汇之所，古今中外一也。甚望政府遵照十月初三颁即组织内阁之上谕，速行设立责任内阁，庶明年办理预算，一切大政方针皆经阁议决定。果应注重军事，则经费趋重于军事一途；果应注重实业，则经费趋重于实业一途。然后可以由分离之政策进为统系之政策，然后可以由割据之预算进为统系之预算，一切困难问题，无不迎刃而解矣。此则改良预算非统一政权不可，而统一政权非速即设立责任内阁不可也，此希望于政府之事者一。其一则速行统一财权也。从财政之主体观之，则宜散不宜聚，古人所以有"财散则民聚，财聚则民散"之语也；从财政之客体观之，则宜聚不宜散，西人所以有"财务权力，当以唯一机关驱使"之语也。设一譬喻其理，即明财政之在国家，犹水之在地球也，聚为江海则力量大，散为行潦则力量弱，此定理也。我国虽号称三万万入款，然内而各部院各拥一财政主权，外而各行省亦各拥一财政主权，乃至江北提督、热（何）［河］都统、察哈尔都统等处，亦莫不各拥一财政主权，是官厅所设置之地，即财权所分割之地，其散也不啻为行潦之水也。则所谓三万万岁入者，不过预算册内聚合数十个小财团为一个大财团之名词而已，究其实仍是各小财团自为收之，自为用之也，又何能收一个大财团之效力乎？假令财权统一，则全国财务行政统握于一机关之手，以岁入论，则可以剔除恶税，推行良税，使入款骤然澎涨；以岁出论，则可以酌盈剂虚，挹彼注此，使出款无所偏枯。夫然后编制预算，可以因政治上之计划为财政上之计划，可以变量入为出之主义，进而为量出为入之主义。此又预算改良之根本策也。然而统一财权者有一先决问题，即官制是也，官制不改革则政权终无统一之望。以我国财务行政向采间接官治，一切赋税征收之事，概在各省，故呼应不能灵通。今欲吸收财权，当速颁布官制，必使财务行政为统一的组织，间接官治一变而为直接官治，而后足以收指臂相联之效，而后可以去彼此隔阂之虞。此则改良预算非统一财权不可，而统一财权非速颁布官制不可也，此希望于政府之事者又一。其一则划分政务及划分财政也。政权虽已统一，而政务究不可不分，政务不分，亦无可改良预算也；财权虽已统一，而财政究不可不分，财政不分，亦无可改良预算也。何以言之？国家政治有因全体事项发生者，有因一隅疆域发生者，故有中央政府以总揽其全，即不能无地方政府以分治其事，此中央政务与地方政务之必宜分别者也。假令中央政务与地方政务长此不分，即长此无可改良预算之希望。盖我国制度，一切重要政务，并非中央政府直接执行，而执行者实为各省督抚，于是名义上之权虽在中央，而事实上之权究在督抚。故言司法经费，法部不能估定之；言教育经费，学部不能估定之。推之其他各部，莫不皆然。而各部所能估定者，仅本署数十万或数百万之经费而已。即今日资政院会议预算，想各部只能就本署削减之经费争执之，而不能就所管事务削减之经费代督抚争执之，是真危险之象也。何也？资政院审查预算，既无商榷督抚之必要，而督抚特派员又无到会发言之时机，将来此部预算行之各省，各省督抚是否能承认，是否于各省事实无所阻碍，是一疑问也。设各省不能承认，起而反对，全部预算能无动摇乎？近者奉天、吉林、云南、陕西、湖南、山西等省纷纷电争不能核减，并托各主管衙门就主管事务与资政院协商，而各主管衙门仅以公文送电到院，并未见一人来院协商，然则各主管衙门所主何事、所管何务，而竟冷淡如此，不负责任如此，尚得谓之主管事务衙门乎？诸君试思之，此等现象，究竟是何原因。实以各省督抚办理新政则毫无实效，浪费国帑则实有传闻。今者电争政费，其在各主管衙门亦挟一滥费地步，以相揣测也。故对于督抚秦越肥瘠，漠不相关如是，此弊坐在中央各部不能确定主管事务经费，而必须督抚确定之。夫督抚既能确定经费，而不能与闻预算，且又须执行事务，故必以电相争。各部不能确定经费，反能与闻预算，且不须执行事务，故可置之不理。内外隔阂，如此其极，其弊又坐在中央政府与地方政府权限不分明之咎也。果能划分政务，若者为中央权限，若者为地方权限，国家行政之经费，由中央分别预算之，而资政院任审查之责；地方行政之经费，由督抚自行预算之，而谘议局任审查之责。如此则权限分明，预算可以实行矣。但中央政务与地方政务既分，则中央政费与地方政费不能不因之而别。假令混为一团，长此现在情形，财政权终归督抚，揆之法理、事实，固属无一而可。即采集权主义，一切财政纯归中央掌握，则地方官吏因发达地方事务，亦须请财政于中央政府，势必多所牵掣，地方事业又何能发达乎？盖集权中央可也，集财中央则断乎不可也。（拍手）且资政院与谘议局议决预算之权限，亦不免多所冲突。盖今年预算册因地方税、国家税未分之故，只就督抚所管事项，其性质近于地方行政经费者，划交谘议局议决，而岁入一门，统归资政院议决。致令各省谘议局纷纷电诘，若明岁预算册内再不划分，恐无以对谘议局也。度支部有见及此，故将地方税、国家税奏定明年颁布，但各省编制预算，明年三四月间即须下手，是划分地方税、国家税，春二三月定须告竣，夫何待言！虽然，此其中尚有一前提也。盖欲确定地方行政经费，非先确定地方政务不可；欲确定地方政务，非先确定行政制度及督抚权限不可；欲确定行政制度及督抚权限，非先厘订官制不可。现在地方税国家税划分权限迫于眉睫，而新官制尚未颁布，则标准未立，实无从下手，稍一延宕，恐明年预算册内国家税、地方税终（未）[末]由分也。此则改良预算，非划分政务及财政不可，而划分政务及财政，又非速行颁布官制不可也，此希望政府之事者又一。其一则速行国库制度也。东西各国理财方法，收支官吏与出纳官吏恒分离为二，互相纠绳、互相监察，故一切不尽不实之弊，可以剔除净尽，而预算制度之可以实行也。盖编制预算者，于其收入无不以多估少，于其支出无不以少估多，几成各国通例。诚以预算一事，系对于未来之收支以理想而定其数目，而因时事变迁，收入或有时减少，支出或有时增多，不能不为此预防之计也。是预算册内之数目，实行时不无变动，固属事所恒有，所恃以知其的确之数者，惟恃此管理现款之一机关耳。无论何种官厅，其所收支无不经由国库，将来以国库出纳之数，与各官厅收支之数，两相比较，真相乃见。不然，决算年度收支，官吏照缮预算册一份以为决算，或者借口天时人事之变迁，增加出款，减少入款，则又谁得而知之？其危险甚矣。此则改良预算非实行国库制度不可也，此希望政府之事者。又其一则速行新币制也。币制之本位、单位，与预算无关系，所关系者惟币制之法价耳。现在通行市面，制钱也、铜元也、银元也、银两也，皆无一定法价，甲县与乙县不同，甲日与乙日又不同。当预算之编制也，举向所通用之制钱、铜元、银元、银两，而令其一一折合库平银两，及预算之实行也，（也）〔则〕又举纸张上之所谓库平银两，而令其折合无法价之制钱、铜元、银两等弊。官吏于此数〔此〕折合，即可上下其手。即退一步，官吏人人公正，不至舞弊，而因银价涨落无常，出入或有增减，预算数目即不能确定矣。此则改良预算非速行新币制不可也，此希望政府之事者又一。此外尚有希望政府注意之点有二，一则预算案以内之事，一则预算案以外之事。预算案以内之注意维何？其一，则入款之变更是也。今预算册内入款三万万，似为宣统三年确定之数矣，然而不可恃也。除水旱偏灾，收入或致短少，不可逆料外，其显然短绌者，则因禁烟一事。举预算册内数百万之内地土药税，数百万之入口洋药税，又各省数百万之烟膏捐、牌照捐，将消归于无何有之乡矣，此不可不预筹抵补者也。其一则公债费性质之不明也。公债一项，其数虽只四百八十余万，而皆系各省督抚所发行者也。东西各国公债种类，原有国家公债、地方公债之别，此项公债果属于地方公债乎？抑属于国家公债乎？如谓属于地方公债，则督抚权限内实管有国家事务；如谓属于国家公债，则不应以各省名义发行。第不知各省督抚当收入此项公债后，果以之为国家行政经费，抑以之为地方行政经费，且以之为国家地方混合之经费乎？其偿还此项公债，将从国家税支出，抑从地方税支出，且从国家税地方税混合支出乎？他日地方政务地方税项划分以后，各省督抚原可以省政府名义发行地方公债，固属法律之所必许，亦属事实之所必需。第地方税项未分以前，若各省纷纷发行非国家非地方之公债，而不为之确定性质，非独为国库增重负担，恐明年预算案内又添一重障碍也。此所谓预算案内宜注意之事者也。预算案以外之注意维何？其一则属于预算案以前之亏空也。近来新政繁兴，各省历年亏空，见之奏章者，不一而足。今年年关未过，而各省纷纷以亏空见告，有向大清银行借款者，有向其他商人借款者，其亏空殆不知凡几。加以各省官银钱局发行无着之钞票，多或数千万，少亦数百万，其亏空又不知凡几。此等亏空，皆未列于预算案内，转瞬明年所有借款半须偿还，又将何款支付？能勿牵动全部预算案乎？未审政府已筹虑及之否耶？其一则属于预算案以后之增加也。现查各省督抚议复赵御史酌定行政经费各折，综合计算新政经费，平均每年须添四千余万，而振兴海军费用不在其内也，变通旗制费用不在其内也，经营蒙藏费用不在其内也。且各国洋债，辛丑以后还息多而还本少，宣统四年以后，则每年须增还本金数百万，乃至千万不等。合此数项，年须增至六七千万，是虽有大理财家操点石之术，吾恐入款增加之程度，终不敌出款增加之程度也。然则预算案以前之亏空如彼，预算案以后之增加如此，真不知何术可以挽救也。言念及此，为中国前途危，即为中国政治前途危，即为中国国家前途危，但不知政府亦曾思前顾后，筹有救济之方法否也？此又所谓预算案外宜注意之事者也。总之，今日中国不图强则已，苟欲图强，非改良政治组织不可；不办预算则已，苟欲办预算，亦非改良政治组织不可。顷所言责任内阁也，新官制也，皆改良政治之根本策也，即改良预算之根本策也，甚望政府急起直追，于数月内见之实行，则本员所馨香祷祝者也，本员之意见如此。（拍手拍手）

议长：现在休息十五分钟，休息后再续行开议。

153号（易议员宗夔）：请议长不必休息，恐休息就不能开会了。

73号（汪议员荣宝）：请议完了预算案再休息。

议长：本议长今日有病，实难支持，现在重大议案很多，若勉强与议，恐过于劳顿，后天反致不能到会。如大家必欲今天议决此案，不妨请副议长暂行代理，本议长拟稍休息。

议长将离席，议员中有离席者。

121号（方议员还）：方才刘议员演说底稿，秘书厅印刷出来，请分给大家看看。

议长：请副议长代理，现在距闭会期甚近，要紧议案很多，以后于开会休息散会的时刻，务请诸位注意。

153号（易议员宗夔）：明天可以开会否？

议长：大约可以开会，离闭会已无多日，要紧的议案都要议完的。

153号（易议员宗夔）：请议长一面奏请延会十日，一面每天开一正式会。今天预算不过报告大致，还有四分科报告，报告之后还要议决。《新刑律》尚待议决，全是很麻繁的，请议长下次将预算案专列议事日表，议决后再议《新刑律》。还有关于海陆军的事情，请议长再开一秘密会才好。

议长：此事本议长极为同意，但是总要各位议员热心办理，况且预算、《新刑律》两案都是很要紧的，不能潦草通过，总须各位议员多多注意方好。

153号（易议员宗夔）：请议长此后每天午前开审查会，午后开正式会，到三四点钟休息一下。休息太迟，恐怕大家走了，以后须吩咐守卫谨守院门，凡挂议员徽章之人，不准于未展会时即出去才好。

149号（罗议员杰）：不必说挂徽章与否，凡是议员均不准出去。

议长：这个办法本议长极表同情，但仍须各位议员各自留意，或将此办法付表决，以便公同遵守。

94号（王议员佐良）：请问议长，三两天内能开秘密会否？

153号（易议员宗夔）：将来报告海陆军经费的时候，总要开秘密会才好。

议长：现拟再开一日秘密会，此等议案可以归并一起会议。

议长退席，副议长登台就坐。

81号（章议员宗元）：本员承股员长之委托，代为报告。本股员会于十月初七日开股员会审查京外各衙门公费，大家议论"公费"二字作何解释，以为公费对于廉俸是有分别的，廉俸是朝廷所定的制度，而公费不然，在京各衙门都是自己定的，在外各衙门都是奏定的，都有"暂定"二字。而奏请暂定，奉旨都是知道了，并没有"依议，著照所请"字样，可见公费与廉俸有别，而且与办公经费更自不同。就外面看似乎与办公经费一样，而内容究不同。（报告未毕，而议员纷纷离席）

130号（刘议员景烈）：议员多数离席，请议长注意。

副议长：现在暂且休息十五分钟。

87号（沈议员林一）：照章是五点以后就可以散会，现在已经过了五点，恐怕不能禁止离席，莫如宣告展会罢。

130号（刘议员景烈）：因为闭会期限太迫，要说过了五点钟就行展会，恐怕还是不行。

73号（汪议员荣宝）：议员有议员的道德，现在议长尚未宣告展会就纷纷离席，成何体统？

副议长：宣告展会。

下午六点钟散会。

注释

① 宣统二年十一月二十四日，内阁奉上谕。前经降旨，饬令宪政编查馆修正筹备清单，着即迅速拟定并将内阁官制一并详慎纂拟具奏，候朕披览详酌。钦此。（中国第一历史档案馆编：《光绪宣统两朝上谕档》，第三十六册，广西师范大学出版社1996年版，第490页）

② 宣统二年十一月二十五日内阁奉上谕："庆亲王奕劻奏恳恩开去军机大臣及总理外务部事务要差一折，现在时会艰危，全赖亲贤辅弼。庆亲王奕劻老成谋国，为先朝倚任，历数十年，动勤懋著，中外周知。庚子之役，维持大局，转危为安，厥功尤伟。戊申十月连遭德宗景皇帝、孝钦显皇后大事，四海震动，决疑定计，卒致寰宇乂安，是该亲王两朝开济，备历艰辛，茇画宏谋，洵属有功宗社。现虽年逾七旬，仍复精神矍铄，擘画要政，夙夜兢兢，职任一无旷误。当此提前办理宪政，筹设内阁，庶务繁赜，力求进行之时，该亲王分属懿亲，允宜任劳任怨，始终将事，岂忍遽行隐退，稍卸仔肩！所请开去要差之处，著毋庸议。该亲王务当仰体顾命，勉济时艰。毋再固辞，用慰朕殷殷眷念之至意。"次日复谕："庆亲王毋庸开去军机大臣等差，谢恩并请假十日。"（中国第一历史档案馆编：《光绪宣统两朝上谕档》，第三十六册，广西师范大学出版社1996年版，第491页）

③ 议长公鉴，为报告事
　　查《资政院分股办事细则》第五十一条，股员会审查完毕时，由股长作报告书，提出于议长。兹本股员会于本月初七日下午一点钟开会，审查得川路倒款查追

至急、邮传部不负责任一案，据陈请书声称，"查光绪三十三年，四川京官法部主事涂熙雯等以川路公司亏挪股款具呈，邮传部虽派度支部主事王宗元就近查账，而阅其册报，仅列成都总公司账目，而宜昌、汉、沪等处辄以'道远无从调查'一语了之，而邮部不核实钩稽，遂据为调查清楚之定案，不合者一。今年六月上海正元、谦余、兆康等庄倒欠船款一百三十二万，有奇利华银行又虚悬六十万两无着，合计达二百万两，均放与陈逸卿一人之手。此外尚有私购兰格志火油股票八十余万，且以公司图记代人担保巨款并私买橡皮森林股票各情事。经管存放者即系已革知府施典章，信任典章者系川路总理、学部左丞乔树枏。当陈逸卿倒骗被逮时，沪道蔡乃煌曾电禀邮部，谓'管理人施典章系以正元违期之票抵借谦余庄票，伪作存款，以掩饰公司调查员之耳目，实属离奇反复，索解无从'等语，而邮部不即派员查账，以倒款至今尚无着落，不合者二。八月二十八日，经度支部主事杜德舆等以川路倒款甚巨等情，赴都察院呈请代奏，复赴邮部具呈。该部仅循例以一纸咨行川督，嗣经内阁侍读学士甘大璋等以川路亏倒过巨，奏称饬部查追，奉旨交邮传部知道，钦此。五品警官邓镕等复赴都察院呈请代奏，奉旨著交邮传部查核具奏，钦此。今距杜德舆具呈时期已经两月，距倒款时已经五月，夫以股本之重，亏倒至巨，查追应至急，而施典章所有财产均存上海租界，稍一徇纵，实便其寄顿之谋，或卷款远飏，即无以为追赔之地。乃邮部拖延至今，致令川人一再陈词，终不得其效果，不合者三等语。"本股员会以为，邮部职司路政，对于全国铁路，无论商办、官办，皆有特别监督之权，即有严行查办之责。今邮传部对于川路股款侵蚀倒闭关系至巨之案，事由前沪道电禀，置之不理，以致倒款。及杜德舆等呈请查办，该部不电咨苏抚道勒追，而以一纸空文咨行川督，足见其有意徇纵。且经四川京官两次奏请，奉旨查核，事经二月，任意拖延，致使川路倒款归于无著，则邮部之玩视路政，实属罪不容辞。应请议长按照《议事细则》一百六条具奏，请旨严饬邮传部将川路总理司事人等勒令赔偿侵蚀倒闭各款，一面札仰川路公司遵照完全商律办法，开会选举总理、各职员，接收未倒之款，克日兴筑，毋任旷工、靡费，以维路政而儆效尤。经各股员一再讨论，多数赞成，理合遵章报告议长，付议公决，须至报告者。江苏整顿学务事宜等案代理股员长牟琳。（"议员牟琳审查报告关于川路倒款等情事"，《资政院知会、折奏、章程、说帖、质问、陈请等案件》之《资政院第十类审查报告各案件》，清末铅印本）

邮传部于十二月初三日的回覆：

资政院奏川路倒款一折，查光绪三十三年川路查款一节，据奏派委员王宗元、费道纯禀称，清查款项就收、支、存三款，分年按月钩稽，收款以簿为凭，以各州县报解册文并票根为证，存款则以月报为凭，以成都、重庆各处商家存放息折为证，宜、沪两处均以每月报册暨电文为证，且其时亦经川督奏明，无亏挪形迹，成案具在，自可覆按，是为光绪三十三年查款寔在情形与原奏所称失实者也。至本年七月倒款一节，本部于七月二十日电饬上海蔡道严行追缴，未据蔡道电覆旋由交通沪行前赴商会调查数目，资政院原奏反谓蔡道电禀而本部不理，是本年倒款后，在沪查办情形，与原奏所称失寔者也。九月，员外郎杜德舆等具呈到部，本部以川路总公司设于成都，施典章放账向与总公司，直接成都总公司与上海，施典章向不报部，故不得不咨川督查办乃可。悉总公司全盘账目之底蕴，而原奏反谓本部以一纸公文了之，至侍读学士甘大璋、警官邓镕等陆续具奏奉旨交部，均在本部电饬上海道之后，然其情形何如？本部既未得上海道之电覆，未据该路公司之呈报，所有交部各折自当分行川督及公司等切实调查，惟往返公文为期较滞，派郎中周炳蔚、主事陈福颐前往汉沪查办。现据周、陈两司员陆续电部报告大略，并称已将施典章押追，而资政院原奏反谓"事经二月，任意拖延"，是奉旨后部中办理情形，与原奏所称失实者也。向来商办各路存放款项，并无报部，本部前以川路存款颇多，且川、沪、宜三处均有分存，曾经面商、函商驻宜总理李稷勋分存大清、交通两行，以期稳妥，李稷勋深韪其说，而总公司与施典章均不以为然，是本部预为防范之情形，而资政院所未知者也。至原奏称"遵照《公司律》第一百二十九条"，勒令总理赔偿并治以应得之罪，及按第七十七条，另由董事局选举总理各节，本部现正派员赶行查办，当俟该员将实在情形查明禀覆，方能分别按律之拟，据实覆奏、请旨办理。谨具说帖，恭候钧裁。盛宣怀、吴郁生谨呈。（"为派员查办川路倒款事说帖"，中国第一历史档案馆藏军机处全宗，档号：03-7566-026）

资政院第一次常年会第三十一号议场速记录

【标题】对弹劾军机案、宣统三年预算案、川路倒款案的再讨论

【关键词】李素　宣统三年预算案　乔树楠　《资政院院章》

【内容提示】会议伊始，议员李素再度提起弹劾军机，得到众多议员支持，遂由议长另行指定起草员起草奏稿。重点讨论审查了预算案中的内外各衙门公费标准、预算第一科审查报告。随即就川路倒款一案中川路经理乔树楠的陈请说帖是否作废的问题展开讨论，以不合《资政院院章》所规定而予以否决。

宣统二年十一月二十七日下午一点五十分钟开议。

议事日表第二十九号：

　　第一，试办宣统三年岁入岁出总预算案，股员长报告。

67号（王议员璟芳）：前次章议员提出统一国库章程议案，请从速交法典股审查。

议长：此案已交法典股审查。

67号（王议员璟芳）：既已交法典股审查，请议长令法典股早些报告大会。

议长：可以。

议长：今日到会议员一百二十八人。

168号（李议员素）：我们资政院因情形不同将弹劾军机案取消，本员不解情形不同作何解释。现在中国依然，军机大臣依然，何得谓之情形不同？我们资政院敷敷衍衍、反反复复，何面目以谢天下？本员今

日有个倡议，前日之表决是取消奏稿，并非取消问题。我们此次须指实弹劾，不要再如前次之调停，方足以对天下。请议长咨询本院决定之。

议长：此事今日未列议事日表，不必讨论。

137号（邵议员羲）：前天取消奏稿，没有取消问题，是议长所承认的。请议长指定起草员就是。

149号（罗议员杰）：现在距闭会期近了，军机大臣若不负责任，我们资政院通过的议案全行无效，请议长从速指定起草员，以便早日上奏。

151号（黎议员尚雯）：我们中国弄到这个样子，是谁之过？弹劾一案那天已经议长允许的，今天仍请议长指定起草员，以安人心。

110号（于议员邦华）：这个问题当初取消，说是分两个表决法，一个是说奏稿不适用，看取消不取消；一个是另行指定起草员，再行起草具奏。因为那天大家都有个预算案在心里，急于开议，所以那天取消奏稿，没有说到，请议长另指定起草员，后来应该再行提出。现在将近闭会，若再不提出就没有日子了。当初这个弹劾案发生，因为两个议案无效与军机大臣答覆说帖不负责任来的，那时不取消，大家赞成这个折子，就应当上的。后来因有上谕饬宪政编查馆从速编订责任内阁官制，其实责任内阁不知何日成立，我们这个折子上去究竟不是与军机大臣个人有关系，也不是与资政院的面子有关系，是与后来资政院与国会有关系的，所以今天本员主张请议长指定起草员，不管这个具奏稿内容或是激烈或是平和，总要上奏才算有始有终。若将奏案随便取消，资政院议员可谓毫无意识的。

议长：此事既有议员提议，究竟应否再行讨论，咨询众位议员意见如何？

数议员同呼"无庸讨论"。

149号（罗议员杰）：前天因为奏稿的文章要修正，所以取消这个奏稿，并没有取消这个议题。试问军机大臣对于内政、外交，到底负责任不负责任？

153号（易议员宗夔）：这个弹劾案前日表决是取消奏稿，非取消议题，那些话都不必说，请议长指定起草员就是。

110号（于议员邦华）：这个事不是现在的关系，是后来的关系。

109号（籍议员忠寅）：前天取消奏稿而议题还没有取消，请议长指定起草员。

议长：现在有好几位议员倡议另指定起草员，诸位有无异议？

众呼"无异议"。

议长指定起草员六人，由秘书长报告。

秘书长承命报告起草员姓名如下：

陈善同、俨忠、陈宝琛、江谦、陈敬第、李文熙。

122号（江议员谦）：今天起草员虽是六人，而起草时候全院议员有甚么意见，皆可向起草员发表，至奏稿出来，不得再有异议。

议长：剪发易服具奏案奏稿已经拟就，由秘书长朗读。

134号（余议员镜清）：浙江铁路公司适用《商律》奏稿也是很要紧的，何以还没有办好？

议长：已经办好了，等剪发易服具奏案折稿读完后即行朗读。

秘书长承命朗读剪发易服具奏稿[①]毕。（拍手拍手）

176号（罗议员其光）：本员对于剪发易服议案有两个意见书，要求议长刷印分给大家看看。

153号（易议员宗夔）：现在奏稿已经表决过了，不能再有异议，请议长从速具奏。

180号（刘议员纬）：顷具奏案已经表决，所有两件陈请书均应取消，不必付审查。

109号（籍议员忠寅）：若对于奏稿有意见，可以当场发表；倘再提出意见书，就无效了。

议长：现在表决剪发易服案奏稿，请赞成者起立。

各议员起立。

议长命秘书官检点人数。

153号（易议员宗夔）：请议长从速具奏。

160号（王议员绍勋）：前天已经奉了上谕，这个奏稿可以不必上了。

议长：现在已终表决了，请勿庸发言。

秘书官报告赞成起立人数于议长。

议长：起立赞成者九十八人，是多数。

议长：陈请铁路公司仍照公司商律办理案折稿现已办好，由秘书长朗读。

秘书长承命朗读陈请铁路公司仍照公司商律办理折稿毕。

议长：现在表决，请赞成此折稿者起立。

众议员多数起立。

议长：多数。

议长：还有陈请广东限期禁赌案折稿现已办好，由秘书长朗读。

秘书长承命朗读陈请广东限期禁赌案折稿毕。

议长：现在表决，请赞成此折稿者起立。

众议员多数起立。

议长：多数。

123号（江议员辛）：前天在议场已经得议长之许可，本员质问陆军部的说帖今天还没有印刷成功，安徽军事很危险的，可否请议长将本议员的说帖原稿命秘书官朗读一遍，咨询本院决定之？

议长：还没有刷印好，现由秘书官先朗读一遍，即可咨询本院决定。

秘书官（张祖廉）承命朗读江议员辛、江议员谦、陶议员镕、柳议员汝士、宁议员继恭质问陆军部说帖毕。

议长：江议员辛、江议员谦、陶议员镕、柳议员汝士、宁议员继恭质问陆军部说帖一件，已经朗读一遍，赞成者请起立。

多数起立赞成。

议长：多数。

秘书官（张祖廉）续行报告文件毕。

议长：现有直隶农工商业各项学堂局所统归官督绅办核议案、浙江征收糟粮暂行规则核议案，此两件拟暂不会议，先付审查，设特任股员十二人，众位赞成否？

众议员呼"赞成"。

议长：现已指定特任股员十二人，由秘书长报告姓名。

秘书长承命报告审查直隶农工商业各项学堂局所统归官督绅办核议案及浙江征收糟粮暂行规则核议案特任股员姓名如下：

刘男爵、赵椿年、顾栋臣、王璟芳、胡祝泰、孟（照）[昭]常、沈林一、江谦、文龢、蒋鸿斌、卢润瀛、梁守典。

149号（罗议员杰）：本议员提出整理边事议案是很要紧的，请议长速付审查。

议长：已经付审查矣。

123号（江议员辛）：从前提议修正本院章程，吴议员有修正案，何以至今没有提出，是否取消？

议长：此事等查一查。

104号（桂议员山）：黑龙江移民实边议案于本月初六日已经审查过了②，到现在有二十多天未见报告，本院闭会在迩，近日都要讨论关系全国的利弊，据本员看起来，黑龙江移民实边一案是最关系全国重大的事情，所以本员才提出来，这是第一层。第二，本员见我之边疆主权日日失著，每遇交涉，处处束手，东方前途之危险，岌岌乎有朝不顾夕之势。我若不早为设法经理，势必坐让他人。请议长下次列入议事日表，咨询本院讨论急进之方针为要，请议长注意。

议长：可以从速列入议事日表。

153号（易议员宗夔）：本员提出改用阳历的议案，③请议长下次列入议事日表付审查。

议长：应议之事太多，总竭力设法，能列入总列入。

57号（林议员炳章）：全国禁烟案怎么样？

议长：全国禁烟案尚须民政部会商，俟会商后即行具奏。

177号（李议员文熙）：四川铁路的事情同浙江一样，应该从速上奏。

议长：可以同时上奏。

99号（陈议员瀛洲）：本员十月初八日有质问外务部说帖一件，于今将近两月，外务部并未答覆，在外务部谨守秘密，不肯宣泄，自是正当办法，本员也不便再四强求，一定要他答覆。但是东三省时局如此危险，本院闭会日期转瞬即至，本员请议长俯念时艰，赶紧开秘密会议，请军机大臣、各部行政大臣到会，本员得将东三省的情形痛陈一切，磋商一个补救方法，这是本员所恳求的。再者，本员今天接到东三省来函，言四次请开国会代表由巡警总厅押送回籍，东三省人民对于此举异常激烈，恐怕是不能中止的，而各学堂学生闻此消息，多有纷纷停课，预备第五次请愿。恐此后人心涣散，惹起风潮，难得良好之结果。本员系东三省人，对于此事既不能劝阻，又不能坐视，再四思维，万分焦灼。想我们资政院为全国舆论之代表，民间遇有关系重要事件，是不能不过问的。所以本员请开秘密会议，请求议长咨询本院全体议员，筹措善后完全的法子才好。

议长：打算就开秘密会，此等事件须在秘密会讨论。

议长：禁烟具奏一案尚有应向各位声明的话，日前本院议决三个期限，本是到宣统二年十二月底止禁种，现在这个章程第二条所载乃自奏定电文到日起一律禁种，自与原议稍有不同。既是不同，奏稿上不能不陈明此层，所以先报告一声。现在赶紧办稿，办齐即送到民政部画稿，会同上奏。

104号（桂议员山）：请议长于一二日间总要开秘密会，上次本员质问军机处、外务部之说帖，至今未见答覆；况东三省四次请愿又遭解散，以本员看起来，国会一事朝廷虽有热心，总不外大臣从中主持。现在对于国会之问题，虽是缩短年限，然而到宣统五年也还有好几年，国会不开，民心难得。据本员的意见，军机大臣是最高的机关，有无完全保护东三省之责任，请议长开秘密会一回，请军机大臣、外务部大臣来院讨论为要。（拍手）

73号（汪议员荣宝）：禁烟案还要会同度支部才好。

议长：汪议员所说甚是，可以照办。

议长：现在开议，按照议事日表第一试办宣统三年岁入岁出总预算案审查全案之主旨，上次预算股股员长已经报告过了，现请章议员宗元报告内外各衙门公费标准，并说明理由。

81号（章议员宗元）：前天本员没有报告完全，因为人数参差不齐，走了许多，现在重新报告。本股于十月初七日开股员会审查京外公费，大家讨论"公费"二字是什么解释，有人提起说公费对于廉俸有分别，廉俸是朝廷定的，是正当官俸，公费是新定的名目，京城各衙门公费大半是自己定的，也有多的也有少的，至于各省都是声明暂定，所以这个也没有一定的标准，就没有一定的办法。公费与廉俸不同，这是一层。还有一层，公费与办公经费又是不同的。公费一项，以外面看来像是为办公起见，但是实在情形有不同的地方。看各省预算，大半除公费外，还另有一种办公经费，所以公费是一种津贴的样子，并不是办公费。大家讨论到这个地步，以为公费既不是廉俸又不是办公费，资政院究可以核减不可以核减？后来大家议到财政困难，各省参差不齐，诸位以为总要核减。但是本股分科审查，每科有十五个人的，有十六个人的，每科另外分许多的人办理一切，既是要把公费核减，不能不定出一个标准来，有了一定的标准，就不至有参差不齐的弊病。所以于十月十五日由股员长指定十二个人作为额外股员，审查公费的标准。后来经额外股员报告，据该股员审查的宗旨，以为这个公费既是在廉俸以外，此刻官俸没有定出来，旧有的廉俸暂时可以不问，专问公费。这个公费分京官、外官，京官各衙门各各不同，有的太多有的很少，额外股员会以为此刻财政是很困难的，所以要定公费标准，就不能偏在最多的这一面说，因为没有款子，但是也不可偏在最少的一面说，现在有几个衙门很苦的，所有经费不敷办公，至于阔的衙门，（免未）[未免]浪费，大家采折衷主义，也不以最多的定，也不以最少的定。京官第一是军机大臣，照旧例二万四千两还是不动；第二是各部尚书，大致相同，是一万两；其次侍郎八千两；丞四千两；参三千六百两。后来议论到各部有丞参上行走人员，多的有二十几人，少的五六人、七八人，大家以为候补丞参及丞参上行走都是官的名目，不是乌布的名目，不能因此支领公费。若是候补丞参另外有乌布的，可以照此项乌布领公费；其次是各项司员，各衙门也是不同的，最多的就是外务部、邮传部、农工商部，最少的是法部、礼部，不多不少的就是度支等部，本股额外股员取折衷主义，就照度支等部分七等，头等二千四百两，七等是一百八十两。向来各部有参事、佥事，比照一等乌布。以上都是京官的公费标准。说到外官，就比京官稍为难一点，因为各省的情形不同，没有一省可以拿来作标准的，所以股员会比照京官酌定外官的标准，外官比较京官总要丰些，费用也要大些，这是股员会公认的，但是怎么样办法？照各省暂定的公费最是参差的，比方就拿直隶一省来说，直隶省总督是四万多两，藩司是一万八千两，提学司一万九千两，盐运司三万六千两。他这个定法并不是有个标准的，向来这个缺有多少钱，此刻把陋规提出来之后，都归在公费以内，也是没有标准的办法。额外股员会讨论到这个地方，以为这样是很不好的，而且近来许多外官公费太多，所以本国向来习气，作了几年京官，都要运动作外官，就是以为外官比京官好十倍八倍，进款多些，多挣得几个钱，所以弄成这个结果，就有人用许多方法运动外放，到了外边之后，往往操守不定，都是贪财的。所以额外股员会以为外官固然不可同京官一样，但是也不宜太多。所以外省总督分繁缺、简缺，繁缺比较军机大臣是二万四千两，巡抚繁缺一万八千两，简缺一万四千两，其余各司都是六千两，这都是公费。外官还有养廉。督抚养廉很大，有一万、二万的，还不在公费数目之内。此外如民政司、提学司、盐运司，股员会以为同是三品官，没有什么大分别，不应当盐运使三万五千，提法使只有几千银子，也是很不公平的，所以都是定六千两。各道繁缺五千两，简缺四千两；各府繁缺四千两，简缺三千两。现在府道相差的很多，往往关道有八万、九万，知府只有三四千银子的。当时股员会讨论，以为关道何以要十万、八万，比军机大臣还多至两三倍，这是很没有理由的。以下是州县，有的定了公费，有的没有定公费。总之，没有定公费的很多。股员会讨论州县公费，很难确定。州县的事情一个人不能办，不能不用幕友，所以很难审查。各省预算都是总册，没有分册，各州县公费多少，没有一个标准。必须定了标准之后，要一县一县的详细审查出来，然后可以得的确的数目。额外股员看了这个事情很麻烦的，所以州县公费概不核减。此外是督抚司道科员，也定个标准，没有什么大关系的。总之额外股员定这个公费标准，当时声明这个标准是预备核减预算，可以不至于参差，并不是定公费，更不是定官俸，何以故呢？定官俸之权本不在资政院，是政府里头的事情，所以本股要特别声明一句：这回定公费标准是为核减预算起见，并不是侵夺政府定官俸的权限。还有一层，这回定标准是预备核减的，并不是预备增加的，多的核减，少的并不加。这个是十月十五这一天额外股员报告的情形，报告之后，经预算股员大家讨论公决之后，写了一个单子，分送各科股员，以便核减时候依这个标准核减的。本员还有一句声明的话，这个标准虽然不能十分妥当，但是有了这个标准之后，预算核减起来依了这个标准减下来，也就不至于十分参差。如果大家意思不以为可，或者以为不能不更正，只好修改起来，但是还以不更动为是。何以故呢？如果这个标准更动，全盘预算都要更动的。这个预算案并不是一个，〔总〕大的款增多减少可以一笔做下去，所有核减的总数，都是零零碎碎凑起来的。如果更动，通通都要更动下来，所以要更动，非十天八天所能做到的，请大家斟酌。

　　37号议员（李子爵）：本员没有听明白，是怎么为七等的数目？

　　81号（章议员宗元）：一等是二千四百两，二等是一千九百两。（语未毕）

　　众议员：有印刷出来的册子，请看册子就明白了。

　　议长：度支部与各主管衙门对于预算公费报告有无意见？

　　153号（易议员宗夔）：京内外公费章议员已经报告过了，这一回预算是为裁冗员节靡费起见定这个公费，是一个暂行办法。本员看今年预算没有许多讨论就可成立的，请议长付表决。

　　110号（于议员邦华）：本员还要与大家讨论，本员是额外股员之一，当初定这个公费，大家也是共同议决的，本员有两个私意，请大家取决。不过股员会定出来到议场报告这个标准，比如巡抚总督在一省为总揽机关，公费比京官多一点也不要紧，至于各司，度支司、民政司、提学司，公费是六千多两，若要都是一律，是可以办得到的，然而这件事有旧来的，有新设的，新设的不如先前的，廉俸定六千就是六千。至于度支使是布政使改的，提法使是臬司改的，他所有的旧廉俸也可以带过来了，他既有旧廉俸又有公费，两项相合就有一万二千两之多。（语未毕）

153号（易议员宗夔）：本员有个倡议，于议员是预算股员之一，这个事体在股员会已经说过，今天不必讨论了。定公费是暂行的事，明年新官制颁出来，这个预算还要变动的。

110号（于议员邦华）：本员不是讨论，是报告。譬如各省巡警道、劝业道，公费该裁的他不裁。（语未毕）

190号（吴议员赐龄）：预算案很重大的。如果有讨论的地方还可以讨论，应当讨论的。不要人讨论，怎么能表决呢？

153号（易议员宗夔）：本议员的话是对于预算股员说话，因为已经在股员会讨论过了的，在大会可以勿容讨论了。

37号议员（李子爵）：本员有个疑问，知府可以不必说，据股员会说道台五千银子，这个要稍许斟酌。这个公费怎么减的，在乎大家讨论，本员并不晓得作官，并不晓得候补，不过这个道台他的事情也很多，如果只有五千银子，人家就不得干了，为什么呢？他的事情很多，所用的科员、科长很多，如果一年只有五千银，他的科员科长又或者要加（新）〔薪〕水，这个道台就未免太寒苦了。

68号（文议员溥）：本员有质问章议员的话，在京各衙门经费何必以度支部为标准呢？度支部司局处所甚多，人人可以兼差，各衙门岂能一律仿照？就章议员而论，既是财政学堂的监督，又是编制局科员，又是度支部丞参上行走，所得公费不少，他衙门人员即不能照办。要说此次预算上入手的办法，应从裁冗员上着想。若不裁冗员，虽公费定的少，而用人用得多，那还是无济于事。

81号（章议员宗元）：本员并没在度支部丞参上行走。

67号（王议员璟芳）：不能是这样说，若是说度支部人多而又能兼差，这么看起来在事情多的衙门当差，就不如在事情少的衙门当差了。

123号（江议员辛）：兼差是另外的问题，现在所讨论的是〔讨论〕

公费的标准。

109号（籍议员忠寅）：也没有别的话，惟对于本题讨论，至于兼差不兼差是另外一件事情。若说公费的标准，大家如以为定得过宽，还可以从严；以为定得过严，还可以从宽的。

68号（文议员溥）：各衙门公费不能一律。（语未终）

59号（顾议员栋臣）：本员也是预算股中划定公费标准额外股员之一，当初的意思并不是一定要拿度支部做标准，不过因为各部公费有多的，有少的，多者如外务部、邮传部之数，太觉奢靡；少者如法部，又太觉清苦。折衷办法以度支部及陆军部较为适中，是以即作为标准。章议员但言度支部而不及陆军部者，举一以见例耳。至文议员云各员公费之多少当以衙门公事之繁简为衡一节，鄙意衙门中公事繁者用人多，公事简者用人少，至各人办事之劳逸，则彼此仍是一般，不得以此而区分俸给之多寡也。

151号（黎议员尚雯）：国家设官，原以为民。今天当讨论行政各费应否增加或核减，不必斤斤于公费。

68号（文议员溥）：本来各衙门办事，每司不过十数人，近来添的人多至四五十人，所以浮费亦多。今不从此设法办去，以求节省，但就公费定一标准，恐怕事体不能画一，何以？各署事体有繁简，责任有轻重，应分别酌定。且这回预算恐怕不能成立，因度支部预算据监理财政官报告编成，而监理财政官系据藩司的册子模模糊糊报告进来，度支部交到资政院来议，而资政院就凭一个册子删删减减所列各款，于事实上靠住靠不住？将来各衙门行去，有无窒碍？还有一个问题，试问度支部此项预算，明年更动不更动？若更动即不成为预算，现在收支没有改良，税法没有画一，明年预算势必有更动的地方，明年施行上必不能适用，这是无价值的预算。本员看起来预算是不能成立的。

73号（汪议员荣宝）：有质问预算股员的话。度支部新币制改两为元，现在军机大臣还是二万四千两，尚书还是一万两，而预算股何以不改两为元呢？

123号（江议员辛）：本员为预算股员之一，因度支部新币制明年颁布，今年把预算办好，后来若改两为元，是每两改作一元五角。度支部特派员是如此说的，所以现在没有改两为元。

73号（汪议员荣宝）：要是拿两万四千两改作两万四千元，国家岁出岂不省了许多吗？

81号（章议员宗元）：这是公费的标准，是关乎全国的预算，所以这个问题不能依照贵议员的话解决。现在公费都是照库平计算的，是新币也是很容易的，并没有什么讨论。

132号（文议员龢）：九八五成色都是度支部所定的成色。

67号（王议员璟芳）：所谓九八五的成色现在不必讨论，关于币制问题，资政院可以另外质问度支部。对于公费拿度支部为标准，是章议员说失于检点。公费总以一律为是，公费之标准总要能供这个办事人相当之生活为度。现在这个标准从哪里出来呢？就是从各衙门多少不等的数目及上说相当之生活折衷出来。至资政院核议但能核减而不与少者以加多呢？因为国家岁出亏五千多万，再要加多了，那是不行的，这是一层。至于裁冗员问题，事情多的衙门用的人一定多，然而股员会审查对于裁冗员一节也很注意的。譬陆军部、度支部公费，既与股员会标准相合，何能又有核减呢？就是裁冗员的缘故了。还有一层，今天有人说今年预算不能成立，这是一句很危险的话。固然是明年改定官制、划分政务，与今年办预算的时候，情形大不相同，将来政务划分则政费变更，官制改定则官俸变更，预算自然是不合的了，然而要紧的政费，大致的官俸，无论那怎么样变更，其相差总是不远的。此次预算案经全体议决之后，无论如何一定可以实行。还有一层，在场议员与特派员皆要注意，要晓得预算原理于预算定额以外还有预算外之支出，如果明年有意外之事要用款，而预算册上没有这笔钱，就不能办事，于国家事实上很有妨碍，这个时候就可用这个例外的法律了，对于此等预算外之支出，必定要有人负责任，就是行政大臣或各省督抚，对于责任内阁说有某项的事情非办不可，这笔钱今年预算上没有的，经内阁议决动用，到次年再将此项数目请求议院追认，议院以为合理就可承认，以为不合就应该大臣担责任。这个事情是各国所不能免的，何况我国初办预算，明年又有多少事情不同，必定有许多预算外支出是无疑的了，但是今年总望预算案通过。通过之后，然后政府有个把握，国民有个参考，且既经核减明年之数，若是于事实上无妨碍，无论行政大臣、各省督抚，都不能摇动我们的预算之基础。这就是今年审查预算大结果了。

68号（文议员溥）：对于王议员质问的话，现在收支没有改良，税法没有厘定，明年预算一定要更动的。要是明年不能施行，这个预算一定没有价值，是不能适用之预算，所以本员主张此次预算不能成立。

74号（陆议员宗典）：今天讨论不能说到枝枝节节，如每月多少薪水，是几元洋钱几两银子，是什么市价，什么折扣的，现在预算最要紧的第一是军政，陆海军经费差不多要占三分之一以上，这是最要考究的；第二层是实业、教育，第三层是保人民治安的警察经费及一切行政经费。总须先将荦荦大端加意讨求，方是提纲挈领的办法，乃是有价值的预算。现在诸位都把大问题抛掉了，都来讨论这些零零碎碎的事。这样的预算，真可谓一点价值都没有了。

153号（易议员宗夔）：陆议员所说的话很正当的，但是前天已经报告过了。今天是报告公费的标准，因为全部预算都是从核减入手，全是裁冗员节糜费的意思，所以有这个讨论。

109号（籍议员忠寅）：陆议员所说的话很正当，至于陆议员所说的预算方针是海陆军、教育、警察、实业，哪一项不敷，哪一项有余，是最要讨论的，这是应该说的。不过我们这回预算，无论哪一部行政都有用人的关系，对于用人之处置就是公费，所以要先提出标准来。有个标准，就是行政经费统一的方针，这是要讨论的，要研究的。所以必把标准议定好了，然后对于行政用人的公费没有过刻过滥之弊；如果不把标准议好，则各部及各省对于行政用人就没有标准了。我们这回预算是分类审查，大家未免都有疑义，后来把各部比较起来，更加不对，所以要定这个标准。所定的标准虽不敢说正当，也是预算不可少的手续，所以先要把这个表决。

74号（陆议员宗典）：将来政府那层不敷，还要提出修正案；就是这次预算成立了，也还是要修正的。现在各省纷纷来电，都是在行政里头说话，这个预算明年行得去行不去，我们还不能逆料的。不过因为这个事情，我们以为非要多少钱不能办，这个也是对于人民治安上一种关系，不是专为几个官吏的薪水。且定公费的标准是生计程度问题，是很容易定的，没有什么多大讨论。本员的意思，究竟这个对于海陆军、教育、警察、实业诸费是什么方针，是应该讨论的。

110号（于议员邦华）：现在报告是报告标准，总是要细心讨论，大家看这个标准对不对？至于陆议员所说的办法，另外再行讨论。

190号（吴议员赐龄）：对于公费标准讨论，本员有意见。因为试办预算，一方面是财政上眼光，现在清理京内各衙门财政要划分繁简，那部有多少事就要用多少人，先要把冗员除去再定公费，要按他的生活程度地位，办事人少，自然公费就可以减少。所以公费上不能不除冗员，然后再定公费的标准。各道府州县，道府是在该裁之列，他的公费可以不议的；州县是应该画一的，应当这个公费标准，先划分繁中简省分，再划分繁中简缺分才好。

177号（李议员文熙）：因为各省州县也有定公费的，也有未定公费的，并有公费混入办公经费的，现在既没有一定办法，所以不能确定。至于现在在京各衙门，有新衙门、旧衙门之分，国家对新衙门是一种眼光，旧衙门又是一种眼光，实觉不安。而且新衙门所办之事未见甚好，旧衙门则每以经费不足，无论何事全不注意，此是最重之病。若不从此着手整顿，殊失国家整饬政务之意。何则？旧衙门经费何以不增加，亦有原因，因本年预算亏欠太巨，新官制明年即定，照新官制，实当然平均。现在决不能说因为新衙门事体多，而公费应多，因旧衙门事体少，而公费就应少也。

109号（籍议员忠寅）：这个事情什么咤异呢？因为全国预算关系的事情很多，为什么单拿公费这一部分来报告呢？大家咤异就在这个地方。现在各种行政，究竟哪一种应急，哪一种应缓，哪一种应加，哪一种应减，都没有说，单报告这个题目。殊不知股员会审查时候，亦有一番困难，有一番苦境，所以不得不如此，不得不先报告这个题目。无论哪种行政，都有公费，假如不定出一个标准来，比如陆军〔部〕（有）

[由]陆军部来管,一面的公费非常之多,一面的公费非常之少,这个样子大相悬殊,就不能把多的来减少,而少的加多。因为预算不足之数太多,若少的再加多,更不能足用了。所以多的可以减少,而少的不能加多。至于所谓审查预算必定有个方针,究竟应当注重哪件事情,以后还要报告,并不是单报公费就完了。以本股员会的意思,无论哪种行政里边都要用人,用人必要公费,假使不定出一个标准,那就原来二百两的就给二百两,原来一百两的就给一百两,那就无法收支适合了,所以不能不先定出一个标准来,就不能不在议场上报告,请大家决定。决定之后再报告各种行政里边的费用,至于用人的费用就没有什么研究了,不然哪一种行政都要用人,若是一种一种研究起来,那是很费时光的。

众议员赞成。

74号(陆议员宗舆):公费这一层可以讨论终止。

153号(易议员宗夔):因为今年政府提出这个预算案,不足的数目是四千几百万,我们当议员的只要尽议员之义务,一面要使政府政务无妨碍,一面要减轻人民之负担,所以我们万不能因为经费不足,提出新租税来弥补亏空,现在没有别的办法,只好从核减预算入手,本股员会审查之手续先从公费入手。刚才吴议员所主张,本员可以解释,因议院只可以对于经费上说话,不能对于机关上说话,若欲把机关裁撤,节减经费,那是行政大臣之权。现在我们先表决这个公费,通过之后再把别的事来讨论。至于预算成立不成立还在政府,而我们人民是愿意预算成立的。成立之后,我们可以整理财政,核减靡费,一切事体都可以整顿起来了。

110号(于议员邦华)请发言。

190号(吴议员赐龄)请发言。

议长:于议员先请发言。

190号(吴议员赐龄):公费既然不足,曷不裁减用人呢?因为用人多少,就要公费多少。

议长:于议员报告在先,贵议员请暂缓发言。

190号(吴议员赐龄)仍发言不休。

67号（王议员璟芳）：如此发言，于议场秩序大有妨害。本员有个倡议，每人发言，对于一个议题，只能发言一次。

众议员赞成。

73号（汪议员荣宝）：本议员有个倡议，现在可以讨论修正，请议长付表决。

众呼"赞成"。

110号（于议员邦华）：本员尚欲说明，可否发言？

35号（议员曾侯爵）：请议长付表决。

议长：本议长请问度支部特派员对于预算案审查公费报告书有无意见？

度支部特派员（徐文蔚）：顷议（员）［长］见询度支部有无意见未及陈述。一因度支部所欲言者，系对于预算全体之意见，非仅对于核减公费之意见；二因议员继续讨论，未便参杂。今请说明资政院会议预算，度支部大臣本欲出席，适因感冒，未能到会。度支部对于财政上之宗旨，历经奏明，前月提出预算案，又经度支部大臣演说过。总之，但求于事实无碍，能减一分浮靡，即可为国家增一分实用也，为人民减一分负担。所以对于审查预算全体及核减公费之报告并无异议。（拍手）

议长：关于预算公费事，主管各衙门有无意见？请发言。

法部特派员（冯巽占）：等到分科报告时，我们再行讨论。

62号（刘议员泽熙）：请问议长，发言议员还是对于全部预算有异议？还是对于公费有意见？如果对于公费有意见，就请发言。若是对于全部预算有意见，等到公费通过后再请发言。

议长：请问刘议员，是否对公费一事发言？

刘议员未到席。

议长：其次应请吴议员士鉴发言，但吴议员亦未到议场，应请再其次之吴议员赐龄发言。

73号（汪议员荣宝）：讨论终止，大家已经赞成，可以不必发言。

190号（吴议员赐龄）：有发言表，何以不许本员发言？

73号（汪议员荣宝）：因为大家已经赞成讨论终止之倡议。（声浪

大作）

众议员请议长整理议场秩序。

议长：现在可否先表决汪议员的倡议？

59号（顾议员栋臣）：同是议员，何必闹意见呢？

109号（籍议员忠寅）：方才预算股员长刘议员的话说的很是，发言表的议员是否对于公费有什么意见？若无意见，请议长付表决就是了。

某议员：发言表人都没有到，请取消就是了。

153号（易议员宗夔）：各议员如有讨论，等到分科报告之时再行讨论。现在报告未完，请暂缓讨论，因为今天所表决是公费标准，将来还可以讨论。

议长：按发言表请吴议员赐龄发言。

73号（汪议员荣宝）：讨论终止以后不能发言。

190号（吴议员赐龄）：发言表究竟有效无效？

73号（汪议员荣宝）：这个倡议大家已经赞成了。

190号（吴议员赐龄）：谁赞成这个倡议呢？（声浪大作）

62号（刘议员泽熙）：按照《资政院议事细则》第八十七条看起来，预算会议先议大纲再议各项，这部预算大纲及股员会审查之主旨，前天本员已经报告了，报告之后各议员对于这件事体并没有什么讨论。所以今天议长宣告开议之时，各议员如果对于预算大纲若有讨论，彼时即可说话。现在业经提出公费标准，公费者即预算之各项也，若牵到大纲上说，似觉去题太远，且股员会何以欲先报告公费，因为此是四科公共事件，把这个问题解决之后，各科报告就可迎刃而解。又预算报告之手续，本员以为宜分科报告，先报告第一科，然后第二、第三、第四各科，以次报告。各议员对于某项政务上如有意见，等到各科报告时再行讨论。至于公费标准，股员会为什么要定其中，有两理由：其一则因国家所定廉俸太少，不能不有公费以津贴之。但国家无法律制定，因此各部与各部不同，各省与各省不同，不能不定一个标准以为审查预算便利地步；其次则因廉俸虽少，而外官暗中规费，动辄取数万或十数万，似不如化私为公，提出此项规费，即以之充当公费。吾知于国家财政上必无损害而于吏治上则大有利益。初章议员报告的时候没有说到这个理由，大家不无疑义，故本员再为说明。至各位议员似不必再于公费上研究了，各人多得几个钱，没有什么要紧，少得几个钱，亦没有什么要紧。（拍手）各项政务要讨论者甚多，何必单在公费上研究！明年新官制实行，就要照新官制改新官俸，我们所定的公费标准，实行之期亦不过数月而已。请议长咨询本院可否即付表决？

190号（吴议员赐龄）：本员不知道讨论应该在什么时候。昨日股员长报告后又请章议员出来报告，势必报告完毕然后可以发言。请问议长，本员可以发言否？

62号（刘议员泽熙）：吴议员如果对于全体发言，前天本员报告之后，吴议员即可发言。若因前天时光太晚没有发言机会，今天议长宣布开议时候，亦可以发言。既已两次未曾发言，吴议员似可稍缓，等到分科报告一项一项讨论的时候，吴议员有什么意见，即可以发表。

190号（吴议员赐龄）：前天股员长报告时并没有问大家有无意见，请章议员说明理由，亦没有咨询大家有无意见，必要等到分科报告完了才可以讨论吗？

62号（刘议员泽熙）：方才本员已经说明，今天议长宣布开议时候，吴议员可以说话。现在既议到公费，吴议员若对于公费有什么意见，即可以发表。若非对于公费，就可以不必说话了。

151号（黎议员尚雯）：先把公费表决之后，吴议员才可发议。

81号（章议员宗元）：吴议员所说亦很有理由的，但公费现在还没有表决，俟公费表决后再行发言。若吴议员意见与公费有关系，即请发言，否则请吴议员稍候一候。

190号（吴议员赐龄）：今天本员已经列入发言表，不能不听候议长指出发言，并非自误，本员是对于全体的，并不是对于公费的。

议长：现在应当表决公费一事。

62号（刘议员泽熙）：请议长咨询本院，本员倡议表决公费的标准，大家赞成否？

议长：现在表决预算股议定之公费标准，请赞成者起立。

众议员起立赞成。

议长：多数。

153号（易议员宗夔）：吴议员对于大体要发言，就请议长请吴议员发言，发言之后再行报告。

议长：请吴议员赐龄发言。

190号（吴议员赐龄）登台发言：本员对于这个预算报告是这样子，预算没有一定成立的理由。何以言之？因为股员长报告岁入二万九千多万，是支配于各地方督抚的，并非统一于度支部酌盈剂虚，将来各地方督抚承认不承认还不知道，这是一层。其次层加收入之款以为上年收得这样多，今年收得这样少，故以意追加，各省督抚又不知承认不承认。照这样看起来，这个预算就不能作为确实的预算。政府既以财权不统一，政府不统一，空空拿出账本作为预算案，我们要与政府协商，是迁就以求成立。诚如股员长所报告，是仍无成立之把握，那又何必协商呢？协商之后预算仍不能成立，再与政府协商，就多此一举了。所以办预算案没有宗旨，就算不能确定预算了。本员有个办法，就以公费一层而论，宣统三年预算，到底哪一个衙门有多少事用多少人，应该领多少公费，事情多的可以多设官员而不能多加公费，此其一也。再其次各州县要划分的。再其次一切行政明年为整顿之时，非扩张之时，不过以旧有整顿，不能新加。若能新加，是应该不承认的。我国岁入是二万九千多万，军费占了一万多万，军政还是这个样子。若能增加，应先将旧的整顿，整顿有效之后，再行扩张，如此则余款必巨。本员非不主张扩充军备，但全国军备精练得好，先从铁路着手。现在官办、商办的铁路多属腐败，若要实力整顿，必先把这个路线调查出来，路线定了之后，即以全国裁节有余之款专办铁路。若是铁路不振兴，虽欲中央集权亦不能实行的。况且这个军政与铁路有密切之关系，所以必须先从铁路入手。这个预算对于海陆军经费用去全国三分之一，本员是很不赞成的。本员的意见，要定宗旨，另付审查。若照这个册子办法，预算案一定不能成立，是没有一点价值的。

62号（刘议员泽熙）：吴议员所说的是对于军政的话，俟报告海陆军经费时再行讨论。

　　190号（吴议员赐龄）：本员不过看这报告书海陆军经费裁得很少，所以不赞成。

　　议长：现在休息二十分钟，今天议事日表只有一个议案，我们要赶紧议好，请各位注意休息。

　　下午四点二十分钟议事中止。

　　下午四点四十分钟续行开议。

　　76号（曹议员元忠）：前日方议员所提南漕改折议案，请问议长，税法股审查报告书已收到没有？

　　议长：方才已经收到。

　　议长：现在接续开议，请预算第一科审查长籍议员忠寅报告审查之结果。

　　109号（籍议员忠寅）：报告分科的报告，在股员会里头报告很多，到了大会场就无须详细报告，因为预算分四科审查，哪一部事体归哪一部审查，到了大会场再详细讨论，这是很费事的。哪种行政经费多少，所需之款共几项，或减去多少，大会场是没有结果的，不能如此报告。不过现在照分科报告就是本科所分几项，其大旨还当说一说。至于逐项报告，另有议员还可以将第一科所办的事再为报告就是。度支部所管的预算本来分四科，第二、第三、第四这三科多是单纯的行政事情，比如教育行政归哪一科，海陆军的行政归哪一科。度支部与各省所管的不同，度支部所管的总是财政上经费，各省所管的，除去民政、司法、教育、海陆军、实业之外，都算各省行政之经费，归到第一科来。所以第一科要按事情分数项说明：一项是岁出岁入，归第一科审查。全国的岁入都归第一科审查，至于岁入什么样子，增多少，由李议员文熙再行报告，本员不必重复言之。岁出的大旨分成几种：一种是财政经费，内而度支部所管的，外而仿佛各省藩司衙门之经费、财政公所之经费、支应局、筹款局、厘金局等经费，全是理财机关之经费，所有理财机关连他所支的公费亦在其内。这个财政经费里头分经常经费、临时经费，亦请李议员文熙报告,这是一项。第二项是行政经费,要说明一下哪一种不是行政呢?教育亦是行政,实业亦是行政,这是另外的行政,不是那个行政。除去第二、第三、第四各科专管的专门行政经费外,这所用亦属行政经费。这个行政经费里边,中央在京各衙门,仿佛学部是教育机关,农工商部是实业机关,邮传部是交通机关。除了这个机关之外,没有别的专门行政衙门,这归我们审查的。至于各省的行政经费,督抚衙门的经费以及各州县的行政经费,请章议员宗元报告,而在京的经费由陈议员树楷报告,这是一项。一种是官业支出。所谓官业里边,没有什么大旨说明,其详细亦请章议员报告。还有一种是各省预备金。本是预算案上应当有的,因为预备,临时恐怕不够支出,所以有一种预备金。不是预算外的支出,是预算内的预备金,应该有的。现在各省报到度支部的预备金,有多少不等,然而亦有没有列的。在我们股员会审查应列预备金一项,如果不应列,全不要列。现在当此国家经费支绌之时,预算定额尚不能收支如额,若是再定预备金,没有这个盈余之款项。有的省分列预备一项,有的省分没有这项,度支部对于各省预备金已经减去六百多万,经股员会分科审查,预备金一项全行删去。此外有一种公债费。这个公债费是各省所募得公费,这种费用在第二年要还本利的,这一种支出,发行在前,没有改动,所以没有审查。有一种地方自治经费,所谓地方行政经费者是也,亦归到第一科来。大家审查预算案,分国家行政经费、地方行政经费,国家行政经费是归我们资政院审查,至于地方行政经费,应归各省谘议局审查。然后彼此不至有冲突,不至有两歧。所以规定地方行政经费一项,虽然审查,然没有核减。一种是慈善费,审查无可核减。还有一种是各项杂费,为数不多,亦没有核减。因为以上几项多不十分重要,所以先将重要的报告,不重要的,有工夫时候再行报告。此外交到第一科,各省互相解的款,还有部拨的款,无关岁出岁入。一方面本来这种收入报告,岁入的时候可以说明,亦无须报告。就本科范围内审查就是如此,至于详细说明,恐怕重复,耽误时候,于本科分部报告时再详细说明。

议长:按着第一科的报告书往下议,原报告书第一勿庸审查者及第二未经核减者，籍议员已说明大概，就可以不必详细报告了。现在议第三关于岁入之增加〔甲〕、余存各款，审查长说明审查情形。

109号（籍议员忠寅）：本员委托李议员文熙代述审查情形。

177号（李议员文熙）：本员报告岁入。本股审查岁入似无有增加的理由，然竟有增加者，其增加之根据，皆从度支部所造表册审查清楚，计分两项：第一项是据成案之数目。例如光绪三十四年报部册，其收入数目某项若干，本年预算册忽然少列若干，安见宣统三年不能照原数收入，此可以据而增加者一；第二项是据清理财政官报告，某项切实整顿可以增加收入若干，想亦非无根据之谈，此可以据而增加者二。总之应当实收实报。今日初办预算，岁入少列，未必非各省督抚预留地步，应请度支部电知各省督抚照成案收入及监理官报告增加各项，核实增加，方是正当办法。此岁入增加之大概情形也。其所列款目则为田赋、杂收、盐茶课、厘捐、官业收入、临时杂收等项，其增加总数则共计四百九十四万七千五百七十四两八钱五分五厘，现在咨询诸位是否一项一项报告？（众议员请简单报告）既是要简单，就不必一项一项报告了。此外尚有江西、四川、江宁、直隶四省余存各款，应当列入临时岁入，何以见得呢？因宣统元年与光绪三十四年报部册余存款项有几十万几百万的，用到宣统元年腊月底，尚不至一定用完。如果该四省余存款项通通用完，那没有余存款项的省分所办之事，其款又向何处去筹呢？可见余存款项一定用不完的，我们也得核实才是。据宣统元年江西冬季报部册尚存一百九十四万四千八百零五两九钱五分五厘，除部分拨还上年借款五十七万五千两外，应尚余存一百三十六万九千八百零五两九钱五分五厘；四川余存款项照宣统元年夏季报部册尚存九百二十余万，度支部以四川总督没有报告，已电咨川督令其从速报部，至今未覆。本股员会以为四川大省，一切新政需费甚多，拟以二十万作为本年弥补款项，应余存九百万两。江宁照三十四年报部册，余存七百三十八万，即便宣统元年、二年照办新政，较三十四年为多，亦不至用至七百余万之多。本股员会以为江宁事务较繁，拟提二十万作弥补亏空之需，余应存七百一十八万。直隶余存款项，据宣统元年报部册尚存一千零六十二万，除直隶没有收还各款三百七十九万暂留该省，并除已报部三百五十六万，尚存银三百二十五万四千两，应该归入岁入。以上四省存余款项共应存一千四百九十四万七千五百七十四两八钱五分五厘，本股员会以为此四省或有本年多用之处，未必能全数提出，但既存余如此之多，亦不能听其自为消灭，因为有许多省分没有存余，而新政又不能不办，总得提归度支部。现在内而各部，外而各省，因经费支绌，什么事都不能办，而外务部独有余存，自当归度支部收入，以剂不足。前次协商时外务部大臣亦谓赔款及船钞各款，此后均归度支部收入，可见外务部也是很赞成财政统一的。这是京内外各部岁入存余款项大致如此。

159号（蒋议员鸿斌）：数目不对，到底有无错误？

132号（文议员龢）：据审查报告书摘要所录的，直隶元年实存一千零六十二万，内除三百七十九万，又除三百五十六万，应存三百二十七万，何以底下列作二十五万二千两？究竟是笔误还是算错呢？

177号（李议员文熙）：现在这里没有算盘，无从核起，不知道是写错了还是算错了。

137号（邵议员羲）：各省既有存余款项，应该提归度支部算入国家入款以内，如各省有不足者，应均摊各省以补其不足，何以含糊其词，仅言作为明年预备金一语了之？这个理由请贵议员答覆。

177号（李议员文熙）：本股员会审查，因为余存金是宣统元年不是宣统二年的，本股员会也不是一定要如此，本员的意见也是要请大家公决。据本员个人意见，以为这两项的余存金归入岁入，恐有做不到的时候，或仍存各省，或归度支部收存，以作各省预备金。

137号（邵议员羲）：就说这个余存金，是宣统元年的，到宣统二年要用的，也不至于用如许之多。

度支部特派员（徐文蔚）：各省余存金现在尚未到年底，所以不能得其确数。

137号（邵议员羲）：度支部既是负清理财政的责任，何以不知道底蕴呢？

度支部特派员（徐文蔚）：本年各省按季报告册，不但秋季未到，即春季亦尚有未到者，是以无从核对。

137号（邵议员羲）：远的省分暂且不说，至于直隶距京甚近，至今尚未报部，何以度支部清理财政处不严加催促？

度支部特派员（徐文蔚）：度支部已迭次咨催各省，本年因造送预算册，故报告册即不免迟延。

37号（议员李子爵）：方才据报告书所说，江西、江宁、直隶、四川存余金很多，股员会审查每省拿二十万银子把他做亏空。本员意见，国家既已试办预算，就应实报实销，不宜含糊以二十万做亏空。至于股员会审查报告，各省田赋、厘捐各款，以每年所报为比较，却有一点毛病。这个毛病在哪里呢？就如有天灾水旱意外之变，就是钱粮也应减几成的，厘金更不待言。若以多少比较，流弊甚多，诸位不可不注意。

177号（李议员文熙）：请诸位讨论余存款项到底如何处置，然后再讨论田赋各项。据本员意见，应归各省岁入，通通归度支部，如何四省余存款项如此之巨？听四省自收自用，毫不通融，以致没有钱的省分一点事都没有办？我们是办全国的预算，就要有个眼光，注重全国财政，不能听各省各自为谋，这实在与本院办预算的意见不对。我们试办预算，原是想统一财政起见，不能优待这四省，其余省分遂置之不问的。

37号（议员李子爵）：李议员的话很不错，若哪一省没有钱就不办事，实在没有道理。从前没有预算案时候，就广西而论，因匪类滋事，当没有钱的时候，多由富家摊派，困难万分。若是将来把各省存余款项通通提到部里头，归度支部分酌，着实报销，然后知道哪一省亏欠有无弥补，是很好的。

67号（王议员璟芳）：报告预算总要有点次序，譬如第一科报告，某一项报告之后就要缓一缓，经大会讨论表决之后再报告别项。若余存各款尚未表决，又报告各省各项收入应增加之款，又或陈述自己的意见，这个次序实在紊乱得很，请议长注意。

177号（李议员文熙）：因为各省余存各款与各省各项收入均列在

岁入之增加部内，所以本员一并报告。

137号（邵议员羲）：办预算的事情，总要度支部有个统一财政方针，对于各省行政经费应当一律将存余款项提到度支部，于是度支部可以立一定的方针。如果存余款项不提到度支部，各省对于行政上有钱的就办，没有钱的就不办，这实在不是度支部统一财政的方针。

121号（方议员还）：今年要各省督抚承认拿这些钱出来，是很为难的。

67号（王议员璟芳）：请问诸位，岁入增加是仍存各省抑或归度支部收存以作各省预备金？

议长：这事似应一项归一次表决方好。

57号（林议员炳章）：本院议员已有提出国库统一议案，此案能够通过实行，各省所余存款方能统一于度支部。存款得统一于度支部，方能以此省之余，拨济彼有之不足，全国财政始收敏（话）[活]之效。

议长：现在将各省余存各款与外务部存余款讨论表决后，再讨论各省各项收入应增加之款。

67号（王议员璟芳）：统一国库办法，各省部存余款项应当通通交度支部，与从前各省各部自为风气情形不同。譬如本省有钱，别省也能用；本部有钱，别部也能用。这个财政是全国财政，不是哪一省哪一部的财政。前次协议，外务部大臣所说，这个款子原不能交到度支部，应作为外务部临时经费，但是果能国库统一，自然该交出来的。现在国库章程已经提出议案，今年通过之后就应发生效力，所以外务部与各省存余之款项都应当归入国库的，今天没有什么讨论。

外务部特派员（饶宝书）：外务部余存金内有一笔美国退还赔款，这是办游美学务的款项，曾经美国照会声明，这笔款除办学务外，不得作别的用。现在要统一国库，这笔款子只可以存在国库内，若移作别的用，恐弄出交涉来。这层不可不注意。

109号（籍议员忠寅）：据现在外务部特派员的话是如此，当初协商的时候，外务部大臣的话还算是有效无效？

外务部特派员（饶宝书）：那是公事上正式的话，不能不算。

109号（籍议员忠寅）：协商的时候因为要把这一笔款项归到国库，由一个财政机关管理，可以通融，暂作别项之用。假如只存到国库不用，莫说是二百多万，就是二千多万，也没有协商的价值。因为预算案入不敷出，所以才商量将存余金全归入预算案内，以便暂充亏项。不然此二百多万何济于事，不如就存在贵部为好。

外务部特派员（饶宝书）：本员的意思以为此二百多万之内有一项有此情节。

57号（林议员炳章）：就照外务部特派员所说的，这一笔款项现在因预算入不敷出，先提出存到国库，将来外务部对于美国用款的时候，还可以从国库提出。

81号（章议员宗元）：本员有质问外务部特派员的话，这两笔余存金共二百七十几万，除美国留学经费外还余多少？

67号（王议员璟芳）：本员是审查外务部款项之一，外务部出使经费项下共存一百四十二万，本署上年共存一百三十四万，这笔款子是当然应归国库的。即说俄文学堂经费每年应用若干款项，也是用不完的；至于留美学生经费，这是特别的会计，不过另行划分一本账，并非将那现款呆搁一旁，不准移作别用的。现在游美学务的经费是五十多万，将来如某年用的多了，仍可于某年追加预算时要求多支。就是这一笔款子，无论增加多少，分成若干年开支，只要作为教育经费提出预算，于法律上毫无违的。此刻外务部恐怕别人以此项作别项之用，未免过虑。

外务部特派员（饶宝书）：现在这一笔款子宣统二年够用，故有余存，若到宣统四年不够用，就要从国库提出，本员也不是过虑。

137号（邵议员义）：从前各部于行政经费都是自己顾自己，其弊在不能有预算。现在已经办预算，若要用款，就可提出预算，无论是哪一部，只要用款正当，度支部也不能不承认，资政院也不能不承认，何必私藏在自己之部？无论哪一部的款都是国家的款，就是外务部办事也是国家的行政，并不是外务部自己的事。

外务部特派员（饶宝书）：本员的意思，恐怕这一笔款项归入国库统一之后作为别的用项，这笔款项就没有了。

81号（章议员宗元）：此事有两层意见：第一层，二百七十几万之内有五十几万是留美学生之经费；第二层，派学生留美，现在学生程度多不足，所以才余下这一笔款，以后派出之学生应该加多，这个款子还有预备补足的地方。据本员看来，这五十几万一笔款子与中国学问前途很有关系，似乎不宜提归他用。

67号（王议员璟芳）：不是说这笔款子存在国库就不准动了，这个款子本是赔款，现在美国既允许以此项作为留美学务经费，是一个特别的会计。凡特别会计，不过就账目而言，并非说一钱买盐，一钱买油，买盐者不能买油，买油者不能买盐，所以现在这款还得拿出来交国库，财政才可以统一。将来外务部用的时候，用一千由国库支一千，用一万由国库支一万，决不能说是不许用的，这个理由要请特派员少为斟酌。

外务部特派员（饶宝书）：本员也是这个意见。

196号（牟议员琳）：特派员于预算的性质颇不明白，这个预算是逐年编制，宣统二年只能编定宣统三年的预算，并不是将宣统四年、宣统五年尽行预算，所以今年只能预算宣统三年经费，并不能说到四年、五年，而外务部所存之款，欲留作宣统三年以后之用甚不合法，仍以交还国库为是。

149号（罗议员杰）：特派员所说的话非常不对，这款子是公益性质，不用特别会计，与条约并不相干，既有余款应当提出归入度支部，将来用的时候再请度支部拨给。既是要统一国库，则分厘丝毫都应当提出交度支部，才合国库纯一制度。

67号（王议员璟芳）：这（是）[事]由本员审查过了，余存的是前两年的数目，只有五十多万。

196号（牟议员琳）：因为余存金都交出来，所以这二百多万也要一律交出来。

153号（易议员宗夔）：不必再讨论了。这个报告书恐怕特派员没有看见，若是看见就应当毫无异议。因为报告书后边曾说此项存款不能作为可靠之岁入云云，就俟明年核算作为预备金就是。

137号（邵议员羲）：本员很反对易议员的话，若今年把此项提出来，这个报告书是很不满意的。

153号（易议员宗夔）：本员以为此项作为明年的预备金也是正当的，在外国预算案内也有预备金的。因为无预备金，这个事情就很危险的。所以将此项款子作为预备金，于事实上毫无妨碍。

137号（邵议员羲）：因为要作明年预备金，所以今年不提出。据本员意见，没有这个办法。

81号（章议员宗元）：各省的预备金不如这一笔款子还可靠。

153号（易议员宗夔）：各省款子都应作为度支部的预备金。

67号（王议员璟芳）：此项款子若说是不可靠，将来预备金就没有了。但是资政院议员不敢将此款断定作为岁入的增加，因为不能确定数目，万一没有此事是很危险的。

132号（文议员龢）：江西元年登记报部既尚存一百九十四万四千八百余两，何以是年却又借款五十七万余两，殊不可解。恐有此数而款却已用去无存。今本院有主张应一律提归度支部以备匀摊各省三年预算不敷之用者，本员以为事实上恐办不到。因为此款即使有存，今年必已用去，算到明年未必仍有。本员是江西人，深知本省窘迫情形固是如此，这项存款盖不能作用。

68号（文议员溥）：余存金是宣统元年的，想各省今年已有用去的，这笔款数目已经不对了，且各省有无此款尚在未知，实不能作为增入之款。

153号（易议员宗夔）：余存金本员作为不可靠的款项，但是不能说资政院以为不可靠就以为钱用完了，各省亦不至于将这个钱乱用的。今年没有决算案，也是把各省报销的册子作为标准。这层王议员不必虑及。

109号（籍议员忠寅）：此事讨论工夫不少了，这个余存金还是作为预备金，到明年看共余存多少，就作为多少预备金。现在可以不必讨论了。请议长付表决。

众呼"请付表决"。

议长：现在表决各省余存各款及外务部余存金办法，请赞成报告书所拟办法者起立。

众议员起立。

议长：多数。

议长：现在议定各省各项收入，李议员文熙方才已将审查的理由报告过了，请问诸位有无讨论？

109号（籍议员忠寅）：大概没有什么讨论，请议长问度支部特派员有无意见。

议长：度支部特派员有无意见？

度支部特派员（徐文蔚）：度支部因现在财政如此困难，对于预算上之计划，不能不以节省为宗旨。既以节省为宗旨，则本部预算自不能不力求节省以为各省之倡，故此次预算之数实已格外节减。今经贵院审查，既以为尚可减二十一万有奇，本部为大局起见，自当于无可节减之中通盘筹画，竭力设法，务求减到贵院所议减之数为止。惟有一言须申明者，如指定某机关某款目消减，恐于行政计划不无妨碍，总之按照议减总数如数节减可也。（拍手）

57号（林议员炳章）：本来是难得统一的数目，本员夏间到过广东，该省所造三年预算册，入款一项只二千六百万两；考之元年决算，则入款已有二千九百余万两，而元年以后所新加之酒捐百万、膏捐百余万两尚不在内，是宣统三年可决其岁入有三千一二百万，此次预算只作二千六百万，显有歧异。

153号（易议员宗夔）：各省收入增加，前天到会议政务处会议，度支部已经答应了，打电报到各省去了，叫他把预算册子与岁入款项详细增加起来。无须讨论，就请议长付表决。

57号（林议员炳章）：一定要讨论的，以广东论，所报告不符即有如此之巨，他省以此类推，更可想见。

109号（籍议员忠寅）：既是度支部答应了，就无须讨论了，请议长付表决。

196号、112号、37号同呼"请议长付表决"。

议长：度支部特派员有无意见？

度支部特派员（徐文蔚）：岁入预算与岁出预算稍异。譬如预算岁入一百万，决无不准溢收至一百零一万之理，即征收官吏亦决不能因预算已有定数即可以多报少。惟明年岁入，如洋土药税一项，禁烟期限缩短，收数即难免大减。此外岁入各款增减之数亦难确定，俟预算案议决后，度支部自当通行各省认真整顿。

议长：现在表决各省各项收入增加一事，赞成报告书者请起立。

各议员起立。

议长：多数。

议长：请第一科审查长接续报告。

109号（籍议员忠寅）：本员仍委托李议员代为报告。

177号（李议员文熙）：本员报告财政经费大致在京是度支部，在外是各省，各省一项是盐务，一项是厘捐，一项是藩台粮道，一项是州县征收，一项是漕粮费。（语未毕）

81号（章议员宗元）：请第一科审查长注意关于岁出之消减，甲在京各衙门经费尚未报告，似不能就报告财政经费。

议长：是的，按照报告书的次序，第四关于岁出之消减，应先议甲在京各衙门经费。

109号（籍议员忠寅）：在（经）[京]各衙门经费，本员委托本科股员陈议员树楷代为报告。

149号（罗议员杰）：有许多议员出场去了，请议长着人去拦住，不要自由出院，恐怕到表决时候人数不到三分之二。

议长：请陈议员树楷报告。

112号（陈议员树楷）：报告在京各衙门经费。先说明在京各衙门的范围，在京各衙门不是在北京一切各衙门，是在第一科范围之内的在京各衙门，第一科是度支部所管预算事情，京内外各衙门预算事情不在该衙门所管之列者皆归第一科审查。至于所有专管的各衙门不在其内。如陆军部、海军部、邮传部、学部都不在内，此之谓在京各衙门，是属于第一科范围之内的。现在报告的是在京各衙门开支的款项与核减的款项，在京各衙门，所有旧衙门很多的，旧衙门岁出岁入大概相抵，且又相沿，日久核减甚难，所以多未核减。以外所有核减的衙门，共开支的是七百多万，就这个数核减一百零九万九千九百九十五两八钱二分六厘。又有步军都统衙门，统计在军政之内核减三十万、大概就所有核减过的衙门并核减的数目分别报告之，内阁会议政务处核减八千三百三十九万两二钱六分。

　　73号、53号同时请陈议员报告大致，至于小数不要报告。

　　112号（陈议员树楷）：内阁会议政务处原数是一万七千八百七十二两，经股员会审查核减八千三百三十九两；翰林院原是八万四千九百三十三两，核减二万二千六百七十两；宪政馆经常费是九万五千八百五十二两，核减二万七千六百六十七两；度支部覆核数是六万八千一百九十一两，临时费是四万七千七百九十九两，核减四万五千七百二十五两。

　　196号（牟议员琳）：请报告核减的理由。

　　112号（陈议员树楷）：将核减的数目报告之后，再说理由。法律馆原核减三万多两，后来接法律馆一个片，说核减的译书费、调查费，其实这些译书费、调查费，都是聘用外国人在里头，都是他们的薪水，很多已经同他订了合同，事实上很难核减。不过法律馆的职员有减的款是什么意思？是因为他职员薪水有六万多两？职员所司的都是什么事情？没有清册。当时同分科股长要这个册子没有要来，所以不能照核减的标准核减，因为他的清册没有送来，不能比较一等乌布多少，二等乌布多少。可是职员既有六万多薪水，译书费、调查费原可以归并职员之内，所以裁去调查费一万三千多两，因为照宣统元年的数核减的。这一万三千多两，他是宣统三年增加的数，所有款项不敷的很多，这都是大概裁去的意思。这是照宣统元年的数核减的，没有照宣统三年增加的核减。照宣统元年的数核减，亏空很多，照宣统三年，亏空更多。所以把宣统三年算。后来接到法律馆这个片，本股员会对于该馆的数目，若是核减，就有很难的地方，嗣后职员修正再定出来，现在这个册子没有到院，所以不能报告。盐政处原数是一十四万六千九百一十八两，核减是六万四千一百二十八两，度支部覆核是九万二千七百八十九两。国史馆核减经费一千一百四十二两。在京八旗满蒙汉各衙门核减四万八千四百三十八两。现在本员有个质问，所报告核减的理由还是详细报告不详细报告？

57号（林议员炳章）：请简单为好。

112号（陈议员树楷）：要是都说理由，可以按次序说一说。在京各衙门、宗人府、内务府、圆明园、颐和园、武备院、上驷院、钦奉上谕事件处等，这些衙门大概款项出入相抵，且近皇室经费，没有多大出入，这是没有减的理由。以下国史馆，他这个衙门没有可减的，他这里头有桌饭费又有饭食费，既有（棹）[桌]饭费，就不能再有饭食费，且所入不抵所出，所以减去，这是经常费。其次临时费，原册上说临时费四千六百零七两，除了纸张折价由度支部支领，其余款项按照临时岁入撙节支用，所以这个款项仍照原册办理。这个纸张费五百零八两之外，其余四千多两业经裁减去了，这是国史馆裁减的理由。方略馆款项很少，没有裁减；法律馆才报告过了；禁烟公所明年缩短年限，款项五万多银子没有动他的；盐政处督办大臣是一万多银子，当初在股员会议决兼差者减半，盐政大臣就是度支部尚书，既核减一半，就剩五千六百四十两；提调公费，他是按公费标准二千四百两，原来每月三百两现在改为每月二百两，提调二个裁去一个，其内种种共减六万多两；以下内务府，原册子款项三百多万，后来又增加二十几万两，按预算原是出入相抵，内务府所入不抵所出有八十几万，所以就把这八十几万裁去了。其余就是满蒙汉八旗衙门，相沿已久，没有更动，不过有实在用不着的款，稍为核减，其余都是照例，共总减去四万多两。

67号（王议员璟芳）：法律馆的预算既是要详细审查，当另行提出，将其余付表决。

109号（籍议员忠寅）：这件事体请议长按照每个衙门表决，不然表决不了的。

62号（刘议员泽熙）：本员于表决以前有几句话要说明的，现在各衙门纷纷送来说帖，业经再付审查，如有必不可减的理由，即可承认，俟下次报告时可以将现在报告的数目更正。

153号（易议员宗夒）：各衙门再送的说帖不能再收了，因为此案已经股员会表决，若再付审查，修正很难的，以后再有说帖，请议长不必再付审查了。

112号（陈议员树楷）：易议员的话很对，不过更正是很难的，（二层）〔而且〕已经表决确定，若再更正，于表决就不相合了。

153号（易议员宗夒）：法律馆说帖既然收到，请议长再付审查。

62号（刘议员泽熙）：法律馆已经再付审查，不过以后各署说帖，议长不必再行送到股员会，因为长此陆续送来，恐无了期。

议长：现在付表决，在京各衙门经费除法律馆已经提出外，其余均付表决，请问度支部有无异议？

度支部特派员（徐文蔚）：无异议。

议长：现在付表决，在京各衙门经费除去法律馆外其余均付表决，请赞成报告书者起立。

众议员起立。

议长：多数。

议长：现在议乙、度支部财政费，请李议员文熙报告。

177号（李议员文熙）：现在度支部财政经常费共三百七十七万七千六百三十三两，内特别费二十八万二千两，系拨济军谘处款项。印刷局一项，前经度支部大臣说明，因为该局所购机器料物已订合同，无从核减，此外用费多半系添聘洋师，亦有合同，更未便核减。度支部本衙门一项是公费，一项是办公费。对于公费，左右丞、左右参议、候补参议，都是照公费标准办理；丞参上行走不支薪水，副科长也裁去了，收发处总办裁去，后来协商，经度支部大臣说明，该处办公事对于本衙门关系很大，不当裁去云云，故仍暂留，仅将帮办裁去。至于宝泉局及有名无实之缎匹颜料等库，都是曾经度支部协商，亦均认为可以裁去。至其照例事件，由该部自行支配办理。宝泉局因为造币厂可以裁去，清理财政处未裁〔裁〕去，共四万五千多两。其次办公费，亦已逐项照前裁之款酌裁，所以通同裁去三十万零八千零六十八两，这是经常费。还有临时费。

某议员：恐有错误。

177号（李议员文熙）：方才本员报告错误了，因为这个财政股不是一个人办理。

议长：众议员对于度支部财政费有无讨论？

众议员：没有讨论。

议长：度支部特派员有无异议？

度支部特派员（徐文蔚）：无异议。

81号（章议员宗元）：李议员报告清理财政处经费都裁去了，但是预算都是该处办的，要是裁了就没有人办，从前股员会已经讨论一过，议定不裁，恐怕报告有错。

177号（李议员文熙）：据册子报告这个预算是没有裁去，本来已经改过一回了。度支部送来清单，两方面商量很同意的，所以没有裁去。

57号（林议员炳章）：总数没有错，是报告错了。

109号（籍议员忠寅）：只要度支部特派员没有话说就完了。

议长：现在表决度支部财政费，请赞成报告书者起立。

各议员多数起立。

议长：多数。

议长：现在议的各省经常财政费，请李议员文熙报告。

177号（李议员文熙）：本员报告各省财政经费，大致共分五项：一项是盐政，一项是藩台粮道，一项是州县征收钱粮，一项是漕粮费。

议长命秘书官点算人数。

秘书官承命点算人数，报告议长。

议长：现在人数一百一十一人，不足三分之二。本议长现在还有话报告诸位，陈请股报告川路倒款一案，乔树枏亦递有陈请说帖，应一并交付特任股员从新审查。惟此案奏稿已经拟好，若再审查，则此奏稿即须另拟，应咨询众位可否照陈请股报告办理？

75号（长议员福）：若再审查，那个奏稿就不能用了。

议长：再付审查，则奏稿即须另拟。

177号（李议员文熙）：如再付审查，从前表决就无效了。

121号（方议员还）：事实上既然不对，可以付审查；如不付审查，将来折子上去之后，谁担责任？

109号（籍议员忠寅）：本院有议事日表，何以不在表决以前来递？若是在本院未表决以前递的，我们是应当再审查的，现在不能破坏。

121号（方议员还）：本员并不认识乔树枏，不过是就事实上说，既有陈请书，不能置之不理。

177号（李议员文熙）：若再付审查，与我们前次表决不免妨碍了。

153号（易议员宗夔）：这个陈请书应当作废，不能审查。

153号、177号、121号、59号四人同时发言，语言嘈杂，议场骚然。

议长：多人发言听不清楚，应当作为无效。

59号（顾议员栋臣）：凡事必须把原被告之话两面对勘，议长所以要咨询本院再付审查，就是此意。

议长：现在咨询本院可否照陈请股报告办理？应请陈请股说明报告书理由。

110号（于议员邦华）：表决上奏已经拟出稿子，不能再付审查。

59号（顾议员栋臣）：他的陈请书是在（或）[我]们未表决以前递进来的。

109号（籍议员忠寅）：这话更不对了，陈请股员是本院议员，既是陈请书在表决之前递进来的，何以当时不提出来，而在表决以后再提出来？

75号（长议员福）：剪发易服在表决之后有说帖就作废了，这个也是如此。

179号（张议员政）：陈请说帖照《议事细则》一百十二条应取具同乡议员保结，乔树枏这个说帖保结员是林议员炳章，林议员乃福建人不是四川人，这个说帖没有同乡议员保结，不合陈请体裁，这是第一层该作废的；（拍手）本院章程只对于军机大臣、各部行政大臣有关系，川路具奏案之所以成立，因为张罗澄的说帖是对于邮传部而言，乔树枏的说帖是为他个人辩白，本院对于一省铁路总理毫无关系，未便置议，

这是第二层该作废的。（拍手）

153号（易议员宗夔）：这个说帖没有同乡议员保结，就应该作废的。（拍手）

声浪错杂，议场骚然。

议长：请缓发言。

议长：现在咨询本院是因为有陈请股报告书，众议员若赞成，就交特任股员并案审查；若大家不赞成，就可取消。（拍手）现由秘书官把陈请股报告书朗读一遍，看众位赞成否？

秘书官（张祖廉）承命朗读陈请股报告书。

议长：方才已由秘书官将陈请股审查报告书朗读，大意是请付特任股员并案审查，众议员赞成否？

众呼"不赞成"。

121号（方议员还）：这也有一个理由，不能不说明白的，我们既然审查，就不能不报告。

153号（易议员宗夔）：乔树枬这个说帖一则无同乡议员的保结，二则这件事情我们已经要出奏了，他以个人的关系将本院的奏案摇动。以后所议案件要是这样，我们资政院就可以不用议决案子了。（拍手）

121号（方议员还）：乔树枬的说帖并不是欲将上奏的问题取消。

声浪错杂，议场骚然。

议长：请缓发言。本议长以为这个说帖既无同乡保结，照章应作为无效，（拍手）所以咨询本院者，因为有陈请股报告书，现在应问陈请股取消这个报告书，是否尚有他说？

82号（陈议员宝琛）：我们资政院是公是公非之地，应当兼听并闻，不能说是先入为主。既经秘书厅交来，我们不能不审查报告。

议长：这个说帖既无同乡保结，就应作为无效。

82号（陈议员宝琛）：秘书厅交来，我们不能不审查的。

议长：有陈请书不能不收，收了就应付审查，至于有效、无效，则是该股审查范围内之事。

153号（易议员宗夔）：这个陈请书应当作废，不能审查。

133号（陈议员敬第）：既无同乡议员保结，陈请股就不应审查。

议长：此说帖惟有议员保结，但不是同乡议员保结而已。

112号（陈议员树楷）：还宜遵照《院章》办理。这个说帖既无同乡保结，又当我们要上奏之时，已经全体表决，这个说帖就应作废。至于陈请股说是早先收到的，陈请股就应先时声明。既不声明，我们就认为此时收的，更应作废。我们资政院办事，总宜遵照《院章》为是。（拍手）

137号（邵议员羲）：既与《院章》不合，就应该作废。

议长：现在这个陈请书作废。（拍手）

议长：再改用阳历一案，事关紧要，打算从速审查，现在咨询本院，拟不交会议先付审查，并指定十二位特任股员，诸位赞成否？

众议员呼"赞成"。

议长：现指定特任股员十二人，由秘书官报告。

秘书长承命报告审查改用阳历议案特任股员十二人姓名如下：庄亲王、盈将军、那亲王、陈懋鼎、汪荣宝、长福、许鼎霖、江谦、文龢、邵羲、李文熙、牟琳。

议长宣告展会。

下午七点十五分钟散会。

注释

① 为审查报告事

本月初八日，本股员会审查剪辫易服一案，兹将审查之结果报告如下：一、议员罗杰提出剪发易服案一件，原案大旨谓变法贵有精神，而精神即寓于形式。我国辫装，其形式特异于六十余国，辫装不变，其害有六。军人挽辫，操演不便，衣长袖博，妨碍运动，一也。工厂舟车，易生危险，工人买夫，不便厥职，二也。与列强交，脱帽为礼，我独不便，感情难洽，三也。华人出游，恒受讥刺，国民外交，不能亲切，四也。形式不改，精神不振，垂辫如故，民忘维新，五也。浣沐不便，尘垢易凝，脑气不清，卫生有碍，六也。至我国服制纱皮叠更，官绅坐累廉俸不给则必取之非义，则必病民；苟能改用西服，则通刺整装，取携自便，仆从因而减免。向之官吏为珠顶裘带，辄费万金，以致罢官而不能自存者；今则出宴而有赢金。向之社会为冠服相耀，而侈及轿马家丁，以成侈俗；今则以简质而有余润。此原案中主张之理由也一。周振麟陈请剪除辫发改良礼服说帖一件，其大旨谓：世界日趋大同，欧西列强前亦长发辫，束辫后以（以）其不便而去之。日本维新以前，衣冠沿袭中土，及明治天皇断发改装，率先天下，振毅革新之气象，遂有今日。其应剪之理由有五：一曰军国社会之精神，全在尚武，今既采列强征兵之制，即人人有当兵之义务，亦必人人有尚武之精神，则此妨碍尚武之辫发，在所必去。二曰文明国机械大兴，火车、轮船、蒸汽工厂等，国民营业其间，若有辫发，易生性命之危险，则汽机事业不能发达。三曰警察、军人盘辫于顶，徒增烦累，实益毫无，既明知其不便，不若因而去之。四曰国民最重卫生，贵有活泼精神，修洁态度，辫发被垂，则拘苦牵掣，运动维艰，有碍卫生，莫此为甚。五曰外人指摘讪笑，交涉酬应不宜。故维新以来，有识之士多以剪发为急务。至于服制一端，应分常服、礼服。中国常服鲜议尚少，惟礼服则臃肿繁难，非假手车马仆夫，无能为役，奢侈骄情之习，由此而生。请将礼服改良，以为上下交便之计，此陈请主张之理由也。查两案之主旨，皆以中国辫装妨碍运动，朝廷整军经武，非剪除辫发、改制礼服，不足以灿新天下之耳目，改除骄奢之习惯。其于辫装之利害得失，大都恺切详明，而其扼要之端，尤以中国之棉丝定适宜之服制，不必纯用外国呢货，以保利源。本股员等以为，世界交通当取大同主义，各国皆无辫发，我独立异于人，国际外交致生扞格。且列强环伺，隐患方长，宜振尚武之精神，祛文弱之积习。辫发一项，于军警之运动、学堂之体操，皆有烦扰之虞、危险之惧。故军警、学界每以不便之故，自由剪发，大势所趋，有非法所能遏阻者。与其惮于改革，徒增形式之参差，何如显为变通，以使军容之整肃。拟请明降谕旨，凡军界、警界、学界一体剪发，农工士庶则悉听其自便，国家绝不干涉，自无惊世骇俗之嫌，此剪发之办法也。中国服制分常服、礼服二种，常服宽绰适体，本可无事更张，礼服则寒燠造更，年换十数袭，烦费实多，且大褂长袍有妨动作，应请皇上改定礼服，示天下以准绳，作维新之气象。此易服制办法也。抑更有请者，尚武之风气倡之自下，则迂缓而难成；倡之自上，则势顺而至易。我皇上为海陆军大元帅，应以雷霆万钧之力，发皇武勇，巩固国防，如蒙躬行剪发，为天下先倡，则文靡之风不期绝而自绝，刚勇之气不期生而自生，是在我皇上之果断而已。本股员等多数表决，意见相同，应请议长交付会议，特此报告。审查剪发易服特任股员长庄亲王。（"特任股员长庄亲王审查报告剪辫易服事"，《资政院知会、折奏、章程、说帖、质问、陈请等案件》之《资政院第十类审查报告各案件》，清末铅印本）

② 为审查报告事

本股于十一月初六日开股员会审查桂议员山、达议员杭阿提出黑龙江移民实边一案，查理由书谓"黑龙江背负强邻，屏藩关外，纵一千六百余里，横二千余里，土地空旷，出产富饶，森林称为树海，矿质无非金穴。徒以人烟稀少，财力薄弱，不能及时经营，反为强邻垂涎之媒介。故识者莫不以移民实边为切要之图。现虽江抚奏明变通招垦章程，极力经营，欲求速效，然犹是招民领地，与实在移民政策迥然不同。必应合全国之力，筹拨巨款，从实行拓殖入手"等语，又办法八条"曰筹巨款、曰设机关、[曰]教农业、曰设学堂、曰保安全、曰定奖励、曰招流民、曰舒民力"。本股会审查此案，系为谋固边围起见，非寻常殖民政策可比，自应设法筹办。惟一再讨论，皆以为需款甚巨，约略计之，每人以百金起算，则移民十万，即需款千万。国家当百端待理之际，不能筹拨此项巨款。而事关农政，又系筹边，自不容置为缓图，应由农工商部通盘筹画，或商同移民省分筹集款项，或另订奖励招垦公司专章，以期结合官力、民力，次第举办。准用《院章》第二十七条，将本案咨送农工商部办理，毋庸由本院具奏。本股员等多数表决，意见相同，特此报告。股员长那亲王。（"股员长那亲王审查提议黑龙江移民实边案"，《资政院知会、折奏、章程、说帖、质问、陈请等案件》之《资政院第十三类审查提议各案件》，清末铅印本）

③ 具案议员易宗夔等谨据《院章》第十五条，《细则》第六条提出拟请明发上谕改用阳历具奏案一件，应请议长作为议题会议。

奏为请明发上谕改用阳历恭折仰祈圣鉴事

查历算之法，以地球绕行太阳一周，每三百六十五日为一年者谓之太阳历，以月球绕行地球一周为一月，每十二月或十三月为一年者谓之太阴历。太阳历通行于世界各国，太阴历独行于吾国。兹请先陈太阳历之利，而后陈太阴历之害。太阳历以三百六十五日又四分日之一而不足为一年，每年十二月，每月三十日或三十一日，唯二月只二十八日。因有四分日之一，故四年一闰，遇闰则二月为二十九日。因四分日之一而不足，故每百年停一闰，二月仍为二十八日。每年平均十二月，遇闰亦只增一日，于外交、官制、财政、农时、学年、工业、商业毫无不便，故通行世界各国而无阻。太阴历则三年一闰，五年再闰。每遇闰年，辄发生种种困难之问题。如与外人交涉，订立条约合同，各国皆取大同主义，而吾国独异，遂启轻视之心，此不利于外交一也。官俸应以年计算，遇闰则俸廉不增，而忽增一月之支出，必有入不敷出之感，而发生他种贪污之现象，此不利于官制二也。预算、决算必定一会计年度，遇闰则全国岁入不增，而全国岁出必增一月之款，经济必形支绌，此不利于财政三也。农夫之播种刈禾，必有一定之时间，遇闰则或早或迟，辄有失时之事，此不利于农时四也。学堂课程总以按时循序而渐进，若遇闰年停课，则荒废光阴，不停则又破裂次第，此不利于学年五也。工人薪资亦多以年计，遇闰则工资不增而生计必苦，此不利于工业六也。商人营利时间与息金关系极多，遇闰必多紊乱，此不利于商业七也。既有此种种之不便，曷若改弦而更张，取世界大同之政策，用百端便利之阳历。如谓祖法难以骤更，则我圣祖仁皇帝早采用南怀仁、利玛窦之学说，以推测日食月食，至今毫无流弊。如谓习惯难以遽改，则日本亦从明治天皇，毅然改用阳历，至今称便。臣等窃负言责，凡关系全国利害实践，不敢壅于上闻，仰恳我皇上远师祖法，近法邻邦，明发上谕，饬下钦天监衙门改用太阳历，全国人民靡不称便。所有请改用阳历缘由，恭折具陈，伏乞皇上圣鉴。谨奏。如经多数认为应行具奏事件，应请议长副议长遵照《细则》第一百六条办理，须至提议者。（"议员易宗夔提出拟请明发上谕改用阳历具奏案"，《资政院知会、折奏、章程、说帖、质问、陈请等案件》第五册《资政院第三类议员提出提议各案件其一》，清末铅印本）

资政院第一次常年会第三十二号议场速记录

【标题】由议员会议出席率引发的讨论

【关键词】议员　出席率　《资政院院章》

【内容提示】本次会议没能按照预定计划开成，因为差一名议员出席不足法定的三分之二。有议员提出，现在会场内差一个人就不开会，于光阴未免可惜，并且于资政院面子上也不好看，希望变通办理。议长认为："此节不能变通办理，差一二人可以开议，将来差十个人又何不可开议？如此则《院章》将成虚设，故万不可不慎之于始。"

宣统二年十一月二十八日一点钟开议。

议事日表第三十号：

　　第一，试办宣统三年岁出岁入总预算案，股员长报告，会议。

153号（易议员宗夔）：弹劾军机的案昨天议长指定起草员已经草就，报告了没有？

议长：尚未报告。

153号（易议员宗夔）：本来东西各国遇有重要事情即行指定起草员，指定之后登时避席将稿拟就，当场报告，因为紧要事情不能耽搁。前回奏稿是因为耽搁了，所以才有上回的朱谕下来，今天可否请议长请起草员离席，就将草稿做起来？

议长：今天已经一点钟过了，人数还不足三分之二，现在尚须略待，如果人数已足即须开议，否则即应展会，故起草一节，此时尚难说到，现在先由秘书官报告文件。

秘书官张祖廉承命报告文件毕。

137号（邵议员羲）：南漕改折的案，税法公债股已经审查报告了，但没有列入议事日表，这个事情是审查变更税则如何办法，应该交特任股，不应该交税法公债股；且税法股浙江人甚少，不能深明其情形，还是请另指特任股员。要特任股员同度支部协商办法，协商好了再行报告为是。

议长：现在邵议员倡议将南漕改折一案先付特任股员审查，请赞成邵议员倡议者起立。

众议员起立赞成。

议长：多数。

议长：审查南漕改折案拟设特任股员十二人。

众呼"赞成"。

议长：现在由秘书长报告特任股员姓名。

秘书长承命朗读特任股员姓名如下：

刘泽熙、章宗元、陈瀛洲、李榘、籍忠寅、陈敬第、方还、邵羲、李文熙、孟昭常、牟琳、文龢。

121号（方议员还）：本员是提议的人，请另指一人为是。

137号（邵议员羲）：这是全国的事情，不能辞职的，照《院章》及《议事细则》均没有辞职的规定。

101号（书议员铭）：现在会期已经延长，这个《新刑律》一定要通过，然而这个《商律》更要紧。《商律》早出一天，商人就早受一天法律上的保护。要是今年不把《商律》通过，是资政院缺点，为什么呢？现在各国都有《商律》，商人都受法律上的保护，我们中国没有《商律》，商人非常之不便。自我们资政院开办以来，我们中国商人于《商律》这一层非常之盼望的，如果今年不把《商律》通过，是大失商人之望，所以请议长于这个延会奏折上添入《商律》一案。

议长：现在会期已经延长了，以后再可以讨论的。

153号（易议员宗夔）：弹劾军机的事情很重要，不要耽搁，请议

151号（黎议员尚雯）：这个弹劾军机奏稿，请籍议员修正一下就可以上奏的。

115号（许议员鼎霖）：籍议员的奏稿那天已经取消了，如果又要籍议员修正，不是取消那天的表决了吗？还是易议员的话为是，要请起草员恳恳切切把军机种种不负责任为我皇上痛切陈之，不能随便作的。

62号（刘议员泽熙）：预算股本拟明天十点开会，后来因为各部追加预算，各衙门说帖没有审查明白，明天不能开会，现已知会秘书厅，请秘书厅转知各股员。

180号（刘议员纬）：川路倒款奏稿拟妥了没有？

议长：奏稿已经拟妥，正在缮写。

81号（章议员宗元）：今天不能开会，本议员倡议者，方有几个特任股员会定了明天后天开会的，现在就可以到股员会开会，免得虚耗时间。

议长：按照定章十二月初一日即应闭会，现已具折请展会十天，折子明天即可去，现在拟由秘书长朗读此件奏稿。

众呼"赞成"。

议长：将来延会十天，务须尽力能多议决几件事方好。

7号议员（全公）：本员提拟变通马兰镇营制说帖刷印了没有？

议长：还没有刷印。

秘书长承命朗读恳请延会奏稿。

151号（黎议员尚雯）：可否将奏稿内"刑法"之下加上"商律"二字？

73号（汪议员荣宝）：折子内不说明日期，请皇上指定为是。

115号（许议员鼎霖）：《院章》上没有"指定"的字样。

99号（陈议员瀛洲）：现在会场内差一个人就不开会，于光阴未免可惜，并且于资政院面子上也不好看。

议长：此节不能变通办理，差一二人可以开议，将来差十个人又何不可开议？如此则《院章》将成虚设，故万不可不慎之于始。

57号（林议员炳章）：本来原额已经不够了，如庆议员（藩）[蕃]已经辞职，吴议员敬修已经丁忧。

议长：现在就是按照实在人数计算，也还不足三分之二。

81号（章议员宗元）：要是今天不能开会，请议长宣告明天开会。

议长：还要咨询诸位恳请延会奏稿是否定明日期？

116号（孟议员昭常）：人数不够，今天不能开会，将来延会奏稿可否规定十五天或二十天或不规定日期，从十二月初一日起几时议完几时闭会，以后议员来时可以踊跃从事。

议长：延会十天之内可以天天开大会，把时候定准，什么时候开，什么时候散，只要如此，就可以多议几案。

153号（易议员宗夔）：请议长规定以后十二点钟开会，七点钟散会。

议长：现在表决奏稿，请赞成奏稿者起立。①

各议员起立赞成。

议长：多数。

议长：方才易议员倡议请起草员速拟弹劾军机奏稿，章议员又倡议今天开股员会审查各项事件，两个倡议究竟是否成立？

129号（汪议员龙光）：今天不开会是按照《院章》人数不足三分之二，请今天到会的各位议员以后必到会，不然今天少一两个人，明天就少七八个人，势必至议会就开不成了。

73号（汪议员荣宝）：请议长查明今天未曾告假而不到会者，把姓名榜示议场门首。

59号（顾议员栋臣）：榜示不好，按《院章》也没有的。

86号（喻议员长霖）：没有请假而不到会的，请议长定一个章程。

议长：《议事细则》本有规定，只要大家遵守就好。

73号（汪议员荣宝）：今天到会的都是遵守规则的人。

153号（易议员宗夔）：请议长查明未请假而不到会的，付惩戒股。

59号（顾议员栋臣）：按照《院章》，议员三天不到会必请假，如果是两天不到，必定请假，将来《院章》也须改定。

73号（汪议员荣宝）：照这个样子，今天必要展会。本员有个倡议，明天定要开会。

123号（江议员辛）：这些人不来的缘故，因为这有一百九十二人之多，纵有一两个不到的也不要紧，是大家都存这个意见，那一百九十二人就没有一个到的了。

153号（易议员宗夔）：请议长将三天不到会的议员亦没有请假的，必要付惩戒股，不然设这个惩戒股做什么呢？（拍手）

59号（顾议员栋臣）：本员有倡议，自从开会第一日起到今日，有一天不到的，就算他一日请假。

134号（余议员镜清）：明天开会，大家务必要到才好。还有一句话，明天必要一点钟到院，若到迟了，势必延至两三点钟才能开会，又不能够议许多事。

48号（陈议员懋鼎）：今天因为人数不足，所以不能开会，然而这会没有开成，谁任其咎？似乎总要把今天不到会并不请假的议员付惩戒股为是。（拍手）

153号（易议员宗夔）：陈议员的话，本员非常赞成，就请议长命秘书厅详细调查注到簿，有不到会的议员，一定要付惩戒股惩戒。

议长：方才汪议员倡议明天开会，今天在场人数已不为少，请各位散后如见着今天未到的，务请知会一声，并且议事日表上有预算股报告，务请各科的人都要到会。再者明天准一点钟开会，准三点钟休息，若还是这样延漫，本议长就不能不设法维持了。

153号（易议员宗夔）：本员倡议有三天不到会的，交付惩戒，有三十人赞成即可作为议题。

众议员起立赞成。

153号（易议员宗夔）：本员倡议已经成立，就请议长命秘书厅详细调查不到者，即请议长付惩戒。

73号（汪议员荣宝）：议题虽然成立，但是还没有表决，今天人数不到三分之二，不能表决。

115号（许议员鼎霖）：汪议员所说的亦要分别办理，就请秘书厅详细调查，把今天不到会的名字都记下来，应否惩戒，明天大会再行表决。

153号（易议员宗夔）：本议员有个回答汪议员的话，付惩戒不要表决的，请议长命秘书厅查明不到会又不请假之人，即付惩戒股审查之后再行表决。

议长：现在展会，还要声明一句，明天准一点钟开会，务望诸君早到。

下午四点钟展会。

注释

① **资政院奏议事未竣恳请延长会期折**
臣院自本年九月开会以来，叠将应议事件编次日表，循序进行。凡政府提出，以迄人民陈请之议案，宏纲细目，固宜慎于审查，酌理准情，悉有资于讨论。除议决各案业经分别遵章具奏外，其尤重要者，为内阁会议政务处暨宪政编查馆奏请交议试办宣统三年预算及大清新刑律各一案，一则报告伊始，一则宣读未终。其修改《商律》交议一案，亦关紧要。查臣院常年会期自九月初一日起至十二月初一日止，现已将届闭会，而未经议竣之事，虽极力趋办，断难仓猝告成。据各该股议员陈述情形，拟查照《院章》第三十一条所载必须接续会议，得延长会期之文，仰恳天恩，俯准臣院于十二月初一日后延会十日至十二月十一日止，俾得将前项预算法典之案悉行议决，以裨宪政而慰舆情。此外，如尚有重要事件，应照《议事细则》第一百四十八条，经军机大臣、各部行政大臣咨请，或得其同意者，再由该管股员接续审查，于次会期报告，其他一切议案及建议、陈请等件，不在此例，当按照另项专条办理。所有议事未竣，恳请延长会期缘由谨恭折具陈，伏乞皇上圣鉴训示。谨奏。(《北洋官报》，1911年，第2661期，第1—2页）

资政院第一次常年会第三十三号议场速记录

【标题】关于"资政院有无存在之价值"的争论

【关键词】刘廷琛　剪发易服奏折　资政院性质权限　宪政编查馆　预算案

【内容提示】会议之前大学堂监督刘廷琛有一个参资政院的折子，加上资政院议决上奏剪发易服折奉到"毋庸议"的谕旨，引发了议员们的讨论，有议员以为资政院无存在之价值，使朝廷预备立宪之有名无实昭告于天下。因为上谕将参折著宪政编查馆知道，遂以资政院全体的名义给宪政编查馆一质问说帖，又通过了弹劾军机奏稿。之后接续开议预算案第一科报告之核减经常财政费、各省临时财政费、行政经常费、官业支出、各省预备金等部分，至此，第一科的预算审查报告得以在大会全部通过。

宣统二年十一月二十九日下午一点十五分钟开议。

议事日表第三十一号：

　　　　试办宣统三年岁入岁出预算案，股员长报告，会议。

议长：今天到会议员一百三十二人。

议长出临议台：今天奉到两道上谕，请各位起立敬听。

众议员起立。

议长宣读十一月二十九日军机大臣钦奉谕旨资政院奏议事未竣，恳请延会十日一折，著延长会期十日，钦此。

又十一月二十九日军机大臣钦奉谕旨资政院奏拟请明谕剪发易服一

折，前经农工商部具奏，已降旨明白宣示京外矣，著仍遵前旨办理，此奏应即著毋庸议，钦此。

118号（夏议员寅官）：审查江苏淮扬徐海水利议案，陈请股拟交两江总督，据本员意见除交江督外，请议长再行片交农工商部为是。

议长：是不是要咨送农工商部？

118号（夏议员寅官）：是的。

议长：据陈请股报告书，照章应咨送两江总督。

118号（夏议员寅官）：因为农工商部是此事的主管衙门，所以请议长仍须再交农工商部。

议长：可以咨送农工商部。

议长：夏议员倡议，诸位是否赞成？

众呼"赞成"。

153号（易议员宗夔）：本员有个倡议，本院延会的事已经奉旨允准，以本员看起来可以不延会，不独不必延会，而且资政院可以请旨解散。这是什么缘故呢？因为前天大学堂监督刘廷琛有一个参资政院的折子，① 这是最奇怪的事，资政院是代表全国人民意思的机关，今刘廷琛以个人的资格奏参全院二百代表，所以是很奇怪的。况且这个奏折内容，我们资政院人人都被他辱骂了。据奏稿的内容有云"持重者不敢异同，无识者随声附和，始而轻蔑执政，继而指斥乘舆，并有包藏祸心"等语，本院向来倡议的事，虽是发于一人，而赞成起立各人都是出于个人的自由权，不能勉强起立的。所谓"持重者不敢异同，无识者随声附和"，这个话不知从何而来的？至于说到"无识"二字，尤为可怪。照该折所说，朝廷何故用此二百无识之徒在此议事？至于所称"轻蔑执政"一语，是由本院弹劾军机生的。若是以为"指斥乘舆"，究不知何所指而云。然又该折称"资政院议员奔走权门"等语，既说轻蔑执政，又何以说奔走权门？前后所云，自相矛盾。又称"包藏祸心"这四个字，即是图谋不轨。试问图谋不轨，究竟有何凭据？本来刘廷琛是无耻之小人，国民之公敌，这个无价值的奏折可以置之不理。不过这个折子上去，居然交旨下来，著宪政编查馆知道，可见朝廷俨然以为宪政编查馆为资政院上级机关。本员意见,应请议长行个公文,请宪政编查馆将刘廷琛的折子抄送过来,看看内容,我们就可解散。况且前天剪发易服奏案上去,上谕著无庸议云云,可见朝廷信任农工商部,不信任我们资政院的立法机关。就这件看来,以后无论议决何事都归无效。本员有个倡议,我们资政院可以请旨解散。本员向来注重预算的,但(事)[是]这样看来,我们议决的预算上奏案,各行政衙门如又上一个折子,又说"著无庸议";就是《新刑律》将来通过上奏,如有人说还要照旧律为好,我们所议决的必又归于无效。我们若不把这个事弄清,本院以后可以不必开议了。

151号(黎议员尚雯):资政院是个立法机关,而所上的奏案没有一个有效力的。既没有效力,资政院所议的事还有什么价值呢?国家所以要立宪的缘故,就是要君民一气保护国家;要使君民一气,必使民间信任朝廷;要使民间信任朝廷,就要使民间信任谘议局、资政院,然后才能信任朝廷是真立宪。当此危急时代,如果资政院所上的奏案没有一点效力,民间就不信任资政院了,不信任资政院就不信任朝廷立宪了。如此看来,与立宪前途很有危险,况且先皇帝明诏煌煌宣布立宪,如此预备立宪有名无实,何以对得先皇帝?据本员看来,不如请旨解散,等到将来再召集国会,或者尚有点效力。

议长:现在还有重大议案,此事讨论可否暂缓?

123号(江议员辛):易议员的倡议,本员很赞成,请议长咨询本院将这个事表决,然后开议,不然议决的事是无效的。

议长:此事资政院很有关系,固应讨论,但现在还有奏稿,拟先由秘书长朗读何如?

153号(易议员宗夔):本员看总要把刘廷琛的封奏讨论妥当才好,不然无论何事上奏,也是无效的。我们资政院又何必空费手续上这个折子?

151号(黎议员尚雯):朝鲜亡国的原因,也是当初执政把持一切,政事都办不通,我们恐怕步朝鲜的后尘。

153号(易议员宗夔):还是请旨解散为好,因为资政院是个立法的机关，刘廷琛并未将立法机关的性质弄清楚，朝廷反信任刘廷琛这个无价值的奏折，交宪政编查馆知道，而不信任我们二百人的立法机关，不如请旨解散之为愈。就是弹劾军机的奏案也可以不上了，若是上去，一定又是著无庸议的，看大家意见如何？

107号（李议员榘）：今日倡议请旨解散，本员极赞成，我们资政院早应该解散。朝廷将刘廷琛之参折著宪政编查馆知道，是承认资政院议员均是不法之徒，我们这些不法之徒在资政院混乱什么？解散以后，尚落得个清白身子归见父老。

153号（易议员宗夔）：据刘廷琛奏折云，包藏祸心就是图谋不轨，罪名甚大，不如请旨解散，还可保全回去，想各位必表同情的。如果大家不作声，就算是默认刘廷琛的话了。

某议员：刘廷琛的折子总要看一看，然后才能想个对待的法子。

154号（陈议员命官）：易议员倡议，本员很赞成，但是以为这个事有个消极办法，有个积极办法。就是请旨解散，我们二百人解散之后，必定再行招集，自有知识高似我们的来，这是消极办法。至于积极办法，刘廷琛折子我们必须探听他的内容，比如一个御史参一个人，也要问参的对不对，刘廷琛果然参得对，则指斥乘舆、公倡邪谋，便是大逆不道，我们二百多人照旧刑律、新刑律都是应拟最重的罪名，应请皇上明降谕旨办理；如果参得不对，也应请旨处刘廷琛诬告反坐之罪。

157号（尹议员祚章）：刘廷琛不过一无知小人，却不够我们弹劾的价值，然如此妄吠，诬蔑本院，总须彻底辩明，方能放过，不能糊糊涂涂轻易了事。

149号（罗议员杰）：刘廷琛参资政院折子，关系全院重大得很。大凡议院上奏，总要皇上见信。如果皇上不见信，将来奏案子都受他的影响。刘廷琛奏参本院原因，一种是挟资政院核减大学堂经费八万银子之嫌；一种是有奸慝在外唆耸泄愤；一种是暗中有权（利）[力]人指使，不然刘廷琛没有这大的胆子。如果不讨论清楚，本院议员就是默认了他的话，反把我们资政院议员忠君爱国的心都付之流水了。我们如果默认刘廷琛参折，资政院议员应受何等处分呢？

议长：刘廷琛并不是政府中人，至若他的折子无理，大家都是知道的。今天这个讨论可以暂缓，因为今天若不开议，明天又有秘密会，恐怕工夫来不及。

149号（罗议员杰）：今天这个事情若不解决，就是开议也是无效力。

104号（桂议员山）：刘廷琛望风捕影，参劾资政院，我们一无辩论，就请解散，这个理由绝非善策。我们资政院二百个人是全国的代表，当此宪政萌芽时候，本院议员处于立法地位，凡百事体，不可过于激烈。请议长将刘廷琛折子抄来，刷印分散，大家讨论，他参本院种种不好地方，如果所参者实，应即请旨解散；如果所参不实，即照《资政院院章》不受院外之诘责办法，应当请旨处分刘廷琛的。

149号（罗议员杰）：还有什么对与不对？试问折子内谓本院"指斥乘舆、包藏祸心"那两句话到底是对与不对？

123号（江议员辛）：桂议员的话，本议员不赞成，我们中国男子二万万人怎见得便无人强似我们二百人呢？我们解散回去，就怕再没有人来继起吗？我们在这里上受压制，下受诘责，尚不思请旨解散，试问有价值否？

104号（桂议员山）：请问议长这个折子能抄不能抄？如果能够抄来，大家看一看，再想办法。因为以一人之知识有限，人多就可以见得到，所以总得见了他的折子再说。

123号（江议员辛）：刘廷琛折子本来没有讨论的价值，不过上谕交宪政编查馆知道，皇上就不信任我们资政院二百个人了，我们二百人在这里还有什么希望呢？

149号（罗议员杰）：请议长着人到宪政编查馆将原折子抄来，我们坐这里等。

190号（吴议员赐龄）：我们在这里当议员，总要为中国前途计，资政院不足有为，其原因即伏于宪政编查馆所定一切章程，无一不是假立宪手续，几句敷衍语。议长为皇室懿亲、本院领袖，应该为国家谋利益。现在立法机关，朝廷已经不信任了，我们徒然保存资政院，也是于立宪前途毫无利益。本员向来以破坏为成立，断不能平平两面求进步。我们若还不作解散，将来中国不亡于别的而亡于资政院，请议长不必迟疑。

某议员：刘廷琛的折子没有辩论的价值，因为第一层不是参劾资政院的个人，第二层折子内都是空话，不足辩论。朝廷因为资政院立法机关不完全，所以著宪政编查馆知道。就事实上说，刘廷琛他有上奏的权，这个还是平常告发的性质，我们可以不理会他。

153号（易议员宗夔）：刘廷琛的折子既说我们包藏祸心，朝廷如果不信任这个折子，应该留中不发，而朝廷反著宪政编查馆知道，可见朝廷没有把资政院看得起的。既没有看得起，本院议员就应该解散，我们还要宪政编查馆查复再行辞职为是，不候查复自己辞职为好呢？请诸位详细想想。

136号（王议员廷扬）：上谕著宪政编查馆知道，乃例行公事，亦无必行查复之理。

177号（李议员文熙）：本员以为刘廷琛参资政院，其参劾之内容无研究之价值。所最要辩明者，一、不应以个人资格参劾资政院。资政院为立法最上级机关，只能受君主监督，不能三四品大员人人可以监督，使人人能弹劾。不惟资政院前途危险，且一成先例，影响并将及于国会，此当力争者一。二、刘廷琛奏参资政院，朝廷著宪政编查馆知道，可见朝廷已将宪政编查馆认为资政院上级机关。资政院而有上级机关，实于立宪前途大有妨碍，此当力争者二。应请议长据此理由具奏，万一无效，再请解散不迟。

154号（陈议员命官）：方才易议员的话是很对的。虽说这个折子没有什么价值可辩论，不过"指斥乘舆、包藏祸心"的话，无论如何总要辩论明白，我们资政院果有此事，自不得了；如没有这事，应当办刘廷琛以反坐之罪。

52号（毓议员善）：（所）[此]事诸位议员讨论已久，本员以为此折并未经正式到院，大家均未见着，总须请议长设法将此折抄来。俟全体看见此折内容后，再讨论对待办法。

149号（罗议员杰）：请议长从速将刘廷琛的原折抄来。

议长：折子并未发抄，不过是著宪政编查馆知道，无从抄起。

190号（吴议员赐龄）：朝廷以中国旧时的政体看待资政院，所以对于资政院种种举动，都是不合。朝廷既不信任资政院，我们不能不对朝廷说话。刘廷琛折子本无价值讨论，不过朝廷更不信任资政院，我们何必保存资政院呢？

134号（余议员镜清）：刘廷琛奏折交宪政编查馆知道，这句话以前未曾听得，尚可置之不理。现在既有议员在场倡议，且确有证据，非道听途说者可比。若不弄清楚，是简直承认刘廷琛折中种种罪状，故不能开议。

190号（吴议员赐龄）：刘廷琛所说的总有是非，朝廷既不明白宣示，著宪政编查馆知道，显系优待大臣，还要我们资政院干什么？

104号（桂议员山）：资政院是朝廷立法之机关，议员乃是全国人民之代表，而刘廷琛本是无价值之人，然彼以一折入奏，我们资政院并不声明即行解散，这个理由本员很不赞成的。以本员看起，愈彰刘折之理真事实。仍请议长将折子抄来看看，我们如果不当议员，总要有个正当理由。不能因一人的参案，我们全院甘认其劾，就可以解散。

190号（吴议员赐龄）：这样说来是把自己看得太低，把刘廷琛看得太高，奏折上去，朝廷交宪政编查馆知道。朝廷既如此信任他，我们从何辩论？

104号（桂议员山）：这个事既有风声出来，就于资政院前途很有危险，于资政院名誉大有妨碍，不能不请议长将折子抄来分散全院讨论。

153号（易议员宗夔）：这个折子无人不晓得，报纸登载了，就是本议员所说的"指斥乘舆、包藏祸心"等语，本院实在不能承认的。

104号（桂议员山）：这个折子是我们资政院二百人的名誉攸关，总要将折子抄来，大家看一看再作对待之方针。

153号（易议员宗夔）：这个折子上去，朝廷是信他所说的，所以才著宪政编查馆知道。本院今天具奏案，因前次农工商部所奏的本没有说得剪发，而今天上谕就说著无庸议。照此看来，以后无论什么事都是不信任资政院，我们可以请旨解散，以留资政院的地步。

35号（议员曾侯爵）：据本员所闻，因刘京卿这参折末后另有两条，是对于改良资政院方法并申明一切，于宪政前途大有关系，故交宪政编查馆知道。这个原由，全院诸君不可不知，请注意勿要误会。

136号（王议员廷扬）：这个折子没有法律上的效力，止可不问。

104号（桂议员山）：这个置而不问之理由，以本员看来，亦非高明之策。但我们应当为资政院前途设想，本院自开院以来，所议之事，据本员看来，无一件关乎国计民生的事情，就是《报律》并著作权等议案议决施行，也未见就能反弱为强，今日又因一人之弹劾而即行请旨解散，于中国宪政前途实甚危险的。请议长咨询本院，可否将刘廷琛的折子抄来，给大家看一看，再作计较。我们资政院非行政衙门可比，是要保全名誉，不能由他人随便弹劾的。

196号（牟议员琳）：这个折子交宪政编查馆，没有发抄是不能抄的，而且也没有讨论的价值，可以不必抄，但是与本院权限很有关系：本院章程明载不受院外之诘责，今刘廷琛以个人之资格竟敢弹劾本院，我们将来再不敢说话了，请议长咨询本院援引《院章》具奏。

190号（吴议员赐龄）：我们资政院本是言论机关，自开院以来，朝廷对于本院所请之话往往不见信，所有具奏案一次、二次、三次，全不信任。今日刘廷琛以个人之资格弹劾我们，而朝廷竟信之不疑，我们还有何面目对朝廷说话呢？

151号（黎议员尚雯）：朝廷既不信任我们，而信任个人，我们还腼然立于资政院，此之谓无耻，无耻就可以亡国。

104号（桂议员山）：请问议长，这个折子能抄不能抄？如果能够抄来，大家看一看再想办法。因为以一人之知识有限，人多就可以见得到，所以总得见了他的折子再说。

86号（喻议员长霖）：大家对于此事，请旨解散，说的理由很多，但是还得研究研究。我们二百人来资政院，为全国国民代表，无论如何不能因一个人而解散全体，而且昨天我们上的折子是请旨延会，今天又请旨解散，岂不是前后自相矛盾？我们做事都要慎重，忽而请旨延会，忽而请旨解散，是资政院一点价值都没有了。据本员意见，他们的折子不管他如何说法，但是我们的错就改，若不是我们的错，就可以不理他。若只说资政院解散，是摇动全国的事体，不可轻议。

190号（吴议员赐龄）：我们不是因为刘廷琛的折子而要解散，是因朝廷不信任我们而信任刘廷琛的折子要解散的。

104号（桂议员山）：请议长先表决本员之倡议，然后再表决易议员的倡议。

123号（江议员辛）：我们大家要为大局设想，不能一味苟安，为掩耳盗铃之计。

153号（易议员宗夔）：桂议员要想，我们要解散，并不是刘廷琛个人之关系，因为刘廷琛的折子上去，朝廷交宪政编查馆知道，这是朝廷信任刘廷琛的话。朝廷既不信任资政院而信任个人，我们所议的事全归无效。此次剪发易服具奏案就是一个凭据。前次农工商部奏折是为易服，上谕下来也是说易服，并未说到剪发上。我们的具奏案是只说剪发，并未说到易服上，乃上谕就说遵照前次谕旨著无庸议，这是朝廷不信任我们资政院了。且资政院地位应与军机大臣直接对待，而反以资政院为军机大臣所辖之宪政编查馆之下级机关，是朝廷信大学堂监督，信农工商部，而不信资政院之二百议员，是以后资政院就是说一句话都是无效。我们议员若不自量，还要议事，未免太无耻了。

104号（桂议员山）：要说到朝廷不信资政院，据本员看，向来所议的事都无甚效力，可见朝廷未能十分信任资政院，并不自今日始。所以本员今天的意见与贵议员并差不多，解散是一定要解散的，不过请议长将刘廷琛的折子抄过来，给大家看一看，按节辩明，再行解散，犹未为晚。若说朝廷不能十分信任资政院，并非从此事发生。

179号（张议员政）：资政院为上下议院之基础，今日有以个人资格而参弹资政院者，将来必有以个人资格而参劾上下两院者。现在若容忍下去，则是将来上下议院坏于今日资政院二百议员之手，此事断不可不争，争而不得，断不可不辞职。

115号（许议员鼎霖）：此事大家研究很久，均无大异同，但外边的传言究不能尽信，必须先将折子抄来大家看过，然后再议方好。如易议员所说请旨解散，仅据传闻遽而解散，未免轻举。应请议长先抄折子。向来折子未发抄以前，无从查起，现在此折既发交宪政编查馆，没有抄不来的，俟抄过来看了，再行具奏不迟。至于他的折子上说议员包藏祸心，要问有甚么凭据。如确有凭据，岂止解散，还得治罪；如无凭据，他自有应得处分，我们何必就要遽行解散呢？

153号（易议员宗夔）：请议长将此折子先由宪政馆抄过来，明天再讨论。

86号（喻议员长霖）：刘廷琛以个人之资格弹劾资政院，本够不上我们对待他，这个折子也无庸抄看。况且古来名臣大儒被人弹劾，案子很多，本无足怪，我们本无错处，他弹劾其实于资政院价值丝毫无损。

123号（江议员辛）：贵议员为刘廷琛辩护，那是私人之交情。本院受刘廷琛个人之弹劾，是关乎国家前途的危险，奉劝贵议员眼光稍放远些，切勿以私交而妨害公益。

153号（易议员宗夔）：方才喻议员的话说刘廷琛够不上与我们对待，其实不然。朝廷既将奏折交了宪政编查馆，是朝廷信任了他的话。既信他的话而不信任我们，所以我们不能不辩论。

94号（王议员佐良）：这个折子是由弹劾军机案发生出来的，我们可以将这个折子抄出来看一看，再想个对待之方法。

议长：方才桂议员倡议欲将这个折子抄出，但是这个折子实在无法可以抄出。

94号（王议员佐良）：议员中有已经看见的，总可以抄得出来。

议长：行文到宪政编查馆去抄，恐怕办不到，只可另想他法。

123号（江议员辛）：刘廷琛参资政院非为别的事情，是专为我们预算案核减大学堂的经费。我们所核减的共五千多万，不止是一个大学堂。将来恨本院而弹劾者正多着呢，本院是何等的危险！今不请旨解散，更将何待？

94号（王议员佐良）：不是这个原因，就是因为弹劾军机发生出来的。

127号（闵议员荷生）：报馆传言，何足凭信？不能因此耽搁重要议案。

133号（陈议员敬第）：刘某弹劾资政院，朝廷复交宪政编查馆知道，明是以宪政编查馆为资政院上级机关。我们资政院为上下议院基础，是否应该还有上级机关，此问题很大。若认资政院可以有上级机关，资政院地位便不稳固，且恐为将来之国会开了先例，即国会之地位亦不稳固了。至对于刘廷琛应如何如何，实不成一个问题。

112号（陈议员树楷）：资政院开院以来都是为权限不清，所以才生出种种冲突，现在此事又是关于权限的事情。若似此权限不清，资政院自无成立的理由。我们地位是为全国的代奏，凡关于政治有立论之权，虽对待机关尚未成立，而言论权总不可自放弃了。现在对待的就是最高的行政机关，方免君上直接受舆论之冲突，此刻因个人之弹劾而交宪政编查馆知道，可见就是不以资政院为舆论机关了，就不能成立一个资政院！因为我们为全国人民代表，受政府之信用，而后可以对全国人民，而全国人民也感戴政府。如政府不信用我们二百人，就是不信全国人民，我们二百人也就无以对全国人民，全国人民就无由感戴政府。不过要于请旨解散以前，把他的折子抄来看看，然后再解决这个问题。资政院因权限不清才生出种种冲突，这个折子也是因权限不清之缘故发生出来的，陈议员的话也是实在情形。

133号（陈议员敬第）：李议员文熙的话，本议员是很赞成的。至于请旨解散，没有这个办法。解散是君上的权，君上不解散，我们如何自请解散？据本员看来，此次刘廷琛弹劾资政院是制度之不良，我们只要从根本说个明白，具奏上去，断无一经弹劾就请旨解散之办法，将来万不得已，只有全体辞职而已。

74号（陆议员宗典）：这个事情大家讨论了许久，都不是从根本上解决。所谓根本上解决，就是立宪政体问题。原来立宪国家，除议会、内阁及各种独立机关外，不准各人有上奏权。凡个人欲奏陈政务者，无不经由内阁，所以重政论之责任也。今资政院对于君主为全国代表言论机关，此外若更有他种言论机关，即非立宪政体所应该有的。且不说今日资政院不应受此种言论之弹劾，即将来责任内阁成立后，亦不应再有此种无责任之陈奏。此应该就立宪政体根本上解决，将来应以言论机关根本问题奏陈朝廷为是。

81号（章议员宗元）：陆议员的话本员很赞成，但是要请议长用公文送至宪政编查馆，把刘廷琛原折抄来看一看为要。

议长：方才说非发抄之件不便去抄，但本院章程有质问行政衙门之权，我们可以用质问方法，向宪政编查馆询问究竟有无此事，如此方是正当办法。

81号（章议员宗元）：本院可以质问宪政编查馆，因为本院是听闻有这件事，可以用全院名义质问，只说我们风闻有刘廷琛弹劾资政院事情，究竟有无其事，请把折子抄来。

73号（汪议员荣宝）：本议员有声明的话，议场外闲谈不能拿到议场里面来作证据。要知议场是个法律的地方，与议场外不同。

81号（章议员宗元）：本院可据风闻，以质问书质问宪政编查馆。如果有这个事情，宪政编查馆断不说没有的。不过我们是据风闻的话质问宪政编查馆，请把折子抄来。本员倡议，是否有人赞成？

115号（许议员鼎霖）：章议员的意见，是质问宪政编查馆究竟有无这个折子，如果真有，断不能说无，各议员不必过虑。

146号（郑议员潢）：请照章议员的倡议质问宪政编查馆，要他把折子抄上来，今天我们可以散会。

151号（黎议员尚雯）：质问说帖请议长命秘书官从速办理，明天开会就要拿出来讨论。

151号（黎议员尚雯）呈递质问宪政编查馆的说帖于议长。

81号（章议员宗元）：用质问说帖是很正当的办法。

153号（易议员宗夔）：黎议员的说帖还没有赞成的署名，请议长命秘书官朗读一遍，赞成者当场署名。

议长：黎议员质问宪政编查馆的说帖，现在由秘书官朗读一遍，赞成者请当场署名。向来质问说帖必须先写赞成人名字，现因临时提起质问，所以在当场署名。

160号（王议员绍勋）：有人弹劾资政院，我资政院当反求诸己，请大家省察。我们所上的议案有逾越权限没有？有违背法律没有？如其无之，何怕外人弹劾？如其有之，何怪外人弹劾？请大家检点，以保全院之名誉，不必率请解散。又按《院章》四十二条资政院议员于本院议事范围内所发言论不受院外之诘责，弹劾资政院之事既无谕旨，不见明文，亦不必向宪政编查馆质问。若闻有人背后訾议，辄行质问，是认受院外之诘责矣。

众议员请秘书官朗读黎议员说帖。

秘书官（张祖廉）朗读黎议员尚雯质问宪政编查馆说帖。

81号（章议员宗元）："酌定日期以文书答覆"请改作"迅速答覆"。

153号（易议员宗夔）：改作"即行答覆"好些。

52号（毓议员善）："迅速"二字也是一样的。

81号（章议员宗元）：这个说帖要用全院名义质问。

议长：赞成者请写名字，如果得三十人以上之赞成，这说帖就算成立，成立之后，再用全院名义为妥。

115号（许议员鼎霖）：请议长咨询本院，赞成者起立，不起立者就不写他的名字。

67号（王议员璟芳）：还是用全院质问名义。

134号（余议员镜清）：若赞成多数，就是用全院的名义。

议长：照《院章》须先写赞成人名字，然后再付表决。

68号（文议员溥）：得三十人以上之赞成，这说帖就可以成立了。

153号（易议员宗夔）：议长是处处遵照章程的。若是用全院名义，不先写赞成人名字，章程上没有这个办法。还是照许议员的倡议，赞成者署名，不赞成者不必写他的名字。

议长：照章得三十人以上之赞成，到开会时再表决。

48号（陈议员懋鼎）：得三十人以上之赞成，这说帖就可以成立了。

73号（汪议员荣宝）：本员有个倡议，这个事情向宪政编查馆用质问方法，不如用请求参考的方法。因为质问照《院章》是对于各衙门行政事件，或是内阁会议政务处议决事件发生的。现在这个问题既不是行政事件，又不是内阁会议政务处议决事件，照章无从质问，所以不如用请求参考的手续，照《分股办事细则》六十二条，股员长依股员会之议决，得声请议长咨行军机大臣、各部行政大臣将参考文书检送到院，我们现在可以用此办法。

59号（顾议员栋臣）：这个参考文书不对。

48号（陈议员懋鼎）：这个参考的手续是不适用的。所谓参考者，我们有这个案件要参考的，才用参考的手续。

153号（易议员宗夔）：汪议员的倡议不妥当，因为参考的手续是股员会里头的办法，由股员长报告，议长咨行各衙门将参考文书检送到院。这有什么要参考呢？还是用质问说帖为是，满三十人以上之赞成后再咨询本院。

议长：现在赞成的可以写上名字，这个说帖成立之后再付表决。

117号（雷议员奋）：本员有个倡议，现在赞成的写名字很耽误工夫，我们可以照章用表决票，赞成者请送一名片就是。

议长：现由秘书官把说帖送到各位议员席次，赞成者即请写上自己姓名。

秘书官承命将说帖送各自议员席次书写姓名。

议长：现在质问说帖已经朗读过了，署名者共三十一人，请赞成此说帖者起立。

众议员起立赞成。

议长：多数。

151号（黎议员尚雯）：本员对于剪辫问题请登台发言。

议长：现在时候已晚，今日应议之件甚多，此事暂请不必讨论。

151号（黎议员尚雯）：前次奏案虽然不准，我们可以再奏三案。

议长：此事容后讨论。

议长：现在还有两个奏稿，由秘书官朗读。

秘书长承命朗读四川铁路亏倒巨款奏稿。

议长：四川铁路亏倒巨款的奏稿已经朗读过了，请赞成者起立。

众议员起立赞成。

议长：多数。

议长：弹劾军机大臣的奏稿现由秘书长朗读。

秘书长承命朗读弹劾军机大臣奏稿。

议长：赞成者请起立。

众议员起立赞成。

议长：起立者共八十八人，是多数。

议长：现由秘书官报告文件。

秘书官（张祖廉）承命报告文件。

议长：胡议员柏年质问内阁会议政务处，[②]刘议员曜垣质问外务部，黎议员尚雯质问邮传部说帖[③]共三件，已经刷印分散，请赞成者起立。

众议员起立赞成。

议长：刘议员曜垣质问外务部税务处说帖一件，[④]已经刷印分散，请赞成者起立。

议长：多数。

秘书官（张祖廉）接续报告文件毕。

议长：梁建章陈请统筹全国殖民办法说帖，现经陈请股审查，请交移民实边案特任股员一并审查，众议员赞成否？

众呼"赞成"。

议长：现在开议，按照议事日表第一试办宣统三年岁入岁出总预算案，请预算股第一科审查长接续报告岁出消减部第三各省经常财政费。

177号（李议员文熙）：请黄议员象熙报告。

131号（黄议员象熙）：本员报告财政费。其各省数目与度支部原册不符之处，是据追加之数修正增入，特此先为声明。查各省支出之款大约可分为五项：一藩粮两署经费，二税捐各局，三盐务，四各州县征收钱粮费，五漕务支出之数，共一千四百五十八万四千三百两，核减共二百五十四万二千九百七十三两。谨就各省分别报告：直隶一百四十三万八千三百一十一两，核减二十四万零五百五十两；江西三十七万七千一百七十五两，核减七万零二百七十两；湖南三十四万零三十二两，核减十二万九千九百二十八两；四川一百一十二万八千三百二十一两，核减三十九万五千三百八十六两；江苏六十六万二千五百一十九两，核减一十一万八千九百三十七两；广东一百二十二万九千一百二十六两，核减三十三万二千一百四十一两；云南三十四万三千三百二十三两，核减六万五千九百七十四两；浙江九十二万九千五百六十八两，核减九万二千六百七十四两；福建十八万一千二百五十四两，核减五万六千一百零六两；安徽二十二万二千一百四十一两，核减三万五千两；广西三十二万零九百七十二两，核减五万七千三百七十七两；江宁一百八十二万六千二百七十九两，核减二十四万三千九百九十一两；山西三十五万七千五百二十七两，核减八万五千一百七十二两；河南四十一万八千四百两，核减一十五万零四百四十八两；陕西一十一万九千零七十四两，核减一万三千二百一十六两；山东二十四万一千五百八十九两，核减六万七千零十五两；湖北七十六万四千八百四十四两，核减十四万三千五百八十两；甘肃十四万七千八百八十四两，照部核减；贵州九万一千六百六十九两，照部核减；热河九万八千六百七十七两，核减九千二百三十四两；奉天九十八万一千七百五十一两，核减二十四万零四千九百六十三两；吉林一百三十三万五千四百六十七两，照部核减；黑龙江十九万一千二百零六两，照部核减；川滇边务十万五千三百七十六两，察哈尔三万九千九百八十三两，照修正册减三千八百八十两；苏宁九万一千零十两，核减一万八千两；归化一千五百一十一两，新疆五万七千一百五十两，江北三万二千八百二十两，阿尔泰二千九百九十三两，安徽册粮饷处二千八百七十三两。以上共有二十一处，核减数目大概十成之二。稍有相差之处，因各省开报浮实不同之故，其有裁至过半数者。调查底册浮滥太多，不得不切实删减，如四川财政公所、广东各厘（厂）[卡]是。至东三省的情形与内地不同，审查眼光亦较内地稍别：奉天开支过滥，固裁去二十万零；吉林、黑龙江事事正待扩充，除经部核减，本股未加裁节，揆势度时不得不然。核减理由与数目大概如此，请议长咨询本院有无讨论。

85号（吴议员廷燮）：厘卡款项有裁没有？

131号（黄议员象熙）：已经裁了。

86号（喻议员长霖）：裁了他们的钱，他们是一定舞弊的。

131号（黄议员象熙）：舞弊的人就是加薪水给他，他还是要舞弊的。

议长：度支部对于方才报告有无意见？

度支部特派员（徐文蔚）：各省因资政院核减经费达部电文，率皆通论大体，其有指明款目者，以军政等费为多，至财政费及行政总费却未分别指出。贵院议减之数，将来各省能否照减，现在尚难悬断。所有各省电文，已由度支部抄录送主管各衙门，并送贵院审查，俟预算案议决具奏后，度支部自当通行各省遵照办理，将来倘能一一办到，是度支部所最希望的。

131号（黄议员象熙）：因为财政困难，所以要裁减，但是裁的也不多。

度支部特派员（徐文蔚）：就是裁减，度支部也表同意。

议长：其他各部有无意见？

法部特派员（冯巽占）：这是度支部的事，本部并无意见。

议长：众议员有无讨论？

68号（文议员溥）：有质问度支部特派员的话，此次预算所裁各款，度支部是否同意？

度支部特派员（徐文蔚）：前天已经声明过了。

68号（文议员溥）：明年能否照预算办理？

度支部特派员（徐文蔚）：各省拿全册送到度支部，度支部已送到贵院来。能照预算办与否，这个权是在督抚。

68号（文议员溥）：有无更动？

度支部特派员（徐文蔚）：这个预算定了之后，原为明年可以施行的。如有不能不更动之处，这个预算就算不能成立。

151号（黎议员尚雯）：一定照预算实行的。

议长：现表决各省经常财政费，以报告书为可者请起立。

众议员起立。

议长：多数，现在休息二十分钟。

下午三点四十五分钟议事中止。

下午四点五分钟续行开议。

秘书长：现在议长有事不能到会，照章请副议长代理。

副议长：现议岁出消减部第四各省临时财政费，请审查长报告。

129号（汪议员龙光）：这个临时费是很简单的，所谓临时费者，都是财政部下范围以内之临时费，在京就是度支部，在各省就是藩司所属。度支部临时费，印刷局一项四十余万，初疑太多，嗣经特派员陈说理由，购买机器既与外国人订立合同，所以就没有核减，昨日已经李议员报告过了，现在报告各省临时费。查各省临时费名目不多，要以清理财政局经费为大宗。我国财政向来没清理过，纷乱达于极点，一旦提起清理，最初一次大是不易，譬如用怎么方法调查，用怎么格式填写，千纷百乱之中理出头绪，是很纷繁很困难的。看来初次办理，用人不得不多。用人既多，经费自不能不巨，然亦只开头一年如此。自后接续办去，有前届榜样可以照例遵循，自然用人可少，经费应与之俱少。乃各省督抚送来预算，往往较元年加多。如江西比较去年，便加多一万余两，未免太无理由可说。所以度支部对于加多省分一概不准，本股员会审查，不独不能加多，其元年原用数额太多者，仍拟酌量裁减，以杜浮冒。大概各省对于此项，其最居多数者凡三省，直隶六万六千余两，广东五万七千余两，四川四万六千余两；最居少数者亦三省，甘肃、云南、贵州皆只一万余两。自余各省大概都是二万两上下，直隶、四川、广东固是大省，财政较繁，然于甘肃、云南、贵州，何至为六与一之比例！数目多少，未免太相悬殊，所以审查时（没）[设]了一个标准，少由一万以上，多至四万为度，而二万上下各省，亦有酌量核减之处。论理，我们审查既以四万为度，何为对于二万上下亦加核减？例如福建本款三万，浙江本款二万八千，而薪水一项各占二万二千，可见别项用度不多，率是人员占过三分之二，此则是滥用冗员之证，便可酌量核减，不能因其未满四万之数，皆可引直隶、川、粤为比例也。至核减多少，也不过照依原数估一个八成、九成，稍期归于樽节，万不至于不能敷其必要之用。直隶原来六万六千，余减二万；广东原来五万七千，余减一万七千；四川四万六千，余减一万六千。自余各省或减或不减，都不过二万两上下，少以一万余为止，不必详细报告。此审查清理财政局之大较也。此外还有别项局所经费，也有归并的，也有全裁的，也有减少的。归并的就是陆军清理财政局。我们审查的意思，因为陆军行政固是独立，然清理财政，陆军一项似无必要独立之理由，本股审查主张归并，免得另设一局，可少此一笔靡费。裁撤的如新疆银元局、四川造币厂，度支部已经主张裁撤，因为国家现已鼓筹新币，毋庸各省自行鼓铸。本股审查，以度支部宝泉局亦是关于造币的，一切用度亦应全裁；又安徽财政研究所、贵州政务公所，窃以各省藩司或度支司皆有财政公所或度支公所，与夫各司道皆有公所分科办事，该两省所谓财政研究所、政务公所，皆当一并裁撤。至于主张减少的，度支部调查费项下减一千两，临时费项下减一千六百余两；奉天盐务调查费项下减二千两；江苏粮巡道署临时费减二万两；山西河东杂支项下减一千五百两；四川票厘局项下减一万二千两；广东清佃沙捐官田分局项下减一万七千两，再土药统税分局现在发行禁烟议决明年六月一律停止，此刻事务比往年稀少，一切费用亦可从简，拟三减其一。此审查清理财政局以外各局所临时经费之大较也。总计各省临时财政费共一百二十四万四千六百八十两零四钱八分三厘，共核减二十四万零二千六百九十三两四钱一分三厘，度支部本署费不在其内，大较如此。总之，我们审查预算无甚把握，譬如，指定某衙门某局所应有若干事，应用若干人，应费若干钱，必三者支配丝毫适合，万无这种手段。所谓酌量者，说不得不是以意为之。既知是以意为之，往往不敢轻于下手，故核减之数，只失于少而决不失于多。各省送来预算，类于岁出，皆以少报多，处处留有余地，吾辈当下手而不敢下手者不知凡几，可减未减，彼则隐而不言，减而失之稍重，彼必托词于事实上办不下去，力求追加。与其后允追加，失预算之效力，不如从宽办理，免致争执。此本员审查宗旨，并不是一味武断也。

副议长：度支部特派员对于财政报告有无异议？

度支部特派员（楼思诰）：若是度支部直接统辖之机关，自当依贵院裁减之数办理。至于各省情形，度支部亦未能详悉，将来行得过去行不过去，须看事实上如何，此时未经咨商各省督抚，究竟能否遵守，度支部尚无把握。

151号（黎议员尚雯）：贵特派员不能说没有把握，这个预算案是度支部负责任的。

度支部特派员（楼思诰）：度支部自然按贵院裁减之数令各省照行，至于各省能否全体承认，度支部碍难断定。

68号（文议员溥）：这次预算股员会核减预算全凭理想，不顾事实，所以度支部不能说有把握；且各省临时财政费项内裁去数处清理财政局所，这个清单没有看见，本员以为度支部的清理财政处亦应当裁撤，因为度支部就是清理财政的机关，哪一事不是财政？哪一事不当清理？哪一人不是办理清理财政事宜？何必又另设个清理财政处，致滋靡费！实在不如裁去好，尚可节省经费。

度支部特派员（楼思诰）：行政机关之组织是行政大臣特权，本员无从答覆。

副议长：如无讨论，即付表决。各省临时财政费有以方才第一科报告为可者请起立。

众议员起立。

副议长：多数。

副议长：现议岁出消减部第五行政经常费，请第一科审查长报告。

81号（章议员宗元）：报告各省行政总费，"各省"这二个字包括二十二行省以及许多边僻的地方，如科布多等处，现在这种地方可以除开不算，因为他们的行政经费很简单。至于各省的行政总费，包括三种经费而言：第一种督抚衙门的经费；第二种巡道衙门的经费，说到这个地方本员声明一句，巡道是指分巡、分守各道而言，巡警、劝业道皆不在内；第三是各府州县以及所管各署的经费。这三项里头，他们所报的经费，都是与陆军经费、民政经费不同，因为陆军包括军饷，民政包括巡警口粮，这个行政总费不过是有廉俸、公费、幕友的薪水、委员的薪水，其余纸张、杂费等项，多是衙门里头所出的经费。本股审查员抱定股员会议决的宗旨，裁冗员，节靡费，照这两句话审查各省行政总费，审查的法子总是核减行政总费，里头有三种核减办法：第一种核减最多的就是依照本股额外股员会议决公费的标准核减；第二种核减是查原册上度支部注明应减多少之数，而各有督抚现在还没有回覆的，就照度支部注明的数目核减下来；第三种从本股的审查股员调查各省底册实在有浮滥的地方，酌量裁减。这三种裁减的法子，以公费一门裁减为最多，其次照度支部注明核减的较少，由本股员会调查底册酌减的更少。这个各省行政总费之总数共是一千七百二十六万七千余两，核减了三百三十六万六千余两。若是一省一省地报告，那是很繁难的，所以本员的意见提出几省报告，诸君就可以见其大概。

153号（易议员宗夔）：请报告一二省就是了。

81号（章议员宗元）：本员先提江苏一省报告。这江苏核减册内第一款第一项是巡抚衙门的经费，内中有幕友之薪水、委员之薪水、办公纸张等项，共是九万三千三百多两银子，我们以为他们开的太多，核减了五千多银子。这个并不是本员审查的，但本员以为减得亦很适当。第二项是苏松太道，就是上海道衙门经费，开了一万三千三百八十多两银子，公费不在其内。苏松太道只开了一万多，他的收款没有统通开上，而用款很多，其中总有不实不尽的地方，我们什么减法呢？只好减了他五千银子。第三是常镇道衙门的经费三万五千两银子，查这个底册，度支部注明的他底册实数是二万六千多两银子，他多开了九千多银子，度支部已经行文去了，至今还没回覆，我们股员会审查他既多开九千，就可把这数核减。此外节金、节赏开了二千五百银子，审查股员以为这个应当裁的。至常镇道的经费二万三千多银子，这个里头还要声明一句，并不是裁了这二万三千银子，因为有九千银子是多开的，我们不过更正就是了。第四是江苏候补的津贴，开了三千六百多银子，审查股员以为这个可以裁的，这是江苏的情形。只讲江苏一省的行政，恐怕诸位不大明白，所以再把广东省说一说。广东省第一款第三项是总督的公费九千多银子，津贴是二万八千多两银子，总督的公费与津贴共是三万七千多两，查得总督的公费与津贴系总督个人所得的，为数未免太多，审查员按照本股所决定的公费标准，裁了一万三千六百多两银子。第五项是总督幕友经费三万九千八百多两银子，审查股员以为开得太多了，裁了他的零数九千多两，还余三万两。第八项是杂支，开了一万五千二百多两，未免太多，审查员核减三千多两，还有一万二千多两，审查得并不太苛。第三款第十三项广东各知府假定的公费，是预备实行的，还有各直隶州假定公费，他原来用什么标准而定的，股员会中并不知道，共是八万四千两。审查股员按照额外股员所定标准，知府每年公费以四千两为标准，于是核减了四万八千多银子。至于直隶州的公费是三千六百一十两，核减了七千六百多两银子。第四款第七项是大小衙门的津贴，原来是十七万一千七百多两银子，照度支部原册注明的，既已定了公费，所有津贴一律裁去，把这十七万照裁了，这是广东情形。各省行政经费统共核减三百三十六万六千多两银子，后来各省来了修正预算案，大致多很有理由的，所以又添了四十七万多两银子，西藏补报来的是八万多两银子，共加了五十六万二千九百多两，这是审查的情形。

　　副议长：各省行政经费，度支部特派员是否同意？

　　度支部特派员（徐文蔚）：本部已经两次声明，无须再说。

　　81号（章议员宗元）：本员还可补足报告几句，方才说的裁减公费从各省督抚起到知府、直隶州为止，底下州县并没有减，因为州县公费大半没有一定的，且州县的公费当另外有一种解释，他没有什么办公公费，所以股员会讨论州县的公费，以不减为妥。因州县是亲民之官，关系很重，所以通通没有减。至于东三省的州县是减一点儿，因与各省州县不同，东三省州县一项一项把公费都报告来的，除公费之外还有办公经费，亦都定出来的。既然定得这样明白，我们不能不减一点儿，通通照知府直隶州为标准，繁缺是四千银子，简缺三千六百两银子。

　　153号（易议员宗夔）：代为报告几句，各省行政经费核减公费最多，如两江总督他每年公费开支到二十九万多银子，实在是浪费，督抚应当比照军机大臣，将来这部预算奏准之后，一定可以生效力的，请议长付表决就是了。

副议长：众议员有无讨论？若无讨论，即付表决，请赞成者起立。

众议员起立赞成。

副议长：多数。

副议长：现议岁出消减部第六官业支出，请第一科审查长报告。

81号（章议员宗元）：这个报告很简单的，就在本位报告。这个应分国家行政、地方行政二种，现在国家行政与地方行政经费已经划分清楚，凡关于地方行政的归谘议局审查，本院审查国家经费。就这官业一门而言，现在各省情形不同，有的省分很多，有的省分不多或没有的。本股审查这件事情亦很为难，所用审查的方法，就看他官业这一门。第一层要希望实业之发达，第二层要补助国家之财政。若以财政眼光看起来，官业这一门比照他的收款相抵，很可以过得去，实业还可以发达。若是出款很少而收款很多，那就不能不减的，核减的法子是比较收款的数目而定，比方出款三万，收款十万，那就减去七万银子，但实在也没有减得这么多，至于收款十万八万，出款五六万的，一概没有核减，总数一共十三万两有零。

副议长：关于官业一项，度支部有无异议？

度支部特派员（徐文蔚）：并无异议。

134号（余议员镜清）：官业表与报告书不符，今日会议以表为标准，抑以报告书为标准？请预算股员说明其所以错误之点。

副议长：众议员有无讨论？

81号（章议员宗元）：本员声明一句，不对的地方因为作表者算错一点，应当是十三万零四百八十多两。

73号（汪议员荣宝）：那是一二九八，是错了，应改为一三零四八二一。

81号（章议员宗元）：本员要声明一句，原来的数目是十三万有零，后来查出广西官业支出，经股员审查核减，因为他没有收入只有支出，原来是九千五百二十九两多银子，当时度支部册上没有注明，所以股员没有理会。后来查出来广西所开系属一种花银，核减了九千五百多银子，实合库平八千多两，所以后来改正总数是一二九八七四六九一。

134号（余议员镜清）：以表为标准，抑以报告书为标准？

副议长：以表为准。众议员有无讨论？

众议员无讨论，请付表决。

副议长：既无讨论，以报告书为可者请起立。

众议员起立赞成。

副议长：多数。

副议长：现议岁出消减部第七各省预备金，请第一科审查长报告。

81号（章议员宗元）：各省预备金上次报告余存金的时候已经报告过了，本员对于股员长要声明，不必另外报告，再者此项预备金各省有有的，有没有的，不能一律。大半全是无着之款，所以本股员会拟将此项删去。

123号（江议员辛）：各省预备金是本员审查的，本员可以答覆贵议员质问。凡预备金的性质是以的款储作两项支用：第一是预算内之不足，第二是备预算外之支出。不是没有的款，可以虚悬的。今各省出入不符，并无余存的款，度支部已将各省减去一半，其［另］一半亦无存在之理由，所以本股员会都将此项一概删去。

74号（陆议员宗典）：此项款子既然删除，归于何项？

123号（江议员辛）：此项预备金共一千三百多万，经度支部减去六百多万，本股员会减去六百多万，度支部所减者如四川等省入不敷出，所以删除；而直隶等省也是入不敷出，却任其存在，不知是何理由。故一并删除，以归一律。

73号（汪议员荣宝）：预算案应当有预备金的，何以没有？

62号（刘议员泽熙）：本员对于汪议员质问有几句答覆。以法理论，预算本应该有预备金，但必须有余款方可作为预备金。这部预算案合全国计算，亏空至如此巨，更有何款可以作为预备金？譬如人家用钱有余存的，然后才可以作他项预备之需；如入不敷出，岂能再拿出一部分之钱存而不用？这部预算所以无预备金者，实是事实上不能做到。

众议员请议长付表决。

副议长：众议员已无讨论，请问度支部尚有意见否？

99号（陈议员瀛洲）：度支部向来是表同情的，请议长不必再问。

副议长：现在表决，以报告书为可者请起立。

众议员起立赞成。

副议长：多数。

副议长：第一科审查长是否尚有报告？

62号（刘议员泽熙）：没有什么报告，请第二科报告。

副议长：第二科拟俟明日报告，现在先报告第三科的，请第三科审查长报告审查之结果。

116号（孟议员昭常）登台报告，电灯忽熄。

副议长宣告展会。

下午五点十五分钟散会。

注释

① 大学堂监督刘廷琛日前呈递封奏，痛劾资政院，略谓："该院自开会以来，议员私通各（日）报馆，不分良莠，结党成群，欲助长势力，以为推翻政府地步。其所主张之事，或借报纸以宣布，或凭演讲以感动，务使国民有反对政府思想，其目的所在，无非与政府为难。始而藐视执政，继而指斥乘舆。奔走权门，把持舆论。近且公倡邪说，轻更国制。赞成虽云多数，鼓噪实止数人。持正者不敢异同，无识者随声附和。使朝廷避专制之名，议院行专制之实。议决案件，必要求政府实行，是神圣不可侵犯不在皇上而在议员。若不严惩一二，以儆效尤，流弊所极，必至包藏祸心，窃窥神器，其害有非臣子所忍言者。且一资政院弊已至此，若待国会成立之后，诚恐大权一去而不可复回，民气一张而不可复遏。履霜坚冰，由来渐矣。周王下堂迎觐，土耳其王幽闭深宫，可为寒心，堪为殷鉴。愿我皇上此后凡于议案可者许之，不可者拒之，荒谬者严惩之，则魁柄不至下移，国基可以巩固。"又谓："今之议者动谓军机制度不善，组织内阁，不知人之不善，非法之不善。若得其人，即军机旧制亦可济时；不得其人，虽内阁新制亦足以速亡。更请我皇上诰诫军机大臣，正己率物，然后政治清明，纪纲以振。即无责任内阁，亦足到治。"其折由则系"为宪政初基，宜祛流弊，请明降谕旨，巩君权而防凌替事"。折上闻，监国初亦不以为然，嗣经各军机进言，谓资政院近来所议各事，确有逾越权限，即如请剪发辫、开党禁等案，或更张祖制，或大背先朝，殊非臣子所宜倡议。该监督所陈，虽言之过甚，然亦不为无因，监国遂批交宪政编查馆知道。(《申报》1911年1月5日，第4版，"刘廷琛究何仇于资政院"）

② 具说帖议员胡柏年等为质问内阁会议政务处王大臣关于邮政之权限争议事

按《院章》第二十条及《议事细则》第一百七条"欲行质问各衙门行政事件，

应具说帖，得三十人以上之赞成，由议长咨询本院决定"等语，因得分质如下：

上年八月宪政编查馆奏明筹备清单内载，宣统二年应责成邮传部堂官，会商税务处大臣收回邮政。本年四月奏定行政纲目内载，税务司邮政亟应改归邮传部管理。均奉旨允准在案。乃屡延屡展，未见施行，未知果以收回改归之说为是否也。论有以收回改归为一问题者，实则收回外交也，改归内政也。以言外交，不过委任契约，并无条约关系，随时成立，可以随时解除。以言内政，则前者邮政曾由外务部移归税务处矣。前日之移，如彼其易；今日之移，胡如此其难？揆当日之以邮政移归税务处者，不过以经过税关便利起见，非以其性质即为税务也。邮传部未立以前，固可以权宜附属；邮传部既立以后，即不得因仍不改。以行政机关因仍不改，且行政机关各有主管，以税务而兼及邮政，以邮部而不理邮政，循名责实，固如是乎？屡次言收回而未能收回，屡次言改归而未能改归，岂税务处之争持主辖乎，抑邮传部之自甘放弃乎？此不能无疑者一也。船、路、电、邮四政，皆邮传部之职任也。理船厅旧隶税务处管理，亦未立邮传部以前，权为附属者也。今邮传已立专部，则船政自应改隶邮部，而因仍不改何也？如谓借查偷漏与税务有关，则铁路转运亦与税务有关，何以不将路政并归税务处也？火车之有栈，犹船政之有厅，车栈改归邮部管理，尚与税务无涉，则船政亦应归邮部管理而与税务无涉，今日之因仍不改，曾不如冬为税务处之争持管理否乎？此不能无疑者二也。驿站亦邮政之一，我朝旧隶兵部，今邮传既立专部，应从陆军部划出，归并一部，此理之显然者。查本年九月初二日，邮传部奏请裁改驿站，九月三十日陆军部覆奏请仍暂归管理，在邮传部未经奏请归并而先请裁改，此手续之未清也；在陆军部亦知不能长管而仍请暂管，此权限之不明也。今日驿站直可裁改，何以并不能归并也？查各省驿站已由提法司划归劝业道管理，在外者能改并，而在内者不能改并，何也？如谓延寄军报以驿站为重要，则现今延寄军何以皆用电达乎？如谓战时驿递应归陆军范围，则不过暂时问题，何以并将平时驿站亦归其范围乎？如谓驿站关系军事，平时亦应归陆军部管理，则邮政亦有关系军事者，何以不将税务处之邮政概归陆军部管理乎？至谓轮路不通之处，驿站不能遽裁，则新疆既无汽轮船又无铁路，而邮政通行全省，驿站已亦裁撤，何以行之一年，军民称便也？归并裁改至今迄未能决，此不能无（疑）者三也。上三问题，为税务处与邮传部之权限争议者二，为陆军部与邮传部之权限争议者一。各国（权）限争议制度，有以司法裁判所决定之者，有以枢密院决定之者，有特设权限裁判所决定之者，并有付国会决定者。我国现在各种机关尚未完全，法律亦未详备，有此裁判之权者，则在内阁会议政务处。关于前三问题，果于何时收回，何时归并，何时裁改，其迟延至今有何理由，当不难立时解决，即日举行。谨遵章会同赞成员署名呈请议长咨询本院决定，即咨请内阁会议政务处王大臣酌定日期以文书会口说答覆，须至说帖者。（"议员胡柏年具说帖质问政务处关于邮政之权限争议事"，《资政院知会、折奏、章程、说帖、质问、陈请等案件》第八册《资政院第四类议员具说帖质问各案件其二》，宣统二年铅印本）

③ **具说帖议员黎尚雯等谨提出为质问邮传部事**

查《议事细则》第一百七条"议员依《院章》第二十条欲行质问者，应具说帖，得三十人以上之赞成，由议长咨询本院决定之"等语，查沪宁铁路入不敷出，外间均谓开支浮滥所致，究竟该路用人若干？用款若干？所用各款皆诸实际否？每年亏空由何处津贴？兹谨提出质问说帖一件，经规定赞成议员会同署名，应请议长咨询本院决定，照章咨请邮传部酌定日期以文书或口说答覆，须至说帖者。（"议员黎尚雯具说帖质问邮传部关于沪宁铁路事"，《资政院知会、折奏、章程、说帖、质问、陈请等案件》第八册《资政院第四类议员具说帖质问各案件其二》，宣统二年铅印本）

④　具说帖议员刘曜垣为质问事

谨按本院《章程》第二十条及《议事细则》第一百七条，对于各衙门行政事件，如有疑义，欲行质问者，应具说帖，得三十人以上之赞成，由议长咨询本院决定之。今本议员于外务部设关事宜，颇有所疑。查广东拱北关乃中国之税关，西人名为喇巴卡土泵。喇巴者，中国之湾仔地方，既名曰喇巴关，则此关之办事处应在湾仔可知。乃数十年来，只于马骝洲湾仔关闸附近设拱北关之分厂，而总办事处及税务司竟驻在澳门。凡货物出入，故不得不以澳门为总汇。即在中国内地之分厂，如有事时亦须奔走至澳门，方能面谒税务司。阅时既久，费财失事，人民苦于往返，因此生出恶感者不少。夫澳门为葡萄牙管理之地，中国税关总办事，何以设立在此？可疑者一。拱北关既名为喇巴关，喇巴即湾仔，何以总办事处不设在湾仔，俾得受本国政治之保护？可疑者二。中国中内地分厂有事，必越境□□见税务司。税务司虽是洋人，实受中国薪水之官员，中国人民须往葡境谒之，有何理由？可疑者三。因澳门系葡人管理之地，中国税关总办事处，不能升扯国旗，失主权，辱国体，而且将本国直接之地方商务交通为之截断，中国政府何以许税务处如此施为？可疑者四。拱北关总办事处既设在澳门，实足令澳门地方日益繁盛，以本国之关，兴起他人之埠，是何用意？可疑者五。为此遵章质问，经规定赞成议员会同署名，应请议长咨询本院决定，照章咨请外务部及税务处酌定日期以文书或口说答覆，须至说帖者。（"议员刘曜垣具说帖质问外务部设关事"，《资政院知会、折奏、章程、说帖、质问、陈请等案件》第八册《资政院第四类议员具说帖质问各案件其二》，宣统二年铅印本）

资政院第一次常年会第三十四号议场速记录

【标题】弹劾军机案的结束、请赦国事犯及预算股第三科审查报告的通过

【关键词】弹劾军机案　请赦国事犯　预算案　司法经费

【内容提示】会议伊始，得知资政院上次弹劾军机的折子被留中，议员们经讨论，最后决定再上一折说明资政院的地位和性质，冀望能上悟君心，至此弹劾军机案大致结束。接着讨论通过了德宗手诏为戊戌六君子平反的奏案、请赦国事犯议案，讨论时有议员直接批评"政府假立宪之名行专制之实"。接着议决预算案，通过了预算股第三科的审查报告，即吏部、民政部、法部所管预算事件。

宣统二年十二月初三日下午一点钟开议。

议事日表第三十二号：

第一，试办宣统三年岁入岁出总预算案，股员长报告，会议。

副议长：今天议员到会者一百二十一人，除去丁忧回籍久病请假十六人之外，有一百二十人方足三分之二，今日所到议员已足此数，可以开议。

134号（余议员镜清）：浙江铁路适用《商律》这个折子上去没有？

副议长：今天可以上去。

168号（李议员素）：我们弹劾军机折子是否留中？

副议长：谕旨还没有下来，大概是留中。

168 号（李议员素）：留中之意，本员甚是不解。如果朝廷以资政院弹劾为是，即须准军机大臣辞职；如果以资政院弹劾为非，即须着资政院解散。若模棱两可，坏议院之基础，恐中国不亡于军机大臣，而亡于资政院。请议长咨询本院，须请旨明白宣示，方足以谢天下。

179 号（张议员政）：川路倒款案曾否上奏？

副议长：今天上奏。

157 号（尹议员祚章）：刘廷琛参资政院的折子已否由宪政编查馆抄来？若尚未抄来，请迅速催抄，以供讨论。

副议长：这个奏折还没有抄来。

165 号（刘议员懋赏）：山西谘议局陈请盐务核议案已经审查过了，请列入议事日表。

副议长：俟预算议完之后，再将此案列入议事日表。

153 号（易议员宗夔）：方才李议员倡议说我们弹劾军机大臣的奏稿上去留中，可见弹劾军机大臣又是无效。若是本院再去弹劾，亦是无益的事情。本员看起来，有个办法，就请议长指定几个起草员做一个奏稿，说明资政院的性质及资政院的地位，至于资政院所上的折子，朝廷总要明白宣示，无论如何不能留中的，并且要声明，不能以个人资格弹劾资政院立法的机关。本员主张的是极和平的办法，或者可以上悟君心，不知各位意见如何？

149 号（罗议员杰）：请问议长，刘廷琛参资政院的折子抄来没有？大凡交各衙门知道的折子，没有抄不来的，请从速去抄。

153 号（易议员宗夔）：这个折子抄不抄，没有什么大关系的。

149 号（罗议员杰）：前天说抄这个折子，大家已经赞成的，为什么说抄不抄没有关系呢？

153 号（易议员宗夔）：现在我们弹劾军机大臣的折子留中不发，又是无效的事体。因为资政院三个月会期，现在即将闭会，就是再上一个折子亦是枉然。刘廷琛参劾本院一折，此种小人究无理会之价值，惟朝廷既信任他，著宪政馆知道，所以本员主张上个折子说明资政院的性质与地位，并且说明别的机关不能弹劾资政院，或者摄政王看得这个折子，就可以恍然大悟。这是本员的意见如此，请付表决。

副议长：现在由秘书官报告文件。

秘书官（张祖廉）承命报告文件。

154号（陈议员命官）：方才易议员的倡议，请议长咨询本院。

副议长：现在报告文件，俟报告毕再行咨询。

众议员呼"若是不将此事表决，可以不必报告文件"。

149号（罗议员杰）：本员赞成易议员的倡议。

151号（黎议员尚雯）：请议长指定起草员。

81号（章议员宗元）：易议员倡议，本员很赞成。资政院这篇文章必不可少的，并且这个上奏，不要十分讨论，现在没有反对的，请议长即指定起草员就是了。（拍手）

130号（刘议员景烈）：请议长赶快把刘廷琛的折子抄来看。

149号（罗议员杰）：我们资政院只有皇上可以处分的，处分我们的方法就是"解散"二个字，至于别的机关，不能处分我们的。

123号（江议员辛）：刘廷琛参资政院的折子既然没有抄来，可以不必一定要抄的，想必是宪政编查馆已将此折取消了，但我们弹劾军机大臣无效，是最要紧的关头。易议员倡议，本议员极表同情，应请议长指定起草员。

副议长：易议员的倡议，现付表决，请赞成者起立。

众议员起立赞成。

75号（长议员福）：所倡议的若是单就刘廷琛的事件说，本员不赞成。

副议长：现在表决的是易议员倡议。

众议员起立赞成。

副议长：多数。

81号（章议员宗元）：一面请议长指定起草员，一面请秘书官报告文件。

副议长：现由秘书官报告文件。

秘书官（张祖廉）承命报告文件。

副议长：黎议员尚雯质问会议政务处说帖一件，^①又质问学部说帖一件，^②已经刷印分送，想诸位都已看过，请赞成者起立。

众议员起立。

副议长：多数。

99号（陈议员瀛洲）：上月中旬奉天谘议局有一件文书呈到本院，因为宪政编查馆回覆东督电文解释局章，与原定谘议局章程有抵触的地方。这件事体不仅关系奉天一省，实于各省谘议局均有关系，前已交法典股审查，而法典股因事太繁，至今尚未报告。现在闭会在即，请议长咨询法典股赶紧审查完毕，于闭会以前付院会议才好。

副议长：声明资政院性质及地位具奏案，现指定起草员六人，由秘书长报告。

秘书长承命报告声明资政院性质及地位具奏案起草员姓名如下：

陈懋鼎、汪荣宝、章宗元、孟昭常、（邵中羲）［邵羲］、易宗夔。

副议长：现在开议。

190号（吴议员赐龄）：请先议请赦国事犯罪人员具奏案。

副议长：现在已经开议，此事暂缓。预算股股员长称第二科尚未审查完毕，请第三科审查长先行报告审查结果。

190号（吴议员赐龄）：本员倡议，议长应咨询本院，如果大家不赞成，即可取消。

153号（易议员宗夔）：这个倡议已有三十人以上赞成，就算是成立了。

副议长：预算案亦极紧要的，大家意见以为何如？

153号（易议员宗夔）：吴议员倡议，本议员代为说明。因为请赦国事犯报告已经许久，吴议员倡议，请议长先把报告书命秘书官朗读一遍，表决后即行上奏，看大家赞成不赞成？（拍手）

副议长：吴议员倡议将请赦国事犯案提前讨论，赞成者请起立。

众议员起立赞成。

副议长：多数。

153号（易议员宗夔）：吴议员倡议已经成立，就请把陈议员宝琛提议的请宣示德宗景皇帝手诏一案亦朗读一遍，从速具奏。

151号（黎议员尚雯）：这个奏案没有什么讨论，宣读一遍就可通过。

众呼"赞成"。

副议长：如此就先议此两案，现在议请宣布景庙手诏具奏案，请特任股员长庄亲王报告审查之结果。③

2号（议员庄亲王）：本员审查请赦国事犯议案，按照《分科办事细则》五十三条之规定，委托汪议员荣宝代为报告。

副议长：请汪议员荣宝报告审查之结果。

73号（汪议员荣宝）：现在报告特任股员所审查的陈议员宝琛等提议陈请宣布德宗景皇帝手诏昭雪戊戌冤狱的案，这个案已经刷印分送过了，本股审查同意，以为应当具奏请旨办理。至于报告书诸位已经看过，本员想这件事情诸位亦必很以为然的，本员亦不必多说，不过把德宗景皇帝手诏的历史大概说一说。这个手诏虽然没有奉旨宣布，而外边人都已知道，且有用照片照出来的，大家看见的亦很多。去年八月间手诏送到都察院，京畿道收了之后就送到台长，台长奏请宣付实录馆，而这个折子上去之后留在上头，没有宣付实录馆。这个手诏的内容是对于杨锐所说的因为变法一时有许多困难的事体，叫杨锐能够想法子，去了窒碍，做个条陈。当时杨锐条陈说变法要有次序。这样看起来，德宗景皇帝的手诏确是因为变法不可太急，而戊戌这一年，外边传闻异辞，有许多不实不尽的地方。可见戊戌党员不能不算冤抑，现在如果宣布杨锐所奉的手诏，使天下咸晓然于当日的情形，并知道当时六君子所作的事情、所条陈的意见，也可以同时昭雪。况在今日立宪政体既定，一切新政次第举行，皆德宗景皇帝当时的庙谟，我们总不要忘记德宗景皇帝的遗泽。本员以为这件事情是很重大的，若能由本院上奏，得将一切党员恩赦，不独对于立宪前途大有关系，而德宗景皇帝之一片苦心亦可以大白于天下。本员希望同院诸君赞成审查报告为幸。

153号（易议员宗夔）：这个报告没有什么讨论，请议长付表决。

副议长：请宣布景庙手诏具奏案，以报告书为可者请起立。

众议员起立。

副议长：多数。还有请赦国事犯罪人员具奏案，请股员长庄亲王说明理由。④

2号（议员庄亲王）：本员按照《分股办事细则》第五十三条之规定，委托长议员福代为报告。

75号（长议员福）：戊戌冤狱的历史，诸位都知道的，不必详细说明。这个议案是罗议员杰提出来的，在罗议员意见，戊戌党人虽经得罪朝廷，但是立宪时代，照各国的体例，都有赦国事犯的事情，如日本明治二十三年特允议员菊池侃二之请大赦党人可为先例，中国可以照这个法子请求恩赦。同时又有直隶人民王法勤等五十余人、河南举人王敬芳等五百余人都有陈请具奏大赦党人的说帖，与此件宗旨大略相同。经股员会大家讨论，须分两层办理：第一是戊戌党人从前虽为有罪的人，到立宪时代，宗旨与政策相同，便是无罪之人，应请恩赦，此为第一层。第二则是戊戌以外所谓革命党一般人，这般人虽与戊戌党人的宗旨不同，不能与戊戌党人相提并论，但这般人亦因政治腐败，立宪无期，铤而走险，其行为虽可诛，其用心亦可悯的。如果单赦戊戌党人，而使革命党的人于恩赦之途无一点希望，或激起激烈手段，要亦非中国之福，故可否一并恩赦出自圣裁等语，分出先后轻重来，这是请赦的第二层。这两件事情最为重要，于立宪前途很有关系，这件报告总要请诸位议员赞成。

149号（罗议员杰）：这个案子是本员提出来的，请说明主旨。

75号（长议员福）：戊戌这个事大家已经明白了，不必详细报告，请议长付表决就是。

149号（罗议员杰）：大凡各国提议的人，都可以说明主旨。本议员提请赦国事犯案有本议员的意见。大凡股员会修正之案，本人说明本案主旨后，议长应咨询本院，究竟赞成提议的人的本案，还是赞成股员会修正的案呢？

75号（长议员福）：请赦戊戌党人的事，对不对都知道了，可以不必详细说。

117号（雷议员奋）：请问股员会修正的与提出原案是否相同？

75号（长议员福）：是相同的，不过股员会审查是分两层请赦的。

117号（雷议员奋）：请罗议员只把不相同的地方略说一说。

149号（罗议员杰）：本议员将提出本案主旨简单说明。本议员提出这个案，一层是对外的关系。何以谓之对外关系呢？中国之国事犯，外国人正乐为利用。本员在外国考察过，外国人每每遇中国革命党开会的机会，一面送钱给他用，一面又电知我政府说为我国取缔革命党。我国上下一心，这样弄起来，于宪政前途很有危险，这是对外的关系。至于对内的关系，党人一日不赦，人心一日不能安，满汉终不能融洽，若赦（回）[免]党人，就可以化除满汉，安定人心，这是对内的关系。但是本员本案，沦窜异国、寄身囹圄并为一起说的修正案，与本案主旨相同，无非激起他们的忠爱之心，不使为外国人利用。报告书分两层，亦有苦心在内。而本员主张请求皇上天恩，一体特赦，对内就可以一体调和满汉，对外就可以免受外人运动，主旨之结果如此。

153号（易议员宗夒）：本议员也是审查股员之一，罗议员的意见请皇上恩赦并起用，但是国家对于党人能起用否，是君上大权，我们不必过问，请议长先把股员会报告书付表决。（拍手）

55号（崇议员芳）：两党到底是多少人，请报告一下。

75号（长议员福）：戊戌后革命党是多少人，这是很难说的。（拍手）

55号（崇议员芳）：即是国事犯，总可知道大概。

151号（黎议员尚雯）：这个赦党人案请速具奏，以彰先皇帝之明，而安天下之人心。现在政府假立宪之名行专制之实，有意隔阂，以保不负责任之禄位，而人心尚未尽瓦解者，皆感先皇帝戊戌年所行之政策与上年颁布立宪之明诏，足以维系人心。此案即速行具奏，不独党人感激图报，天下臣民莫不颂皇帝之继志述事，有以慰先皇帝在天之灵也。

81号（章议员宗元）：本议员也是审查股员会之一，这个准赦与否，是皇上大权。如果赦的时候，自有名字开出来，我们不必提出单子。

149号（罗议员杰）：这是法部的事，不与资政院相干。

众议员请表决。

副议长：请赦国事犯具奏案，以报告书为可者请起立。

众议员起立赞成。

副议长：多数。

153号（易议员宗夔）：这两件事既已表决，就请议长从速具奏。至于有效无效，我们不管。

149号（罗议员杰）：本员提出治水的建议案与自治的建议案，请议长从速付审查。

副议长：已付审查。现在开议预算案，请预算股第三科审查长孟议员报告，先议吏部所管预算事件。

116号（孟议员昭常）：第三科就是吏部、民政部、法部。本员先报告吏部。吏部是个特异的衙门，于国务上并没有什么关系。查审的时候，看他的岁出、岁入：有经常岁入、临时岁入两项，共三十多万，岁出四十多万，出入不敷，计十二万有奇，审查的时候要想他收支适合，都没有一定的标准。因为这个衙门是不应当有的。既不应当有，所以就没有标准；既没有标准，就无从核减。所以不敷的十二万几，仍旧听他不敷，都不必在预算总册上拨补。后来额外股员在会议政务处与军机大臣协商，请将吏部、礼部、翰林院一并裁撤，已得了军机大臣之同意，不过军机大臣说这个衙门如果现在裁撤，当须请旨施行。这衙门岁入由国库拨来的只有二万几千两，此外还有七万几千两是由度支部照饭项下拨来的，这个性质是手数料的性质，不是普通人民负担的性质。至于临时费，都是官吏注册的银子，也是一种手数料。总之，他这衙门是靠官吏维持的，即时裁撤与将来裁撤，于国库上无甚关系。本科宗旨如此，请议长咨询诸位有无讨论，讨论之后即付表决，然后再报告民政部。

130号（刘议员景烈）：吏部应当即时裁撤，不然明年预算就不好办。

116号（孟议员昭常）：因为这个衙门不应存立，所以没有审查的标准。但是现在要裁的不止这一个衙门，还有礼部、翰林院，均在裁撤之列。

130号（刘议员景烈）：预算没有标准，其结果总有不完备的地方。

153号（易议员宗夔）：本员代为报告一句，前回协议之时，军机大臣答应吏、礼二部并翰林院均要裁撤，但未裁之前，经费还是要的。若既裁之后，还要改别的机关，不过变更名目，也还是有用的。

81号（章议员宗元）：据孟议员说，吏部由国库拨的款子只有二万多，其余都是照费。这个衙门裁撤之后，这个照费还是收不收，尚不可知。

130号（刘议员景烈）：吏部入不敷出，将来还是人民负担，所以裁撤的期限，也要同会议政务处商量才好。

81号（章议员宗元）：这个定裁撤的期限，恐怕办不到。此刻协商，无非是协商预算的事情，不能协商明年一定要几时裁撤。

众议员请付表决。

副议长：现在表决吏部所管预算，以报告书为可者请起立。

众议员起立。

副议长：多数。

副议长：现在议民政部所管预算，请审查长报告。

116号（孟议员昭常）：现在第二报告民政部经费。民政部本衙门及内城总厅、外城总厅、高等巡警学堂，大概分为四项。民政部本衙门的款子不过二十四万有奇，仔细审查岁出款目，没有可以核减的，各衙门所核减的就是司员公费。民政部司员公费一十二万九千七百几十两银子，与额外股员审查的标准没有过于标准的地方，所以审查的时候照原案没有更动。惟丞参上行走是应裁的，民政部承参上行走都只有一位，薪水二千四百两，审查的时候却没有把这银数裁去。承参上行走兼有乌布就应核领乌布的薪水，何须并入司员公费？所以民政部并没有可裁的地方。如果从节省起见，惟有杂费一项或可核减，但是裁几十两或几百两没有一个标准知道裁得裁不得，在民政部一个衙门共用一百八十三万有奇，而本衙门共二十四万有奇，堂官参丞录事杂费一概在内，却不能算多。又内城总厅用七十七万几，外城总厅用九十七万几，审查时候，看内外城总厅巡警名额与警官俸额均无可以裁减的理由。至若巡警名额，应以人数相比较。北京人口表册也不确实，所以没有一定的标准。既没标准，就没有裁减的理由，所以内外城总厅也是照原案审查。并且高等巡警学堂也没有一个裁减的标准，审查的时候仍是照他的原案办理。此四项照原案数目与民政部经费临时岁入相抵，还欠一万四千四百二十五两六钱八分，既是经资政院审查一过，而这个出入相差的数目就应由预算总册内补足，本股员会审查民政部的结果如此。请议长咨询本院有无讨论，讨论之后再付表决。

153号（易议员宗夔）：请问审查民政部丞参厅行走到底有无公费？

116号（孟议员昭常）：方才已经报告过了，请问贵议员是否欲再报告一次？

153号（易议员宗夔）：到底裁了没有呢？

116号（孟议员昭常）：预算册上并无丞参名目当什么差拿什么钱，这里头司员公费是十二万，丞参是二千四百两，应当裁去。可是丞参上行走有无乌布，不得而知。如果有乌布，照预算标准应当将丞参二千四百两裁去。

81号（章议员宗元）：民政部丞参上行走这笔费无论几十块、几百块，数目虽小，也是应当裁去的。

116号（孟议员昭常）：这笔费本应裁去，但是审查时候预算上没有这个名目。（语未毕）

民政部特派员（吕铸）：民政部丞参上行走都是兼差不兼薪的，所以裁减与否没有关系。

68号（文议员溥）：有主管事项必有薪水。

民政部特派员（吕铸）：丞参上行走只有一员，是有兼差的，但只领一边薪水，若把这边裁去，领那边也是一样。

59号（顾议员栋臣）：请问原来丞参上行走还有别项兼差否？

民政部特派员（吕铸）：此系行政上事，本员以为无须讨论。惟既经贵议员问，也可以声明，所兼差使是消防队总理。

81号（章议员宗元）：请问审查长，消防队总理开支薪水否？

民政部特派员（吕铸）：不领薪水。

116号（孟议员昭常）：在预算册上看不出来，也并看不出消防队的内容。

153号（易议员宗夔）：既是民政部特派员说的是兼差不兼薪，就不必讨论了，请议长付表决。

59号（顾议员栋臣）：二十四万无从核减的理由，请审查长说明。

116号（孟议员昭常）：方才已经报告过了，请问贵议员是否欲再报告一次？

62号（刘议员泽熙）：第三科报告系股员会已经通过的，我们股员会的人可不必在此争辩，须让之各位议员讨论，方合法理。

副议长：现在表决民政部本衙门预算，以报告书为可者请起立。

众议员起立。

副议长：多数。

121号（方议员还）：内外城巡警经费太多，何以不核减？

116号（孟议员昭常）：审查的时候也想到这一层，但是没有法子核减，比如随便把饭食一项核算起来也并不多，不过每人每月合三两银子，实在没有下手的地方。

134号（余议员镜清）：各省民政费可否报告？

116号（孟议员昭常）：各省民政费还是分省报告，还是报告审查大意？

众议员呼"请报告大意"。

116号（孟议员昭常）：民政费分国家行政费、地方行政费，既是分开，则地方行政费就不在资政院审查范围之内，应归各省谘议局审查，资政院只能管国家一方面。但据度支部册子，各省报来大概相同，共四大款：一是民政司或巡警道衙门；二、巡警公所；三、调查局；四、禁烟公所。此四款为各省所同有，其余再有他项的，也不过少数。论全国之警察，宜有一统系的计划，是民政部的责任，而今年预算上却看不出什么计划来。地方自治也是要紧的事情，预算册上也看不出来。以办预算的人，对于此两件大事情没有法儿干涉，只可以把预算册上的所有的四大款审查。民政司或巡警道衙门经费多寡不等，有十几万的，有七八万的，警务公所的科员、科长，就与旧时之幕友一样，都是巡警道之属员。有了警务公所经费，即不当复有巡警道衙门经费。而各省巡警道衙门算一项，警务公所算一项，本科审查时，即以警务公所经费作为巡警道衙门经费。因为警务公所要开一笔费，巡警道衙门也要开一笔费，实在没有道理。所以把巡警道民政司所应得之公费定一标准，算民政司巡警道个人之所得，其余所有属官都在警务公所开支。而警务公所经费数目也应当有个标准，照额外股员会所定的以三万两为率。按各省所报有六万的，有八万的，有五万的，而在三万以下的很少，所以就把警务公所定为三万。盖按照《巡警道属官章程》，科员科长之员额，再照额外股员所定薪水数目，分配之三万两，不为少矣。巡警道五千两，民政司六千两，均系个人之所得，并无须破费分文作办公之用。本科审查之宗旨如此。调查局也算是宪政上一种机关，分统计、法制两科，各省所报开支经费也是不同，多有二三万的，少有一二千的，因国家财权不统一也，难怪各省如此纷乱。就现在计算起来，法制科今年已经完事，但余一个统计科。大家意见以为，现在各衙门中总有科员、科长，与统计科性质相近的很多，就附在那个衙门里，兼办一统计科，未为不可，所以把调查局一概裁撤。本科于此问题也讨论许久，有主张留一半的，有主张全裁的，至其结果终是以全裁为是。至于禁烟公所经费，又是一个无标准的事情。按各省所报的，多者有几万的，少亦有几百的，因为无标准，恐怕一裁之后于禁烟前途有碍。资政院现在正提倡禁烟，所以对于各省禁烟公所没有大裁减，照原案的多。这个四大款各省大概情形都是如此，这就是本科审查民政费的大纲。

74号（陆议员宗典）：方才报告四项，警察费在内不在内？

116号（孟议员昭常）：所以这里有个疑问，本科审查在地方行政之内的，警察本是国家的事情，应当由国家计划，不知道民政部如何计划？

74号（陆议员宗典）：民政部内边就没有警察费。

民政部特派员（吕铸）：各省巡警费均在地方行政经费之内。

116号（孟议员昭常）：巡警道警务公所是国家行政，至于警察则属于地方行政，各省预算册多是如此。

74号（陆议员宗舆）：警察费预算案内也没有提出？

民政部特派员（吕铸）：民政部对于民政事项，因为各省巡警方有基础，地方自治始渐萌芽，为保护人民治安增进社会幸福起见，欲使之日加发达，所以采取的方针是积极的主义。至于因财政而生出政策问题，现在巡警及自治经费，各省预算均列入地方经费之内，资政院所审查的仅属于国家经费一部分，自然是方针看不出来了，但是贵院审查主旨是节省冗费，只要裁减经费，能够不至于行政上有所妨碍，那是本部没不赞成的。

99号（陈议员瀛洲）：请问特派员，贵部所辖警察共有若干名？各行省警察共有若干名？

民政部特派员（吕铸）：就以京城而论，也有国家经费，也有地方经费，大概须俟度支部国家税、地方税分开之后方能规定。

81号（章议员宗元）：国家行政经费与地方行政经费经度支部划分了。

民政部特派员（吕铸）：出款分开，入款并未分开。

73号（汪议员荣宝）：各省警察费是地方行政费，可由谘议局审查。

74号（陆议员宗舆）：今天问题因为警察是国家的官吏，警察费即是官俸，所以不能归地方行政费内审查，可以不必讨论。

99号（陈议员瀛洲）：警察既是国家行政，应由国库开支，何以外省警察多要百姓出钱？

73号（汪议员荣宝）：此事可俟明年国家税、地方税划分清楚，再照法子改良。

130号（刘议员景烈）：对于警察核减的数目有个疑问，热河与浙江同一警察，何以浙江多减而热河少减？

116号（孟议员昭常）：现在就把热河巡警经费报告一下，其款目有筹备处三千九百两，又有预备费八千五百九十九两，都不敢裁，因为此地与各省情形不同，真有点莫名其妙。巡警局经费一万五千三百二十六两，也不敢裁，因为这个名目又是很正当的；还有补助费用，开支数目三千零六十六两，也没有敢裁。他各州县巡警费共十五万四千五百三十七两，现在国家政费与地方政费并在一起，没有分开，他把巡警费亦开在国家费之内，巡警费既无从审查，即亦无从裁减，热河民政费削减之少。其故如此。

130号（刘议员景烈）：此项本员已经听明白了，请再把浙江核减的理由说一说。

116号（孟议员昭常）：浙江减去了二十四万，原来是三十万。巡警道照本院所定的五千，警务公所是三万，禁烟公所是二万多，经度支部核减了一万五千二百四十三两，征收钱粮征信录一项是十五万多，这是谘议局与巡抚争议事件，谘议局主张此款不可省，巡抚以为经度支部裁去，不肯承认。现在本院正在核议，核议未定，所以照度支部裁去。

130号（刘议员景烈）：请议长付表决。

副议长：民政部特派员还有意见否？

48号（陈议员懋鼎）：民政部特派员方才已经说明赞成的意思，现在请议长付表决就是。

副议长：现在表决各省民政费，以报告书为可者请起立。

各议员起立。

副议长：多数。

副议长：现在议司法经费预算，请第三科审查长报告。

116号（孟议员昭常）：现在报告法部。法部原案是四十三万有奇，所以要修正的理由，就在官员俸给，修正他的俸额就不能不更动他的员额，俸给分官俸、津贴两种，国家定制预算册上都没有动一品官俸，是一百八十两银子，合堂司各员共二万七千多银子，是无从更动的。至于津贴公费，法部衙门堂官丞参的公费照额外股员会的标准没有问题，所当注意者就在司员津贴。因为资政院办预算不是一定要减他的钱，是要求行政机关的活动促政治之进行，要叫比没有预算的时候有一点儿进步，这是资政院议员的职任。法部司员津贴上年是十二万有奇，明年宣统三年是二十四万有奇。然考其人数，乌布分为九等，共三百九十余人，人多钱少，决计不能办事，就于行政上大有妨碍。所以办预算的人却不要减几两银子，而不能不规定他的员额。规定员额，无非是要想达到最初之目的，使行政上进一步。盖人多钱少则人人不办事，人少钱多则惟办事〔人〕的人才能得钱，所得的钱才能够用。惟要使办事的人得钱，所以替他变更组织。变更组织却要有个依据，依据维何？就是看法部职掌，统算起来应当分几司几科，把这几科定规了就可以替他分配津贴。从前法部有四司，是旧日的官制，现在职掌消灭而司还没有裁撤，这是应该裁撤的。其余应当有的，就民事司、刑事司、典狱司，另外设一承政厅、内外会计、统计、举叙等若干科。按照这个分配起来，共需高等官一百十余员，录事一百员，其经费共十三万九千六百余两。原来的经费是二十二万二千四百九十六两，一共减了八万多，故仅得十三万九千六百余两。审查之后，到会议政务处与法部大臣协商，告诉审查的情形，问法部大臣同意与否？法部大臣说是同意的，但尚有商量的地方，就当面交出来一个说帖，其纲领与股员会的意见也差不多，其所分的几科也是都不可少的事情，但第一次审查已经规定津贴银十三万九千六百余两，现在照说帖算起来又要增加二万余两。本科就审查这二万七千两应否承认，法部所不同的地方是在何处？审查出来法部所增加的二万余两实无需承认，而其中分科办事却要比第一次修正之数增加些，因又加增银九千余两，合计为十四万八千余两，这是司员一项津贴之审查结果如此。至于学堂经费一项，共一万四千余两，核减为五千两，审查的时候以为一个衙门不应当立一个学堂，虽说是研究法律，可是很不妥当的。其中讲师怎么样，讲义怎么样，他这一种学问要出来应用是很危险的，然而很希望他以这个五（十）〔千〕多两银子办一学堂，为预备审判人才的地步，其余九（十）〔千〕余两是要裁去的，这是审查法部的大宗。经过预算股员会定了之后，又请法部大臣协商，协商之后又有改正之处，这个预算案议决会同会议政务处具奏之后就可以发生效力，法部就不能照此数开支，而法部之内容于此一变矣。

副议长：法部特派员有无意见？

法部特派员（冯巽占）：法部在京师各衙门中最称清苦，明年预算原案津贴一项虽拟加倍支给，其实多者月不过一百二十两，少者十余两，今股员既为改定各数，又经法部多有核减，法部亦不得不勉为其

难，所以对于报告书大体无异议。（拍手拍手）

　　副议长：众议员有无异议？

　　众呼"无讨论"。

　　副议长：既然无讨论即付表决，法部本衙门经费以报告书为可者请起立。

　　众议员起立赞成。

　　副议长：多数。

　　116号（孟议员昭常）：京师审判厅、检察厅都是归法部管理，预算也是归法部报告来的。第一是总检察厅。总检察厅本与大理院相连，而此预算却与大理院分离，大理院不属法部所管，是一怪事；而与大理院相连之总检察厅却又归法部管辖，是又一怪事。总检察厅附属于法部，所以总检察厅的预算亦归法部。现在先报告总检察厅的数目，在官俸未颁布之先，所有一切官俸，国家亦无定制，原案总数是二万九千七百三十两，修正的是二万一千一百零九两，核减是八千一百二十两。总之，核减之大宗总在津贴一项也，是照法部办法另外定出一个表来，这个表已经给特派员抄出，法部大臣已经看过。总检察厅经费审查之结果如此。

　　73号（汪议员荣宝）：有质问的话，审查这人数与《法院编制法》相符否？

　　116号（孟议员昭常）：若是按《法院编制法》，现在预算必有种种困难，况且官俸没有画一，无从着手。然而司法一项，毕竟还有《法院编制法》依据，所以尚有个办法。现在还是将各厅一起报告，所有总检察厅、高等审判厅、检察厅都合在一起，但没有大理院，因为那是另外的问题。高等审判厅原案是四万五千一百六十一两，修正的是三万九千二百三十四两，减了六千几百两。当时讨论的说是今年都用对折，明年就是十成的开支，如今年五十两，明年就是一百两。当时讨论，大家都以明年暂且加八成，后年再加十成。后来认起来，毕竟不妥。既有《法院编制法》，就照《法院编制[法]》分配，定了之后就有一个标准。据明年的数目是四万五千一百六十七两，修正的是三万九千二百几十两，减掉六千几百两，这个数目就可以做标准，本科审查的时候锱铢核算，并不是与行政官计较几两银子，总是要使他行政上有一点进步。若是此次预算案通由资政院同行政大臣会同具奏，使成一个确定的法官〔官〕俸表，在预算册上就可以发生效力。法部大臣知道这一层，怕我们尚有想不到的地方，所以协商时交出一个说帖，后来再审查数目，并没有什么更动，只要今天法部特派员同意就确定了。高等审判厅如此，地方审判厅也是如此，也定出一个表来，五个初级审判厅推事应当多少人，按照原案比较起来，相去无几。这是京师总检（查）〔察〕厅、高等审判厅、地方审判厅、五个初级审判厅审查结果，如此请议长付表决。

　　副议长：法部特派员有无意见？

　　法部特派员（冯巽占）：请问审查长，以前法部大臣交送直省审判经费协商案有无审查，是否同意？

　　副议长：诸位有无讨论？

　　众呼"无讨论"。

　　副议长：表决高等审判厅、总检察厅、地方审判厅检察厅、初级审判厅检察厅预算，以报告书为可者请起立。

　　众议员起立。

　　副议长：多数。

　　116号（孟议员昭常）：先报告大理院，一共是十二万几千两。按大理院是全国审判厅最高的机关。既为全国最高的机关，则审判案件自然不多，虽机关甚高，而用费不应当格外大。全国司法行政费总应该归法部，而大理院不然。法部到办预算的时候，大理院置之不理，大理院从此独立，单成一本预算册子，里头正卿、少卿、推事等公费倒还没过我们的标准，我们的主义总是要把他的组织整顿一整顿，并不是为几两银子起见。究竟大理院管什么事？按照《法院编制法》，大理院之组织应当如何？大理院既是最高的机关，就不应当有详谳处这个机关。若说审判厅没有成立，当是行政衙门监管，所以上头不能没有这个机关复勘天下的案子。然大理院既设刑事民事六庭，每庭一庭长四推事，每庭五人，六庭就是三十人，还有候补推事，员额也不算少了，详谳处有总办、帮办，又有总核、分核，实在与制度不合，论理总可裁减。第一次减定之后，后来法部大臣又送到大理院的说帖，有种种不可减的理由，其时已经报告到股员会了。报告时大理院委员要求发言，股员长许他到第三科协商，委员到了第三科，说明种种不可减的理由，又经审查一次，数目略有变动，未经股员会通过。今天本不能报告，但是股员会的人今日多在会场，今天诸位看还是可以报告、不可以报告？数目变更却还不多，不过加了几千银子，就因为从前详谳处说帮办一概裁去，交六庭庭长同推事兼管。据特派员的意见，现在复勘机关是不能少的，既不能少，则详谳处总办、帮办名目仍不能删，两位每月薪水三百几十两，每年四千几百两。如果今天可以讨论表决，就不必等股员会通过了。

73号（汪议员荣宝）：现在这个详谳处留了没有？

116号（孟议员昭常）：留了总办一员，帮办一员，其余总核、分核裁去，以六庭庭长同推事兼任。

73号（汪议员荣宝）：本议员稍有点意见，因为大理院比别的衙门不同，别的衙门是行政机关，大理院是司法机关，所以大理院之组织应当以法律定之，就是遵照《法院编制法》。现在大理院与法部分离了，他就同《法院编制法》不同了，这就是大理院违背法律处，他这预算案我们资政院不能承认的。

116号（孟议员昭常）：本科审查，最初的时候就是这个主义，所以把详谳处的人员都裁了，后来因为特派员到会，说这个详谳处一定要人办，若是把他裁了，以庭长推事兼办，决定是办不了的。即使要裁详谳处，也一定要添几个推事。庭长推事是五人合议制，不能添的，要添就是添在候补推事里。本科审查，以为把候补推事添起来叫他做详谳处的事件，终是名实不符，所以留着详谳处这个机关，仍存总办、帮办名目，而总核、分核则以庭长推事兼任而不支薪水。

73号（汪议员荣宝）：详谳处要照《法院编制法》有没有？

116号（孟议员昭常）：的确是没有的。

81号（章议员宗元）：这个详谳处按《法院编制法》是没有的，不过他现在所以要这个详谳处，也有一个原因，本员稍为知道。所以要设这个详谳处，是因为外省尚有许多地方没有审判厅，照《法院编制法》及各国的法律，审判厅断结的案件原不必送到大理院来的，不过现在各省有许多地方没有设立审判厅，有的事件都是由督抚代奏，督抚奏了之后，往往奉旨下来交大理院复勘，此所以这种案件，大理院不可不有一个机关办这个事情。本科审查到这个地方，以为现在既有不能不办的案件，就不能裁掉，况且预算股已经把这个详谳处的原额裁掉了，就是留两个总办、帮办，也是不可再少的。

73号（汪议员荣宝）：大理院的预算另外提出是不对的，大理院是司法机关，凡诉讼事件都归他管，所谓司法独立。但是这司法独立不是司法行政独立，司法行政那是归法部的，他另外提出预算案是不对的。

116号（孟议员昭常）：本科审查的时候有种种意见，要是把他说出来是很费时间。总而言之，大理院的组织不对，办预算的人虽然要矫正他，终是没有法子矫正他。根本乖谬，要想借预算矫正，却不能动他的根本。论大理院是全国司法最高机关，试问大理院知识是不是全国司法最高知识？姑且勿论，就是他内里的组织与《法院编制法》不对，大家都晓得的，民事刑事不分，把民事送到刑事庭上，刑事送到民事庭上，随便分配，并不照《法院编制法》；又有什么正审、帮审名目，也并不按照《法院编制法》的员额，种种情形，办预算的人非常之不满意，而又不能把预算去矫正他。大理院与法部离开，不相过问，本来没有这个道理，上头不受法部之监督，下头又不遵《法院编制法》，为各省之表率，岂不成了一个奇怪的衙门吗？

153号（易议员宗夔）：汪议员的议论非常之正当，但是与《议事细则》第八十五条云云不合。现在大理院不依《法院编制法》，将来这个修正案亦是不遵的，他不遵《法院编制法》是作不到的。本员看来，还是以股员会原案付表决，明年再提出质问书，问他怎么不遵《法院编制法》？

73号（汪议员荣宝）：本员对于易议员的话很赞成，不过他是司法独立衙门，我们是立法机关，没有法子干预。然而我们资政院可以对于法部大臣上意见书，请他将各处所有司法机关都照法子统一，不然他是管什么事情！今年应该把意见书咨到法部去，要法部提出答辩书来。

153号（易议员宗夔）：现在预算案还是以股员会报告书表决。

116号（孟议员昭常）：大理院经常临时费十万二千两，经常临时岁入岁出十四万二千五百三十一两，经本院核减，共减一万六千九百八十七两，共不敷二万三千五百四十一两，这是最后的审查。

73号（汪议员荣宝）：请议长付表决。

112号（陈议员树楷）：有质问孟议员的话，这个报告的数目是确实的数不是确实的数？既经股员会协议后接到说帖，有种种不能减，将来还要开股员会审查。方才所报告的数，是接到说帖以前审查的数，还是接到说帖以后审查的数？将来这个数有变更没有变更？

116号（孟议员昭常）：方才问大家是在当场报告抑在开股员[会]以后再报告，大家说相差不多，可以当场报告，所以才报告出来。

112号（陈议员树楷）：接到法部说帖以后，所有更改是按照核减数目报告不是？

116号（孟议员昭常）：是按照核减数目报告的。

副议长：现表决大理院经费，以审查报告书为可者请起立。

众议员起立。

副议长：多数。

116号（孟议员昭常）：现在报告各省司法费。本议员打算要照报告民政费的办法先提纲挈领报告，报告之后再逐条报告，逐条讨论。大概各省司法费第一是提法司衙门的经费，这个提法司衙门应该有个标准，据额外股员会所定各司都是六千两这个数目定了，再按照《提法使属官章程》计算，科员科长应该几个人，每人每月应该给多少两，通计是三万两。除了提法使个人所得六千两之外，余下二万四千两做科员科长的薪水，总算是提法使衙门公费。各省提法使衙门过于三万两的很多，当时额外股员议定多则照减，少则不加，提法使也是这个办法。各省提法使衙门亦有少于三万两的，并有不足二万两的，但不过两三省，姑仍其旧。提法使衙门是从臬司衙门改过来的，臬司衙门有许多（不）

〔附〕属官厅，有按察司照磨、按察司经历，现在改作提法司衙门，就有科员科长分科办事，不应当有附属官厅。现在预算册上还有照磨、经历名目，却是不应当的，所以股员会一概把他删去了。再次说到各级审判厅，这是一个重大问题。因为法部管全国司法行政，应该对于全国审判有个统一的计划，全国的审判厅要多少银子？每省应设几厅？应该多少银子？这是法部的责任。然而看这预算册上，法部并没有这个计划。法部既没有一定的计划，我们议员就要想法子了。要想法子，就非定个标准不可。于是以《法院编制法》为根据，每厅要多少推事，应当要多少银子，一个一个厅定出来之后，就有个标准了。在没有标准以前，当时大家讨论，以为可以照法部原定的数目略为核减。当时本员也说是无法之法，只得如此。后来想起来究竟非有标准不可，初次定的高等审判厅是二万六千四百八十四两，地方审判厅是二万五千九百七十一两，初级审判厅是五千一百五十两，明年预算册上就把这个表粘上去，使各省一律按照表上的数目开支，这是一大宗。再有各省预算册上的司法费，是督审局、发审局这种名目，一概裁去。因为既有高等审判厅，一省人民诉讼的事情都归高等厅去了，不应当再有督审局、发审局。因为行政官兼司法事情是很不对的，督审局附属于提法司，提法司是行政官；发审局附属于首府，也是行政官，很不合法，所以一概裁去。

57号（林议员炳章）：外州县是在里头没有？

116号（孟议员昭常）：预算册上是没有分别的，州县是不应当有，本员就晓得江苏一省是没有。

57号（林议员炳章）：然而广东是有的。

116号（孟议员昭常）：模范监狱是一个新事业，我们总是抱一个积极主义，不能单求核减经费，总要求新事业能够发达，所以没有裁。总之，法部应当有个统一的办法，应该法部担责任，报告书上就有这个意思。如果通过了会同具奏之后，法部大臣自有遵守之义务。旧有监狱经费是应该作改良监狱之用，法部虽没有这个规划，但终是改良的基础。既希望法部改良，就不可轻易把他裁去。习艺所也是文明事业之一种，也没有核减。再有候审公所这种名目，我们心中非常之不愿意，但是核减总要有个标准，要有个标准，他要一千，我们给他八百，终不是个办法。所以报告书上说明叫他明年预算册子不能再有这个名目，这个也是希望法部改正的。这一次预算办下来，希望法部大臣知道这个意思，肯担责任，明年就有进步了。又有审判筹办处，本股讨论的时候，以为不当有此种名目。提法使分科办事，所办何事？既应当在分科里办，就不应当再设一筹办处去办，所以一律裁去。又有审判养成所、司法研究所等名目，本科见到这种名目，是非常之希望的。要养成法官之人才，无论款多款少总不肯核减，还希望他设法扩充，要他内容完善，所以关于此项的事情不敢鲁莽，摧残新政的（蒙）［萌］芽。但各省总该有画一的办法，不能不归法部大臣担其责任。明年如果有统一规划，可以使各省没有一省不设法律学堂，以预备法官之资格，所以预算册子把这审判养成所、司法研究所等名目给他留住，报告书上并未说明理由。法部大臣能够实行这个意思不能，虽不可知，可是我们议员不能不有这个希望。又有一种叫做词讼用款，又叫其他司法各费，这种名目，真莫名其妙，又没有核减的标准，因此不去核减，可是明年不得再有这种名目。法部大臣总要知道本院留这名目的意思，是希望法部大臣把这旧有各费改作新事业，若听各省保存旧日习惯不去改良，则失我们之希望了。再有一层，司法警察经费，审查时候有人说应归入普通警察，不必另设司法警察，如检查、调验等事都是警察一部分的学问，办警察的人应该养成一种司法警察，以供审判厅之用，不当由司法衙门另外教练出一种警察来。司法警察与行政警察分而为二，则一切搜查、调验等事既不灵便，所以各省司法警察名目一概裁去，要用本省的警察，须本省巡警道担其责任。这一层意思在预算册上不能说，而这个理由可以在报告书上说明。再有一层，明年官俸章程颁布之后，法官之俸给自然有一标准，现在我们不能与国家定官俸，不过俸金的原理〔由〕因地方生活程度不同而不免有高下之分，所以不能不有个伸缩，如天津、奉天、上海、广东等处，这些地方固当照普通的特为增加，而这个增加也须有个限制，不得过十分之五，原来一百两的，因生活程度高就可以加百五十两，然这个意思止能在说明书中说明，不能在预算册子上活动。今年预算虽没有预备金，然在司法费里改旧为新，亦自有活动之余地。说明书内既开此（利）[例]，则将来决算时自可以承认，且明年审判厅成立之后，必定有讼费，讼费之多少那是说不定的，必定有这一注收入是算得出的。既有此一注收入，就可以在司法费里作为预备金。至于明年司法筹备费，各省有开至数十万者，其意以为宣统五年各级审判厅应一律成立，则宣统三年就要开办起来，就要有个大宗的款。其实明年实在应当预备的，就是培养人才。人才不兴，则虽有数十万金钱，把宣统五年应办的事一天就办起来，也是不成功的。所以明年的筹备只有开法律学堂，各省同时并设，或二年毕业，或一年半毕业，这班人毕业之后，正是审判厅成立之时，就可以供府厅州县各级审判厅之用。这个政策明年是一定要行的，一个法律学堂总不过用数万银子，则明年的筹备费就不过数万银子。至一年半或二年之后，就可以养成数百个法官，到宣统四年六月或宣统四年底可以一律毕业。至这时候，各级审判厅正一律成立，而所用的人都可以有法官资格。总之，法部总要有一个统一的计划，办学堂也要有统一的章程，这就看法部大臣能负这个责任否！此外尚有设厅费，就是建筑费，各级审判厅于宣统五年既要一律成立，宣统三年就该建筑。各省送来的册子亦有建筑费，而本科审查时候均一律裁去，其所以裁去之理由，以为此费是用不着的。明年新官制颁出来，这一方行政衙门空出不少，如同知、通判、府经历、照磨、县丞、主簿、典史，这种种官吏多要裁去的，裁下去的官房作为地方审判厅、地方检察厅、初级审判厅、初级检察厅都可以用，〔后〕所以无须另筹，此理由不为不足。各省司法经费大纲报告如此，其中最大的问题就是各级审判厅经费的标准，前与法部大臣协商的时候，法部大臣有个说帖，说是照我们预算股员会所定的标准，恐怕作不到的，须得增加些。十一那一天，我们开股员会，这增加的数目尚未定准，不能拿这句话在股员会报告，后来法部特派员又交到一个单子，据他所说，各级审判厅皆有所增加，每厅加数千金，全国就要加到数十万金，在预算册子上变更甚大。现在本科已作为追加预算打算并入追加案内一并报告。至于各省的预算，诸位意思要逐条报告否？若要逐条报告，本员以为太繁，在本员意见，可以提出一二省来报告，诸君以为何如？

众议员无异议。

116号（孟议员昭常）：各省司法费核减的数目一共是一百五十八万有零。

81号（章议员宗元）：这个报告书上是一百一十八万，照这个数目是不对的。

116号（孟议员昭常）：核减的数目照法部原案减去九万几，而各级审判厅亦减去九万几，二项是共减去十八万几。

81号（章议员宗元）：这个报告书有不对的地方。

116号（孟议员昭常）：另外还有一种临时费，这个临时费是十二万六千七百二十六两，就一百四十六万几加上十二万几就够一百五十八万了，法部不在其内，法部是另报告。

116号（孟议员昭常）：照我们审查时候，司法费里头还不敷二十五万几，在预算上必须要补足的，这是各省司法费的大纲。至于逐条报告，一省一省的讨论似乎可以不必，因为方才报告的都是预算册上所有的各款，已经在报告书之内了，大家有甚么讨论？请议长问一问。

副议长：法部特派员有无意见？

法部特派员（冯巽占）：直省审判费与股员会所定标准不同之处，计每一厅高等多二千一百余两，地方多四千七百余两，初级多一千三百余两。高等厅所以增多者，由原定标准厅用公费太少，地方厅因有看守所经费之故，初级厅则因初级推事俸薪太薄，其余各费亦较少，故亦不能不一律稍增。照股员会所定标准，初级推事月薪仅八十元，是以本部改为一百元，其余各厅推检由百二十元起至百六十元止，实不为多。因法官由考试而来，薪水太少，恐不足以养廉也。明年各厅成立者共有一百余所，其地均在省城商埠，诉讼本繁，法部拟定各数实以搏节万分，无可再减矣。至于本部此次所以提出协商之故，本员不妨略为声明。现在国会提前召集，宣统三年、四年正是预备时候，立宪政体三权鼎立，若使司法与行政不分，则国会虽提前成立，亦属不能完备。本部顾念及此，自知所负责任甚大，而论司法费支绌之实情，如教育、巡警各事开办在先，审判则成立在后，行政经费多已为优先者占去，此其苦于后起者一。他项政费由旧更新，多有原款可恃，惟审判不然，向来由国库支出者惟有监犯衣粮一项，为数极微，其余皆由州县官自费，现在既从行政中将司法一部单行划出，名为旧事改良，其实不啻自起炉灶，此其苦于无所凭借者又一。然则以本部所负责任之重如彼，经费之绌如此，设使明年已设各厅不能支持，以后续设者更复何望？是于国会提前召集之意甚有关系，此所以不能不注重也。法部现对于报告书大体无异议，惟审判经费一端虽相差有限，而合各厅计之，出入甚大，深望诸君赞成。

153号（易议员宗夔）：贵特派员的话不成问题的，因为公费的标准是暂定的，明年新官制颁定，朝廷把廉俸都规定出来，那才是公费的标准，这个预算〔上〕不过是暂行的。

116号（孟议员昭常）：本员再报告一句，初级的推事每月只八十元，不过合五十六两银子，本员本不甚主张，因为初级推事照现行章程是一州县设一初级审判厅，则初级推事与知州县同一资格，每月的薪水只有五十六两，未免太少。所以特派员所增的，本员非常赞成这个意思，因为没有经股员会通过，未便就在大会上表决，请议长问问大家赞成否？

73号（汪〔议员〕荣宝）：高等审判厅与地方审判厅，其审判则一，不能因高等与地方之大小而定公费之多少标准，亦不能因衙门之大小而定推事多寡为标准。

116号（孟议员昭常）：本股审查的意见也与汪议员的意思差不多，初级推事也是要追加公费的。

73号（汪议员荣宝）：初级推事并不是初级审判厅。

116号（孟议员昭常）：按《法院编制法》，初级推事公费本应该轻一点，自规定几级俸，本该有多少的定数，末级俸给他五十六两，可以逐年递升，原不算很少。从前法部大臣送来一个说帖，但没有条件，后来特派员送过来条件，因为没有经股员会通过，所以现在不好报告，请问议长如何办理？

116号（孟议员昭常）：司法经费已经报告完了。

81号（章议员宗元）：现在司法事情中国正在萌芽，本员倡议再付审查，大家赞成否？

153号（易议员宗夔）：请问法部大臣送来说帖，究竟是多少数目？

116号（孟议员昭常）：初级推事是七十两，地方推事是八十四两，高等推事是一百六十两。

73号（汪议员荣宝）：现在有一个问题，股员会打算的各省司法费共一百五十八万两，照法部大臣所订的究竟差多少？

116号（孟议员昭常）：已经审查过了，大约差七十几万两。

81号（章议员宗元）：无论什么预算，在预算股内既不能把确实数目报告出来，即不能提出修正。

116号（孟议员昭常）：现在资政院修正之数，比原册已增加七十七万零一百九十五两七钱八分二厘。

57号（林议员炳章）：孟议员所报告裁汰按察使属官薪俸一节，固（事）［是］腾挪的款，惟此时未奉明文停此照磨、司狱、知事等官，其衙署尚在，谓先把俸给停去，事实上似办不到。办事贵有秩序，即裁款亦应分缓急。此项微官，未裁以先，所差有几？转启人以口实，不如俟明年夏间官制发表，此官当然消灭，该款亦当然停给。

116号（孟议员昭常）：林议员说的范围很小。

153号（易议员宗夔）：对于方才司法经费问题，照股员会所订的原案要表决就可以表决；若是照修正案表决，非经股员会审查不可。

81号（章议员宗元）：易议员倡议，本员大不以为然。现在大会上也有股员［会］的人，费一点功夫大家就可以讨论，没有反对就可以在大会通过。

153号（易议员宗夔）：因为要变通很多的数目，所以要再经股员会审查。

116号（孟议员昭常）：追加预算也一样是变更数目，至于通过手续，现在股员会的人就在这议场上，也就可以讨论。

153号（易议员宗夔）：据本员意见是可以讨论的，不过要变更数目须先经股员会审查为是。

116号（孟议员昭常）：数目是一定要变更的，就是在股员会表决，数目也是要变更的。

117号（雷议员奋）：原来审查报告法部要修正报告，还没有经股员会通过，本员以为这个可以作为大会上的议题，大家以为可以在大会上表决，即行表决；若一定要在股员会表决，就在股员会表决。

130号（刘议员景烈）：请问议长如何表决？

112号（陈议员树楷）：这七十七万多银子，应经预算股审查可否增加。预算股总有一个意见，不可不经审查即行表决。这七十七万已不是一项增加的，必要经股员会审查之后方有把握。

81号（章议员宗元）：推事薪水这一层未免定得太少，中国司法正在萌芽之时，以五六十两银子要找通法律的办事，也是很难的。本员还有一句话，这司法费亦是国家很要紧的一个用处，似乎不宜太少。

117号（雷议员奋）：本员不是一定反对，因为法部加的数还没有审查，是否应当增加，股员会若是没有报告，大家是空空洞洞的。本员并不是反对的意思，不过要股员会审查一遍，那时就知道一定应加或一定应减。但是要这样办，尚少了一个手续。

73号（汪议员荣宝）：雷议员说的不对，陆军部二十九万，后来答应二十万，也是在大会上通过的。

117号（雷议员奋）：这与前次不同，前次数目简单，不得据以为例的。

48号（陈议员懋鼎）：这个数目也不算不简单，不过加到一块儿，仿佛多的，也可以在大会表决的。

73号（汪议员荣宝）：陈议员的话非常之对，本员意思以为比陆军部数目还简单的。

59号（顾议员栋臣）：汪议员的话尚欠斟酌，这增加之款总宜再审查为是。

112号（陈议员树楷）：所以要审查是一个慎重的意思，并不是赞成的意思。股员会审查之后再经大会表决，现在预算股自己心里还没有一定的主旨，遽然就在大会上表决，恐怕大家心里也没有确定主意。况且这件事情与陆军部不同，往后追加的预算很多很多，若都不经股员会审查，即在大会表决，而从前之审查事件，可以不必更费这一番手续了。

81号（章议员宗元）：这个也不是尽然，行政费增加预算，皆在大会通过，大家现在可以讨论。

117号（雷议员奋）：方才这个问题本员并没有意见，不过汪议员所说前天陆军大臣承认二十万，现在不能引以为例者，本员不能不声明一句。因为这一层经费是在陆军部未改官制以前定的，现在陆军部已经改了官制，所以陆军大臣承认二十万，今天不能援以为例。

115号（许议员鼎霖）：这个理由可以不必再说。现在展会只有七天，预算必须三天方能报告完备，还有《新刑律》《商律》等要紧案件，因为这几天事情忙迫得很，所以不付审查，即在大会通过，也是省手续的意思。

57号（林议员炳章）：本员亦是审查司法经费之一人，据法部特派员发言，以初级推事每月薪水仅八十元，应予增加。鄙见此项薪水诚乎过少，惟册内所拟每初级审判厅月支杂费一百两，比较浙江所送预算册，初级杂费一项仅备五十金，直多至一倍。浙江亦系大省，所开原册仅此数，则杂费太多，实无疑义。以杂费之多弥补薪水之少，挹彼注兹，似尚可敷开支。

153号（易议员宗夔）：方才所讨论的问题有两种意思，一种是据法律，一种是省手续，还是请议长付表决，看大家赞成否？如不赞成，再付审查。

副议长：法部修正案于各省司法经费追加七十七万余两，众议员以为可者起立。

众议员起立赞成。

副议长：多数。现在展会，特声明一句，明天开会请诸君早到。

下午六点五十分钟散会。

注释

① **具说帖议员黎尚雯谨提出为质问会议政务处事**

　　查《议事细则》第一百七条"议员依《院章》第二十条欲行质问者，应具说帖，得三十人以上之赞成，由议长咨询本院决定之"等语，兹谨提出质问说帖一件，业经规定赞成议员会同署名，应请议长咨询本院决定，照章咨请会议政务处酌定日期以文书或口说答覆，须至说帖者。

　　窃维我国行政紊乱，机关混淆，实为立宪政治之障碍。时局危迫，应亟改革，兹举起荦荦数端，质问如下：

　　一、吏、礼两部何时裁撤？吏部职务分属于内阁与各部院，礼部职务分属于内务府及学部、民政部，准之现今各国，事实而皆同。我国筹备宪政，议裁已久，迄今未见诸实行，殊不可解。

　　二、翰林院、都察院何时裁撤？翰院向储文学侍从之臣，其实裨于实政，察院近日直言敢谏之士已属寥寥，且言之亦多无效，何必复留此无用之机关。

　　三、税务处、盐政处何时归并？税务、盐务，悉属财务行政，应隶归于度支部，不应别有独立之机关。查度支部现设税课司，所有常、洋各关税，务皆应归其职掌，何独于洋关一项，复立税务处之名目？又度支部管榷司掌各省盐法事宜，乃更有盐政督办以司其事，不知其意何属？即谓盐政须随时整理，则该部管榷司自应负起责任，正无庸别有司存。此宜与税务处即时归并者也。

　　四、币制局、财政处何时裁撤？查度支部通阜司掌币制事宜，会计司职掌全国岁出入预算决算财政事宜，乃于此二者别设专局，殊不可解。

　　五、步军统领衙门何时裁撤？此衙门之应裁撤，已为各行政大臣所公认，乃今日复增加人员，购买器械，国币虚糜，不解何故。如谓现在各种行政颇多牵引互淆，独此一衙门应俟官制颁布时再行办理，信斯言也。是凡兴利除弊，知之不必即行，行之必须同时也。然何以昔之国子监诸衙门久已裁撤，今之陆军一部，独先改革乎？

　　以上五项，皆今日消极的行政上所应即时举行，且为一般舆论所公认者，早改革一日，即早收政治统一之效，驹光如驶，待治孔殷，果于何日决行，应恳答覆。（"议员黎尚雯具说帖质问政务处关于院部处等裁撤归并事"，《资政院知会、折奏、章程、说帖、质问、陈请等案件》第八册《资政院第四类议员具说帖质问各案件其二》，宣统二年铅印本）

② **具说帖议员黎尚雯等谨提出为质问学部事**

　　查《议事细则》第一百七条"议员依《院章》第二十条欲行质问者，应具说帖，得三十人以上之赞成，由议长咨询本院决定之"等语，查京师地方大小学堂数十处，大学堂、高等学堂、译学馆、优级师范学堂等皆直隶于学部；财政学堂、实业学堂、交通传习所、巡警学堂分隶于度支部、农工商部、邮传部、民政部；八旗大小学堂均隶于八旗学务处。督学局管辖范围内，仅五城中学堂、第一初级师范学堂及公私中小学堂、私塾、改良小学。而各省旅京学堂，名归督学局直辖，而势力实不能过问。然则该局所办之事，在学部派一普通司科员随时照料已足，乃必巧立名目，位置多人。局长、副局长、科长、科员及行走人员，领薪水而无事可办。于是一方面为局员，一方面挟学部势力盘踞于各学堂之中。窃学部辄称兴学无款，何以不裁撤督学局，化无用为有用，以补助公私各学堂乎？现在各省督抚主张新官制，裁撤提学使司，盖教育事业当以本地之人办本地之事。前次学部尚书在本院亦已明白宣示矣。各省既设有教育会劝学，所以之协赞教育行政，自可力求实际。多设机关，徒形重叠，故各省提学应即裁撤，督学局无事可办，较之提学使司，职任更轻，尤当立予裁撤，以节糜费。兹谨提出质问说帖，经规定赞成议员会同署名，应请议长咨询本院决定，照章咨请学部酌定日期以文书或口说答覆，须至说帖者。（"议员黎尚雯具说帖质问学部关于裁撤提学使司事"，《资政院知会、折奏、章程、说帖、质问、陈请等案件》第八册《资政院第四类议员具说帖质问各案件其二》，宣统二年铅印本）

③ 为审查报告事

本股股员于十一月十六日、十九日开会审查得议员陈宝琛等提议奏请宣布杨庆昶所缴景庙手诏并昭雪戊戌冤狱一案。据称"比年以来，朝野上下汲汲于筹备宪政，促开国会，固由时会所趋，而变法图强之宗旨，则我德宗景皇帝十数年前实造其端。乃事势牵阻，使吾仁孝英断之圣主不能伸其志而永其年，此天下臣民所同为伤慕者也。戊戌八月之事，不知者非以为先帝求治之大急，即以为新进诸臣献谋之不臧，甚至以风影之谈，妄测宫廷，积成疑义。幸而杨锐奉有先帝手诏，于孝钦显皇后顾念人心、慎重变法之至意，与先帝承志不违、委曲求全之苦心，皆已昭然若揭。此诏去年秋间由杨锐之子杨庆昶呈由都察院恭缴，外间多能传诵。并闻当时杨锐等覆奏亦复仰赞孝治，谓变法宜有次第，是先帝所以任用诸臣，与诸臣所以恪承诏旨者，皆在于妥筹变法之良策，而必以不拂慈意为指归。于素所规划者，且不免踌躇审顾，蕲出万全，岂有感激酬知而反悖逆，自甘为危害两宫之举者。其为取嫉贵近，致遭诬陷，情迹显然。一二小人故作张皇，巧行构间，狱词未具，遽予骈诛。在小臣邂逅蒙冤，亦史册所常见；所可痛者，是非失实，不但有累先帝用人之明，且使我两宫至孝至慈皆无由大白于天下，此则在天之灵长留隐憾，而尤为天下臣民所不可忘者也。窃以为非明降谕旨，非将杨庆昶所缴诏书宣布，无以彰先帝仁孝之真；非援据先帝手诏以昭雪被罪诸臣之冤，无以服人心而作士气。应请交议，候公决后照章具奏，请旨施行"等语，伏惟德宗景皇帝以天亶之姿，洞观世变，愤积重之难返，思并日以兼营，然于乾健震奋之中，仍复虑出万全，求无拂孝钦显皇后慎重之心，以蕲造中国无疆之福，而杨锐等登进之骤，眷任之隆，取忌同朝，构成疑狱，致使先帝之苦心豫顺，传说失真，难两宫慈孝交孚，终于同揆。而当时先帝以事与愿违，忧勤成疾，至不获亲见宪政之成，宜乎薄海臣民哀感涕泣，不能自已也。我皇上继述方殷，阐扬为涵，拟请明降谕旨，将杨庆昶所缴德宗景皇帝手谕一道，宣布中外，昭示万世臣民，并纂入实录，以成信史。至杨锐等竭忠致身，沉冤未白，可否降旨昭雪，比照许景澄等成案，开复原官，加恩量予赠恤，以慰幽魂而餍众论。本股员等全体议决，意见相同，应请议长咨询本院全体议员讨论，表决具奏，特比报告。（"审查提议奏请宣布杨庆昶所缴景庙手诏并昭雪戊戌冤狱案"，《资政院知会、折奏、章程、说帖、质问、陈请等案件》之《资政院第十三类审查提议各案件》，清末铅印本）

④ 为审查报告事

本月十七日本股开股员会审查请赦国事犯罪人员以广皇仁议案。原案大旨谓

"先帝洞烛时局，亟思变法图强。新进之士或感先帝破格录用之知遇，急于报称；或痛内政外交之窳败，急于见功。心虽忠爱，迹近嫌疑，以致畏罪出亡，遽逃异国。窃以为天地之大，何所不容！盛世覃恩，时颁赦典。查各国将颁宪法，凡为国事犯罪，皆予大赦，与民更始。日本明治二十三年，特允议员菊池侃二之请，大赦国事党人，可为先例。今者宪法行将颁布，其规模或大于他邦，仰恳天恩，凡戊戌以来为国事犯罪者特予赦免，以广皇仁"等语，同时直省人民王法勤等五百十八人及举人王敬芳等五十三人先后呈递说帖，陈请开释党禁。究其大旨，与原案大略相同。查戊戌变法，先皇帝愤列强轻侮，慨国势之凌夷，以为非改良旧制不可以图存，非登庸新进不足以佐治。在诸臣感恩图报，不免操之过急。诚有如原案所称，心虽忠爱，迹近嫌疑者。顾法与时为变通，今日所行之宪政，实与戊戌之变法大致相符。在当时风气未开，而诸臣变更旧章，不知度势审时，固属咎由自取，然原情略迹，其心实属无他。用敢吁恳天恩，将戊戌犯罪诸臣曲予赦宥，广圣朝宽大之德，溥天地浩荡之仁，此亦古圣主罪疑惟轻之微意也。自戊戌以还，国事日亟，愤时嫉俗者虑政体之如旧，疑立宪之无期，铤而走险，遂逾常轨，其行为可诛，其情亦不无可哀也。今朝廷实行宪政，锐意维新，薄海臣民同深感戴，往日之被其煽惑者，大都解体；治之过急，则自知为法所不宥，悔罪之念既绝，党附之志益坚，甚非所以安反侧而清乱源也。诚能因而赦之，解散胁从，涤除旧染，上之可以开其自新之路，次之亦可离其负固之心，则戊戌以后之国事犯，亦未始不可宽其既往，策其将来。可否仰邀赦免之处，出自天恩，非臣下所能擅请。本股员等多数讨论，意见相同，应请议长会议表决，特此报告。（"审查报告请赦国事犯罪人员以广皇仁议案"，《资政院知会、折奏、章程、说帖、质问、陈请等案件》之《资政院第十三类审查提议各案件》，清末铅印本）

资政院第一次常年会第三十五号议场速记录

【标题】由《公论实报》批评议员引发的争论及讨论预算股第四科的审查报告

【关键词】《公论实报》报馆　预算案　学务经费　邮传部　农工商部

【内容提示】大会伊始,得知《公论实报》将议员说成是丧家之狗,激起议员众怒,多数通过决议,咨行民政部取缔报馆。主要议决预算案,通过了预算股第四科的审查报告,即礼部、学部、农工商部、邮传部所管预算事件。关于大学分科之预算审查,即京师大学堂经费核减问题,在议员中间引起的争论,可能与监督刘廷琛前不久上折弹劾资政院议员有关。审查邮传部所管预算,邮传部特派员不出席这个事情本身即是一标志,结果表决被拖后,至通知其特派员到场,方才予以表决。

宣统二年十二月初四日下午一点钟开议。

议事日表第三十三号:

　　　　试办宣统三年岁入岁出总预算案,股员长报告,会议。

副议长:今天议员到会者共一百二十四人。

178号(高议员凌霄):本员前日提出来保护议会单行法,可否先交付法典股审查,请议长咨询本院决定。

副议长:俟列议事日表后交法典股审查。

110号(于议员邦华):全国禁烟办法议案何以还没有上奏?

副议长：此案前次送交民政部，民政部已经送还，现在又送到度支部去了，等到度支部送还之后再行出奏。

110号（于议员邦华）：还有陈请案，请议长速付审查。

副议长：现由秘书官报告文件。

180号（刘议员纬）：四川谘议局纠举巡警道违法核议案，本院收到否？

副议长：俟查明再行报告。

180号（刘议员纬）：如已收到，即请早付审查。

秘书官（张祖廉）承命报告文件。

副议长：黎议员尚雯、①梁议员守典质问陆军部说帖②各一件，已经刷印分送，请赞成者起立。

众议员起立赞成。

副议长：多数。

秘书官（张祖廉）续行报告文件毕。

153号（易议员宗夔）：本员有个倡议，请议长咨询本院，我们资政院是一国的舆论机关，报馆亦是一部分的舆论机关，现在《公论实报》把我们资政院议员二百多人都比作狗，请议长咨询民政部，取缔报馆才好。因为报馆亦是一部分舆论机关，万不能以一部分舆论机关辱骂全国舆论机关。至于报馆批评议员之言论本来是可以的，因为我们议员的言论未必都是〔跟〕对的，报馆原可以批评，至于恣意辱骂是万不行的。资政院本是代表民意之最高机关，若被报馆恣意辱骂，不独于本院名誉有碍，且于国体上亦大有妨碍。

178号（高议员凌霄）：我们二百个议员是全国公举的代表，而《公论实报》说我们全是狗，岂不是辱骂全国吗？

151号（黎议员尚雯）：据本员看来，该报馆所说的是政府。

153号（易议员宗夔）：据该报上说，资政院议员都是丧家之狗。本员意见，报馆不能肆意辱骂议员，既已辱骂议员，就请议长咨行民政部取缔报馆，请问大家赞成不赞成？

众议员呼"赞成"。

副议长：可以咨行民政部查照报馆办理。现在开议试办宣统三年总预算案，第三科今日尚不能报告，先请第四科审查长易议员宗夔报告结果，现在先议礼部所管预算事件。

153号（易议员宗夔）：资政院的章程第四科所管的预算事件是礼部、学部、农工商部、邮传部。这个礼部与昨天孟议员所报告的吏部是一个道理，不久就要废了，至于学部管全国教育的事体，农工商部是管全国实业的事体，邮传部管全国交通的事体，这三部都是很重要的。现在股员会几次开会审查之后决定一个方针，这个方针是我们暂定的方针，因今年政府交出预算的时候没有定出来一个的确的方针，本股员会不知政府是注重什么事体，然由股员会研究起来，这教育、实业、交通都要注重。这几种事体，都是第四科所管的。本股员会既然注重这些事体，而这些经费非但不能核减，应该还要增加的，但是政府交出总预算册子来，明年亏五千多万，而政府并没有提出增加新租税案来，在政府亦深知道不能再加人民之负担，并且资政院虽不是完全国会，而我们都是人民之代表，亦应以减轻人民之负担为宗旨，自己亦不能提出增加新租税案来，现在没有别法，办法只有核减的法子。前天股员长报告时候最重要的宗旨就是裁冗员、节靡费这两层，现在办新学、新政事体，不免有冗员靡费之弊，所以反对新学、新政者，转致有所借口，如果有所借口，则事体就办不动了。我国方谋全国教育普及，一个学堂，耗了许多钱。（语未毕）

130号（刘议员景烈）：请审查长简单报告。

153号（易议员宗夔）：理由不得不说明，若理由不说明，到表决的时候若有所反对，转致耽搁工夫。这个冗员靡费不得不减的。第四科在十月初七日、并二十三等日开分科会，学部、农工商部、邮传部各衙门特派员都到会，即礼部临时特派员亦到会，大概对礼部核减的总数是三十七万一千九百五十六两八钱九分二厘，学部核减的总数是六十三万七千七百五十五两零五分六厘，农工商部核减的总数共一百一十万零一千四百五十一两九钱三分七厘，邮传部核减的总数共一千八百三十一万九千四百八十两，这四项总数共核减了二千零四十三万零六百四十二两八钱八分八厘。分科会讨论如此,报告股员会都通过了。以后各部又有追加预算册子及修正预算册子,这个修正预算与追加预算在分科会里头尚有未能通过的地方,明天再来接续报告,其余已经在股员会通过。今天报告的是礼部、学部、农工商部、邮传部,今天本员报告这个大旨。至于逐部报告,农工商部由齐议员树楷代为报告。现在礼部所管的关于陵寝典礼一项,将来要规划皇室经费,还有圣庙典礼费,这都是关于典礼费,这些典礼费一点没有核减;第二层各省的祭祀费,分科会意见不甚赞成,不分大小省分,祭祀费一律以八百两计算,八百两以外通通裁去;第三层是各省府厅州县的祭祀费,这个事体在股员会看起来应当归入地方行政经费之内,这些费一概删去;第四层是教职俸银的关系,新官制没有颁布出来,在议院里头亦不能遽然核减,所以没有核减他的,但是原数是超过宣统元年实支的数目给付,不能再超过原数;第五层是各省府厅州县儒学门斗、工食、廪粮等项,这些经费现在科举既停,可以通通不要,所以一律删去;第六层是各省时宪费,亦是空名目,没有什么用处,并且时宪书发行必有收支款项,据本员看来且不应有出无入,所以分册里头亦一律删去;第七层各省庆贺费,庆贺为人臣应尽之礼,不应该由官款给他,所以礼部送来的原册一律删去。对于礼部核减的数目共三十七万九百五十六两八钱九分二厘。请问各位议员有无讨论?如无讨论,请议长付表决。

37号(议员李子爵):各省的祭祀费亦是很重的,何以一律裁减呢?

153号(易议员宗夔):祭祀费一项并不是全裁的,将来国家行政经费与地方行政经费要划分的,我们是将这个祭祀费归入地方行政经费里头。因为度支部送来的册子没有划分明白,这个经费应当归入地方行政经费之内。既归地方行政经费,就归各省谘议局去定数目。

37号(议员李子爵):若是地方不承认,将(什)[怎]么办呢?现在虽讲新学,然这个典礼亦不可废的。

73号(汪议员荣宝):这个事体没有什么讨论,请议长付表决。

153号(易议员宗夔):既没有讨论,请议长付表决。

副议长:现表决礼部衙门预算核减数目,赞成报告书者请起立。

众议员起立赞成。

副议长：多数。现在接续议学部所管预算事件。

153号（易议员宗夔）：学部是分两个部分，一个是京城学部衙门，还有督学局及各局处在内，这是关于学部，归国家行政经费；各省里头在国家教育行政经费有提学衙门与学务公所。本科审查第一款是学务公所设立的学堂，以股员会所定方针"裁冗员、减靡费"核减的，以为既是办学堂，就不能有冗员靡费，把许多钱都浪费了，这是不对的，所以以股员会方针看来，亦有核减的地方。第二督学局与八旗学务处，既是京师地面设了一个督学局，何必又设一个八旗学务处？现在屡经明降谕旨，融化满汉界限，岂学部与督学局就不能管理八旗学堂吗？可见八旗学务处也不过是一个赘疣，本科的意见打算把这个机关裁掉，又可以省出一笔钱来。后来特派员说明这个机关如果要裁去是不行的，因为八旗学务处也是奏办的，若要裁掉又非上奏不可，所以本股员会并没有裁撤，不过把经费核减。至于八旗学务处与督学局所办的学堂，各学堂学生很多而学堂经费数目很少，所以股员会并没有核减。这是本科对于督学局、八旗学务处两个机关已经核减过的，而对于这两个机关所办的小学堂的经费都未曾核减一个钱，这是审查的情形。第三款各省提学使公费。当初设立提学使的意思，本来是为提倡一省学务起见，无如现在各省提学使多半是科举时代的人，大概不明白学务的，不但不能提倡学务，倒反摧残学务。现在新官制尚没有定出来，亦不便遽行裁撤。本股员会所定公费的标准每年六千两，现在各省提学使公费有一万的，有两万的，亦有三万的，公费未免太多，所以本股员会都照六千两核减，这是核减各省提学使的经费，不是核减各处学堂的经费。第四款各省学务公所经费。本来学部设立学务公所的意思，大概是为提倡地方学务起见，以为必要用本地绅士方能办得动，所以才设立这学务公所，然而到了现在，并不是学部原设的意思，大概借官立机关以为位置私人的地步。这些议长议绅大概都是科举时代的人，不过随便弄一个翰林举人充其任，并没有真懂学务的人主持教育。这些议长议绅的乾修每月一百两、二百两不等，至于科长科员大概都是位置候补，州县也是不明白学务的人，这是很不对的，所以对于这个经费还是核减，最大省分定的是三万二千两，其次是二万八千两，再其次是二万四千两，要是有不足的数目，以提学衙门核减的经费补足。现在核减学部所管的，共核减银六十三万七千七百五十五两零五分六厘，这是本科当时审查核减的情形如此。诸位有无讨论？如无讨论，就请议长付表决。

117号（雷议员奋）：学务公所的经费，比方外省有大省、中省不同，请问审查长，审查时候以什么为标准？

153号（易议员宗夔）：本科审查的标准以额外股员所定的外省科员标准为标准，比方一个议长四个议绅内分六科，每科一个科长，两个科员，也有用三个科员的，其纸笔、火食、杂用等费均以人数为标准。

107号（李议员桀）：科长科员有一定的数目，至于火食、杂费等项不能减少，如果减少，恐于教育前途大有妨碍。

130号（刘议员景烈）：本员看杂费减少，于教育前途没有什么关系。

73号（汪议员荣宝）：原案各省学务公所经费大概是多少？

153号（易议员宗夔）：以下可以逐条报告。

57号（林议员炳章）：督学局经费是多少？

学部特派员（范源濂）：共九万两。

153号（易议员宗夔）：第二项公费薪水共一十六万七千七百九十六两，度支部减了一万，还余下一十五万七千七百九十六两，股员会画一办法有公费标准；又学部丞参上行走有四位，薪水每月共八千零六十两，现在已经裁掉，不另开支薪水；又八旗学务处薪工火食共银六千二百多两，本股员会共减去二千五百零五两；此外大学分科学生还不够六百人，堂中职员教员书记人等一百二十多人，堂役一百九十余人，合职员教员、书记计算共三百一十七人，这样看来差不多两个学生配一个员役的样子，本分科会以用费太多，所以减去六万六千五百多两。

130号（刘议员景烈）：本员看见大学堂用费太多，审查会减得太少，本员倡议应该还要减他十万。

149号（罗议员杰）：本员看殖边学堂有三百多学生，也不过用二万多银子，何以大学分科用得如此之多？

110号（于议员邦华）：大学分科人数甚少，靡费甚多，用的监督是什么人？那样的人如何能办得好？如何能办得分科大学？这个我们是不能承认的。

130号（刘议员景烈）：就论到学生只有六百多人，而员役共用三百多人，实在是靡费。

81号（章议员宗元）：大学分科经费靡费很多，分科会已核减过了，分科会并不是从总数核减的，是一项一项核减的。刘议员倡议要在总数上减十万，似乎不妥。我们如果不以分科会审查的为然，大会上可以不通过，再付审查；审查之后如果还有靡费的地方，再付表决，不能以一句话裁多少。并且大学分科要请外国教习，这个教习经费是万不可减的，若将专门教习开除，单用那些无用的人，恐大有损害于学务。

153号（易议员宗夔）：如果再付审查，分科会也难得担任。因为详细表册已经送到秘书厅，秘书厅已经送到度支部。如果再付审查，还要行文到度支部取表册来，现在会期迫促，恐怕来不及。至于监督之好与否，与资政院不相干，并且分科大学是全国教育最高机关，不能说用人不对就减他所用的钱。

149号（罗议员杰）：这个学堂不受学部管辖，这是很奇怪的，我们总要斟酌妥当，然后裁减。

48号（陈议员懋鼎）：刘议员倡议的话，还要问学部特派员能减不能减？

153号（易议员宗夔）：大学堂经费二十二万，我们减去七万，已算减去三分之一了；如果再减十万，还要问特派员答应不答应？如果答应，不妨再减十万。

81号（章议员宗元）：学部特派员未申明以前，本员先要申明一句。各位要减大学堂经费，一半是因为靡费太多，一半是用人不当，所以核减他的钱。但是因为办大学堂不得其人就核减经费，恐怕学生中亦受影响，我们对不起学生。

48号（陈议员懋鼎）：本员看中国教育程度够不上大学程度，这个学堂实在靡费得很。

73号（汪议员荣宝）：陈议员说够不上大学程度，这句话不赞成。我们止问六百多学生为什么要用三百多人役，请学部特派员答覆。

75号（长议员福）：实在人数不够六百人，闻说学生不过二百人，是还不足额，怎么用款这样多呢？

177号（李议员文熙）：本员对于刘议员减十万之倡议亦不赞成，大学堂用三百余人，是在本院未裁减之先。现在既减之后，用人断不至尚有如此之多。四川高等学堂也用银子十余万，中央大学是全国最高的机关，决不能再裁十万，仅五万银子可以办的。

声浪错杂，议场骚然。

副议长：各位说话务须依次，不可杂乱。

107号（李议员榘）：职员一多，必有冗员，但是不能凭空要裁多少就裁多少。

81号（章议员宗元）：请第四科审查长报告逐项核减的理由。

153号（易议员宗夔）：大学堂薪水工食二十二万四百九十五两，其中职员、教员、司事薪水十五万五百多两，堂役工食六万八千五百四十八两，除核减六万八千五百四十九两外，还余下十五万九千九百四十六两。

130号（刘议员景烈）：图书一项是否核减？

153号（易议员宗夔）：图书一项很核实的，并且为数不多，所以没有减他。

81号（章议员宗元）：本员看来办事的人薪水可以核减，至于教员薪水，总要斟酌才行。

153号（易议员宗夔）：大学堂所聘的外国教习均订有合同，可见教员薪水是不容易核减，那天在会议政务处协商，李侍郎、宝侍郎答应核减六万多两银子，这个数目学部已经无异议了。至于刘议员倡议，各位既不赞成，请议长将股员会报告付表决。

74号（陆议员宗典）：预算的事情总要核实，不能随便说减少，就是减三五个钱，也得说明从哪一项减。若说仅从总数减十万，这句话本员不赞成。

130号（刘议员景烈）：就是一定要这样多，也得学部特派员答覆。

73号（汪议员荣宝）：并不是一定要核减大学堂经费，不过因为这里头有点疑义，请学部特派员说明理由。

48号（陈议员懋鼎）：请学部特派员说明理由。

学部特派员（范源濂）：大学堂内容各位都是知道的，大学堂虽属学部，究竟也是独立机关。

130号（刘议员景烈）：大学堂六百多学生，所用职员、教员，总要学部分配才好。

学部特派员（范源濂）：大学堂内容都是总监督主持，这个经费都是学部与大学堂总监督商量核减之后送到贵院。如果再要核减，得由学部商量总监督才行。但是大学堂情形，与别的学堂不同，本员代为说明一句。大学堂原来想办八科，现在已办七科，但是学生人数少，若以人数与职员人数比较，这个学堂款项更见其大。至若说到节省糜费，本部与大学堂协商之后，屡次在分科会答应核减，情形如此。至若说到再减十万，大学堂能否承认，本员不敢说定。

57号（林议员炳章）：我们资政院核减费用，应归一律，才免局外借口。如以大学堂七分科由二十六万减至十六万，尚以为多，似昨日讨论民政部报告之巡警学堂，仅二百学生年费八万金，更须从实核减，方有以折服办大学者之心。

113号（李议员搢荣）：分科大学经费方才易议员报告二十二万余两，系经常费。临时费尚有十万余两，合共三十三万，未免太多。

108号（刘议员春霖）：这学堂情形各有不同，不能随便说的。若说是多少学生，就只用多少职员，比如讲堂大的可容五六百人作为一班，这职员教员就用得很少。现在大学堂已经设了七科，七科之内又分多少门，人数虽少，班次甚多，所以不能把教育学生人数作为比例。比如五十个人一班，也是这些教习，十个人一班，也是这些教习。分科大学学生虽少，而职员、教员不能不多，我们不能以寻常学堂互相比较，总要把该学堂内容各情形调查清楚，然后才可以定职员、教员的数目。

153号（易议员宗夔）：核减大学堂经费六万四千两，大学堂监督与学部已经承认了，请议长将报告书付表决。

115号（许议员鼎霖）：学生人数是否已满六百？

学部特派员（范源濂）：没有满六百，只有五百多人。

115号（许议员鼎霖）：这样看来，每一个学生每年合银五百多两，在东洋留学也不过合洋三百多元，大家不可不注意。

121号（方议员还）：大学堂分为七科，虽只有五百多学生，而教员不能减少，比如三个学生请五个教习也是没有法子。至于省经费，不能凭空设想。

153号（易议员宗夔）：许议员所讲的是包建筑费在内一共是三十七万四千多两，其实没有这样多。

115号（许议员鼎霖）：大学堂分七科，方才某议员说有一科只两三个学生，如果办得好，何以中国人不远千万里到外国去留学，于本国大学堂分科只有几个学生呢？

59号（顾议员栋臣）：大学堂内容本员略知一二，许议员说学生少而经费多，方议员说各科可以归并，虽均持之有故，但其中有为难的地方。凡入大学者，必须由高等学堂毕业。现在各省高等学堂毕业者尚少，以少数之学生分布于七科大学，所以各科人数均极寥寥，而监督、教员、职员，却不能因学生人少而遂不设，所以开支极大，平均计算，每年每位学生须合到五百金也。然若将各科归并，势又不能。因为各科各有专门，进文科者不能改入法科，进工科者不能改入农科，所以不能归并。总而言之，当初开办太早，生出种种困难，现在既经开办，而欲凭空减其经费，甚难着手。

74号（陆议员（宋）[宗]舆）：现在这个问题应分两层解决，教习太多，办事人不好，这须另行质问；至于中国幅员甚广，大学堂是应该办，学科经费是应该多，不应该少，我们不能因为办得不好就要减他的经费。若全国教育不见进步，则将全国教育费尽行裁去，还可以么？

57号（林议员炳章）：此事只研究中国办学已十年，此时是否应办分科？如果应办分科，则所谓七分科者，科目既殊，教员亦众，俨如七学堂一般，且既名为大学，订聘教习，便须学问高尚。闻该堂所订多外国人，各有契约，经费猝减，薪费何出？至许议员所云，学生太少，学费尚贵，于游学日本一节，查大学堂入学资格，系限于各省之毕业高等学堂者，此次毕业生各省寥寥可数，学生之少系此原因。

　　73号（汪议员荣宝）：请议长问学部特派员有无异议，如无异议，请付表决。

　　副议长：特派员有无意见？

　　学部特派员（彭祖龄）：于大学堂经费无异议。

　　副议长：特派员既无异议，即付表决。大学堂经费以报告书为然者请起立。

　　众议员起立赞成。

　　副议长：多数。

　　153号（易议员宗夔）：现在报告京师高等学堂，各项都没有核减，该学堂薪水工食共银七万零一十五两，但是他的职员太多，该堂六十三个职员，九十多个堂役，本分科会都主张从此中核减，计减去一万四千零三十两。现在〔还〕是逐条表决，还是俟报告学部所管各项经费后一块儿表决呢？

　　73号（汪议员荣宝）：大家既无异议，就可以俟报告完了一起表决。

　　153号（易议员宗夔）：现在再报告京师法政学堂经费，该学堂原来六万五千四百六十七两，减去一万三千九百一十三两；又顺天官立高等学堂简易识字学塾，因为靡费很少，分科会仅减去三千银子。本科审查的时候，除大学堂分科外，有八旗学务处、京师法政学堂、顺天高等学堂、官立简易识字学塾及学部本衙门，裁去学部丞参上行走经费八千零六十两。本分科会的审查报告如此，请议长咨询特派员对于股员会审查报告有无意见？

　　学部特派员（范源濂）：本部对于股员会审查报告没有意见。

　　副议长：特派员既无意见，即付表决，现决学部本衙门公费，八旗学务处、京师高等学堂、京师法政学堂、简易识字学塾等经费，以股员会报告书为然者请起立。

众议员起立赞成。

副议长：多数。

153号（易议员宗夔）：以下报告各省提学司及学务公所的经费。

117号（雷议员奋）：问审查长编订名词馆经费总数目若干？

153号（易议员宗夔）：请李议员报告。

113号（李议员搢荣）：请特派员报告编订名词馆经常、临时经费总数若干？

学部特派员（范源濂）：三万八（十）[千]，减了一万一千。

130号（刘议员景烈）：图书局经费总数若干？

学部特派员（范源濂）：十七万五千四百六十八两，减了十二万。

153号（易议员宗夔）：本员声明一句，特派员所报告之数非分科会减的，系度支部减的，所以本员没有报告出来。

117号（雷议员奋）：两处经费大致已经明白，请问特派员，图书局系办何事？有无入款？

学部特派员（范源濂）：没有入款。

117号（雷议员奋）：各项教科书售出去，收来款项归于何处？

学部特派员（范源濂）：售书入款尽入学部，所以不能算图书局入款。

130号（刘议员景烈）：请特派员答覆，图书局宣统元年实用款多少？

117号（雷议员奋）：请问特派员，图书局经费减了十二万，还有五万，各种杂费都在内否？

学部特派员（范源濂）：各种印刷费不在其内。

117号（雷议员奋）：编辑人薪水在内否？

学部特派员（范源濂）：编辑人的薪水在内。

117号（雷议员奋）：将来学部印刷机关既不在内，各种图书出来将作如何办理？

学部特派员（范源濂）：现拟招商办理。

115号（许议员鼎霖）：请问特派员，编译名词[馆]是常设机关抑系暂设机关？本员以为外国名词有限，不能年年有新名词出来，可以不要常设。若专为编译名词计，大约半年就可以告竣。

学部特派员（范源濂）：照从前筹备清单，本是常设的，然照现在清单还有变动的。

137号（邵议员义）：请问特派员，编订名词馆办了几年？

学部特派员（范源濂）：自去年十月创办的。

137号（邵议员义）：今一年有余，何以未看见所编订名词一个出来？

学部特派员（范源濂）：名词已经编订许多，本部都已看过，但现在尚未印出。

73号（汪议员荣宝）：几时可以印出来？

学部特派员（范源濂）：何时印出来，现在不能遽定。

153号（易议员宗夔）：方才诸位所讨论，非检阅报告的问题。现在再报告一遍，学部项下图书局、编订名词馆、八旗学务处共核减三千七百零九两。如大家无所讨论，即请议长付表决。

副议长：现在表决学部图书局、编订名词馆预算，以报告书为可者请起立。

众议员起立赞成。

副议长：多数。

130号（刘议员景烈）：从前所说八旗学务处与督学局可以归并，本年可否请学部奏请归并？

48号（陈议员懋鼎）：此项另提出议案，再行讨论。

153号（易议员宗夔）：以下报告提学衙门公费及学务公所公费，从前报告提学公费定为六千两，大家是没有异议，可以不必再表决。

众议员呼"可以不必再行表决"。

153号（易议员宗夔）：各省学务公所经费，最多的就是广东，七万一千五百二十两；次之为奉天五千两，直隶六千两，四川八千两。③ 股员审查案照学务公所章程，一个议长四个议绅，每科科员不过三人，共算起来公费一万五六千银子，于学堂多的地方，一切杂支还须增加，因为所派视学员必多，所以大省定为五万二千两，中省二万八千两至二万四千两，其余不足省分还有拨补的地方，如新疆、甘肃、江西各省，皆有拨补详细数目，请问大家还要逐条报告否？

众呼"无须逐条报告"。

学部特派员（范源濂）：现在声明一句，各省督抚来电，以为所定学务公所经费太少，恐不足用，贵院将此预算定了之后，还要送到政务处去，恐怕对于此项稍有异议，暂时亦不能说定。

153号（易议员宗夒）：特派员无甚异议，请议长付表决。

副议长：现在表决各省提学使衙门及学务公所预算，以报告书为可者请起立。

众议员起立赞成。

副议长：多数。现在接续议邮传部所管预算事件。

153号（易议员宗夒）：本员现在报告审查邮传部各项预算，邮传部经常、临时共计岁出五千三百七十三万七千零三十二两，而经常、临时岁入三千三百八十八万三千七百九十四两，出入相抵不敷一千九百八十五万三千二百三十八两。按各国铁路轮船电线都是岁入的大宗，而中国邮传部亏本如此之巨，这是甚奇怪的。审查之时，乃知其中实有一段理由。按各国办预算，对于推广轮船、铁路、电线应有一种特别会计，似应将推广一切办法应归入特别会计，而邮传部统在该部预算之内，所以数目相差如此。以故本科审查对于邮传部本署也是以为冗员糜费非常之多，该部为最阔之部，所以糜费冗员尤所不免，本股员会量为核减，请问大家要逐条报告否？

众议员：请逐条报告。

153号（易议员宗夒）：第一项是邮传部本署堂官公费，原定二万八千一百六十六两，股员会审查核减了二千多；丞参上行走八位全行裁去，减了四万二千九百两；还有司员公费原数很多，共二十一万八千八百三十三两，照额外股员［会］所定的标准算起来，分四司两厅，按人数考查起来，只开支一十二万二千八百八十两，减去九万九千九百五十三两以外；还有录事的费，共三万一千，减了六千二百四十两。以外要有铁路总局，邮传部既有路政司，就可以不要铁路总局，前次分科开会之时，大家讨论以为这个机关可以裁撤，而邮传部特派员以为不可，据云这个机关是因铁路上的事情与外国人交涉很多，而外国人每遇路上的交涉，每每不问司员而问堂官，若以堂官动与外人交涉，似与体制有关系，所以另设铁路总局，遇有关系铁路事项，即由局长与外国人交涉，所以此局万不可撤，分科会因（为）［此］就没有裁，只核减他经费四万九千四百两。其余交通传习所、图书局、官报局三处在一起，共五万八千八百两，分科会审查按照乌布标准减去一万一千七百两，局长公费原来是二千三百二十两，减去四百六十八两。那一天协议到会议政务处，邮传部堂官没有到会，后来特派员送了个说帖到资政院，是对于核减的全已承认，惟说铁路局未免减得太多了，于是再行审查，大家讨论正是照原来所核减的数目。

130号（刘议员景烈）：铁路总局本员看应当裁撤，交涉之事即令该部之丞参为之，何必为此事另设一局？请邮传部特派员答覆。

副议长：邮传部特派员今日无人到会。

117号（雷议员奋）：请问审查长，铁路总局共用款若干？

153号（易议员宗夔）：九万九千八百两，减了四万九千四百两，该部已经承认了。方才刘议员提议，请各位斟酌。

115号（许议员鼎霖）：刘议员倡议以为铁路局应当全裁，恐怕不能得邮传部之同意，请大家斟酌。

121号（方议员还）：邮传部图书局也可以裁的。

137号（邵议员羲）：现在没有什么讨论，请付表决。

110号（于议员邦华）：刘议员倡议，多数赞成，可以先表决。

153号（易议员宗夔）：铁路总局，分科会也是主张全裁，因为特派员以为万不可裁，所以才减了他四万多银子。

86号（喻议员长霖）：请问审查长，铁路总局一共入款若干？

153号（易议员宗夔）：进款另外还有报告。

94号（王议员佐良）：今日邮传部特派员何以不来？请议长打电话请他来。

75号（长议员福）：刘议员倡议是很好的，然预算案须得政府之同意，始能会同上奏。今日邮传部特派员没有到会，即表决了恐怕无效。

115号（许议员鼎霖）：长议员的话大家要注意，照特派员所说，这铁路总局既为应酬洋人而设，是以外的事，可由路政司办，不如把此项经费裁了专留路政司以为交涉洋人之地，大家以为何如？

130号（刘议员景烈）：这个办法本员不赞成，要是与洋人有正当的交涉，外务部自可担其责任。若是小事，即与邮传部路政司交涉，何必另立一个局所呢？

115号（许议员鼎霖）：刘议员意思是裁人还是裁费呢？若是丞参为局长，就是兼差不兼薪水。

153号（易议员宗夔）：这个事情据特派员所说，也不仅是对外的机关，还是有对内的事情，都是归这个局办理，所以裁减经费已经得了他们的同意，大家看可以表决否？

110号（于议员邦华）：以铁路局而办交涉，这个事情是说不下去的。

75号（长议员福）：铁路专办交涉是不对的，若专设个铁路局为独立机关，在外国也是有的。

117号（雷议员奋）：本年各衙门预算册子就是邮传部不合适，资政院股员会审查，总要调查他确实。因为邮传部所亏的款项不全是邮传部所管的，凡关于铁路一切事件，都是由铁路局长办理，所以预算册维是堂官负责任，而堂官并不知其详细，这是何故？因为全部财政都在铁路局长之手，该部既不能过问，资政院又不叫去调查，所以邮传部预算就没有好结果。资政院审查时又含糊过去，特派员知道在股员会审查时候于局长事情没有什么更动，恐怕到大会还有更动，所以不来。这个事情很有关系，我们不可不着实讨论。

153号（易议员宗夔）：雷议员的话也很有理由，本科审查邮传部预算的时候，股员长请议长行文到邮传部，叫他把详细册子送来，而他总没有送来。到本科审查结局的时候，才将详细册子送来。大家都有不明白的地方，所以审查之结果就不十分完备。今报告大会，特派员又没有来，大家对于铁路局也很有讨论。本员有个倡议，这个事情今年暂且不论，到明年预算再行裁撤。

73号（汪议员荣宝）：请议长命秘书官打电话，请邮传部特派员来院。

74号（陆议员宗舆）：现在大家讨论此事，有两个问题，一个是铁路总局应设立不应设立，一个是预算册。邮传部经费多四万余银子，可以分开讨论。

177号（李议员文熙）：这四万余金，我们资政院要审查他的使用性质，是应该裁不应？既裁去四万余金，又留此四万余金，况铁路总局弊病最大者，即是直辖数条铁路，本员以为其机关亦应裁去，不然仅裁经费，留此机关，终非铁路之福。

121号（方议员还）：邮传部此刻与我们不同意的地方是二十七万两，他说是铁路上很有关系，是万不能减的，这是他预备明年增加的地步。我们若是不同他划清，就算是预算不成立的现象。

副议长：此刻邮传部特派员不在坐，不便表决。先议农工商部所管预算。

130号（刘议员景烈）：农工商部特派员到了没有？

副议长：农工商部特派员有人到会，现在就请第四科审查长报告审查农工商部预算之理由。

153号（易议员宗夔）：本员委托齐议员树楷代为报告。

106号（齐议员树楷）：农工商部的事情本应复杂，乃今日很觉简单的。审查农工商部的宗旨，前天已经股员长说过了，审查长也报告了，大概对于人是裁冗员、节靡费，对于事是以扩张实业为宗旨。农工商部原来的数目经常费是八十万有零，临时费是二十六万有零，经常费、临时费共一百零六万有零，审查时候打算裁四十万有零。后因农工商部来文不认，又经第四科审查一次，看他种种情形，可以让出七万银子。农工商部犹不允，还有十万不同意的地方，已经同特派员斟酌一回，今天开股员会，因为审查邮传部的经费很耽搁时间，尚未闭会又开大会了，没有工夫去议决，可是所差的也不很多了，所以到大会报告公决，把核减的款报告了，不减的款子不必报告。农工商部的公费及办公费、杂费是二十八万二千六百八十五两，公费是二十二万九千八百二十六两，其中的公费按股员会定的标准核减，堂官公费是二万六千三百六十四两，经审查后删去三百六十四两；丞参公费是四万九千四百五十五两，审查后删去三万二千二百五十五两，因有丞参上行走，股员会不认这种名目，其费用都裁了去；司员公费一十三万九千五百二十六两，减了六万有余；办公经费一万三千九百六十五两，删去了四千两；杂费九千五百两，删去了三千两；农事试验场原来是三万一千，删了一万六千一百；绣工（料）[科]是一万有零，删了三千；商品陈列所也是一万有零，删了三千；工业学堂原来是九万余，删了五万；商报馆删了三千多；度量权衡局是二十六万，删了十万；各省劝业道津贴三万六千两，全删了。此外有候补司员公费原是二万一千多，都删了；考查商务一万两，也删了；还有抚慰华侨二万两，都删了；欠外利息一万二千两，都删了。图书馆原是一万五千，调查删了五千；丝茶原是三万两，删了一万五千两；还有马皮变价一千七百多，全删了。后来接到农工商部公事，又审查一回，工业学堂、中初两等学堂，怎么用得这么多呢？大家商量删了五万，后来说是工厂用钱很多，农工商部答应减了一万五千两，免减三万五千两。因为扩充实业是当今最要紧的事，抚慰华侨二万两是奏案的，若是删了，对于华侨的感情很不好，所以免删。其外马皮变价及欠外利息，数目都是记账性质，不是预算的性质，若是出款删去，入款内也是要删，所以也没有删去。这是再次审查的大概情形。这个同意的地方已经同意了，其不同意的就是这里头公费有丞参公费，删了三万二千多两，后来说农工商部丞参兼差的没有兼薪，要是删去三万多，恐怕别的差使上还要增加，只答应删一万零八百两，所差的是二万一千多两银子。还有办公经费同杂费，删七千两，他说万不能删；农事试验场原删一万六千两，其删减的理由因临时收入有五万多两，支出也有这样多，以为经常只须一万余两，即可以办，农工商部说不能再减；还有绣工（料）[科]三千，也说不能再减；至候补司员，他说各部司员都有费，农工商部事同一律，也不能删；还有度量权衡局临时费二万二千两，也说不能再删，经股员会审查所差的有限。因为时候很短迫，没有工夫再审查，所以把这个情形报告大会再讨论，到底是怎么办，请大家公决。

110号（于议员邦华）：请问特派员，度量权衡局是什么时候设的？

农工商部特派员（邵福瀛）：七月间已开办，度量权衡要再画一，制造各器为全国所需用，一切款项皆系预备制造成本，至员司薪水为数无多，前会议政务处协商允减十万两者，因各省领器可先缴价，故尚敷勉强周转也。

110号（于议员邦华）：里边用多少人员？

农工商部特派员（邵福瀛）：该局经费之巨，不是用人上关系，实以制造成本为大宗，且度量等器以为各省所要用的，以前不叫各省拿钱，因预算册子上减了十万，这是制造的成本，所以现在叫各省先拿钱来定东西，拿了钱来我们再做。

110号（于议员邦华）：要是叫各省先拿钱，贵部就可以将度量做成给他，应当在预算上少开数目。

农工商部特派员（邵福瀛）：农工商部没有如此办法。

110号（于议员邦华）：如果先拿钱就不用这些钱了。

农工商部特派员（邵福瀛）：所需材料等不能俟各省缴价始购，必宽为预备，譬如商人不能毫无资本，遂可营业也。

110号（于议员邦华）：预算案总得有一个详细册子报告。

农工商部特派员（邵福瀛）：详细表册早经股员会参考矣。

106号（齐议员树楷）：原数是二十八万二千有零。

81号（章议员宗元）：此刻共总核减了是多少？

106号（齐议员树楷）：共核减四十万有零。

81号（章议员宗元）：现在股员会减的是多少数？

106号（齐议员树楷）：股员会减了三十三万有零，还差七万多。

57号（林议员炳章）：原数是多少？

106号（齐议员树楷）：经常、临时共一百零六万多。

81号（章议员宗元）：此刻最要紧的就是股员会议决的数目，把这个数目报告出来，大家可以表决。

106号（齐议员树楷）：是四十万有零。

81号（章议员宗元）：现在减了多少？

106号（齐议员树楷）：现在三十三万有零。

134号（余议员镜清）：对于审查长有质问的话。

106号（齐议员树楷）：百四十万是实业费、工程费、劝业与劝业公所费，这是农工商部的数，股员会拟减三十三万三千九百二十一两三钱。

134号（余议员镜清）：对于第五项候补人员是怎么样？

59号（顾议员栋臣）：是不是初次核减他四十多万，后来他承认二十三万，现在要核减他三十三万？

106号（齐议员树楷）：原来共减四十万三千有零，后来他承认二十三万，还有十万多不同意。

59号（顾议员栋臣）：二十三万承认了，三十三万不同意的，就是这十万多。

73号（汪议员荣宝）：预算股中人可以不必质问。

106号（齐议员树楷）：今天股员会很仓猝，在本股员会没有报告清楚。

117号（雷议员奋）：本员有句报告，先在股员会里头审查邮传部的事情之后，方说到农工商部的事情，适大会已经开会了，所以在大会上报告，请大家讨论。

48号（陈议员懋鼎）：现在报告只能算股员会报告不能算表决，因为先在股员会时候仓猝，所以没有报告清楚。

117号（雷议员奋）：因为股员会没有表决，所以到大会来报告。

106号（齐议员树楷）：原来是怎么个情形？股员会因时间太迫，急须到大会协商，没有表决，不能不在大会上报告。

74号（陆议员宗典）：如果股员会以为可以在大会上报告，请大会上讨论，预算股员会的人就不用讨论了。

81号（章议员宗元）：预算股员在分科会没有讨论，所以方才报告的三十三万，还要问一下子。

73号（汪议员荣宝）：现在纷纷质问的都是股员会的人，这是很奇怪的。

74号（陆议员宗舆）：本员还有几句话质问额外股员，从前到会议政务处协商的时候，对于农工商部这一笔款子，是否协商定了？如已协商过的，就不能在今天再由股员会内诸君更倡异议。

153号（易议员宗夔）：本员有答覆陆议员的话。从前额外股员到会议政务处协商的时候，有两方面，一面是协商裁撤各衙门的事体，一面是协商各部的经费。但是对于经费一层，只能就大处说话，况且协商的时候未必尽能得各部行政大臣之同意的，我们万不能因各部行政大臣之稍有异议就完全改正，所以还是要到大会上再行讨论。如果那一部到底是不能同意，本院亦可以分别具奏的。

73号（汪议员荣宝）：总而言之，预算股员不能又在大会上开股员会。

81号（章议员宗元）：是农工商部没有承认，所以到大会上说。

117号（雷议员奋）：不能说预算股员不能在大会上讨论，而且股员会开会已经讨论过，到大会也有许多要讨论的。就是法典股员到了三读时候，在大会更正字句很多，预算股的人不能在大会上讨论，这个是不能说的。

110号（于议员邦华）：本来预算很重要，而且是分科办事的股员会，虽说是全体表决，然而不赞成的人也可以在大会上研究。大会是大会上的议员，[与]股员会的议员是不能并论的。

106号（齐议员树楷）：今天股员同意的就是三十三万，不同意的是十万有零，农工商部不同意的所差很少，现在大会报告，如果有赞成农工商部所说的也可，有赞成股员会所报告的也可。

117号（雷议员奋）：要声明一句，在股员会要减多少，可以请在大会上表决。要是农工商部不同意，就要该部特派员说明理由。

106号（齐议员树楷）：股员会所减的就是三十三万三千有零。

110号（于议员邦华）：请分两次表决。

农工商部特派员（单镇）：农工商部预算案本已经竭力撙节，前经度支部核减十一万八千余两，此次送交院议，合本署暨各局所学堂共一百十万三千余两，实在无可再减，而贵院核减至四十余万两之多。农工商部大臣顾念时艰，深盼预算案之成立，是以通盘筹画，竭忱让步，再行逐项切实核减至二十三万余两，将未能再减之理由详细声叙，经股员会免减七万余两，特派员又认减二万余两，现在彼此协商之处，即在此八万余两，为数本属无多，应请各位讨论。

130号（刘议员景烈）：究竟农工商部要多少款子才同意？

农工商部特派员与130号辩论甚久，议场骚然。

37号（议员李子爵）：这不是作买卖，当裁去就裁去，不当裁去就不删。国家有什么事情可以不办呢？所以我们也不能糊里糊涂乱减一下子，或者分层办理。现在我们也不能叫农工商部为难。

106号（齐议员树楷）：我们审查一件事，用几个人所办的是什么事？须多少费用，都要详细斟酌。农工商部删去的款，并没有减几成的话。

81号（章议员宗元）：所差七万多，可否请农工商部特派员说明理由？

农工商部特派员（邵福瀛）：此系农事试验场同绣工科所有的数目以及候补司员薪水，都是不能减的。

59号（顾议员栋臣）：候补司员在衙门有什么名目？

农工商部特派员（邵福瀛）：候补司员是今年七月初九日派的，而度支部预算册子是六月二十四日送来的，所以没有列在预算册内。候补司员与各部候补司员充当科员都是一个样子，大概实缺都是科长。

59号（顾议员栋臣）：各部也有候补司员，如陆军部、度支部等，大抵皆须有乌布者给薪，其无乌布者概不给薪水。

农工商部特派员（邵福瀛）：候补司员派有乌布始支公费，数目多寡与股员会所拟标准不相上下，但股员会公费标准乃办预算者核减之标准，今日可不必讨论此事。

59号（顾议员栋臣）：试问候补人员开支薪水者是否都有差使的，

除了有差使的外，还有候补人员开支薪水否？

农工商部特派员（邵福瀛）：这个是不开支的。

74号（陆议员宗典）：报告完了没有？

106号（齐议员树楷）：农工商部本员已经报告完了，还没有表决。

130号（刘议员景烈）：请问农工商部核减多少？

106号（齐议员树楷）：经常岁出共八十万零九千零六十七两，临时岁出共二十六万四千二百五十三两，经常、临时岁出两项共核减三十三万三千三百九十二两，农工商部承认核减二十五万。

81号（章议员宗元）：可否把农工商部承认的二十万多两先付表决？

110号（于议员邦华）：总要按着股员会的意思付表决，不能按照农工商部的意思付表决。不然是教资政院仰承各部院的意思了。

81号（章议员宗元）：各部衙门都是协商过，预算完了送到会议政务处去，各衙门必不至于不答应，也不至为着些（少）[小]数目再有争执。

110号（于议员邦华）：协商并不是计较的意思，是看哪个有可以减的就减。所以当初只四十多万，他承认二十多万，股员会是认三十多万，要说两下一时同意，那是万不能同意的。

86号（喻议员长霖）：今天这个事情照股员会的数目所差无几，此刻请农工商部体（量）[谅]，可以照股员会三十三万付表决。

农工商部特派员（单镇）：不能与喻议员同意。

107号（李议员榘）：股员会与农工商部不同意的，虽不过几万银子，但是我们就表决，他们也还是不同意，不如以后协商好了再行报告。

众呼"赞成"。

115号（许议员鼎霖）：此事在股员会已经协商好了，因开会没有表决，本员以为以后农工商部不能不淬砺进行。若照以前样子，已用公费真正冤枉，大家须注意农工商[部]所办事情是中国救亡的报本，果然能从长进行，我们就不在这几万两上打算，请照齐议员报告表决。

74号（陆议员宗舆）：预算股员会已经同行政衙门协商，如果同意是同意办法，是会同具奏；如果不同意的办法，不过是分别具奏而已。

81号（章议员宗元）：若是另外的具奏，就应当分开了。

110号（于议员邦华）：协商是协商，大概协商的意思恐有不对的地方，并非必要同意。

115号（许议员鼎霖）：股员会已同意，还要大会表决，如果于事实不应减，即如司法审判费就加了七十多万，请议长分两层表决。

众呼"请付表决"。

110号（于议员邦华）：陆议员的意见是总得按农工商部提出的意思付表决，那就是按照他的意思，不是我们的意思了。

153号（易议员宗夔）：还要请议长先把农工商部提出来的意思付表决，如果不同意，再把股员会的报告付表决。

134号（余议员镜清）：农工商部提出之经费，股员中一面主张将该部原减数表决，一面主张将该股核减数表决，据此则尚未经过全体股员会，无疑是应再付审查。

153号（易议员宗夔）：再审查是不能的，因为离闭会时间只有六天了，实在没有工夫再去审查。

129号（汪议员龙光）：股员会未经通过之件，提出大会讨论表决，虽不合法，昨日法部预算已有个先例，不过对于法部是加多七十万两，法部特派员自然是表示同意。兹对于农工商部是主张减少，不能得农工商部特派员同意，觉得勉强表决，恐后来致生异议，反为全部预算之累。本议员意思以为，彼此相差九万余两，在股员会主张核减，亦自有不能［不］核减道理，不比买卖说价，可以任意调和，然本议员却有一说。两面主张未必对于此数便照毫不可移动，既讨论许久，各不相下，本员窃敢为不通之论，为居间之调停，并有先例可以援引。前会通过陆军本部预算，股员会是核减二十九万余两，经大会讨论作二十万两表决。兹于农工商部共核减三十三万余两，亦把零数抹去，作三十万两表决，未审特派员以为何如？

59号（顾议员栋臣）：农工商部这个情形与陆军部情形不同，因陆军部官制更改，我们核减的时候以旧官制为准，而荫大臣则以新官制为准，其新官制既未有详细表册送来，本院无从逐款复加审查，无一定之标准，是以荫大臣约略估计允减一十万，本院亦只能约略承认。至农工商部，情形既属不同，不得援以为例。

153号（易议员宗夔）：顾议员的话本员不赞成，本员还有答覆。顾议员的话所谓没有标准，那是陆军大臣自己说的话，我们议员不能说这个话，请议长把农工商部提议修正预算案付表决就是。

农工商部特派员（邵福瀛）：这个公费是万不能减的，因为这个候补司员已经是减得很多了，一二三（万）［等］司员的薪水都没有了，连办公经费都减到无可再减的地方，如果再减，那是不能承认的。

59号（顾议员栋臣）：候补司员、一二三等科员有多少，每月有多少薪水？

130号（刘议员景烈）：请问特派员。（语未毕）

59号（顾议员栋臣）：他还没有答覆，缓刻再行质问。

农工商部特派员（邵福瀛）：本部一等司员每月五十两，二等三十两，三等没有钱。

153号（易议员宗夔）：细数不必到大会讨论，请付表决就是，若细数到大会讨论，这个时光很可惜了。

73号（汪议员荣宝）：可否再减？

农工商部特派员（邵福瀛）：迭次协商已允减二十五万余两，万难再减。

85号（吴议员廷燮）：农工商部是最要紧的，如果有要办的事情，又要加钱，这个几万不删又算什么，请议长付表决就是了。

74号（陆议员宗舆）：现在股员会没有表决，到大会来报告，可见这个事情要到大会再研究一下，再付表决。

副议长：先就何项表决？

81号（章议员宗元）：农工商部现在没有话讲，总算是农工商部已经默认了，可以即付表决。

副议长：现在无须再行讨论，我们先把农工商部允减的数目付表决，请赞成者起立。

众议员起立赞成。

副议长：少数。

153号（易议员宗夔）：再请议长把股员会核减的数目付表决。

副议长：股员会核减数目是三十三万有零，赞成者请起立。

副议长：多数。

农工商部特派员（单镇）：共认减二十五万余两，如再核减，于各项行政上碍难维持。现（将）[在]各位既照股员会核减之数表决，未得农工商部大臣之同意，特派员未便承认，合先声明。

153号（易议员宗夔）：据农工商部特派员所云，该部不能同意，本院可以分别具奏，因为本院已经多数表决，于预算册上不能再有变动了。

130号（邵议员羲）：农工商部虽不能同意，可是不能因农工商部一部分打破这个预算，况这个款子相差仅八万之数，就是表决亦无妨碍。

某议员：表决之后可以不必再发言。

副议长：表决之后不得再发言。

某议员：农工商部特派员已先发言。

副议长：请齐议员接续报告。

106号（齐议员树楷）：现在接续报告各省劝业道的公费及各省劝业公所经费。外省的事，农工商部是不管的，劝业道的公费曾经股员会定了一个标准，后来就照这个标准办理。各省劝业道的公费原来的数目是二十一万四千五百四十三两，经度支部减去三千有零，后来又经第四科减去了十二万八千七百八十八两，这是劝业道一人所得的钱，每道五千当无他问题。至于各省的劝业公所经费本没有一定标准，后来经股员会定出一个标准来，头等科员是应支多少钱，二等科员应支多少钱，科员数目系一定的，但各省劝业的事体现在很简单，我们核减不得不在用人上头计划，然原来据预算册上劝业公所费用，各省是有多有少，如直隶六万五千一百六十两，四川是五万三千五百六十两，奉天是四万五千九百九十两，这三省是最多的，其余最少的如贵州，只有七千零一十九两，福建亦只有一万有余。从多的、少的一比较，相差有四五万光景。其余别的省分有一万八千的，有一万七千的，有二万一千的，有二万四千的，亦有三万一千的，有三万三千的，参照各省的数目，一省一省不同，相去很远的。大概最多的定为三万余两，如奉天、直隶三万二千两，四川三万六千两，这三省是最多的；最少的如贵州，原来的数目是七千几百两，经度支部核减为五千两，福建原来一万有零，经度支部核减为六千两，这是最少的。大概多者三万，少者不足一万，[这是]各省劝业费的情形。其少者亦未便照加，即仍其原数办理，原来费用的总数是四十七万有零，经度支部核减了二万有奇，后来又经本院股员会核减了十一万九千有零，各省劝业公所是这么的情形。此外的实业局所，将来归并于劝业者没有动，俱仍照度支部核减的数目列出，这是各省劝业公所的大概情形，大家有无讨论？

副议长：有无讨论？

35号（议员曾侯爵）：没有什么讨论，请议长付表决。

副议长：农工商部特派员有无意见？

153号（易议员宗夔）：特派员没有意见，所以没有说话，请付表决就是了。

副议长：各省劝业道、劝业公所及实业局所的经费，这三项核减的数目已经报告过了，现在付表决，请赞成者起立。

众议员起立赞成。

副议长：多数。

106号（齐议员树楷）：关于实业核减的经费已经报告完了，现在接续报告各省的工程费。这一种费是很有限的，关于各省的工程费，大概分为两种：一、河工海塘；一、建筑修缮，而工艺不在其内。所以没有工艺的费用的缘故，暂不提起。工程费是河工最多，如山东、直隶、河南、浙江、四川省的河工经费可分别说一说。山东共六十九万有奇，曾经度支部核减过一次，减了一万多银子，就剩下六十七万有奇。本股员会想，关于河工一项，素称冒滥，总可多减。不料多减了之后，一查山东的册子，见其中有原开数、修正数，可以减的，本省都已减去了，可以删的，本省已都删了，后来虽极想多减，可是没有可减的地方，所以惟将河工研究所的经费共六千多银子全行裁去，山东河工核减的经费大概如此。直隶河工经费审查的稍有错处，但这错处不是本科之错，前天第一科报告行政经费总数之时，已经报告过了。就这个行政总费，教育、实业、行政费不在第一科行政总费之内，本科审查之时亦以为如此，后来一看关系工程的河工衙门，行政总费内已经核减一次，本科又减了一次，这重覆核减之处，将来必要改动，所以直隶河工费核减的数，将来必要差四五万了。至于河南的河工费，原来数目是五十三万八千五百二十七两，曾经度支部减过一次，减了六万有奇，本股员会此次审查又减了七万，现在剩下三十九万有零。至于浙江海塘的工程是一笔大款，共三十五万八千一百有奇，原来打算详细核减，后来一看册子，这个海塘曾经浙江巡抚增韫整顿，已有奏案的，本股员会细细一查，实在没有可减的地方，是以亦没有核减。此外河工都不甚多，可以不必详细报告，这是河工的经费。另外还有建筑一门，所谓建筑者，本股审查如修衙门、修庙、修城等费用，本股是一概裁去，其余如修学堂，修监狱等多没有裁。统共所减的数目，连河工计算，经常、临时［共］四十万四千有零，因直隶河工衙门重减之故，将来修正当差四五万金上下。

153号（易议员宗夔）：农工商部有无意见？若无意见，就请议长付表决。

某议员：请议长付表决。

副议长：如无讨论，就付表决。

副议长：工程费内河工、建筑两项，股员会报告共是核减四十万有奇，大家赞成请起立。

众议员起立赞成。

副议长：多数。

73号（汪议员荣宝）：本议员有个倡议，现在农工商部特派员出场，想对于预算凡关于农工商部的数目，就是通通必无异议，就可以拿农工商部预算归到一起表决为是。

副议长：关于农工商部行政费预算已议毕，现在议邮传部所管预算，请第四科审查长报告。

153号（易议员宗夔）：现在农工商部报告既完，应报告邮传部。方才刘议员有个倡议，还没有结局，请刘议员再倡议，问邮传部特派员有意见没有？

130号（刘议员景烈）：本议员倡议是裁撤铁路总局，而邮传部特派员以为铁路总局专为外国人交涉而设，然交涉事情有外务部担其责任，不过小事情可以到邮传部来交涉，且说有路政司又有铁路局，则路政司如同虚设，路政司不能理事，而另外设铁路局不知有什么理由，请邮传部特派员答覆。

邮传部特派员（龙建章）：铁路局与邮传部不同，邮传部是行政机关，铁路局是行政机关中之执行机关，有一种营业之性质。当初袁宫保与外人借款，所以才设铁路局，与外人交涉。及到光绪三十三年，设立邮传部之外，铁路局也没有裁撤，一则可以与外国人办交涉，二则可以时时整理路事。诸位不可不知道。

130号（刘议员景烈）：行政机关与执行机关有什么分别？

153号（易议员宗夔）：本员有个倡议，照《议事细则》第八十九条，有议员提起倡议，须有三十人以上赞成方成为议题。方才刘议员提起倡议，须有三十人以上赞成方可成为议题，这并不是耽搁时候，因成为议题尚须讨论。

副议长：赞成刘议员倡议者请起立。

众议员起立赞成。

秘书官点人数。

副议长：得三十人以上之赞成。

134号（余议员镜清）：既成为议题，应该讨论。

副议长：既成为议题，即付讨论。

130号（刘议员景烈）：通是一个事情设两个机关，分明是靡费的，就应当将铁路局裁撤，归并路政司，万无两个机关并立的道理。

121号（方议员还）：刘议员所说，于事实上没有什么关系，且既为邮传部管的铁路，就是全国铁路了，凡督办、会办等二名目，很多大概都不办什么事，这个铁路局到底有半点事没有？

130号（刘议员景烈）：通办一事，万不能设两个机关。

94号（王议员佐良）：刘议员倡议，有人反对没有？若无人反对，就请议长付表决。

75号（长议员福）：这个倡议既成为议题，还得再付审查。

153号（易议员宗夔）：若再付审查，本员不甚赞成。因预算册子已经弄好，若再提出审查，又要耽搁几天，是很不对的，就请议长宣付表决。

129号（汪议员龙光）：这个铁路局万无设立的道理，谓与外人交涉须设此局，然与外人有交涉者不仅铁路，并不仅贵部，使部部皆如此办理，则外务部可以不设。谓是于行政之中带有营业性质，故不得不设此局，然贵部航、电、邮、路四政皆是营业性质，何以航、电、邮三项事件可以归司办理，路事独不可归司办理？朝廷原为四政重要，故设专部分司办理，若贵特派员视专部分司办事仍是不行，而必设局，则直可将贵部裁撤，仍并入商部，然后再议设局，方说得过去。

153号（易议员宗夔）：各位主张裁撤经费，不必对于机关说话，我们议员就是不承认经费，别的可以不必说，就请议长付表决。

副议长：现议裁撤铁路局经费，请赞成者起立。

众议员起立赞成。

副议长：多数。

153号（易议员宗夔）：现在本员所报告的邮传部丞参行走、司官及录事等员额并铁路图书局、官报局共银五十一万三千四百九十九两，本科核减的共二十万零〔零〕一百七十九两，将铁路局除开，其余请议长付表决。

121号（方议员还）：图书局是要裁的。

153号（易议员宗夔）：本员对于方议员有一个意见，当时审查的时候是图书局、官报处、交通传习所三个机关并在一起的，这时若分开裁减，是很繁难的。

121号（方议员还）：图书局是一定要裁的。

153号（易议员宗夔）：本员以为可以不裁的。

121号（方议员还）：既有交通传习所，就可以研究，何必再设一个图书局呢？

153号（易议员宗夔）：交通传习所是一个学堂。

121号（方议员还）：就是学堂〔也〕，何必另外再设一个图书局呢？

81号（章议员宗元）：可以请特派员说明经费数目，我们好知道究竟应裁不应裁。

邮传部特派员（龙建章）：这个表没有带来，无从报告。

137号（邵议员义）：这个官报局可以裁去的，理由因内容所载并无甚要事，邮传部办此报不过欲位置几个人起见，每年只出十本，于交通亦无影响。

153号（易议员宗夔）：邮传部特派员说这个官报里头有电报、轮船、铁路等等事情，是很重要的。

137号（邵议员义）：如有事情欲发表者，可登载于《政治官报》，这个邮传部的官报应该裁去，且各种机关如欲发表政治，亦当统一方好。

153号（易议员宗夔）：所以本科审查核减一万一千多两。

邮传部特派员（龙建章）：因为实业交通都很重要的，所以有这种官报。无论何国，凡实业、交通事业皆有报告。

137号（邵议员义）：官报这一层总可以裁去。

153号（易议员宗夔）：本科审查的时候是三个机关并在一起的，没有分开，共是五万八千五百两，本科核减是一万一千七百两。

94号（王议员佐良）：请特派员说明图书局不能裁之理由。

邮传部特派员（龙建章）：这个图书局所有的书都为开通民智起见，本部故不惜译费，召集英、法、德文学生编译各国书籍，以供众览。此项书籍坊间无利可图，不肯刊售，故各国凡教育、实业、交通等图籍，皆由政府专办，或为非卖品，或贱价而沽。此项办法，想贵议员早已洞见。

94号（王议员佐良）：译学馆本是译书的地方，贵部何必又要图书局？有当译的书，何妨交译学馆议。

130号（刘议员景烈）：总宜删去为是。（拍手）

众议员呼"赞成"。

137号（邵议员羲）：官报也是要裁的，请议长付表决。

149号（罗议员杰）：本员以为图书局不可裁，若裁此局，部中译才终无所用，惟《交通官报》可以送政治官报局登载，节省印费。

81号（章议员宗元）：这个官报本来是可以裁的，但是现在各衙门皆有报，学部有《学报》，农工商部有《商报》，若要裁去，似应一律裁去，若单裁邮传部官报，未免两歧。

153号（易议员宗夔）：本院可以作一个建议案，把各衙门的报一律裁去。

149号（罗议员杰）：这个无建议案之价值。

153号（易议员宗夔）：究竟是裁官报还是裁图书局，还是一并裁去？

邮传部特派员（龙建章）：若是《学报》《商报》一律全裁，我们也可以承认。又方议员还称图书局之书可拨归各司编译，本委员答云，若将各书拨归各司编译，则学生亦必随同拨去，此乃朝三暮四，而各司且须增许多官。

137号（邵议员羲）：《政治官报》关于交通等事本应登载，现在《政治官报》所载均无关重要，不过几件照例公事而已。

153号（易议员宗夔）：本员有个意见，大家意见相同，即可赶快表决。万不可因此一点小事，又讨论一点钟的工夫，如果像这样讨论，即是再展会十天，也恐不能报告完毕。

73号（汪议员荣宝）：请议长即付表决。

153号（易议员宗夔）：请问特派员，官报经费是多少？

59号（顾议员栋臣）：图书局是应该裁撤，另立一个图书局，又多一种的开支。

74号（陆议员宗舆）：预算是统计全国经费，凡开支款项，我们只问核减不应核减，机关是行政衙门问题，何必对他机关上讨论？

81号（章议员宗元）：赞成，请议长付表决。

153号（易议员宗夔）：图书局、交通研究所、官报局三处总数共五万八千五百两，我们核减他一万一千七百两，各位倡议的都不说到某处减若干，还是于总数该减若干，还是怎么办呢？

116号（孟议员昭常）：审查之时见过这个数目，是分开的不是？

153号（易议员宗夔）：也曾问过特派员何以没有分开，至今他也未曾回答。

59号（顾议员栋臣）：三种机关，邮传部均有确实数目否？

153号（易议员宗夔）：详细数目，邮传部也没有抄出来。

81号（章议员宗元）：这个事情不要紧，一定要裁。我们就把这个图书局经费裁去就完了，明天请邮传部特派员查一查送过来，我们可以再算。

邮传部特派员（龙建章）：若抄细数却可以做得到，但是核减数目不能同意。

153号（易议员宗夔）：特派员这句话错了。不能同意不能裁，又是一个问题，请将图书局、交通研究所、官报局各项分开详细数目为是。

115号（许议员鼎霖）：还要解释一句，官报送交政治官报局，也要印刷花钱，图书馆翻译书籍也要花排印的费，如果省钱无多，可以不必裁了。

137号（邵议员羲）：政治官报局本有印刷局，邮传部只须将应发表文件送去发表。

59号（顾议员栋臣）：图书局还是以裁撤为是。

137号（邵议员羲）：图书局应该裁的，官报局经费也应该裁的。

117号（雷议员奋）：裁图书局经费与裁官报局经费是两个问题，应付两次表决。

130号（刘议员景烈）：先请议长将裁官报局的经费付表决。

副议长：邮传部官报局经费裁去，众议员以为可者请起立。

众议员起立赞成。

副议长：五十二位，是少数。

140号（康议员咏）：请议长查一查在场人数。

132号（文议员龢）：人数恐不到三分之二。

副议长：由秘书官查点人数。

秘书官曾彝进查点在场人数，共九十九人。

副议长：人数不及三分之二，方才的表决无效，现在散会。

下午七点钟散会。

注释

① 具说帖议员黎尚雯等谨提出为质问陆军部事

"查《议事细则》第一百七条，议员依《院章》第二十条欲行质问者，应具说帖，得三十〔人〕以上之赞成，由议长咨询本院决定之"等语，兹对陆军部应行质问之件如下：

一、统筹大局。注重国防，编练新军，自当裁撤防营、绿营，以收军政画一之效。惟新军尚未练好，又未有警察以负保卫地方之责，应如何统筹靖内乱、御外侮之方法以保治安？

二、经费之指定。查现在预算案，军事经费项下实归筹办新军用者，不过三分之一，将来军制画一，旗防、绿营渐次裁撤，建设、裁撤用款甚繁，且对于兴学制造诸要政，所费不赀，应如何指定的款，以储军实？

三、扩充陆军之案。近年定国防计划有编三十六镇之议，本员对于此事有如下之质问：（一）国民教育不足；（二）征兵未能实行；（三）将校学识经验不足；（四）枪炮器械不能自制，或能自制而不敷用；（五）交通不便；（六）财用缺乏；（七）军制不画一，且统一机关不确定；（八）列强之相迫太急。以此八因推之，则三十六镇之成立，不但不足供国防之用，而财政困难之结果，饷缺则兵变，赋税重则民变，均意中事。本员之意见，应请暂缓三十六镇之成立，但就目下已成之军，实力整顿，为教练将才及兵士之用，以其余力整顿附属军事诸机关制造、测绘、马政、被服、粮秣等事。俟人才既出，财源渐裕，民智渐开，然后斟酌国防所需，逐次添设，不宜限定三十六镇。

以上质问说帖经规定赞成议员会同署名，应请议长咨询本院决定，照章咨请陆军部酌定日期以文书或口说答覆，须至说帖者。（《资政院知会、折奏、章程、说帖、质问、陈请等案件》第八册《资政院第四类议员具说帖质问各案件其二》，"议员黎

尚雯具说帖质问陆军部关于裁撤防营绿营事"，宣统二年铅印本）
② **具说帖议员梁守典等谨提出为质问陆军部事**
　　"查《资政院议事细则》第一百七条，议员依《院章》第二十条欲行质问者，应具说帖，得三十人以上之赞成，由议长咨询本院决定之"等语，窃维时事方棘，练军吃紧，陆军部为军务行政之总机关，于各省练军事宜，自应认真督察。陕西新军自王道毓江督办后，植私侵饷，百弊丛生。今岁六月，经陕绅陈同熙等陈请陆军部查究整顿，迄今半年之久，未见举动，岂以陕西军事无关紧要欤？抑以外省事件未易查悉欤？陆军部统筹全国军务，似不应延缓推卸。本议员窃有所疑，为此遵［章］具说帖，得三十人以上之赞成，会同署名，谨呈议长咨询本院。如经决定，即祈照章咨请陆军部酌定日期以文书或口说答覆，须至说帖者。（《资政院知会、折奏、章程、说帖、质问、陈请等案件》第七册《资政院第四类议员具说帖质问各案件其一》，"议员梁守典具说帖质问陆军部关于练军喫紧事"，宣统二年铅印本）
③ 参照上下文，疑该三省数据有误。无从悬揣，存疑。

资政院第一次常年会第三十六号议场速记录

【标题】预算案全部通过

【关键词】预算案　陆军部　外务部　邮传部　收支平衡

【内容提示】大会继续审议预算案。主要内容包括陆军部、外务部、邮传部所管预算事件等。因陆军部所管预算事件系属秘密，其速记内容归于《秘密会议速记录》，本速记录缺略。其中核减得最多，在议场上辩论最激烈的还是审查邮传部所管预算。至此，预算案全部得以在资政院通过，计共核减经费总数将近四五千万，原来亏空的不过五千多万，大致可望宣统三年收支平衡。

宣统二年十二月初五日下午一点钟开议。

议事日表第三十四号：

　　第一，试办宣统三年岁入岁出总预算案。

副议长：今天议员到会者一百三十四人。

99号（陈议员瀛洲）：按《资政院章程》是下午一点钟开会，逐日以来，竟至二三点钟才开会，现在距闭会期限甚迫，请议长知会各议员，逢开会之日须于十二点钟以前来院才好。

副议长：今天因预算股协商事件甚多，所以开会稍迟。

副议长：现在有孟议员昭常质问法部关于大理院权限说帖一件，未及刷印分送，现由秘书官朗读一遍。

秘书官（张祖廉）承命朗读孟议员昭常质问法部说帖。

副议长：说帖已经朗读，请赞成者起立。

众议员起立赞成。

副议长：多数。

149号（罗议员杰）：本员质问邮传部说帖及法部说帖，至今均未答覆，现在将近闭会，请议长催其从速答覆。

副议长：可以备文催促。

149号（罗议员杰）：现在有三个陈请书：一个是南洋华侨陈请设立领事，一个是陈请速定《议院法》及《选举法》，一个是中国公学的陈请书，请议长赶紧交付审查。

副议长：可以从速交付审查。

180号（刘议员纬）：本员质问民政部说帖到现在还没有答覆，请议长催一催。

168号（李议员素）：申明资政院立法范围案，从前业已指定起草员，现在报告书已经成否？

副议长：尚未拟成。

副议长：现在开议预算案，请第二科审查长王议员璟芳报告，第一先议陆军部所管预算事件。

67号（王议员璟芳）登台报告审查新军经费预算案。

112号（陈议员树楷）：本员提议，陆军经费事关秘密，请议长禁止旁听。

副议长：陈议员提议有人赞成否？

呼赞成者十余人。

副议长：已有议员十人以上赞成，应作为议题咨询本院是否多数赞成，请赞成者起立。

众起立赞成。

副议长：多数，现在开秘密会议，请旁听人退出议场。

旁听人悉退出。

附记：秘密会议速记录从略。

副议长：现在陆军经费已议毕，无庸开秘密会议，应由秘书官知照旁听人随意入场旁听，现在议外务部所管预算案事件，请审查长说明审查情形。

67号（王议员璟芳）：外务部预算，本员请潘议员鸿鼎代为报告。

120号（潘议员鸿鼎）：外务部的经费总数是二百九十万零，看他的数目是很大的，而细看他的用款，很有不可减的地方。比如出使的经费、领事衙门的经费、商约大臣经费、留美学生一切用费等，均未便轻易议减。本科审查核减银十九万零，其所以减之理由，均详各本项下。乃原册未提出大会，外务部来了公事，大都不允照减，我们一定要将原册重复审查的。此复查之结果，对于该部允减之一万有零，及来文未经提及之款项，自无庸议。至不允减之款项，本科有酌量让步者，有不能不仍持前说者，此刻可以报告了。原来外务部本衙门的经费共是三十余万，本股员会核减了四万有零，是照额外股员会所定的公费标准办理。本来股员会照此核减之后，大家没有什么异议，而外务部来文以为外务部的人员与别部不同，不能比照各部的，因外务部与别种衙门是两个性质，光绪二十七年曾奉过上谕，外务部人员应当格外优待，可是这句话上谕固是有的，然我们此刻既定了公费的标准，不能只为外务部一部而有两样办理的地方，外务部说这句话，独外务部人员要优待，难道外务部为国家办事，而别的衙门不为国家办事么？且请外务部人员想一想，看近来所办的外交办得好不好？（拍手）何以义务不能尽，而权利独要优？若说因有上谕之后所以要照此办理，并非我们薪水独优，然我们以为，现在值此财政困难之时，虽上谕上曾有这句话，而我们预算股里亦自有核减经费之权，所以这里头仍照原册减数，不加修正。至于办公经费，多少无一定，现在我们所减的数目甚少，岂有这区区四千两之数还不能同意么？余如游美学务处的经常费，〔来〕共五十三万有零，临时费十万有零，本科总减去十万有零，那边来文说一点儿不能减，可是我们减的十万银子，系从公费、薪水等着想，决不叫他于留美学生的用资、学费上更动。美国退还赔款原有一定的用途，然若于办理留美学务之机关上有所靡费，在美国人亦未必以为然。所以该部动辄借口美约，本审查员不能承认，惟既据声称事关学务，姑于经常费中改正〔为〕减银三万两，临时费中改正为减银二万两，统共外务部名下减十四万有零。本议员还有一句话，临时费中有美国退还赔款利息提拨本部用款一项，看他名目似一种入款，其实乃是出款。惟如何用法，实在的名目他没有说出来。虽名目的关系，我们原可不去管他，然照办预算的性质，什么用款名目是应该说明的。这个款子是六万两，度支部来的册子上以为只有三万六千，不该有六万，我们已把所余的二万四千两减去，惟究竟何以两边不符，亦甚模糊也。

67号（王议员璟芳）：对于潘议员报告要声明一句，外务部原核减系十九万银子。报告书上也是这个数目，嗣据外务部送来修正册子，审查结果于是又少减五万银子，报告书上并不是错的。

外务部特派员（饶宝书）：外务部的预算，前在政务处协商时候只说到余存金一项，没有说到核减的数目，以后在股员会总未得有机会说明理由，今天本员不能不详细一说。我们外务部办宣统三年预算是量入为出宗旨，岁出各款皆减而又减，并无浮开。然有关于外交事件者款项，实在是不能减，并不是不肯核减。又如留美学务处经费，本是人家退还赔款〔子〕，曾经彼此说明，不能移作别用，即使核减该款，亦不能通移，将来还是要用在学务上。

81号（章议员宗元）：本员可以声明一句，外务部说话都是从前老话，现在预算里头的岁入是国家通盘的岁入，不能说度支部有度支部岁入，外务部有外务部岁入。（拍手）

外务部特派员（饶宝书）：外务部预算都是核实规定的，据预算股审查报告，以外务部与别的部性质不同，未便过为责备，只核减十九万余两，后来外务部再送来节略，经股员会少减五万两，这亦算是很通融的。然外务部廉俸不应与别的部一样，在各国皆系特别从优，即如日本外务省廉俸之外，有所谓在勤金、恩赏金，都比别的部从优，况且光绪二十七年初设外务部时，奉有先朝谕旨，堂司各官优给俸糈，并不是我们外务部自己定出廉俸独优。

81号（章议员宗元）：可以不必多说了。

外务部特派员（饶宝书）：股员会所定的标准，这是普通的标准。

语未毕，声浪错杂，有请休息者，有请表决者。

67号（王议员璟芳）：前天外务部特派员说外务部与别的衙门不同，公费、出使经费没有减，游美经费也减得很少。本科自与外务部协商后，外务部送来说帖，所异议之处就是公费与游美学务处。据外务部意思，外务部是奉先朝谕旨，公费特别从优，一切经费不能照股员会定的标准核减。本员以为，朝廷对于各衙门应该一视同仁，无所轻重，就是股员会审查，也应当一律核减，不宜有所厚薄。（拍手）新官俸不久就要颁行，颁行后，朝廷对于外务部如果特别从优，则外务部公费就应当从优。现在新官俸虽未颁，而吃亏者不过几个月的光景，何必如此争论呢？

151号（黎议员尚雯）：外务部特派员这个争辩，若用办外交的是好手，不必在这个地方使用。现在民穷财困，国用不足，普天率土，均应毁家纾难，如特派员之斤斤于公费争论，真是无心肝无意识！试问外交如此失败，清夜自思，如此尸位窃禄，能无愧颜？

86号（喻议员长霖）：外务部经费减得很少，无须讨论，请议长付表决就是。

外务部特派员（饶宝书）：外务部的岁出虽说是二百九十余万，这一笔游美学务处款子六十余万，不过是附属于外务部，并不是外交的用款，且尚有出使经费一百七十余万在内。就是与各衙门比较起来，民政部一百八十几万，学部二百二十余万，度支部三百七十余万。

语未毕，众议员请议长付表决。

67号（王议员璟芳）：股员会先拟裁十九万，现在只减十四万，其所减的地方只是留美学务处一项与公费，请特派员不必再讨论了。

115号（许议员鼎霖）：请外务部特派员注意，方才王议员说得很清楚，将来官制官俸定了，贵部的经费或多增或更减，均不可知。请特派员注意此时不须再辩。

众呼"议长付表决"。

副议长：讨论终局，现付表决。

外务部特派员（饶宝书）：表决虽表决，可是本部决不承认。

副议长：现在表决外务部本衙门经费减去十四万，众位议员如以报告书为可者请起立。

众议员起立赞成。

副议长：多数。

67号（王议员璟芳）：本员还要声明一句，现在已经表决，所表决的原是从前得外务部同意的，望特派员回去时要把资政院的意思认明，若误认宗旨，破坏预算，于全国很有关系。

副议长：还有一件各省交涉费。

67号（王议员璟芳）：请吴议员士鉴代为报告。

79号（吴议员士鉴）：请在本位简单报告。

众议员谓人数不足，请议长宣告休息。

副议长：现在休息一点钟，休息后请诸位速到议场。

秘书长：还有一句话报告，各位议员休息一点钟后，议长请诸位务必到场，还有邮传部预算未曾报告。

下午七点十五分钟议事中止。

下午八点十五分钟续行开议。

副议长：现在接续开议外务部所管各省交涉费，请审查长报告。

79号（吴议员士鉴）：现在续行报告第二科各省交涉使经费，很简单的。从前各省系设洋务局或交涉局或交涉公所，自奉天、吉林两省设交涉使，随后云南、浙江两省也设交涉使，今年直隶、江苏、福建、广东、湖北五省亦各简放有人，此五省预算册子都是照从前《洋务局章程》，尚未照交涉使经费开支，所以审查起来分四种办法：一、凡宣统二年以前已经设交涉使者，照股员会京外各衙门公费标准一律改定，只有云南交涉使经费是六千两，与标准相符，浙江则嫌太多，亦已核减，奉天、吉林交涉公费与各种科员的经费并在一起，不能分开，所以没有核减，须令本省自己照减。二、凡已有交涉使省分，则洋务分局一律归并。直隶交涉使在天津，则保定分局可裁；浙江省城已有交涉使，则温州洋务局可裁；福建省城有交涉使，则凡厦门、马尾、南台分局皆可全裁，其公费并入交涉使本署。三、交涉使是办外交的事宜，所有种种名目都应该在外交上用的，但是各省办法不同，云南交涉使公费之外，还有三万之赔款算在里面，此项赔款到宣统三年已经赔完，所以删去。还有两江总督衙门亦有交涉费，系游学之费，此是关于学务之款子，不在交涉范围之内。又有驻欧调查员费，类乎乾修，可以裁去。四、奉天交涉费是二十五万两零，审查之时，因奉天交涉情形比各省不同，且事务太繁，不能说他用钱太多，所以未减，不过临时费内有机密费三万多两，此时交涉似不必用如许之机密费，部中原册亦已核减，所以将此款全删。吉林交涉费亦因其交涉太繁，尚有铁路巡警费经费，均交涉使所管，不能删减，惟秘密费一万六千两，亦照奉天裁了。安徽原册声明在两江兼辖之内，如江苏设交涉使，安徽即应裁交涉费。现江苏已有交涉使，则安徽交涉［费］自应裁去。此外山西、河南、江西等省，都不过三、四、五千两，湖南并没有交涉费，是以一概不能裁减。湖北仅有四千二百两，将来规定交涉使公费，恐还不止此数。还有乌里雅苏台、科布多、库伦、塔尔巴哈台都是一二千两，或数百两，系与俄人的交涉，为数不多，自乾隆以后相沿至今，不能裁减。惟察哈尔都统临时（涉交）［交涉］费是四千二百余两，可以裁去。总共裁去二十万六千一百六十四两一钱八分五厘，这是股员会通过的。后来编总表的时候，本员不在场，有位议员将直隶所裁临时费二万有余另行提出，故报告书作二十三万余两，今当仍以二十万六千有余为准。请议长咨询外务部有无意见。

副议长： 现在有无讨论？

众无讨论。

副议长： 特派员有无意见？

外务部特派员（饶宝书）： 各省交涉费向来不归外务部管，亦不报外务部，外务部对于此项核减并无意见。惟昨日奉天特派员有一个说帖送到外务部，系说奉天省交涉费有不能核减的情形。

79号（吴议员士鉴）： 奉天经常费并没有裁什么，不过只裁了一项临时机密费，俟将来他的说帖递过来，我们再看一看。

外务部特派员（饶宝书）： 他这个说帖，外务部即当用公文送过来。

副议长： 如无讨论，即付表决。

副议长：各省交涉费减去二十万零六千一百四十八两五钱，众议员以报告书为可者请起立。

众议员起立赞成。

副议长：多数。邮传部所管预算事件尚有未经议决者，现在接续会议，请第四科审查长易议员宗夔说明审查情形。

153号（易议员宗夔）：昨天邮传部特派员没有到，表决的时候人数不够，今天请各位讨论，再来报告。这个铁路总局已经表决过了，但人数似不够，请问议长还报告不报告？

130号（刘议员景烈）：已经表决过了，不能再表决。

153号（易议员宗夔）：可以讨论铁路局。

副议长：铁路局昨天已经表决了，现在就是官报处、通译局经费，因昨天人数不够，故今天再行讨论。

94号（王议员佐良）：请议长付表决。

115号（许议员鼎霖）：请问特派员昨日回去查明三个机关，实在用款多少？

94号（王议员佐良）：请特派员说明铁路局、官报局、通译局三项经费共若干两？

149号（罗议员杰）：现在是没有《特别会计法》的缘故，等着有了《特别会计法》就有所遵守了。

81号（章议员宗元）：赞成罗议员这个话。邮传部所有四司的人，大都是腐败的，没有几个懂法律的。后来有几个懂法律的人，都在交通研究所，要是把这个机关裁去，就是把邮传部懂法律的人都裁去了。

149号（罗议员杰）：现在中国没有《铁道会计法》，这是法律上不完备的问题。（语未毕）

86号（喻议员长霖）：请问特派员，三项共用多少银子？

邮传部特派员（梁士诒）：共五万六千六百两。

81号（章议员宗元）：请问第四科审查长究竟减了多少？

153号（易议员宗夔）：共减了一万一千七百两，留了四万六千八百两。

149号（罗议员杰）：看各位的意思怎么样呢？

副议长：众议员有无讨论？

108号（刘议员春霖）：昨天所以没有表决者，因为人数不够。今天人数够了，必定还有没听见的，请审查长把昨天讨论的再说一遍方好表决。

153号（易议员宗夔）：昨天有两位议员倡议，一位说通译局可以不裁，一位说官报馆可以裁。特派员不承认这句话，后来特派员到了股员会陈说，这个地方是编译法律著作的地方，不裁是很好。股员会的人也都赞成这个话，如果有不赞成者，可以表决一下。

115号（许议员鼎霖）：本员于邮传部之官报局用款已问明特派员，每年不过三千多两。昨日我们核减的意思，要归政治官报兼办，还要花印刷的钱，似不如仍旧。若图书通译局与交通研究所是安置留学生回国翻译交通书籍的，关系极重，似不能裁。如没有讨论，就可以付表决。

153号（易议员宗夔）：先将铁路局表决，表决之后再报告别的。

137号（邵议员羲）：昨天已经表决过了，不能以一人倡议取消。

副议长：邮传部交通研究所、图书局、官报局三处共减一万一千七百两，留下的是四万六千八百两。（语未毕）

137号（邵议员羲）：昨天既说可以分开核减，怎么今天又不能分开呢？

153号（易议员宗夔）：交通研究所是尽义务的，所以不能分开者就在这个地方。

137号（邵议员羲）：交通研究所也可以支薪水，怎么说是尽义务呢？

副议长：仍以付表决为是，众议员以报告书为然者请起立。

众议员起立赞成。

副议长：站起来不要再坐下。

秘书官计起立者共八十二位。

副议长：多数。

副议长：请审查长接续报告审查邮传部本部经费情形。

153号（易议员宗夔）：这个昨天已经报告的，还有第一项、第二项，除铁路局、图书局等处之外，还有大堂公费二万一千六百六十两，丞参是二万七千七百两，司员公费是九万五千九百八十两，录事是六万二千三百四十两，统计是二十余万两，是除掉铁路局、图书局、官报局、通译局等项，看各位是一起讨论还是逐条讨论？

94号（王议员佐良）：丞参上行走各员有薪水没有？

153号（易议员宗夔）：行走的没有薪水。

73号（汪议员荣宝）：这个没有什么讨论。

153号（易议员宗夔）：没有讨论就可以付表决。

副议长：特派员有无异议？

153号（易议员宗夔）：才报告的，邮传部没有听见？这是邮传部来文都是照办的，铁路总局经费昨天表决全裁，贵特派员没有到，这些都是邮传部同意的。

邮传部特派员（梁士诒）：照股员会上核减的数目，本部却是不能同意。

153号（易议员宗夔）：特派员没有讨论的机会，昨天表决的时候而贵特派员没有来。

130号（刘议员景烈）：昨天股员会讨论的时候，特派员在场内，何以今天不能同意？

153号（易议员宗夔）：已经表决，还是同股员会一个样子。

邮传部特派员（陈毅）：本部对于股员会不能同意的缘故，昨天在股员会已经说过。

153号（易议员宗夔）：贵特派员所说还是铁路总局，还是哪一项？

邮传部特派员（陈毅）：就是说铁路总局。

153号（易议员宗夔）：铁路局已表决了，特派员究竟是怎么办法？

邮传部特派员（陈毅）：审查结果究竟是怎么办法？

众请特派员高声，在场人都听不清楚。

67号（王议员璟芳）：才讨论的是核减的数目。

153号（易议员宗夔）：今天就是大堂公费、司员丞参公费、并录事及图书官报局、通译局、交通传习所经费，这些都是邮传部来文给股员会同意的，文书还在这里。

邮传部特派员（陈毅）：前次来文。（语未终）

153号（易议员宗夔）：这个邮传部来文，我们都是照办的。

94号（王议员佐良）：请议长付表决。

62号（刘议员泽熙）：邮传部初三日来文，称"此次预算难以作准"等语，都是一篇空议论，今天股员会金以为无讨论的价值。

153号（易议员宗夔）：我们现在所讨论的，将来可以出奏。因为邮传部所管铁路、电线等，都是营业的性质，惟邮传部将来定这个《特别会计法》，要求各项到明年预算之时再议，此刻可以没有什么争议了。因为《特别会计法》没有定，若又有变动预算里的数目，必定牵动全体。况前天到会议政务处磋商，那个时候各部大臣都到了，独邮传部没有到，现在各部所定的公费都是照股员会所定的标准，今邮传部不能专来斤斤争论这个公费。前天邮传部来文说各路的用费是万不能减的，特派员在股员会之时亦曾说明这个大意。现在我们所减的，对于各路的修路、购料各款一点儿没有减，而我们所核减的不过在薪水里稍有更动，所以现在（胜）〔剩〕下来还有二百多万。若照这个数目还不够用，还要追加，不如将来归入《特别会计法》，因为铁路一项是有营业的性质，作为《特别会计法》，将来可以无异议的。

副议长：核减邮传部经费有无讨论？若无讨论，请赞成报告书者起立。

众议员起立赞成。

副议长：多数。

153号（易议员宗夔）：交通传习所的经费原来是八万七千一百两，现在我们核减了一万七千四百二十两，这是邮传部来文已经同意了，各位想必没有什么讨论，可以请议长付表决。

副议长：核减交通传习所经费报告书，以为可者请起立。

众议员多数起立赞成。

副议长：多数。

153号（易议员宗夔）：第七款是京奉铁路的经费，这种经费本股员会减的时候是分为三门减的，这里头的公费甚至八百两一个月都有的，因为所开的公费太大，所以从这里头减去了二十万有零。至于京奉铁路的巡警，因路线短得多，所以减去了一万四千九百二十两。第四款是各款的杂费，只纸笔一项用到六万多两，这一项费用随便用，亦用不了六万多两，所以减了五万多。

190号（吴议员赐龄）：这个纸笔共减了多少？

153号（易议员宗夔）：减了五万几。

190号（吴议员赐龄）：减得太少了。

153号（易议员宗夔）：在吴议员嫌减得少，而那边又嫌减得多，所以这个事体实在难办。

153号（易议员宗夔）：接续报告。这个里头又有所谓免票费，是钦差、督抚、将军到外边去调查什么事体用的东西。各国惟议员有免票费，现在我们议员亦不愿用这个免票，何况督抚、将军呢？所以这八万多银子通通裁去。以上三项共裁了三十九万五千九百三十六两。后来邮传部虽来了文书，欲请增加，然文书内说的话都是空空洞洞的，且我们股员会的意见，在审查的时候非但不能减，而以为第一项所减得太少。前天开股员会之时，特派员亦到会，彼此讨论，我们股员会意见以为，总办、会办、文案等公费都还有可减的，而二十两、三十两等公费，因为数目不大，可以不减。前天与特派员磋商，所差不多，亦可同意，而当时特派员所声明的亦公费之中为数小的，请我们万不可减，我们亦可同意。至于对于路政上邮传部请增的数目，今天股员会里头王议员有个倡议，说铁路是营业的性质，将来可以编入特别会计里头。邮传部特派员在股员会里头已经同意，不知现在大家有什么意见没有？

邮传部特派员（梁士诒）：将来具奏，是由资政院还是由本部呢？

153号（易议员宗夔）：因为铁路是有营业的性质，这个特别会计将来提到度支部而与度支部交涉，到明年资政院开会之时再拿到资政院来议决，议决之后然后具奏。

邮传部特派员（梁士诒）：铁路上行政经费可归入特别会计，若欲扩充路线等项，可否归入特别会计？

153号（易议员宗夔）：这又是一个问题了，至于扩充路线之时，若本部无力去办，则此时或募公债或借外债均可。惟募公债及借外债等事，总要经我们资政院议决方可施行。现在京奉铁路进款如此之多，其中很有不实不尽之处。本股员会把着节糜费、裁冗员的宗旨，所以其中不得不为核减。至于京汉铁路总办、会办、文案、稽查等之公费，共减了二十八万三千三百五十八两，其余杂费等项减了十五万三千一百七十三两，合计共减了四十四万二千八百六十二两。又正太铁路的经费共减了八万四千八百三十八两，又道清铁路经费共减了一万三千八百二十七两，沪宁铁路共减了十九万四千一百零三两，又汴洛铁路共减了二十八万八千三百六十九两。前天邮传部来文说，修路购料的经费是万万不可减了的，而特派员亦如此说，至于薪水公费上头，曾闻特派员说总办、会办等公费可以酌减，其余为数少的不能核减，本股员会亦很同意，太少的地方就不减了。现在特派员所争以上各路的经费，王议员已经说过，若以后真不能办下去，可以归入特别会计，现在请王议员再把这个意思说一说。

67号（王议员璟芳）：这个特别会计办法是有营业性质的，皆可以完完全全地立一种特别会计，而在各国特别会计之外还有一种《铁路会计法》，稽查很严，现在这些铁路的款项数目究竟确实不确实，是不是靠得住，亦是不知道。不过是邮传部对于资政院核减的数目不能承认，所以本员倡议引用特别会计，但是这种也与国家行政经费很有关系的，不能借这个名目任意开支，不过是与事实上有妨碍的，可以作为特别会计。至于将来决算的时候，邮部大臣仍旧要负责任的。

邮传部特派员（梁士诒）：这个《特别会计法》现在尚未实行，至于详细表册各省亦不相同。（语未毕）

67号（王议员璟芳）：将来提出《铁路会计法》是指有条文的法律，不是指有数目的表册，邮部特派员要注意。（拍手）

190号（吴议员赐龄）：这铁路里头弊端百出，即如收买材料等项，定有不实不尽的事情。

149号（罗议员杰）：特派员与吴议员所说，这都是明年审计院的事，此事应由邮传部每月将特别会计事项报告审计院，审计院逐月查核交度支部，由度支部造汇决算册交资政院，我们再行审查。

153号（易议员宗夔）：现在可以无须讨论，即请议长付表决。

190号（吴议员赐龄）：京奉铁路究竟核减多少？

153号（易议员宗夔）：京奉铁路共减了十九万六千五百多两。

190号（吴议员赐龄）：减得太少了。

153号（易议员宗夔）：贵议员说减少了，而特派员又说减多了，股员会实在是左右两难。

73号（汪议员荣宝）：请议长付表决。

副议长：京奉铁路、京汉铁路、正太铁路、沪宁铁路、萍昭铁路、九广、道清、汴洛铁路等经费核减数目，方才已经报告，现付表决，以报告书为可者请起立。

众议员起立赞成。

副议长：多数。

邮传部特派员（梁士诒）：这个核减数目不能承认，本部承认的数目已于十月咨内申明。

149号（罗议员杰）：我们资政院既是立法机关，邮部是行政机关，今午前开预算股员会时，特派员已经满口承认削减之数，本股员会始报告大会，乃以之议决。今应到席，特派员又翻前诺。本院若承认翻诺，将来各部都要翻诺，预算安有成立之日乎？本员之意，只认前特派员所承诺，不认后特派员所翻议。陈特派员云，早前梁特派员回部报告，部中不肯承认。本员有话回答，今午前特派员承诺时，未附有俟回部请示然后可以决定承诺条件，本院断不能承认翻议。

众议员呼"表决之后不得发言"。

153号（易议员宗夔）：前天特派员已经承认了。

149号（罗议员杰）：前天邮传部满口答应，现在又不答应了，大会表决之后是不能发言的。

115号（许议员鼎霖）：此事于事实上毫无妨碍，俟定《特别会计法》后，如有必要，仍可支出，特派员于此时可以无须辩论。

153号（易议员宗夔）：现在报告，开徐海清全路核减四百多万两，吉长铁路核减四百八十万，张绥铁路核减三百七十五万两。这三宗铁路共减一千一百八十三万九千七百五十两，将来自然是归特别会计的。然而又与方才所说的不同，这项事情宣统三年预算里头有这笔钱，以备建筑新路。然而筑也可以，不筑也可以的，所以由邮传部与度支部提出。然而将来要筑这几条铁路时候，或者募公债，或者借外债，都可以的，明年也可以提出议决的，邮传部也承认这几句话了。

115号（许议员鼎霖）：本员倡议邮传部如以开海须从速建筑，俟明年九月开会交议恐来不及，请速将开海计划预备清单于明年三月开临时会交议方好。

邮传部特派员（梁士诒）：这个或募公债或借外债，将来必要开临时会的，然而现在亦不能不预备的。

149号（罗议员杰）：此事邮传部可以与度支部交涉的。

67号（王议员璟芳）：本员所倡议的《特别会计法》，如明年有不可少之费用，邮传部可以募公债。在各国有预备金，可以备明年政治紧急进行之用。我国既没有预备金，如果修路有必要之款项，国库今年余存的款子不能一点没有剩下，虽不是预备金，然有预备金之性质，邮传部可以自己向度支部暂时挪用，可是邮传部要担责任。（拍手）若款项太大，自可提出特别会计，交资政院开临时会议决。

153号（易议员宗夔）：请议长付表决。

副议长：现在表决方才报告开徐海清、吉长、张绥三条铁路核减之数，以报告书为可者请起立。

众议员起立赞成。

副议长：多数。

153号（易议员宗夔）：现在报告电报局经费。本股员会所核减的第一项是电政经费与洋人薪水等费，从前开来的数目是很大的，所以本科审查共减了二十八万多两，后来电政处张思仁来了一个很长的说帖，说是有不能减的理由，而现在我们所核减的理由亦是非常之简单的，因为电报局所用的东西不过一点纸条子，所用的机器也是很简单的，而所用的数目非常之大。从前归商办是很有盈余的，官家因为有余利，所以才收归官办，现在反倒有不敷的数目，可见是有不实不尽的去处。然而张思仁来的这个说帖亦有理由的，大家想都已看见，本员可以不必细说，不过是扩张许多线路，分设许多局所之故。这个也可以并是一分特别会计，而该部提出预算也没有说明，今年这部预算真是糊糊涂涂，只好减了他十四万多两。至于邮政各项开支数目，是二百五十八万多两，现在我们减他的是五十一万多两，这个理由，报告书已经说明的。现在邮政本归税务司办，因为明年部里预备收回的，所以预备这一笔款项。而邮政情形，邮传部特派员亦是不十分清楚的。至于船政经费，经常费是九十四万多两，他开来的表册也是很详细的。现在中国航业没有发达，用不到这许多钱的，所以本科审查减了五十万两，是照邮传部的数目。以上这三项经费共减到一千四百六十八万三千六百三十六两，这是审查的情形。

136号（王议员廷扬）：邮传部对于推广路线的经费，预算册内有无数目？

153号（易议员宗夔）：预算册子上是没有的。

117号（雷议员奋）：船政费是核减多少？

153号（易议员宗夔）：减去五十四万两。

副议长：现在表决电政、邮政、船政三项经费，以报告书为可者请起立。

众议员起立赞成。

副议长：多数。

153号（易议员宗夔）：现在报告电政工程，原数是一万五千两，本科审查核减一半，是七千五百两；家具二千八百两，本科亦核减一半，是一千四百两。这是邮传部答覆都已承认的。还有商船学校二十万两，减四万两；上海高等实业学堂四万两，核减二万；船政学校是五万两，亦核减一半，是二万五千两。第七款各路以外岁修工程二十万两全部裁掉，第八款与第九款亦全部裁掉，第十款京奉铁路等各处经费核减数目，已得邮传部来文之同意，至于各路增加成本，那都是近于预备，我们是全部裁掉的，共数三百五十八万，本科核减一百一十四万多两。这是关于铁路的，惟有第三款尚未承认。以前报告的数目，关于邮传部的共减一百四十四万八千三百八十二两。

副议长：邮传部有无意见？

邮传部特派员（梁士诒）：方才所说邮传部行政经费各项已经有文书过来了，邮传部已经承认的可以照办，若是不能承认的，虽减少也是无益的。

153号（易议员宗夔）：看表册有一部分专预备一种车辆，专为钦差及各省督抚之用，这项费用不应该这么多，现在预算亏空，这笔款可以裁去。

邮传部特派员（梁士诒）：中国本来是量入为出，办事都应该这样，然而添置车头、修添岔道及预备机关车，这也是不可少的。

153号（易议员宗夔）：机关车可多可少，不过是预备。扩张岔道可多可少。

副议长：现在表决路、电、船、邮四政临时费预算，以报告书为可者请起立。

众议员起立赞成。

副议长：多数。

153号（易议员宗夔）：还有报告。邮传部来文追加宪政筹备处、宪政研究所、会计处预算三万六千两，因为本科审查时，以为此三种机关附属于川粤汉筹备处，现因筹备处经费已经全裁，邮传部已经同意，现在该部以为这几个机关不能不成立，所以要追加三万六千两，本科审查以为，邮传部特派员很知大体，于我们所核减该部之款笔笔都承认，所以此次要追加三万六千两，我们也是要答应的，不知诸位以为何如？

众呼"无异议"。

副议长：现在表决邮传部追加费三万六千两，以股员会报告书为可者请起立。

众议员起立赞成。

副议长：多数。

153号（易议员宗夔）：邮传部来文另外还多减几万银子，就是北洋二成经费四十七万八千及民政部四万七千五百两，向由邮传部开支，现该部以为既系财政统一，此两项应归度支部开支，不应邮传部开支了，所以邮传部全裁去了。

副议长：股员会报告邮传部来文自行核减两项款子，众议员以为何如？

62号（刘议员泽熙）：这等款项不能作为核减之款项，乃系划拨的款项，无庸表决。

153号（易议员宗夔）：还有一笔邮传部追加的预算，因为萍昭铁路还要定购机关车子的六万银子，股员会也答应了。

副议长：现在表决邮传部追加预算股员会报告书，请赞成者起立。

众议员起立赞成。

副议长：多数。

153号（易议员宗夔）：四科现在已报告完了。

153号（易议员宗夔）：又农工商部来文，所减七万银子不能同意，恐怕还要付审查。本员意见，现在预算，各部已皆同意了，惟有农工商部这一笔不同意，我们如不认可，就是这个预算不能会同具奏，大家看如何办法？

农工商部特派员（邵福瀛）：此次照章咨送覆议，凡行政组织必不可少之款项，仍难再减，但农工商部大臣极愿协商，得有结果，故再于公费项下核减银一万两，以示希望预算成立之意。现会期迫促，请照《议事细则》第八十六条办理，不必审查，即行会议表决，以省手续。

153号（易议员宗夔）：如果就法典上看来，这个办法颇觉不合，但是要省手续，在大会表决也可以的。

81号（章议员宗元）：请把农工商部的文书读一遍。

153号（易议员宗夔）：请议长命秘书官朗读。

副议长：现由秘书官朗读农工商部来文。

秘书官（曾彝进）承命朗读［农］工商部来文。（读毕）

99号（陈议员瀛洲）：彼此所差银数只有七万多两，统全国预算而论，本不在此区区之数，况农工商部主持全国实业，所差几万银子，是极有关系的。彼既坚不承认，相差无几，本院似可以曲从，不必再付审查，延搁时间。

153号（易议员宗夔）：本员意见，不可因几万银子的事，有妨全部预算的成立。

129号（汪议员龙光）：此事今天可以表决。

众呼"请议长付表决"。

副议长：众议员有意见否？

73号（汪议员荣宝）：并无讨论。

153号（易议员宗夔）：农工商部所答应减的银子，并不是公费，是合各局所减下来的银子。

农工商部特派员（邵福瀛）：这是减的公费，本部堂官很盼望预算成立，所以情愿将公费再减一万银子。

副议长：以农工商部来文为可者请起立。

众议员起立赞成。

副议长：多数。

121号（方议员还）：本员看预算表内各衙门都没有宪政筹备处名目，何以邮传部独有？

67号（王议员璟芳）：邮传部一个宪政研究所，一个宪政筹备处，一个会计审查处，这三个机关款子合共三万多，并不是一个宪政筹备处用三万多。

73号（汪议员荣宝）：请问股员长，核减宣统三年预算总数究竟是多少，请报告。

62号（刘议员泽熙）：现在预算总表尚未编出，编制时候尚须将各项修正预算、追加预算加入，编成以后才能报告，大约陆军部、邮传部以及各衙门核减的总数将近四五千万，原来亏空的不过五千多万，这样看来总可以望其收支适合。然此不过纸片上之收支适合也，若事实上之收支适合，必俟财权统一方做得到，此等理由，须俟报告总数时再行说明。

67号（王议员璟芳）：审查预算本应使收支适合，但是现在新政弥补的很多，所以今年的预算，审查时候只可审查所用的款项确实不确实，不能一定说要使他收支适合。

48号（陈议员懋鼎）：现在还有报告没有？

62号（刘议员泽熙）：各科已报完了，不过核减的总数必俟编订总预算表，然后可以报告出来。

副议长：诸位不要离坐，现在还有秘密奏稿，由秘书长朗读，请旁听人退席。十点十分钟旁听人退席。

秘书长：承命朗读奏稿毕。

110号（于议员邦华）：开平矿产久已具奏，何以到今还没有结果呢？

副议长：现在尚无着落。

110号（于议员邦华）：禁烟禁赌均是重大案件，请从速具奏。

副议长：此案已送民政部及度支部会划去了。

110号（于议员邦华）：请议长催一催。

副议长：可以照办，现在展会。明天仍开大会，请各位早到为要。

秘书长：还有一句话报告，明日仍开大会，是议《新刑律》议案，议事日表已经分送，务请诸位议员明天早到。

十点二十五分钟散会。

资政院第一次常年会第三十七号议场速记录

【标题】对《大清新刑律》相关问题的辩论

【关键词】刑事责任年龄 正当防卫 《暂行章程》汪荣宝 劳乃宣

【内容提示】主要是《大清新刑律》议案续初读和再读，汪荣宝代表法典股做了关于《新刑律》总则和分则的审查报告。汪氏有言："政府特派员说这个刑律是想提倡国家主义，减轻家族主义，但是股员会审查之后，以为这个草案于家族主义保存的地方很多。"审查报告主张全部删去《暂行章程》。再读时候围绕刑事责任年龄的分划、劳乃宣关于《暂行章程》第五条是否入正文等问题展开了辩论。

宣统二年十二月初六日下午一点钟开议。

议事日表：

第一，大清《新刑律》议案，股员长报告。

副议长：今天议员到会者一百二十人。

94号（王议员佐良）：本员有质问度支部说帖，请问议长可否由秘书官朗读之后咨询本院，如果大家赞成，暂时可以不必刷印，即行交到该部可也。

134号（余议员镜清）：王议员说帖应该印刷分送为好。

94号（王议员佐良）：这个说帖请问议长明日可否印刷？

副议长：明天可以印刷分送。

110号（于议员邦华）：现在距闭会之期很近，本员不得不声明一句，各省关系事件有未答覆的，当从速答覆；有应该报告的，当从速报告；有质问各衙门的，应请各衙门速速答覆。我们资政院于各省谘议局事件耽搁时日，外边很有烦言。各省谘议局事件既是归到我们资政院来，我们就不能没有个解释。各省谘议局事全是关系国家的事情。东三省与别省更有不同，东三省请速开国会，我们资政院对于东三省若无特别注意，代为设法，恐怕东三省闹出旁的举动，如果有不测的时候，必定要等到明年开会时候，就不得了的。我们资政院全体议员当与政府协商，应谋一个援救的方法，请议长咨询本院，看大家赞成不赞成？

副议长：于议员倡议，众议员赞成否？

众议员呼"赞成"。

67号（王议员璟芳）：预算大致已经通过，就是特别会计还没有规定。如果要规定会计法，必先立一国库的规模。这个国库的章程，章议员也有意见书，本员也有修正案，应当提前讨论。《新刑律》固然要紧，而国库之统一亦关系国民生命财产的，请议长注意。

副议长：现在秘书官报告文件。

秘书官（张祖廉）承命报告文件。

副议长：现有陈议员敬第质问法部说帖①一件，请赞成者起立。

众议员起立赞成。

副议长：多数。

秘书官（张祖廉）接续报告文件毕。

99号（陈议员瀛洲）：上月初间，奉天谘议局送来的事件，至今一月有余，还没有报告。（总）[虽]是关系奉天一省的事情，实是关系各省谘议局的事情。

48号（陈议员懋鼎）：本员提议的全院股员会草案，请议长咨询本院可否不经讨论即付审查，或列入议事日表，以便从速讨论。

副议长：陈议员提议全院股员会草案，拟不经讨论先付法典股审查，众议员赞成者请起立。

众议员起立赞成。

副议长：多数。

副议长：现在开议。议事日表第一《大清新刑律》议案续初读，请法典股员长说明审查之结果及其理由。

73号（汪议员荣宝）：现在报告这个《新刑律》草案审查的情形与审查的结果。这部《新刑律》草案从上月初一日就提出议场，初读之后就交法典股审查，法典股从上月初二日起开会审查，一直到上月十六日全部审查完毕。这几天连日开会，没有一天不审查，就是正式股员会亦开了三次，政府特派员也曾到会，彼此协商之后，全部审查告竣。现在审查的结果与修正的地方虽不十分详细说明，亦不可过于简单，由本员略为报告。本议员报告之顺序，照刑律草案之次序，应先报告总则，再报告分则。总则修正的地方比较分则多一点，总则修正案已由法典股印刷分送，这修正草案后来又经好几回修正，统共是四次，除了改文字与无关宏旨者不必报告外，至于关系重大的地方，应该分类报告一遍。《刑律》总则本来是八十八条，里边删去二条，加增一条，共八十七条。然而现在还是八十八条，为什么呢？因为原案里头有一条本来是两项，现在将此两项分为两条，照这样删去两条，又增加两条，还是八十八条。现在先把删去的二条略为说明。所删去的就是第四十条、第五十条。第四十条为什么要删去呢？因为这一条是执行刑罚的一种规定，以列入《刑事诉讼律》内为宜。当编订《刑律》之时，《刑事诉讼律》草案尚未着手，所以规定在《刑律》草案内，后来修订法律大臣又奏订《刑事诉讼律》，凡是关系执行手续，通同归入该律之内，而《刑律》上第四十条亦是执行的事体，刑诉律内有许多执行的方法之规定，于是以类相从，把这第四十条的规定亦编入该律草案之内，既是刑诉律内另有规定，这《刑律》内的规定自然可以删去，这是第四十条删去之理由。至于第五十条删去的理由，看《刑律》草案第十一条修正草案可以明白。《刑律》草案第十一条规定责任年龄是十六岁，（来）[乃]政府提出草案，责任年龄变为十二岁，因为改成十二岁之后，所以又生出第五十条减轻责任之规定。就责任年龄讨论起来，大概从前的旧学说与现在的新学说解释不同。旧说以为责任年龄之制是根据人的辨别心而设的，犯罪人能辨别所犯的是一种罪名，这就是有责任，不能辨别就无责任，有责任的就照刑律去处罚，没有责任的就不照刑律去处罚。而辨别心的有无，以年龄的长幼为分别的标准，从来解释责任年龄者是如此。后来学者研究的结果，以为此说不妥，因为人之智识不同，不能专以这个辨别心去定责任。比如杀人放火做强盗的事体，虽七八岁的小孩子亦知道是犯罪；若是政治上的犯罪，就是年纪再大的人亦不一定晓得。是刑法上的罪名，若因为他不能辨别，就不处他罪，东西各国都没有这样的刑法，所以用辨别心定责任年龄者是旧学说，现在的学说以为责任年龄并不是以辨别心为根据，是以教育能力为根据。犯罪的人若是估量教育的能力可以变更其气质的时候，便不一定处以刑罚，还可以处以相当之教育，这一种是近来东西各国最新的学说，亦是我们古来明刑弼教的格言。但究竟教育能力所能够及得到的，当以几岁为断，我们不能凭空臆造，必要比较历年统计，查明实在的凭据，方能确定。照各国普通统计上比较起来，大概以十五岁、十六岁为断。并不是在这个时候一定可以受教育，不过比较起来容易一点。现在各国最新的刑律，以十五、六岁为断的甚多，而我们中国的《违警律》第十六条亦是以十五岁为责任年龄，凡十五岁人犯罪，照《违警律》是不罚的，是《违警律》的责任年龄已经定为十五岁。就学说言之则如此，就中国已定之法言之则如彼，何以这个《新刑律》责任年龄独独以十二岁为断？本股员会讨论之结果，大家全体赞成将《新刑律》草案第十一条责任年龄参酌第一次草案改为未满十五岁，既与我国《违警律》适合，亦与各国的新学说相符。责任年龄既经改过，所以第五十条减轻责任主义可以不必采用。第五十条删去之理由如此。至于增加的，就是把第三十六条分为两条，这三十（八）［六］条是规定死刑执行之方法，本来是有两项，第一项是规定处死的方法，第二项是规定执行以前的处置。现在把他分析为二条，原没有必要的理由，不过因为既有删去的条文，所有别条次序均须更改，颇觉不便，故将这一条分析为二，以下条文数目便可适合，不过省事的办法而已。还有增添的一条，在八十五条之后，八十六条之前，这一条却有必要增添的理由。分则内各种犯罪，有因人的身分成立的，僧道亦是一种身分，中国旧律例有为僧道而设的特别的规定，这草案分则内亦有之。旧律内所称僧道是包括尼姑、女道士等而言，律内定有明文，这草案内却未有规定，恐怕将来有误会的地方，所以添了一条，把女尼、女冠及其余宗教师等均包入僧道二字之内，这是从旧律上移来的。在总则上增删的地方，共增一条，删去两条，又分出一条，所以现在的数目还是八十八条。这个理由已经报告明白。至于除了删去条文之外，还有删去条内的一项的，在什么地方呢？就是第二十四条的第二项，删去第二十四条第二项的理由，与删去第四十条的理由相同，现在法律大臣拟订《刑事诉讼律》草案第五百零八条已经有了此项规定，这一条是重复的，所以删去。还有删去条项内重要的字句的，在什么地方呢？在第二十六条，这第二十六条原来是一行为而触数罪者以最重一罪论，现在把一行为触数罪这几个字删去，是什么理由呢？凡法律上有普通规定，有特别规定，犯特别规定之罪者，一定兼犯普通规定之罪，但特别规定之罪有时比普通规定的重，亦有时比普通规定的轻，比方犯了刑律第三百零六条杀尊亲属之罪者，便是同时犯了第三百零五条杀人之罪，第三百零五条是普通规定，第三百零六条是特别规定，特别规定的罪比普通规定的重，万一有犯第三百零六条之罪者，刑律上便不再问他杀人之罪，这固然是以最重一罪论。又如犯了窃取他人园圃花卉，同是窃取他人所有物，而刑律上窃取他人所有物者，处三等至五等有期徒刑，至于窃取他人园圃花卉者，《违警律》上虽有处罚，然不过罚以一元或几角之罚金，这便是特别规定罪比普通规定罪轻的地方，从这个地方看起来，并不是以最重一罪论。总而言之，有特别规定的地方，不照普通规定办理，并不是一行为触数罪者，一定以最重一罪论，所以这几个字必要删去。统计起来所有增删的地方大概如此。有删除的，有删项的，有删条项内重要字句的。至于字句的修正，其中无关闳旨的，今天打算不再报告，而关系重大的应略为说明。原来这部刑律上"中国"字样很多，本股员会修正案，凡原案"中国"字样统改为"帝国"二字，虽没有十分必要的理由，亦不能说全无意义。何以言之？比如从现在我们中国人看起来，这中国与帝国似乎没有什么分别，但是译为洋文的时候，中国与帝国意义不同，中国两个字翻出洋文来，他们只知道是专指中国本部十八省而言，其余如蒙古、青海、西藏、东三省地方都不在其内；若改为帝国，翻译出来，凡中国范围以内的地方，为我们中国所有的，统都在其内，所以"帝国"二字范围比"中国"二字广，这是一层。第二层，凡国家对内的法律，不必拿自己的国名表明出来，各国法律上亦是如此。比如荷兰，他自称为王国；如日本、德意志等国，他们自称为帝国，其余各国亦都是如此。就各国法规上看起来，并不见日本自称为日本国，荷兰自称为荷兰国，所以法律上称自国的地方不必将国名表明，这是改"中国"二字为"帝国"之理由。至于体裁上不一律的地方，亦已改为一律。比如第十五条的第二项，与第十六条的但书，同是例外的规定，性质相同，何以一为但书，一为另项，比较起来颇不一律。现在将第十五条的第二项增入本条之末，加一"但"字，以归一律。其余先后不一律的地方，通通改正，使成一律。就是一个字的关系，也费许多斟酌方才改正的。还有原案的意义甚好，而就文理上看起来有非常难解的地方，股员会照原来的意思，于文字上加以修正，使其易于明白。现在试举一二条以显明之。如原案第二十七条定犯罪之轻重，比较各主刑中之最重者定之；最重刑同等者，比较主刑之最轻者定之；轻重俱同者，据犯罪之情节定之云云。现在修正案改为犯罪之重轻，比较各罪最重主刑之重轻定之；最重刑相等者，比较其最轻主刑之重轻定之；主刑重轻俱等者，据犯罪情节定之。这怎么讲？比如某人犯甲罪，应处死刑或无期徒刑或一等有期徒刑，同时又犯乙罪，应处无期徒刑，或一等二等有期徒刑，由此看来甲罪之刑最重者为死刑，乙罪之刑最重者为无期徒刑，两相比较则甲罪为重，乙罪为轻。又如果某人犯甲乙两罪，甲罪是一等至三等有期徒刑，乙罪是一等或二等有期徒刑，最重的都是一等有期徒刑，而甲罪的最轻刑为三等有期徒刑，乙罪的最轻刑为二等有期徒刑，则甲罪为轻，乙罪为重。原案字句之间有点不明白的地方，股员会的修正似觉显明，并且原来的意思却一点也没有变更。法典股对于总则的修正大要如此，其余可以类推。本院各位议员对于总则有提出许多修正案的，而法典股没有照各位议员修正案通同修正上去，其中也有一个道理，不能不说一说。比如第三十三条规定身分成立的罪名，身分成立之罪，其教唆或帮助者虽无身分，仍以共犯论。第二项因身分致刑有轻重者，其无身分之人仍科通常之刑。杨议员锡田对于这条，主张将"身分"二字改为"权势"，但是身分与权势解释颇不相同，因为身分不是权势的意思，是法律上人的地位。法律上的地位有公法上的地位，有私法上的地位，私法上的地位如夫、妻、亲子等是也，公法上的地位如臣民、官吏、选民、居民等是也。所以"身分"二字专指个人在法律上的地位而言，不是权势的意思，此条还是照原文用"身分"二字为妥。若要想一个比"身分"二字更妥当的名词，实在是无从探索，稍为相近的就是"名分"二字，而"名分"二字有时候又不足以赅括其义，所以仍照原文所定的名词。还有魏议员联魁主张删去第三十二条，在魏议员的意见，以为刑律以简明为主，既有二十九条共同犯的规定，又有第三十条造意犯依正犯处断的规定，则第三十二条所谓于前教唆后来成为共犯的情形，就是两件事情并合起来的，应该如何处断，执行刑律的人自然知道，何必再设此条等于赘疣？其实不然，因此条不止教唆，还有帮助，帮助是从犯，不必定照正犯科罪，还可以减一等或二等，所以把这条存留，也没有妨碍，而且可以明白，故未删去。股员会对于总则修正的要旨大概如此。第二报告分则。分则修正的地方不甚多，不过将其中与现在情形最不相合的地方删去了些。但是这一部草案此种地方尚不甚多，因为这部刑律虽仿照各国最新的刑法起草，而其内容凡是中国特别的国粹可以保存的地方，大概都保存的。那天政府特派员说这个刑律是想提倡国家主义，减轻家族主义，但是股员会审查之后，以为这个草案于家族主义保存的地方很多，何以知之？试观草案内对于尊亲属的犯罪非常之多，各国法律都没有这样详细的规定。这就是保存中国立国的特色之处。又如各国刑法对于尊亲属用男女平等主义，自己的尊亲属与配偶人的尊亲属是一样看待，本草案内妻对夫的尊亲属与夫同，而夫对妻的尊亲属则不然，亦是有保存中国家族制度的意思。原来各国立国各有各的风俗，各有各的历史，不是一时能够变更得来的。股员会的意思，凡是可以保存的地方都以保存为是，所以对于这部草案，有主义上很好而实行上有窒碍的地方，应删去的便删去，应改正的便改正。比如原案第三百一十一条，即修正案第三百一十六条，凡对于尊亲属加强暴未至伤害处三等至五等有期徒刑或五百元以下五十元以上之罚金，此条有罚金规定，于中国社会情形，大家心里有所未安。揣原案的意思，因为本律所称尊亲属范围甚广，不专指父母、祖父母而言，还有外祖父母在内，以继母如母之义推之，则继母之继母亦是外祖母，亦在本律所称尊亲属之内，此等尊亲属自与自己直系尊亲属大不相同，没有强暴举动，情节较轻，有时不妨处以罚金。但是股员会的意思，以为我国习惯，尊亲属多指祖父母父母而言，一见本条规定，以为从此以后殴父母者可以罚金了事，此等误会必不能免，故讨论数回，议决将本条罚金删去，一面再将尊亲属范围缩小，原案尊亲属包括外祖父母在内，股员会意见以为，中国既然不采男女平等主义，而外祖父母与祖父母服制轻重不同，自不能相提并论。外祖父母就是父之外舅外姑，父对于外舅外姑并不与自己父母视同一体，以此类推，则子对于外祖父母亦不能与祖父母视同一体，所以从尊亲属中将外祖父母删去，归于亲属之内。这是根据中国习惯礼制修正的。其余对于尊亲属特别规定，如诬告尊亲属，发掘尊亲属坟墓与遗弃尊亲属等项，均照原案一一保存，没有更动，这是修正分则第一种说明。第二种说明就是第四章妨害国交罪，从前第一草案、第二草案关于妨害国交罪的规定非常详细，而现在政府提出第三草案很简略的，这部刑律照总则第二、第三、第四、第五各条，也不是属人主义，也不是属地主义，是最新的法益主义。无论本国人在本国犯罪，即本国人在外国犯罪，或外国人在外国犯罪，但是有害帝国法益，即要用帝国法律处断。妨害国交之罪多是极有害于帝国法益的，所以第一、第二草案详细规定，与从来各国刑法大不相同。草案出来之后，各省督抚有许多签注，议论不以为然，所以此次政府提出修正案，将许多的规定删去。股员会讨论的结果，斟酌第一、第二草案与第三草案之间，不取第一、第二草案详细主义，也不取第三草案简略主义，今将修正案与第一、第二草案不同之处分别说明。第一层是第一、第二草案，凡对外国君主、大统领犯罪，与对本国君上犯罪处同一的刑罚，修正案却加以分别，对于外国君主、大统领实加危害者处以死刑，比较对于中国乘舆车驾有不同的地方，原来对于中国乘舆车驾就是将加危害的时候，也处以死刑，究竟对于外国君主大统领不能如此，必定到实加危害的时候方能处以死刑，若是将加危害者就不在此限，所以比较的稍为减轻，此其一。第二层就是第一草案、第二草案，对于外国皇族太庙、山陵有侮辱行为，与对于帝国皇族太庙、山陵有侮辱行为用同一之处分，本股员会不甚赞成。因为本国人对于皇上非常尊重，故推及皇族陵庙一一加以特别保护。若对于外国则当以妨害法益之程度为标准，不必处处照中国皇族太庙、山陵一例看待，所以股员会将此等规定酌量删去，此其二。第三层是第一、第二草案杀害外国代表处以何等刑，对于外国代表有不敬行为处以何等刑云云。现在将"代表"二字改为"使节"，因为代表者，非大使、公使及特别专使等代表国家者不能滥称，故范围甚狭，此外奉有国书而游历或考察者就不在代表之列，而在公法上称为使节，所以"使节"二字较"代表"二字范围为宽。何以要使他的范围宽一点呢？因为第一、第二草案于代表之外另有对于外国皇族犯罪规定，现在既经删除，假如有外国皇族到中国游历或考察，有人将他杀伤侮辱，法律上既无特别处分，便应照杀伤侮辱普通人治罪，此于交涉上有许多窒碍，就如日本可为前车之鉴。从前俄国皇太子到日本被刺，虽未成交涉，而问题非常之大，当时俄国到日本交涉，一定要照伤害皇族处分，而且日本据他的法律没有此条规定，只能照平人处办。当此之时，欲顾全国交就破坏自己的法律，欲保守自己的法律于国交上未免有窒碍，当时对日本司法独立专主保护自己的法律，所以照伤害平人办罪，对于俄国非常抱歉。当时事处两难，也没有法子，从此两国交涉非常难办，所以近来日本改订刑法采用新主义，欲将此种罪名在刑法上明白规定，以后遇有此种事情发生，就可免许多交涉。可惜日本虽有此议，未能实行，现在我们刑律却正好采用此种主义，但修正案已将对于外国皇族的规定删去，故不得不将代表的范围略为放宽。大凡外国皇族来中国者，无论如何总有国书，有国书者即是使节，万一有人对之犯罪，我们可以使节的资格去保护他，这便是改"代表"二字为"使节"的理由，此其三。第四层是第一、第二草案杀伤侮辱代表者处罚甚重，与对尊亲属有犯几乎相同，所以当时各省签注大为反对。现在酌减一等，比对普通人犯罪重，比对尊亲属犯罪轻，似较得中，此其四。因为有此四层不同之处，所以第四章修正的地方，较别章较多，当时另外刷印一本，分送各位，想大家必定赞成的。除第四章以外，其余各章大概都是文字上的修正多，而内容上的修正少。内容修正的地方，计算起来大概有十余处，现在依次说明。第一，就是分则第一章侵犯皇室罪，因过失致生危害于乘舆车驾者，第一草案、第二草案有三千元以下三百元以上之罚金。第三草案削去，但是此次《刑律》凡过失罪都有罚金的规定，为全体一律起见，只能将罚金加重，若竟删去，则于体例不符，所以规复第一、第二草案，加入罚金一项，此修正内容之一。此外关于文字上修正的地方，请问大家可否省略报告？（众呼可以省略）第二，就是第十章第一百六十六条、第一百六十七条，两相比较，第一百六十六条，凡盗取既决、未决之囚，及其余按律逮捕监禁人者，处四等以下有期徒刑或拘役，第一百六十七条，凡为便利脱逃之行为，因而致既决未决之囚及其余按律逮捕监禁人脱逃者，处三等至五等有期徒刑，这样比较起来，盗取情节重，便利脱逃情节轻，原案于盗取一条，处四等以下有期徒刑，比便利脱逃罪轻，似欠允妥，现在改成一律，此修正内容之二。第三，就是第十二章第一百七十九条与第一百七十八条的比较，原来第一百七十八条是普通规定，第一百七十九条是对于尊亲属的特别规定，第一百七十八条凡意图使他人受刑事处分、惩戒处分而为虚伪之告诉、告发、报告者，处二等或四等有期徒刑，据文义求之，告诉、告发当指刑事处分而言，报告当指惩戒处分而言，原案第一百七十九条凡意图使尊亲属受刑事处分而为虚伪之告诉、告发、报告者处一等、二等有期徒刑，单有"刑事处分"字样而无"惩戒处分"字样，现在按照第一百七十八条之例，于"刑事处分"之下加"惩戒处分"四字，以归一律，股员会修正之要点此其三。第四，第十三章第一百八十四条第一项凡放火烧毁他人所有营造物、矿坑以外之物者处三等至五等有期徒刑或一千元以下一百元以上罚金，与第二项因而致有前条第一项损害之危险者科罪轻重相同，似未允洽，现在按照本律体裁，将本条第一项徒刑改轻，股员会修正之点此其四。第五，就是第二百三十五条，该条原列四款而其性质不同，就中第一款、第二款是对于普通人的现定，第三款是对于官吏的规定，第四款是对于普通人对官吏有犯的规定，按本律全部体例，应分为两条，现在改以原案第一、第二两款为一条，以第三、第四两款另为一条，本股员会修正之要点此其五。第六，就是第二百三十八条第三项，对于他人足以证明权利义务实事之自己私文书图样为虚伪之记载云云，在自己的私文书图样内为虚伪之记载，与伪造他人私文书图样究竟性质不同，本股员会以为应分两条方为妥当，股员会修正之要点此其六。第七，就是第二十一章鸦片烟的犯罪，原案定罪本不算轻，依本股员会的意见，现在是废禁鸦片烟的时候，不妨至重。第二百六十条凡制造鸦片烟或贩卖或意图贩卖而私藏或自外国贩运者，处三等［至］五等有期徒刑，本股员会以为三等至五等有期徒刑外应加以财产上之刑罚，所以照原案规定外应并科五百元以下之罚金。又第二百六十二条是对于官吏的规定，普通人有犯既并科五百元以下之罚金，则官吏有犯自不能不格外加重，本股员会以为处以二等或三等有期徒刑外，应并科一千元以下之罚金，本股员会修正之要点此其七。第八，就是第二十一章第二百六十七条，这一条经本股员会多数议决，以为可以删除，因为私藏鸦片烟器具处一百元以下之罚金，此条恐怕于将来实行时生出种种困难。比如从前吃鸦片的人家现在虽经戒绝，或者器具尚有存留，若加之以罪，未免烦苛，并其警察到人家去搜查，亦多不便，所以大家主张将此条删去，本股员会修正之要点此其八。第九，是第二十二章第二百七十三条，发行彩票与赌博无异，从前京城及各省为劝业起见，对于彩票批准发行，然立宪时代使全国人民以赌博为风气，这本是不良的政策。去年各省谘议局成立，纷纷之建议，请止发行彩票，京城地方亦经民政部奏准禁止发行，将来官吏于彩票一项，断断不能批准发行的了，原案所谓"未经公署之允许"这几个字，可以不要。第二百七十三条既经删去此数字，则第二百七十四条自应一律删节，本股员会修正之要点此其九。第十，就是第二十三章原来第二百八十三条，凡引诱良［家］妇女卖奸以营利者，处五等有期徒刑、拘役或一百元以下罚金，第二项以前项犯罪为常业者，处三等至五等有期徒刑，并科五百元以下罚金。本股员会多数的意见以为，第一项科罪太轻，所以改为处五等有期徒刑、拘役，并科一百元以下之罚金。又二百八十四条，凡相奸本支亲属妇女者处二等至四等有期徒刑，其相奸者以同。本支亲属范围若何，原案未曾规定。本股员会审查本律以服制为范围，故改本支亲属为本宗缌麻以上之亲属，似较原来文理略为确实。又第二百八十八条第三项是对于第二百八十四条之罪之告诉的规定，这个规定是对于亲属之告诉权的限制，原案第三项云纵容或得利私和者适用前条之规定，照此办理，若有亲属相奸，其直系尊亲属得利私和便不准告诉，岂不可笑？不惟于家庭伦纪有乖，即于地方风俗亦大有妨碍，所以将适用以下数字删去，又原案第二百八十八条第三项尊亲属上有"直系"字样，现在将"直系"二字删去，何以故？因为原案尊亲属并外祖父母在内，今外祖父母已经删去，所谓尊亲属者就专指父母、祖父母而言，直系二字便是多出来的，所以删去，股员会修正之要点此其十。第十一，就是第三十二章第三百七十五条窃盗罪内对于本支亲属相窃盗者免除其罪，其余亲属非亲告不论。原来条文以本支亲属为范围，股员会意见以为范围太宽，现在改为直系，就是上对于曾祖父母、祖父母、父母，下对于子孙犯窃盗者，可以免除其罪，其余旁支亲属不在此限。这个范围比原来狭小一点，股员会修正之要点此其十一。第十二，就是第三百九十六条与第三百九十七条，这两条规定毁弃制书及毁弃公文书之罪，而对于损坏公印之罪，没有规定，本股员会讨论以为损坏公印与毁弃制书、毁弃公文书之性质相同，所以加入此一层，较为完密，股员会修正之要点此其十二。以上系对于分则而言，此外对于《暂行章程》尚有一言应行声明。这《暂行章程》存在的理由，据当时政府委员的演说就不十分充足，其后股员会讨论，以为此《暂行章程》可以不要，曾具理由书送秘书厅刷印分送各位，所有详细理由，书中已经说明，各位已都看见，本议员不必再行报告。本议员所报告审查《新刑律》的结果大概如此，务请各位赞成，早早通过才好。

134号（余议员镜清）：劳议员的倡议已经大家认可，可否今天变通议事细则，不必讨论大体即付再读？

190号（吴议员赐龄）：请问审查长，这个《新刑律》的罚金与一等至五等有期徒刑有一定的比例没有？

宪政编查馆特派员（董康）：没有一定的比例。

190号（吴议员赐龄）：何以没有比例呢？

宪政编查馆特派员（董康）：罚金刑性质与自由刑不同，刑律各条之应否科以罚金，视其情节而定，不能按照徒刑划分等级，即征诸各国立法例亦然。

宪政编查馆特派员（许同莘）：本馆按照《议事细则》第六十六条，对于《新刑律》提出修正案同奏交《新刑律》议案时，《刑事诉讼律》《监狱法》两种正在编纂，现在此两种法律大致就绪，遂发见与《新刑律》有抵触之处，故须修正。但与刑律原理原则并无变更，所修正者不过文字而已，共计须修正者有六项：第一，股员会修正案四十三条拘役之因，于监狱或巡警官署拘役所监禁之，现本馆修正，将"或巡警官署拘役所"八字删去，因《监狱法》中有巡警官署拘役所得以之代作监狱之规定，故（删）[此]项拘役所有时便可看做监狱，不必特别声明。第二，股员会修正案第四十五条第二项，监禁于监狱执行之，其日数未满二月者，得于巡警官署拘役所之执行之，现本馆修正，将"于监狱执行之"六字改为"于附设于监狱之监（狱）[禁]所执行之"，因此种监禁之犯，本无处自由刑之必要，故于监狱内划出一部分作为监禁所，以监禁此种犯人，此亦定于《监狱法》者，"至日数未满二月以下"都要删除，其理由与第一项相同。（语未毕）

130号（刘议员景烈）：请特派员声音放大些，因为有许多听不清楚的地方。

73号（汪议员荣宝）：本员对于特派员有句话说，如果是文字的修正，今天可以不必提出。

48号（陈议员懋鼎）：修正文字在三读的时候，如果特派员对于文字有修正的地方，可以到三读时候再说。（拍手）

宪政编查馆特派员（许同莘）：本馆还有修正，即股员会修正案第四十一条中"宣告"二字现改为"谕知",因《刑事诉讼律》内凡宣告刑名有二种方法,一法是口头宣告,一法是文书送达,两法合称,谓之谕知,以下各条凡有这等字样,均以此类推,此是修正之第三次。

73号(汪议员荣宝):本员代为说明,《新刑律》案文内所有"宣告"二字通通改为"谕知",谕是晓谕之谕,言旁的谕字,知就是知道的知字,就是日本所谓"言渡"二字,将"谕知"替代"言渡"二字,但是本员看这个字样可以到三读的时候再讨论。(拍手)

众议员:均请到三读的时候再讨论。(议场哗然)

副议长:凡关于修正文字之讨论,均请到三读时再说。

宪政编查馆特派员(许同莘):此上三项之外,本馆还有修正,即股员会修正案第六十六条从一项至六项,所有"最重主刑"字样,都要删除,因与下文重复之故。

153号(易议员宗夔):请问特派员,对于修正案的大旨到底是同意不同意?如果同意,只要修正文字,就可以到三读时逐条讨论。(拍手)

众呼"赞成"。

宪政编查馆特派员(许同莘):本员对于修正案并无意见,甚为赞成。

130号(刘议员景烈):既是赞成,现在就可以不必说。

190号(吴议员赐龄):请问审查长,九十条增加罚金,三百一十六条删去罚金,这是什么道理?

73号(汪议员荣宝):这很容易答覆,因为九十条是过失罪,所以将罚金删去,三百一十六条是故意罪,所以将罚金加上。

134号(余议员镜清):劳议员的倡议今天本员已经说过,那天提起来的时候,已经多数议员认可,请议长咨询本院,今天可否即付再读?

153号(易议员宗夔):既没有讨论,就可以付表决。

110号(于议员邦华):请登台发言,讨论大体。

副议长:请发言。

110号(于议员邦华):《新刑律》条文,方才审查长报告很明白,本员对于《新刑律》有几项注意的地方，可以说一说。《新刑律》大家讨论的时候，第一就是名义上要注意，既说是《新刑律》，就不能照旧刑律，说《新刑律》不但是中国有之，即英国、日本等国均有之。既是中国的刑律，就不能按照外国的刑律说。第二层是性质上注意，特派员说是礼教补足，这是不然，这个《新刑律》本是法律一种，这个法律不能替礼教的。礼教是主和平性质，全是以道德宗旨；法律不然，法律所讲的都是权利义务的问题，所以审查长报告说这里头对于尊亲属及对于皇室皆有特别之规定，这是中国旧日礼教的问题。以本议员看之，还是权利义务的问题。怎么着呢？因为君主负全国政治责任，是特别的义务，所以总得享受特别的权利。如有对于君主犯罪，即应以特别法制裁之。尊亲属之于子，若无尊亲属数十年扶养之劳，子焉能得以生活？所以尊亲属对于子负特别的义务，即应当享受特别的权利。子对于尊亲属有犯罪，即应以特别法律制裁之，这皆是权利义务的问题，就是国家的主义。然特派员说什么国家主义，是家族主义，而其实家族主义是民法上的问题，不是刑法上的问题。刑法问题遇有一个人犯了罪，国家即拿法律来制裁，因为犯罪者侵害人的权利之故，这是从权利、义务生出来的关系，确是国家的主义。凡刑法没有不是国家主义的。要之刑法是刑法，礼教是礼教，两不相涉，这是第三层。第四层是效力减轻，何以要效力减轻呢？刑法效力使之减轻，是使犯罪的一天少一天，本有教育的力量使他不能犯罪，所以不能叫他增多。减轻犯罪从哪儿生来呢？因为维持社会安宁，必看社会现状。社会程度怎么样，刑律亦就因之高下，看出社会程度高一步就进一步来，高十步就进十步来。不能高一步而所进竟十步，那就要跌倒了。刑法主义就是维持社会安宁主义，以社会程度为高下，以减轻犯罪为目的，这是刑法之定义。本议员意见如此。

117号（雷议员奋）：本员对于议员的话有一个质问，于议员所说的四层到底对于《新刑律》是赞成的还是反对的？

110号（于议员邦华）：是赞成的。

153号（易议员宗夔）：都是赞成的，没有什么讨论。

148号（陶议员峻）：既是讨论大体，本员对于方才报告的有意见。

方才汪议员报告说是第二百六十七条把他删了，本员不以为然，若是把它删了，于事实上有种种弊病，据本员的意见还是不删为妥。

81号（章议员宗元）：要按次序讨论，不然都是空谈无补，这个时光很可惜了。

129号（汪议员龙光）：请付再读，讨论大体都是洞洞空空，毫无着实，还是请逐条朗读，即逐条讨论，付诸表决，免得耽误时光。

副议长：可付再读。

153号（易议员宗夔）：赞成再读。

众议员赞成付再读。

137号、110号、133号同时发言，议场嘈杂。

153号（易议员宗夔）：如不要再读，是中国不要《新刑律》吗？

110号（于议员邦华）：是修正，不是反对。

153号（易议员宗夔）：已经议决再读了，按照《议事细则》第三十条之规定，可否就付再读，请咨询本院。可否今天付再读？

130号（刘议员景烈）：请议长付再读。

副议长：现付再读，请逐条讨论。

81号（章议员宗元）：请命秘书官逐条朗读。

130号（刘议员景烈）：再读本来是逐条讨论，但是现在闭会只有几天了，看看还有省略的法子没有？（欲未毕）

137号（邵议员义）：请议长维持议场秩序，不要三四人同时说话。

153号（易议员宗夔）：劳议员曾提出一个倡议说，这个刑律修正案应该要在股员会提出来，股员会不赞成的，大会不能讨论。（语未终）

众议员同时发言，议场大哗。

秘书官（曾彝进）承命朗读总则第一条。

178号（高议员凌霄）：本律于犯罪在本律颁行以后者适用之，字面不十分妥当。底下都是"帝国"，应该第一条都要一律，本员以为第一条本律"于凡犯罪在本律颁行以后者适用之"应该改为"凡在帝国内犯罪者"云云。

73号（汪议员荣宝）：在未颁行之前是地之效力，在颁行以后是时

（时）［之］效力。

秘书官（曾彝进）朗读魏联（奎）［魁］修正案。

48号（陈议员懋鼎）：股员会已经通过了。

110号（于议员邦华）：原案已经表决了怎么又读修正案？

81号（章议员宗元）：讨论刑律如有修正的地方，早些提出，由印刷分送大家看看明白，不能临时提出修正案。

73号（汪议员荣宝）：这是当时本议员在议台上没有报告过的，是本员疏漏的地方，不能不自任其咎。这一条为什么不采用魏议员的主义，当时没有说出来，魏议员因为本案第二项不用旧日比较新旧从轻处断之例，是以提出修正案，拟规复旧制。魏议员之意诚善，关于这一层的各国立法例本来取比较新旧从轻处断之主义者居多，我国从前唐律、明律、大清律亦然，凡犯罪在刑律未颁行以前者，应比较新旧从轻处断，但律之本文仍有犯在已前，依新律拟断之规定。现在东西各国大都是用这个主义，但是《新刑律》何以不采用这个主义呢？因为国家定了刑律就是一代的大宪章，无论何人都要遵守。为什么在《新刑律》颁行以前的犯罪的人就要减轻，把一代的宪章消灭呢？有人说刑罚与其失之于严，毋宁失之于宽，故所以应当采用比较新旧从轻处断的主义。不知刑法不是沽恩的物件，不可忽严忽宽，故此本股员会不用多数之立法例而用最新之学理，不分新旧二法，概从〔从〕新法处断。这个主义，外国也有采用的，例如英国。是股员会不采用魏议员之说在此。

153号（易议员宗夔）：请接续朗读第二条。

110号（于议员邦华）：请议长注意先读修正案。（语未毕）

153号（易议员宗夔）：不能这样提出修正案。

秘书官（曾彝进）朗读修正案第二条。

副议长：有无异议？

众呼"无异议"。

107号（李议员棨）：一二人无异议，这叫作什么通过？

133号（陈议员敬第）：请一条一条起立表决。

副议长：要是一条一条起立，当起立四百多回。

众议员请起立表决。

副议长：已经朗读过了，现在由第一条起从新表决。

123号（江议员辛）：从前通过《报律》时，只要无异议就算表决，不用起立，先例可以援照办理，应请议长咨询本院。

99号（陈议员瀛洲）：请逐条表决。

86号（喻议员长霖）：《新刑律》是非常重大，请议长还是一条一条地表决。

151号（黎议员尚雯）：《新刑律》经法律馆研究数年，又经法典股审查数月，句斟字酌，毫无疑义，如必逐条起立表决，则请反对者起立，我们赞成的回回起立，是起不了（怎们）[这么]多的。

110号（于议员邦华）：请议长注意，起立表决要看得清清楚楚的，方是的确。

129号（汪议员龙光）：请议长付表决。

众呼"请付表决"。

副议长：从第一条念起。

秘书官（曾彝进）承命朗读第一条修正案。

副议长：请赞成者起立。

众议员起立赞成。

副议长：多数。

秘书官（曾彝进）承命朗读修正案第二条。

153号（易议员宗夔）：一、二、三项各项可以省略。

81号（章议员宗元）：这条条文改动了。

73号（汪议员荣宝）：这个里头因为条文有变动，所以不同了，但是他这个结果与原来的条文没有多大的关系。

秘书长：承命报告一声，各位议员坐位都备有天然墨，有水有笔，如果有错的地方，各位议员就可以在本位改正过来，写在原本子上，因为朗读得很慢，可以照这个办法稍为快些。

140号（康议员咏）：有不对的地方。

副议长：第三条请赞成者起立。

众议员起立赞成。

副议长：多数。

秘书官（曾彝进）承命朗读第四条。

副议长：第四条有无异议？

136号（王议员廷扬）：照原草案是"中国官吏"，何以改作"臣民"？

73号（汪议员荣宝）：原来草案是官吏，后因这个意思对于中国有许多是官吏犯，有许多不是官吏犯，性质不同，不能概括。第四条是官人犯罪，第五条是私人犯罪。如果本国人在外国犯罪也要处罚的，即令外国人在中国犯罪也要处罚的，这两条性质不同，不能归并，所以将官吏改作臣民，有可以包括一切。

136号（王议员廷扬）：第六项也是官吏，第五项也是官吏，何以此条独改作臣民呢？

73号（汪议员荣宝）：如果有诈伪称官吏的又怎么样呢？

副议长：第四条有无讨论？

众呼"无讨论"。

副议长：第四条既无讨论，可付表决，如有赞成第四条者请起立。

各议员起立赞成。

副议长：多数。

137号（邵议员义）：请查点人数。

107号（李议员榘）：人数不够，我们不议也可以的。

秘书官（曾彝进）承命朗读第五条。

副议长：第五条有无异议？

107号（李议员榘）：人数不够，不能表决。

73号（汪议员荣宝）：秘书官朗读第五条有错的地方，第十七项应该是三百零四条，不是三百零三条。

秘书官（曾彝进）再读第五条。

众呼"请付表决"。

107号（李议员榘）大呼"人数不够"。

73号（汪议员荣宝）：何以见得人数不够？

声浪错杂，议场骚然。

153号（易议员宗夒）：李议员又不是秘书官，何以晓得人数不够呢？

129号（汪议员龙光）：看看议场外还有人没有？

74号（陆议员宗舆）：也不过差一二个人，没有什么关系。

107号（李议员榘）：差一二个人也不妨什么？

117号（雷议员奋）：今天到会人数多少？

副议长：百二十人。

117号（雷议员奋）：一百二十人有六十几人赞成，就是多数。

110号（于议员邦华）：恐怕照这样办了，就是开了先例，对于本院前途很危险的。

153号（易议员宗夒）：各议员中有暂时出去的，不能说不教他出去，不能因出去就算人数不够，贵议员是很热心的，试问一部《新刑律》是要通过不要通过？

74号（陆议员宗舆）：差一二个人用不着数。

副议长：第五条已经朗读过了，可以付表决，赞成者请起立。

众议员起立赞成。

137号（邵议员义）：请议长还要维持秩序，议场秩序太乱了。

秘书官（曾彝进）承命朗读修正案第六条。

副议长：有无讨论？

众呼"无讨论"。

副议长：请赞成第六条者起立。

众议员起立赞成。

副议长：多数。

秘书官（曾彝进）承命朗读修正案第七条。

副议长：有无讨论？

众呼"无讨论"。

副议长：请赞成第七条者起立。

众议员起立赞成。

副议长：多数。

73号（汪议员荣宝）：现在讨论第八条，未讨论之前本员有个报告。因为在议台上没有报告，现在要报告一下子。第八条原案是第二项、三项、五项、六项，股员会修正是如此，与原案没有大分别，后来有高议员凌霄提出修正案说"特别成例"，"特别"二字有毛病，恐其与将来收回领事裁判权有窒碍，不如改作"普通"二字，高议员修正，我们没有采用高议员的意思，否则将"成例"改为"通例"也可以行的。

178号（高议员凌霄）："通例"也很好，不过"普通成例"是直截了当，分清界说的。

117号（雷议员奋）："普通"二字不好，刑律是国内法不是国际法，在我们中国，国内法出来就是"特别"，而在国际上没有一个不承认的。

178号（高议员凌霄）：本员对于雷议员的话有一个解释，贵议员说特别成例就是国际上的普通成例，然则第八条条文国际上特别成例，何以不就说是国内的特别成例呢？

48号（陈议员懋鼎）：本员赞成雷议员，国际上有特别成例。既是国际特别，就是我的普通成例亦算特别者，如这一国那一国实在是在国际上特别成例。要说国际上特别成例，不能由国内法规定。虽所谓国际上特别成例，然由内国看出是没有分别的。

153号（易议员宗夔）：还是以股员会修正案付表决。因为高议员的修正没有一个人赞成的。

137号（邵议员羲）：本员赞成。

178号（高议员凌霄）：还是以本员修正案先付表决，现在既未表决，贵议员何以知道无一人赞成？

87号（沈议员林一）：简直把"特别"二字去掉。

众议员赞成。

74号（陆议员宗舆）："特别"二字有包含无数的意思，诸位要明白修正案的意思。

48号（陈议员懋鼎）：赞成陆议员的话。

137号（邵议员羲）：把"普通"二字删去也可以。

74号（陆议员宗舆）：各国没有这个成例。

87号（沈议员林一）：因为把领事裁判权包在其内，我们现在没有将领事裁判权收回，外国人在中国犯罪也须有别的成例，而现在要明白连中外人都在其内，倒是用"国际成例"就没有毛病了。

153号（易议员宗夒）：为两个字何必如此讨论？

127号（闵议员荷生）：总研究清楚为是。

112号（陈议员树楷）：原案的意思似乎领事裁判权在内，所以这两个字不能删去了。

137号（邵议员羲）：要分两层付表决。

178号（高议员凌霄）：照《院章》先表决修正案。

117号（雷议员奋）：删去"特别"二字。

133号（陈议员敬第）：请议长把"特别"二字付表决。

秘书官（曾彝进）[承]命朗读第八条，删去"特别"二字。

副议长：众议员有无讨论？如无讨论，以为可者请起立。

众议员起立赞成。

副议长：多数。

秘书官（曾彝进）承命朗读第九条。

副议长：第九条有无讨论？如无讨论，以为可者请起立。

众议员起立赞成。

副议长：多数。

秘书官（曾彝进）承命朗读第二章不为罪第十条。

副议长：第十条有无讨论？如无讨论，以为可者请起立。

众议员起立赞成。

副议长：多数。

秘书官（曾彝进）承命朗读十一条。

副议长：第十一条有无讨论？

112号（陈议员树楷）：责任年龄各国不同，有二期的有三期的，亦有四期的，股员会修正案把五十条删去，是纯乎用一期，年龄制限不妥。当十五岁以前就全不负责任，十五岁以后就全负责任，这是说不下去的。譬如十五岁腊月二十九日犯了罪就完全不负责任，而十六岁正月初几日犯了罪就负完全责任，有罪无罪相差仅几天。以本员意见，不能说十五岁以前没有完全教育能力，十五岁以后就有完全教育能力，不如用两期年龄似乎妥当。

74号（陆议员宗典）：以陈议员所说，比如十九岁与二十岁总是差一岁，就说二十岁为成年之期，不到这年，而十九岁还是不算的。

112号（陈议员树楷）：陆议员所说也是不错，但法律案件想应该研究过。各国所讲的责任年龄，八岁或十二岁应该如何，十六岁或二十岁应该如何，皆有区别，本员主张责任年龄不应仅规定以十五岁为绝对的责任年龄，应当酌量情形，以二期或三期规定之，以为用刑之区别。

123号（江议员辛）：陈议员说我们中国程度够不上，诚然，但理由不甚充足。凡刑责丁年以十五岁为断，最为折衷办法，若改十三岁以下为一级，十四岁至十五岁为一级，那是将中国人民程度看得高了。本议员以为两级必以十五岁以下为完全不负刑责之年，十六岁至二十岁为减轻时代方可。

87号（沈议员林一）：本员赞成原案，在各国也是绝对无责任、减轻，分两层的，股员会报告说是不能以辨别性为准，本员是不赞成的。十五岁作强盗也是很多，要是以十五岁为断，则强盗者皆不死，未免太轻。

137号（邵议员義）：请沈议员举出十五岁作强盗一个例来。

59号（顾议员栋臣）：可见辨别心亦是刑律上所不可少的，以他的行为而言，则是个罪名，然罪名之轻重，要不能不分别的。据本员看起来，还是用原案妥当一点。

112号（陈议员树楷）：这个责任年龄亦是要分两期的，至于所规定的年龄，按照日本《新刑律》，十四岁以前是没有罪，至十六岁以前酌量减轻。

73号（汪议员荣宝）：方才本员说明的时候，还遗漏几句，现在补足几句。绝对无责任与相对无责任，在各国的法律采用者甚多，在古时候多以为九岁、十岁之时还没有辨别心，所以没有罪。然现在各国不采用辨别心，即采用教育主义，日本的刑法亦是如此。曾在会议通过的新刑律，未满十四岁的为不负刑事责任，年龄在十四岁以上统统作为责任年龄，这是日本议会上通过的刑法。现在改正《新刑律》，十四岁以上有责任，未满十四岁没有责任，本员是采这个主义。然所以不用十四岁，而用十五岁，是什么缘故？因为现在《违警律》是定为十五岁负责任，我们定刑律是不能两歧的，所以现在修正《新刑律》亦定为十五岁，这一层可以不必讨论。

122号（江议员谦）：对于汪议员的话还有解释的地方，这一条便是教育作用与刑法作用的交代（拍手）。刑法作用何以要自十五岁以上呢？因为现在各国定强迫教育的义务年龄大概是七岁到十四岁，以前的儿童一定要用强迫教育，就是他有了罪，还要用教育来感化他，不必加以刑法。到十五岁以上，这义务教育的年龄已满了，没有强迫他受教育的性质，这个时候他犯了罪，就应归入刑法里头去。以义务教育时期之终为刑法作用之始，这理很通。

153号（易议员宗夔）：请议长付表决。

87号（沈议员林一）：教育一层还有一个解释，这个感化教育原来是很好的，然看我们中国现在的情形，能施不能施呢？我们这个刑律一二年就要施行，而这个教育岂一时遂能完吗？况十六岁与十五岁的人很容易混的，而将来这个《登记法》又不十分靠得住，将来十六岁、十七岁的人犯了罪之后都变为十五岁，这是很难分的事情，所以将来这个《登记法》若再靠不住，这一层那是很危险的。

48号（陈议员懋鼎）：沈议员说的话不是这个问题。

声浪大作。

137号（邵议员义）：一人不得发言二次。

112号（陈议员树楷）：讨论的时候可不在此限。

87号（沈议员林一）：诸位没有办过案子，是不知道这里头的情形，现在十五岁犯罪的很多很多。

声浪大作。

112号（陈议员树楷）：比方一个说话那一位驳了，这个人还许发言不许发言呢？

某议员：一人不得发言二次，《议事细则》上是有的。

112号（陈议员树楷）：《议事细则》上有彼此互相讨论不在此限，若在议场上不准说话，那没有这个道理。

声浪大作。

副议长：请缓发言。

112号（陈议员树楷）：教育的目的是国家使人民养成一个完全的人格，若是刑法取教育主义，则全国人民犯了罪都不责人民不好，而皆归咎于国家之教育不充足，所以人民犯了罪后收入监狱，仍欲补足其教育，此说与现在所定的这一条无甚关碍。若谓十五岁以前的人就算完全没有教育，十五岁以后的人就算有教育，这个理由是说不过去的。

115号（许议员鼎霖）：照陈议员的意思是反对十五岁，究竟定十四岁、十五岁，总要说出定数才好表决。

112号（陈议员树楷）：本员的意思要分为二项的。

某议员：请议长付表决。

117号（雷议员奋）：照《议事细则》，应先以修正案付表决，若得少数赞成，则再以原案表决。

112号（陈议员树楷）：本员主张的第一期以十四岁为限。

117号（雷议员奋）：大家不要讨论了，陈议员的意思大家亦明白了，请议长先拿十四岁付表决。

153号（易议员宗夔）：有三十人以上之赞成，方可作为议题。

110号（于议员邦华）：现在不过是原案是分二起，而修正案是一起的。

副议长：陈议员倡议，众议员以为何如？

112号（陈议员树楷）：表决分二起或一起，然后再表决岁数。

声浪大作。

48号（陈议员懋鼎）：陈议员倡议大家没有赞成的，这个议题就不能成立。

73号（汪议员荣宝）：陈议员还没有明白这个意思，股员会是取绝对无责任的办法，不是取相对无责任的办法。现在陈议员的意思采用减轻责任主义，然必要议题成立之后，方可付表决。

　　副议长：请赞成陈议员倡议起立。

　　副议长：足三十人以上，可以作为议题。

　　48号（陈议员懋鼎）：请议长将议题付表决。

　　110号（于议员邦华）：陈议员倡议亦是原案的意思。

　　190号（吴议员赐龄）：原案是十二岁，与陈议员意思是不一样的。

　　117号（雷议员奋）：关于法律事体，不能随便说的，陈议员倡议是十三岁与十四岁，不能随便说的。

　　73号（汪议员荣宝）：请将陈议员倡议议题付表决。

　　48号（陈议员懋鼎）：照陈议员意思，《违警律》还是要修正，还是怎么样？

　　149号（罗议员杰）：请议长付表决。

　　74号（陆议员宗典）：本员反对陈议员的话，因为第二章不为罪，既然是不为罪，照现在陈议员意思要减轻，则这个法律是不是要全体改过？（拍手拍手）

　　声浪大作。

　　众议员请付表决。

　　副议长：现在由秘书官朗读陈议员修正案。

　　秘书官曾彝进承命朗读陈议员修正案。

　　117号（雷议员奋）：请议长斟酌《议事细则》，陈议员修正案是修正原案，并不是修正股员会修正案。

　　112号（陈议员树楷）：年岁先可以不必表决，请先表决分为二期抑为一期？

　　154号（陈议员命官）：陈议员修正不能这样修正，自己还弄不清楚，怎么样表决呢？（拍手）。

　　59号（顾议员栋臣）：现在分为三次表决，先表决十五岁，再表决十四岁，是陈议员修正的，然后再表决原案十二岁。

　　117号（雷议员奋）：现在三个数目是十五岁、十四岁、十二岁，议长就可以拿这三个数目表决，况陈议员意思大家已经知道，可以不必再说。

130号（刘议员景烈）：应当先以股员会修正案付表决。

74号（陆议员宗典）：股员会修正案应当先付表决。

48号（陈议员懋鼎）：照章应先以股员会修正案付表决。

副议长：请问众位，应就何项先行表决？

153号（易议员宗夔）：请议长看《议事细则》六十九条。

48号（陈议员懋鼎）：请议长先以股员会修正案付表决。

112号（陈议员树楷）：应照第六十八条办理。

117号（雷议员奋）：现在有二个主义，一个是分二期，一个是不分二期，股员会修正案是不分二期，而原案是分二期，陈议员是修正原案，并不是修正股员会的修正案，大家要明白这个意思。况且陈议员是赞成原案分二期，可是对于原案十二岁又有点疑问，有点不同，应当先以股员会修正案付表决，陈议员修正案是因原案生出来的。（拍手）

112号（陈议员树楷）：请先付表决原案。

153号（易议员宗夔）：照章程没有表决原案的条文。

副议长：先表决股员会修正案。

112号（陈议员树楷）：若是表决股员会修正案，是表决一期。

117号（雷议员奋）：与不分二期是一个样子的。

副议长：由秘书官朗读股员会修正案。

秘书官（曾彝进）朗读股员会修正案第十一条。

副议长：股员会修正案第十一条已经朗读，以为可者请起立。

众议员起立赞成者六十四人。

副议长：六十四人，多数。（拍手）

秘书官（曾彝进）朗读第十二条。

副议长：众议员有无讨论？

众议员"无讨论"。

副议长：既无讨论，请赞成者起立。

众议员起立赞成。

副议长：多数。

秘书官（曾彝进）承命朗读十三条。

副议长：十三条有无讨论？

众议员无讨论。

副议长：无讨论即付表决，请赞成者起立。

众议员起立赞成。

副议长：多数。

秘书官（曾彝进）朗读十四条。

副议长：十四条有无讨论？

众议员无讨论。

副议长：无讨论即付表决，请赞成者起立。

众议员起立赞成。

副议长：多数。

秘书官（曾彝进）朗读十五条。

副议长：此案有劳议员乃宣修正案，请法典股员长说明不采用之理由。

80号（劳议员乃宣）：本员提出来的修正案十一日交到秘书厅，十六日法典股就审查完了，或者秘书厅未交到。

73号（汪议员荣宝）：股员会多数议决《暂行章程》作废，已经提出不采用之理由书。

80号（劳议员乃宣）：《暂行章程》第五条，本员以为此条理由很充足。比如他打他一拳，他也还他一拳，他（坎）[砍]他一刀，他也还他一刀，既是正当防卫，就应当防卫，就应当不加罪。可是对于尊亲属，小杖则受，大杖则走，子孙不可有正当之防卫以防卫其尊亲属，政府提出《暂行章程》，是本日本旧刑律原文，然日本《新刑律》就把这条删去了。不过本员意见，把《暂行章程》第〔十〕五条应该加入正文正当防卫之后。

117号（雷议员奋）：劳议员讲完没有？

80号（劳议员乃宣）：完了。

117号（雷议员奋）：尊亲管束卑幼，因为子弟在幼稚时代，尊亲得干涉其行为，而干涉不应谓之侵害。侵害是平常人对平常人而言，至于尊亲对于卑幼应当干涉，不是侵害，可见侵害是平常人对平常人，并不是尊亲对于卑幼，"侵害"二字已经很有界限了。试问尊亲属有不正之侵害，或是打或是骂，皆谓之"侵害"，可以不可以？谓之不正当之侵害可以不可以？此条可以不必加入尊亲属对于卑幼之行为，不应用第五条来解释。

73号（汪议员荣宝）：尊亲属对于子弟，万不能谓之不正之侵害。

87号（沈议员林一）：雷议员、汪议员意思相同，解说都是很好的，但是在外国法律，生命财产必须经尊亲属之管束，方是正当办法。

117号（雷议员奋）：沈议员所讲的不是对于劳议员意见，是对于股员会修正案有意见。这个问题既不是对于劳议员的修正案，就请先表决劳议员修正案。

112号（陈议员树楷）：试问法典股股员，比如尊亲属杀伤子弟，可以适用正当之防卫否？

117号（雷议员奋）：请问陈议员，本员要问主张对于尊亲属不应当用正当防卫，然而尊亲属有杀伤子弟没有？

80号（劳议员乃宣）：瞽瞍杀舜就是不正之侵害，如果舜因为防卫自己把瞽瞍杀了或伤了那就是不孝。

73号（汪议员荣宝）：舜用正当防卫没有？

87号（沈议员林一）：正当办法，本员意思十六条应补足十五条。

73号（汪议员荣宝）：方才沈议员说各国法律权利都是保护生命财产，现在刑律，本员都已对过的，不过此时只有日本《新刑律》在，照日本《新刑律》第二十六条规定亦是如此。

87号（沈议员林一）：本员所举的是德国的刑法。就是日本的刑法，亦是从德国而来的。现在定得太宽，恐怕将来有流弊。

136号（王议员廷扬）：沈议员所说根据德国刑法究竟何条，请将原文一并见示，不能空论。

117号（雷议员奋）：尊亲属对于卑幼之行为，卑幼就不应有正当的防卫，无论如何，尊亲属对于卑幼，万不至有正当之侵害，请问国家能定此种法律不能？

137号（邵议员羲）：劳议员所说的是民法上的问题，不是刑法上的问题。

73号（汪议员荣宝）：总而言之，无论如何尊亲属万不至侵害子弟。

副议长：先表决劳议员的修正案。

48号（陈议员懋鼎）：劳议员修正案究竟成立没有？

74号（陆议员宗舆）：劳议员倡议，本员不大明白。

80号（劳议员乃宣）：本员的意见是《暂行章程》第五条，改到正文里头去。

137号（邵议员羲）：劳议员倡议，并没有三十人以上之赞成。

74号（陆议员宗舆）：劳议员主张的是不是应当有正当的防卫？

80号（劳议员乃宣）：本员主张的是不应当有正当的防卫。

112号（陈议员树楷）：劳议员说的话不明了，比方爷爷打孙子，他孙子用正当的防卫把爷爷打死了。（语未毕）

117号（雷议员奋）：陈议员要把全案看明白。

109号（籍议员忠寅）：这件事情用不着这派讨论。劳议员与陈议员的意思都是好意，不愿中国有子弟杀伤父兄之事，但是劳议员主张的是伦理上的，不是法律上的。（拍手）至所谓瞽叟杀人，舜既未被瞽叟杀死，则不能援以为事实上之例。法律订定之后，子弟有不法行为，国家有法律代为管束，用不着尊亲属杀之也，奉劝劳议员不必过虑。

86号（喻议员长霖）：劳议员主张的是中国伦常，关系很正大的，大家亦很注意。但无论如何，父兄万不至无故杀死子弟，且劳议员所虑的，就是将来民法亲族必有规定的。

副议长：现由秘书官朗读劳议员修正案。

秘书官（曾彝进）承命朗读劳议员修正案第十五条二项。

107号（李议员榘）：劳议员修正案不能付表决，要按照劳议员的修正案就坏了。

9号议员（铠公）：请议长付表决。

178号（高议员凌霄）：劳议员倡议我们虽不赞成，却不能说不付表决。

81号（章议员宗元）：请付表决。

副议长：现在就先表决股员会修正案。

117号（雷议员奋）：表决者不是赞成之谓，劳议员修正案应付表决。

73号（汪议员荣宝）：劳议员的意思大家都已明白，可以表决。

副议长：劳议员修正案现付表决，请赞成者起立。

众议员起立赞成。

副议长：少数。（拍手）

94号（王议员佐良）：现在议场表决是很可笑的，倡议的赞成人有三十人以上，表决赞成人倒只二十人。

副议长：现由秘书官朗读股员会修正案第十五条。

秘书官（曾彝进）承命朗读。

副议长：现在表决股员会修正案第十五条，请赞成者起立。

众议员起立赞成。

副议长：多数。

副议长：现由秘书官朗读修正案第十六条。

秘书官（曾彝进）承命朗读修正案第十六条。

87号（沈议员林一）：对于第二项修正，照总则应加"身分"二字。

117号（雷议员奋）：请问沈议员有修正案没有？

87号（沈议员林一）：这就是修正案。

117号（雷议员奋）：本员不是说不准修正，凡在议场的议员都可以提出修正案，但为这本《新刑律》审查了一个多月，若有意见可以早些提出修正案，不能说随便改几个字就是一个修正案，这也是为慎重法律起见。

87号（沈议员林一）：已经是从第一条修到第十六条，并不是我从十六条修正起的。

众议员呼"请议长付表决"。

副议长：如无讨论，请赞成第十六条者起立。

众议员起立赞成。

副议长：多数。

137号（邵议员羲）：时候不早了，人数也不够，本议员提起倡议，请议长宣告展会。

副议长：现在展会。

秘书长：明日仍开大会，议事日表现已分送，请诸位议员务必准时到会。

下午十点二十分钟散会。

注释

① **具说帖议员陈敬第为质问事**

本议员对于法部奏任法官颇有疑问。谨奏。按《院章》第二十条及《议事细则》第一百零七条，请议长咨询本院决定之，疑问如下：

查《法院编制法》第一百六条，推事及检察官应照《法官考试任用章程》，经二次考试合格者，始准任用。又第一百二十四条，自大理院卿以下，所有推事及检察官廉俸并进级章程，除本法规规定外，另以法令定之。可见大理院卿、高等审判厅厅丞、总检察厅厅丞、高等检察厅检察长当然在第一百六条推事及检察官六字范围之内，与《日本裁判所构成法》以大审院长、控诉长、检事总长、检事长，概称判事、检事之制，正相符合。则大理院卿、高等审判厅厅丞、总检察厅厅丞、高等检察厅检察长，亦应经二次考试合格，始准任用，解释上毫无疑义。今大理院卿、总检察厅厅丞，固未经过考试，各省亦纷纷以未经考试不通法律之人，奏请试署高等审判厅厅丞、高等检察厅检察长，不独违反《法院编制法》之规定，并于大部奏明前奏用人章程应行作废之文，亦不符合。若谓院卿、厅丞、检察长品秩较崇，可以免考，然从前各项试差，虽二三品大员尚必经过考试，始邀简放。况司法官为人民生命财产所系，院卿、厅丞、检察长为推事及检察官之长，任用苟不得人，则上足以损法令之威严，下足以召属僚及人民之藐玩，实为贻患无穷。大部负司法之责，用人为行政之本，大理院卿、总检察厅厅丞，未经考试，何以并不奏请补试？各省以未经考试不通法律之员，奏请试署高等审判厅厅丞、高等检察厅检察长，何以并不奏驳？前经御史温肃奏准，各项法官一体补行考试，未知大部何日实力奉行？本议员不能无疑，为此遵章质问。应请议长咨询本院决定，咨请法部酌定日期以文书或口头答覆。须至说帖者。（"议员陈敬第具说帖质问法部奏任法官颇有疑问事"，《资政院知会折奏章程、说帖、质问、知情等案件》之《资政院第四类议员具说帖质问各案件其一》）。

资政院第一次常年会第三十八号议场速记录

【标题】审议表决追加预算案及再读《大清新刑律》

【关键词】追加预算 《大清新刑律》《承发吏职务章程》

【内容提示】先审议表决追加预算案，重点是继续再读《大清新刑律》。此时临近闭会，法派议员在本次大会上让《新刑律》尽快通过的急迫心情表现得明显，有仓促和草率之处。

宣统二年十二月初七日下午一点钟开议。

议事日表第三十六号：

第一，《大清新刑律》议案，再读；

第二，统一国库章程议案，股员长报告，续初读；

第三，试办宣统三年追加预算案，股员长报告，会议。

副议长：今天到会者共一百二十一人。

123号（江议员辛）：本员倡议以为《新刑律》是很要紧的，虽明年不能颁行，必到宣统五年才实行，然不把条文早修正妥当，于人民生命财产上是很危险的。如果逐条讨论，恐又耽误时光，不如命秘书官逐条读一遍，分章表决，不必逐条表决。

副议长：江议员倡议，众议员是否赞成？

127号（闵议员荷生）：这个《新刑律》应该讨论条文不应该付讨论条文？《新刑律》比《报律》怎么样呢？《报律》都讨论条文，《新刑律》不讨论条文是何意思？如果今年议不过去，明年再议亦可。

86号（喻议员长霖）：《新刑律》统共三十六章，一章一章表决，也不甚耽搁工夫。

94号（王议员佐良）：这个事情大家尽可以各抒所见，不必故意滋闹。

123号（江议员辛）：请把本员倡议付表决。

副议长：赞成江议员倡议者请起立。

众议员起立赞成。

副议长：多数。

62号（刘议员泽熙）：本议员有个倡议，请议长变更议事日表，将追加预算提前报告，因为会期太促，预算还要编制总表，以便送到会议政务处会同具奏。

众议员同时发言，声浪错杂。

148号（陶议员峻）：现在各议员多有同时发言，议场秩序紊乱，请议长注意。

62号（刘议员泽熙）：方才本议员的倡议，请议长咨询本院决定之。

副议长：刘议员请再说一遍。

62号（刘议员泽熙）：本议员的倡议，请将议事日表第三议题追加预算提前报告，因追加预算若不通过，总表即难编定，全国出入的盈亏看不〔得〕出来，且会期甚迫，务须日内送到会议政务处，以便会同上奏，即请议长咨询本院决定之。

副议长：刘议员倡议是否赞成？

众议员赞成。

副议长：既赞成，就改定议事日表，先议追加预算案，请第一科报告审查之追加预算。

73号（汪议员荣宝）：刘议员的倡议，大家是否赞成？

副议长：众人已经赞成了。

73号（汪议员荣宝）：是否已付表决，得大家之赞成？

62号（刘议员泽熙）：报告追加预算不过耽搁一点钟的时间，因为现在须赶紧编制总表，以便送到会议政务处会同上奏，请各科审查长简单报告就是。

副议长：第一议在京各衙门内宗人府、内务府、禁烟公所、盐政处、法律馆、资政院追加经费，第一科审查长说明审查情形。

　　112号（陈议员树楷）：追加预算。本员代为报告第一科在京各衙门追加预算，宗人府追加四十五两有零，当初审查在京各衙门，以量入为出为宗旨，宗人府岁出与岁入相差不过几两银子，审查的时候并未核减，所以于追加预算之款，碍难承认。第二内务府，岁入三百六十多万，临时、经常全在其内，岁出四百四十万，不敷八十多万，当初审查核减之后，又追加五十几万，因为明年经费支绌，其追加之数所以也没有承认。其次禁烟公所，岁入六万，岁出五万三千几，原来没有核减，因为禁烟的事项正在吃紧，只有明年一年的工夫，后来追加五千六百多两，因为原来岁入尚有盈余，所以承认其追加。再其次盐政处，当初审查核减六万多银子，后来追加一千多两，既是核减过，所以也不认其追加；到后来接到盐政处的说帖，谓参事系奏定之员，不能轻易裁减，仍请按照原额支用参事九员，共合九千多两，本会第二次审查，准其照数支用。再其次法律馆，头次审查减去三万多银子；后来接到法律馆来片，谓该馆译书费与调查费多是聘用外国人，是必需不可少的，已与外国人定过合同，如何核减得了呢？这回审查，译书费、调查费仍照原数开支，不过人员里头裁去六千多两。资政院，头一次审查并未增减，这回追加一百万工程费，以为建筑上下议院之用，此项银两应分两期开支，明年五十万，后年五十万，审查时候业已承认，报告书因为此项追加案今天才送上来，没有能够印刷，俟秘书厅印刷好了再行分送。

　　117号（雷议员奋）：本议员对于内务府有个意见，照现在预算总册，宗人府、内务府以下有圆明园、颐和园、上驷院种种的名目，所有费用都是关于皇室经费，并且这个预算经度支部覆核过来，所以本院核减的地方甚少，但是本议员看内务府送过来的册子与度支部送过来的册子有不同的地方，度支部送过来的内务府册子不敷之数六十几万，而内务府送过来的册子不敷之数八十几万，前经股员会审查核减之后，内务府旋追加预算，股员会以为不能承认此番审查之结果。现在本议员意思，以为内务府应当按照度支部送过来的册子计算，是六十几万，没有八十几万之多，就是追加预算，也应以度支部送过来册子为凭。因为度支部送过来的册子是已覆核过来的。若是这个追加预算没有经度支部覆核过的，我们尽可以不承认他，不知诸位意见如何？

112号（陈议员树楷）：雷议员的意思，本员在股员会的时候亦曾说过，那时很费了许多研究，不过内务府经费我们审查核减，是牟议员经手的，现在牟议员正在假期，没有在场，所以本员代为报告。那时开股员会审查时候，本员提议与雷议员的意见相同，说是关于皇室经费，我们审查究竟应否核减，大家表决的意思以为，既是皇室经费，应当照度支部覆核数目核减，但是现在还没有会议，不能遽定，这是一层。第二层就是送到我们这边来叫我们审查，我们就可以核减，所以于内务府才核减了这个数目，不过是以量入为出的宗旨，所以把不足的数目八十几万核减了，至于详细节目，牟议员不在，亦说不出来。

62号（刘议员泽熙）：这个没有什么讨论的地方，就可以请议长付表决。

副议长：是分着表决还是一起表决？

148号（陶议员峻）：有应当承认的，有不应当承认的，还是分开表决。

117号（雷议员奋）：并没有反对的，可以一起表决。

62号（刘议员泽熙）：数目简单得很，可以一起表决。

110号（于议员邦华）：请把承认的作一起表决，不承认的作一起表决。

67号（王议员璟芳）：请议长咨询诸位有无异议。

众呼"无异议"。

副议长：既无异议，即付表决，请赞成者起立。

众议员起立赞成。

副议长：多数。

副议长：第二议广东藩司衙门、运司衙门、财政公所各经费，请审查长说明审查情形。

131号（黄议员象熙）：本员审查度支部及各省追加预算前已报告

会场，经众表决，现在第二次报告，只有广东一省。审查广东追加册内共增经常费、出入财政费十二万七千一百一十七两六钱九分七厘，一为藩司衙门的经费，一为财政公所的经费，一为盐务的经费。藩司衙门经费内开科长、科员等薪水过多，与本股员会所定的公费标准不符，各省俱是一律办法，未便照加。运司、盐务经费，该省送部原册浮滥之处不少，本员前次审查业已核实删减，注明理由，此次追加亦不能承认。至于财政公所追加八万九千余两，却不能不承认。本员初次审查，拟将财政公所并入藩司衙门，曾有意见书到股员会，因孟议员在股员会亦提出这个意见，未经本股通过，是以未将意见书发表，各省既皆有此种机关，则广东的财政公所亦不能不存立，但查该所冗员太多，靡费太巨，不得不切实裁减，其裁减仍照各省通例及本股议决标准办理，共减去银三万九千余两，此本员审查该省追加财政费之情形如此，大家对该省有什么讨论没有？

　　副议长：对于广东一省追加预算，有无异议？若无异议，请赞成者起立。

　　众议员起立赞成。

　　副议长：多数。

　　副议长：现在议第二科审查之追加预算，第一先议陆军部经费，请第二科审查长说明审查情形。

　　67号（王议员璟芳）：本员委托潘议员鸿鼎代为报告。

　　120号（潘议员鸿鼎）：陆军部本衙门的经费前天已经顾议员报告过了，此刻陆军部又送到追加预算的册子，照他原来所增的是三万六千有零，此刻允他增的是二万零一百两，为什么要减去他一万数千两？因为按陆军部追加预算的册子，对于预算册要增加的，如第二项薪水名下计九十余两，又第五项办公经费名下计四百两，查本股所办预算拟定公费标准，是各科一律照办的，初因陆军部人数太多，薪水亦优，与本科所谓裁冗员节靡费的宗旨不对，所以酌量核减，现在我们所办追加预算仍照这个宗旨办理，而办公经费之不能照增，亦即是撙节之意。此外电报费是二万二千六百六十六两六钱六分六厘，这个数目是以银元合为库平银的数目，因为他原来的册子上无此一项，是以增出这个电报费，在该部未必不是出款的大宗，但四万元之数似乎过多，故将所合库平之尾数减去，允许他二万两。又第三次是津贴，所谓津贴者大概是录事津贴之类，拟增出一百两的，数目无多，亦即照增，通共增出了二万零一百两。

副议长：陆军部追加预算已报告过了，众议员有无讨论？

众呼"无讨论"。

副议长：既无讨论，请以报告书为可者起立。

众议员起立赞成。

副议长：多数。现在议云南等九省交涉费，请潘议员鸿鼎报告。

120号（潘议员鸿鼎）：各省交涉费从前已报告过了，后来各省来文对于此项经费有追加预算，其数并不多。本议员审查以本科原定对于交涉费审查之标准为依据，审查之结果计有四端：一、有实在应增者则照增；二、该省拟增而本科对于各该款已删减在前，则请其查照原册不允增加；三、本科原册未经置议，而该省自愿删减者允之；四、该省拟减而本科原册减去之数比他还多，则请其查照原册。现在造册报告已经逐项注明理由，惟此刻只可简单报告，以免耽搁时间。总之各省有增有减相抵，总预算上仅增出银子二千有零，想大众没有异议。

副议长：各省交涉费报告过了，有无讨论？若无讨论，赞成者请起立。

众议员起立赞成。

副议长：多数。

130号（刘议员景烈）：追加预算必定有个限制，若无限制，将来各省各衙门又有追加的文书到资政院来，则资政院作何法以终止之？

62号（刘议员泽熙）：现在已定有限制的日期。

副议长：第二科审查理藩部所管殖边学堂经费及西藏行政费追加预算，请王议员璟芳报告。

67号（王议员璟芳）：本员简单报告。理藩部追加预算八千两银子，扩充殖边学堂的经费。股员会以为培殖边才应有专门学堂，前次减去理藩部扩充蒙古学〔堂〕经费，是以专门学堂不应由本衙门管理，应由理藩部会同学部另设专门学堂方好，现在未设以前，扩充这个经费是应该有的，股员〔会〕已经承认，经大会讨论。其次西藏的追加预算，股员会对于边防费用，所有行政、教育、实业各项，均视为关系重要，没有裁减他，至西藏追加军政费七十余万，因各处军政费的追加预算皆经否决，所以一律认为否决。以上两项关于理藩部的追加及西藏的追加预算，未悉大会有无讨论？

副议长：理藩部追加预算，王议员已报告完了，若无讨论，请赞成者起立。

副议长：多数。现在议禁卫军追加预算，请审查长报告。

151号（黎议员尚雯）：本员先将禁卫军不能核减的理由大概说一说。本股员会核减数与禁卫军相差有四十万，据特派员说有三十万是服装经费，有十万闰月增加的用费。本股员以为这个理由似属正当，所以没有核减，请大家讨论。

67号（王议员璟芳）：本员还要代为申明一句，禁卫军是军队中第一最高模范机关，由大元帅直接管辖，与皇室经费相近，似乎不能由资政院逐条核减。股员会何以要核减呢？从前所以要核减的缘故，是因为不敷的四十多万，训练大臣没有奏定。后查今年八月间确实奏定。这个款子既已奏定，又是大元帅直辖的机关，所以没有核减，本员代为申明理由如此。

130号（刘议员景烈）：这个军装费未免太多，军装费一人一年十块钱就可以够用，何必要这样许多？还要核减为是。

陆军部特派员（文华）：这个禁卫军原直接属于大元帅管辖，调遣机关非常之高，故服装一层不能不有区别，有平常的操呢服，有大礼服，有马炮队所用的洗马擦炮的衣服，种类既多，需款亦巨。因系全国军队之模范，军容不能不格外华丽，以壮观瞻，此亦是各国通例，非独中国为然，故服装所用之款，较诸他镇不同，即系此故。

副议长：预算股员会报告禁卫军军装费三十万，照原册数目不加核减，众议员有无讨论？

众呼"无讨论"。

副议长：既无讨论，以报告书为可者请起立。

众议员起立赞成。

副议长：多数。

130号（刘议员景烈）：方才表决并不是多数。

110号（于议员邦华）：以后表决，请议长将人数看一看。

声浪大作。

副议长：表决既有疑义，请否决者起立。

众议员起立。

秘书官数人数毕。

副议长：三十七人，少数。现在议福建军事教育经费。

151号（黎议员尚雯）：军事教育费，福建、黑龙江、山东、江宁等省追加预算，照拟减之数已于原册核减，自无庸议。福建的临时费共四千，浙江武备学堂三千多两，原册开支数目太多，只能核减，不能追加。本股员会所承认者只福建测绘学堂一万五千两，因测绘关系至要，故照增加，大家还有什么意见？

副议长：福建军事教育费追加一万五千两，有无讨论？

众呼"无讨论"。

117号（雷议员奋）：请问特派员，福建测绘学堂是归陆军部管辖还是归闽浙总督管辖？

67号（王议员璟芳）：归陆军部直接管辖的很少，大半都是归各省督抚管的。

副议长：以报告书为可者请起立。

众议员起立赞成。

副议长：多数。现在议贵胄陆军学堂经费。

151号（黎议员尚雯）：现在报告贵胄学堂经费，此项经费并不是追加的，因送册过迟，故与各追加册一并报告。贵胄学堂每年经费九万五千五百多两，经股员会审查，以为太多，所以核减了五千多两。这五千两是职员薪水太优，所以核减了他二千两，至于学生及教员等均没有核减；以外的三千两说是预备金，今年预算册所有预备金概行删去，因收支不能适合，自无盈余以为预备，度支部于各省的预备金都没有承认，我们资政院亦没有承认，所以将此项三千预备金亦裁去，共裁他五千，还有九万多银子，也可以够用的。

陆军部特派员（易乃谦）：从前贵胄学堂有个公事到贵院详陈贵胄学堂的办法，不知道贵院收到否？

151号（黎议员尚雯）：没有收到。

陆军部特派员（易乃谦）：既没有收到，本员今日可以将该学堂大概情形说一说。这个贵胄学堂有军事上的性质，与别的学堂不同，一个学生须得两个教习，因为有教军事的，还有教普通科学的，所以教习总数虽多，而分开看来，觉得就少。若是要减教员的薪水，就每人每月减几两银子，也不要紧，不过于他的名誉上不好看，因为教员教授得法还可以增加薪水，若是不能胜任就可以辞退，何必于这个薪水上计较？并且学生长进全在教习热心，若教习敷衍，于学生有何益处？所以本员看教习薪水不宜核减。

62号（刘议员泽熙）：本院所减贵胄学堂的经费，并不是减教习的薪水，减的是职员薪水。

陆军部特派员（易乃谦）：贵胄学堂职员只有几个，教习占其大部分，就职员而论，所减亦属有限。

62号（刘议员泽熙）：前天开股员会的时［候］，贵胄学堂的管理大臣已经到会，核减职员薪水已得管理大臣之同意。

陆军部特派员（易乃谦）：股员会所核减的五千是在职员薪水内减去二千，预备金减去三千，这个预备金名目本不妥，但是这笔款子并不是作为预备用费，是作为实地练习野外操演的用费，贵胄学堂已开办一年，到明年就要野外操演，实地练习，比如明年用三千，后年难免不要用四千，所以这笔经费万不能减的。至于职员薪水，既得管理大臣之同意，就可以减，而教员薪水要不能减的。

67号（王议员璟芳）：那天开股员会，特派员一位及管理大臣来院旁听，审查的结果将预备金三千减去，并拟格外减去七千，以为其中必有冗员糜费，所以减去七千，而特派员说那边教员、职员薪水都是奏定的，教习薪水万不可减。股员会对于各省教育均取积极的方针，因为与学生很有关系的，至于学堂职员，自管理大臣下有提调、监督、总办、副官等名目，据特派员说管理大臣是钦派的，监督与各学堂同，总办好比学堂教务长，提调好比各学堂的庶务长，副官好比各学堂斋务长，并没有冗员在内，所以议决的时候主张减去二千，无论在什么机关上减，总要减去二千。至于预备金，本股员会也说过，各省各部都无预备金，独贵胄学堂有预备金，不是预算一律的办法，也是要减去的。就是据特派员说预备明年野操之用，到决算时候再加上去，也属可以。本员报告如此，大家如没有异议，就请议长付表决。

110号（于议员邦华）：不过几千银子，为数不多，可以表决。

陆军部特派员（易乃谦）：这个预备金虽没有多少，但是于学生一方面很有关系的，因为这笔费用是预备明年野操之用，如果减去，到明年那个学生就不能野操了，并且贵胄学堂学生二百四十余人之多，这个几千银子还不敷用，如果定要减去，学生不用野操，这个学堂就不能算军界上的学堂，尽可不必设立。

62号（刘议员泽熙）：特派员所说这笔预备金是作为学生演习的费用，不能裁减，既是军事教育，演习一事自是正当费用，似不必核减，可以在预算册内将预备金一项改为演习费，请议长咨询本院决定之。

109号（籍议员忠寅）：就理论而言，各省都没有预备金名目，贵胄学堂固然不当独有，但是就事实上看来，这笔款子自是不能减去，好在为数不多，尽可不减，请议长付表决。

副议长：刘议员泽熙的倡议，众议员以为何如？

115号（许议员鼎霖）：预备金改为演习费，本议员很赞成的，但是这笔经费是作为经常经费，还是作为临时经费？

陆军部特派员（易乃谦）：是作为经常经费。

副议长：陆军贵胄学堂经费减去二千，还有三千改为演习费，有无异议？

众议员无异议。

副议长：如以为可者请起立。

众议员起立赞成。

副议长：多数。现在议第三科审查之追加司法费，请孟议员昭常报告。

116号（孟议员昭常）：司法费各衙门没有追加预算。所于追加预算的就是各省，不过各省所追加的数目很少，有几省对于监狱费有所追加，现在监狱亟须改良，应当承认。再法政讲习所为普及教育起见，追加的数目也是应当承认。诸如此类，共加八千多两银子，而各省对于监狱费自己增加的共有十八万两上下，我们减去的约计十七万多两，本议员报告审查关于司法费追加预算的结果如此。

副议长：第三科司法费报告完了，以报告书为然者请起立。

众议员起立赞成。

副议长：多数。现在议各省追加民政经费，请审查长说明审查情形。

法部特派员（冯巽占）：各省督抚与提法使对于外省司法费以为太少，现多有电到部，因为各级审判厅将近成立，创办经费万不能太少，所以来电争执。明年贵院再办预算的时候，对于这层应请注意。

116号（孟议员昭常）：民政部本衙门追加预算计七千两，作为电报费，因为从前该部的电报费用归外务部代理，现在外务部不管，划归民政部自理，所以要追加七千两之多，至于各省民政费，应由于议员邦华报告。

110号（于议员邦华）：现在本议员报告各省追加民政费。民政费共有五项，就是民政司、巡警道、警务公所、调查局、禁烟公所。调查局一项前经股员会大家议决，法制科今年已经完事，统计科归并警务公所，这已经裁了，无论已否追加，可置之不理。至于民政司、警务公所、巡警道衙门，照股员［会］所定的标准，每年民政司六千，巡警道五千，警务公所三万，所有追加增减都应照股员会审查的标准办理。还有禁烟公所，用人及一切经费，原案以一万为标准，后广东来文禁烟追加十万，又有一项追加九百多两，这一项就是今年禁烟派员稽查作为薪金的用处，股员会已经承认，至追加十万，并未报明作何用处，所以悉未承认。此外黑龙江地方自治经费，照来文又减去三万多两，股员会议决照办。浙江刊征信录仍照原案办理。江西筹办乡镇警察经费，按此为地方经费，应归谘议局议的。还有河南、福建、云南、甘肃都是为地方经费，也应归谘议局议的。因为本年预算，凡属地方经费皆划归谘议局，所以本科审查所有民政费追加预算就只有九百多银子。

民政部特派员（吕铸）：本员还要声明一句，本部明年须办四郊巡警，有追加预算文书已于九月间咨送度支部转交贵院核议，现在预算股未曾提及，请议长咨询股员会已否收到？

度支部特派员（徐文蔚）：本部曾补送过来。

民政部特派员（吕铸）：四郊巡警按筹备清单，明年是应办的，所以有追加预算事情，请股员会查一查，早些议决，以便明年好办。

110号（于议员邦华）：请问度支部编订预算案，此项编订到底在哪一部分之内？

度支部特派员（徐文蔚）：总预算册内没有此项，系编订修正预算表补送过来。

116号（孟议员昭常）：请问特派员，此项预算共需若干两？

度支部特派员（徐文蔚）：常年经费十二万八千两，临时经费六千七百六十两。

110号（于议员邦华）：本员在股员会审查各省民政费，没有见此项预算表。

度支部特派员（徐文蔚）：此项不在各省民政费内，在京城各衙门经费内。

副议长：现在先表决方才所报告之民政费，以报告为可者请起立。

众议员起立赞成。

副议长：多数。

民政部特派员（吕铸）：四郊巡警明年定要办的，关系很重要，请议长咨询股员长可否即行审查，早付表决？

62号（刘议员泽熙）：据民政部特派员说四郊巡警追加预算关系重

要，现在追加表册已经审查了一遍，但编表时将此项遗漏，且查预算册内并无核减，因为四郊巡警保卫地方要政故也，请议长即付表决。

116号（孟议员昭常）：请议长咨询本院，可否即照原案办理？

副议长：众位议员于四郊巡警经费有无异议？如以照原案办理为可者请起立。

众议员起立赞成。

副议长：多数。现在议第四科审查之典礼费，请李议员擂荣报告。

113号（李议员擂荣）：请在本位简单报告典礼费，礼部没有追加，各省追加的有增有减，但是预算股定有标准，祭祀费每省一律八百两，无论他追加册增减，可以一概不管。惟河南省追加四百余两，内有卫辉府教职廉俸三百零四两，原册漏列，既系教官廉俸，不能不承认其追加，其余祭祀费、宣讲所一概核减。

副议长：以报告为可者请起立。

众议员起立赞成。

副议长：多数。现在议教育、实业、交通各费。

113号（李议员擂荣）：教育费追加预算册内学部所属学堂局所自己减去许多，惟增加本衙门杂费五千两，所减的有从前我们未减而追加册内自减者，有从前我们减去甲项而追加册内减去乙项者，计共减十一万九千多两，除追加杂费外，共减十一万四千余两。至贵胄法政学堂全年经费经常、临时费共九万三千余两，内有预备金四千余两，因预算统一办法，将各处预备金全删，而贵胄法政学堂预备金也就裁去；还有法律学堂追加四万六千七百两，议照增加。此外甘肃、浙江教育费，本股编订总表时查有漏列，盖各省教育费多系提学司、学务公所两项，而甘肃之有法政学堂费，浙江之留学监督费，俱系从前漏列，今查照原册，甘肃应增九千五百余两，浙江应增一千六百零四两。此外实业、交通合并报告，各省实业费惟广西实业讲习所追加二万余两照准，余概删去，可以不报告。农工商部追加额外帮印稿一员，银三千九百两，以为此项不甚正当，所以删去；邮传部增加六万两，系明年添购机车、客车之用，应照加。

62号（刘议员泽熙）：萍昭铁路添购车辆各项经费，前天易议员已经报告过了，可以不再表决。

52号（毓议员善）：请李议员将贵胄法政学堂经费再报告一遍。

113号（李议员搢荣）：贵胄法政学堂常年、临时两项经费共款九万三千两外，预备金四千两已经股员会裁去。

副议长：现议三项教育、实业、交通费，请赞成者起立。

众议员起立赞成。

副议长：多数。

67号（王议员璟芳）：本员倡议请更动议事日表，把国库章程议案提前开议，因为这个章程关系紧要，条文很简单，是容易讨论的。

73号（汪议员荣宝）：本员反对这个倡议，照章今日（议未）[未议]完之案，明天可继续开议，追加预算本是前天未议完的，于章程未有不合。若再拿别项提议，则今年这个《新刑律》是万万不能通过了。

副议长：汪议员所说，众议员赞成否？

众有呼"赞成"者。

130号（刘议员景烈）：请议长付表决。

109号（籍议员忠寅）：不必付表决。

副议长：现在开议《大清新刑律》议案，由秘书官朗读《大清新刑律》第三章第十七条。

134号（余议员镜清）：先头江议员对于《新刑律》表决的方法有个倡议，现在可以说明理由。

123号（江议员辛）：本议员的倡议，以为《新刑律》关系很要紧的，虽要到宣统五年开国会的时候才能实行，然现在不将条文修正妥当，于人民生命财产是很危险的，但是逐条讨论恐又耽搁时光，不如请秘书官逐条朗读一遍，然后分章表决就是。

73号（汪议员荣宝）：逐条读下去，读至一章完了之后，看有无讨论。如有讨论就请讨论，如无讨论就请表决。

52号（毓议员善）：江议员既知道《新刑律》的关系最为重要，自然不可分章表决，草草通过。本议员意思还是逐条表决为是。

109号（籍议员忠寅）：《新刑律》既经法典股审查过了，错处想必甚少，何必逐条表决，空费时间？

115号（许议员鼎霖）：与其大家争论，耽误功夫，不如逐条读去，有反对的再请讨论。

副议长：逐条朗读。有反对的就讨论，没有反对的就表决。

109号（籍议员忠寅）：方才江议员的倡议是请秘书官逐条朗读，有异议的就讨论，无异议的就不必讨论。这分章表决的方法很好，似不必逐条表决。

115号（许议员鼎霖）：仍请逐条。读完一条稍为停顿，如无疑义，再读下去。

秘书官（曾彝进）朗读《大清新刑律》第三章未遂罪第十七条毕。

议员有呼"表决后再读"者。

副议长：方才所说是逐章表决。

73号（汪议员荣宝）：请议长说明分章表决或逐条，先表决一下。

129号（汪议员龙光）：这个不必付表决，因为分章表决与逐条表决无异，比如分章表决，到异议多的地方还是得一一表决，岂不是一样吗？

75号（长议员福）：本议员看无论分章或逐条表决，均可不用。比如秘书官读毕一条，请议长问诸位有无异议，如无异议，即请秘书官接续朗读就是。

副议长：十七条有无异议？

众议员无异议。

秘书官（曾彝进）接续朗读十八条至第四章二十二条。

副议长逐条问有无异议。

众呼"无异议"。

秘书官（曾彝进）接续朗读第五章第二十三条。

副议长：有无异议？

众议员：无异议。

秘书官（曾彝进）朗读二十四条。

73号（汪议员荣宝）：这一条要声明，因为规定刑事诉讼五百零八条，所以没有删去。

副议长：有无异议？

众呼"无异议"。

秘书官（曾彝进）朗读二十五条至三十六条。

副议长逐条问有无异议。

众呼"无异议"。

秘书官（曾彝进）朗读第二章三十七条。

副议长：有无异议？

众呼"无异议"。

115号（许议员鼎霖）："十年未满"与"十年以下"有无分别？

73号（汪议员荣宝）："十年未满"是不到十年，"十年以下"九年、八年都是。比如九年十二月二十九日亦算十年未满，到正月初一日连十年都在里头。

178号（高议员凌霄）：本员要质问一句，几年以上几年以下，多少元以上多少元以下，判决例是否已有规定一定不易之程度？若判决例没有规定，审判官以何为标准？

130号（刘议员景烈）：几年以上几年以下，多少元以上多少元以下，系审判官自由伸缩之范围，自与从前大清律有不同的地方。

178号（高议员凌霄）：判决例要是没有规定，怕是处断时有轻重不同。

130号（刘议员景烈）：刑律条文上已有规定的。

117号（雷议员奋）：刘议员、高议员所讨论的不在三十七条范围之内，暂时可以不必讨论。

副议长：三十七条有无异议？

众呼"无异议"。

秘书官（曾彝进）朗读三十八条。

副议长：有无异议？

众呼"无异议"。

秘书官（曾彝进）朗读三十九条。

宪政编查馆特派员（许同莘）：刑事诉讼法上载宣告法有二种，一种是文书宣告，一种是口头宣告，但是刑法上用"回报"字样较妥，不必用"宣告"字样。

73号（汪议员荣宝）：本来改成一律是好的，不过这个"宣告"所用是很习惯的，"回报"是分外地难懂，宣告是口头的宣告，送达是文书送达，这差不多的文理。现在刑事诉讼法没有颁布，所以用此种名词亦无所不可。

136号（王议员廷扬）：宣告后罪乃确定，在法庭公开，所以必须宣告，大家都知，非特谕知犯罪者而已。

151号（黎议员尚雯）：请议长付表决。

秘书官（曾彝进）再朗读第三十九条。

副议长：有无异议？

众呼"无异议"。

秘书官（曾彝进）朗读第四十条。

副议长：有无异议？

众呼"无异议"。

秘书官（曾彝进）朗读四十一条。

副议长：有无异议？

众呼无议。

190号（吴议员赐龄）：拘役不得在一日以下，罚金不得在一元以下，与第七章拘役二日未满一日以上罚金银一元以上复赘。

73号（汪议员荣宝）：这是沈议员林一提出来的，如果屡次犯罪，罚金不到一元、拘役不到一天，不能宣告是半天、是半元，恐怕有九毛钱之罚金的时候，那到《违警律》里头去了。

秘书官（曾彝进）朗读四十二条。

副议长：有无异议？

众呼"无异议"。

秘书官（曾彝进）朗读四十三条。

副议长：有无异议？

众呼"无异议"。

宪政编查馆特派员（许同莘）：有声明的话，这"或巡警官署拘役所"八个字，拟删去，因为刑事诉讼［律］没有规定，可以不必加这八个字，请议长咨询本院可否删去？

众呼"赞成"。

秘书官（曾彝进）：朗读四十四条。

副议长：有无异议？

众呼"无异议"。

秘书官（曾彝进）朗读四十五条。

副议长：有无异议？

众呼"无异议"。

秘书官（曾彝进）朗读四十六条。

副议长：有无异议？

众呼"无异议"。

秘书官（曾彝进）朗读四十七条。

73号（汪议员荣宝）：要声明一句，这个四十七条与四十六条有分别。

副议长：有无异议？

众呼"无异议"。

秘书官（曾彝进）朗读四十八条。

副议长：有无异议？

众呼"无异议"。

秘书官（曾彝进）朗读四十九条。

副议长：有无异议？

众呼"无异议"。

副议长：今天晚上拟开夜会，众议员赞成否？

众呼"赞成"。

秘书官（曾彝进）朗读第五十条。

86号（喻议员长霖）："喑哑"不如"聋哑"，因为"聋哑"本是两种性质。

73号（汪议员荣宝）声明：因为"喑哑"是天生的一种人，所以不能受教育；要是"聋哑"是有病生出来的，不见得没有受过教育，所以改为"喑哑"，限制严一点。

副议长：有无异议？

众呼"无异议"。

秘书官（曾彝进）朗读第九章第五十一条。

73号（汪议员荣宝）：魏议员有修正案改为"代（百）[白]"，可是没有采用。

63号（魏议员联奎）：因为代首旁人也行，所以本议员有这个修正案。

宪政编查馆特派员（许同莘）：旁人代首还是本人的意见，究没有区别。

副议长：有无异议？

众呼"无异议"。

秘书官（曾彝进）朗读第五十二条至五十五条。

副议长逐条问有无异议？

众呼"无异议"。

秘书官（曾彝进）朗读第十一章第五十六条。

副议长：有无异议？

众呼"无异议"。

136号（王议员廷扬）：草案褫夺公权之条文何以删去？

73号（汪议员荣宝）：本来是这回草案没有用这个主义，法典股第二次议决按第一次草案，后来从新讨论，从新请特派员到会，因为这个主义采用有不方便的地方，若是三犯就没有法可加重，岂不变成空文了？

秘书官（曾彝进）朗读第五十七条至六十二条。

副议长逐条问有无异议。

众呼"无异议"。

秘书官（曾彝进）朗读第十二章缓刑第六十三条。

副议长：有无异议？

136号（王议员廷扬）：还有罚金不在缓刑之例一项，何以缘故？

73号（汪议员荣宝）：因为犯了罪既定了罚金，就是受了处分了，所以没有在缓刑之列。

众无异议。

秘书官（曾彝进）朗读第六十四条。

副议长：有无异议？

136号（王议员廷扬）：这个第一项缓刑期内，似应更犯罪受徒刑以上之宣告者，今止定拘役以上，似乎太刻。

宪政编查馆特派员（许同莘）：这个更犯是从前犯过罪的人，因他在缓刑之列，所以无须宣告。

众呼"无异议"。

秘书官（曾彝进）朗读第六十五条至六十八条。

副议长逐条问有无异议。

众呼"无异议"。

秘书官（曾彝进）朗读第十五章时效第六十九条。

73号（汪议员荣宝）：本员要声明一句，这个地方虽于原案稍有修正，然而其意思与期限，还是同原案一样，昨天政府特派员已经报告了，不过声音太小，诸位没有听清楚，所以本员再报告一声。

副议长：有无异议？

众呼"无异议"。

秘书官（曾彝进）朗读第七十条。

副议长：有无异议？

众呼"无异议"。

秘书官（曾彝进）朗读第七十一条。

副议长：有无异议？

众呼"无异议"。

秘书官（曾彝进）朗读第七十二条。

109号（籍议员忠寅）：请再念一遍。

73号（汪议员荣宝）：本员再声明一句，原来是"搜索"，后来政府特派员说在刑事诉讼〔律〕上都是用"侦查"，所以于刑律上也改用"侦查"。

130号（刘议员景烈）："侦查"两个字意义相同，（到）〔倒〕不如用"搜索"两字似为妥当。

宪政编查馆特派员（许同莘）："侦查"二字包括两件事情，因为罪人逃亡不肯到案，就须用侦查的方法；若既已到案，就得查办，所以是两件事情。

109号（籍议员忠寅）："侦查"两字不如"搜索"两字明显，据本员的意见，还是用"搜索"两字为妥。

宪政编查馆特派员与109号、73号同时发言，声浪嘈杂。

109号（籍议员忠寅）：请议长付表决。

134号（余议员镜清）：本议员以为无须表决。

109号（籍议员忠寅）：不付表决，如何知道赞成、反对的人数呢？

副议长：赞成第七十二条者起立。

众起立赞成。

109号（籍议员忠寅）：方才表决起立的是少数。

副议长：请反对者起立。

73号（汪议员荣宝）：搜索同侦查是两件事情。

宪政编查馆特派员（许同莘）：本来是两件事情。

副议长：朗读政府修正案第七十二条改"搜索"为"侦查"。

秘书官（曾彝进）朗读政府修正案第七十二条。

副议长：请反对者起立。

52号（毓议员善）：今天在场人数总共多少，请议长宣告。

副议长：九十五位。

52号（毓议员善）：九十五位，不到三分之二怎么能开会？《资政院院章》不到三分之二不能开会，既不能开会，怎么能表决？如果议场之外的人可以算数，则资政院以外的人也可以算数。

176号（罗议员其光）：请议长命秘书官将各议员在股员室的请来。

52号（毓议员善）：《新刑律》非常重大，若人数不足，万不可即付表决，草草通过。

73号（汪议员荣宝）：今天是初七，距闭会期还有三天，能否议完？要照这样可是一定不行的，应当有甚么法子维持一下子？再者各位议员到了三点钟才到，过了三点人又走了，人数不够三分之二，不能开会，一天所能开会时候不过一二点钟，真是可惜。

86号（喻议员长霖）：汪议员所说的，请大家注意就是。

135号（郑议员际平）：现在开议已久，各位议员纷纷出场，不如请议长宣告休息。

117号（雷议员奋）：请议长宣告休息三十分钟，但是现在人数不足三分之二，休息后人数恐仍不足三分之二，不如请议长命秘书官到股员室先查一查人数看，如果两处合计人数还不足，今天不能开议了。

130号（刘议员景烈）：本议员很赞成雷议员的话，若是人数不及三分之二，休息后仍是不能开议。

副议长：现在休息一点钟。

下午六点零三分钟议事中止。

七点四十五分钟接续开议。

秘书长承命报告：方才查点人数，本日到会共有一百一十一位，在场人数有一百零六位，还有五位在预算股员室赶编预算总报告，俟表决时就到议场。现在将近闭会，所有请假议员多半不能再来，现计丁忧回籍、请病假辞职共计三十七位，除三十七位外，现在场人数已足三分之二。

法部特派员（邵从恩）：法部前奏请交议之《承发吏职务章程》，现各省审判厅开庭在即，此项章程急于要用，请议长知会法典股，提前审查，总望于本会期内成立才好。亦知闭会在即，法典股颇忙，然此项章程甚简单，审查较易。

副议长：可以提前审查。

副议长：现在开议。

秘书官（曾彝进）朗读第七十二条。

副议长：此案先已表决，因人数不足，现在是否应再付表决？

众呼"请再表决"。

秘书官（曾彝进）再读第七十二条，改"搜索"为"侦查"。

众呼"无异议"。

秘书官（曾彝进）朗读第七十三条至八十二条。

副议长逐条问有无异议。

众呼"无异议"。

秘书官（曾彝进）朗读第八十三条。

73号（汪议员荣宝）：头一回改为"官署"，后来因为官署就是公署，且公署可以包括官署，故改作"公署"。

秘书官（曾彝进）朗读第八十四条至八十五条。

副议长逐条问有无异议？

众呼"无异议"。

秘书官（曾彝进）朗读第八十六、八十七条。

副议长逐条问有无异议？

众呼"无异议"。

秘书官（曾彝进）朗读第八十八条。

63号（魏议员联奎）：第八十八条笃疾内毁败视能、听能云云，是毁败两眼两耳，抑毁败一眼一耳？如指一眼一耳，科罪未免太重。又一肢本是废疾，未便列入笃疾内，其废疾内减衰视能、语能、听能，以何为标准？又废业务至三十日亦为废疾，至少须科三年徒罪，亦未免过重，可否仍照中国旧律及各国普通法文，笃疾、废疾以一事、二事为断，废业务至三十日一层亦以轻微伤论。

73号（汪议员荣宝）：魏议员提出的意思也是很好，这个是有区别的。瞎两眼、聋两耳是毁败视能、听能，瞎一眼、聋一耳是减衰视能、听能，毁败是全失其能力，减衰是减少其能力，刑律草案上亦不是一样。

63号（魏议员联奎）：毁败是不是全然毁败？

73号（汪议员荣宝）：全毁败了是毁败两耳两眼，至于说有甚么区别没有，也是有的，这个第五款、第六款是有区别的，第五款是内伤，第六款是外面变更容貌，这是有区别的。至于说处分太轻，他已毁败衰减一切，生计都没有了，若加重处分，似乎不当。

63号（魏议员联奎）：这第五、第六款都是说三十日以上，何以知其为三十日以上呢？三十［日］以上有何标准？

73号（汪议员荣宝）：所谓三十日以上，是以医师诊断证书为凭，是有标准的。

副议长：有无异议？

众呼"无异议"。

秘书官（曾彝进）朗读第八十九条至九十条。

副议长逐条问有无异议。

众呼"无异议"。

秘书官（曾彝进）朗读第九十一条。

130号（刘议员景烈）：这个范围太宽了，要修正一下。

73号（汪议员荣宝）：这一条是为尊重皇室起见，所以有这个规定。

副议长：有无异议？

众呼"无异议"。

秘书官（曾彝进）朗读第九十二条至九十四条。

副议长逐条问有无异议。

众呼"无异议"。

秘书官（曾彝进）朗读第九十五条。

190号（吴议员赐龄）：请问审查长，这一条所指是故意犯还是过失犯？

73号（汪议员荣宝）：是过失犯。

190号（吴议员赐龄）：既是过失犯，何以有罚金？

73号（汪议员荣宝）：凡是过失犯、故意犯，都有罚金。

副议长：有无异议？

众呼"无异议"。

秘书官（曾彝进）朗读第九十六条至百十七条。

副议长逐条问有无异议？

众呼"无异议"。

秘书官（曾彝进）朗读第百十八条。

61号（陈议员善同）：原案的规定在中国内尚属可行，若是在外国范围内，恐现在我们的权力还达不到。

73号（汪议员荣宝）：因为帝国臣民在外犯罪者得适用帝国法律，虽在外国受处断，而在名义上还是受本律处断。

副议长：有无异议？

众呼"无异议"。

秘书官（曾彝进）朗读第百十九条。

73号（汪议员荣宝）：照第十九条减轻一等，所以将徒刑一等减去。

副议长：有无异议？

众呼"无异议"。

秘书官（曾彝进）朗读百二十条。

160号（王议员绍勋）：不敬之行为是怎么样？

73号（汪议员荣宝）：九十条与九十三条都是一个样子（读原案）。

副议长：有无异议？

众呼"无异议"。

秘书官（曾彝进）朗读百二十一条。

副议长：有无异议？

众呼"无异议"。

秘书官（曾彝进）朗读百二十二条。

73号（汪议员荣宝）：这个照三百零七条加重，三百零七条是对于平人的，这是对使节者。

副议长：有无异议？

众呼"无异议"。

秘书官（曾彝进）朗读第百二十三条至百二十五条。

副议长逐条问有无异议。

众呼"无异议"。

秘书官（曾彝进）朗读百二十六条。

130号（刘议员景烈）：其他国章，比如他们外国徽章赠于中国者算不算？

宪政编查馆特派员（许同莘）：这个是不能算的。

73号（汪议员荣宝）：国章、徽章不同，国章是代表外国的意思。

秘书官（曾彝进）朗读百二十七条。

副议长：有无异议？

众呼"无异议"。

秘书官（曾彝进）朗读百二十八条。

178号（高议员凌霄）：照日本刑法一百三十四条，他的规定是因为违背本国局外中立之命令，现在这条到底是本国局外中立还是外国局外中立？

73号（汪议员荣宝）：外国命令不能到我们中国来，这个自然是本国的局外中立。

副议长：有无异议？

众呼"无异议"。

秘书官（曾彝进）朗读第百二十九条至百五十四条。

副议长逐条问有无异议。

众呼"无异议"。

秘书官（曾彝进）朗读第一百五十五条。

副议长：有无异议？

众呼"无异议"。

137号（邵议员羲）：这第一百五十五条修正案四等有期徒刑定得太重，应该还是照原案为是，处五等有期徒刑、拘役或一百元以下罚金。

副议长：现在邵议员倡议要把四等有期徒刑减轻一等，改为五等有期徒刑。众议员赞成否？

宪政编查馆特派员（许同莘）：减轻一等本属可行，但这一条若减轻一等，下一条亦应减轻。

137号（邵议员义）：本员的倡议有人赞成，请议长把这个倡议付表决。

副议长：现在由秘书官朗读邵议员的修正案。

秘书官（曾彝进）承命朗读邵议员羲的修正案，改四等以下为五等以下，三百元为一百元。

副议长：邵议员修正案已由秘书官朗读过了，现付表决，请赞成者起立。

众议员起立赞成。

副议长：多数。

164号（陶议员毓瑞）："不论有无事实"这一句可以删去。

秘书官（曾彝进）朗读第一百五十六条至一百八十条。

副议长逐条问有无异议。

众呼"无异议"。

秘书官（曾彝进）朗读第一百八十一条。

副议长：有无异议？

众呼"无异议"。

92号（林议员绍箕）：请问宪政编查馆特派员，减轻徒刑这所指三等人有轻重没有？

宪政编查馆特派员（许同莘）：请贵议员再说一说，听不清楚。

92号（林议员绍箕）：请问减轻徒刑这三等人之中，有轻重分别没有？

宪政编查馆特派员（许同莘）：照刑事诉讼与民事诉讼律，其中有点分别。

副议长：有无异议？

众呼"无异议"。

秘书官（曾彝进）朗读第一百八十二条。

副议长：有无异议？

众呼"无异议"。

68号（文议员溥）：这一条有既决、未决之分，则所定之罪是指已决而言还是未决而言呢？

73号（汪议员荣宝）：这一条是指已决而言的。

68号（文议员溥）：既指已决而言，则现在合同一起，审判官将何从而定？

宪政编查馆特派员（许同莘）：已决是处二等有期徒刑，未决是处四等有期徒刑，可以这么解释。

秘书官（曾彝进）朗读第一百八十三条。

副议长：有无异议？

众呼"无异议"。

秘书官（曾彝进）朗读第一百八十四条。

副议长：有无异议？

众呼"无异议"。

副议长：第一百八十五条有无异议？

众呼"无异议"。

秘书官（曾彝进）朗读第一百八十六条第一项第一款毕。

178号（高议员凌霄）：这一项仅指在城镇人烟稠密之处放火而言，范围太小，不能（该）[概]括。比如在乡村偏僻之处，其放火事亦尝有的，岂可无罪？据宪法大纲法文，不规定之行为不为罪，本员意见，此第一款"城镇之下"宜加入"乡村"二字，方不遗漏。

73号（汪议员荣宝）：因为乡村地方亦有人烟稠密之处，所以还有这一句"偏僻之地不在此例"，这么一来，凡乡村人烟稠密的意思已包括其中了。

副议长：还有异议否？

众呼"无异议"。

秘书官（曾彝进）朗读第一百八十六条第二款至第六款。

副议长：有无异议？

109号（籍议员忠寅）：请问法典股审查长，这"营造物"三个字有根据、没有根据？本员意思，这个地方所谓营造物，即寺院、戏场、旅店等都是人烟稠密之处，包含在内。但是日本所谓营造物，在法律上有定义的，有界限的，不是随随便便都可指为营造物的，如以戏场、寺院、旅店等等名目都指为营造物，将来恐有窒碍的地方。

73号（汪议员荣宝）：因为《违警律》上是营造物，所以这里亦用"营造物"三字。

109号（籍议员忠寅）：本议员以为"营造物"三字是日本的名词，传入我国已久，以我们脑子里头觉得这"营造物"三字很熟，遂不仔细辨别他了，（规）[现]在本员有个倡议，拟改为"建筑物"三字，诸位以为何如？

宪政编查馆[特]派员（许同莘）：所谓营造物因有营造的意思在内。

109号（籍议员忠寅）：日本所谓营造物者，因在行政法上有行政权的，这个范围甚窄。现在照特派员的意思是包括建筑而言，所以"营造物"三字必须改正。

宪政编查馆特派员（许同莘）：凡公所、学堂、宿舍都可称为营造物，可是这个都是从日本习惯上来的。

137号（邵议员羲）：本员的意见，中国所谓"营造物"三字，与日本所称"营造物"之性质不同。

109号（籍议员忠寅）：本员倡议"营造物"为"建筑物"，诸位议员是否赞成？

137号（邵议员羲）：日本所谓营造物有一种行政权的，而我们现在以戏场等指为营造物，则此营造物之性质全然不同。

73号（汪议员荣宝）：本员已经说过这三个字因《违警律》上亦如此，所以本股员会亦用此三字，免得两歧。

109号（籍议员忠寅）：《违警律》上虽有这三字，然《新刑律》不必强同，并且《违警律》将来亦可以改的。

137号（邵议员羲）：营造物可以包括建筑物，而建筑物不能包括营造物。

某议员：营造物范围小，在法律上解释，凡有权利的不能算营造物，现在照我们中国解释是不对的，将来恐有许多争议，何如把它改为"建筑物"？

130号（刘议员景烈）：籍议员要将"营造物"改为"建筑物"，是三读时候修正字句的事。

109号（籍议员忠寅）：不过现在改正之后，将来免得再行讨论了。

73号（汪议员荣宝）：这个营造物即是建筑物。

109号（籍议员忠寅）：本议员的倡议大家是否赞成，请议长付表决。

副议长：籍议员的倡议要把"营造物"三字改为"建筑物"，倘有三十人以上之赞成即作为议题。

议员有呼赞成者。

109号（籍议员忠寅）：请议长再付表决，看到底有三十人以上没有？

178号（高议员凌霄）：本员还有个质问，这第一百八十六条第五项里头，学堂、工厂等名目都列入，独汽车、船舰等反不规定，照日本的刑法，凡防火条文之中，车船等等都一一规定，因在车、（厂）〔船〕中放火等事很多，关系生命财产很大，所以都规定条文之内。现在宪政编查馆编订法律之时，何独车、船等名目不规定在内呢？抑还是否以"营造物"三字即包括船舰、汽车等在内也？

73号（汪议员荣宝）：这一百八十六条原文亦作为营造物，且这营造物就是建筑物的意思。

副议长："营造物"改为"建筑物"，请赞成者起立。

众议员起立赞成。

副议长：多数。

73号（汪议员荣宝）：本员要声明一句，既然"营造物"改为"建筑物"，凡法律上所有"营造物"字样要一律改为"建筑物"才好。

178号（高议员凌霄）："营造物"既改为"建筑物"，凡轮船、汽车等亦应该在此处规定，因为这个关系很大，请议长咨询本院有无赞成本议员的倡议。

副议长：此节请股员长修正字句时再行斟酌。

178号（高议员凌霄）：本议员倡议加入轮船、汽车，不是字句的关系，现在一百八十六条第五项"营造物"既改为"建筑物"，这个轮船、汽车自应载在里头，请议长咨询本院决定之。

73号（汪议员荣宝）：请贵议员注意，"放火"岂不是有"破坏"的意思么？

178号（高议员凌霄）："放火"有时还要伤人，岂"破坏"二字即能包括吗？

123号（江议员辛）：请议长付表决。

73号（汪议员荣宝）：放火亦是破坏行为之一，请贵议员注意。

193号（顾议员视高）："破坏"二字已经包括放火在内。

137号（邵议员羲）：高议员的倡议是注重在交通的，然于交通未便之时，定罪未免太重。

178号（高议员凌霄）：长江一带的情形，想诸位亦都知道的，这个拔手放火把轮船烧起来的事情是很有的，现在是交通时代，所以本员有这个倡议。

宪政编查馆特派员（许同莘）："营造物"既改为"建筑物"，则轮船、汽车自应加入。

178号（高议员凌霄）：政府特派员既赞成本员的倡议，请议长咨询本院第五项里头应加入"船舰、汽车"字样，日本刑法第四百零五条亦是专规定此项之罪。

130号（刘议员景烈）：本员不赞成如此规定，我们虽仿照日本，然不能一概抄袭日本的。

109号（籍议员忠寅）：本议员再四思维，说句平心静气的话，这破坏与放火是两件事情，比如放火有时伤人，而破坏不过财产上之丧失，纵或有伤人命，而罪仍有轻重。因放火难免不连累别人，而破坏未必有这样的事，所以是两样的。既是这个样子，高议员的倡议，本议员也赞成加上，不过本议员以为不应当加入第五项，应另设一项，诸位以为如何？

秘书官（曾彝进）朗读籍议员倡议增补一百八十六条之第七项毕，问籍议员是否加此一项。

109号（籍议员忠寅）：大旨如此，其文字俟三读时再行修正。

副议长：籍议员倡议，众议员赞成否？

众呼"赞成"。

副议长：现在表决籍议员倡议加一项，赞成者请起立。

众议员起立。

副议长：多数。现由秘书官朗读一百八十七条。

秘书官（曾彝进）朗读一百八十七条。

副议长：有无异议？

众呼"无异议"。

秘书官（曾彝进）朗读第一百八十八条。

137号（邵议员羲）：此条"所有"两字是否应删去？

130号（刘议员景烈）："所有"两个字已经删去了。

73号（汪议员荣宝）：没有删去。

137号（邵议员羲）：如未删去，则"所有"两字包括太广，而此条刑法未免太重。

宪政编查馆特派员（许同莘）："所有"二字系民法上所有权范围，亦未见得太宽。

117号（雷议员奋）：邵议员的倡议，因为原案所载放火毁他人所有建筑物、矿坑，可以包括在内，今修正作为所有物，似乎没有范围。

73号（汪议员荣宝）：请雷议员再说明两样的理由。

137号（邵议员羲）：原案称"物"，修正案称"所有物"，所有物是所有之物，原案没有"所有"两字，而修正案有"所有"两字。总之，此两条皆无标准，譬如缩小言之，一张纸、一管笔都是所有物，若被焚去而即处以刑，有是理乎？

73号（汪议员荣宝）：查三百六十一条所规定的，也是处以三等有期徒刑，如果说这条重，那条也是重。

137号（邵议员羲）：本员倡议这条请议长再付股员会审查，定出一个确实标准。

宪政编查馆特派员（许同莘）：此条重在一等或二等有期徒刑，并不重在"所有"二字。

137号（邵议员羲）：问所有物是否指矿坑以外之物而言，抑与矿坑相连带之物而言？

73号（汪议员荣宝）：看一百八十五条就明白。

137号（邵议员羲）：看这条文，矿坑总是一个物，不能与寻常物相比。

副议长：此条所指之物，一张纸，一管笔都在内。

73号（汪议员荣宝）：请看一百八十三条所指的物是矿坑以外之物，所以不是处三等有期徒刑，是处四等有期徒刑或拘役。

宪政编查馆特派员（许同莘）：放火的罪很重，无论烧毁什么东西，都是最危险的，所以这条定四等以下有期徒刑或千元以下罚金，却并不重。

137号（邵议员羲）：放火烧矿坑与本员所说放火烧他人所有物这个意思是两样。

73号（汪议员荣宝）：不是的。这条所有物是专指矿坑以内之物，一张纸、一管笔是别的事情，不在此限。

129号（汪议员龙光）：这条把"百元以上"四字删去就可以了。

109号（籍议员忠寅）：本议员有个倡议，这条应改为"凡放火烧毁一百八十六条各项所规定他人所有物"，看大家意思如何？

众呼"赞成"。

134号（余议员镜清）：这条关系重大，请议长再付表决。

副议长：此条异议既多，只好再付审查。

众呼"赞成"。

秘书官（曾彝进）朗读一百八十九条至二百零四条毕。

副议长逐条问有无异议。

众呼"无异议"。

135号（郑议员际平）：现在人数不够，大家讨论粗心得很，《新刑律》关系重大，岂能草草通过？（拍手）

129号（汪议员龙光）：今天再读已到二百余条，不为不多，若从此念下就念完，这点钟也还是念不完，请议长宣布展会。

副议长：现在展会，明天仍照常开会，请各位早到。

下午十点半钟散会。

资政院第一次常年会第三十九号议场速记录

【标题】对《大清新刑律》之无夫奸、私藏烟具、对寺庙坛观不敬之罪等问题的争议

【关键词】无夫奸入罪 《暂行章程》 私藏烟具 寺庙坛观

【内容提示】继续审议《新刑律》,关于对寺庙坛观不敬之罪的条文、私藏烟具是否入罪、无夫奸是否入罪等问题发生了激烈的争议。最激烈的是关于无夫奸的争议,议员们的发言多很精彩,如陈树楷所说:"凡规定法律,必先本于社会情状,若以最高的法律施之于社会情状不合之国民,其危险更有甚于法律不完全之弊者。以上等社会看待国民,本员很赞成,不过对于中国现在的社会情状不合,非所以保持秩序之本意也。"最后双方都不能说服对手,"坐中百数十名议员,虽不人人皆有法律知识,独对于此条两方面所持之理由,皆彻底明白,而各有其专主。凡主张无罪者,任是如何演说决不能动,此一方面之心;凡主张有罪者,任是如何演说亦决不能动彼一方面之心",只好付诸表决,无夫奸入罪进入《新刑律》正文。表决结果出来,法派人士心有不甘,大会不欢而散。

宣统二年十二月初八日下午一点三十分钟开议。

议事日表第三十七号:

  第一,《大清新刑律》议案,再读;

  第二,《运送章程》议案,续再读;

第三，《统一国库章程》议案，股员长报告，续再读；

第四，修正《结社集会律》议案，股员长报告，会议。

议长：今天到会者一百十二人，由秘书官报告文件。

176号（罗议员其光）：本员质问度支部的说帖已经刷印分送过了，请议长咨询本院决定之。

议长：现在就要报告。

秘书官（张祖廉）承命报告文件。

议长：罗议员其光质问度支部说帖[①]已经刷印分送，请赞成者起立。

众议员起立赞成。

议长：多数。

秘书官（张祖廉）续行报告文件毕。

190号（吴议员赐龄）：请赦国事犯及昭雪戊戌冤狱一案已经通过，请议长从速具奏。

议长：奏稿已经拟好了。

议长：现在开议。

73号（汪议员荣宝）：昨天会议《新刑律》第一百八十八条，公决再付审查，现在审查已毕，可以先行报告。

149号（罗议员杰）：本议员质问法部、度支部的说帖至今均未答覆，现在将近闭会，请议长催问。

议长：已催问。

议长：请汪议员报告。

73号（汪议员荣宝）：现在是对于《新刑律》草案续行报告。昨天议场议决的结果有再付审查事件，今天上午十点钟开法典股股员会，再行审查，审查议决结果现在报告。昨天再付审查事件就是第一百八十六条加第七款，还有第一百八十八条究竟范围与刑名怎么样两件事情。审查多数议决以为，会场所加第七款是正常增加，应该增加，不过议场提出问题全在"船舰、汽车"字样，所以再付审查，法典股多数议决以为"汽车"二字可以删去，为什么呢？因为这个问题重要之点就在多众乘坐这几个字，重要在人民乘坐的关系，并不是一种闲车、闲船的关系，所以空车、空船不在其内，有多数（趁）[乘]客才成为罪，况船舰的范围非常之大的，乘坐的人不一定一乘坐即丧失性命的，而泊在码头之时，（趁）[乘]客已经多上，那时才放火，有种种的危险，长江一带是常常有的，空船、空车除了之外，汽车电车多数乘客而自己放火，断没有这个情形，因为车很快，很不容易下手的，且在行驶的时候，自己放火危害自己，于事实上亦不大明白。现在股员会议决这第七款有"船舰"字样，现在多数议决第一百八十七条、第一百八十八条及第一百八十九条"矿坑"二字之下多要加"船舰"二字，至于第一百九十条第四项"矿坑"下亦应加"船舰"二字，一直到四百零四条，原来第三百九十九条第二项规定，现在亦应该加上，而与第一百八十六条"建筑物""矿坑""船舰"相连的条文，统统加上"船舰"二字，这是报告之一。还有第二层，昨天付审查，这第一百八十八条他人所有物虽极小的东西，好比如一枝笔、一个帽子，万一有了火烧的情形处之以三等有期徒刑，原来法典股修正的刑名改为四等以下有期徒刑、拘役或一千元以下之罚金，极少到一元，这个问题可以不生。况且所有这条的范围，大概仿照日本旧刑法上有比类的地方，这条所有物若并不值几何的东西，烧了之后，亦是可照原案的样子，此宜报告者二。昨天就是这二条付审查，所以报告如此。

129号（汪议员龙光）：昨天放火章程内高议员请添入"船舰"，经众赞成很是，但还有一遗漏的地方，则山上材木是也。本议员住在景德镇，因为该镇烧瓷，数百里内，山材非常珍重，每一号山上材木动值千金，仇家放火一烧便干干净净，此种案情不时辄有；且山上材木举国皆认为财产大宗，不独地亩为然；且日本刑律，凡山上竹木、田中谷麦皆规定在内，彼国刑律也是概括，不是列举，何以我国定律独不列入条文？汪议员谓矿坑外之物便包括在里，本议员窃以为山山有材木，不能山山有矿坑，设附近数百里无矿坑，则此条便穷于援引，看来似不能〔色〕包括在内，仍请改订为是。

73号（汪议员荣宝）：不是这个样子讲的，本律上所谓"以外"二字，照论理讲起来，凡天下之所有物都包括在内，不仅是建筑物，不仅是矿坑，不仅是学堂宿舍，凡天下之物都包括在内，不是列举规定的，是包括规定的，就是这个森林亦在其内。

129号（汪议员龙光）：矿坑以外之物决不能包括的，应当另外规定方好。

73号（汪议员荣宝）：请大家讨论罢。

134号（余议员镜清）：这个没有什么讨论的地方。

73号（汪议员荣宝）：本员报告如此，请诸位再行讨论。

议长：现在可以付表决，先由秘书官朗读法典股修正的条文。

秘书官（曾彝进）朗读法典股再行审查第一百八十六条修正案。

议长：再行审查之修正案第一百八十六条有无异议？

众议员无异议。

秘书官（曾彝进）朗读第一百八十八条再行修正案。

议长：第一百八十八条有无异议？

众议员无异议。

73号（汪议员荣宝）：声明一句，第一百八十六条加第七款有"船舰"字样，而第一百八十七条、第一百八十八条、第一百八十九条、第一百九十条第四项、第一百九十一条以上几条，统统"矿坑"之下都加"船舰"二字，这是当然生出来的。

议长：现在按照议事日表，接续开议《大清新刑律》。

秘书官（曾彝进）朗读二百零四条至二百五十六条。

议长逐条问有无异议。

众议员：无异议。

秘书官（曾彝进）朗读二百五十七条。

副议长：第二百五十七条，众议员有无异议？

52号（毓议员善）：此谓坛庙寺观，此庙系指何庙？是否系载祀典者？

106号（齐议员树楷）：应添入"载在祀典"四字，方有区别。

73号（汪议员荣宝）：这条系指太庙以外之庙而言，有分别的。无所谓载在祀典不载在祀典，至于太庙，九十三条已有规定。

52号（毓议员善）：这个坛字自然是指天坛、地坛了，这个庙字似乎含混。

106号（齐议员树楷）：坛庙寺观要不分出载在祀典与否，现在各处多有以寺庙改为学堂的，如果将来自治会、巡警局无款修筑房屋，大概多用寺庙为便，若加以罪名，又叫人怎么办呢？

73号（汪议员荣宝）：若是改为学堂，那是正当的用处。

52号（毓议员善）：本员有个修正案，以为天坛、地坛应与太庙并重。

48号（陈议员懋鼎）：这个坛字不是专指天坛、地坛而言，就如各省已有所谓坛社。

宪政编查馆特派员（许同莘）：坛庙本可分广狭二义，解释狭义，自系指载在祀典者言；若其广义，亦可兼包外省各处祭祀坛庙在内。

52号（毓议员善）：因为天坛、地坛都是关于国家大典，须与太庙、陵寝并重。

190号（吴议员赐龄）：乡间每有用庙寺改为学堂公所，若不分出载在祀典与否，彼用庙祀改为学堂，必要移神像，岂不是大不敬的？凡载在祀典与否，似乎非分出来不可。

74号（陆议员宗舆）：庙宇改为学堂，须先由官允许，不能随便准个人毁损，方是正办。

190号（吴议员赐龄）：凡载在祀典，就应归国家保护；若不载在祀典者亦加保护，是教人迷信神权，殊非国家立宪政体。

130号（刘议员景烈）：不能指定哪一种庙轻，哪一种庙重，若说人民信教自由，只可视人民之信仰而已。

190号（吴议员赐龄）：究竟可否借用庙产？

73号（汪议员荣宝）：当用就可以用，但不可有不敬的行为。

190号（吴议员赐龄）：当用就用也是不敬的行为。设遇一边为兴学派，一边为阻学派，同引用此条法律，裁判官如何判决？

73号（汪议员荣宝）：庙改为学堂，神像仍是应当孝敬的，凡合于习惯者皆不为罪。

115号（许议员鼎霖）：改学堂又是一个问题，此时不必议，但就寺观、坟墓、礼拜所论之，当有两层规定，一层是载在祀典志乘者，一层是载在条约及为国家所许者。

130号（刘议员景烈）：按信教自由，尊拜神像将来是宪法所应规定的。

115号（许议员鼎霖）：但以人民信仰为断，若八卦教、白莲教等国家亦可许其信仰自由耶？

73号（汪议员荣宝）：上自太庙下至礼拜堂，无一不应尊崇者。

115号（许议员鼎霖）：要解释清楚才好。

55号（崇议员芳）：我们中国都知坛庙是大祀，要不分别清楚，将来恐不免有大不敬的事。

52号（毓议员善）：这个坛字若指天坛、地坛，就应与太庙并列，不能与寻常寺观、坟墓毫无分别。

73号（汪议员荣宝）：太庙陵寝是关系皇室的，天坛、地坛是关系全国的。

48号（陈议员懋鼎）：太庙直接关系皇室，天坛、地坛是关系全国的祀典，并不是直接关系皇室。

134号（余议员镜清）：这并没有什么可讨论的地方，这个二百五十七条对于庙坛寺观不必改条文，若改条文是很危险的，刑律草案上有注意的地方可以解释。

115号（许议员鼎霖）：审查长方才报告说"无论载在祀典、不载在祀典"，所以才生出这许多讨论，仍以草案载在祀典为界限最妥。

190号（吴议员赐龄）："坟墓"二字不定界限，亦是不好。两广签注亦有询及墓所是否指帝王陵寝及名贤（词）[祠]墓而言，似应揭明祀典坟墓，若徒指常人坟墓，则东南各省遍野皆坟墓，樵牧行人踯躅憩息，种种亵渎，所在皆是。恐以此为罪案，未免忙煞裁判官了。

74号（陆议员宗典）：现在中国的庙宇，无论哪一处地方都有的，至于小庙也很多的，虽然不载在祀典，然而这一方百姓既已公然信仰，若是一个人公然有不敬之行为，恐百姓也是不能答应，万一双方争执，岂不是有害公安，故法律上就应有相当之保护，因为有这一层，所以不能定要说到载在祀典，至于人家坟墓不能侵害，旧律上亦是有的，所以不能不加上这一层。

148号（陶议员峻）：现在办学堂多因经费不足，假用庙地，其改造布置等件，动可加以不敬之行为，就是办学堂的大大的阻力。且人民对于普通坟墓并不负致敬的责任，也没有所谓不敬之行为。本员的意见，"坟墓"二字可以去掉，庙可定为载在祀典的，请议长付表决。还有一层，议场之上，往往两三个人同时吵嚷，殊属不成事体，请议长禁止。

130号（刘议员景烈）：本员所谓信教自由，并不是无根据的，请许议员将宪法大纲与宪法的原理研究，是否如此规定？

115号（许议员鼎霖）：虽是如此规定，而对于庙宇不能说这个话。还有一层大家要注意，这个《新刑律》是为收回领事裁判权起见，要从信仰自由而没有范围，就如南方敬狐，北方敬猬，假如有外国人于此等事情有所误犯，就要处以法律，恐怕他们不能承认。

73号（汪议员荣宝）：贵议员所说此等事情，也是很少的。

115号（许议员鼎霖）：若说刑律是为收回领事裁判权起见，本员不能无疑义。《新刑律》规定对于庙宇不敬处五等徒刑，若南方敬狐、北方敬猬，皆以瓦缸草庵为信仰之所，如有洋人经过误犯，偶以其杖挑破此缸庵，就要处以徒刑，恐怕做不到，岂不是失刑律之效力？

112号（陈议员树楷）：信教自由各国都有，而必须成一教派，方能使人信仰，譬如天主教、耶稣教，都是自成一派的，但中国所信仰的太多，寺院庙宇杂列纷陈，若在其随意信仰，迷信邪说之事，将日多一日矣。

语言嘈杂，议场骚然。

134号（余议员镜清）：这个事情不用争执了，今天看诸位所争执的不过以为不规定在祀典，现在庙宇内设学堂的很多，恐将来有许多不便的地方，这是不难解决的，办学务的人都是明白道谊的人，应没有公然不敬之行为，请诸位不必争执。

一百三十二号、一百二十三号、一百三十三号、四十八号、七十三号同时发言，〔音〕声浪大作。

129号（汪议员龙光）：不敬之行为施于坛庙寺观，容或有之，然都稀罕之至，为此事而举发人罪，更稀罕之至，不过聊备一条而已。至于不敬之行为施于坟墓，不知从何施起？此万无之事，据本员看起来，"坟墓"二字可以不要。

159号（蒋议员鸿斌）：本员有个修正，可以分作两项。第一项对于载在祀典坛庙、坟墓，公然有不敬之行为者，处五等有期徒刑或拘役，或一百元以下罚金；第二项对于坟墓及其他礼拜所公然有不敬之行为者，处拘役或一百元以下罚金。

149号（罗议员杰）：据本员意见，本章题目已标"祀典"字样，可以不必增加"祀典"字样，只将第一项"坟墓"二字移增第二项"妨害"字下就可以了。

宪政编查馆特派员（杨度）：此章各条都是关于坟墓之规定，惟这一条坟墓二字是指有祀典的，至于庙宇寺院更是指载在祀典者而言。

77号（吴议员纬炳）：本员有个修正，这句可改为"对于坛庙及先圣先贤坟墓"云云，大家以为何如？

宪政编查馆特派员（许同莘）：此条立法之意有两大原则，其一为人民宪法〔法〕上信教自由之原则，信教自由宪法上原有限制，必在法律范围内方许自由，并非无论何教皆许信仰。本条坛庙、寺观、礼拜所之范围即根据于宪法，若白莲、八卦等教不在本条范围之内，自不待言。本条之所谓坛者，大则天坛，小则各州县之社坛、历坛，均包在内；所谓庙者，大则历代帝王庙至圣庙，小（大）[则]各州县之庙宇，凡载在祀典及历史流传，经国家允许者，皆包在内，此一原则也。其二为中国数千年来尊祖敬宗之原则，此乃中国礼教之本原，子孙对于其祖父母应敬重，则对于他人之祖父母亦应敬重，若谓他人祖宗坟墓可以公然不敬，实与中国礼教不合。国民所敬重者，国家即应予以保护，此本条之意也。"坟墓"二字，大则历代帝王陵寝及先圣先贤忠臣烈士坟墓，小则寻常墓冢，均包在内。此等罪名旧律及《违警律》均有规定，唐律毁人碑碣石兽者徒一年，《违警律》三十二条毁人墓碑者处十日以下五日以上之拘留，二十元以下五元以上之罚金，本条所定罪名轻于旧律，如尚以为情轻罚重，则按照最少额监禁数天，或罚一二元并无不可，自无骚扰之患，此又一原则也。

52号、特派员、148号、68号、73号、81号同时发言，声浪大作。

宪政编查馆特派员（杨度）：可以加上"载在祀典"四字，凡载在祀典的，本是应该尊敬的。

118号（夏议员寅官）：这一条讨论已久，可否请议长再付审查？

148号（陶议员峻）：方才本员倡议请议长付表决，不然各持一说，到明天也不能解决。

178号（高议员凌霄）：方才各位有主张不要载在祀典就可以包括一切，以保护宗教，但是现在多数心里都以为范围太宽，标准太大，恐怕将来生出无穷的流弊。现在本议员倡议修正条文，凡对于载在祀典之坛庙、寺院、坟墓及礼拜堂，有不敬之行为处以何刑，因为要没有"祀典"二字，恐怕将来另外生出一种解释，如此规定，似少流弊。

73号（汪议员荣宝）："坟墓"二字要是规定载在祀典，比如对于普通的坟墓有公然不敬之行为，其子孙必不甘心，若是因法律上没有规定就不准人告诉，这也是情理上下不去的。

178号（高议员凌霄）：普通坟墓用不着说不敬之行为，比如在田野放牧牛羊因而践踏普通坟墓之时甚多，若以公然不敬之行为解释，岂不生出无穷的讼事？

193号（顾议员视高）：高议员的话是很不对的，普通的坟墓就应当任人作践，国家即不必设法为之保护么？

178号（高议员凌霄）：我们西南各省牧场甚少，放牧牛羊往往在人家墓所，若皆指为有罪，则人人多会受罚，岂不骚扰？

193号（顾议员视高）：这刑律是通行全国的，决不是专行于某处一省的。

133号（陈议员敬第）：照高议员的意见，这个坟墓除发掘以外，无论如何作践都不能过问了。

52号（毓议员善）：本员提起讨论终局，有赞成再付审查的没有？因为讨论的时候过多，特派员对于这条解释也不大相符，所以请议长咨询本院，大家如赞成再付审查，即行表决。

议长：毓议员倡议再付审查，众赞成否？

众赞成。

议长：接续议修正案。

秘书官（曾彝进）朗读二百五十八条至二百七十二条。

议长逐条问有无异议。

众议员：无异议。

秘书官（曾彝进）朗读二百七十三条。

148号（陶议员峻）：二百六十七条万不可删去，原案上本有的，因为股员会修正的时候怕巡警骚扰，所以删去这条，本员都不以为然。现在既实行禁烟，烟具还留着作什么呢？如果留此一条，警察不必去骚扰、去搜索，而藏烟具之人家不得不防备，自可立时毁弃，如删去此条，则吃烟之人可以不毁烟具，随时可以偷吃，还要禁烟做什么呢？所以这条是万万不能去的。

178号（高议员凌霄）：陶议员这句话本员很赞成的。因为怕巡警骚扰，就不搜索？如果不能搜索，人家就可以私藏烟具、私购烟具，又何必实行禁烟呢？

148号（陶议员峻）：为贩卖而私藏与私藏器具稍有分别，若删去这条，恐怕二百六十一条不能包括二百六十七条。

193号（顾议员视高）：本员对于此条有数语说明，大凡国家立法总要期其能行，若立法太严，恐推行不去，转损法律威信。即如鸦片器具，设有人家因其先人吸烟，为子孙者以为先人遗物不忍抛弃，而亦要处以相当之罚，似觉太扰。在贵议员对于吸食鸦片烟一事深恶痛绝，并器具亦欲扫除净尽，用意固善，但鄙意以为两面均宜周到，然后法令方能推行无阻。

115号（许议员鼎霖）：本员对于顾议员的意见很不赞成，若说儿孙收藏祖父的烟具以为纪念，决无此事。盖祖父口泽手泽可作纪念者甚多，当此禁烟时代，凡吸食鸦片之人，即在九泉之下方且引以为耻，为子孙者应速消灭烟具，以盖前愆，断无收藏烟具更增祖父之痛。本员甚赞成陶议员的倡议，请付表决。

134号（余议员镜清）：这个二百六十七条所载私藏鸦片烟器具归警察搜查，实在困难，以本员看不要这条却没有关系，并且收藏这个东西也有留得作别的用处的。

148号（陶议员峻）：余议员的意见本员不甚赞成，因为鸦片烟器具如灯盘子尚可作别的用，而鸦片烟棰子及枪专为吸食鸦片烟之具，留得作什么呢？条文上"专"字，请余议员注意。

112号（陈议员树楷）：鸦片烟流毒中国数十百年矣，现在既实行禁烟，删去这条，还要留得这个东西作什么用呢？

115号（许议员鼎霖）：鸦片烟已经本院议定，明年腊月底禁绝吸食，《新刑律》宣统五年实行，已在禁绝之后，何可再留此器具以遗后患？

宪政编查馆特派员（杨度）：这个犯罪已在刑律总则上规定，股员会修正的时候，以为总则既有规定之条文，所以把这条删去。政府特派员也以总则上既有规定，这个地方就可以不必细举了。

113号（李议员搢荣）：请问特派员，加上这条还是同意不同意？

115号（许议员鼎霖）：留得这条有什么不合，请特派员答覆。

宪政编查馆特派员（杨度）：没有别的。因为总则上有的，分则上就可以不必另行规定。吸食鸦片烟现在定为有罪，收藏烟具即是预备犯罪之具，比如放火本是有罪，放火之具亦是预备犯罪之具，都是总则规定的，分则不必再说了。

148号（陶议员峻）：特派员答覆的话不甚明了。因为鸦片（因）[烟]器具是专为食鸦烟用的，绝对不可私藏；火具不是专为放火用的，不能禁其私藏。特派员必过于崇拜股员会的修正案。

178号（高议员凌霄）：贵特派员谓总则四十八条供犯罪之物适用

于二百六十一条，因制造贩卖烟具即总则所谓供犯罪之用也，如此说来，前条就可以删去了。

115号（许议员鼎霖）：请议长付表决。

议长：陶议员倡议留原案第二百六十七条，先看有人赞成没有？若有，始能作为议题。

众议员有起立者。

48号（陈议员懋鼎）：请议长命秘书官数人数，若不够三十人之赞成，这个议题就不能成立。

议长：请赞成陶议员倡议者再行起立。

众议员有起立者。

秘书官承命数人数，起立者已三十四人。

议长：过三十人以上，成为议题。

74号（陆议员宗舆）：现在作为议题，就须讨论。这个《新刑律》我们不必争意见，总要平心静气仔细想一想。凡立法的宗旨，一面要严紧，一面还要不骚扰地方。若从禁止范围以上还要加一层骚扰，恐不是国家立法的宗旨，所以股员会把这条删去。据本员看来，似不必再争意见了。

48号（陈议员懋鼎）：删去这条并不是保护吃鸦片烟的，不过留得这条，恐怕警察有骚扰情事。

115号（许议员鼎霖）：请诸位注意，警察必举发或访实而后搜查，断无平空到人家去搜查的。如怕骚扰，则凡警章所定，何在不可骚扰？（声浪大作）

112号（陈议员树楷）：如果怕骚扰，其余各条也不必规定了。

115号（许议员鼎霖）：我看特派员与议员提起鸦片烟，没有一个不痛心疾首的。既是这样，私藏器具还怕警察骚扰吗？

133号（陈议员敬第）：方才陆议员的话，本员以为理不充足，但是本员主张删去这条，以为总则可以规定，分则不必规定。而许议员说这条要在分则上规定，试问赌博一条，何以总则有，分则没有？如果私藏烟具这条要在分则规定，赌博也要规定。

115号（许议员鼎霖）：鸦片烟为害中国，是大家最痛心的，比赌博规定还要宜严。如果总则可以包括，分则必可以删，本员不以为然。

133号（陈议员敬第）：吃烟的固然是犯罪，赌博的还是一样犯罪，试问赌博一层要不要规定？

178号（高议员凌霄）：贵议员谓这条于总则上既有规定，于分则上就不必规定，如果以为不必规定，就无须禁烟。

115号（许议员鼎霖）：请议长付表决。

宪政编查馆特派员（杨度）：股员会删去这条，其所以与政府同意者，因为总则上既有规定故也。方才某议员说政府不必对于股员会审查以为神圣不可侵犯一语，本员不能不声明一句，股员会所审查如果与政府有不合的地方，也必与之争辩，并未有视为神圣之意。至于这条政府提出案本是有的，后来股员会删去这条，特派员也以为总则上有的，分则上可以不要，所以与股员会表同情，并非视为神圣。

148号（陶议员峻）：本员以为删去这条，恐怕有制造、贩卖的流弊，若说是总则可以包括，那现在《禁烟暂行章程》均可不必要了。

声浪大作。

178号（高议员凌霄）：有二百六十一条而后有二百六十七条，若以为私藏器具不要紧，而这个《新刑律》所规定的各条均可不要了。

73号（汪议员荣宝）：删去这条是股员会与特派员协商出来的，并经股员会十八人多数之认可才审查出，并不是说审查之时必要政府特派员随声附和，审查之后必要大会人尽赞成。至若说政府特派员不要以股员会为神圣不可侵犯一语，请少说一句。

115号（许议员鼎霖）：讨论了许久，请议长付表决。

议长：按《议事细则》，应先表决股员会修正案，请赞成股员会删去二百六十七条者起立。

众议员起立赞成。

议长：已经起立者不要坐下。

41号（定议员秀）：本员是不赞成删去这条的，表决时没有听得清楚，所以坐下。

秘书官承命数人数。

议长：起立赞成者四十位，少数。

48号（陈议员懋鼎）：请再数人数。

148号（陶议员峻）：数了又要数，然则这样永远表决不了的。

151号（黎议员尚雯）：人数不够。

115号（许议员鼎霖）：人数不够，今天就可以散会，加上这条有什么妨害？大家何必意气呢！

133号（陈议员敬第）：这个要规定，试问禁赌也规定否？

115号（许议员鼎霖）：规定也好。

148号（陶议员峻）：按照《议事细则》，表决时候不得再发言，请议长将本员倡议付表决。

73号（汪议员荣宝）：把政府提出原案付表决就是。

议长：现在表决陶议员的倡议，赞成陶议员倡议不删去二百六十七条者请起立。

众议员起立赞成。

秘书官承命数人数。

议长：赞成者六十四位，多数，现在休息十五分钟。

下午四点四十五分钟议事中止。

下午五点钟续行开议。

议长：现在接续开议。

秘书官（曾彝进）朗读二百七十三条。

140号（康议员咏）：第二十一章表决时增入一条，可否改为二百六十五条第二项？不然则全部条文均宜变更。

议长：修正字句时候还可以改的。

160号（王议员绍勋）：请议长将劳议员修正案付表决。

众议员：没有这条修正案。

议长：有无异议？

众呼"无异议"。

秘书官（曾彝进）朗读二百七十四条。

议长：有无异议？

众呼"无异议"。

秘书官（曾彝进）朗读二百七十五条。

52号（毓议员善）：这一条规定暂时是乐娱，什么分别。

73号（汪议员荣宝）：如同赌个东道，输了的作东道。

议长：有无异议？

众呼"无异议"。

秘书官（曾彝进）朗读二百七十六条至二百八十一条。

议长逐条问有无异议。

众呼"无异议"。

秘书官（曾彝进）朗读二百八十二条。

176号（罗议员其光）：这条罚金可以删去。

159号（蒋议员鸿斌）：未满十五岁为未成年，即无有责任，害人既享其权利，被害亦当享其权利，这个未满十二岁之男女，也当改为未满十五岁之男女。

议长：现在表决二百八十二条，请赞成删去罚金者起立。

众议员起立。

议长：不足三十人。

176号（罗议员其光）：到底是三十人以上不是？

秘书官（曾彝进）：二十七人。

议长：有无异议？

众呼"无异议"。

秘书官（曾彝进）朗读二百八十三条。

176号（罗议员其光）：本员按照《议事细则》二十三条得了赞成的，可以作为议题，请将二百八十二条罚金一项删去。

议长：请看《细则》二十三条就明白了。

议长：有无异议？

众呼"无异议"。

秘书官（曾彝进）朗读二百八十四条至二百八十七条。

议长：有无异议？

众呼"无异议"。

秘书官（曾彝进）朗读二百八十八条。

176号（罗议员其光）：劳议员有倡议，请议长付表决。

82号（陈议员宝琛）：杨钟岳有个陈请书，就是为这件事情，当时议决说是将此项作参考。

秘书官（曾彝进）朗读劳议员乃宣修正案，与高议员凌霄修正案，及杨议员锡田修正案。

137号（邵议员羲）：请提出修正案者说明理由。

议长：这个里头还有陈请书，是预备参考的。

55号（崇议员芳）：可以朗读一遍。

议长：应先说明主旨，抑先朗读陈请书？

117号（雷议员奋）：陈请书不应在此时拿出来，还是请提出修正案的说明主旨。

议长：当初表决的就是议到此条预备参考。

117号（雷议员奋）：已经送到法典股审查没有？

议长：没有送去，但当初表决时候说明议到此条时，作为参考，众议员既都知道，就请劳议员说明主旨。

80号（劳议员乃宣）：无夫奸，中国社会普通的心理都以为应当有罪的，这个道理极平常，没有什么深微奥妙的。请议长问问大家以为可则可，以为否则否。本员并无成见，不过我们是四万万国民的代表，总得详细斟酌，看大家意见如何？

151号（黎议员尚雯）：这一条万不能加入正文，现在中国民法未定，到民法规定时候，这个自然明白了。

132号（文议员龢）：现在民法尚未规定有妾无妾，然按之立宪通则，则断乎不应有妾，而却为我国事实上之所必不能免，譬如民法不认有妾，而纳妾是妾，即等于无夫妇女，而非正式之婚姻，即等于相奸。若刑律定入无夫奸有罪一条，则将来纳妾也应有罪了。

议长：请高议员说明主旨。

178号（高议员凌霄）：本员简单发言。此和奸无夫妇女事，两方面争点，相差太远，主张有罪的也有理由，主张无罪的也有理由，此事再讨论三天三夜也说不完。今天是初八日，闭会只有二日了，这一条就是两天都讨论这个，也万万不能解决。据本员意思，请议长现在先数人数，如果够了请即宣告表决。不过这个事情与社会关系很大，有主张有罪的，有主张无罪的，我们资政院是取决多数，用投票法表决，如多数人主张无罪，就从原案；多数主张有罪，就应修正。本员主张就是这个意思。

117号（雷议员奋）：高议员说的没有一定的主旨，何以叫大家表决呢？（声浪大作）

55号（崇议员芳）：劳议员对于无夫奸的修正案，本议员是极赞成的，人家无夫妇女谁肯听他与人和奸？国家要是没有法律保护，本议员也决不甘心，所以赞成劳议员的修正案，请议长付表决罢。

73号（汪议员荣宝）：无夫奸有有罪的，有无罪的。这是有道德上的罪，有法律上的罪，因为这个事是亲告罪，告诉乃坐，事甚暧昧，检事提起公诉是很难的。比如相奸的两个人，这两个人都没有尊亲属，是叫谁去告诉呢？既无尊亲属，法律上没有法子使之提起公诉来，所以法律上不问。若是定了有罪，国家立法上就不得其平了，所以在道德上是天然的罪名。中国旧例无夫奸是杖八十，然而这一条刑律从来也没有行过的。

众议员同时发言，声浪大作。

议长：发言要报号数，不能同时发言。

159号（蒋议员鸿斌）：本议员也是法典股员之一，但是这条，本议员不敢赞成，当议决时以少数服从多数。这条是规定在《暂行章程》第四条，就是和奸无夫妇女，表决时候，本议员没有赞成。本议员以为当加在二百八十三条以下。当时不赞成的多，今天议到这一条，所以不能不声明。这一条，大家说是关乎教育，不关乎刑法，假使关乎教育，男女都可和奸，和奸以后生下儿女来又可以和奸，要是以此为家庭教育，无论什么事，杀人放火都可以为教育了？

132号（文议员龢）：现在《新刑律》尚未颁行，照《现行律》无夫奸却定为有罪，而私生子固是不少，若谓私生子多秉戾气，将来必不是好人，此说未免过于迂谬。请历观传记，古来私生子为贤哲者，亦属不少，未必非私生子即尽是好人也。此可不必深论，且周礼尝云仲春之月，会男女之无夫家者，于是时也，奔者不禁，可见当时并不认为有罪。若谓不定无夫奸之罪，便悖于礼教，则将何以解于《周礼》之所云？

159号（蒋议员鸿斌）：本议员还没有说完呢，关于伦理、关于礼教，是刑法上的根本。舍伦理教育而讲刑法，还算什么刑法呢？这一条亦是在五伦之一，男女怎么在五伦之内呢？孔子的话，有阴阳而后有男女，有男女而后有夫妇，有夫妇而后有父子，有父子而后有君臣，这个就是五伦，这个就根本。

133号（陈议员敬第）：这个事大家不要闹意见，总须平心静气地（便）[辩]论，劳议员提出修正案，请问劳议员到底是个什么办法？

73号（汪议员荣宝）：到了二百九十三条第三项，本员有个意见。

112号（陈议员树楷）：刑法上不规定无夫妇女和奸罪一条，本是各国通例，详考各国立法之意，强奸、诱奸有罪而和奸之条不规定者，正所以尊重女权，视如平等的意思，更本于民法上之自由结婚。以此为前提，则必女子平素多不与人交通，阅历既不娴熟，教育又未普及，其所以尊重女权者，转不足以保护女权。本议员以为，凡规定法律，必先本于社会情状，若以最高的法律施之于社会情状不合之国民，其危险更有甚于法律不完全之弊者。以上等社会看待国民，本员很赞成，不过对于中国现在的社会情状不合，非所以保持秩序之本意也，此条还要稍为斟酌一下。

133号（陈议员敬第）：家长注意一点，自然没有这个和奸事情。（声浪大作）

140号（康议员咏）：政体无论专制、立宪，教育无论发达与否，断不能使全国人皆为圣贤。倘全国皆圣贤，则自无犯罪之人，不必定此法律矣。

112号（陈议员树楷）：刑法规定是为犯罪者设的，非为不犯罪者设的，不怕百年无此事实，社会上有此一种可以犯罪情状，法律即可以规定之。若但就上等社会人之程度规定法律，则法律可以不用，方才说尊重女权，就不应该有这个规定，不过用于现在社会情状，不甚相宜，所以说还要斟酌一下。

宪政编查馆特派员（杨度）：政府提出来的议案，刑律全部之后又有《暂行章程》，无夫妇女和奸之罪载在《暂行章程》之内，并非不以为罪。前次法典股审查后报告的时候说要废《暂行章程》，议场上于此问题没有讨论，没有表决，特派员所以没有说话。在政府的意思，因为《新刑律》对于本国人民社会风俗习惯可以认为有罪，既认为有罪，似应即规定在正条里。其所以没有规定在正条而规定在《暂行章程》者，是什么意思呢？因为国家定这个法律，是要与各国法律一律，可以使外国人通通遵守，将来易于撤去领事裁判权。我国与英、美、日、葡所立商约，都载定将来中国法律改良，与各国法律［一律］之后，各国允许裁撤领事裁判权。无夫妇女和奸之罪，各国刑律都没有这一条，而中国刑律偏要规定这一条，就是与各国刑律不能一律，将来就不能撤去领事裁判权，所以政府不肯加入正条之内。但是以中国风俗礼教而论，似乎不能不认无夫妇女和奸为罪，政府因此很觉踌躇，但因国家改良法律，其宗旨系要与各国刑律一律，使外国人民都能遵守，为撤去领事裁判权之预备，便不宜把这条载在正条里，生出交涉时之困难，故载在《暂行章程》。这个《暂行章程》与刑律有同一之效力，则在国内可借此以维持本国礼教，不过从外国一方面看来，中国刑律总是完全的，以救刑律（不之）［之不］济，而为新旧刑律交替之媒介，所以《暂行章程》是断断不可少的。且俟实行数年，若各国不以此条为然，即可废去《暂行章程》，却无受人干涉而改刑律正条之名。若各国以为此条可存，则现在虽不加入，俟将来刑律改良，领事裁判权收回之后，再加入正条亦不为迟。至于现在贵议员有两派，一派谓无夫妇女和奸无罪，不应列于《暂行章程》之内；一派谓为有罪，应移入于正条之中。都主张要《暂行章程》废去，实非两全之法，都是政府不能同意的。

（声浪大作）。

议长：请117号先发言。

117号（雷议员奋）：本院对于无夫奸一层还没有说到，政府所以要修改《新刑律》的宗旨，并没有国家的主义。对于《新刑律》之修改究系一个什么主义？方才特派员所说的这个刑律与将来收回领事裁判权有密切之关系，可是这一层又是一个问题。我们现在所讨论的，应把无夫奸这一条来讨论。国家定这个法律是国家的一种公法，不是私法。什么叫做公法呢？因国家以所定的法律来颁行出去，要使人人共守的，所以国家对于这个法律有两种目的，一种是要保全国家的治安，一种是要保全个人之自由。因欲保全国家治安，所以凡有国家以内的人，有骚扰妨碍国家之治安者，必以刑罚处之；若有侵害个人之自由者，国家亦必要定出刑罚来治他。国家有这二个目的，必定要等原告来告，然后处之以罚，为什么呢？比方有人侵害个人之自由，必先有被侵害之原告，而后有被告，有被告然后可定以罪。好比有人妨害国家的治安，必由被害的人可以为原告，虽没有原告，而国家有原告之机关，如审判厅检察官可以作原告，这为什么？国家恐怕有犯罪之人而被犯者不出来起诉，这个罪无从惩治，所以规定由检察官以职权起诉之，这是公告罪之手续。若亲告罪则不然，国家所以想出一个法子，不有原告而这个罪可以不问，这非亲告不可，因原告自己愿意去告，方可罚被告的人，比方自己本人不出来告，而与本人有关系的人，亦可以出来告，所谓尊亲属代为起诉。至于国家对于百姓，比方百姓犯罪，一定要有见证的人，然后可以罚他；若是没有见证的人，国家不能自己出来去办这件事。这个无夫奸还是公告的罪呢？没有一人说不是亲告罪。既是亲告罪，与国家治安何关系呢？实是关系个人之自由，是法律上之自由。所以对于无夫奸一层，若有因这个行为恐妨害我们的自由，要定他的罪。然在国家一方面必等他的人来告，然后可处之以罪。若是没有原告，在国家一方面亦是默认的，所以要拿这一条放在刑律里头，亦没有什么关系的。现在大家所争议的不是刑律里头的问题，且这一条不但外国如是，就是中国亦是这个样子。所以要定刑罚，一定有原告然后可以罪他；若没有原告，亦没有法子的。这一层不是国家定法律之时有意使百姓可以相奸，不过因既有各种的法律，想种种都在那里了，且国家要管这个百姓，要使百姓不许做不好的事，这不是专靠刑律之作用。而作百姓的无不是专靠国家之刑律而有以防范的，若因国家法律里头没有这几个字，而自己遂去做不好的事，那是百姓对不起国家，而非国家对不起百姓。

112号（陈议员树楷）：本员对于特派员与雷议员的话有点儿疑问。本员现在先把对于特派员的话说一说，方才特派员所说的，本员很表同情。据特派员所说的有二方面，一方面是对于社会程度，一方面是为收回领事裁判权。现在我们中国因刑律未经改良，欲为收回领事裁判权之交涉很不容易，那是不移之道理，不过因为收回领事裁判权才定出这个《暂行章程》，一俟收回裁判权，那时无夫奸这一条，俟各国承认后即行加入正条，如不承认，再行删去。特派员所说的，一面是为顾全支那，一面是为社会程度，是非常之赞成，不过其中有疑义。收回领事裁判权之问题，非仅刑律改良即可办到，且非刑律内无夫奸一条之规定可办到，据事实上说，必须各种法律如民法、商法、民刑诉讼法、裁判法等，一切修订妥当后，始能议收领事裁判权。果如是，则本员想，这个事件非一二年所能办到的。若谓仅刑法上无夫和奸无罪一条定好，当下即能收回领事裁判权，此说实不敢信。

宪政编查馆特派员（杨度）：政府的意思打算早日撤去领事裁判权，所以不能不变更法律，刑律亦是法律最要之一种，所以刑律的内容条件不能不同各国一律，明知有不合于中国今日社会情形者，但因急欲撤去领事裁判权，有不得不委曲从权之处。政府不愿意十年八年才与各国办交涉，如果办交涉时，各国刑律皆无这一条，彼时又非删去此条不可。与其将来删去，不如现在不加入正条，（拍手）股员会意见亦甚相同，所以此条列在《暂行章程》甚为相宜。

129号（汪议员龙光）：此条只有想个法子表决，无须讨论。两方面之人一主无罪，一主有罪，不独院内之人各持一说，不能相下，即院外一般舆论对于此条，纷纭聚讼，已经闹了好久，终不能彼此通融。座中百数十名议员，虽不人人皆有法律知识，独对于此条两方面所持之理由，皆彻底明白，而各有其专主。凡主张无罪者，任是如何演说决不能动，此一方面之心；凡主张有罪者，任是如何演说亦决不能动彼一方面之心。岂非徒费口舌么？这样看起来，岂有速付表决为是。只将有罪、无罪两面付诸表决，本议员却又不赞成。因为这一件条文，主张不要，则显背中国礼教；主张载入正条，则又与外国法律不能合辙，恐为收回领事裁判权之障碍。原案将此条订作《暂行章程》，颇是煞费苦心。今法（点）[典]股员会将《暂行章程》一概删除，于是主张保全礼教一面之人争执尤力，而人数亦加多。本议员意见以为，应先将《暂行章程》主张存留，请议长付诸表决。如得多数可决，则既有《暂行章程》，此一项条文自然可不订入正条之内，这是保护《新刑律》一种手段，而亦不与中国礼教显相背驰；至于"暂行"二字到何时为止，后来再说。

112号（陈议员树楷）：政府特派员的意思，本员并没有什么很不同意的，不过稍有点参差的意思。本员以为于事实上有办不到的，且交涉亦恐怕一时万办不完全。本员又有答覆雷议员的话，若谓保全治安、保全自由，保全治安以保全善良风俗为重要之点，自由这一层必平等才能自由。我们中国女人之程度，法律若不加以维持，试问果能保全治安不能？果能保全自由不能呢？

48号（陈议员懋鼎）：陈议员所谓程度不齐，本员绝不赞成的。程度不齐就不能开资政院；就刑律而言，无夫奸何以犯的很少，可见不能算程度不齐。

73号（汪议员荣宝）：仁者见之谓之仁，智者见之谓之智，程度够者谓之够，程度不够者谓之不够。（拍手）

109号（籍议员忠寅）：现在各位争论这个问题，仿佛闹起意见来，很没有利益，因为在意气上来争论，就不在真理讨论，而把真理全都失了，法律若是这么争论起来，于法律要义实在不合。方才已经有人说过，本员再说一说，凡事要在事实上注意，所以加无夫奸罪，在事实上想来，恐怕作不到。若说将来不规定在里头，恐淫风流行，靡所底止。从前男女防闲甚严，后来因为没有法律管束，遂至一败不可收拾，以至有明目张胆、白昼宣淫这些事情。本员想事实上一定没有的，此条可以不必论。第一就说没有妨碍地方，向来放荡不道的人要想奸人妇女，然有所忌惮而不敢公然去行的，是什么缘故呢？并不是因为法律上有杖八十的刑法，是一则怕于社会上名誉有关系，一则是因为所奸妇女他家里有男人，一定要忿恨，忿恨之极就有杀伤种种事情，所以有所忌惮。可是不逐条载明，也不至风俗一败不可收拾；就是法律定了这条，而奸无夫妇女之事也是仍然有的。而社会上终少这种事情的原因，就是因名誉有所妨碍，这是实实在在的情形。当议员的可以不必虑到这层，况且当议员的就是全国人民代表，各省的人大概于各省情形没有不晓得的，这个无夫奸的事各省发现的也不多，就是法律上载这一条能够办得到吗？一定办不到的。况且社会上习惯人人都有保全名誉的心，所以对于这等种种行为，不必虑到的。这是第一层。第二层，无夫奸罪去行的时候，又有困难地方。既是相奸，女人与男人一定同意的，如果审判官问口供一定是一样口供，就说妇女口供不同，然也没有真正证据可以作凭据的。且男女和奸加罪，还是加男的罪，还是加女的罪？若说加男的罪，不加女的罪，则其初本是一样，未免不平不均。所以规定这条，必定生出多少扰乱来，有种种困难，本员主张可以不必加上。

　　112号（陈议员树楷）：方才籍议员说有名誉与忿恨二者，自然不敢轻举。不知若无法律上之保护，将来有名誉不顾者将何如？忿恨之极，必至杀伤，不用法律保护，使人民至于杀伤，何如国家有这条法律明定罪名，可以保全社会秩序呢？

　　109号（籍议员忠寅）：陈议员与本议员所争的不同，陈议员认定国家法律为维持道德一种东西，现在是讨论法律不是说维持道德？

　　112号（陈议员树楷）：这个法律里头是讲权利义务的。

　　109号（籍议员忠寅）：这个刑律是济政策之穷。

　　112号（陈议员树楷）：本员亦以为是济政策之穷。

　　130号（刘议员景烈）：请付表决。

　　115号（许议员鼎霖）：本员以为特派员所说列在《暂行章程》甚妥，将来或添入或删去，均易办理。若说此条专为收回领事裁判权起见，本员却不以为然。窃谓洋人必不愿无夫妇女与中国人相奸，何至以此条有罪为非！亦不至利与中国妇女相奸，以此条有罪为不便！请议长即将特派员所说付表决。

（声浪大作）。

129号（汪议员龙光）：方才本议员请将留在《暂行章程》先付表决，（到）[倒]是绝好解决方法，两面均顾得住。如不从此下手，坐令两面相持不了，一方面是主张迎合外国法律，一方面是主张保全中国礼教，然二者不可得兼，得失利害，两两相冲，自然是舍外国法律而保中国礼教，本议员即其一也。

132号（文议员龢）：本员绝对不赞成汪议员的话，因为以无夫奸为有罪，就应归入正条；若以为无罪，《暂行章程》应作废。如现在有这条刑律而将来又没有这条刑律，是很不对的。

（声浪大作）。

议长：请缓发言。

115号（许议员鼎霖）：这个法律不知诸位研究过没有，据本员想，无夫奸这层，人家虽然没有这条法律，亦是很以为耻的。如西班牙、非洲等处，很以无夫奸为耻；至于法国虽没有这条法律，而无夫奸者亦非常之少。可见外国也是不能免的，假若我们中国规定这一条法律，外国人看见，要照我们中国改良他的，亦未可知。

73号（汪议员荣宝）：许议员说的话不是的，东西洋各国，凡基督最盛之时代，男女犯奸都是死罪，非常之重。后来道德、宗教、法律分晰以后，才渐渐改良，所以到现在这个样子。可见无夫奸，外国中古时代有之，并不是没有。

115号（许议员鼎霖）：质问汪议员，本员未学法律，但在外国看见自治会，遇有男子与无夫妇女有不规则行为，即可警戒，不得在此往来，致碍风俗。可知外国虽没有这条法律，亦未尝不重风化。如果男女不依警戒，即可公告巡警干涉，似亦为国家刑律所许，不知法典股是否参考各国刑律一致否？

117号（雷议员奋）：本员打算趁着还有几分钟的时候，平心静气说几句话，请问议长可否登台发言？

议长：可以登台发言。

117号（雷议员奋）：本员现在声明一句，本员说话的时候，请各位不要存一个心说本员是赞成法典股的意思。不过现在我们大家所讨论的是《新刑律》无夫奸这一层，刑律上是应当有不应当有，我们大家总要从这个上头看，想总要以公平之眼光看到这件事，仔细想一想，这个法律实行之后，事实上应当如何，至于那些客气的话都可以不说，大家总要讲这确实的理论。比方现在我们大家讨论到这《新刑律》之内坛庙这几条，许议员说假若外国人到了我们中国地方，不知道我们中国的风俗，要是把这一条去掉，是与收回领事裁判权有妨碍的。现在许议员自己倡一个议论，又是反对收回领事裁判权，缘这种事似乎都是由客气上生出来，至于两边都可以说的话，现在我们可以不说的。方才陈议员说无夫奸这层是根于程度，程度高犹可以不要这条，程度不高是不能除去的。陈议员的意思，以为这种行为是以程度为转移的，又说必要男女平权方可自由，这一层亦不大对。比方主张男女平权，而有夫之妇和奸则有罪，无夫之妇相奸则无罪，可见分明男女还是不平权的。（拍手）不但我们中国男女不能平权，就是现在外国男女也是不平权的，不过比我们中国稍强一点。至于无夫奸这层，国家定在法律上头或是不定在法律上头，是因为他的历史、国情上生出来的，并不是因为程度不程度，平权不平权。（拍手）从前旧律上头无夫奸这层是（枚）〔杖〕八十，而天下无夫奸的不知多少，就是外国亦有的，并不是外国程度比我们高就应当没有这样的事情。不过外国实在比我中国好一点，然而奸无夫之妇亦不知多少。所以他国家法律上没有这一条，可见程度之说与无夫奸这一条究竟应当定在法律上或是不应当定在法律上，是毫无关系的。不过国家定一个法律，必定有一个宗旨，计算将来作到什么地方，无夫奸这层是不是因为这件事妨害风俗，与风化攸关，国家为保全风化起见，以保全风俗为宗旨，所以定这条法律。然而无夫奸这一层可以定亲告罪，而不能定公告罪的。国家虽然以保全风化为宗旨，然而要是无夫之妇与人和奸，就是国家知道了，要是没有人告发，也是不能管的，一定要等尊亲属出来告方能去管，是什么意思呢？因为非尊亲属不能告，正是国家保全风化的宗旨。然还恐有作不到的地方，比方无夫之妇他没有尊亲属，他与人和奸虽然是与风化有关，然而这个无夫之妇，他既没有尊亲属，不能提起控告，国家是不能知道他与风化有关的，就不能管他，一定是要有人提起控告，然后才能知道他与风化有关。但是以一个人而论，他的名誉与他的体面，一定要顾惜的，这亦是国家保全风化的一种作用。比方一个人他奸无夫之妇，今天有这件事，明天亦有这件事，彰明较著。若是大家知道，这个人名誉体面就没有了，而于国家保全风化的意思到底没有完全，所以必要尊亲属控告。若是尊亲属不告，国家亦没有法子管他。至于国家这一条法律，是要实行的呢，还是为国家壮观瞻的呢？在国家定这个法律，以为在人家没有作这件事以前，法律上有了这种规定，使他有所警戒；他若是已经作了以后，国家就拿法律去办，教人时时刻刻知道国家法律上有这种规定，不应该作的，所以诸位都要主张无夫奸定罪，并不是一定希望将来有无夫奸的案子，国家法律就要办他的罪，因为刑律上头大家都知道有这一条规定的，虽有人要想和奸无夫之妇，是一定不敢作的，这正是国家保全风化上得了一点帮助。是不是这个意思呢？但是本议员可就拿这个意思申而言之，比方一家人他的祖父母、父母兄弟对于他的子女，以国家的刑律与他尊亲属管束力相比较，到底哪一边效力更大呢？无夫奸这一件事，与其以国家法律禁止他，实不如他的父兄以教训子弟之方法禁止他之为愈也。这样看起来，可见他的父兄保全风化比国家保全风化的效力大得多，不必一定要国家有这条文，他的父兄自己才尽这个责任。说到这个地方，有人说国家定了这条条文，于保全风化到底有无妨碍？如果法律有这条，就没有犯无夫奸之罪的，这就可以保全风化，本员也非常之赞成，但保全风化责任在我们自己百姓，并不在国家。有了这条，将来刑律施行之后，反生出许多妨碍，为什么呢？因为国家空有这个条文，又没有法子去办，国家信用就没有了。国家为人民定法律，若是法律没（是）[有]信用，又何必要这条规定呢？所以本员主张道德礼教与风化攸关，都应当有的，不过今天所讨论的是为国家刑律，这个刑律是公法，不是私法，一国之内都应当知道的。管子云：礼义廉耻，国之四维，四维不张，国乃灭亡，不是光靠国家法律这一方面维持的。现在所说的应当在法律上说话，至于法律以外种种理由可以不必说。

某议员：难道没有人告诉就不能成罪？

117号（雷议员奋）：法律上所谓亲告罪有一定的期限，有一定的界限，不是无论什么人都可以告的。

112号（陈议员树楷）：方才雷议员说重要之点就在将来法律不能实行，国家没有信用，宗旨是这个样子不是？

117号（雷议员奋）：本员的意思，宗旨还要申明一句，方才所说的有两层意思，一层是国家法律是要实行，不是视同虚设的；一层是前所说的一种公告，是要有原告、被告，刑律里头一定要有被告，才能成为刑律。

112号（陈议员树楷）：规定盗贼罪的法律也是要有一个原告，但是没有原告也就不问吗？

117号（雷议员奋）：陈议员所说的与这个问题是两方比较，如有一个贼盗窃人家物件，国家也不知道，人家也不出来告，国家就没有法子去办。如果国家既已知道某处有盗，某处有贼，虽没有人出来告也是要办的。至于无夫奸一层，国家就是明知其罪而没有亲告出来，也是不能办。可见盗贼不能与无夫奸相比例。如果把这条加上，万不能实行，请陈议员仔细想想，总要在实在地方讨论。

112号（陈议员树楷）：雷议员的意思是每种法律必定要期其能实行，本员也是这个意思。不过无夫奸罪这层，与其恐难实行就不规定，不如明定法律不许人作之为愈。

99号（陈议员瀛洲）：请议长付表决，不必再讨论了。这个问题再讨论两天，还是讨论不完的。

129号（汪议员龙光）：现在作为讨论终局，请议长付表决。

众呼"请付表决"。（声浪大作）

117号（雷议员奋）：讨论终局，本员是很赞成的，不过对于陈议员尚有声明的话，并非争辩，比方人家要去奸无夫之妇，他也有害怕的意思，并不是害怕无夫之妇，是害怕无夫之妇家里的人，怕无夫妇家里的人就是怕法律。因为法律上有亲告就能办，没有亲告就不能办。比方无夫之妇家里没有人，就没有人起诉，没有人起诉，他就不怕法律了。（语未毕）

众大呼"讨论终局，请议长付表决"。

72号（胡议员礽泰）：这个问题很重大，不能随便通过。本议员始终也未说话，现在本员要说几句，请登台发言。

176号（罗议员其光）：《新刑律》是四万万人生命所关，岂能随便通过？

声浪大作，议场骚然。

72号（胡议员礽泰）：本员是极主张礼教的人，这个礼教关系甚大，要想维持礼教，总要另想一个法子，不能把礼教放在《新刑律》里头维持就算了事。要是放在刑律里头维持，这个礼教就算亡了。我们是极尊信孔子的，孔子曾有两句话说："道之以政，齐之以刑，民免而无耻；道之以德，齐之以礼，有耻且格。"可见要维持道德，要有个维持的方法，不能把道德与法律规定在一起，就说是维持道德。

55号（崇议员芳）：贵议员的意思是反对劳议员之修正案还是赞成呢？

72号（胡议员礽泰）：不能中止本议员的发言，等本议员说完大家再行讨论。

众呼"请简单发言"。

72号（胡议员礽泰）：道德与法律原是两件事，本议员若果说自己的意见，恐怕大家听不进去，所以把孔子的话作一证据。照孔子的话看起来，这法律与道德是不能放在一起的。怎么说不能放在一起呢？道德的范围宽，法律的范围窄，法律是国家的制裁，道德是生于人心的，所以关系道德的事，法律并包括不住。比方我们议员有吃人家〔家〕一顿饭，就替人家说话，这是道德上的关系，而法律上无可如何。（语未毕）

115号、172号同时发言，声浪大作，议场骚然。

72号（胡议员礽泰）：不要乱，听我说。若是要把道德规定在法律内，本议员想起来，我们中国向来没有这个办法。请大家平心静气想一想，看能把道德上的事情可以规定在法律内不能？本员以为自有法家以来，这个礼教就算亡了。我们中国宗教家都是讲究道德维持礼教的，因为自三代以后，刑名之学兴而王道已渐灭亡矣。但是本议员以为王道所以灭亡之故，因刑法参杂于道德之内。刑法既参杂于道德之内，则所谓道德者，不过姑息而已，所以后来中国只有法律，并没有礼教。现在诸位既欲提倡礼教，要想提倡礼教的法子，不必规定在法律之内。

88号（陶议员葆廉）：请问贵议员，"君子怀刑"这一句怎么讲？

72号（胡议员礽泰）：这个不要弄错了，君子惟能保存道德，所以怀刑就不至于犯罪。

众呼"讨论终局"。（声浪大作）

议长：现在作为讨论终局，众议员赞成否？

众呼"赞成"。

74号（陆议员宗舆）：请议长用记名投票法表决。

众呼"赞成"，并呼议长命秘书官点人数。

议长：有一百零五位，即为足数，现在场人数不止一百零五人。

178号（高议员凌霄）：请议长注意，头一次用记名投票法表决时，内有伪票一张，是我们资政院的大污点。如果这回再有此事，应请付惩戒股惩戒。

宪政编查馆特派员（杨度）：请议长先将《暂行章程》付表决。

133号、110号同时发言。（声浪大作）

73号（汪议员荣宝）：未表决之先，请议长声明《新刑律》加入无[夫奸，赞]成者用白票，反对者用蓝票。

52号（毓议员善）：请先表决劳议员修正案，然后再表决杨议员自己的意见。

（声浪大作）。

74号（陆议员宗舆）：修正案太多，一个一个表决，不知道要到什么时候？（围）[本]员以为表决的题目可以简单，以无夫奸为有罪或以无夫奸为无罪者作两样表决法。

110号、81号同时发言。（声浪大作）

137号（邵议员羲）：本员以为先表决无夫奸，然后再表决《暂行章程》。

177号（李议员文熙）：照《议事细则》表决修正案，先表决与原案相近的，股员会修正案与原案相离太远，可缓表决。

109号（籍议员忠寅）：这个问题重大得很，本员看应该先表决无夫奸罪名在刑律内应有这条不应有这条的罪名，然后再将这条看加到什么地方，请议长宣告无夫奸罪名是否应留先付表决。

52号（毓议员善）：本员按《议事细则》，请议长宣告表决的题目。

众呼"赞成"。

议长：籍议员倡议大家赞成否？

众呼"赞成"。

议长：现在宣告表决的题目，凡赞成无夫奸加入刑律者，请用白票写自己的名字；赞成无夫奸不加入刑律者，请用蓝票写自己的名字。

133号（陈议员敬第）：加入不加入与加入什么地方是两个问题。

议长：那一层另再付表决。

声浪大作。

109号（籍议员忠寅）：加入刑律留这个无夫奸罪名，这个问题大得很。

语未毕。

178号（高议员凌霄）：《议事细则》，议长宣告表决后，无论何人不得发言。

133号（陈议员敬第）：这个应分两个表决，承认无夫奸为罪者是一层，不认无夫奸为罪者又是一层。

议长：本议长所谓加入刑律不加入刑律，就是这个意思，加入就是有罪，不加入就是无罪。

声浪大作。

133号（陈议员敬第）：这回表决一是认无夫奸为有罪，一是认无夫奸为无罪，请议长将这层宣告一声，不然恐大家误会。

议长：现在付表决。

115号（许议员鼎霖）：在场人数是多少，请议长还要宣告一声。

声浪大作。

议长：众议员不要说话，现在表决。认无夫奸为有罪的用白票，认无夫奸为无罪的用蓝票，须听明白。

80号（劳议员乃宣）：收票之时，先收有名字的这一张，过后再收无名字的这一张。

190号（吴议员赐龄）：还是照先前说的样子表决，以加入刑律的为有罪，不加入刑律的为无罪。

众议员呼"表决时候不要说话"。

议长：头一次尽收有字的票。

秘书长、秘书官收票，检票毕报告议长。

议长：白票多数，无夫和奸定为有罪。（拍手）

议长：由秘书官宣告蓝票、白票议员数目姓名。

秘书长承命宣告投蓝色票议员姓名如下：

陈国瓒、刘纬、李文熙、陈懋鼎、吴赐龄、尹祚章、刘述尧、邵羲、孟昭常、汪荣宝、书铭、黄象熙、文龢、陈敬第、余镜清、庆山、胡礽泰、沈家本、潘鸿鼎、宁继恭、胡骏、郑际平、陶葆霖、刘景烈、籍忠寅、柳汝士、吴廷燮、江辛、冯汝梅、周廷励、刘曜垣、陈命、彭占元、黎尚雯、雷奋、刘泽熙、王廷扬、王佐、顾视高、章宗元、王璟芳、陆宗舆。

以上蓝票四十二张。

秘书长宣告投白色票议员姓名如下：

黄懋澄、陈树楷、吴德镇、于邦华、康咏、王曜南、梁守典、吴怀清、刘志詹、李素、范彭龄、刘懋赏、张之霖、陶毓瑞、李时灿、彭运斌、王绍勋、蒋鸿斌、汪龙光、邹国玮、徐穆如、齐树楷、王玉泉、陈瀛洲、曹元忠、吴纬炳、锡嘏、奎濂、荣普、宜纯、荣塾、俨忠、魏联魁、志钧、延侯爵、存兴、刘能纪、定秀、庆将军、盛昆、柯劭忞、方还、李湛阳、罗乃馨、王鸿图、宋振声、孙以芾、陶葆（濂）[廉]、顾栋臣、李士钰、陈善同、许鼎霖、夏寅官、马士杰、王昱祥、郑熙嘏、谈钺、黄毓堂、黄晋蒲、杨锡田、索郡王、多郡王、色郡王、高凌霄、张（歧）[政]、万慎、罗其光、王佐良、荣凯、毓善、崇（方）[芳]、李经畬、寿公、希璋、陈宝琛、劳乃宣。

以上白票七十七张。

议长：白票七十七位，蓝票四十二位，但蓝票中有吴议员赐龄一票书有文句，照章应作无效。

众议员呼"应作为无效"。

115号（许议员鼎霖）：请议长宣告明白，是作一次表决还是作两次表决？

议长：作两次表决。现在无夫和奸既已表决认为有罪，应当表决《暂行章程》。

52号（毓议员善）：已经表决，不能再表决了。

众云"第二个没有表决的价值，可以不必再付表决，就要表决，用起立表决够了"。

137号（邵议员羲）：方才议长已经宣告过，再表决一次，何必多言？

议长：诸位不要纷纷离席，还要表决。

62号（刘议员泽熙）：如果有反对者，请议长再宣告表决。

178号（高议员凌霄）：请议长照《议事细则》五十九条办理。

115号、110号、109号、60号同时发言，声浪嘈杂。

80号（劳议员乃宣）：议长此次付表决，还是要投票？

129号（汪议员龙光）：这个《暂行章程》如果不用，就不要表决；如果要用，就同正条分开表决。

109号（籍议员忠寅）：股员会修正案把《暂行章程》去了，是股员会的意思，至于大会赞成不赞成，或者不要这一条，还没有确定。（语未毕）

110号（于议员邦华）：方才有劳议员、杨议员、许议员提出修正案来。

130号（刘议员景烈）：不能这样提出修正案来。

109号请付表决。

议长：现在表决，方才已经宣告过了。

110号、160号、115号同时发言。（议场骚然）

议长：不要再讨论。

59号（顾议员栋臣）：请议长点人数，看够不够三分之二。

议长：现在在场共一百一十九位，够三分之二。

议长：现在表决无夫和奸定为有罪，赞成定在《暂行章程》者请起立。

众议员起立赞成。

众议员同时发言，声浪嘈杂。

秘书官点人数，共六十三位。

众议员以方才宣告未听清楚，请重行宣告表决，同时发言，议场大哗。

议长：现在表决，众议员不要发言。赞成定在《暂行章程》者请起立。

众议员起立赞成。

秘书官点人数。

议长：起立者四十九位，是少数。

众议员同时发言，声浪大作。

议长：听不真，须一位一位依次发言。

73号（汪议员荣宝）：表决有疑义，请反对者起立。

130号（刘议员景烈）：请议长用反证表决？

59号（顾议员栋臣）：请点人数够不够。

73号（汪议员荣宝）：表决时候不能说话。

议长：按照《议事细则》，表决有疑义，须用反证的法子再付表决。

178号（高议员凌霄）：归入《暂行章程》是一个说法，归入正案又是一个说法。

议长：用反证就是了。

秘书长承命报告：议长谓诸位说话，须俟议长的话说完的时候再说。

议长：方才表决有疑义，按照《议事细则》规定，应用反证表决证明，现请赞成加入《新刑律》正文者起立。

众议员起立赞成。

议长：六十一位，是多数。

74号（陆议员宗舆）：本议员同陈议员方才讨论的时候，陈议员说中国程度不够，如此看来，陈议员的话真是佩服佩服。

73号（汪议员荣宝）：此之谓程度不够。

议长：现在散会。

下午十点三十分钟散会。

注释

① 具说帖议员罗其光谨提出为质问度支部事

查《资政院议事细则》第一百七条"议员依《院章》第二十条，欲行质问者，应具说帖，得三十人以上之赞成，由议长咨询本院决定之"等语，窃维改设统捐，原为节省糜费、体恤商旅起见，今有数省既已改设统捐，而分局分卡仍未裁撤，客商既上统税，沿途局卡亦复苛索陋规，甚至照旧勒补；稍不如意，往往任意苛罚，以致商人折本，百货昂贵，是体恤商旅之政，反成虐待商旅之政也。查此项既非正当税则，又不报明行政长官，不过为总局安署私人借图中饱之机关耳，若不早裁，殊非改设统捐之本意。度支部是否咨行各督抚酌量裁并，抑各督抚虽奉部文，并未实行办理耶？本员窃有所疑，兹具说帖，经赞成议员会同署名，应请议长咨询本院决定，照章咨行度支部，请迅速以文书或口说答覆。须至说帖者。（"议员罗其光具说帖质问度支部关于统捐事"，《资政院知会折奏章程、说帖、质问、知情等案件》之《资政院第四类议员具说帖质问各案件其一》，清末铅印本）

资政院第一次常年会第四十号议场速记录

【标题】山西省北盐务、《大清新刑律》等议案因出席议员人数不足而草草结束审议

【关键词】山西省北盐务 《大清新刑律》 议员人数

【内容提示】因议员到会人数不够,等到下午四点才开会。本次大会经多数议员同意,先议了陈请核减山西省北盐务议案。虽然法典正副股员长都缺席,但还是按照《资政院议事细则》接着议《新刑律》。但一则因为法典股无人说明,宪政馆特派员以为无法接洽沟通,二则出席议员人数不足法定,遂草草散会,基本浪费了一天会议的光景,殊属可惜。

宣统二年十二月初九日下午四点钟开议。

议事日表第三十八号:

第一,《大清新刑律》议案,三读;

第二,改订《大清商律》议案,股员长报告,续初读;

第三,整顿常关试办章程议案,股员长报告,会议;

第四,拟铁路运货征税画一办法并添设常关议案,股员长报告,会议;

第五,南漕改折议案,股员长报告,会议;

第六,提请陈请亟变盐法就场征税收议案,股员长报告,①会议;

第七,提议陈请核减山西省北盐务议案,股员长报告,会议。

110号（于议员邦华）：本员有个倡议，会期已很迫了，现在重大议案还没有议决的很多，看这个情形，再求延会必办不到，即使再开夜会，亦是不能议完的。本员倡议，照章有过半数议员陈请，可要求开临时会，本员具了一个说帖，列名已过半数。请议长奏明请旨办理。

149号（罗议员杰）：本员倡议昨日表决无夫奸是表决主义，非表决条文，现在条文未改好，请更动议事日表，先把商律初读，明日续议刑律，请议长咨询本院意见如何？

52号（毓议员善）：请议长宣告到会人数，开会开得这样晚，是什么意思，请议长宣示明白。

副议长：因为人数不够，所以较晚。

110号（于议员邦华）：本员所具的说帖已得过半数之赞成，照章可以具奏的。

副议长：到会者一百零六位，已足三分之二，现由秘书官报告文件。

173号（梁议员守典）：《集会结社律》已经审查过了，昨天已列议事日表，今天何以不列，请议长可否再行列上？

110号（于议员邦华）：请问议长，修改《结社集会律》昨天已列议事日表，何以今天又不列入？此案不过将陈请书更动两条，法典股审查得很好，几句话就可以解决了的，请再列入议事日表。

149号（罗议员杰）：《商律》条文不多，是重要问题，急当会议的。

副议长：罗议员倡议，众位赞成否？

110号（于议员邦华）：这个《新刑律》若今日不议，明天一天不能通过，现在可否当场修正？

149号（罗议员杰）：这个商律是很要紧的，可以开议。

110号（于议员邦华）：无夫奸条文本有修正案，若今天不议，明天就议不完了，是很危险的。

副议长：今天法典股员长没有到，《新刑律》如有疑义，应由何人解释？

112号（陈议员树楷）：《新刑律》今年提出来很晚，要想通过，是很难的事。

154号（陈议员命官）：今天法典股股员长及股员不来，是因为全院不信任之故。《新刑律》本是宣统五年方能实行，现在可勿急于议决，且即此草草通过，是不中不西不新不旧之刑律，万不能适用的，请另议别事为是。

149号（罗议员杰）：刑律要到后年才能实行，即未议完，亦无大关系。

154号（陈议员命官）：这是很要紧的事情。

112号（陈议员树楷）：法典股股员长今天为什么不来？

110号（于议员邦华）：这个《新刑律》本来提出太晚。

副议长：现在开议。

110号、149号、168号同时发言。（声浪大作）

副议长：现由秘书官报告文件。

秘书官（张祖廉）承命报告文件毕。

168号（李议员素）：这《新刑律》很多没有更动，请依次朗读。

169号（刘议员志詹）：山西盐务的事情请提前开议，这个只要十几分钟就可以通过。

副议长：刘议员的倡议更动议事日表，先议第七，众赞成否？

众起立赞成。

副议长：赞成者过三十人，议事日表第七提前会议。

副议长：税法公债股正副股员长都没有到。

154号、169号同时发言。（声浪错杂）

副议长：请税法公债股股员代行报告。

68号（文议员溥）：今日税法公债股员长未到，本员是税法公债股员之一，可以代为报告。②

众议员请登台报告。

副议[长]：请文议员登台报告。

68号（文议员溥）登台报告：山西谘议局陈请核议省北盐务一案，其大要以划分引岸畅销蒙盐，不特本地人民颇受损害，即国课亦有损失。本股员会审查此案，以为所拟办法虽说与山西人民有益，究竟是关于一省的办法，现在直省谘议局联合陈请破除引地就场征税一案，已认为应行奏请饬部核议画一办法，是山西盐务新章应即停止，俟度支部将就场征税办法决定后，自当一律办理。

度支部特派员张茂炯：盐政处对于山西盐务的事情有一件文书送到了没有？请议长命秘书官报告。

秘书长：已收到了。

度支部特派员张茂炯：可以报告一遍，以便大家清悉。

副议长：已查去了。

165号（刘议员懋赏）：山西盐务是八月初七日奏准的，不是盐务大臣的意思，也不是山（东）[西]抚台的意思，是山西候补道张汝溪的意思，全是他一个人主持，他并不是为国家，也不是为边省，是为一个人私利，弄得似是而非，叫盐政大臣奏准，上无益于国，下有损于民，其重要处在畅（消）[销]蒙盐，限制土盐。可是蒙盐并不能畅（消）[销]，因为没有法子保护，要说为增加国课，可是也不能增加。在从前有销蒙盐的历史，就在蒙古阿剌山外，由黄河流到山西内地，后来不能销，然而这个税有六万多银子，可是由河东潞盐代纳。这个六万多银子国课，为的是专销潞盐。现在要是专销蒙盐，这个国课银子就没有人纳了。这是关于潞盐的事少一点，而关于土盐的事情甚大的，计有二十几州县全是土盐，这个盐价钱并不大，他的地方平常就不能种田，雨水潮起土来就能熬盐，可见这个法子很容易的。现在叫这个盐务案子闹得有四五府、二三十州县人民流离失所，因为不准售卖，山西的人连命都没有了，到了八月奏准，山西谘议局看这件事情不得了，张道又派到山西盐务当总办。（语未毕）

130号（刘议员景烈）：请简单发言，只要问特派员同意不同意，我们就可以付表决了。

165号（刘议员懋赏）：不过多废几分钟说明白就完了。这个事山西谘议局到底不认可，张道给谘议局说千万不要闹到资政院来，因此外边采土盐的人都说谘议局认可了，其实谘议局并没有认可。不惟谘议局不承认，就是山西数十州县都不认可，这山西盐务情形原是如此，至于股员会报告书大家都看见了，如果不讨论就付表决。

副议长：盐政处现有来文，由秘书官朗读。

秘书官（张祖廉）承命朗读盐政处咨文。

副议长：请特派员说明理由。

度支部特派员（张茂炯）：山西省北盐务所以必须整顿的理由，因为省北七十余厅州县原是一种蒙盐，叫做吉兰泰盐的引岸，内中只有阳曲等三十州县兼食土盐，后来吉岸废了，他处蒙盐如鄂尔多斯盐、乌珠穆沁盐、苏尼特盐多行到山西来了，乃是蒙土兼销。近年陕西的花马池盐、小盐、直隶的芦盐多行到山西，此种多是私盐。所以盐政处奏定这个招商分岸的办法，先把蒙盐、土盐划清界限，一面抵制芦盐、花马池盐、小盐，不使侵占蒙盐、土盐的销路。那土盐虽然说是限制的，却是限制向不熬盐之人，不准添锅，并不是勒令向来熬盐之人不准熬盐，故于锅户的生计并没有妨碍，这是盐政处的用意。至于股员会报告书的大意，以为现在正拟就场征税，山西省北引岸方废，不必再招商分岸，这话诚然不错，但是山西省北这一案系属奏准在前，就场征税并未实行，就以此取消奏案似乎不可。

68号（文议员溥）：审查报告书说所有山西盐务新章应即停止，仍照旧章办理，等度支部定出画一办法时，再行一律遵办。

169号（刘议员志詹）：蒙盐一畅销，土盐一定不能畅销，实在是病民的，何以贵特派员说没有什么窒碍？蒙盐一畅销，土盐一定没有人吃的，蒙盐纳税是官盐，有官盐就不能有土盐，有土盐就不能有官盐，奏案说"为销蒙盐，限制土盐"这八个字，不知作何解释？蒙盐既然畅销，不畅销人民怎么能生活呢？还有一层，土盐每斤（买）［卖］二三十个钱，蒙盐每斤（买）［卖］到七八十个钱，再经关卡，一定要一百多个钱。人民放着二三十个钱的盐不买，反买一百多个钱的盐，断没有这个道理。

110号（于议员邦华）：不必讨论了，时间很少，可以即付表决。

众议员请付表决。

110号（于议员邦华）：请将报告书付表决，没有什么异议。

190号（吴议员赐龄）：增加盐税，〔为〕如以为是国家税，就应该画一。既不画一，即系地方税，应该由谘议局议决。谘议局既不以为然，就是不能变更的，于宪法大纲也不合的，还是请议长付表决为是，没有甚么讨论。

169号（刘议员志詹）：请议长照从前奏案办理。

副议长：核减山西省北盐务议案，众议员有以报告书为可者请起立。

众议员起立。

副议长：多数。

149号（罗议员杰）：《新刑律》非常重大，股员长不到，万一有疑问何人答覆？请议长咨问本院，一面把议事日表改正，开议《商律》，一面俟股员长来时再讨论刑律。

有请以劳议员乃宣修正案付表决者。

110号（于议员邦华）：本员不赞成劳议员的修正案，而赞成齐议员的修正案，请先把齐议员的修正案付表决。

149号（罗议员杰）：法律的事体关系重大，今天股员长没有到会，无人答覆疑问，万不能随随便便付表决的。

110号（于议员邦华）：请议长先把齐议员的修正案付表决。

149号（罗议员杰）：既与股员长无关系，必与宪政馆修正员有关系，请议长命秘书官查一查宪政编查馆的关系刑律的重要特派员，究竟到没有到？

宪政编查馆特派员（许同莘）：《新刑律》关系重大，今天议场人数似不及三分之二。

52号（毓议员善）：既然人数不够三分之二，我们能不能开议？

112号（陈议员树楷）：方才议长说再来三个人就够三分之二，然等到现在还没有开议，到底是什么样子。（声浪大作）

副议长：诸位请肃静。

178号（高议员凌霄）：照《院章》规定，凡上一天没有议完的事情，下一天当接续再议，请议长今天把大清《新刑律》议完了再作别论。

副议长：现在开议。

声浪错杂，议场骚然。

众请议长把人数点清楚，到底够三分之二不够三分之二？若是不够三分之二，是不能开议的。

副议长：是的。

149号（罗议员杰）：请议长命秘书官查一查，看这宪政编查馆重要的特派员究竟到没有到。

110号（于议员邦华）：请议长问一问宪政编查馆特派员有几位到的。

132号（文议员龢）：非关系议案的事体不得发言。

110号（于议员邦华）：法典股员长今天虽未到会，然法典股员今天未必无人到会，本员以为股员长虽然未来，大家若有疑义，法典股员亦可以说明。

130号（刘议员景烈）：本员要声明两句，今天法典股员会的人多没有到会的缘故，其实并不是因为昨天与诸位意见不合，故意不来。本员也是法典股员之一，今天到会的亦不止本员一人，正股员长为告假不到，大家是知道的。至于副股员长，今天不到，究竟告假不告假，本员不得而知。若因股员长未到，就要本员为法典股之代表，本员没有这个权限。并且昨天股员长并没有委托，所以本员虽系法典股的人，而对于诸位所发之议论，本员终不能答覆。因本员不是代表，我们只能按章程办事，这是本员要声明的。

110号（于议员邦华）：因为股员长没有到，虽没有股员长的委托，贵议员总是法典股的人，所以亦可以答覆。

副议长：现在开议，接续议《大清新刑律》。

秘书官（曾彝进）续行朗读《大清新刑律》修正案自二百八十九条起。

副议长：第二百八十九条有无异议？

130号（刘议员景烈）：请问这一条有修正案没有？

副议长：并无有修正案，有无异议？

众呼"无异议"。

130号（刘议员景烈）：这一条本员要声明一句，因为这一条于事实上看来，恐不能实行。本员意思，要把全条删去，因为既有这条条文，而于事实上若不能做到，即失刑法之效力，且对其余的条文稍有关系者，恐亦因此而不能实行，所以本员倡议把这条删去，不知有人赞成否？

148号（陶议员峻）：请议长咨询本院，刘议员的倡议有人赞成没有？

副议长：刘议员景烈的倡议有人赞成没有？

110号（于议员邦华）：股员会修正案的大体，本员很赞成的，但不能一律地赞成。（声浪嘈杂，议场骚然）

115号（许议员鼎霖）：题外的事不能发言。

副议长：第二百八十九条到底有无异议？

众呼"无异议"。

秘书官（曾彝进）朗读第二百九十条至第二百九十三条。

110号（于议员邦华）：这一条可以把齐议员的修正案咨询本院。

副议长：此条提出修正案者尚多，不止齐议员一件。

110号（于议员邦华）：可以先把齐议员的修正案咨询本院，看大家赞成不赞成。

110号（于议员邦华）：齐议员修正案在特派员有无异议？

宪政编查馆特派员（许同莘）：齐议员修正案本员未见。

110号（于议员邦华）：请秘书官朗读一遍。

副议（员）[长]：先朗读劳议员乃宣修正案。

秘书官（曾彝进）承命朗读劳议员修正案。

[副议长：]众议员、特派员有无意见？

宪政编查馆特派员（许同莘）：和奸无夫妇女、和奸有夫之妇及亲属相奸，此三条互相关联，现在无夫奸已决，议添入正文，而应处何等刑罚，应令何人亲告，尚未议及，则本夫之尊亲属亲告一层，须详加斟酌。

副议长：请劳议员说明理由。

80号（劳议员乃宣）：倘本夫不在家而翁姑在家，遇有这些事发生，翁姑即不能告发，亦万不能容忍，所以本员主张翁姑也可以告发。

110号（于议员邦华）：请问特派员，这个是亲告罪不是？

宪政编查馆特派员（董康）：刑律分则不宜歧出，翁姑之名称，试以昨日表决之无夫奸一条而论，此条应否加入翁姑，尚待讨论。即使认为无夫妇女一方面系指处女，一方面系指孀妇，必应列入翁姑，然总则第八十二条已有"妻与夫之尊亲属与夫同"一语，则尊亲属字样兼包括翁姑，亦当然之解释也。

秘书官（曾彝进）：杨议员锡田亦有修正案，原案第二百八十八条即修正案二百八十三条。

副议长：请杨议员说明理由。

宪政编查馆特派员（董康）：此次贵院各议员提出之修正案，并未分布于宪政编查馆，即本特派员接到贵院通知，于修正之时赴股员会协议，亦未见有该项修正案。今日股员长既未出席，如欲将各议员修正案提付表决，特派员无从接洽。

48号（陈议员懋鼎）：现在人数少到这个样子，实在不成体统，况刑律是重大的事体，若随便通过，将来怎么颁行呢？

副议长：应由秘书官再行查点。

秘书官报告在场只有八十一位。

副议长：现在在场人数仅有八十一位。

48号（陈议员懋鼎）：据本员看来，照这个样子，实在不能议重大事情了。

副议长：再到股员室去看，如有人即请到场。

48号（陈议员懋鼎）：照这么样子通过，是断断不行的。

110号（于议员邦华）：今天人数早已不够三分之二了。

副议长：本来是一百零六位，已足三分之二。

149号（罗议员杰）：请议长宣告散会罢。

副议长：现在在场者是八十一位，在股员室共有十四位，一共是九十五位，人数不够，可以展会。

下午五点四十分钟散会。

注释

① **为报告事**

本股员会于本月初四日遵《分股办事细则》第三十九条开税法分科会，审查陈请提议亟变盐法就场征税破除引地案。审查得陈请亟变盐法之主旨谓："京外各衙门筹备宪政，其经费递年增加，视国家向时所入倍蓰而无所底止。若遽议增税，则徒拂舆情而非其习惯；不增，则无所取资而有妨宪政。欲求一举两全之策，莫如亟变盐法，国家得平准宽简之名，而转可增其收入；民庶得生计变通之利，而不至病其多输。盐法之亟宜变更，就场征税，破除引地，有利无害"等语，案：中国盐法自唐以迄于今，议者屡矣。当立法之始，计划非不精密，历代相沿，或因时势之变迁，或因人情之诈伪，或因官吏之贪污，百弊丛生，渐失立法之本意。司其事者，又习知成法之为弊薮，可借之以图私利，遂谓成法不可变，假一二改良整顿名目，以敷衍塞责，置国计民生于不顾，此则最可痛心之事。自古无永久不变之法，立法者惟能就当时之天时、地势、社会情状而制定之，不能就未来之数十百年天时、地势、社会情状而预为推测之。后世但知奉行成法，而不知今昔情形之大异，宜其徒袭其弊而不见其利也。法之制定因乎时势，欧西各国组织立法机关之国会，逐年厘定法律，以求适用而不至有窒碍难行之处。盐法之在今日，上以病国，下以病民，尽人而知之矣。推其弊之所由来，首在法不能适用。欲从根本上解决，非亟变其法不可。变更其法，惟有破除引地。或谓引地本唐俿配之法，行之已久，未可轻改。不知引地之设，专图官利而不顾民害，一省之中划引若干区，同一纳税之盐，彼此抵制，俨成敌国。甲区人民不许食乙区之盐，违者以私论。于是售盐之所，掺杂恶质，短少秤量，店伙之强横，如官吏巡役之讹索如虎狼。凡关于食盐之事，一经涉讼，盐商莫不得直，小民莫不衔冤，甚至荡家破产、卖妻鬻子以求认罚结案而不得。盖盐商为店伙巡役所愚弄，地方官受盐商之规费而为其所挟制，人民议及盐法之坏，未有不疾首蹙额者，无怪其然也。况又以不一之价，诱民于非辟之途，此省人民必强制其食彼省引地之盐，揆之情理，尤有未合。引商垄断之弊，民人受害之深，章章若是。而官吏之中饱，尤更仆难数。如再因循旧法，稍事更张，弊未去而害更大。今之日日言整顿而未有效果，其较然者矣。欧西立宪国家商业，以自由买卖为原则，而国家专卖为例外，故国家专卖事业为至少之数。若既非国家专卖，又不许人民自由买卖，特许少数引商垄断其利，实与中国改为立宪政体之本意大相违背。盖引地之制，决不能容于立宪政体之下。或谓破除引地关乎国课，设课税大绌，由何补偿？不知课税之增减，仍视销数之多寡为衡。中国盐志旧说，谓人日需食盐三钱，终年三百六十日，合六斤十二两。今世界各国研究一人食盐之数，意大利至少为十一斤。日本在台湾统计,每人实食十三斤十两,以日本每斤十五两八钱合每斤十六两,为十三斤七两三钱。尝考之,滨海人食盐之数多于内地,则以盐价贵贱相差为之准。常(尝)就一家一方合终年细考之,一人日需约四钱至五钱。即以此推算,每人每年亦需十斤二两。西人称我国人口四万二千六百余万,乃据道光年间之户口册,本非确数,即光绪初,名为五万百六十余万,亦必非确数。就江苏一省,按方里平均推之,每一方里五百四十亩,人口大小一百五十人,每一州县平均以五千方里计,七十六厅州县有人九千七百五十万口,推之其他二十一行省,应有人口二十万四千七百五十万,为二千四十七兆五十万。所谓四百兆者,裁至五分之一而不足,我二十二行省除奉、吉、黑、新、甘肃外,岂有一厅州县平均计算一方里中仅有二十七八人者乎?据度支部预算岁入表所列,引商承认课税在三千百有余万,以食盐人口计之,课税当有盈无绌。此变更盐法宜先破除引地之不必有所顾虑者也。引地破除,则以就场征税之法为最善。盖既改弦易辙,必有整齐画一之制,乃不纷纭扰攘而无统摄。就产盐之地为征税之所,一次征足,不再留难,人民完纳以此正税之后,即可自由买卖。藩篱既抉,骚扰尽除,盐志转运,一如布帛菽粟之取求甚便。向之盐枭以私售为生活者,不待剿除而自然消灭,国家可省无数缉捕之费,移作他项。□□□用近今东三省、河东、云南产盐之地,业已大著成效,断无此省可行,彼省不可行者,惟各省情形微有不同,就已行之法,斟酌而损益之,以求其适用计,无有便于此者矣。或谓盐务之利,既不许商人垄断,何不由国家专卖?此则知二五不知一十之言,国家专卖在我国今日有万不能行者。日本颁盐专卖法在明治三十八年,而议会犹以为三恶税之一。况中国各种机关组织未能改良,如行专卖,仍不能不用旧日之盐务官吏,其贪污作弊如故;其有私盐、有私枭亦如故,不过变其名而不变其实。且国家以税课为重,只要税课有增无减,至如何买卖方法,尽可听人民自由,不必加以钳制束缚,致使铤而走险。前之商人垄断,利权集于商,而怨毒随之。今若国家专卖,利权集于中央,而怨毒亦随之,祸且不测。何以言之?凡百新政,各国行之有百利而无一害,我国行之则利少而弊多。非法不善,实官之不良;非官之不良,实有莫之致而致者。官制未定,官之积习未除。机关不备,而行国家专卖主义,徒滋纷扰而已。国家专卖现既不可行,自以就场征税为唯一之方法。惟就场征税,则引地当然破除。然商人之有引地,皆以重价购置,为其世守之业。国家既改变盐法,亦必设法有以偿其值,方足以昭公允。惟合计约需数千万金,现时安有此项巨款,是非发行公债不可。其引地引票之值,发给公债票,或指定以场税作抵,每年提出场税若干,为偿还此项公债之用,或指定他项收入的款为偿还方法,庶于国课商本两有裨益。至商人新旧引票价值不一,宜由度支部详细察核,妥为规定,固不可使有向隅,亦不可为所欺蒙。此破除引地偿还价值之宜示体恤者也。总之,变更盐法为国家大辟利源,增加收入,为民人尽除痛苦,扩充生计,应具奏请旨饬下度支部、盐政处切实调查,通盘筹画,参照各省已行章程,斟酌情形,定一适当之方法。虽各省办法不必尽同,而宗旨所在,仍不能出破除引地就场征税之范围,以符定制而归一律。本股复于本月初八日开股员会,一再讨论,多数议决。应请议长咨询本院决定,特此报告。税法公债股股员长李榘。("股员长李榘审查陈请提议亟变盐法就场征税破除引地案报告书",《资政院知会、折奏、章程、说帖、质问、陈请等案件》之《资政院第十一类审查陈请各案件》,清末铅印本)

② 为审查报告事

　　本股于十一月二十七日上午十[点]钟开分科会，审查山西谘议局陈请核议省北盐务一案。据称"本年八月盐政大臣奏筹拟整顿山西省北盐务办法一折，系由前署山西河东盐法道张汝爔面陈办法，大要在画分引岸畅销蒙盐，一面限制土盐，逐渐收束，即派令张道回晋招商认岸。该局以事关民食，认为本省权利之存废事件，当经开会决议，金以张道所陈办法利不朦害，得不偿失。其理由有三：一、官运蒙盐无益公家，二、规复水运大碍潞网，三、限制土盐病民，卒以病国。其大旨谓山西省北于嘉庆年间曾行吉兰泰盐，嗣因路远价昂，销滞课亏，乃奏请废除引岸，听民自购，而吉课改归潞商代纳，税银摊入地丁征收，日久相安，商民称便。今张道罔顾大局，规复旧岸，舍就地之天然生产物，必取给于数千里之蒙盐，于人情固多不顺。筹画兴利，先使产土盐之二十八州县人民断绝生计，受其大害，微特铤而走险，在在堪虞；并将征收土盐之正赋及晋省税厘各大宗均归无著，于国计亦蒙损失。应请仍照旧章整顿税厘，于国家、地方两有裨益"等语，本分科会审查得以为，当此改良政治之时，必以国利民福为目的，所有盐务积弊，不能不痛加剔除。前经审查，直省谘议局联合陈请破除地方就场征税一案，业已认为应行具奏，请旨施行，饬部核议画一办法，以便各省一律奉行。今山西省北盐务，久废引岸，自未便再行划分，致涉纷歧。且据该局所陈，种种窒碍情形，有害无利，尤不应作法自扰，贻害民生，应请照章具奏，请旨饬下盐政大臣，将山西省北盐务新章迅即电行停止，仍照向章办理。一俟度支部将就场征税办法决定后，各省自当一律遵照办理，庶于国计民生两有裨益。复开股员会讨论，意见相同，多数表决，请议长交付会议公决施行，特此报告。税法公债股股员长李榘、副股长闵荷生报告。（"股员长李榘、副股长闵荷生审查山西谘议局陈请省北盐务办法报告书"，《资政院知会、折奏、章程、说帖、质问、陈请等案件》第十四册《资政院第十一类审查陈请各案件》，宣统二年铅印本）

资政院第一次常年会第四十一号议场速记录

【标题】第一次常年会最后一次议事大会

【关键词】《大清新刑律》《修正报律》《运送章程》《整顿常关试办章程》拟定铁路运货征税画一办法并添设常关议案 变通马兰泰宁两镇绿营议案 《统一国库章程》 整理边事具奏、陈请全国殖民办法议案 筹办蒙古事宜、蒙古教育议案 南漕改折议案 《集会结社律》推广私立法政学堂变通办法议案

【内容提示】本次会议是第一次常年会最后一次议事大会，有许多议案需要议。按照多数议员的意见，因议事日表列第一的《新刑律》不能议完，从第二议案依次进行，有时间再回头议《新刑律》，遂先后议了《修正报律》覆议案、《运送章程》案、《整顿常关试办章程》议案、拟订铁路运货征税画一办法并添设常关议案、变通马兰泰宁两镇绿营议案、《统一国库章程》议案、整理边事具奏案、筹办蒙藏事宜案、南漕改折议案、陈请修正《集会结社律》议案、推广私立法政学堂变通办法议案等。本次会议虽挑灯夜战，除了《新刑律》不及议完仅将总则部分上奏外之外，尚有十来个议案未能议，最后统一作为建议案咨送内阁会议政务处办理。议决通过《统一国库章程》时，议员们对大清银行表达了不信任，一次性完成三读。资政院通过的《集会结社律》取消了集会的人数限制和身份资格限制，有助于日后议员们组织政党。

宣统二年十二月初十日下午二点钟开议。

议事日表：

  第一，大清《新刑律》议案，三读；

  第二，《修正报律》覆议案，政府提出，会议；

  第三，《运送章程》议案，三读；

  第四，《整顿常关试办章程》议案，① 会议；

  第五，拟订铁路运货征税画一办法并添设常关议案，股员长报告，会议；

  第六，变通马兰、泰宁两镇绿营议案，股员长报告，会议；

  第七，《统一国库章程》议案，股员长报告，续初读；

  第八，南漕改折议案，股员长报告，会议；

  第九，提议陈请修正《结社集会律》议案，股员长报告，会议；

  第十，筹办蒙古教育建议案，股员长报告，会议；

  第十一，推广私立法政学堂变通办法议案，股员长报告，会议；

  第十二，提议陈请采用音标试办国语教育议案，股员长报告，会议；

  第十三，整理边事具奏案，股员长报告，会议；

  第十四，提议陈请全国殖民办法议案，股员长报告，会议；

  第十五，黑龙江移民实边议案，股员长报告，会议；

  第十六，提议陈请筹办蒙古事宜议案，股员长报告，会议；

  第十七，请弛门禁以便交通而存国体建议案，② 股员长报告，会议。

议长：今天到会议员一百二十九位。

67号（王议员璟芳）：会期就是今天一天，有了许多重要议案没有议完，今天议事日表里头最重要的就是《统一国库章程》，这个议案好在只有十几条，今天可以议得完，如果不成立，明年预算又不好办了，请议长改定议事日表，把统一国库章程一案提前会议。

73号（汪议员荣宝）：照议事日表，《新刑律》在前，关系重要，今天不能不议完。

67号（王议员璟芳）：改定议事日表不止今天一次，从前往往有上会没有议完的事，次会也〔就〕有不接续开议的，改定议事日表将前会未议完的案移下去，是有先例的，并非本员一人创议。

149号（罗议员杰）：《新刑律》条文甚多，今天一定议不完的，至于《国库章程》，不过十数条，而且关系全国财政，今天很可以通过。

48号（陈议员懋鼎）：今年办预算很困难的，原由就是没有统一国库，今天如果不通过，到明年办预算还是一样困难，请议长改定议事日表，将《国库章程》提前会议。

68号（文议员溥）：议事日表第四与第五这两个议案很要紧的，今天如果议完，明年就可以实行，实在有益于国，无损于民，请议长提前会议。

137号（邵议员羲）：议事日表第八议案很容易解决，请议长提前会议。

159号（蒋议员鸿斌）：还是照议事日表开议，如果议不完，议到十二点钟议不完，议到明天十二点钟，总要遵守议事日表，把他议完才好。

123号（江议员辛）：本员以为除了第一个议案，从第二个议起，一起通过，通过后再议《新刑律》。

57号（林议员炳章）：福建来了电报，说是谘议局与督抚为预算的事有异议的地方，照《院章》谘议局与督抚异议事件，得由资政院核议，请议长将这个电文咨询本院，看大家意思何如，几句话就可以通过。不然福建今年预算办不好，明年一切政治，都不能办，请议长咨询本院。

34号（延侯爵）：《大清新刑律》是最要紧的，这个还没有议完，又接着议别的，毫无秩序。

48号（陈议员懋鼎）：《新刑律》到宣统四年才实行，何必急于议完，草草通过呢？至于《统一国库章程》，非明年实行不可，因为国库统一与资政院有直接的关系，于办预算一方面大有补益，所以今天非通过不可。

132号（文议员龢）：南漕改折议案要紧得很，闻此事与度支部协商，已得同意，自是很好，应该今年议决，明年便可实行。

180号（刘议员纬）：今天倡议将以后的议案提前的很多，究竟以哪个为然，本员意思还是以王议员、罗议员的倡议，《统一国库章程》提前开议为是。

149号（罗议员杰）：今天议事日表第十三个案是整理边事具奏案，现在边事朝不保夕，本员倡议这个可以作为第三个议案。

某议员：现在审计院尚未设立，国库虽提前议决，也还是没有益处。

149号（罗议员杰）：审计院不久就要设立，《国库章程》今天一定要议，并且所有条文完备，很容易通过，不致耽误多少时间。

110号（于议员邦华）：先议《新刑律》，本员原来是主持的，但因昨天会没开成，今只有一天工夫，且现在议案尚多，断不能再行延会，而《新刑律》尚有二百余条之多，恐不能通过，本员看法律案之效力缓，政治案的效力速。今天凡法律案可暂压下，先把移民实边议案提前开议。这个议案关系重要，因为东省稍有不测，中国就有意外之虞，所以提前解决这个政治的问题，立刻办去，就有效果。其次就是《结社[集]会律》，是各省谘议局的陈请案，早已列入议事日表，未曾议及，并且股员会修正很好的，如果通过实行，以后开国会必有眼前影响。至于《新刑律》，能通过固然是很好的，若不能通过就可以缓的，候到明年开临时会的时候再议可也。

99号（陈议员瀛洲）：移民实边议案于东三省现在时局暨边僻各省分极有关系，恳求议长提前会议。如经决定，从速颁布，明年便可实行，请议长注意。

81号（章议员宗元）：今天大家请更改议事日表，本员也很赞成的。本员看议事日表除《新刑律》暂从缓外，其余均照议事日表次第议下去，如果议事日表议完，可再接议《新刑律》。

众起立赞成。

129号（汪议员龙光）：本员也很赞成今天议事日表除第一《新刑律》暂从缓议外，其余从第二个起依次议下。

177号（李议员文熙）：《新刑律》今天一定议不完，这个并不是今年要通过，明年就要实行的，惟《统一国库章程》今年若再不通过，明年预算的困难一定与今年同。

149号（罗议员杰）：于议员说政治效力比法律效力快，这个话本员很赞成，请先将整理边事案议完，然后再依次议下。

115号（许议员鼎霖）：请议长表决变更议事日表，《新刑律》一定议不完，不如俟明年民法编定一并付议为妥，且仅有刑律，而无法官、律师，亦难实行。请大家注意，仍从第二议题依次议为是。

73号（汪议员荣宝）：《新刑律》为什么不议？今年如果通过，明年就得实行。

议长：今天议事日表所列议案很多，都极紧要，现在诸位议员纷纷提前更改议事日表，本议长无所适从。议事日表所载都是要紧的，也不能将两个议案同时付议，以本议长之意，不如将《新刑律》暂缓议，依章议员之言，从第二个起依次议下，如果各议案议完尚有时候，再议《新刑律》，不知众位赞成否？

众议员起立赞成。

法部特派员：今（天）[年]各省审判厅成立，不久就得开庭，本部前回提出《承发吏执务章程》，关系很为重要，需用甚急，今年资政院多半不能通过，可否明年交议，现在作为本部的暂行章程？

议长：这个章程尚未审查完了，至于作为暂行章程与否，由贵部斟酌就是。

议长：现在开议。

57号（林议员炳章）：福建谘议局这个事只要几句话就可了结。

议长：只要工夫来得及都可以照办，此时徒自着急也是无益。

声浪大作。

52号（毓议员善）：议长已经宣告开议，不要说话。

议长：今天议事日表第二是《修正报律》覆议案，请宪政编查馆特派员说明理由。

宪政编查馆特派员（顾鳌）：本馆提出《修正报律》请贵院覆议的就是第十一条与第十二条。原来的第十一条损害他人名誉之语，无论有无事实，报纸不得登载，在政府意思以为后来改的"专为公益"四字，范围太宽，《现行刑律》讦人阴私陷人（的科）[于]罪本来有的，不过对于报馆动辄适用刑律，未免有妨舆论，所以《报律》不能不加入这条。至第十二条之规定，本来与漏泄机密政务的处罚不同，《新刑律》第五章有漏泄机务各专条，《现行刑律》亦有漏泄军情大事之制裁，无论何人均应照律科罪，故《报律》规定即不能专指机关政务而言，此次覆议案请将这个"秘密"二字删去，使与刑律有法定的区别，以便施行。本馆提出修正的理由如此。

议长：众议员有无讨论？如无讨论，可否不经审查即行议决？

众议员呼"赞成"。

99号（陈议员瀛洲）：这件议案虽已接到，大家还没有看清，请容少许工夫，以便详细参考。

117号（雷议员奋）：本员有质问特派员的话，请问特派员，"摘发阴私"有个界限否？

宪政编查馆特派员（顾鳌）：现在这个修正案是本于《现行刑律》，所（此以）[以此]于"专为公益"下加"不涉阴私"字样，至于何者为阴私，何者为非阴私，在政府的意思是以涉于个人之私行为者为阴私。

117号（雷议员奋）：比如地方官吏以个人受他人之贿赂者为阴私否？

宪政编查馆特派员（顾鳌）：这不算阴私。

73号（汪议员荣宝）：本员倡议，如以"阴私"二字，理由不充足，可否改为"私行"二字？

117号（雷议员奋）：此条条文据特派员说修正案是并无恶意的意思，但本员看来与其用"摘发阴私"四字，不如用"并无恶意"四字。

比方关于个人的私事不应当提出来，而报馆竟登载之〔条〕，有心毁谤，出于恶意，所以这个范围较宽一点，而实际上究是狭一点。如一定要用"阴私"二字，恐怕可以取缔报馆之官吏就可以借口诬陷报馆。

宪政编查馆特派员（顾鳌）：贵议员若一定要问这个理由，本员还得说明。方才因议长说今日议案很多，所以简单说明，现在要本员说明，还得请议长允许本员登台详细说明。

140号（康议员咏）：请议长表决，特派员可以不必说了。

宪政编查馆特派员（顾鳌）："阴私"二字是由《现行刑律》来的，并不是漫无根据，中国人法律思想尚未进步，殊不知"为公益"与"无恶意"二者，本有极严的界限。此条的解释有二：凡不为公益而涉及阴私者就是有恶意。又凡事虽关于公益，但有损害他人之名誉之故意者，亦可谓之曰有恶意。但是一二年之间，要我们中国法律思想就到这个地步，其势有所不能。现在只能以为公益，即推定为无恶意，故本条不用"无恶意"字样，政府亦表同情。总之中国自唐以下，刑律俱有讦人阴私之制限，此为保全个人之名誉，已成惯例，诚恐以个人之言论讦及个人阴私，其结果将扰乱社会安宁秩序，所以在法律上定有严重之制裁，数千年来都是如此。我们中律所谓阴私，与日本新闻纸法所谓私行是一样的，以现行法律解释《报律》不致误会。至于审判官善于通用与否，不独《报律》十一条为然，就是《新刑律》及其他法令也不免有此疑问，所以现在国家对于司法官严行考试，总要使他程度相当，不能以个人的意思，于适用法律时有所出入。贵议员所说是适用法律的问题，非立法的问题。

117号（雷议员奋）：本员的意见也与特派员无异，因为现在审判官程度不够，所以立法的时候总要分别清楚"为公益"与"无恶意"本是两件事，必要分别清楚，定出一个范围，然后审判官有所适从。本员以为无恶意就是为公益之证据，正是怕审判官分别不清阴私的界限。于特派员所谓中国现在审判官不善适用法律，现在中国上而官吏，下而普通一般的人都没有真正分（浙）〔晰〕法律的知识，明白人固然分得清楚，而糊涂人一定分不清楚，所以本员意见是专为公益，政府如以为不足，可再加"并无恶意"四字。如一定要用"阴私"，本员是不敢赞成的。

宪政编查馆特派员（顾鳌）：这"阴私"二字是专指关于个人之私行而言，贪赃枉法等事并不在内。

117号（雷议员奋）：贪赃枉法固然不是阴私，但是报馆所登载多关于贪赃枉法之事，若无贪赃枉法之事实，就可以说他是摘发阴私，所以本员以为"阴私"二字范围太宽。

宪政编查馆特派员（顾鳌）：方才已经说明阴私是专指个人之私行，而言于国家社会，并无影响。

149号（罗议员杰）：现在讨论终局，请议长咨询本院，将雷议员倡议作为议题。

52号（毓议员善）：请议长将雷议员所提议的话先作为议题，再付表决。

议长：现在咨询众位可否作为议题，请雷议员再说明一遍。

180号（刘议员纬）：大家都已明白了，不必再说。

117号（雷议员奋）：本员对于此条要紧的话已经说明，因为资政院的原案是"其专为公益起见者，不在此限"，现在宪政馆修正案于"专为公益起见"下加以"不涉阴私"四字，本员以为太无范围，所以改加"并无恶意"四字。

议长：赞成雷议员倡议者请起立。

众议员起立赞成。

议长：已得三十人以上之赞成，现在可以作为议题再行表决。

宪政编查馆特派员（顾鳌）：请于未表决以前发表几句话。

110号（于议员邦华）：请特派员可以不必发言了。

宪政编查馆特派员（顾鳌）：因为报馆不能讦人阴私，若讦人阴私，大有妨碍的，所以要禁止。不如是，殊与现行法律抵触。加上"不涉阴私"四个字就可以适用了，政府意思并不是专为限制报馆也。（语未毕）

130号（刘议员景烈）：这个《新刑律》还要修改，《报律》是根据于《新刑律》，《新刑律》也得要改的。

众大哗，议场骚然。

议长：不必发言，现在表决修正案，由秘书官朗读雷议员奋修正案第十一条。

秘书官（曾彝进）承命朗读雷议员修正案第十一条。

议长：赞成雷议员修正案第十一条者请起立。

有议员起立赞成者。

秘书官点人数报告于议长。

议长：现在起立者四十八位，少数。

议长：现在由秘书官朗读政府修正案第十一条。

秘书官（曾彝进）朗读政府修正案第十一条。

议长：赞成政府修正案第十一条者请起立。

众议员起立赞成。

秘书官点人数报告于议长。

议长：起立者八十位，多数。

议长：现在由秘书官朗读政府修正案第十二条。

秘书官（曾彝进）朗读政府修正案第十二条。

117号（雷议员奋）：本员对于第十二条有意见，当初政府提交资政院原案外交、海陆军事件及其他政治上秘密事件，经该管官署禁止登载者，报纸不得登载。资政院修正删去了"外交海陆军事件"这个"事件"二个字，以外都是政府原案，现在政府又加上了这"事件"二个字，政治上秘密事件都去掉了，与当初修正意思又不对了。当初我们资政院表决股员会修正[案]已经得了政府之同意，我们资政院大会拿股员会修正案去了"海陆军秘密"底下"事件"二字，加上"政治上秘密事件"这"秘密事件"四个字，现在政府又把"事件"二字加了，"秘密事件"四字去了。既是政府不同意，当初在大会时候、在股员会时候，怎么不说不同意？当初"外交海陆军"底下加"事件"两字，都是本议员倡议，已经得政府同意了，现在又要去掉，本员很不赞成。

宪政编查馆特派员（顾鳌）：当时股员会修正案要添"政治上秘密事件"有个来由，开股员会的时候本员已经声明，因为删了文书秘密及预审事件这二条，所以添"政治上秘密事件"等字样，是为文书要守秘密主义，限制太严，于报馆不利，当时报馆也有陈请书说过的。股员会所以把文书秘密及预算事件这二条去了，在外交之下加了"其他政治上秘密事件"几个字，后来政府不愿意，以为政务机密是刑法上有规定的，当时本员已经说明，政治上秘密事件云云，范围太宽。股员会那天开得很迟，所以未及详悉讨论，本员没有把政府的意思于议决十二条时再行说明者，因未议及处罚一条，并不是取消大会的表决。且股员会的修正案，当时雷议员曾说，本条不是漏泄外交海陆军秘密事件之规定，是官署认为凡外交海陆军事件应禁止登载者之制裁，故议决仅处罚金，现在政府要删除"秘密"二字，是以《报律》之规定，指通常事件而言，当时股员会的意思也同政府一样，不过文字上易涉误会，所以覆议案主张删除，现在政府也是说关系秘密者不得登载。（语未毕）

117号（雷议员奋）：请问特派员，以前我们资政院讨论《报律》的时候、表决《报律》的时候，特派员所说的宗旨，（因）[与]今天所说的话是否一样？是否代表政府的意思？

宪政编查馆特派员（顾鳌）：是否代表这个话，按照《院章》，军机大臣特派员陈述所见，据本员的意思是可以代表的。

117号（雷议员奋）：请问特派员于军机大臣担责任不担责任？我们讨论《报律》的时候，特派员若是说什么话，对于军机大臣担责任不担责任？前次本院讨论《报律》的时候，特派员一句话不讲，到底对于军机大臣担责任不担责任？

宪政编查馆特派员（顾鳌）：那是普通官吏的责任，本员只知道，按照《院章》，军机大臣可以派员到会陈述所见，本员到会陈述所见即是法律上的行动。

73号（汪议员荣宝）：讨论不得出题外。

117号（雷议员奋）：不是出题外，本员问这个还有用处。那天大会讨论时候、表决时候以及股员会修正时候，特派员不但没有说不同意，并且一句话没有说，今天忽然又说不同意，要修正，试问特派员有宗旨没有？

宪政编查馆特派员（顾鳌）：当时十二条是没有声明的。

81号（章议员宗元）：请简单一点。

宪政编查馆特派员（顾鳌）：当时雷议员说报馆登载纯是无关轻重之事，比如经该管衙门禁止报馆登载者，报纸不得登载，这是违犯禁止命令之事，与漏泄机密不同，当时并没有声明。（语未终）

117号（雷议员奋）：特派员所说的话全不对，当初讨论十二条的时候，特派员不但没有说政治上秘密事件，并没有说一句话，现在本议员自己提起讨论终局，请议长咨询大家，第十二条还是照股员会修正案表决，一个字不要改。当初大会表决时候，于"外交海陆军"底下去了"事件"二字，现在还是不要去，照原修正案表决。

宪政编查馆特派员（顾鳌）：股员会修正案（语未毕）。

众议员请付表决。

151号（黎议员尚雯）：不要表决，若是改两个字又要表决，没有这许多工夫，况且当初已经表决过了。

议长：雷议员倡议按照从前股员会修正案修正，现在由秘书官朗读。

秘书官（曾彝进）朗读雷议员修正股员会修正案第十二条。

议长：赞成〔者〕雷议员的倡议者请起立。

众议员起立赞成。

议长：在三十人以上。

议长：现在雷议员倡议已经成为议题，再付表决，请赞成者起立。

众议员起立赞成。

议长：多数。③

议长：现议议事日表第三《运送章程》案，可否省略朗读？

众议员呼"可以省略朗读"。

议长：还有几条是再付股员会审查修正的，现由秘书官朗读。

秘书官（曾彝进）朗读第四十二条。

议长：第四十二条是再付审查修正的，有无异议？

众呼"无异议"。

议长：现由秘书官朗读再付审查修正附则第一条。

秘书官（曾彝进）朗读再付审查修正附则第一条。

议长：有无异议？

众呼"无异议"。

议长：现由秘书官朗读再付审查修正附则第三条。

秘书官（曾彝进）朗读再付审查修正附则第三条。

议长：有无异议？

众呼"无异议"。

议长：现在付三读，省略朗读，有无讨论？

众呼"无讨论"。

议长：现在表决运送章程案全体，④请赞成者起立。

众议员起立赞成。

议长：多数。

议长：按照议事日表第四、第五这两件性质相同，可以并作一起，请税法公债股员长报告审查结果。⑤

137号（邵议员義）：税法公债股员长没有到，请文议员龢代为报告。

132号（文议员龢）：这两案当初交税法公债股并案审查，因为这两件事情性质相同，政府以为常关积弊太深，年来派人调查，想〔看〕改良章程，把从前的积弊去掉了，为维持土货利便民船航业，所以整顿常关。在从先每年有六百余万的进款，这一面整顿，就可以望多收上一千多万。其内共十二章四十条，大致没有什么不妥协的地方。在第一案原奏有章程有条文，第二案只有原奏没有章程条文，因为是将照（顿整）〔整顿〕常关章程征收，其办法已具详前一案，故此无庸添上条文。查前一案原案是整顿常关试办章程，经股员会改为改订常关征收章程，第一章第四条"分别估抽"四字删去了，改为"办理"二字；第五章第十一条说是每担以一百斤计算，然而东三省以三百斤计算一担，也有以二百余斤算一担，现在通同以一百斤计算，恐于商民不利，所以每担计算之法，应查照海关向章办理；第六章第十四条"或照则（正）〔征〕

税一道",意见很含混,改为"或照海关征税一道";第十七条把"酌核办理"四字删去了,改为"酌拟办法,咨由税务处、度支部核定施行";第八章第十九条一百一担至三百担者每担征银币一分二厘,据说明书说"二厘"之下落了一个"五"字,现在已经加上了;第十四条"凡充公货物应由监督公估变价",现在改为"拍卖变价";第十章第三十三条凡各关委员、司事、书巡、差役,均须分别发给章记号牌,佩带易于辨认之处,如未佩带章记号牌者,不得执行其权限内之职务。因为有了一定的标识,商人有什么受骗处或有什么毛病,可以指明控告,以祛朦混。原章第四十条现在改为第四十一条,这一条末后"分别奏咨办理",改为"分别奏咨交资政院议决"。此案大致经股员会酌量修正如此。其改订铁路运货征税画一办法并将通商口岸添设一案,据原奏所述理由,以为将来铁路逐渐告成,则常关收数必大受影响,现在改定铁路运货征税办法,即拟分别照海关常关章程办理,又于通商口岸凡未设常关的一律添设常关,以免畸重畸轻。这一案本股员会以为添设是加关,与移设究竟有别,然政府以为若不添设,则通商口岸轮船运货有税而民船运货反无,亦不平允。本员会因此也表同意,两案审查结果大概如此。本员今尚有两句话,连类而及从前,凡海关附近五十里之常关都归税务司兼办,现在如果添设此项常关,若又归税务司兼办,这于我国财政上是很不好的,此节还要请特派员说明,大家并要注意。

税务处特派员(饶宝书):五十里以内的归税务司,以外的不在其内,新设之常关亦可以不归税务司。

132号(文议员龢):添设、改设是否还照前案归税务司兼办,特派员没有声明,本员以为应该不必再援前例办理。

特派员(饶宝书):如果此章程不用,以后还要想法办理。

132号(文议员龢):将来通商口岸未设常关的,如果添设常关,其在五十里内者,若仍援前例归税务司兼办,则我国财政又多一件落外人之手,这是很不好的。

137号(邵议员羲):本员对于此事尚有声明几句,政府提出这两个议案,当初审查的时候对于整顿常关一案,度支部税务处特派员已经说明理由，及审查添设常关时，特派员已经去了，无从问明理由。请议长将两案分开讨论，添设常关这一层，请特派员说明。

议长：现在报告已经说明理由，特派员有无意见？

特派员（饶宝书）：没有意见。

议长：还是分着说还是合并说呢？

132号（文议员龢）：当初股员会审查添设常关的时候，特派员已经走了，所以现在请特派员说明。

议长：请特派员说明理由。

137号（邵议员羲）：不赞成这句话。加税裁厘，相连而言，现在既没有加税又没有裁厘，就要添设常关，是不是民间加重了负担？

特派员（饶宝书）：现在添设常关，于厘金上是无关的。

132号（文议员龢）：本员意见，加税裁厘总要实行，添设常关，又加上一层，这个事是否为加税裁厘起见？

特派员（饶宝书）：这个就在加税裁厘以后。

132号（文议员龢）：这是为加税裁厘之预备。

137号（邵议员羲）：不赞成这句话，可以加税，可以裁厘，现在既没有加税又没有裁厘，然要添设常关，是不是民间加重了负担？

特派员（饶宝书）：只要过了三道以外，就可以无须再纳税了。

117号（雷议员奋）：有质问税法公债股的话。添设常关是赞成还是不赞成，本员要质问中国所谓常关所收的税是通过税，不是良税，厘金该通通作废。而现在厘金还没有废，又拿常关病民。请问税法公债股，据什么理由赞成这个议案？

132号（文议员龢）：从前逢关征税，遇卡抽厘，每过一关卡，浮收种种留难，弊端百出。今改为每过一关，仅值百抽二五，且无论经过多少关只征三道，表面似觉加重，而内容实在减轻。自来关道以及委员、书吏、差巡皆极阔绰，无非多取诸商民，今改订征收方法，则中饱可以剔除，国家岁入可望增加，而商民又不加苛扰，本股员会所以表示赞成。

137号（邵议员羲）：这个议案本来是两件事，整顿常关章程，本股是赞成的。惟添设常关，不免又多一重留难的地方，所以本员提出质问特派员，请大家多数议决。

68号（文议员溥）：这个整顿常关办法议案，比方一件货物从前经五六关者均须纳税，现在改的办法分为出境、入境、过境，只有三个关〔货〕，在第一关纳税者持有税单，若就在第一关所辖境内出售，即不再纳他项厘金。过第二、三关亦是如此，省了许多留难阻滞，所纳之税，三关统计亦不过七成五，于商民最为有益。此案关系税法，故交我们资政院来议。

132号（文议员龢）：贵议员看错了，这件案因是改订税则，所以政府交议。

117号（雷议员奋）：请邵议员不要误会，本员意思以为中国常关全是通过税，资政院只有提议裁厘金、裁常关，而没有讨论整顿厘金、整顿常关的办法，整顿常关与整顿厘金全是一个样子。

68号（文议员溥）：这个办法从前华物经过一关要纳一关的税，这个只纳一道税，比方到第一关纳过税，在第一关卖了就不用纳第二关的税，这个意思无损于民，有益于国，所以交资政院来议，为的是一个章程。

117号（雷议员奋）：本员以为这个是通过税，不论三道、两道，都应裁的，这个不是良税。若是永远保护，那就不是我们应办的事情，况且有恶税，我们还应当为民请命，所以不能会议的。

48号（陈议员懋鼎）：雷议员所说是根本的法子，至于交资政院来议，不过因为现在没有加税裁厘，还在过渡时代，但减轻一分就有一分的好处，政府提出，似乎不能以根本法子来论，只要减一分就有一分的好处。

117号（雷议员奋）：本员不是反对常关不应当改良，本员意思中国各省有常关收通过税的地方很多。我们既要为商民请命，应当有全局办法，不应当如此枝枝节节，要知道我们资政院须得在关系的地方注意，对于通过税不应当有意保全。

132号（文议员龢）：这个事本员那天一到法典股，大家已通过一半,本员看到这个意思没有什么妨碍,这个常关有三道税,一道是通过税,一道是进口税,一到是出口税,所以本员就表决赞成。

117号(雷议员奋):本员对于税法公债股没有意见,比方政府提出议案,各省即设常关,试问赞成不赞成,大概是赞成的。不过本员还有个意见,当时税法公债股应该要把这个整顿常关的性质看清,这是第一层。第二层要晓得整顿常关并不是裁厘加税之预备。

115号(许议员鼎霖):方才雷议员所虑极是,如果必经三关,然后再免重征,譬如某处向仅一关,左有厘卡八九处,右有厘卡七八处,又在两头添设常关,是厘捐仍不能免,岂不是又加了商民两层的负担?当常关改归税务司管理时候,已立有定案,凡在常关五十里内之分关,由税务司兼办,此外不得添设常关。倘要添设一新关,必须废去一旧关,是不但添设常关,商民多一骚扰,且恐于定案不符,此是第一问题。自常关改归税务司兼理之后,比较从前,常关收税是否加增,以本员所闻,增税不多,而税务司提去十分之一,作为开支,耗费已巨,且洋捍手弊窦甚多,敲诈商民,不堪其扰,皆系华捍手为洋人之伥,本员前在上海,曾与税务司交涉多次,此是第二问题。若机制面粉本为抵制洋面而设,今议宣统四年七月一律征税,不知对于外国进口洋面亦能一律征税否?此是第三问题,以上三个问题均请特派员答覆。

190号(吴议员赐龄):这个议案万万不能赞成的,如果添设新关,而旧关不裁,是这个关纳了税,那个关必扣留再纳。如此保存恶税,于改良税法很有窒碍,我们万万不能赞成。

149号(罗议员杰):财政与行政是相辅而行的,现在既是要设责任内阁,即是要行政统一。财政为行政之一部,没有行政要统一而财政不统一者。所谓财政统一,是应该以全国收支要度支部负责任,不过现在税务处及章程皆发生于外务部,外务部非财政机关,且非编定税章之机关。据本员的意见,把这两案搁到明年,俟内阁成立,度支部统一财政的机关及税务章程改良续议,乃为根本上之解决。

190号(吴议员赐龄):请议长付表决。

112号(陈议员树楷):本员对于常关有几句话。

众议员倡议讨论终局。

112号（陈议员树楷）：整顿常关是为整顿税务的意思，第四个题目都是应当解决的，在我们以先的例是逢关征税，遇卡抽厘，现在不能去了，这个例既由政府提出来，我们可以赞成。（众大哗）如有不适的地方，将来我们还可以提出修正。

190号（吴议员赐龄）：这些话全是毫无经验之言。

130号、112号、149号同时发言，议场骚然。

110号（于议员邦华）：本是两个问题。（语未终）

117号（雷议员奋）：整顿常关是行政衙门的事情，我们资政院万万不可承认。

110号与149号互相发言。（议场哗然）

众议员请付表决。（议场大哗）

议长：据本议长意见，这两案讨论艰难，众人既是意见不同，可以先表决一个，看众议员赞成否？

众议员请同时付表决。

议长：可以分开表决，先表决《整顿常关试办章程》，请赞成者起立。

众议员请再宣告一遍，没有听清楚。

议长：再宣告一遍。现在这个两个议案，拟分两次表决。

137号（邵议员义）：这个表决要分两次。

议长：我们先表决付再读不付再读，请赞成将《整顿常关试办章程》付再读者起立。

众云：明天闭会，何时再读？

议长：现在先表决《整顿常关试办章程》，赞成付再读者请起立。

议员起立赞成。

议长：赞成者少数，现在不付再读。

112号（陈议员树楷）：还是该废不该废？

137号（邵议员义）：方才听错了，是付再读不付再读？

议长：不付再读就作废了。

112号（陈议员树楷）：请问议长，不付再读就作废了么？

议长：方才表决是赞成付再读者起立，现在起立少数，是不付再读，就作废了。

59号（顾议员栋臣）：方才没有起立者都是不要付再读。

议长：照《议事细则》第二十九条办理。（拍手）

117号（雷议员奋）：请议长宣告赞成不付再读者起立反证之。

议长：赞成不付再读者起立。

众议员起立赞成。

议长：六十五位，多数。

议长：咨询诸位，议事日表第五拟订铁路运货征税画一办法并添设常关议案，还是付表决，还是一起作废呢？

115号（许议员鼎霖）：方才邵议员倡议分二次表决，还是二次表决为是。

134号（余议员镜清）：请议长分两次表决，无论第二次作废不作废，还得要两次表决。

议长：议事日表第五，请赞成作废者起立。

众议员起立赞成。

议长：多数。

议长：议事日表第六变通马兰、泰宁两镇绿营议案，⑥请特任股员长报告审查结果，但报告书没有印刷，先由秘书官朗读一遍。

秘书官（曾彝进）承命朗读报告书。

81号（章议员宗元）：没有什么讨论，请付表决。

议长：审查结果请股员长简单说明。

115号（许议员鼎霖）：全公、寿公提议马兰、泰宁两镇本是绿营，当然要裁。惟该两营专为保护陵寝，极关紧要，所有未便裁撤理由，已经秘书官朗读，不必再说。本股员会意见以为，该两镇关系保卫陵寝，自与寻常绿营不同，所请改为守护，亦是正当办法。现在预算册已办好，可于册内叙明应归陆军部大臣规划。本股员会意见如此，如各位议员无讨论，请付表决。

议长：以报告书为可者请起立。

众议员起立赞成。

议长：多数。

议长：议事日表第七《统一国库章程》议案，请法典股股员长报告审查结果。

73号（汪议员荣宝）：法典股于这个案没有什么修正，所以本员简单说明。统一国库议案是第一项由章议员宗元提出来，后来王议员璟芳提出修正案，而这个案件法典股开会一并审查。审查时候，提议章议员宗元、王议员璟芳及度支部特派员共同到会，共同讨论，提出统一国库议案，议员及提出修正案议员与度支部特派员均同意。至于提出理由第一项章议员宗元的原案将理由已经详细说明，本员无庸再述，不过股员会对于这个章程，大概字句修正居多，内容没有更动。所以这个理由亦没有多大说明。

68号（文议员溥）：本员对于统一国库议案有疑义。章议员提出这个议案，原说是收支、出纳两个机关应当分立，不可混合。今观该章程第三条云云，度支大臣是收支命令之人而又兼管出纳，是度支大臣一人兼管两种机关，不但与原案不符。此制若行，恐财政更形纷乱，本员有个修正案，拟改为"第三条 国库总管大臣、总库正副总理由钦派，分库经理、支库协理得由国库总管大臣奏派，五年一任，不兼他职"。请议长咨询本院决定。

81号（章议员宗元）：本员有答覆文议员的话，收支、出纳两个机关固然不可混合，然这两个机关确是应归度支部大臣总理。既是统一国库，财政权就要统一，万没有另外设国库大臣之理。若是另设国库大臣，各国实在没有这个办法。

68号（文议员溥）：中国审计院尚未设立，若将收支、出纳归度支部大臣一人总理，于财政非常危险，本员修正案，大家意思如何？

130号（刘议员景烈）：修正案须有三十人以上之赞成，方能成为议题。

众议员请付再读。

94号（王议员佐良）：这个《统一国库章程》议案，本员非常赞成，一则财政可以统一，二则度支部二百年来积弊可以一旦扫除。惟归入大清银行收款，本员确有疑义。试问现在这个大清银行能否担此重大之责任？以本员意见，既要统一国库，必要先整顿大清银行。若不整顿大清银行，就将来国库成立，款项归入大清银行，于财政上很危险的。银行本商业性质，这个大清银行的监督张允言不但于银行事务毫不熟悉，而且亏空甚多，致令大清银行信用全失。若不从根本上解决，居然以国库付之，一有不测，不但国家破产，即我们人民亦要破产，本员绝对不赞成的。

74号（陆议员宗舆）请登台发言。（声浪大作）

议长：特派员对于法典股报告书有无意见？

度支部特派员（徐文蔚）：统一国库，度支大臣很赞成的，并无意见。

73号（汪议员荣宝）：王议员的意见不错，将来我们可以另外提出改良整顿《大清银行章程》，现在可以不必讨论。（拍手）

度支部特派员（徐文蔚）：汪议员所说度支大臣亦有这个意思，现在大家所讨论是一个问题，大清银行如何改又是一个问题。（拍手）

48号（陈议员懋鼎）：如果统一国库就是所以巩固大清银行基础，（拍手）如果统一国库而不归大清银行，则大清银行亦是很危险的。据本员意思，这个《统一国库章程》也是很要紧的。

众议员请付再读。

议长：现在表决，请赞成即付再读者起立。

众议员起立赞成。

议长：多数，现在即付再读。

74号（陆议员宗舆）：请问议长可否发言？

81号（章议员宗元）：请秘书官朗读条文。

议长：现在付再读。本议长声明一句，现在朗读的都是股员会修正案。

秘书官（曾彝进）承命朗读统一国库章程第一条。

议长：有无异议？

众呼"无异议"。

议长：现在咨询本院，文议员溥对于第二、第三条有修正案，请赞成文议员修正案者起立，若赞成不及三十人，即不能作为议题。

秘书官（曾彝进）朗读文议员溥修正倡议第二、第三条。

议长：请赞成文议员修正案者起立。

议员起立赞成者数人。

议长：不足三十人，不能成为议题。现在朗读股员会修正案。

秘书官（曾彝进）朗读第二条。

67号（王议员璟芳）：本员先把国家银行的性质说一说。何谓国家银行呢？因国家有重要财政的事体去委任他，这就是国家银行。不是先有了国家银行，然后将国家的事去委任他。至于本员的意思是，以为现在最要紧的是在立国库，因为中国要实行统一财政，实行预算，就非有完全会计法，非有国库章程不行的。至于监督财政机关，第一就是审计院，第二就是国库，所以这个国库非赶紧设立不可。现在各国国库所有的款项多半是委任银行替国家保护，其中有几个法子：第一是保管的法子，第二是生息的法子。这二个法子都不大好，只有一个折衷主义，以保管为原则，以生息为例外，平时银行只能替国家保着这些款项，丝毫不准银行动用，万一市面紧迫或国库余款甚多，那就由政府命令动一部分，放出生息。这样办法是与银行营业划然截开的，是绝无危险的，这一层先说明白。再说大清银行。我们中国设立银行是有二个，一个是大清银行，一个是交通银行。现在大清银行虽靠不住，然章程可以改良，信用虽不完全，而国家政府可以时时监督的，并不是说把国家的款项都存在大清银行，而国家遂不问了，这一层大家可以不必虑及。（拍手）

110号（于议员邦华）：王议员说的理由是很对的，现在我们所疑惑的不过为大清银行恐靠不住。本员的意思可以把大清银行改为国家银行，将来国库设立之后，哪个银行果然好就用哪个银行，都可以的，何必又要用大清银行的名目呢？

48号（陈议员懋鼎）：方才王议员所说本员是很赞成的，至于大清银行信用不信用，有二层问题，一层是根本上不好，一层是办法不好。

至于办法不好，这一层不甚要紧，大清银行既为国家银行，度支部必加紧整顿；至于根本上不好，外国都以银行监督国库的，以国家款项全存入银行，以固银行之基础，这一层亦可以不必虑及的。（拍手）

112号（陈议员树楷）：这个问题似乎要分两层，大清银行是否国家银行？若认他为国家银行，则大清银行是否规定为国家银行？虽然是国家银行，然办法不好，亦要想根据的，本员意思可以改为国家银行。

73号（汪议员荣宝）：陈议员的话，本员不赞成。

声浪大作。

74号（陆议员宗舆）：请简单发言。

62号（刘议员泽熙）：大清银行已改为国家银行，看看章程就知道了。

81号（章议员宗元）：本员答覆陈议员一句话，大清银行从前本是户部银行，那时却不是国家银行，后来改了大清银行才为国家银行。他则例里头有一条说将来的国库均归大清银行管理，这是大清银行即为国家银行证据之一。又大清银行的监督却是实缺的，三四品官，并不是寻常人员随便可以去做的。所以这个问题，法律上已认他为国家银行，不过事实上尚没有做到国家银行。由是看来，大清银行法律上实是国家银行，那是无疑义了。

59号（顾议员栋臣）：大清银行的则例共有二十四条。

声浪大作。

48号（陈议员懋鼎）：据本员看，大清银行办法不好可以改良，至于信用不信用，现在可以不必说。（拍手）

议长：请缓发言，七四号报号在先。

74号（陆议员宗舆）：整顿大清银行的意见，本员极赞成。然什么整顿法子？于条文上就可以设法的，这个道理不能不登台说明。须知各国中央银行办法，大率里头是分两部，一是国库部，一是营业部，而上则总成于总裁，以期联络；但下仍分开两部，以清界限。要联络是经济的关系，清界限是防弊窦的办法。至于今日大清银行办得好不好，那又是一个问题。但度支部既认为国家银行，将来若大清银行办得不好，我们可以去质问度支部。现在我们资政院提出这个章程，一面要统一国库，一面即要整顿银行。所以照本员意思，打算更正第三条，什么样更正法呢？这个正文是很好的，不过在第三条正文之下应添上一项（读修正文）。本员修正的理由先要说明的，现在诸位的意思都以大清银行有不放心的意思，将来国库成立之后，要把国家的款项存入大清银行，假如都归营业（股）[部]，将来恐怕要倒账，是很危险的，所以各国的公例，国家有监督权的，若营业里头要用库款是不行的。且照现在中国的情形，各省财政不一，若此刻要归大清银行收管，亦有不便之处。故照本员的修正条文的办法，则即可令各省与度支部联合一气，于事实上既觉便利，于法律上亦相符合。所以本员要提出修正案，但不知大家赞成不赞成，现在本员再把这个修正案念一遍，请大家听一听。

众议员呼"赞成"。

112号（陈议员树楷）：现在不过赞成倡议，而大清银行一层还要讨论。

声浪大作。

议长：请缓发言，听本议长声明一句话，现在先以报告书表决。

110号（于议员邦华）：本员倡议大清银行改为国家银行。

112号（陈议员树楷）：《大清银行章程》我们都不知道，我们资政院既是立法机关，《大清银行章程》须在我们资政院通过方能有效。

74号（陆议员宗舆）：中央银行以国名为名者甚多，日本名曰日本银行，英国名曰英[格]兰银行，法国名曰法兰西银行，我们中央银行名曰大清银行，名称甚合，又何必改名曰国家银行。且日本旧有国立银行，并不就是国家银行，若皆名之国家银行，岂不益滋淆乱？我们大清银行又何必改名？依本员意见，不如仍名为大清银行而整顿其内容，不知大家赞成不赞成？

众议员呼"赞成、赞成"。

73号（汪议员荣宝）：大家既赞成，就请议长付表决。

112号（陈议员树楷）：大清银行没有信用。

121号（方议员还）：陈议员的话不对，这是内容的关系，不是名字上的关系。

149号（罗议员杰）：财政既统一，自有度支部负责任。

68号（文议员溥）：请问度支部特派员，大清银行是否国家银行？

度支部特派员（楼思诰）：这个早已说过了。

110号（于议员邦华）：大清银行种种腐败，实在没有信用。

74号（陆议员宗舆）：还有监督机关。

89号（孙议员以芾）：这"大清银行"四个字，如何能监督？

67号（王议员璟芳）：自有度支部负责任，我们可以问度支部。

48号（陈议员懋鼎）：大清银行不好，我们可以请度支部改良。

112号（陈议员树楷）：《大清银行章程》若不经我们资政院通过，就不能有信用，就不能发生效力。

67号（王议员璟芳）：章程没有通过的，不止大清银行一样，要是凡没有在资政院通过的章程就不能发生效力，这么说我们的预算就全算白办了。

59号（顾议员栋臣）：大清银行种种腐败，实在没有信用，章程实在不好。

48号（陈议员懋鼎）：章程有不好的地方，可以改良。

74号（陆议员宗舆）：大清银行既有度支部保证，既为国家所信用，有不好的地方，有失信的地方，我们可以找度支部说话。若改名为国家银行，国家银行要是更不好，又去找谁呢？别国银行也并不是全没有，但是全有防备的法子，依本员意见，（在）[再]把这章程改好，自然毛病就少了。

议长：几位同时发言，又不报号数，所说不得认为有效。

81号（章议员宗元）：请将倡议付表决，不必讨论。

115号（许议员鼎霖）：大家研究的有两层意思，一是机关，一是用人。若仅将名词改换，还用不可靠的人，仍是危险。倘能选用得力专门之人，虽仍用大清银行之名，亦无妨碍。

62号（刘议员泽熙）：对于议员有几句解释的话，这国家银行是银行的性质，大清银行不过是银行之名目而已。

秘书官（曾彝进）朗读原案第二条。

110号（于议员邦华）：本议员倡议，请议长咨询本院有赞成否？

议长：于议员倡议改大清银行为国家银行，请赞成者起立。

议员起立两三人。

议长：少数。

秘书官（曾彝进）朗读股员会修正案第二条。

议长：股员会修正案第二条，赞成者请起立。

众议员起立赞成。

议长：多数。第三条陆议员宗舆有修正案加入，第二项由秘书官朗读。

秘书官（曾彝进）朗读第三条第二项陆议员宗舆修正案。

62号（刘议员泽熙）：对于陆议员的修正案有个意见，本员以为这第二项可以放在第十二条第二项，不必放在第三条内，因为第三条之规定全是执行事务的人，第十二条之规定与此项性质相近，所以本员拟将此项（给）[改]为第十二条第二项。

众呼"赞成"。

议长：先表决股员会修正案第三条。

秘书官（曾彝进）朗读股员会修正案第三条。

众呼"无异议"。

117号（雷议员奋）：对于陆议员提出之修正案加第二项，刘议员倡议移作第十二条第二项，但是第十二条所谓监督是上级的，所以本议员主张还是将陆议员之修正案第二项放在第三条内为是。

115号（许议员鼎霖）：本员倡议副监督可以用两员，一管国库，一管营业，各有责任，不至有流弊。

74号（陆议员宗舆）：对于许议员有句话答辩，许议员的宗旨固然是不错，但是照各国的办法，中央银行下虽分开两部，上头却统一于总监督。

112号（陈议员树楷）：现在大清银行是否已有章程？

74号（陆议员宗舆）：因为大清银行未有好章程，所以才讨论这个办法。

112号（陈议员树楷）：大清银行既然没有章程，为什么要把国库统在大清银行里头去？

74号、112号、73号、110号、115号同时发言，声浪大作，议场骚然。

议长：请许议员提出修正案。

115号（许议员鼎霖）：本员倡议副总理改成两个机关。

议长：许议员倡议将副总理改成两个机关，众议员赞成否？

48号（陈议员懋鼎）：许议员的意思是不错的，但是我们所议的是国库章程，不是银行章程。要（然）［按］许议员的话，就成了银行的章程了。

115号、62号同时发言，语嘈杂。

112号（陈议员树楷）：大清银行既无章程，就靠不住。

133号（陈议员敬第）：现在对于大清银行的问题，就是问度支部是不是国家银行。方才度支部说是国家的银行，大家总说是靠不住，说大清银行靠不住，就是说国家也靠不住。此话不可以说，现在不过是要求度支部改良一个办法。

议长：诸位要注意，现在第二条已经表决过了，请看一看第三条条文。

74号（陆议员宗舆）：请议长把本议员的倡议，照雷议员所说的咨询大家是否赞成。

林炳章起立发言。

议长：现在不必发言，由秘书官朗读陆议员修正案第三条加入第二项。

秘书官（曾彝进）承命朗读陆议员修正案第三条加入第二项。

议长请赞成者起立。

众议员起立赞成。

议长：多数。

秘书官（曾彝进）朗读第四条。

议长：第四条有无异议？

众呼"无异议"。

秘书官（曾彝进）朗读第五条。

议长：第五条有无异议？

众呼"无异议"。

秘书官（曾彝进）朗读原案第六条。

议长：第六条有无异议？

74号（陆议员宗舆）：第六条第一项本员有个修正，请加几个字，加入"应由度支部大臣会同该管大臣"几个字。

议长：命秘书官朗读陆议员修正案。

秘书官（曾彝进）承命朗读陆议员第六条修正案。

议长：陆议员的修正案，众位赞成否？

众呼"无异议"。

74号（陆议员宗舆）：第二项之内可以减几个字，把这个"度支大臣"四字可以不要，因为上头已经有了。

109号（籍议员忠寅）：陆议员的倡议修正，本员是很赞成的，但是"度支大臣"四字仍不能删去，因为出纳之事必经度支大臣之允许方可，所以不能去的。

81号（章议员宗元）：要把"度支大臣"去了，这大清银行的权更大了。

74号（陆议员宗舆）：本员的倡议自己取消了，但是要加"铁路邮电等"五字。

议长：第六条两项陆议员倡议，赞成请起立。

众议员起立赞成。

议长：有三十人以上之赞成，可以作为议题。

秘书官（曾彝进）再读第六条。

议长：赞成者请起立。

众议员起立赞成。

议长：多数。

秘书官（曾彝进）朗读第七条至第九条。

议长逐条问有无异议。

众呼"无异议"。

秘书官（曾彝进）朗读第十条。

74号（陆议员宗典）：本员对于这条稍为有点修正，"京外各款"这句应当加一个"官"字，改为"京外各官款"，因为没有"官"字就与普通的款无异，所以加个"官"字，使稍为有点限制的意思。

秘书官（曾彝进）朗读第十条陆议员修正案。

众议员"赞成"。

秘书官（曾彝进）朗读第十条、第十一条、第十二条。

议长逐条问有无异议。

众呼"无异议"。

秘书官（曾彝进）朗读第十三条。

133号（陈议员敬第）：本员对于十三条文字还有增减的地方。（语未毕）

众呼"请到三读时候再说"。

74号（陆议员宗典）：大清银行固然是要整顿的，但是国家官款通通收入国库，于市面上必大受影响，所以这个章程怎么办法，总由度支大臣去定。若操之过急，恐怕生出许多危险来，所以要斟酌妥当才好。

81号（章议员宗元）：这个总要度支大臣酌量情形去办就是。

67号（王议员璟芳）：各省官款若通通收入国库，恐于市面有妨碍。

130号、74号、81号同时发言，声浪嘈杂。

137号（邵议员羲）：各省收入之款皆以大清银行为国库，而又准银行酌量。

74号（陆议员宗典）：这是经济上关系，不必虑及。

议长：第十三条有无异议？

众呼"无异议"。

秘书官（曾彝进）朗读附则第十四条。

议长：有无异议？

众呼"无异议"。

秘书官（曾彝进）朗读附则第十五条。

81号（章议员宗元）：本员对于第十五条在股员会的时候就不赞成，就是"本章程实行期限"几个字不以为然，现在可否提出修正案？

议长：可以提出修正案。

81号（章议员宗元）：本员修正就是把"实行期限"四个字删去，改为"本章程实行细则由度支部大臣定之"。

74号（陆议员宗典）：删去几个字恐怕办不动，留着这几个字活动一点。

62号（刘议员泽熙）：这个实行是事实上问题，度支部大臣将来一定要行的。但是实行期限不能限制他，明年正月行也可以，后年行也可以。

132号（文议员龢）：这个章程不是奏定就要实行。

137号（邵议员羲）：本员对于这条有几个字要修正。（语未毕）

众议员：请到三读时候再说。

81号（章议员宗元）：本员倡议修正第十五条的条文，请议长咨询本院有赞成的没有？

秘书官（曾彝进）：朗读第十五条章议员倡议删去"实行期限"修正案。

议长：章议员倡议众位赞成否。

众呼"赞成"。

秘书官（曾彝进）朗读第十五条。

议长：赞成者请起立。

众议员起立赞成。

议长：多数。现在再读已完，可否即付三读？

73号（汪议员荣宝）：请议长咨询本院，应否省略三读？

众呼"赞成"。

137号（邵议员羲）：本员倡议第十三条加入"酌量情形"四字，请议长咨询本院有赞成否？

议长：邵议员倡议是三读修正字句时候的事，应由秘书官朗读。

秘书官（曾彝进）朗读邵议员倡议第十三条加入"酌量情形"四字。

众呼"赞成"。

议长：现在省略三读，应表决全体，请赞成全体者起立。

众议员起立。

议长：多数。⑦

议长：本议长有几句话宣告，今天要开夜会，请众位休息后再入议场，不要散去。现在有个说帖，是王议员佐良质问度支部的。此事关系甚大，向来各位议员质问说帖必须印刷分送，经大家赞成方能成立，现在这个说帖没有印刷出来，可由秘书官朗读与诸位一听，请旁听人退席。

下午六点四十五分旁听人退席。（以下归秘密速记录者）

议长命秘书官朗读王议员佐良质问度支部说帖。

秘书官（曾彝进）朗读王议员佐良质问度支部说帖毕。

众拍手。

议长：赞成王议员佐良质问度支部说帖者请起立。

众议员起立。

议长：多数。

149号（罗议员杰）：整理边事案关于秘密事件，在当开秘密会时，可（原）[以]请股员会报告。

议长：可以秘密。本议长还有几句话说，本院今天闭会，尚有会奏、具奏各案，须赶紧办好。又本议长明天有事要早起，休息后托副议长代理，现在尚有两个奏稿由秘书长朗读。又预算总报告总册已经股员会送到秘书厅，不知众位有无意见？如果没有意见，就要送到会议政务处，以便会同具奏。⑧

62号（刘议员泽熙）：讲到预算的上头，本员还有几句话报告。因为这两天没有开股员会，所以到大会上报告一声。前天接到外务部一封文书，因为股员会对于外务部总衙门及游美学务处经费共减一十四万两,来文承认本署减三万,游美学务处减二万,合共五万,与股员会所减相差的九万,经股员会大家商量,回他一个文书,念来大家听听。(读原文)因为近日没有开得股员会,特在大会上报告一声,请议长咨询本院看这个文书可否如此回答?

众呼"赞成"。

149号(罗议员杰):整理边事议案关系重要得很,可否即请股员会报告?

议长:先读奏稿,本来是今天要上的,因有回避字样,所以未能出奏,明天一定呈递。

149号(罗议员杰):请赦国事犯的奏稿,也请议长令秘书官朗读。

议长:就要朗读。

议长:明日闭会,照章具奏,由秘书长朗读奏稿。

秘书长承命朗读资政院闭会具奏案。⑨

议长:还有请宣布景庙手诏及(照)[昭]雪戊戌冤狱案奏稿,由秘书长朗读。

秘书长承命朗读请宣布景庙手诏及(照)[昭]雪戊戌冤狱案奏稿毕。

众拍手拍手。

议长:还有请赦戊戌获罪人员奏案,由秘书长朗读。

秘书长朗读毕。

众拍手拍手。

议长:两奏稿朗读已毕,请赞成奏稿者起立。

各议员起立赞成。

议长:多数。

议长:罗议员杰提出整理边事具奏案,罗议员请秘密会议,现在正好开议,请股员长报告。

149号(罗议员杰):请许议员鼎霖报告。

55号(崇议员芳):本院既是明天行(开)[闭]会礼,不但议长有起早进内的要差,就是各议员也都要竭诚预备行礼,今天夜会如果工夫太长，恐怕明天行礼不能整齐。本议员的意思，今天夜会可以限定钟点，钟点一到即行散会，议不完的事件，遵照《院章》，明年开院时再议，请议长咨询本院赞成不赞成？

议长：可以限定钟点，现在把第十三至第十六提前会议完后可以休息用饭，用饭后再入场议，到什么时候为止，大家可以定一个钟点就是。

议长：请副议长代理。

副议长临席。

81号（章议员宗元）：今天自两点钟开议，各议员均疲倦得很，现在可以休息，休息之后再入议场，还可以禁止旁听，好议罗议员提出来的议案。

议长：整理边事具奏案，请许议员报告审查结果。⑩

53号（刘议员道仁）代许议员报告整理边事具奏案审查结果毕。

123号（江议员辛）：请将议事日表第十五、十六两案一齐报告。

副议长：可以照办。

53号（刘议员道仁）复报告整理边事具奏案审查结果毕。

110号（于议员邦华）：议事日表第十四可以一并报告。

副议长：请许议员报告。

110号（于议员邦华）：本议员代为述明，这个陈请书上说得很清楚，一看就明白了，内中说三种理由：一种是设立垦务银行机关，如有人民要往开垦，银行借给他钱，使他开垦，去补助他；一是以荒户前往垦地，不是以荒民前往；一是集合的办法，不是散在的办法，一去多少户作为一县，分地建屯，筑起房屋，成为村市，使垦户守望相助，以便防贼匪，银行借给垦户钱，并可以生息，所得之息可以推广。这三重是经营的重要点，至于这个款项是由国家补助，官民合办。官家筹三分之一，各省筹三分之二，作为官绅合办一个垦务公司，立个章程，教他周备妥当，垦户前往，自然可以安居乐业。不然一人不能独立［开］荒，何以能垦？这个办法很是完全，请议长付表决。

副议长：还有筹办蒙藏事宜案应付议的，请股员长报告。⑪

53号（刘议员道仁）：本议员代为报告，这个陈请书内中有六个办法：一是蒙藏政治机关，是官制问题，非交到政务处办理不可；还有一层是教育外藩问题，立一个京师外藩学堂，非常妥当，可以交学部去办；还有外藩交通问题，是铁路计划，原来邮传部已有计划，交邮部速办就是了；还有振兴实业这一层，是交农工商部速办的；还有《新刑律》这一层，现在正议《新刑律》，将来议决颁行时，外藩都可以适用。此六条说的切实可行，本股员会认为合例可采，请议长咨询本院赞成后，咨行政衙门办理。

副议长：表决议事日表第十三，请赞成报告书者起立。

众议员起立赞成。

副议长：多数。

副议长：表决议事日表第十四，请赞成报告书者起立。

众议员起立赞成。

副议长：多数。

副议长：表决议事日表第十五，请赞成报告书者起立。

众议员起立赞成。

副议长：多数。

副议长：表决议事日表第十六，请赞成报告书者起立。

众议员起立赞成。

副议长：多数。

副议长：宣告休息。

下午七点二十分钟议事中止。

下午八点三十分钟续行开议。

副议长：现在开议，解除秘密会议，旁听人可以复席。

99号（陈议员瀛洲）：请问议长，奉天谘议局邮寄公文一件，至今月余，未经股员会报告本院，已届闭会，此件公文究竟能否答覆？

副议长：还没有审查报告。

52号（毓议员善）：请议长遣人到股员室里头去查查还有人没有？

副议长：人数已经够了，现在开议。按照议事日表第八南漕改折议案，请特任股员长报告并说明理由。⑫

62号（刘议员泽熙）：南漕改折议案，本员委托方议员还代为报告。

副议长：请方议员还报告。

121号（方议员还）：这浙江漕粮的事体，我们江苏、浙江两省有种窒碍的地方，至于折漕的议论，言者很多，本员不必赘说了。大概对于这个事体有二种的困难：一因俸饷的米不能解决，一因北京为根本重地而不能解决。不知这二层都可以解决的，为什么呢？俸饷的问题不能办几等的米，照步军都统衙门奏上去所开的米价是四两银子一担，度支部这一层虽没有奏过，然现在若办折漕，当发俸饷之时，亦折之以价，于事实上没有什么窒碍的，为什么呢？因现在领米的人亦是把这个米〔拿〕去卖的，而所卖的价不过六块钱光景，与江、浙两省的市价亦差不多。现在糙米的价钱在浙江不过三两五钱银子，在江苏亦不过四两八钱光景，现在平均起来，每担约四两六钱之数，现在所需的米，六十担是军饷，三十担是俸米，照江、浙两省所解的共一百担，现在用去九十担，之外还有十担多，但官俸多了之后一定是改折的。既然是改折，大家商量折减，京师所需的米可以责成江苏、浙江督抚专办，免了许多周折。至于仓储的问题，现在京中的仓储所蓄的米比诸前十年仅有一半，原来解京的糙米共有四百万担，现在仅存一百万担，现仓中所蓄之米于民间是没什么妨碍。可见南漕一旦改折之后，仍没有妨碍的。惟将来改折之后，漕米这一件事可以责成度支部专办。现在京汉铁路已经通了，将来各处铁路又通了之后，京师是根本重地，不患无米。不过将来若责成度支部专办之后，江浙二省所折的价都定为五元一担。前天额外股员与度支部大臣商量，度支部大臣很表同意，不过一同具奏一层有点困难。度支大臣当时虽没有说出来，然揣他的意思似有困难的样子。但本员看来，这一层亦可以不必过虑，因光绪二十七年浙江巡抚亦曾奏过，说可以改折的理由，所以将来具奏之后，一定可以邀准的。今天度支部特派员亦在场，可以问问，看究竟有什么意见？

副议长：请特派员答覆。

度支部特派员（张茂炯）：南漕改折议案当商量之时，度支部大臣

已表同情，现在没有什么异议。（拍手）

副议长：众议员有无异议？

众议员无异议。

副议长：现在表决南漕改折案，请赞成者起立。

众议员全体起立赞成。

副议长：现议议事日表第十筹备蒙古教育建议案，请特任股员报告审查之结果。[13]

2号（议员庄亲王）：本员按照《分股办事细则》五十三条之规定，委托刘议员道仁代为报告。

53号（刘议员道仁）：筹办蒙古教育建议案，本股员会审查时候，当时学部特派员当场讨论，已经很表同意的。所有蒙古教育，大家以为欲振兴蒙古，非从教育入手不可，已毫无疑义。所最应当斟酌者，就是文字上的关系。原来蒙古地方自己有语言，自己有文字，现在想着手教育。第一非从蒙文下手不可，至于将来语言统一的关系，这个学说教育发达以后，语言统一办到办不到，那又是一个问题。蒙古教育第一项办法，非先就蒙文着手不可。股员会讨论小学从蒙文入手，中学以上非用汉文不可。所有讨论的结果与审查的情形大致就是如此。

副议长：议事日表第十筹办蒙古教育建议案，有无异议？

众呼"无异议"。

副议长：以报告书为可者请起立。

众议员起立赞成。

副议长：多数。

140号（康议员咏）：现在法典股员已到会场，请议长宣告先议结社集会议案。

副议长：现在议事日表第九陈请修正《集会结社律》议案，请股员长报告。

73号（汪议员荣宝）：现在法典股股员长润贝勒没有到会，委托本议员代为报告。

副议长：请汪议员报告。

73号（汪议员荣宝）：这个《集会结社律》是有一个陈请修改的说帖，[14]这个陈请书要修正的地方不过是关于人数之限制，还有教习等关于集会结社的限制。本股员会审查的时候，以为这个《集会结社律》应该修正的地方不止这两端，所以把全案都修正了。本股员会修正亦有原本所已有的，亦有原本所没有的，还有陈请书上所说要修正的地方，本股员会修正案里亦都修正了。至于原来的再要修正的地方，就是人数之限制，按原本是集会以若干人为限，结社以若干人为限，这种限制，当时立法的意思究竟是什么道理呢？我们可以不必论的。现在既是宣布立宪，确定国会年限，这集会结社必定一天一天发达的，如果有妨害的地方，总要想法子去掉。至于人数限制，于这个章程上异常妨害的。国民若是不许他集会结社则已，既然许他集会结社，而忽然于人数加以限制，颇觉不合。本股员会审查修正，把一条人数限制，全然删去。第二集会结社资格原来是教习、学生等等有限制的。本股审查以为当此预备立宪时代，集会结社自然是发达的，先要罗致许多人才研究法律政治，然后可以成功。现在明白法律政治的人大半皆从事于教育，若是加以限制，则于正当发达大有妨碍的，本科审查亦把这一层删去，这是第二层。根本于原来陈请书，本股修正的还有原来所没有的，大概有几条是本股加入的。现在第六条呈报之规定，为原来所无的，大概外国议会既然是国家以法律组织之议会，议员准备议事之时，当然有许多集（合）[会]的地方，因为准备而集会结社，大概都根据于法律的。既然根据于法律，若照普通办法一律呈报，似乎未免繁苛，所以仿照各国集会结社通例，凡是议会议员，无论中央议会与地方议会，无所不可。就如我们资政院亦是当然之议会，就是将来之议院亦是我帝国之议会，若是议会中议员组织正当之集会结社，可以不必按照法律呈报，休会时候亦是如此，这是本股添入的。还有一层，集会结社之时，选举人、被选举人，举行前两个月之内集会结社，为准备投票起见，亦是法律上当然的，与普通集会结社不同，所以亦不用普通呈报规定。还有一层，集会结社里头，社员多出于议会议员，议员在议院发言表决对于院外不任其责，各国宪法都是这个规则，就是《资政院院章》《谘议局章程》也有这个规定，凡在议会发言表决，通通不受议会外之诘责。照这条原则，怕将来政党议员自然为自己组织种种发言办法、表决办法，亦是不能不保护的。一个人意见在议会发言表决时候，这个事情关乎党员道德，法律不能不加保护的。结社社员发言表决，社外人不得干涉，这个意思专为保护议员发言表决，这是加入的。其余各条不过字句修正，无关重要。今年我们资政院能够通过后，将来组织政党种种事情，种种便利的地方，于开国会时候大有裨益。开股员会那天，请民政部特派员来一同讨论，民政部特派员陈述意见，对于这个修正案非常表同情，承认可以会同具奏，请同院诸君大家赞成。（拍手）

副议长：民政部特派员有无意见？

民政部特派员（孙培）：不过要声明几句，这个第一人数、第二限制，为正当办法，但先本早欲举办，因为没有详细调查，所以没有提出来，今既然有人陈请，本部非常赞成。

秘书官（曾彝进）朗读结社集会律第一章。

149号（罗议员杰）：可以省略朗读。

众呼"不赞成"。

秘书官（曾彝进）朗读第一条、第二条。

副议长逐条问有无异议。

众呼"无异议"。

秘书官（曾彝进）朗读第三条。

108号（刘议员春霖）：此条总理人于结社集会以前呈报，但总理人是已成立之后才选举出来，若未成立以前，即不能有总理人，所以本员主张改为发起人或首事人。

众呼"赞成"。

73号（汪议员荣宝）：本员对于此条有句话说明，社会当成立之时，然后由总理人呈请立案，立案以后就算成立，所以本员以为总理人可无须改。

108号（刘议员春霖）：照汪议员所说，可以改为成立时。

73号（汪议员荣宝）：赞成。

秘书官（曾彝进）朗读刘议员修正案第三条。

副议长：有无异议？

众呼"无异议"。

秘书官（曾彝进）朗读第四条至第六条。

副议长逐条问有无异议。

众呼"无异议"。

秘书官（曾彝进）朗读第七条。

73号（汪议员荣宝）：本员对于这条有个说明，删去"及其他宗教"，因为《新刑律》总则已经规定，可以删去。

副议长：第七条有无异议？

众呼"无异议"。

秘书官（曾彝进）朗读第八条至第十一条。

副议长逐条问有无异议。

众呼"无异议"。

秘书官（曾彝进）朗读第十二条。

109号（籍议员忠寅）：对于第十二条有意见，民政部或本省督抚为维持公益起见，似乎没有界眼，因为并未定出条件，只以民政部及本省督抚之眼光为据。若民政部及本省督抚以为维持公益起见，就可以禁止之，不知大家的意思如何？

73号（汪议员荣宝）：这是仍原案之旧。

109号（籍议员忠寅）：本员倡议删去此条。

74号（陆议员宗典）：本员有个修正，可将"维持公安起见"改为"认为妨害治安者"。

有呼赞成者。

110号（于议员邦华）：本员有个修正，"政事或公事结社"之下加"如有妨害治安者"数字。

48号（陈议员懋鼎）：请议长将陆议员修正案付表决。

85号（吴议员廷燮）：请议长分章表决。

副议长：陆议员倡议修正，请赞成者起立。

众议员起立赞成。

副议长：足三十人以上，可以作为议题。

秘书官（曾彝进）朗读陆议员修正案。

副议长：陆议员修正案，请赞成者起立。

众议员起立赞成。

副议长：多数。

秘书官（曾彝进）朗读第三章第十三条。

81号（章议员宗元）：请问审查长，呈报六小时之久不开会作为无效，是什么理由？

73号（汪议员荣宝）：此仍原案之旧。

81号（章议员宗元）：比如他明日开会今天报告，焉能说不得逾六小时？

73号（汪议员荣宝）：比如呈报一点钟开会，而至六点钟不开会者作为无效。

108号（刘议员春霖）：中止三小时即作无效，似乎限制太严。

74号（陆议员宗典）："或中止三小时后以上"一句删去。

众呼"赞成"。

秘书官（曾彝进）朗读陆议员修正案第十三条第二项。

副议长：有无异议？

众呼"无异[议]"。

秘书官（曾彝进）朗读第十四条、第十五条。

副议长逐条问有无异议。

众呼"无异[议]"。

秘书官（曾彝进）朗读第第十六条。

130号（刘议员景烈）：此条规定似有未妥，本来坐位是应设的，假如会场不宽大的，恐怕不特无监察之坐，并其站立之地都没有。似此情形，或在不免，若按三十三条办法，罚以五元以上五十元以下罚金，未免太重。

73号（汪议员荣宝）：此层可以不必虑即，派人监察亦无有许多人。

副议长：有无异议？

众呼"无异议"。

秘书官（曾彝进）朗读第十七条。

众呼"无异议"。

秘书官（曾彝进）朗读第十八条。

191号（陈议员荣昌）：此条"迎神赛会"四字可以删去。现在破除迷信，何必存此种无益之事？

73号（汪议员荣宝）：删去不删去没有什么关系。

副议长：有无异议？

众呼"无异议"。

秘书官（曾彝进）朗读第十九条至第二十三条。

副议长逐条问有无异议。

众呼"无异议"。

秘书官（曾彝进）朗读第二十四条。

73号（汪议员荣宝）：此条为维持公安起见，亦应照前改作"认为妨害治安者"。

秘书官（曾彝进）朗读汪议员修正案二十四条。

众无异议。

秘书官（曾彝进）朗读第四章罚则第二十五条至四十一条。

副议长逐条问有无异议。

众呼"无异议"。

秘书官（曾彝进）朗读第五章附则四十二条、四十三条、四十四条。

副议长逐条问有无异议。

众呼"无异议"。

副议长：众赞成，现在再读已毕，可否即付三读？

57号（林议员炳章）：方才有位议员倡议第十八条删去"迎神赛会"四字，本员很表同情。各省办学务往往无款，而迎神赛会徒靡有用之钱，大家看可否删去此四字？

137号（邵议员羲）：二十二条之规定与本律性质不合，应在《违

［警］律》中规定，此条可以删去。

73号（汪议员荣宝）：此条似与本律不甚关切，可以删去。

137号（邵议员义）：三十九条也可以删去。

109号（籍议员忠寅）：二十二条删去，三十九条是当然删去，因此条是根于二十二条的。

副议长：现在表决邵议员倡议，删去二十二条及三十九条，众位赞成否？

众呼"赞成"。

73号（汪议员荣宝）：林议员倡议删去十八条"迎神赛会"四字，请议长咨询决定。

副议长：现在林议员倡议删去第十八条"迎神赛会"四字，众位赞成否？

众呼"赞成"。

73号（汪议员荣宝）：还要声明一句，现在既删去二条，请议长令秘书官将条数依次推动，以便将来具奏。

117号（雷议员奋）：请问股员长，三十七条下是否二十元以上这条，本员看是关于个人的事情，还是"二"字，不是"三"字，"二"字没有错。

73号（汪议员荣宝）：这条是关于个人的事，应当是"二"字，不是"三"字。

秘书官（曾彝进）：朗读三十七条，现改三十六条，处拘役或二十元罚金。

副议长：请赞成者起立。

众议员起立赞成。

副议长：现付三读，并省略朗读，赞成《结社集会律》议案全体者请起立。

众起立赞成。

副议长：多数。

副议长：按议事日表第十一是推广私立法政学堂变通办法议案，请股员长报告。⑮

59号（顾议员栋臣）：股员长今天没有到，委托本议员代为报告。

副议长：请代为报告。

59号（顾议员栋臣）：这个推广私立法政学堂变通办法议案，是王议员提出来的，本员先把这个办法略为说一说。这个办法分为三层：第一层是要设预科，因为高等以上的学堂没有预科，所以请设预科以广造就。第二层要设别科，从前各处法政学堂本来有别科，后来以限制的意思，必须中学毕业生方得预考，现因中学毕业生尚少，并且中学毕业应收入本科，所以既设本科收中学毕业、年富力强的学生，当应多设别科，收不是中学毕业年长学优的学生，并说只要年富力强，虽未在中学毕业，也应许他入本科。第三层各省通商口岸当设法政学堂，这个议案除第三层外，前两层均与学部所定的章程不接头。（133号议员：请简单发言）是总要把三层意思报告清楚。当初开股员会的时候，据学部特派员说预（料）[科]之名，从前京师法政学堂及各省高等学堂均有这个名目，现在各省预科既已停止，不能使法政学堂独存，所以预（料）[科]以后一定不能留着这个名目，后来商量许久，都知道法政人才现在万不容少，可仿照从前讲习所、研究所这种名目，请学部另定章程，极加推广，使与学部奏定完全法政学堂并行不悖，使愿意进（先）[完]全科的进完全科，如果年长不愿意进完全科的，也可以进讲习所或研究所，一两年就可以毕业了。但是这个办法关于学部教育行政的事情，应由本院送到会议政务处详定章程办理。自设别科一层，本年六月学部复浙江巡抚案内有推广别科一句话，这层可不〔不〕必说了。再说各处通商口岸均设法政学堂，这层也不容易得很，应将审查这个情形咨送会议政务处核办。

副议长：顾议员报告的有无异议？

众呼"无异议"。

副议长：以报告书为然者请起立。

众起立赞成。

副议长：多数。

副议长：按照议事日表第十二是提议陈请采用音标试办国语教育议案，请股员长报告。⑯

73号（汪议员荣宝）：这也是建议案，不必讨论，请议长付表决。

副议长：既没有讨论，请以报告书为然者起立。

众议员起立赞成。

副议长：多数。

副议长：按照议事日表第十七请弛门禁以便交通而存国体建议案，请股员长报告。

众议员：请不必报告，即付表决。

副议长：以报告书为然者请起立。

众议员起立赞成。

副议长：多数。

副议长：今天议事日表所列除《新刑律》议案外，尚有本会期未议决而事关重要不能不议决者。一、优待小学教员章程修正案，⑰一、规定通俗教育议案，⑱一、改定教育法令建议案，⑲一、停止学堂奖励明定学位案，⑳一、陈请改良学制议案，一、学堂官管理阴寓兵法部勒及出洋留学生注重兵工议案，一、编定单级合级教科书议案，㉑一、修正教育会章程议案，一、陈请修改小学堂章程议案，一、请定义务教育议案，㉒一、急定税制及税政暂行机关议案，㉓一、关卡丁漕宜统收钞票铜元议案，㉔一、治水案、㉕一、自治案。㉖拟一并作为建议案，照审查报告书所拟办法，一律咨送内阁会议政务处办理，请赞成者起立。

副议长：多数。

117号（雷议员奋）：请问审查教育特任股员陈请停止学堂奖励审查的结果如何？

59号（顾议员栋臣）：审查结果请停止实官，改为学位。（语未毕）声浪大作。

副议长：请坐，不要喧闹。现在直隶农工商学堂改归绅办核议案，㉗直隶盐斤加价核议案，浙江征信录核议案（声浪大作），浙江钱粮改折核议案，现在尚须咨行各省督抚办理。

声浪大作。

副议长：请一位一位依次发言。

59号（顾议员栋臣）：是否建议案？是建议案就可以赞成。

130号（刘议员景烈）：特任股员审查的结果尚未报告，如何说赞成？

81号（章议员宗元）：这个不可咨行各督抚，照章须要具奏的。

177号（李议员文熙）：停止学堂奖励一案可以不必送到会议政务处，现在奖励不能不停止，报告不但不主张停止，反主张奖励以贡生等名，若将此案送到会议政务处，实在有失资政院的体面。

59号（顾议员栋臣）：外国也有博士的名目。（语未毕，声浪大作）

177号（李议员文熙）：为什么还得这个奖励？

59号（顾议员栋臣）：这是大家议决的，不是本议员一个人的意思，就是外国所谓博士也是一样。

137号（邵议员羲）：请议长付表决。

声浪大作。

副议长：停止学堂奖励明定学位一案，现在章议员倡议，将此案作废，不送到会议政务处，赞成这个倡议的请起立。

众起立赞成。

副议长：赞成的在三十人以上。

117号（雷议员奋）：大家没有听得明白，知道表决是什么？

177号（李议员文熙）：因为此案子是各省谘议局陈请的，现在各省人民故主张停止奖励，政府也未尝不主张停止，我们资政院反主张保存，殊属不解。所以本员倡议此案作废，不必送到会议政务处。

副议长：以李［议］员倡议作废为然者请起立。

众议员赞成。

副议长：多数。

副议长：方才宣告可决的十四案中间有停止学堂奖励明定学位一案，撤销可决。

81号（章议员宗元）：本员倡议将方才议长所说的四个核议案不必

咨行各督抚，不如暂行搁起，请议长付表决。

副议长：可以。

81号（章议员宗元）：还是不要咨送各省督抚好，为什么呢？我们资政院议决的事情还要交各省督抚去核办，于体统上不合。本议员倡议不交各省督抚办理。

副议长：现在章议员倡议不咨行各省督抚，赞成者请起立。

众议员起立赞成。

副议长：多数。

149号（罗议员杰）：本员十月初间有个修改清单，系十月初提出，已经审查好了，如今还没有报告，请令股员会报告。

81号（章议员宗元）：本员要声明一句，这四个核议案并不是作废，不过今年没有工夫，搁到明年再议。

86号（喻议员长霖）：请问议长明天几点钟行闭会礼，请宣告一声。

117号（雷议员奋）：议事日表还没有议完，怎（们）[么]问明天几点钟闭会呢？

109号（籍议员忠寅）：今天议事日表所载议题都议完了，方才变更议事日表第一大清《新刑律》不议，现在开议，断不能完，就是再读也还有好几百条，不过总则已经议完了，大家没有异议，如果把总则再付三读通过去，即行上奏，仿佛对于资政院也是觉得有精神的。

宪政编查馆特派员（章宗祥）：方才籍议员业已提议，要把大清《新刑律》总则付三读先行通过，但据政府的意思，甚望分则亦能通过。诸君热心国会，现在业已提前，则此种大法典自亦应提前颁布实行。惟此种大法典于国民身命财产有密切关系，非预先颁布，容国民细细研究，则实行不能有效。资政院已展会十日之久，诸君如能尽一夜之力，把分则详细讨论一并通过，这是政府极盼望的。

74号（陆议员宗典）：这个总则已经表决过了，究竟这个《新刑律》是一代大法典，不是哪一个人的事情，凡国际交涉、国民身命财产都有密切之关系，政府提出这个大法典来，实在是于立宪国民前途大有关系。诸君千万不要私下闹意见，总得平心研究，况且这个总则已经表决了，何妨即付三读通过呢？

149号（罗议员杰）：这个总则已经再读表决了，时日无多，何妨省略三读通过，把他上奏去，也觉得资政院稍有成绩。现在资政院明日闭会，到底了了几件重大问题。

115号（许议员鼎霖）：《新刑律》是要宣统四年实行，并不是明年实行，又何必在此刻一定通过？况且当初都是赞成《暂行章程》，现在议员已经走了大半，就要通过也不行的。

159号（蒋议员鸿斌）：要通过就连分则都要通过，要不通过就都不能通过，现在人数走了大半，何能通过？

81号（章议员宗元）：要把总则同分则通通通过是很难办的，况且总则已经表决过了，都无异议了，又何妨通过？所以把总则付三读，省略三读就通过了。至于人数不够，只要我们今日到场的人三分之二里头的多数赞成就通过了，好在这个总则已经表决过了。当初既通过，现在没有不能通过的。此刻虽人数不够，总以多数赞成为断，于章程没有什么违背。

秘书官承命报告议长的意见，以为今天到会议员一百二十九位，现在已经走了许多位，在场的只有八十余位，拟照籍议员的倡议，将《新刑律》总则付三读，即付表决，以为一二九位计算，若是多数起立就可作为通过，众位议员意见如何？

众有赞成者。

副议长：赞成籍议员倡议的已得三十人以上。

109号（籍议员忠寅）：前天宣告再读，对于分则条文里边彼此有意见，现在本员倡议是把总则通过，这是已经表决过了，大家都没有异议，是全体赞成的，现在通过就可以上奏。

81号（章议员宗元）：此刻三读，只要有六十五位赞成就可以通过，就可以上奏。

众请省略三读。

副议长：省略三读有无异议？

众呼"无异议"。

1058　资政院议场会议速记录

副议长：赞成《新刑律》总则全体者请起立。㉘

众起立赞成。

秘书官点人数。

副议长：今天到会议员是一百二十九位，现在起来者六十九位，是多数。

副议长：散会。

下午十点半钟散会。

注释

① 税务处整顿常关试办章程说明书

第一条（说明）此次改订税则，拟改照海关税则办理，本为平均画一起见。惟常关情形间有与海关不同之处，是以尚须酌加厘定，方臻妥协。

第一项（说明）轮船装运土货，往来通商各口，向系在新关完纳正半税各一道，常关原订税则较新关稍轻，惟民船系逢关纳税，且规费太多，商民甚为不便，今拟改照海关现行土货出口税率折半科征，分三关完纳，出境、过境、入境税各一道，将规费一律革除，适合海关正半税之数，且经过第一关销售之货，仅完海关出口税一半之数，经过第二关销售之货，仅完海关出口税一道之数，民船生意可期发达。

第二项（说明）民船行驶较轮船迟速迥异，今拟将土货出洋税率核减三成，亦系为顾全民船生意起见。

第三项（说明）民船所载洋货多系粗笨货物，轮船不愿装运者，且洋货进口税率未便轻议核减，故照海关现行洋货进口税率征收。

第五条内京师崇文门左右两翼应征税项照旧完纳一节（说明）京师崇文门左右两翼经征税项，与各省所征进程落地税性质略同，未便与各省常关一律办理，是以特别声明照旧完纳。

第七条（说明）民船载运土货到通商口岸，即可改装轮船，是以声明须照章完纳税项，方准放行。

第八条（说明）民船载运土货到通商口岸，改装轮船出洋，无论在内地完过税项若干，仍须在海关完纳出口正税，其经由民船出洋者，自应与内地分别办理，另完出口税，方与海关办法一律。

第九条（说明）轮船载运洋货进口完税后转运内地，除领有子口税单者不计外，其余经过内地关卡，均须照完税项。民船载运洋货，完纳进口税后，再运内地经过第一二三等关，自应照完税项。

第十条（说明）专章系指海关充公办法而言。

第十一条（说明）米麦杂粮按海关现行税则，每担一律征关平银一钱。查米麦杂粮关系民食，且价值轻重不等，今拟将杂粮税则比照米麦减半征收，所以昭平允而轻贫民之负担也。

第十二条（说明）海关税则茶叶每担征关平银一两二钱五分，今拟每百斤征银币三角，合库平银二钱，较海关税则格外减轻，系为维持茶叶起见。

第十三条（说明）海关木税均系按根科算，竹税系按值估抽，因竹木簰经过常关折验，殊多不便，是以仍照旧时科税丈量合作登方办法办理，又各关经征木税，向章多系值百抽三，且照各项货物一律逢关纳税，今改为完过第三关税项后，不再重税，仍按原则值百抽三征收，较从前有减无增。

第十四条（说明）机制洋货如在海关完税领有运照者，常关不再征税。又机制面粉免税案于光绪三十三年七月核准，自是年八月起以五年为限，至宣统四年七月限满。

第十六条（说明）土药无印花执照者，照《土药统税章程》充公。

第十七条（说明）加征茶糖烟酒税本属厘金性质，如统改由厘局征收，较为画一，是以声明由各关局体察情形酌办。

第十八条（说明）现在各场馆征收船料，除湖北荆关系照前项办法办理业经著有成效外，其余各关，均系临时丈量，以致胥吏上下其手，留难需索之弊，所在多有。今拟仿照荆关办法，一律发给船牌，既免随时丈量之烦，且杜朦混影射之弊。

第十九条（说明）海关征收船钞一百五十吨以下者，每吨征银一钱；一百五十吨以上者，每吨征银四钱。按船只之大小，定税则之轻重，办法本极正当。惟仅分两等，似觉太少，且轻重相去亦太悬殊，按之实际，尚有未协。今参仿其意，将民船分为三等，一等之中又分两级，较为平允。再查此条内一百一担至三百担者，每担征银币一份二厘一节，"厘"字下落一"五"字，理合声请改正。

第二十条（说明）各常关征收船料期限不同，如武昌关每次完纳，九江关限十日完一次，芜湖关限二年完一次，久暂悬殊，实不足以昭画一。今仿照海关办法，一律改为每中历四个月完纳一次，较为适中。

第二十一条至三十一条（说明）各常关征收查验事宜，向未特别规定，以致胥吏上下其手，因缘为奸，亏课病商，莫此为甚。今参仿海关及税司兼管各常关办法定立专条，踵而行之，弊可去其太甚矣。

此外各条，即文可以见义，并无特别理由，是以概从省略。（"税务处整顿常关试办章程说明书"，《资政院知会、折奏、章程、说帖、质问、陈请等案件》之《资政院第十六类说明书税则条意见书案件》，清末铅印本）

② **请弛门禁以便交通而存国体建议案**

（议员黎尚雯提出）

京师九门门禁，向例綦严。庚子以后，正阳门因外国官商交通甚众，昼夜不关，等于虚设。而崇文门、宣武门则昼开夜闭，一如旧制。惟外人出入，则夜半亦为特开，中国人间有尾随，亦复阻不得过。以内外交通而论，三门相等，何以办法两歧？以防奸宄而论，居外城者岂尽奸宄？即有奸宄，正阳门彻夜无阻，何必定由东、西二门？今徒以外人出入多少为启闭之标准，优待外国人，贱视本国人，其事虽小，然非政体所宜。民政部曾经奏准而为步军统领衙门所格，应即由本院建议，咨达内阁会议政务处，请其知照民政部、步军统领衙门，以后正阳门、崇文门、宣武门三门，应皆昼夜不闭，以归一律。小之以便交通，大之以存国体，不得谓为无甚关系也。("议员黎尚雯提出请弛门禁以便交通而存国体建议案"，《资政院知会、折奏、章程、说帖、质问、陈请等案件》之《资政院第三类建议倡议各案件》，清末铅印本）
③ 军机处最后未赞成资政院之议决，与资政院分别具奏。
④ 《资政院会奏议决〈运送章程〉请旨裁夺折》："奏为议决《运送章程》遵章会奏请旨裁夺恭折仰祈圣鉴事。窃查《资政院院章》第十五条内载：前条所列第一至第四各款议案应由军机大臣或各部行政大臣先期拟定具奏，请旨于开会时交议。又第十六条内载：资政院于第十四条所列事件议决后，由总裁、副总裁分别会同军机大臣或各部行政大臣具奏，请旨裁夺各等语。《运送章程》一案，先由农工商部拟定，原称《运输规则》，分三章共五十五条，附则三条。于八月十一日具奏，请饬下资政院会议。嗣于九月初一日，由军机处遵旨交出，资政院照章列入议事日表。于九月十四日，举行初读，讨论大体，即付法典股员会审查。次由法典股审查完竣，具案修正，易名为《运送章程》。于十月十七日报告，经众决定再读。再读之时，复将议案逐条讨论，农工商部暨邮传部对于修正案条文略有异议，旋付法典股再行审查。于十二月初十日三读，当场议决，议员多数赞成，农工商部及各关系衙门均表同意。此项章程，计分三章，共五十四条，附则二条。谨缮具清单，遵照《院章》，会奏缘由，谨恭折具陈，伏乞皇上圣鉴。再，此折系由资政院主稿，会同农工商部办理。合并声明。谨奏。"宣统二年十二月二十四日军机大臣钦奉谕旨："资政院议决《运送章程》遵章会同农工商部具奏请旨裁夺一折，著依议。钦此。"（上海商务印书馆编译所编纂：《大清新法令（1901—1911）》（点校本），第10卷，商务印书馆2011年版，第235页）
⑤ 税法公债股股员长李榘审查整顿常关试办章程议案
　　审查整顿常关试办章程议案及拟订铁路运货征税画一办法并将通商口岸添设常关议案报告书。
　　议长公鉴：本月初五日，本股开员会将整顿常关试办章程议案及拟订铁路运货征税画一办法并将通商口岸添设常关议案并案审查。其整顿常关试办章程一案，理由具载原奏及说明书，大旨在剔除积弊，改订办法，利便土货运输，维持民船行业，以期裕国而便民，所订章程都十二章，凡四十条，悉心研究，大致亦属周妥。惟间有应行修正之处，并有应行增订之条，列叙于下：
　　原案"整顿常关试办章程"拟改为"改订常关征收章程"。
　　第一章
　　　　第四条"分别估抽"四字拟即删去，改为"办理"二字。
　　第五章
　　　　第十一条"米麦每担征银币七分五厘，各项杂粮每担征银币三分七厘五"，其每担重量各处计算不同，若概照第四条所定每担以一百斤计，则征收之率，殊显过重，拟于每担下注明"每担计算之法应查照海关向章办理"。
　　第六章
　　　　第十四条"或照则正税一道"意殊隐晦，拟改为"或照海关税则征收正税一道"。
　　第七章
　　　　第十七条"酌核办理"四字拟即删去，改为"酌拟办法，咨由税务处、度支部核定施行"。

第八章

第十九条"一百一担至三百担者，每担征银币一分二厘"，据说明书称，此节"厘"字下脱一"五"字，应据以更正为"每担征银币一分二厘五"。

第九章

第二十一条"商船"改为"民船"。

第二十二条"商船"改为"民船"。

第二十三条"商船"改为"民船"。

第二十四条"凡充公货物应由监督公估变价"拟改为"凡充公货物应由该关拍卖变价"。

第十章

第三十二条下拟增订一条，定为"第三十三条 凡各关委员、司事、书巡、差役均须分别发给章记号牌，佩带易于辨认之处，如未佩带章记号牌者，不得执行其权限内之职务"。

第十一章

第三十三条改为"第三十四条"。

第三十四条改为"第三十五条"。

第十二章

第三十五条改为"第三十六条"。

第三十六条改为"第三十七条"。

第三十七条改为"第三十八条"。

第三十八条改为"第三十九条"，又该条内所称"准商人具禀投入箱内"，拟改为"准商人指明具禀投入箱内"。

第三十九条改为"第四十条"。

第四十条改为"第四十一条"，又该条内所称"分别奏咨办理"拟改为"分别奏咨交资政院议决"。

其拟订铁路运货征税画一办法并将通商口岸添设常关一案理由，亦已具详于原奏，大致以为：交通情形今后应殊于曩昔，将来各省铁路以次告成，则各关应征税项必致大受影响，因拟订铁路运货征税画一办法，一照海关章程稽征，一照常关章程稽征，分别办理，亦尚平允。至所拟添设常关办法，均为因时、因地制宜起见，与整顿常关试办章程原奏内所称"各省常关坐落地方及分口分巡应酌量裁并移设"一节，用意正复相同，且常关税则既经厘定，则税课既无疏漏之虞，而商民亦鲜苛扰之累。本股员会一再讨论，多数议决，特将并案审查结果报告，应请议长咨询本院公决，再由本院会同具奏，请旨裁夺。税法公债股员长李榘报告。（"税法公债股员长李榘审查整顿常关试办章程议案"，《资政院知会、折奏、章程、说帖、质问、陈请等案件》之《资政院第十类审查报告各案件》，清末铅印本）

⑥ 具议案全荣、寿全等谨提出为提议变通马兰、泰宁两镇绿营酌改名目以重陵寝守卫事

查《资政院议事细则》第二十二条"议员欲就各项事件提议，应具案附加案语，得三十人以上之赞成，会同署名提出于议长"等因，兹谨提出变通马兰、泰宁两镇

绿营酌改名目以重陵寝守卫一件,遵照《议事细则》会同署名,应请议长为议题交付会议,须至提议者。伏维振扬士气,本为发愤图强之要务,而画一兵制,尤为整军经武之大原。我国士气之不振,兵制之不一,当此竞争剧烈之秋,久为识者之所诟病。今则整顿陆海军备而画一兵制一事,已早为举国视线最注重之点,所以本院因预算案之发生,对画一陆军制度则主张防营绿营或灭或裁而同归于天演之淘汰是也。虽然,本议员等以绿营之中亦未可概论而又不得不酌量变通者,如东西陵之马兰、泰宁两镇是也。盖两镇虽系直隶所属之镇,然专为守卫陵寝而设,有巡查山垅之职权、镇慑地方之责任,名为绿营,而实则与京外绿营之性质不同。由其职权上言之,各陵寝之宫门以外,凡后龙山一带及周围之数百里远近巡逻,山陵地面树林之事,均归各该镇管理,则是巡山查树之职务是其一也。又于数百里之丛山密林内,更有内火道、中火道、外火道之执行事宜,倘有疏虞之处,即于陵寝重地有莫大之影响,则是执行火道之职务又其一也。至于东陵马兰镇兵又有捕鹿之差,捕获乳鹿,以供坛庙大典之需。缘东三省贡鹿不入坛庙,无以为享,所以专责之东陵之马兰镇代进,则是捕鹿入贡之职务,又其一也。至西陵现为德宗景皇[帝]梓宫暂安之地,关系尤为重要,且该两镇兵饷本皆不足,惟该兵丁等系世生其地,无不借饷为命,又于山陵之地理上,亦颇熟练,以是于巡山查树及火道及捕鹿各职务尚克尽职,实有易地易人而不能办理者。故该两镇之绿营专为守卫陵寝而设,虽遇军事,向不调遣,其裁撤与否,于陵寝不无影响。设一旦实行裁撤,于陵寝之守卫上,既为重大之问题,即于兵丁之生活上,亦有密切之关系。倘一经裁撤,滋生事端,似属利不胜害。与其悔之于后,不如慎之于先。本议员等屡经守护,曾悉两陵情形,是以为甚重陵寝起见,拟将该两镇酌量变通,将该两镇绿营兵丁改为陵寝守卫军,由该管大臣,另行妥定章程奏明办理,以示变通而昭画一。谨提议案,敢质公议。("议员全公、寿公提出变通马兰、泰宁两镇绿营酌改名目以重陵寝守卫事",《资政院知会、折奏、章程、说帖、质问、陈请等案件》第五册《资政院第三类议员提出提议各案件其一》,清末铅印本)

⑦ 资政院会奏议决统一国库章程折

奏为提议统一国库章程一案,谨将议决情形遵章会陈,恭折仰祈圣鉴事。窃查《资政院议事细则》内载:"议员欲就各项事件提议,应具案附加案语,得三十人以上之赞成,会同署名提出于议长"等语,资政院前据议员提议统一国库章程一案,其理由谓"世界各国所设财政机关,皆分收支、出纳为两部,二者分立,权限截然不容混合,而后弊窦自清。吾国财政纷糅,途径杂出,推厥由来,则以收支、出纳混合不清之故。欲救斯弊,非特统一国库办法,别立出纳机关不可。所谓统一国库者,以全国之岁出、岁入,总汇于统系相承之各种国库是也。今东西各国,率用此种制度,而以国家银行为管理之机关,办法有二:一曰存放法,以国库款项存入国家银行,国家银行得察国库收支之现状,预计日后之变动,常备帑项若干,以应国家支付之需,而以其余贷诸民间,使流通于世面。一曰保管法。国家银行别设金库,专代国家保管现款,遵政府之命令,经理出纳事宜。查以上两项办法,利害既有所互见,轻重即自当相权。若设有根基深厚之中央银行,以稳重之法存放库款,则存放之法,实属利国便民之图。如其未然,则毋宁保管法之为愈矣。现在大清银行根基尚未深厚,倘采用统一国库之制,自宜用保管法为原则,而别设例外以辅之。当库款有余之际，可由度支部酌量情形，提存若干以生息。似此损益折衷，可期利较多而弊较少。至于官办铁路、邮电等项，固应列入特别会计，惟一切款项，仍应统归国库出纳，以昭画一。其有向由他种银行管理出纳者，经度支部允准，得由大清银行与该银行订立代理国库契约，照奏定章程办理"等语，并拟定章程十五条，由资政院列入议事日表，开议之日，初读已毕，当付法典股审查去后，旋据该股员会修正案文报告前来，复经开会再读，逐条讨论，多数从同，省略三读，当场议决。谨缮具清单，恭呈御览。如蒙俞允，即由度支部咨行京外各衙门，并札饬大清银行一体钦遵。惟事属创举，关系重大，应由度支部将《施行细则》详慎拟定，并督饬大清银行筹备一切，再行奏明办理。再，此折系资政院主稿，会同度支部办理，合并陈明。谨奏。［上海商务印书馆编译所编纂：《大清新法令（1901—1911）》（点校本），第 10 卷，商务印书馆 2011 年版，第 242—243 页］

宣统二年十二月二十七日军机大臣钦奉谕旨："资政院议决提议统一国库章程会同度支部缮单呈览一折，著依议。钦此。"（中国第一历史档案馆编：《光绪宣统两朝上谕档》，第三十六册，广西师范大学出版社 1996 年版，第 554 页）

⑧ **资政院会奏议决试办宣统三年岁入岁出总预算案请旨裁夺折**

奏为议决试办宣统三年岁入岁出总预算案遵章会奏请旨裁夺恭折仰祈圣鉴事。窃查"《资政院院章》第十四条内载，资政应行议决事件：一、国家岁出入预算事件。又第十五条内载：前条所列第一至第四各款议案，应由军机大臣或各部行政大臣先期拟定，具奏请旨，于开会时交议。又第十六条内载：资政院于第十四条所列事件议决后，由总裁、副总裁分别会同军机大臣或各部行政大臣具奏请旨裁夺"各等语，试办宣统三年岁入岁出总预算案，系由度支部拟定，于本年八月廿七日具奏请饬内阁会议政务处会同集议，复于九月二十日由内阁会议政务处具奏请旨，交资政院照章办理，并将原奏、覆奏各一件，原送总表四十册、分表八十一册、法部修正表一册、陆军部咨文清单一件，咨送到资政院。当经照章先交预算股股员会审查。审查期内，次第收到各衙门追加预算二十三册，一并送付该股。旋据该股员会审查完竣，具书报告称，"本股于九月三十日开始审查，悉意钩稽，昕夕从事。查此次预算，本系遵照筹备列表试办各省预算，故内阁会议政务处奏交原案，一省为一统系，而本院分股细则又系以事分科，是预算之组织与分科之方法不免冲突，欲由分离之预算，求为统系之预算，洵属非常困难。加以办理预算，本系中国创举，前此既无预算案、决算案援照比较，欲逐款逐项丝丝入扣，又属非常困难。经股员会迭次讨论，佥以为审查预算，固贵有精严之考核，尤贵有确当之方针。诚以预算一事，全国政治、财政概系包括在内。以政治论，则中国现在情势自应注重教育、实业、交通等项，以培养国家之元气；以财政论，则预算案内不敷之数五千余万，追加预算又二千余万，自应节靡费、去冗员，以巩固国帑之现状。本此方针，其审查结果，于国家新政仍敦促进行，而于浮滥经费则大有削减，或以之弥补亏空，或拨充军事要需。现计原预算案、追加预算案，岁出总共三万七千六百三十五万五千六百五十七两，经本股审查，总共核减七千七百九十万零七千二百九十二两，所余宣统三年岁出二万九千八百四十四万八千三百六十五两，合之岁入三万零一百九十一万零二百九十二两，出入两抵，尚盈三百四十六万一千九百三十一两，作为宣统三年预算案预备费。应由本院会同会议政务处具奏请旨,饬下京外各衙门遵照宣统三年岁出岁入预算案,切实收支,有可撙节之款项,仍须随时核减。如实有不敷应用,必须稍予变通之处,应由京外各该衙门缮具详细表册,说明确当理由,径行具奏,请旨办理,决算年度由各主管衙门另缮此项表册,咨送本院追认。本股员会迭次开会,多数意见相同"等情。嗣经资政院开会讨论,逐项表决,多数议员赞成无异。会议之时,并由各该主管衙门到场发议,悉心斟酌,彼此均归一致。总计预算全国岁入共库平银三万零一百九十一万零二百九十六两八钱七分七厘,全国岁出共库平银二万九千八百四十四万八千三百六十五两二钱三分八厘,以入较出,尚盈三百四十六万一千九百三十一两六钱三分九厘。除将各项详细表册汇送内阁会议政务处查照外,谨缮具总预算案及说明书清单,遵照《院章》,会同具奏,请旨裁夺。一俟命下,即由内阁会议政务处知照京外各衙门钦遵办理。所有议决试办宣统三年岁入岁出总预算案,遵章会奏缘由,谨恭折具陈,伏乞皇上圣鉴。再,此折系资政院主稿,会同内阁会议政务处办理,合并声明。谨奏。宣统二年十二月二十八日奉上谕,已录。(《申报》,1911年2月14日,第18版)

  十二月二十八日内阁奉:"试办宣统三年岁入岁出总预算案,由度支部拟定,奏交会议政务处王大臣会同集议,旋经该处王大臣奏交资政院照章办理。兹据该院奏称'此项总预算案,业经斟酌损益,公同议决,遵章会同会议政务处具奏,并缮具清单,请旨裁夺'等语。现在国用浩繁,财力支绌,该院核定宣统三年预算总案,朕详加批览,尚属核实。如确系浮滥之款,即应极力减省。若实有窒碍难行之处,准由京外各衙门将实用不敷各款,缮呈详细表册,叙明确当理由,迳行具奏候旨办理。至裁汰绿防各营。于各省现在地方情形有无妨碍,著陆军部会同各省督抚,悉心体察,熟权利害,从长计议,详晰具奏。又会奏、议决京外各官经费标准一片,著俟编订官俸章程时,候旨遵行。"(中国第一历史档案馆编:《光绪宣统两朝上谕档》,第三十六册,广西师范大学出版社1996年版,第556页)

⑨ 《奏为资政院会期延长业已届满遵章闭会折》:"窃臣院于上月二十九日具奏恳请延长会期一折,钦奉谕旨,著延长会期十日。钦此。钦遵。旋于本月初一日后接续会议,叠将试办宣统三年预算案先后议决,惟表册条文甚为繁赜,现正督饬缮写,略需时日。除缮写完竣再行照章分别会同具奏外,计自十二月初一日起至十一日止,业已届满延会十日之期,应于是日即行闭会。其闭会之日,并照《院章》第七条及《议事细则》第一百四十六条,仰恳明降谕旨,由军机大臣到院,敬谨宣读,以符定章。所有会期延长,业已届满,遵章闭会缘由,谨缮折具陈,伏乞皇上圣鉴。谨奏。宣统二年十二月十一日,贝勒固山贝子臣溥伦、法部右侍郎沈家本。"

⑩ 为审查报告事

  十二月初六日本股员会审查罗议员杰提议整理边事具奏案。该案大意以我国边境广廓,在在与强邻逼处,现今各国皆以殖边行政为要图。俄之于我新疆、蒙古、黑龙江沿边,日之于我吉林、奉天沿边,法之于我桂边、滇边,英之于我藏边,皆用全国之力以相经营,每年移民数万或数十万以相惊扰利。我边地土旷人稀,越境而来,伐我森林,掘我矿产,(侵且)[且侵]占我土地,其隐患实有不可胜言。纵有一二留心边事之士,或筹移民,或办实业,冀以挽救于万一,而终以限于财力,未能抵制。推原其故,各国皆以政治经济同时并进,是以一举而不可遏。我国亦惟有于政治经济机关同时着手，或可收亡羊补牢之效。并拟办法十条，其理由亦至为详备。本股员会再三讨论，以为均属切实可行，拟由本院具奏，请旨饬内阁会议政务处会同军谘处筹画办理，俾见施行。本股员等意见相同，多数表决，应请议长列入议事日表，交付会议，特此报告。股员长那亲王，副股员长许鼎霖。("股员长那亲王审查整理边事具奏案"，《资政院知会、折奏、章程、说帖、质问、陈请等案件》之《资政院第十三类审查提议各案件》，清末铅印本）

⑪ 为审查报告事

本股于十一月初六日开股员会审查陈请筹办蒙藏事宜一案。查理由书条举五项，一曰政务之整理。本股员等以为整理政务必先从改订官制入手，现在正当厘定官制之际，其蒙古、西藏之行政机关究应如何组织之处，应由宪政编查馆一并拟定，此条应咨送宪政编查馆采择。二曰教育之筹备。本股员等以为开通蒙藏自以教育为先，原陈所拟京师外藩学堂章程一件，最为周备，应咨送学部筹画办理。三曰铁道之计划。本股员等查原陈所列路线，其关于蒙古者有二，北曰张库路线，西曰陕新路线，其关于西藏者曰川藏路线。此三线皆前经邮传部筹画路线时奏定列入干线，应咨送邮传部从速办理。四曰实业之振兴。本股员等查原陈，广义请合全国之力组织一西北拓殖公司，应由农工商部酌量办理；至狭义谓就已成之局量为扩充，如科尔沁阿王奏设之蒙古实业公司，现正招股，请本院转咨各省督抚及谘（义）[议]局量力认股一节，本院系议决机关，虽认为蒙藏实业之当振兴，究不能代为执行，应咨送农工商部采择。五曰刑例之变通。本股员等查《大清新刑律》，凡帝国内臣民不问何人皆得适用，将来颁行，则蒙藏沿用酷刑之弊自可解除。杂居一节，将来交通便利，亦可不期然而自然。惟限制贸易之旧例，即宜奏请免除。以及任用职官不拘成例，慎重外交，严行限制各节，应咨送理藩部查照办理。本股员会一再讨论，认为可采，惟皆系关于行政事项，应照《院章》第二十七条，将本案咨送各该管衙门办理，无庸由本院具奏。本股员会多数表决，意见相同，特此报告，股员长那亲王。("股员长那亲王审查陈请筹办蒙藏事宜报告书"，《资政院知会、折奏、章程、说帖、质问、陈请等案件》之《资政院第十一类审查陈请各案件》，清末铅印本）

⑫ 议长公鉴，本股于十一月日开特任股员会审查南漕改折一案，当经讨论原议及参考近来关于漕务之卷宗，知江浙两省之受害已甚，实有不能不改折之势，谨为详晰言之。

一、办漕之州县赔累难支也。查江浙两省漕运，自光绪二十七年后，江苏准运漕六十万石，浙江准运漕四十万石，责成办漕各州县每年分起上兑，于是每一州县所办之漕，多者一二万石，少则数千石者为常额。顾征解之数有定而民间本折兼完，听其自便。迩来米价腾贵，业户完折居多，于是州县必以完折之钱买米，代解折价，每年一定而米价长（涨）落不时，是以州县地位而行负贩职务，兼含有赌博性质者也。盖折价高于米价，则可以坐获盈余；折价低于米价，则不免大受赔累。顾赌博之负十九，而州县之赔累亦尝十九。盖数年来米价有长（涨）无落，而定价时势又不能预为浮价以防亏垫。故赔累之害常居多数，是以办粮州县，相率视为畏途，挂牌者延不到任，到任者力求卸事。虽大吏深鉴其苦衷，而国家无术以善后。长此纷扰，成何政体？此应改折者一也。

二、办漕州县之各地方受害孔多也。州县为亲民之官，筹办宪政，百事待理，而顾责以办漕，坐令必居赔累之地，则势必终日皇皇，方寸已乱，虽欲治理民事，其道无由。故浙江近日吏治之坏无虞，于是宪政进行坐是顿阻。而尤其甚者，州县以赔累之故，侵渔公款，滥收杂税，失之于公家而取偿于人民，奸伪百出，往往而然，贻害地方，将何底止！此应改折者又一也。

三、国家之正供亏损甚巨也。夫为州县而使之致富，诚属非法，抑为州县而必令其毁家，亦太不情。矧漕运赔累之数，动辄数万金，中户以下，虽毁家不足以偿负，势无如何，则必移借地丁暂为弥补。而此移借之款，始终无着，挖肉医疮，仍在公家。故江浙州县欠解之数，迩年以来，几于无地无人不见之于札牍，虽革职查抄，时有所闻，而宦囊一空，何从追交！设无漕运之累，断不至此，此应改折者又一也。

顾论其事实之害，业已彰彰如是，而至于税则之原理，世界文明则不宜复征物品。情势之变迁，则东南地亩多半改种桑棉，而尤以漕运责之江浙，不敷甚矣。虽然持改折困难之说者，犹必有二说于此：一则官吏俸饷之问题也，一则京师仓储之问题也，是诚不可不虑。今特拟办法数条，以善其后。何以解俸饷问题？查南漕项下应给俸饷米有三项，属于饷者为旗人，甲米约有六十万石，每年发给。惟该兵丁米麦兼食，所领饷米并非上色米，大率变粜居多，询其粜价，每石不过得银六元。去年步军统领衙门于撙节步甲饷米折内曾经奏请每石折银四两，经部奏驳寝议。今南漕改折，依据度支部本年七月覆奏浙江连运费在内每石得银三两五钱，江苏每石得银四两八钱。以浙江之应解四十万石与江苏之应解六十万石平均计算，一百万石每石应得四两二钱八分，是折给旗饷已浮于步军统领所请之数，且按之旗人领米变粜之价，亦有盈无绌，度旗人不至异议矣。此解决者一。至属于俸者，各部院衙门官员不满二十万石，明年官俸章程颁布日，当加厚俸银，不必再给俸米，此解决者二。惟有上贡及王公世爵所领俸米十余万石，多系上色老黄，食惯习习，骤难变更。查江浙之苏杭人皆食老黄米，米行中存积出粜为数甚多，自应由度支部按照时价，拨银饬交江浙督抚每年照数采运，责成办理，永示郑重无庾正供之意。此解决者三。何以解仓储问题？查各省漕运原额四百万石，自光绪二十七年以后停止三百万石，留运一百万石，仓储骤缺四分之三，而都中人口视十年以前日渐增多。食者愈繁，而市上米不加少，价值亦不大昂，借非海运到京，居间流通，必不至此。则既能三百万石停止以后无所损害，将并此一百万石亦归改折，是决无缺米之虞，此解决者一。即或谓京师根本重地，缓急有备，乃能无患，则复设数策于此。一、湘蜀米价廉于江浙，每年宜招武汉米商按照时价采运五十万石，派员收验，径由京汉火车装运，则一月时间即可蒇事，为预备之计，易为反掌。二、湘蜀或有歉收，则东南米市率在上海、无锡，即招沪商采运，径由轮船到京，则每石运费银不过二钱七分，较之官运每石八钱之数，减去五分之三，而采运时间以五十万石计，至多亦不过一月。此解决者二。而或且复曰，事未办过，恐尚无把握，则请度支部札饬沪汉商会，每年担保米商承运，具有证书，明年春间先行试办，俟有成效，然后于冬间漕运一律改折。如是而犹谓毫无把握者，断断乎无之也，此解决者三。顾或谓度支部收折买米，以实仓储，或有亏损，此又无虑。以折价银四两二钱八分计算，购办湘蜀籼米有赢无绌，若购办江浙粳米糙者，则不相上下。春白者与存积老黄者，诚然不敷，亦为数无多。如令一年买籼，一年买粳，平均计算，以赢补绌，可以相抵，此又了然易明。事关江浙民生吏治起见，本股股员一再讨论，意见相同，又以俸饷仓储问题，由本院咨订度支部协商，于本月初五日由本股员会指定额外股员向该部各大臣陈述南漕改折之理由及善后办法，幸得同意，用特详细报告，谨请议长交付全体议员议决，遵章具奏请旨，饬交度支部遵照办理，以祛东南数百年漕运之积弊，则江浙两省大局幸甚，须至报告者。特任审查南漕改折案股员长刘泽熙报告。（"股员长刘泽熙审查南漕改折案报告书"，《资政院知会、折奏、章程、说帖、质问、陈请等案件》之《资政院第十类审查报告各案件》，清末铅印本）

为审查报告事

本月十五日本股开审查会审查南漕改折案，其大旨谓江浙各州县办漕解运，岁有定额，往往定价收银，以银购米，折价高则倖获赢余，折价低则坐收赔累，甚至米商倒欠以及津沪运局挑剔需索等情，均为州县障碍，是以该两省州县多有挂牌不到任，到任即力求卸事，此办漕州县之受害而不得不改折之理由一也。州县既以办漕为累，谨愿者挪移公款，狡黠者征收杂捐，甚且贿赂风行，颠倒（事）[是]非，地方政务因而废弛。推其害，直接在官，间接在民。直接者仅为过渡之人，间接者终无诿卸之地。盘旋曲折，受亏仍在百姓，此办漕各州县地方之受害，而不得不改折之理由二也。试以税则之原理研究之，世界租税，大抵由复杂而趋统一。我国北银南米，东漕西折，号令分歧，政体有乖，此税法改良而不得不改折之理由三也。再将中国宪政之情势体察之，国运文明，农业发达，昔之稻田多杂种棉桑。即以苏属而论，丝纱厂日增，桑陇花田有加无已，既不能一律种稻，犹责以办运漕米，更属不平。蜀、湘、鄂、豫皆产米之区，京汉通车已久，购运甚便，此因时变法，不得不改折之理由四也。查南漕改折，论者滋多，然虽明知其非，究不敢变更其说，盖以官之害、民之害而未窥察其微也。兹据原案各理由，实为东南民生利害起见，若改之而仍不利官不利民，不改可也；改之而利在官，利在民，不改不可也；改之而碍税法、碍时势，不改可也；改之而合税法、宜时势，不改不可也。或谓江浙漕粮每石仅合银四两数钱或三两数钱，较在京购米，石值六七两者，所差已多。南漕百万石改折，而后必致亏损国帑，其难一。京师系根本重地，米为日用所必需，如率议更张，官运停办，一旦商贾居奇，高抬市价，市面恐慌，从何补救，其难二。然执前之说，因以损失国帑弥补为艰之故，遂置吏治民生于不问，试揆之朝廷设官治民之意，未免不合。果使从前积弊扫除殆尽，虽毫无抵补，亦当酌量变通。况值试办预算，尤可省他款，借资补偿，至司道州县各衙门支款以及随漕规费概行裁去，多且在二百万以外，可知损在公帑有限，而利在两省无穷。持此说者，似可毋庸鳃鳃过虑也。惟实际上究应如何筹画之处，本股员会未能洞悉江浙漕务情形，碍难遽定办法，拟请议长指定特任股员向度支部协商折漕办法，然后再付会议，于事实方克有济。特此报告。（"本股开审查会审查南漕改折案报告书"，《资政院知会、折奏、章程、说帖、质问、陈请等案件》之《资政院第十类审查报告各案件》，清末铅印本）

⑬ 为审查报告事

本月二十七日由议长交来筹办蒙古教育建议案一件，随即开股员会审查得：蒙古久与内地为一家，教育自应一律普及，惟其地语言文字与内地不同，其生活宗教又与内地不同，则欲筹其普及教育之方，亦自较内地为难。然畏其难而不办，则蒙古人民何时开通？对彼强邻何堪设想！当经学部委员到会声明九年筹备清单原将筹办蒙古教育列于本年，则此案成立，应无疑义。本股员会再三讨论，将原案条文略加修正，当经多数股员赞成，拟请付议决定，咨送学部、理藩部举办，并请学部、理藩部延商蒙古王公，妥订详细章程，以期推行之效迅速完全。合并声明，特此报告。修正原案条文附后。

  一、蒙古教育小学，暂从蒙文入手，后用汉文。

  二、在京师速设蒙文师范学堂，招内地旗汉人专修蒙文、蒙语及教授法，以中学毕业通普通科学者为学生，二年毕业。（如因速求教育进行起见，可由满蒙学堂、殖边学堂学生内选充教员）

  三、请学部速编初等小学教科书（初等前二年专用蒙文，第三、四年兼用汉文，高等小学蒙汉文对照，其书限二年告成，中学以上全用汉文，不必另编）

  四、内外蒙古各路从速酌设小学教员养成所，择年在二十以上三十以下之蒙人精通蒙文者为学生，二年毕业，其教员以蒙文师范学堂毕业生充之。

  五、俟各路小学教员养成所毕业时，即在内外蒙古各路酌设初等小学，由渐推广。

  六、俟初等小学设立推广，有初等小学毕业时，即行设立高等小学。

  七、俟高等小学有毕业时，即行设立中学。

  审查蒙古铁路建议案及筹办蒙古教员建议案特任股员长庄亲王报告。

  （"税法公债股股员长李榘审查急定税制及税政暂行机关案报告事"，《资政院知会、折奏、章程、说帖、质问、陈请等案件》之《资政院第十四类审查建议各案件》，清末铅印本）

⑭ 为陈请修改《结社集会律》条文事

  窃各国宪法均许人民结社集会之自由，而结社集会之关于政治者，又往往特加以限制。盖立宪政体在许人民之得参政权，许人民得参政权必诱迫政治之知识。夫政治者，社会之产物也。社会者，个人之心理结合而成者也。个人之心理必有所寄，有所寄必有所争。争个人之私，必为群治之害，其弊极于以个人为本位而不知有国家。导之于政治上之竞争，以国家为心理之所归，声应气求，同类自归其禽合，禽合同类而不能无异派，则又以竞争之结果促政治之新机，在社会可以祛各争私利之弊风，在国家可以获因时制宜之政策。利因人群之心理以为政治进化之枢机，此政治结社机会之自由，法律明许之微意也。政治之范围极广，研究之方面不能归于一致，其宗旨手段亦往往缘而开歧异之途。开歧异之途而均轨于正，国家负维持之义务；开歧异之途而不轨于正，国家又必负禁抑之义务。盖政治上结社集会而不轨于正，可以扰乱社会之安宁秩序，全国之政治必受其大害。察其萌而禁抑之，使不轨于正之结社集会无自发生，其轨于正之结社集会乃可以益谋发达。故自不轨于正之结社集会一方面观之，谓之禁抑，而自轨于正之结社集会一方面观之，仍可以谓之维持，此法律于政治结社集会所以特设限制之微意也。今国家方预备立宪，亟须牖国民政治之知识，而国中关于政治上之结社集会发生甚鲜，或则萌芽初起，能力薄弱，旋即摧残，论者咸归咎于《结社集会律》之不善，必欲为全体之改正。平心而论，吾国《结社集会律》大端仿自日本，文字之訾，类率无关改正之宏旨。惟本律条文与定律宗旨，两相抵触之处，有不能不改正以归于一贯者。盖定结社集会律之宗旨，认政治结社集会之有益于国家，扶持正当之结社集会而禁抑不正当之结社集会，苟非在禁抑之列，即当扶持以求其发展。若一方扶（扶）[持]其成立，而一方限制其发展，意旨矛盾，即无事实之障碍，亦当在改正之数，而况乎其障碍固甚大也。细绎原律，窃以为应行酌改之条文有二，谨缕举意见理由如下：

一、原律：第九条，下列人等不得列入政事结社及政论集会，第四项，各学堂教习及学生。

意见：本项"教习"二字应删除。

理由：政治结社集会人员列入之限制有一定之公理。一、必政策上不适宜于为政治结社集会人员者；二、必事实上不适宜于为政治结社集会人员者；三、必本人能力不适宜于为政[治]结社集会人员者，此外即不应在限制之列。考普鲁士《结社集会律》第八条，仅限于妇人、生徒、工艺见习生不得为社员；澳大利《结社集会律》第三十条，仅限于外国人、妇人及未丁年者不得为社员；法国《结社集会律》第八条，凡有选举权者皆得为政治结社集会之社员，而法国选举法实为普通选举，原无教员、学生之限制，其有教员、学生之限制者，惟日本《治安警察法》第五条耳。吾国立法事业应否专袭日本与兼取各国，此自别为问题，惟限制教习不得为政治结社集会人员有害无利，可得而指陈者如下：

（一）限制教习不得列入政治结社集会与本律之本旨相背驰。本律之本旨，即前所谓以正当之政治结社集会有益于国家，扶持之而使其发展也。所谓以扶持正当之政治结社集会使其发展，欲使国民普及政治之知识也。牖国民政治之知识，其道原不一端，而教习实为启迪之灵钥。今欲国民具政治之知识而禁教习不得为政治上公同之研究，教习政治上之知识闭固而不能扩充，以其昏昏使人昭昭，所谓南其辕而北其辙也。就本律之本旨论，教习之限制应行删除者一也。

（二）限制教习不得列入政治结社集会与现行各项法律文明相背驰。考现行《城镇乡自治章程》，凡合选民资格之教员，其选举权与被选举权均无限制，《府厅州县自治章程》《谘议局章程》除小学教员仅有选举权无被选举权外，其余各教员合资格者，选举权及被选均无限制。夫无论选举、被举选，有其权者皆必需有政治上之知识，而后可以收人民参与政权之善果。此自尽人之所知。今方揭橥立宪，欲求人民参与政权之善果，而靳有参与政权者以共同研究政治之途径，法律之矛盾，政治必有受其害者。此就关系各项法律论，教习之限制应行删除者二也。

（三）限制教习不得列入政治结社集会于教育政策大有妨碍。政治之为物最高尚优美，具高尚优美之智识者恒乐从事于研究之途。中国自今以后，使政治思想不发达，不足以成为立宪国。若其发达，则具高尚优美智识之士，必专以共同研究政治为大快。虽限制之，必不受其限制；即强其受限制，必将逸出于限制之外，宁不入于教育之路而趋于政治之途。群具高尚优美智识之士，舍教育而趋于政治，全国将无精神之教育，国民政治之能力亦必日即于薄弱。即曰此极端之论，不必事实所尽有，姑就事实所易见者言之。法政科学得其精深者，全国恒不过数人，此数人者设皆在政党之列，强其出政党而充教习，势固有所不能。因其为政党而不使为教习，此精深之科学不能不任下驷之滥竽。明知为下驷之滥竽，格于例而不能挽，精深之学术必沦于每况愈下之趋势。此就教育政策论，教习之限制应行删除者三也。

（四）限制教习不得列入政治结社集会事实上必不能实行。教习负先觉之任，其政治思想之发达必最早。优秀之选,其热心政治亦必特甚。以日本论,政治结社集会虽列教习之限制,其名教习以政治家自命者,无一不在政治社员之列。中国现时政事结社集会之稍露端倪者,率以各学堂之教习为倡始。严格限制,即以斩政治结社集会之萌蘖;名限制而实不限制,又适以损法律之效力,实以损法律之效力。且普通之心理于国家之所禁者,类必求其所以然之故,求所以禁之之故。而实可以不必禁,已疑国家之不情;以国家禁之之严,其欲赴之念,亦必愈烈。限制教习不得为政治结社集会之社员,教育而无国家思想,淡然置政治结社集会而不问者,其程度盖可以想见。若其程度之高者,必心醉于政治结社集会之愉快而务达其目的。即不显然冒禁,以所怀抱政治上之宗旨为精神上之鼓吹,可以卵育无数政治结社集会之种子,占绝大之势力。法律虽有明禁,实无从而禁之。此所谓法律与事实不相应,教习之限制应行删除者四也。

二、原律第十条,凡政治结社人数以一百人为限,政论集会人数以二百人为限。

意见:本条应全删。

理由:本条为东西各国结社集会律所无,起草员以意加入者。其应删之理由缕举于下:

(一)限制人数于法理不合。政治结社集会既以为正当,而许其设立,即无限制人数之必要;且凡法律限制之数目,必有可据之基础,以定限制之界线。就法理论,何所根据定政事结社人数之限界必以一百人为度?定政论集会人数之限界,必以二百人为度?质诸立法者,必无以应之。盖所谓一百人、二百人者,纯属立法者之任意规定,其伸、其缩,全恃下笔时意思之所动,东西各国无此全无根据之法律。此本条之应删除者一也。

(二)限制人数事实上亦无实效。政论集会系一时之聚合,逾二百人之制限,警官虽可以行其干涉,政治结社本律第四条明准分社之设立,果人数不止一百,多立分社以一宗旨之联络,可以消约无数之人员。是法律虽有百人之限制,实际与无限制等,焉用此有名无实之法文也!此本条之应删除者二也。

(三)限制人数于政策上尤生重大之恶果。立宪政治之必生政党者,势也。政党之大害,莫甚于多数小党之分立。盖小党分立,其所恃之政策必无一定之统系。一国之政党不恃有统系之政策,党同伐异,其影响于政治者,必生分崩离析之恶果。故政治学者论政党之利弊,恒希望国中只有两党之并立,而务抑多数党派之竞争。今限制结社不过一百人,集会不过二百人,是不务卵翼大政党,惟恐小政党之不多。以法律分析之,自召分裂政策之恶果也。此本条之应删除者三也。("陈请修改结集会律提议案",《资政院知会、折奏、章程、说帖、质问、陈请等案件》之《资政院第九类陈请提议各案件》,清末铅印本)

⑮ 为审查报告事

本股于十一月初八日下午开股员会审查议员提出推广私立法政学堂变通办法议案。查本案推广及变通之主旨,约计有三:一、仍准设预科;二、并听专设别科,不必限以专办本科,须收中学毕业生;三、省会、口岸准其并设。本股员会一再讨论以为,造就法政人材,诚为今日急务,学部定章不准设预科,原属正当办法。惟现在法政人材需要甚急,其未习普通学及年齿稍长、中学素有根抵之人,势不能窒其向学之途。如学部因规复预科,于毕业任用时颇有妨碍,自可另易讲习所、研究所等名目，别订章程，奏定通行，使与完全科并行不悖。经学部特派员表示同意，应将本案改为建议案咨送内阁会议政务处，由学部迅速订定章程，奏明办理。至专设别科一节，学部前议覆浙抚增奏案，已准暂行照办。通商口岸准其并设一节，亦已经学部奏准通行之案，均可毋庸再议。经到会股员多数表决，意见相同，特此报告。审查关于教育事件特任股股员长严复、副股员长顾栋臣报告。("股员长严复副股员长顾栋臣审查推广私立法政学堂变通办法议案"，《资政院知会、折奏、章程、说帖、质问、陈请等案件》之《资政院第十三类审查提议各案件》，清末铅印本）

⑯ **审查采用音标试办国语教育案报告书**

为审查报告事。本股员会于十一月二十六日开会审查直隶官话拼音教育会江宁程先甲等、四川刘照藜等、天津韩德铭等及度支部郎中韩印符等、掌山东道监察御史庆福等陈请推行官话简字书共六件。理由办法约略相同，大旨谓：我国难治之原因有二，教育不普及也，国语不统一也，而皆以不用官话拼音文字之故。夫汉文，食品之珍馐，而国语拼音则菽粟也。珍馐固为精美，而非人人能用。今保珍馐而弃菽粟，此富室之所能而齐民之不幸。譬如赤地千里，饿殍载途，奔走馈粮，犹恐不及，而犹执八珍调鼎之法、一献百拜之规，以极力阻止，他日必有欲为而不可得者。又言官话拼音字，各地私相传习，用以阅书、阅报、抒写意义，莫不欢欣鼓舞，深信其为普及教育之利器。主其陈请办法，大率有四：一、官话简字以京音为标准，应请钦定颁行；二、先就京师设师范传习所，选京师人为师范，以次派往各省府州县推广传习；三、凡一教习，前后教成一千五百人者，给予奖励；四、此项教科书应由公家设局编印，民间自行编印者听之。本股员会审查得：官话简字即一种简笔之拼音字，拼音简字与我国魏晋以来相传反切之法，作用则一，而繁简不同，反切繁难，故通者较少，简字便捷，故妇孺易知。反切足以补六书之缺，千余年来相沿不废，则简字足以补汉字之缺，为范正音读、拼合国语之用，亦复无疑。且今日筹备立宪，方谋普及教育，统一国语，则不得不亟图国语教育。谋国语教育则不得不添造音标文字。惟凡事创始维艰，进化必期以渐。本股员等于此事开会两次，审慎再三，要以有补助教育之利，以无妨碍汉文之弊为宗旨。本此宗旨，谨就陈请原案酌加修正数事如下：一曰正名。简字当改名音标。盖称简字，则似对繁体之形字而言之；称推行简字，则令人疑形字六书之废而不用。且性质既属之拼音，而名义不足以表见。今改名音标，一以示为形字补助正音之用，一以示拼音性质与六书形字之殊。二曰试办。将欲推行，必先试办。试办果无流弊，推行必易风靡。查学部奏定筹备清单，宣统三年京师及各省城设官话传习所。传习官话，必采用音标，应请即以宣统三年为此项音标字试办之时期。三曰审择标准。查拼音字，民间造者已有数种，不无互有优劣。标准不定，流弊易滋。应由学部审择修订一种，奏请钦定颁行，庶体不歧趋而用归一致。四曰规定用法。用法有二，一范正汉文读音，二拼合国语。汉文读音各方互异，范正之法，于初等小学课本每课生字旁注音标，儿童已习音标，自娴正读。但令全国儿童读音渐趋一致，而统一之效可期。至于国语教育，所以济文字之穷。盖欲晓喻文人，则文胜于语；指挥佣作，则语胜于文，实其惯例。且筹普及教育，当合全国为谋，中国之民四万万，而中流以下三万九千万之数，于文字无闻，民智何自而开？中国方里三千万，而蒙藏准回等二千万里之地语言全别，感情何由而合？学部筹备清单自宣统二年至宣统八年，皆有推广国语教育之事，用意至深，诚以语言济文字之穷，又得音标为统一之助。其于中流以下之人民需求最切，而于蒙藏准回等之教育效用尤宏。以上各节本股员会一再讨论，意见相同，应请议长咨院议决，会同学部具奏请旨饬下，迅速筹备施行，实为有利无弊，特此报告。特任股员长严复报告。（"股员严复副股员长顾栋臣审查采用音标试办国语教育案报告书"，《资政院知会、折奏、章程、说帖、质问、陈请等案件》之《资政院第十一类审查陈请各案件》，清末铅印本）

⑰ 具案议员牟琳等谨提出为提议修正优待小学教员章程事

　　查《资政院议事细则》第二十二条"议员欲就各项事件提议，应具案附加案语，得三十人以上之会同署名，提出于议长"等因，兹谨提出议案一件，遵照《议事细则》会同署名，应请议长作为议题会议，须至提议者。

优待小学教员章程修正案

　　陶铸国民，在于小学教育，而小学之发达则全恃乎教员。我国兴学将及十载，而成效鲜著者，其原因虽不一端，而教员不委身于教育，视学堂如传舍，年年转徙，则其显焉者也。揆其致此之故，则由国家之待教员未至，而教员之所以自待者亦轻，欲求其热心任事，不可得也。日本之于小学教员也，有特别优待之法，如年功加俸也、特别加俸也、退职赐金也、死亡赐金也、退隐费也、遗族扶助费也，皆以任职之久，暂定酬报之等差。此教员之所以久于其任而无见异思迁之患也。学部有见及此，因拟《优待小学教员章程》，奏定通行，其意良善，但其中尚多缺而不备之处，应具修正案如下：

　　第五条　凡教授一学堂至五年而有劳绩者，由本学堂呈明督学局或提学使司核其成绩，申报学部，于每年薪额外加给勤职津贴，其额如下：

　　　　一、任教五年者，正教员二十四圆，副教员十八圆；

　　　　二、任教十年者，正教员四十圆，副教员三十圆；

　　　　三、任教十五年者，正教员六十圆，副教员四十五圆。

　　第六条　任教于山村僻远之地者，于薪额外加给特别津贴十五圆至二十圆。

　　第七条　教员非依自己之便宜及黜职之事实而退职者，给以退职赐金，其额以每月薪金之半乘其任教之年数为准。

　　第八条　教员因父母丧或本身病故，皆给以三个月薪金以为恤赠。（原章程第六条）

　　第九条　凡教授一学堂至十五年之教员，退职之后至死亡之日，给以退隐费，其额为现时薪金四分之一。（原章程第七条）

　　第十条　受退隐费之教员死亡之后给以遗族扶助费，其额为退隐费三分之一。（原章程第八条）遗族扶助费，以寡妇死亡之日及子女达至二十岁为止。

　　第十一条　凡教授一学堂已逾五年者，若遇覃恩，其原有官职者系外官，得比照京员例给予封典，如无官职，以八品职衔。（原章程第九条）

　　以下原章程第十条、第十一条、第十二条移作第十二条、第十三条、第十四条。

　　（"议员牟琳提出修正优待小学教员章程"，《资政院知会、折奏、章程、说帖、质问、陈请等案件》之第五册《资政院第三类议员提出提议各案件其一》，清末铅印本）

⑱ 没找到议案原文，该案审查结果如下：

议长公鉴，为审查报告事。本股员会于本月初六日审查议员提出规定通俗教育以期速开民智议案。查该议员所拟通俗教育办法：一、请钦定宣讲纲目；二、责成各地方官提倡；三、颁发各地方自治会以期普及；四、责成提学使选辑成书；五、听人道路演说。其于通俗教育，以宣讲为本。宣讲以速定纲目，俾各地方得以遵此演说为本。案：日本通俗教育妨［仿］于美国，每年冬期所设之通俗讲谈会，而变通之在明治三十二年，文学士中岛力造著为论说，以为下流社会普及新智识之方法，遂著成效。方今恭奉明诏，国会期限业已缩短，则欲养成立宪国民，尤不可不速具普通智识，而后有公共心，而后有法律思想，而后能尽纳税当兵之义务。是宣讲为风俗社会进化之导线，施诸今日，固当务之急也。而该员建议速定宣讲纲目以示指归，尤为握要之图。经本股员会多数议决，应照《议事细则》第一百十条之规定，咨送内阁会议政务处核办，以开民智而维宪政，特此报告。审查关于教育事件特任股股员长严复、副股员长顾栋臣报告。("特任股股员长严复副股员长顾栋臣审查关于教育事件"，《资政院知会、折奏、章程、说帖、质问、陈请等案件》之《资政院第十类审查报告各案件》，清末铅印本）

⑲ **具建议案议员胡家祺等谨提出为拟请学部改订教育法令以去窒碍而利进行事**

窃查国势之强弱，关于国民之智愚，实关于教育之良窳。我国自庚子以来，外患迭起，创巨痛深，朝野上下咸晓然于立国根本，全恃教育之力以为维持。恭奉明诏，京师设立学部，各行省设提学使，以总揽全国教育行政机关。十余年来，历任学部大臣经营擘画，酌古今中外之宜，明定各项法令，请旨颁行。各省提学使奉行惟谨，始有今日教育之成绩，此固尽人可信者也。惟是国民之程度日有进步，则教育之方法自宜变通；国家之情势岁有不同，则教育之方针应图改进，故各项教育法令有用之昔日而合宜，用之今日而不合宜者。况以二十二行省之大，人民之体质、乡土之气候、地方之生计，各有不同，则教育之措施，亦难执一以相绳，而不资参考。倘施行之法令稍有窒碍，则促教育之进行者，或反阻其进行，此家祺等所鳃鳃过虑者也。谨就管见所及，举法令之宜改订者，条列于下：

一、宜停办存古学堂。查存古学堂功课共分三门，曰经学，曰史学，曰词章，将以保存国粹，养成爱国之心思、乐群之情性。查学堂课程，读经、历史、国文皆列为必修科尔，修身教授尤于爱国乐群之道反覆申明，是无论何种学堂，未有置保存国粹为后图者。况现行学制，中学堂设文科，高等学堂设第一类课程，大学设经科、文科，是本国擅长精美之学术，已足资爱护保持，此外复设存古学堂，毋乃赘疣，且靡巨款。况世界学术方日趋于知新，而我国学堂乃标名为存古，亦无以动万邦之观听，或疑中国教育主义犹是守旧之主义也。

二、酌减中学以下读经课程。查现行学制，五年毕业之初等小学，其读经为《孝经》《论语》《礼记》节本；高等小学其读经为《学》《庸》《孟子》《诗经》《书经》等书；中等学堂其读经为《左传》《周礼》节训，律以昌明经学之说，岂曰非宜！惟是中等以下之教育乃普通之教育。普通教育者，在授以生计上必要之知识技能，以争胜于世，否则生存不具，即使全国人民不愧经生，及与各国有完全知识技能者相接，无论何种事业，其劣败必难幸免。经学力求深造，则于普通必要之知识技能必不完全，况人心体力皆有限度，用之过度，则疾病衰亡，皆堪逆虑。各国学生竭其心力体力专注于普通之科学，我国学生于普通科学之外又益以担负较重之经学，则其心力体力大受损耗，有未及毕业之期已罹精神衰弱之病者，兹可惧也。如与初等小学完全免读经，高等小学读《论语》《孟子》，中等学堂酌读《诗经》或《书经》，其他诸经，俟入高等大学者研究之，不在普通教育课程之内，俾肄业诸生得以有余之精力从容肄习必要之知识技能，此适于今日生存竞争之教育最为切要者也。

三、初级师范、高等小学宜增实科教授。我国教育宗旨有五，尚实居其一，将使人人有可农、可工、可商之才，下益民生，上裨国计，此教育最有实益者也。现在高等小学课程农业、商业、手工列入随意科，似于宗旨稍有未合。各学堂间有肄习者，于农业、商业，不过极简单之教科书；于手工，不过简易之各种细工，无裨实际。故世之论者谓学堂功课为破碎不能应用之普通学，此语最宜反省，如于高等小学堂将实业一门列入必修科，相其地方所宜，或农或工或商，专精其一，肄习之钟点约占每星期全钟点十分之二。力求实验，不尚空言，庶养成实业人才，以争胜于经济界。至初级师范学堂，所以储小学之师资，自应一律办理。

四、中等学堂体操宜重兵式训练。生存竞争之世，不必人人皆为军人，要当人人有军人资格。养成此种资格，必自学堂体操始矣。日本兴学伊始，视体育为缓图。自文部大臣森有礼注重兵式训练，而学生之体育日进，遵守纪律之心亦日进。我国教育标尚武之宗旨，乃中学体操每星期仅两点钟，初级师范亦二三点钟，中等实业大率称是，似于军国民教育宗旨多有未符。如能一面由学部筹设高等体操学会，以养成合格之教员，一面酌增体操钟点，实行兵式训练，以作起学生刚健耐苦之风。俟师资较多，再推行于高等小学，庶国家有公勇之民矣。

五、重编国民必读课本，以期合用。查学部奏设简易识字学塾，所以辅小学教育之不足。其教员，科学不求完全，但使文理通顺，略具普通知识者即可取为师资；其学生，为贫寒无力入学之子弟及年长失学之人，其宗旨以无人不学为归，法至善也。惟此项识字学塾课本有国民必读课各二种，由学部编辑颁布，甲种较浅，乙种较深，其较浅者尚易领略，其较深者则征引鸿博，义奥文深，断非略具普通知识之教师所能讲授，亦非贫寒无力及年长失学之学生所能肄习。特此以辅小学教育之不足，未见其有合也。拟请学部另编最为浅近之课本，但取常识，不采高论，以当甲种，而以现在颁布之甲种当乙种，庶于前项之学生程度相合，国民识字者日多，教育乃有普及之望。

六、停止学生复试。学部奏定毕业学生复试办法，高等学堂毕业者调京，由学部复试；中等学堂毕业者调省，由提学使复试，将以防流弊而杜诈伪。抑思提学使及监督教员，既经任用委派，必为办学可信之人，独于考试计分一端，疑其诈伪，似非推诚任人之道。即使提学使及监督教员果有宽纵之弊，学部宜有考核之法，不得因此累及学生，使之仆仆于应试。况学生当肄业最后之一学期，应临时考试、学年考试、毕业考试各一次，竞争实验，惫心疲精，今又益以复试一次，其时则在年假、伏假、大寒大暑之时，损伤精神，莫此为甚。至于奔走长途，虚糜财力，犹具后焉者也。今学生毕业奖励不久停止，则此项复试办法，应请速停。

七、酌减学务表簿。学务之有表簿，所以备稽核而课成绩，自属不可无者。惟现在学部及提学使颁发之表簿，多至十余种，每种三四份，多者至七八份，有每年一报者，有每学期一报者，有每月一报者。而他种行政官厅及部视学、省视学等亦随时命各学堂填报表簿，其格式亦不相同。同一经费也，甲表令报库平银，乙表令报公化银；同一职员也，甲表令管理员、教员合报，乙表则令分报；同一学生也，甲表令旧生、新生合报，乙表则令分报。错综参伍，头绪分歧。在学部，提学司之司科各员稽核表簿，各有专任措置，自可裕如。在学堂之管理员、教员，于填报表簿之外，尚有管理、教授诸端，实已疲于应付。嗣后请学部重订表簿格式，报学部者，但举大纲；报学司者，兼详细目。其份数、次数，力求核减。若部视学、省视学等但稽查其填报是否属实，不得再令填报他项表簿，以免重复。庶几学堂职员之精力不至困于表簿，而精神主于教授、管理之一途，其裨益学务，殊非浅鲜。

八、重订学生制服以端风纪。学部奏定《学生制服章程》，颁行已久，迄未实施，京外学生服用衣冠，仍各自为风气，殊无整齐画一之观。查此项章程不能实施之故，一由制作新奇，学生每不愿服用；一由品类复杂，学堂亦购备维艰。但兴学十年，尚无适宜之制服以肃风纪，亦为缺憾。拟请学部重订学生制服，即仿照陆军军服成式，以振尚武之精神，无论何时皆得服用，庶几用便而费省。而高、初两等小学，再为略示变通，至于徽章程式，宜听各堂自定，以示区别。

以上八条，皆于教育之进行极有关系。总之，今日之教育乃救亡之教育，断非稽古右文、润色鸿业之时可比。故其目的、方法，尚实不宜尚文，通今不宜泥古，凡有阻教育之进行者，皆当力谋变更，然后全国教育乃有成效之可图。抑家祺等更有进者，中国版图辽阔，风气各殊，则教育行政诸端，何者相宜，何者不尽相宜，恐行政大臣亦难熟悉。若由学部筹办高等教育会议，召集京外各级学务职员之有学识经验者，从容讨论，必于教育行政裨助良多。较之派遣视学所得，当为确实。家祺等为谋教育进行起见，谨查照《资政院议事细则》第一百十条，具案提出建议，应请议长交付会议，照章咨送内阁会议政务处核办，须至建议者。("议员胡家祺拟请学部改订教育法令以去窒碍而利进行事建议案"，《资政院知会、折奏、章程、说帖、质问、陈请等案件》之《资政院第三类建议倡议各案件》，清末铅印本）

⑳ 请停止学堂奖励明定学位以正教育宗旨建议案

为陈请事。窃学堂毕业之有奖励，而犹沿用科举上之名称，此固吾国近来所视为开通风气、鼓舞学务莫大之利器，而不知其贻误学风，阻碍教育进步实甚。循此不变，外国以兴教育而致富强者，吾国且将以兴教育而弱且贫。今述其应行停止之理由如下：

理由一，国家之所重夫教育者，为能输进国民普通专门之知识，培成高尚之品格也。有奖励则国家悬一官职以诱学生，学生亦相率从其所诱，沉迷于利禄。上以是求，下以是应，不知其果何为者。夫全国所最宝贵者，莫若一般之青年。今自高等小学以迄大学毕业生，其出身授职有差，是率天下青年而官也。以官诱青年，其视官太轻，即误青年也滋大，国民品格必因是而卑。此应行停止奖励之理由一也。

理由二，学堂所以异于科举者，以能求实学，资实用也。今以中等实业学堂毕业生，授以州判、府经之职，优级师范学堂毕业生授以中书、各部司务之职，分科大学毕业生授以编修、检讨之职，是所学非所用，与科举同也。科（学）[举] 恃一日短长以为考试，使全国人民醉心于侥幸之一途。学堂有奖励，流弊必多。因防流弊，其法不得不严为复试。奖励愈优，复试愈严。于是主持教育行政之人与办学之人不相信而交相疑，劳神费财，奔走听候，考试者相望于道。而国家之任用人非恰当其才，其繁琐且远过于科举。国民不骛实际，仍如故也。此应行停止奖励之理由二也。

　　理由三，前二说由理论上推测奖励之不可行也，今就事实上言之。设官分职，只有此数，吾国教育不图发达则已，欲图发达，则每年毕业生之额数，必超过科举时代所取之额数，断断然也。职官有限而应授职者日增，官充塞于道，而钻营奔竞之风愈不可遏。向之计出于诱者，今且术穷于应，其弊不待十年而可逆睹也，此应行停止奖励之理由三也。

　　如上所述，则奖励之应行停止，亦理之至易见者。奖励停，则合于何项学堂毕业生仍称某项学堂毕业生，奏定教育宗旨四曰尚实，此即所谓实也。中等以上学堂毕业生，学术优长应受学位者，应由学部颁定授予学位章程，分博士、学士等以优异之。学部官制专门庶务科职务有考察耆德宿学，研精专门者应否锡与学位一条，是亦仿照日本办法，应速明定详章实行。至文官考试章程、任用章程则宣统二年应即颁布，断无虚悬一格奖励学生，俾与章程相抵触者。分业定而后有人才，宗旨明而后有学术，其关系于吾国教育前途者，实非浅鲜，谨请采择提议，公决施行，须至陈请者。宣统二年九月。

陈请股股员长赵炳麟审查报告各省谘议局所递陈请停止学堂奖励明定学位以正教育宗旨案

　　议长公鉴，为报告审查事。查本院《议事细则》第一百十八条，陈请股员应将审查之结果报告于议场。本股员审查得"各省谘议局所递陈请停止学堂奖励明定学位以正教育宗旨案一件，内开理由三项：（一）谓学堂毕业奖励是国家悬官职以诱学生，学生从其所诱，利禄之外别无思想，国民品格遂因是而卑，此宜停止者一。（二）谓学堂异于科举者，以其求实学致用也，今之学堂仍授以官职，用非所学，与科举等，此宜停止者二。（三）谓学生毕业之额数必超过科举之定额，职官有限而奖励无穷，诱之使来，应之无术，此宜停止者三。至于办法，则有中学以下毕业者，应称为某校毕业生，中学以上则明定章程，给以博士、学士等之学位，盖即奏定教育宗旨所谓尚实者"等语，审查后，佥谓教育宗旨关系全国利害，本股员全体认为核例可采，将该件列入议事日表，交付会议，照章应作为议案，特此详细报告。陈请股股长赵炳麟，宣统二年九月二十四日具。

㉑ **具案议员牟琳等谨提出为提议请速编单级合级教科书事**

　　查《资政院议事细则》第二十二条"议员欲就各项事件提议，应具案附加案语，得三十人以上之赞成，会同署名，提出于议长"等因，兹谨提出议案一件，遵照《议事细则》会同署名，应请议长作为议题会议，须至提议者。

请速编订单级合级教科书建议案

　　国家欲教育普及，则不可不使学校遍设于乡间。惟是穷乡偏壤，人户散居，欲得同等学生编为一级，万不可能。以年龄、学力差异之学生，而授以同一功课，则年长者视为太浅，而年幼者苦于太深。往往入学数年，茫无所得，而学生遂为世诟病。有单级、合级教法，则能以数年之程度于同一讲堂、同一时间教授之。推行此法有数利：一曰学级易于编制也。乡僻学生，年龄、学力，差异至多，有单级法则能举不齐之程度编为一级，使之各适其宜。一曰经费可以节省也。学生少而学级多，需费甚巨，有单级法则，班次不分，教员薪金可损去大半。一曰文化可及于乡村也。农人子弟大都废学，人民既乏普通智识，将来推行宪政，窒碍甚多。有单级法则皆得因材而教，不至终于蠢愚。国家苟欲教育普及于国民，则讲求此法万不容缓。惟是合级教法既与多级教法不同，单级教法又与合级教法不同，故单级有单级之用书，合级有合级之用书。苟无其书，虽有良教员，亦将无所措手。学部为教育之总枢纽，有改良学务之责，应请将此种教科书籍从速编订，克期出书，以资推广乡学，庶教育普及之语不致徒托空言也。（"议员牟琳提出请速编订单级合级教科书事"，《资政院知会、折奏、章程、说帖、质问、陈请等案件》第五册《资政院第三类议员提出提议各案件其一》，清末铅印本）

该案经股员会审查结果如下：

为审查报告事。本股员会审查牟议员琳建议请速编订单级合级教科书案，原案以为"推行此法计有数利：一为学级易于编制，一为经费可以节省，一为文化可及于乡村。惟教法不同，单级有单级之用书，合级有合级之用书。学部为教育之总纽，应请将此种教科书从速编订，克期出书，以资推广乡学，庶教育普及之语不至徒托空言"等语，本股员会审查得：教育之不能普及，其原因固随时地而互异，然大致以缺经费、乏师资二者为最困难之事。有单级、合级教授之法，能以一教员于同时同地而教授多数异程度、异年龄之儿童，既无烦转益多师，复不至动需巨款，实于乡僻兴学为最宜，尤为私塾改良之必要。惟善事必先利器，非有合用教科之本，不能为诲人规矩之资。此法创于德而盛行于日，必有成书足供迻译，各省学校有无此种教法、此项课本，学部亦必有案可稽，应由学部博采旁搜，速行编订，使普及教育有可措手。本股员会多数议决，以为亟务，应请议长咨询本院决定，再行照章将原案咨送内阁会议政务处，汇咨学部采择施行，特此报告。（"本股员会审查议员牟琳建议请速编订单级合级教科书案"，《资政院知会、折奏、章程、说帖、质问、陈请等案件》之《资政院第十四类审查建议各案件》，清末铅印本）

㉒ 具案议员牟琳等谨提出为提议请定义务教育以谋教育普及事

查《资政院议事细则》第二十二条"议员欲就各项事件提议，应具案附加案语，得三十人以上之赞成，会同署名，提出于议长"等因，兹谨提出议案一件，遵照《议事细则》，会同署名，应请议长作为议题会议，须至提议者。

请定义务教育以谋教育普及理由书

国家教育之隆替，关系国家之盛衰，此固夫人而知之矣。然循今日之政策，枝枝节节而为之，则虽更阅十年，吾决其教育之成绩，无以大过于今日也。欲求根本解决之法，是非实行义务教育不为功。义务教育者，人民有必使子弟入学之义务，凡儿童达于学龄，必须入学是也。论者辄以中国人民之程度，必不足以语此，故亦不敢议及，其疑虑之点有三：一曰人民贫苦者多，不易实行强迫也。意谓中国人民生计艰窘，人人就学，势所不能。不知各国之所强迫者，乃其人民有可以就学之能力，其不能就学者，则有义务犹豫、义务免除之规定，非必举赤贫乞丐者而亦强迫之。教育最盛之国，其义务教育之实行者至百余年或数十年，而其儿童入学之数，亦仅达于百分之九十，此征之各国之事实而可知也。我国初行此制，其人民入学之比例，固不能骤及于各国。然谓我国不能实行此制，是真谬见也！二曰贫苦之乡，建设学堂之难也。查各国之制，设置小学，而城镇乡之义务，城镇乡不堪其负担者，府厅州县补助之；府厅州县不堪其负担者，省补助之。我国地方自治方始萌芽，国民公益心尚未十分发达，设置经费固不无缺乏之虞。然府厅州县及行省既有补助维持之责，虽一时设立未遍，然宗旨既定，必有达其目的之日。较之前日之放任，听其自谋者，其进步之迟速则大不侔矣。三曰小学堂初立，废去私塾之难也。意谓学堂与私塾必不相容，学堂既兴，则私塾在所必去。不知家庭教育为各国之所不禁，其所干涉者，乃其教授之课程。苟其教法不背于定章，自在存在之列，断非一行义务教育，悉举私塾而废之，此无庸过虑者也。由此以观，则义务教育之可以实行，毫无疑义，不及今定之而瞻顾迟回，听人民之自动，则教育普及永不可期，而国家之进步亦因而迟滞矣。

义务教育之必要，既如前述确定此制，以谋教育之普及，当亟宜筹备者约有二端：

一曰筹备补助经费也。以筹办学堂之责专委之城镇乡自治团体，则经费充足之处，固可望其有成；而贫瘠之乡，则以财力不逮而止，非国家普及教育之旨也。英国于普通教育也，向主放任主义，今则一变其政策，每年由国库支出七八千万圆，以为补助维持之费。贫如日本，每年国库补助之款亦在百万圆以上。各国之重视小学也盖如此，惟补助之款有应归国库负担者，如年功加俸、特别加俸是也；有归城镇乡与府厅州县之共同负担者，如退职赐金、死亡赐金、退隐费、遗族扶助费是也；而省库则因府厅州县之不足而量为补助。故地方虽有贫富之不同，而教育初无偏枯之异，推广学校以谋教育普及，此其最要矣。

二曰变通奏定章程以谋改良教育也。初等小学教育，谓之国民教育，言一国之民皆宜具此普通知识也。初等毕业后，不必皆入高等小学，故国民之有普通知识与否，悉视此数年之教育为衡。而现在章程最为初等小学之障害者，无过读经、讲经一科。盖经文意义高深，断非儿童所能领悟。设非再入高等小学，则数年之诵读讲解，皆可决其无益也。然读经、讲经既占一分，国民教育少授一分，故讲经一课，当俟之高等小学，而初等小学之义务教育，断不可以此加入也。且乡村学堂不可不用单级编制，而讲经功课则不能适用此法，欲为教育普及计，不可不亟宜修正也。今学部奏定简易科章程，删去读经讲经，其意盖本于此。今拟全国教育概用四年简易科办理，至完全科内之读经讲经功课，则并入高等小学补习，一面提倡单级教法以为教育改良之计，则教育前途或有振兴之望也夫。

确定义务教育谋教育普及议案

第一章　义务教育

第一条　凡儿童达于学龄，儿童之保护者有使子弟入学之义务。

第二条　义务教育之年限定为四年，以儿童满六岁时为就学之期。

第三条　城镇乡自治会宜按区域之广狭、人户之多寡，设置初等小学堂，以足敷儿童之就学为度。

第四条　城镇乡初等小学堂概以公费设置，非有特别事情不得征收学费。

前项特别事情征收学费者，每月以一角以上，二角以下为限。

第五条　有具下至事项之一者，得犹豫其就学义务：

一、儿童认为病弱或发达不完全者。

二、儿童之保护者认为贫困不能使其儿童就学者。

关于前二项，城镇乡总董或乡董呈报于所属之官厅，待其认可。

第六条　有具下至事项之一者，得免除其就学义务：

一、学龄儿童认为白痴疯癫或废疾不具者；

二、儿童之保护者认为赤贫，不能使其儿童就学者。

关于前二项，照第五条第四项办理。

第七条　凡城镇乡已成立之地方，皆宜一律实行。

第二章　补助经费

第八条　为维持城镇乡小学堂，由国库酌筹补助费，每年编制预算，以议会之议决定之。

第九条　国库补助费应学龄儿童之数配分之于各省，各省更按其所属府厅州县儿童之数配分之于府厅州县。

第十条　凡小学教员之勤职津贴、特别津贴属于国库之补助。

前项之资金，有不足时得以省库补充之。

第十一条　各省学务长官，于下之事情则于所属之府厅州县及城镇与以相当之补助：

一、府厅州县之资力不堪第十二条之补助者；

二、城镇之资力于设置小学堂之费用有不足者。

关于筹备补助费每年编制预算，以谘议局之议决定之。

第十二条　府厅州县长官于各乡小学堂有下之事情，与以相当之补助：

一、乡自治之经费不供小学堂之用者；

二、乡学联合会之资力不堪设置初等小学者；

三、乡学联合会之一方联合之经费不足者；

四、乡自治会委托儿童教育于他乡，其委托之经费不足者。

前项之认可，府厅州县长官宜征其意见于参事会。

第三章　改良教法

第十三条　初等小学堂毕业期限定为四年，所有学科即照奏定《小学四年简易科章程》办理。

第十四条　初等小学堂讲经读经一科，非儿童所能领悟，拟即停止，并于高等小学堂内补习。

第十五条　城镇乡小学堂凡儿童年龄程度不齐者，宜用单级编制或合级编制。

第十六条　凡初级师范学堂及师范简易科，皆宜讲授单级教授法，附设小学堂内不可不有单级编制，以资实习。

第十七条　城镇乡内私塾，宜照学部《私塾改良章程》办理，否则令其停止。

具案议员牟琳。（"议员牟琳提出请定义务教育以谋教育事"，《资政院知会、折奏、章程、说帖、质问、陈请等案件》第五册《资政院第三类议员提出提议各案件其一》，清末铅印本）

㉓　具案议员齐树楷等谨提出为提议国家新旧各税设置失当征收无法病国妨民应急定税制及税政暂行机关事

查《资政院议事细则》第二十二条 "议员欲就各项事件提议，应具案附加案语，得三十人以上之赞成，会同署名，提出于议长等因"，兹谨提出急定税制及税收暂行机关案一件,遵照《议事细则》会同署名,应请议长作为议题会议,须至提议者。

提出急定税制及税政暂行机关案

　　查度支部试办预算一折"京署预算不敷银二千四百余万两,外省预算不敷银三千九百余万两,加以筹备事宜追加各费,共不敷银七千余万两。各国预算不敷,大率皆主增税。中国实业未兴,灾荒屡告,惟有除不急之务,祛浮滥之需。至厘定税率,改良收支,其责自在臣部"等语,诚审民情国事之言。然一篇之中,矜矜于岁出而不敢偶及于岁入,意恐以加赋致民谤。然于租税制度不加整顿,租税机关不加变通,则租税之本原,即有未能清理者。考租税之原则,一须均平,一须普及,一须有屈伸力,可以得巨额之收入。若优富而累贫,则不均平矣。有得而无纳,则不普及矣。所设税种以无屈伸力,日入于困窘;其有屈伸力者,又累于他种不良之税而不能行,则无以复巨额之收入矣。窃见度支部新设之税,如契税内之当税,甚累于贫民,而收入无多;印花税良以受他种劣税之累,而屡遭抵抗,迄难推广。至于盐斤加价及各省之亩捐、牙捐及其他杂捐,重困贫民,渴竭税源,以此而谋收入,未有能增加收入者也。即曰增加,亦不过一时之溢额,而非永久之筹画也。且税政机关未备,收税之人即工于作弊,国家收入之数不敌私人中饱之数,国家何乐于为此?近来民智渐开,朘其脂膏以供官吏溪壑,将不复仍前之顺受。稍一捐留,稍一抵拒,国家收入将不能保其定额,则税政机关又不可不急图完整。度支部有见于此,设清理财政局,以便搜刮中饱,增加岁入。乃财政局设立年余,款目但代报而已,厘剔则甚少;预算代报而已,审正则甚少。即政务处遵议试办预算一折有云,自设局清理以来,或本隐以之显,或化私而为公,内外洞然,至臻倍蓰。骤观之,亦甚有明效,然所谓化私为公,实即显济其私;所谓倍蓰之增,固贪黩者所取以自入腰囊。贤大夫亦以此延揽人才,振兴庶政,不过向之费于行省者,今可提取于中央,异其地非异其实也。国家变政之时,费用之增不可以道里计。今查度支部交出预算案,岁出已致三万万两,即核减岁出,将宣统三年预算入不敷出之七千余万尽行删节,亦不过收支适合而止。而国家待举之政费,指不胜屈,处处需款,何以应之?此但太平无事之算也,今日内忧外患,日日可虑,应付一失,大变立至。尔时岁入犹不足以充常费,又于何为应变计耶?为今之计,苟不于租税制度妥慎立定,则收入无自而增多;苟不于税政机关赶速分划,则出入无由而确实。然当仕途不净,以弊窦为习惯,悉但诵言于平日,近且明白于朝廷,若非有切实监督之机关,严厉惩治之实事,将馈遗供应视为固然,官邪不清,民情不协,断难增加新税而责人民以应负之义务。盖非革除积弊,则新税不能增。非尽删劣税,则良税不能行。国会未开之时,非与资政院以完全监督中央财政之实权,与谘议局以完全监督地方财政之实权;凡京外大小臣工,一有弊端发现,直接间接立申请旨,按法惩治,则民气不伸,民财亦无由而出。兹粗陈办法以为提纲挈领之义,至每一子目各有详细办法,应别为税章,另行议局,兹不尽述。

　　第一,租税制度,定租税制度之法三:

　　1. 租税系统

　　租税系统不完,则租税之轻重多寡不能适当,或预计多而收入少,而始收多而继收少,俱足以倾财政之基础。何者?财政之源出于民,无论何种租税,俱应斟酌人民之经济状况而定之。近日各国赋课,所以盛倡资力适应主义也。我国向重农事赋税，亦以取之农者为大宗。咸同以后，始设厘金。海道以通，乃有海关税，盐税沿于旧制，烟酒实系新增。然不过随时随事，枝枝节节之为，未尝通筹慎择，熟思而审订之，预计此项租税将来影响于民人何若，影响于国家何若也。近日政费日增，愈有急不暇择之势。盐价加矣，负之较重者何人？经征局进款加矣，负之较重者何人？至学费、警费，不曰按亩均摊，则曰随粮带征，不过直接间接加于艰难穷苦之农夫，而富户殷商在大埠及省城，或纳些须之房铺捐，而犹图幸免。大埠、省城以外之商富，则并以无之，而在外执事服官诸人，多有年获数百元、数千元、数万元而一文不入于国库。优富则抑贫，此轻则彼重，抗捐暴动之风潮，岂尽民之无良？皆税制不善，有以致之。今日筹财政者，曰分国家税、地方税矣。然不先正租税系统，使之完善，而漫然分之，将收数日绌，行政之停滞，可坐而待。为今日计，莫若先分租税为内国税、关税、税外收入三种。内国税复分为直接税、间接税二种。种类既分，然后即各类中之税目详察，某应留，某应去，某应增多者减之，无者设之，务求合于均平普及之原则。至分别国家税、地方税，则于直接税之可以附加地方税者，轻其税率。其不可列于国家税者，则于国税内删除之，以为地方留有余，皆定租税系统者，所应详计其办法，不可不讲也。

（1）甄择税目

国家税制税目，应留其良者，删其劣者。查部颁调查财政条款，收入之为类十有其二，其子目亦数十种。然其中应更订者、应仍旧者、应删除者、应增加者，正负不少，分别种类，拟订于下：

①内国税，分直接、间接二种

A. 直接税

（A）直接税之应去弊、应改良者

田赋

田赋为国家大宗，币制施行以后，所谓牌价、平余、耗羡等自然消灭，官吏之中饱骤减，恐有设法弥补，别立名目，仍行加入地丁之事。查各省新政费用，多系按亩均摊，地方附加税既多，万不可将平余、耗羡加入地丁，或因弥补陋规，再增重担。

漕粮

征收本色乃古代未开化时之事，应速改折，此外各省米谷豆草，亦应一律改折国币。

（B）直接税之应正名者

谋负担之均平普及，则工商业有应负之税，执事服官人员，有应负之税，列于下：

营业税

我国铺捐及目前所收杂税，半系营业税性质，然零星贩卖，多在不应纳税之列。而富商大贾，只纳间接税，以转嫁于人，甚为不平。是宜正名为营业税，其寻常买卖、小本营生，则于税率中减之、免之。营业一税，须设于商法完备之时，今商律已略颁布，稍一增订，自可举办营业税矣。

所得税

所得税征诸富户及商号及官员及在外执事人员，最适用累进主义。现行税内如招商局之报效、官俸之减平、减成，俱为所得税之性质。惟所及无几，于名不称，且无一定税率，亦不足列为税目。今应正名为所得税，而征收之时稍从疏略，先从京师、省会、商埠城镇办理，暂不扰及乡间。否则调查不易，或至丝棼。官俸现系未定之局，应暂案规定之公费税之，其减平、减成等名目，一概免去。

B. 间接税
（A）间接税之应删者

契税内之当契税

契税向只卖契一税，嗣因山东、直隶增加当契税，度支部乃因而推广之，遍及各省。然典当者执业一时，不甘纳税，势必抑当作卖，其累于贫民者最甚。民法若颁，登记法行，契税应改为登录税，又轻其税率，保其权利。当契执业者，乃乐于纳税。今民法、登记俱未颁行，遽增当契税，且高其率为六分，于其影响贫民者漫不加察，恐贫者愈贫，社会之害将深。应将典当一税，急与删除，但整顿卖契，自能增许多收入也。

牲畜等项杂税

牛马果品等杂税，著于《赋役全书》。设税之初，大都某种出产多即增某税，或出产减少，亦自消灭。且收之者，毫无定率，或按牙用数目抽收，纯系地方税性质。日本明治初年整顿税法，知此种税项不宜列于国家税，删去杂税一千五百余种。无此弃捐之勇，租税基础不能定也。我国急应仿照，将牲畜等项杂税概行删去，于国家税额所损无几，而吾民咸吠然于国家订立税法绝非以有增无减为主义，庶新设良税亦不至一抗再抗，不能实行矣。

牙税

牙帖税与牙行盈余均非国家税，应一概归入地方。

斗秤税

斗秤税与牙税无异，亦应归地方。

杂捐

杂捐纯系地方税，万无国家而收杂捐者，应即删改。

厘金

加税裁厘别有议案，不再具。

土药税

烟禁既行，此税断无存在之理。

其他一切不正当及不应收纳及应行划入地方之类，如广东之赌饷、直隶之差徭等，凡不列新订国税名目之内者，一概免除。

现时地方税或为省税，或为州县税，尚未订有明文，杂、牙等税捐，浑言归入地方，恐各省不肖长官朦混妄取，必使各省谘议局详议关于各税之单行规则，以防其弊。至八者俱删，似国家所失已属不少，当国库空窘之时，而轻言裁免，或者以为非宜。不知删劣税乃能增良税，即印花税一项，足以抵补数者而有余。况所得税、营业税更有日以增进之势耶！惟裁此增彼之时，于向有收数不无出入，其如何相抵及递增次第，统按各省情形，由谘议局详妥议其办法，呈由该督抚批准照办，方免窒碍。

（B）间接税之应改良者

盐课

盐课别有议案，不再具。

（C）间接税之应仍旧者
矿税
火车货税
茶课
（D）间接税之应推广者
烟酒税
烟酒为奢侈品，增税原不为过。惟近日外国烟酒日输日多，推广此税，必于外国烟酒设法增税，乃不为渊驱鱼，须有外务部与各国议增烟酒进口税，再为推广。
印花税
印花一税，收入多而民不觉其苦，且征收简易，费用甚少，最为良税。若删去杂牙、斗秤各税，以与民共见，民之获减轻税种之利，断无复抗印花税之理，是在断而行之。若惟恐顾此失彼，濡滞不决，万难行此良税也。
以上各种，不删则不能增，不增亦不能删，二者关联，无容分割。此外应行增设之新税，亦尚有之。惟法律未备，税政机关未完，一时尚难着手，若能将以上数种决计实行，财政基础亦庶乎可以确定矣。
②关税
关税尚未收回，且与人协定，应俟另议。
③税外收入
与税系无涉，不具。
（2）审定税率
税率之轻重，影响于人民者甚大。直接税内可以附加地方税，则国家税宜稍轻。田赋、漕粮，除币制发行后，自然消灭之耗羡等名目不另增征外，俱应照旧，不可弥补陋规，再增重税，前既言之矣。增设营业税应按营业种类，分别以资本金额、铺面价格为标准，而税其千分之几，金额不满五百元，不课营业税。物品贩卖业则税其万分之几，卖却额不满千元，不课营业税。增设所得税，应定所得三百元以下者，不课税，三百元以上者以百分之一为准，而累进课税。此直接税内新设各税之率也。间接各税，除新设者尚未实行，旧有者未便遽更外，契税内之卖契九分，尚为病民，应减为六分，一面详定匿契不税及减价投税之罚，收数自能畅旺，万不至因减轻之故，致有国税减少之虞，是在章则中定之而已。
（3）删除例案
国家现行税制，业已有年，无论新旧，俱有例案。近日各省非不欲减除财政之纠葛，惟拘于例案，不能大有清理。若定租税系统，而又拘成例，则万无能定之理。值此更改税制之时，须将前此成案及勒有成书之税例概行革去。如田赋一也，或名为租，或名为课，或名为驿站钱粮。盐课一也，而或名为加课，或名为边布，或名为帑利及解费。且地粮内有耗羡焉，有平余焉，皆载之会典而不易变。牲畜杂税非国税也，载于《赋役全书》，而不易变。且同一征收，而或杂以官费之名，如几成经费，几成办公之类。同一取民，而或沿用古代征收实物之法，如米谷豆草之类，为财务行政上之障碍，实于税制大有妨害。此外纷歧名目，出于沿袭旧例者，指不胜屈。必尽与删除，乃能定租税系统，不至纷乱错杂而无纪也。至于收支册报上之成案，尤为胶葛，须速删除，然非税制上问题，兹不赘。

2. 各项税章内应订明设置税务审判处

　　行政审判院尚未制定，而税务行政又易滋弊。地方税、国家税章程虽将由度支部订明，一有玩忽不遵，新章俱行破裂。如交纳故为挑剔，银钱故为绕算，必使之增多费用而后已，此收款中之弊也。官费拟订矣，然上级官朘削下级官，或扣，或提，或索取供应，下级官不能抗，惟有朘民以应之。下级官对于吏胥，于其薪工也，亦有然。因之吏胥于民，亦不能不设法侵渔，此发款中之弊也。发款之弊，其究仍中于收款。地方人对于官吏之刻剥，无所控告，痛苦累积而无由以自伸。若不思所以救济之，虽有新章，终归敝害，以其无保障也。惟于各税章内订明设立税务审判处，以便人民诉讼，偶有蹈袭前弊者，惩治不少贷。庶几新订税章不至徒为文具，所谓使法必行之法也。

　　3. 币制之关于纳税者宜详细订明

　　数百年税务之弊，出于币制不定者居其大端。今幸国币将颁，并国币与生银兑换之价业经明定，然民间行使旧银元及外国银元者已非少数，如用以纳税，与库平足银如何折算？《币制则例》第十四条但云斟酌情形处理，与以无定之范围；又铜元、小银元与库平足银兑换之价，俱未明示。以我国惯于作弊之官，行使范围无定之制，于税务前途贻害甚大。此项问题虽应入币制中研究之，然议税制者亦应附带及之者也。

　　第二，税政暂行机关

　　税政机关涉于官制，似非资政院应议权限，惟官制未定之前，财务积弊骤难挽救，不可无一暂行机关以代理之，则仍为税务中必要之问题，于官制无涉。考财务行政之原则，征收机关与支发存储机关不容合并。中央机关不必言矣，我国各省财政机关与司法行政混于一处。今日财政待理，业已岌发，即不能俟官制改订后再行分设，应急行过渡时之方法矣。

　　1. 征收机关

　　现时各省财政俱统一于藩司，即应责成藩司另定经征处所。一省之内，凡经征钱粮之局所，一概请饬度支部转知各省，指名认真裁撤，不准变名存实，率行朦混。其各厅州县之征收事宜，即认自治团体为经征处所，无则另行派员经征。务使与司法、行政各官先行分离，始可以清征收之弊。

　　2. 支发存储机关

　　统一国库另有议案，惟国库未设之时，各省征收银钱之局所往往兼任支发，兼任存储，职务不分，手续错杂。司有库，道有库，局亦有库，入于此，存于此，出于此。收款时之需索，存款时之挪移，发款时之刻扣，罔不由之。且全省收款俱应入之司库，而道亦收之，局亦收之。支款应俱有藩司发给，而道亦发之，局亦发之。各不相谋，款目凌乱。若令各经征处收款后悉交大清银行，而给以收证报告。藩司其支款也，藩司给以支证，向银行支取，支取后报告藩司。订定章程，凡旧日收发存储诸处之不合章程者，概行消灭，亦可以清旧弊矣。

　　3. 监督机关

　　资政院于中央财政有预算决算权矣，审计院又提前设立，所未定者，地方监督机关也。谘议局虽有预算决算权，而尚少详细规定。各省行政官不实行预算，至决算后若有弊混，应如何弹劾，如何处分，俱无明文。故谘议局行使监督财政权，尚未确实，应从速规定，以便遵守。

此关于税制及暂行机关之大略也。惟租税制度在政府一方，或疑删除各税之太过；在国民一方，或疑改设推广之难行，积久相沿，似难骤决。不知沿今之税法，中央但知厘定税率，改良收支，而不定租税之系统，则国家窒矣。各省但知奉行新政，督责人民，而不养宽裕之税源，则自知窘矣。人民痛心于国家地方之政费，而不复知纳税义务，更何有于国家思想、地方思想！然孰非此税制不善，阶之为厉？（太）[泰]西东邻各国人民，纳多额之税而不生怨黩，亦非程度之尽高，税制既善，纳之者不之觉耳。于彼于此，焉可不察。至于机关，一二年来，各省已粗有规模，稍一整理，即已略具。即官制已提前更订，而实行之期，尚须俟之二三年后。此二三年中之弊，何由克除？是又税政暂行机关不可不即行整备者也。至租税各种详细办法，颇涉繁密，然各国税法俱可参酌更斟。对各处情形，亦不难一时订妥。如此办理，则财政之基础略定，财政之增进自必加多，人民之负担亦以均平而不觉其重，俾国库之收入速率与国家之政费相副，裨益良非浅鲜。谨候公议。（"议员齐树楷提出国家新旧各税暂行机关事"，《资政院知会、折奏、章程、说帖、质问、陈请等案件》第五册《资政院第三类议员提出提议各案件其一》，清末铅印本）

对此建议案，议会股员会审查结果如下：

为报告事。本股员会于本月初四日遵照《分股办事细则》第三十九条开税法分科会，审查得：租税制度约分三项，一、定租税系统，二、税章内订明设立审判处，三、关系币制。三者之中，尤以租税系统为最要。近日推行新政，如教育、警察、实业，关系地方者为最多，而以税系不定之故，凡税目中可为地方税者，如牛马杂税、斗秤牙税、杂捐及不正当不应纳收等税，已为中央所吸取。此项政费势不能不再取之民，民力已竭之时，增加负担，动生反抗，至于用兵弹压，其残杀之状，有令人耳不忍闻、目不忍见者。定租税系统，则直接税制可以附加地方者，应于国税中减轻其税率，是地方有附加之余地，而民力可以稍苏。此税系之宜定者一也。现时新政之属于地方办理者，其经费大抵按亩均摊，随粮带征，增加于贫苦之农夫，而富户绅商反有毫无负担者；且新设之典当田房税，名为取之富室，实则累及贫民。税系定则纳税平均，贫民不致别感痛苦。此税系之宜定者二也。定租税系统，凡与税系有关之事，不得不层层举办，其择税目、定税率、删例案，旨税系中必要之事，设置税务审判处与币制一切银钱折合之数，皆须明定，亦租税制度中必要之事。其税政暂行机关一项，以现时官制未颁，而租税行政又不可再兴，司法、行政各官相混，国库一时难遽整备。无暂行之征收机关，则浮冒不能去；无支发存储机关，则挪移克扣不能去；而尤以监督机关为扼要办法，不可不订定章程，严切申明，以防财政之复有溃败。此暂行机关，又税政必应设置者也。惟案中事项所包甚广，所关甚巨，条理甚密，手续甚繁，欲选择某条则脉络不贯，事以间缺而难通。若逐项会议，则层折萦乎，势又委屈而难尽。本股复于本月初八日，开股员会一再讨论，多数议决。查《资政院议事细则》第一百十条，资政院于议决案外若有建议事件，得具案咨送内阁政务处核办。应请将租税制度税政暂设机关一案，作为建议案，照章咨送内阁会议政务处，并声明租税系统内所定之税目为增为减，皆互相牵掣，不能偏倚，欲增所应增，必删所应删。如不删劣税，而于税目中所列各项增加推广，本院断不承认，庶税务行政不生他项枝节。可否由议长咨询本院决定，特此报告。税法公债股股员长李榘。（"税法公债股股员长李榘审查急定税制及税政暂行机关案报

㉔ 具议案议员柳汝士等谨提出为提议关卡丁漕宜统收钞票铜元以便商民而祛积弊事

查《资政院议事细则》第二十二条"议员欲就各项事件提议，应具案附加案语，得三十人以上之赞成，会同署名，提议于议长"等因，兹谨提出关卡丁漕宜统收钞票铜元以便商民而祛积弊议案壹件。遵照《议事细则》会同署名，应请议长作为议题会议，须至提议者。

国家创行纸币，铸造铜元，所以救钱荒以期便利也。而关卡丁漕概不收纳，近则关卡照收四成、五成不等，丁漕则多方抑勒，或八折、或七折、或七五折。今试就皖北一方面证之。皖北各州县向用本洋（即日斯巴尼亚银元，皖北呼之为本洋），本国龙元暨墨西哥鹰洋不甚行使。譬如龙元壹枚，可化易铜元壹佰叁拾枚（即制钱壹千叁百文，京钱叁拾吊是也），本洋壹枚则化易铜元壹佰伍陆拾枚不等。自铜元盛行以后，制钱日少，民间以铜元完纳丁粮，有全数不收者，有收半数照制钱七折八折者，甚至有缴银不收，缴足制大钱不收，必以本洋照官所定制钱价值折算缴纳，方肯收受者（官所定价值，本洋壹枚大约不过作制钱壹千叁百文）。苛法病民，莫此为甚。去年各直省谘议局成立，皖省议员提议此条者实居多数，而毫无效力。应请资政院具奏，请旨饬下各直省督抚，认真查核，严饬所属各关卡。各州县地方官倘有此等情弊，迅即革除。所有厘税丁漕一律照收钞票铜元，不得仍前抑勒，以苏商民之困而使国（弊）[币]之畅行。（"议员柳汝士提出关卡丁漕宜统收钞票铜元以便商民而祛积弊事"，《资政院知会、折奏、章程、说帖、质问、陈请等案件》第五册《资政院第三类议员提出提议各案件其一》，清末铅印本）

对此案，审查股员会审查结果如下：

审查议员柳汝士等提议关于关卡丁漕宜统收钞票铜元案。为报告事。本股员会于本月二十日审查议员柳汝士等提议关卡丁漕宜统收钞票铜元一案。原案"以国家发行纸币、铸造铜元，所以救钱荒，期便利也。而关卡丁漕概不收纳，近则关卡照收四成、五成不等，丁漕则多方抑勒，或八折或七折或七五折。自铜元盛行以后，制钱日少，民间以铜元完纳丁粮，有全数不收者，有收半数照制钱七折八折者。苛法病民，莫此为甚"各节，兹审查得：中国钱法，紊乱已久，近年以来，票纸滥恶，铜元充斥，以致钱价跌落，物值腾涌，影响于国民生计者甚大。各省关卡丁漕征收方法又无规定明文，胥吏得以上下其手，因缘为奸，扰商病民，诚所不免。夫钞票铜元如系由官发出者，官即不能不为收纳，亦不得任意折算，致无定数可凭。惟现今厘定币制，正在新旧递嬗之时，若照原议办理，则钞票铜元效力顿增，恐益滋滥发私铸之弊。为今之计，惟有急定税法、赶铸新币，为正本清源之策，则一切抑勒折扣之害，不禁而自除。应请奏明请旨饬下度支部将税法币制迅速妥筹办理，毋再延缓。本股员会一再讨论意见相同，应请议长咨询本院决定，特此报告。税法公债股股员长李榘报告。（"股员长李榘审查提议关卡丁漕宜统收钞票铜元案"，《资政院知会、折奏、章程、说帖、质问、陈请等案件》之《资政院第十三类审查提议各案件》，清末铅印本）

㉕ 治水建议案（议员提出）

近年水患频仍，召饥酿乱，官吏几等坐视，绅民罔不束手。何哉？良由治之无法，责任不明，经费无着，防之不预所致。水土为民政之要图，非由主管之部提挈宏纲，逐一规定，循是以往，不必兵戈，国不国矣。其救济之法，除必由专门科学因势制宜外，略就耳目所及，建议于下：

其一，在派人考察全国水道，分别孰为干川，孰为派川，孰为支川？川之涉数省者、涉数府厅州县者、涉数村者，其责任如何分负，经费如何支配？而且为之编水利组合法，俾自治体遵编河川法，俾国家与地方各引为己责，其经费亦由是而差。不然，国家概卸责于地方，地方专仰给于国家，上下相委，水患愈烈，国其殆哉！

其二，在于水之上流或夹水之堤，凡浅草森林可以牵制砂土者，一一保护，勿许人民剪伐。近今水患，除后言诸关系外，皆上流森林斫伐殆尽，堤堰童赤，以致泥沙下崩，填壅故道，凸于此即灌于彼。现在扬江流域浊等黄河，其他河水概可想见，不预为之防，民其鱼矣。请急编砂防法及森林法实施，以苏民命。

其三，在使自治体先将恶水排除，勿使恶水横溢，侵入支川，则陡遇大雨，派川、干川之水直泻支川，支川又承澎涨之恶水，数混居一，逢大雨淋漓，身不能容，滔滔勃勃，不溃不立。至排除之法，不越别其沟渠，烧其渣滓，取其废料，农其余润，请编下水道法，得民遵率。夫下水既别有道，而支川之势削矣。

其四，在使支川流域低于干川、派川者，截其业已与通之故道，绕其适于干川、派川平坦之流域，与之沟放。且于支川设闸，逐涨落而启闭，以酌削乎水之盈虚。附近之田，灌溉有资而倒流之恶，庶几乎息。近来水患愈亟，良由干水之日高于支水，干水泥沙淀于支水，支水附近之民初得所淀之沙洲，争相开垦。既浅且狭，水无所归，逆性四溢。由后之说，患日以多；由前之说，水罔不治。

其五，在使干川、派川之本身既宽且直。惟宽也，水乃能多容；惟直也，水乃能捷下。多容则泛滥之势杀，捷下则淳淤之潦泯。由是筑堤之费可省，改道所残之土可办，所谓惠而不费者矣。至于堤用何形，筑用何料，架用何桥，则惟工师是计。

其六，在急将全国划为若干土木区，依水道之区域以为监督区域。设监督局局长，巡视区内土木工事；局员则巡回局内；或设临时支局。无论有无河道主管之地，综受民政部指挥监督。夫土木不止治水，而以治水为巨，请自此尤关国库支出之水患，必先设计；次提治水及其预算案，经政务处或内阁交议会议决，分期实施。惟是水道与陆道衔接，有至密关系，请急划定国道、省道、厅州县道、里道，分责修筑，并编土地收佣法，以为收买民地标准，皆治水之关联要务也。

抑杰尤有不能已于言者，国家之政，须计其远大，而略其近小。我国要政，一坏于无整顿之法，一坏于有法而苦于无实费，于是因循苟且，酿成恶果。如治水经费一事，若决定应由国家全任或补助几分之几，仍以款巨容缓为辞，必致再因水患而民饥，民饥而盗贼其后，患不可言矣。应请咨商度支部，忍一时支出之痛苦，为永远治安之至计，治河有效，以数年所入之租税及节省内乱之兵费抵补治水消费而有赢矣。（"议员提出治水建议案"，《资政院知会、折奏、章程、说帖、质问、陈请等案件》之《资政院第三类建议倡议各案件》，清末铅印本）

㉖ **自治建议案**（议员提出）

顾亭林云天下事从州县做起，即含有从自治做起意。惟是自治之事，法律而外，惟才与财。我国英俊飙举，岂曰无才？但近来贞干之才，大半以州县地域不足以恣回旋，相率远去，别谋发展能力之地，此自治所以不能一律程功也。理财之道，开源之效，皆属有待，惟就固有之财撙之、确之、均之，斯亦可矣。

一、自治创始，以知识为先，非有考察有得，或研究较深之人计画一切，不能收费省事举之效。日本自治成立，垂三十余年，而东京市役所尚有顾问员备其咨询。请饬各省自治筹备处及各属自治公所，如筹办处或公所正缺此项人员，而本籍有此合格人员，不能常川任事者，应请充当顾问员，借资掣画。惟是职关名誉，不支薪水，以节糜费。

二、自治区域以土地人民为最重，凡义务之负担，租税之渊源不越乎此。请催法部速编登记法，俾审判厅委托自治公所登记其区域内土地人民，以清政治之根本。惟是人民身份登记，固依将来户籍法而执行，而地租代征，尤必须急与度支部协商，从速委托自治体代为丈量土地，一以铲除征收之积弊，一以修正地价之准备。不惟国家租税得正确之收入，即附加税亦得有所依据而为自治之资。

三、自治事业，非力撙节不能苏民困而资发展。各省新政之兴，侈言建筑洋式新房为要务，无费民扰事废职是也。故请饬在之城乡董事会及将来之厅州县议事会议场，在城，则以学宫或裁缺学署为之；在之乡镇，则借用附近之公所或小学校教室，腾出建筑财力，以办自治范围内事业，于地方才有裨益。

四、自治之事，以教育为先。各国通例，学务为公所诸课之一，是以《地方学务章程》第一条，在府厅州县自治之职成立以前，由各府厅州县劝学所行之。细绎法文，是自治公所成立之处，自应将劝学所归并公所，除所长不变更外，其原有会计、庶务、书记一并裁撤，概归自治公所书记、会计、庶务兼办，仍受学司及地方官、董事会之监督。且以腾出裁撤各项职员之薪水、伙食及独立机关，原有支出之其他财源，概充为教育经费，不准挪移，不惟自治可以统一，于教育可以扩充。

五、各省学宫财产多属充实，其绅士经营得法者，固不乏人，其刁绅劣监盘踞，月耗厚薪，诸凡中饱者，亦比比皆是。自治公所成立之厅州县，其学宫财产统归公所会计，自是范围以内之职权，而刁绅劣监仍率其平日仇视宪政之性，不兴不急之土木，以为报销之资；即借祭祀典礼，呼朋引类，以为狂饮饕餮之媒介。甚至新旧交代之顷，以私人恶劣之产易公家肥沃之田，舞弊害公，指不胜屈。请急通咨各督抚转饬各厅州县，将学宫原有首董概行裁撤，除崇尊孔子之祭祀费及修理费当先酌定外，其余借口大祀制度之建筑，及因祭祀之私人酒席费一律删除，所遗学宫财产，移交自治公所照章管理，非经本地董事会议决，用之本地公益事务，不得擅用，以重公款。倘学宫财产不能管理，其他财产亦将效尤，事业繁多，势必多征附加租税，而重人民负担。

以上五者皆自治之现象，所应亟予维护指导之事，自治之后效固需时日，而自治之着手觉为必要。不此之务，非处理不善，即耗巨扰民而宪政基础坏矣。宣统二年冬月十五日。（"议员提出自治建议案"，《资政院知会、折奏、章程、说帖、质问、陈请等案件》之《资政院第叁类建议倡议各案件》，清末铅印本）

㉗ 为审查报告事。本股员于十一月二十九日上午十钟开会审得此案。据顺直谘议局两次议决大旨，"援据该省工艺总局局章，凡有农工商业局所学堂，一律划入自治范围。并以明年预算册所载，此项经费七八十万，均属地方行政，应归官督办理。一切职员悉由地方团体公举，请官札派，期与自治性质相符。而直隶总督两次札覆，则据农工商部奏定《劝业道职掌章程》应由该道官吏，且按《城镇乡自治章程》所

列，农工商务之事，皆以城镇乡为限。凡关于全省之学堂局厂，不能划归一府一乡甚明。直省筹办多年，向系官绅并用，先用本地士绅十之七八。若明定限制，既有乏才之虑，并于法理事实均多窒碍"等语，本股员会详细审查此案争议之点，一由官办，一由绅办，均为郑重实业用人起见。欲定此项用人应属何种机关，必以分别此项实业局所学堂究属自治范围与否为断。今据来文所称各节，该督所据农工商部奏定《劝业道职掌章程》第七条，业经宪政编查馆覆核删除，不得谓非废弃；该谘议局所引工艺局章，亦系业经裁撤，均不足据。惟查此项农工商业局所学堂，关系全省事务，自不在城镇乡及府厅州县自治范围之内。至其预算经费，虽属地方行政，而地方行政之中兼有地方官治及地方自治两种性质，不能以其经费出于地方行政即指为自治范围。明年预算所以交局议决者，乃系该局议决岁出入权，并非以此事管理之权应即一并随之交付也。谘议局为全省代议机关，然有决权而无执行权。与府厅州县及城镇乡自治章程议事会董事会兼有议决执行两种机关者不同，既无办理地方事务之权限，亦无公举地方士绅办理此项实业之法规。且就事实论之，该省劝业道所辖之局厂学堂，现用本地士绅十之七八，与该局所拟绅办之法，相去并不甚远。与其改归绅办、由官监督而取才之途隘，不如仍归官办、由该谘议局监督而核实之意深。至于局厂学堂有无滥费及因何亏累之处，该局可以提议质问或提议改良，或于预算案内核减虚糜。该谘议局本有完全监督之责，无庸仅于用人一方面争执也。本股员会再三讨论，意见相同，此案系据直隶总督，未咨核议，应即咨覆完案，无庸上奏，合并声明。理合遵照《分股办事细则》第五十一条提出报告书，请议长附议公决咨覆施行，须至报告者。特任股员长孟昭常报告。("股员长孟昭常审查直隶农工商业各项学堂局所统归官督绅办以兴实业核议案报告书"，《资政院知会、折奏、章程、说帖、质问、陈请等案件》之《资政院第十二类》，清末铅印本）

㉘ **资政院会奏议决《新刑律》"总则"缮单请旨裁夺折**

"奏为议决《新刑律》'总则'缮单会陈请旨裁夺恭折仰祈圣鉴事。窃查《资政院院章》第十五条内载：前条所列第一至第四各款议案，应由军机大臣或各部行政大臣先期拟定，具奏请旨，于开会时交议；又第十六条内载：十四条所列事件议决后，由总裁、副总裁分别会同军机大臣或各部行政大臣具奏，请交资政院归入议案，于决议后奏请钦定，遵照筹备清单年限颁布施行。旋由军机处遵旨交出宪政编查馆原奏一件及清单三件，资政院照章将前项《新刑律》一并列入议事日表。开议之日，经议员质疑及政府特派员说明主旨后，当付法典股员会审查。嗣经股员会就修订法律大臣刑律原案暨宪政编查馆修改案语参互钩稽，详慎考覆。凡律义精微所系，必推勘尽致会观而求其通，或条文句未妥则斟酌从宜，润色以蕲其当，一再讨论，提出修正案。复行开会再读，由到会议员先将《刑律总则》逐条议决；其《刑律分则》虽经开议，旋因延会期满，未克议毕。窃维《刑律总则》纲领已呈其大体，部居有别于全书。现值朝廷博采良规，亟图法治，自应援先河导海之例，勒为成编，抑将收伐柯取则之功，垂兹令典。从前修订法律大臣于初次草案编纂未竣，曾将总则先行奏陈，此次臣院情形相同，拟即查照成案办理，并省略三读，经议员等当场表决，多数从同。谨将议决新刑律总则缮具清单，恭呈御览，请旨裁夺。惟修订法律大臣会同法部具奏刑律草案第十一条：凡未满十五岁者之行为不为罪，但因其情节得命以感化教育，经宪政编查馆覆核，以为未妥，改十五岁为十二岁，又特设一条，为原五十条，云：凡未满十六岁犯罪者得到减本刑一等至二等，皆曾加具案语，述其理由。此次臣院议决，仍采修订法律大臣等会奏原文，改第十一条之十二岁为十五岁，并将原第五十条条文删除。臣奕劻等以为，与其责任年龄过迟而无宥减办法，不如责任年龄稍早而有宥减办法之较有折衷，故于第十一条之十五岁主张仍改为十二岁，而于现第五十条所定聋哑人或未满十六岁人或满八十岁人犯罪者，得减本刑一等或二等，以免变动条目之繁。查《资政院院章》第十七条：资政院议决事件，若军机大臣或各部行政大臣不以为然，得声叙原委，事由咨送资政院覆议。又第十八条：资政院于军机大臣或各部行政大臣咨送覆议事件，若仍执前议，应由资政院总裁、副总裁及军机大臣或各部行政大臣分别具奏，各陈所见，恭候圣裁。惟现在臣院已经闭会，此次臣奕劻等之主张既不能再交覆议，即不能分别具奏，而按照誊黄清单年限，刑律应于年内颁布，又不能暂行搁压，以待来年开院覆议。经臣奕劻等与臣溥伦等往返商榷，惟有将彼此异同之处，会奏声明。臣院所议决第十一条之十五岁可否改为十二岁，第五十条或年满八十岁人之上可否加入或未满十六岁人字样，伏乞皇上圣裁，以资遵守。其余总则各条皆经臣奕劻等查照无异。惟刑律分则，资政院未及决议，而又不能违误誊黄清单颁布之期，拟由臣奕劻等将宪政编查馆复订原案略加修正，另行具奏，请旨办理。所有议决《新刑律》'总则'遵章会奏缘由，谨合词恭折具陈，伏乞皇上圣鉴训示，谨奏。"

宣统二年十二月二十一日资政院给军机处咨文如下：

资政院为咨覆事。准贵处咨开修订法律大臣，会同法部具奏刑律草案第二十一条，原定"凡未满十五岁者之行为不为罪，但因其情节得命以感化教育"，嗣经宪政编查馆核覆以为未妥，特改十五岁为十二岁，并续纂第五十条"凡未满十六岁之犯罪者得减本刑一等或二等"皆有按语述其理由，此次贵院议决仍将第十一条之"十二岁"改为"十五岁"，并将第五十条删除，本大臣于此处未能同意。查《筹备事宜清单》，新刑律应于今年颁布，现在贵院业经闭会，既不能照《院章》第十七条咨送覆议，即不能照《院章》第十八条分别具奏。拟于新刑律总则折内声明彼此异同之处，恭请圣裁。庶于清单年限无违，亦于贵院应行议决事件权限无损，为此咨商贵院，希即查照，从速见覆，以便出具会语，再行会奏等因，前来查本议决新刑律总则第十一条及删除原案第五十条，贵大臣既未能同意，而本院业已闭会，年内无从覆议，只得变通成例，会同具奏，希即于会语内将彼此异同之处详细声明片送过院，以便从速会奏，恭请圣裁，须至咨覆者。右咨军机处。("为《新刑律》'总则'第十一条及删除原案第五十条无从覆议变通会奏请圣裁事致军机处咨文"，中国第一历史档案馆藏军机处全宗，档号：03-7579-013）

宣统二年十二月二十五日，奉上谕："资政院议决《新刑律》'总则'会同军机大臣具奏缮单呈览请旨裁夺一折，《新刑律》'总则'第十一条之'十五岁'著改为'十二岁'，第五十条'或满八十岁人'之下著加入'或未满十六岁人'字样，余依议，等因。钦此。"

宪政编查馆又于同时上奏，云："奏为《新刑律》'分则'并《暂行章程》，未经资政院议决，应否遵限颁布缮具清单请旨办理恭折仰祈圣鉴事。本年十月初四日，臣馆奏请将核订《新刑律》交资政院归入议案，并声明于议决后奏请钦定遵照筹备清单年限颁布施行等因。本日奉谕旨，著依议。钦此。钦遵将该律并清单各件咨送去后,并督饬臣馆特派员于资政院初读后开股员会时协同讨论,经月蒇事,惟至本月十一日资政院闭会后,仅将议决'总则'会奏,其'分则'仍未及议决。查《资政院议事细则》第一百四十七条:届期闭会时,所有议案尚未议决者,均即止议,于次会期再行提出。窃维资政院为立法机关,既经提为议案,自应俟下次开院再行照章办理。惟揆诸今日时局,实有数难,有不能不详细陈明,恭请我皇上裁夺者,谨为一一陈之。恭查筹备清单,本年为颁行《新刑律》之期,按此项清单乃德宗景皇帝钦定之案,誊黄刊布,分限程功,最足握宪政进行之枢轴。以故年来内外臣工钦遵定宪,胪陈成绩,未敢稍缓斯须。现在议院改于宣统五年开设,所有各项事宜更皆钦遵谕旨,提前办理,以副我皇上殷殷求治之至意。刑律与宪政关系尤切,如将克期颁行之事项,反行展缓,恐将来各主管衙门援为先例,适长因循玩愒之阶,于国会前途影响颇巨。此遵照筹备清单,不能不陈明者一也。《新刑律》修订大旨,固根据现行刑律,而采用各国立法例者亦复不少,其中因革,若非先期研索,难免临事张皇。此次钦定修正逐年筹备事宜清单,宣统四年为实行《新刑律》之期,如待至来年秋冬议决,始行颁布,为时过促,准备毫无。方今法官虽经考试,并非纯粹拔自学堂,且强以素未谙习之法律责令奉行,似难收观成之效,此为司法官吏预备不能不陈明者一也。刑律为实体法之一种,凡实体法必须赖手续法为之运用。手续法者,即刑事诉讼律是也。刑律若不确定,则核订刑诉,即无率由之准绳。此外,如《刑律施行细则》乃沟通新旧之办法,判决例为适用刑律觏一之基础,亦须俟刑律确定之后方能从事编纂,庶次第告竣,不误实行之期。此为续订关于刑律之各项法令不能不陈明者又一也。臣等再四慎审,既不敢擅请颁布,以侵资政院协赞立法之权;复不敢缄默因循,以干违背眷黄、贻误要政之咎。公同商酌,惟有将《刑律》'分则'并《暂行章程》未经资政院议决者,应否遵照清单年限颁布,恭请皇上圣裁。谨将'分则'并《暂行章程》缮具清单,恭呈御览。如蒙钦定颁行,应请饬下修订法律大臣迅速编辑判决例及《施行细则》,条目、名词、字句及一切体例,须与议决'总则'相符,皆经臣等更正修饰,以免两歧。合并声明,所有请旨,应否颁布《刑律》'分则'并《暂行章程》缘由,理合恭折具陈,伏乞皇上圣鉴训示。谨奏。"(高汉成主编:《〈大清新刑律〉立法资料汇编》,社会科学文献出版社 2013 年版,第 698—701 页)

宣统二年十二月二十五日内阁奉上谕:"资政院议决《新刑律》总则会同军机大臣具奏缮单呈览请旨裁夺一折,《新刑律》总则第十一条之'十五岁'著改为'十二岁',第五十条'或满八十岁人'之上著加入'或未满十六岁人'字样。余依议。又据宪政编查馆奏《新刑律》'分则'并《暂行章程》资政院未及议决应否遵限颁布缮单呈览请旨办理一折,《新刑律》颁布年限定自先朝筹备宪政清单,现在开设议院之期已经缩短,《新刑律》尤为宪政重要之端,是以续行修正清单亦定为本年颁布,事关筹备年限,实属不可缓行,著将《新刑律》'总则''分则'暨《暂行章程》先为颁布,以备实行。俟明年资政院开会,仍可提议修正,具奏请旨,用符协赞之义。并著修订法律大臣按照《新刑律》迅即编辑判决例及《施行细则》,以为将来实行之预备。余照所议办理。钦此。"(中国第一历史档案馆编:《光绪宣统两朝上谕档》,第三十六册,广西师范大学出版社 1996 年版,第 548—549 页)

资政院第一次常年会第四十二号议场速记录

【标题】第一次常年会闭幕典礼

【关键词】谕旨　朗贝勒

【内容提示】所可注意者，和开幕典礼相比，摄政王未能莅临闭幕典礼。

宣统二年十二月十一日正午十二点钟举行闭会礼。

议员到会者共一百一十四人。

军机大臣、大学士、各部院尚书咸莅议场。

议长及副议长、议员、秘书长、秘书官等以次序立如礼。

军机大臣朗贝勒宣读谕旨：宣统二年十二月十一日内阁奉上谕，前因资政院会期三月届满，议事未竣，谕令延长十日，现在又经届满，着即于本日闭会。此次资政院开院，本系初次试办，粗具规模，徐图进步，尔议员等自当激励忠诚，扩充闻见，洞观时局，默验舆情，必学与识早裕于平时，斯事与理可期其一贯。尔议员等其加勉焉，钦此。

谕旨毕，议长向御座前跪受，敬谨安放议场黄案之上。

礼成。

军机大臣、大学士、各部院尚书退出议场。

正午十二点三十分散会。

附录

资政院第一次常年会相关法规

资政院院章[①]

要目

第一章　总纲
第二章　议员
第三章　职掌
第四章　资政院与行政衙门之关系
第五章　资政院与各省谘议局之关系
第六章　资政院与人民之关系
第七章　会议
第八章　纪律
第九章　秘书厅官制
第十章　经费
附条

第一章　总纲

第一条　资政院钦遵谕旨，以取决公论，预立上下议院基础为宗旨。
第二条　资政院总裁二人，总理全院事务，以王公大臣著有勋劳通达治体者，由特旨简充。
第三条　资政院副总裁二人，佐理全院事务，以三品以上大员著有才望学识者，由特旨简充。
第四条　资政院议员以钦选及互选之法定之。
第五条　资政院议员于院中应有之权，一律同等，无所轩轾。
第六条　资政院会议期分为二种：一常年会，一临时会。常年会每年一次，会期以三个月为率。临时会无定次，会期以一个月为率。
第七条　资政院开会、闭会，均明降谕旨，刊布官报。
第八条　资政院开会之日，恭请圣驾临幸，或由特旨派遣亲贵大臣恭代行开会礼，宣布本期应议事件。

第二章　议员

第九条　资政院议员由下列各项人员年满三十岁以上者选充：
　　一、宗室王公世爵；
　　二、满汉世爵；
　　三、外藩（蒙、藏、回）王公世爵；
　　四、宗室觉罗；
　　五、各部院衙门以四品以下七品以上者，但审判官、检察官及巡警官不在其例；
　　六、硕学通儒；
　　七、纳税多额者；
　　八、各省谘议局议员。
第十条　资政院议员定额如下：

一、由宗室王公世爵充者，以十六人为定额；

二、由满汉世爵充者，以十二人为定额；

三、由外藩王公世爵充者，以十四人为定额；

四、由宗室觉罗充者，以六人为定额；

五、由各部院衙门官充者，以三十二人为定额；

六、由硕学通儒充者，以十人为定额；

七、由纳税多额充者，以十人为定额；

八、由各省谘议局议员充者，以一百人为定额。

第十一条　资政院议员钦选、互选之别如下：

一、宗室王公世爵、满汉世爵、外藩王公世爵、宗室觉罗、各部院衙门官、硕学通儒及纳税多额者钦选；

二、各省谘议局议员互选，互选后，由该省督抚复加选定，咨送资政院。

第十二条　资政院议员钦选及互选详细办法，照另定选举章程办理。

第十三条　资政院议员以三年为任期，任满一律改选。

第三章　职掌

第十四条　资政院应行议决事件如下：

一、国家岁出入预算事件；

二、国家岁出入决算事件；

三、税法及公债事件；

四、新定法典及嗣后修改事件，但宪法不在此限；

五、其余奉特旨交议事件。

第十五条　前条所列第一至第四各款议案，应由军机大臣或各部行政大臣先期拟定具奏请旨，于开会时交议。但第三款所列税法及公债事件，第四款所列修改法典事件，资政院亦得自行草具议案。

第十六条　资政院于第十四条所列事件议决后，由总裁、副总裁分别会同军机大臣或各部行政大臣具奏，请旨裁夺。

第四章　资政院与行政衙门之关系

第十七条　资政院议决事件，若军机大臣或各部行政大臣不以为然，得声叙原委事由，咨送资政院覆议。

第十八条　资政院于军机大臣或各部行政大臣咨送覆议事件，若仍执前议，应由资政院总裁、副总裁及军机大臣或各部行政大臣分别具奏，各陈所见，恭候圣裁。

第十九条　资政院会议时，军机大臣及各部行政大臣得亲临会所，或派员到会，陈述所见，但不列议决之数。

第二十条　资政院于各衙门行政事件，及内阁会议政务处议决事件，如有疑问，得由总裁、副总裁咨请答覆。若军机大臣或各部行政大臣认为必当秘密者，应将大致缘由声明。

第二十一条　军机大臣或各部行政大臣如有侵夺资政院权限，或违背法律等事，得由总裁、副总裁据实奏陈，请旨裁夺。前项奏陈事件，非有三分之二以上之同意，不得议决。

第五章　资政院与各省谘议局之关系

第二十二条　资政院于各省政治得失、人民利病有所咨询，得由总裁、副总裁札行该省谘议局申覆。

第二十三条　各省谘议局与督抚异议事件，或此省与彼省之谘议局互相争议事件，均由资政院覆议，议决后，由总裁、副总裁具奏，请旨裁夺。前项覆议事件关涉某省者，该省谘议局所选出之议员不得与议。

第二十四条　各省谘议局如因本省督抚有侵夺权限或违背法律等事，得呈由资政院覆办。前项覆办事件，若审查属实，照第二十一条办理。

第六章 资政院与人民之关系

第二十五条 各省人民于关系全国利害事件有所陈请，得拟具说帖，并取具同乡议员保结，送呈资政院覆办。

第二十六条 前条陈请事件，应先由议长交该管各股议员审查，如无违例不敬之语，方准收受。其经审查后批驳者，在本会期内不得再行投递，或另向他处投递。

第二十七条 资政院于人民陈请事件，若该管各股议员多数认为合例可采者，得将该件提议，作为议案。其关于行政事宜者，应咨送各该衙门办理。

第二十八条 资政院不得向人民发贴告示或传唤人民。

第二十九条 资政院于民刑诉讼事件概不受理。

第七章 会议

第三十条 资政院会议时，由总裁为议长，副总裁为副议长。议长有事故时，由副议长代理。

第三十一条 资政院常年会，自九月初一日起，至十二月初一日止，其有必须接续会议之事，得延长会议一个月以内。

第三十二条 资政院临时会，于常年会期以外，遇有紧要事件，由行政各衙门或总裁、副总裁之协议，或议员过半数之陈请，均得奏明，恭候特旨召集遵行。

第三十三条 资政院议员于召集后，应以抽签法分为若干股，每股由议员互推一人为股长。

第三十四条 资政院会议非有议员三分之二以上议员到会，不得开议。

第三十五条 资政院会议以到会议员过半数之所决为准，若可否同数，则取决于议长。

第三十六条 资政院自行提议事件，非有议员三十人以上之同意，不得作为议案。

第三十七条　资政院于预算、法典及其余重要议案，应先由议长交该管各股议员调查明确，方得开议。

第三十八条　资政院会议应由总裁、副总裁先期将议事日表通知各议员，并咨送行政衙门查照。

第三十九条　资政院议员于议案有关系本身或其亲属及一切职官例应回避者，该员不得与议。

第四十条　资政院议员如原有专折奏事之权者，于本院现行开议之事，不得陈奏。

第四十一条　资政院议员除现行犯罪外，于会期内非得本院承诺，不得逮捕。

第四十二条　资政院议员于本院议事范围内所发言论，不受院外之诘责。其以所发言论在外自行刊布者，如有违犯，仍照各本律办理。

第四十三条　资政院会议不禁旁听，其有下列事由，经议院公认者，不在此限：

一、行政衙门咨请禁止者；

二、总裁、副总裁同意禁止者；

三、议员三十人以上提议禁止者。

第四十四条　资政院《议事细则》《分股办事细则》及《旁听规则》另行厘定。

第八章　纪律

第四十五条　资政院议场内应分设守卫警官及巡官、巡警，听候议长指挥，其员额及守卫章程另行厘定。

第四十六条　资政院议员于会议时有违背《院章》及《议事规则》者，议长得止其发议，违者得令退出。旁听人有不守规则者，议长得令退出。其因而紊乱议场秩序，致不能会议者，议长得令暂时停议。

第四十七条　资政院议员有屡违《院章》或语言行止谬妄者，停止到会，情节严重者除名。

第四十八条　资政院议员无故不赴召集，或赴召集后无故不到会延至十日以上者，均除名。

第四十九条　资政院议员有以本院之名义干预他事者，停止到会，其情节重者除名。

第五十条　资政院议员停止到会，以十日为限，由总裁、副总裁同意行之；除名，以到会议员三分之二以上议决行之。

第五十一条　资政院议员有应行除名者，如系钦选人员，应由总裁、副总裁奏明，请旨办理。

第五十二条　资政院有下列情事，得由特旨谕令停会：

一、议事逾越权限者；

二、所决事件违背法律者；

三、所议事件与行政衙门意见不合尚待协商者；

四、议员在议场有狂暴举乱，议长不能处理者。

停会之期以十五日为限。

第五十三条　资政院有下列情事，得由特旨谕令解散，重行选举，于五个月内召集开会：

一、所决事件有轻蔑朝廷情形者；

二、所决事件妨碍国家治安者；

三、不遵停会之命令，或屡经停会仍不悛改者；

四、议员多数不应召集，屡经督促仍不到会者。

第九章　秘书厅官制

第五十四条　资政院设秘书厅，掌本院文牍、会计、记载议事录及一切庶务。

第五十五条　资政院秘书厅设秘书长一人，秩正四品，由总裁、副总裁遴保相当人员，请旨简放。

第五十六条　资政院秘书厅设一、二、三等秘书官各四人，一等秩正五品，二等秩正六品，三等秩正七品，由总裁、副总裁遴员奏补。

第五十七条　资政院秘书厅附设图书室一所，掌收藏一切书籍等事。图书室设管理员一人，即以秘书官兼充。

第五十八条　秘书厅秘书长承总裁、副总裁之命，监督本厅一切事宜。

第五十九条　秘书官承秘书长之命，分掌各科事务。

第六十条　秘书厅分为四科如下：

一、机要科；

二、议事科；

三、速记科；

四、庶务科。

第六十一条　秘书厅应设书记及速记生等员额，由秘书长酌量事务繁简，禀承总裁、副总裁酌定。

第六十二条　秘书厅办事细则由秘书长拟定，呈候总裁、副总裁核定施行。

第十章　经费

第六十三条　资政院经费，其款目如下：

一、总裁、副总裁公费；

二、议员公费及旅费；

三、秘书厅经费及守卫经费；

四、杂费及预备费。

第六十四条　前条所列各款经费数目，另行奏定。

第六十五条　资政院经费由度支部每年归入预算，按数支拨。

附条

第一条　本章程奏准奉旨后，以宣统元年九月初一日起为施行之期。

第二条　本章程未尽事宜，由总裁、副总裁会同军机大臣奏明办理。

注释

① 宣统元年七月初八日（1909年8月23日），朝廷发布《颁行资政院院章谕》，曰："上谕：资政院奏续拟院章并将前奏各章改订开单呈览一折，朕详加披览，该院自《职掌》以下八章，与现定《谘议局章程》，实相表里，即为将来上下议院法之始基。所拟尚属周妥，著京外各衙门一体遵行。其各项细则章程，仍著迅速筹拟，奏请宣布。余依议单并发。钦此。"（《大清法规大全·宪政部·谕旨》，台湾考正出版社1972年根据政学社石印本影印，第5页）

资政院议事细则 ①

军机大臣钦奉谕旨：资政院奏《议事细则》及《分股办事细则》分别缮单呈览一折。著依议。钦此。

窃臣等前于宣统元年九月十三日会奏拟订《资政院议员选举章程》，并声明《议事细则》等项由臣等陆续筹拟，随时奏陈等语，奉旨依议。钦此。钦遵在案。查资政院为将来上下议院之始基。提纲挈领，义主赅括，而《议事细则》等项所以规定院内会议治事之方法，曲防事制，义取谨严。外国议院制度于议院法之外，一切会议治事方法均各另定规则，与议院法相辅而行，故各议员有所遵循，咸尽厥职。本年九月为资政院开会之期，所有《议事细则》等项，亟应详细厘定，以便施行。臣等迭与臣院协理、帮办各员悉心筹商，克期属草。谨就《资政院议事细则》《分股办事细则》各一种。其《议事细则》一种，为整理议事之规律，自召集开会以迄停会闭会暨附则计十二章，凡一百五十条。其分股办事细则一种，凡议员分股及股员办事程序无不明晰，规定以为议事之准备，自分股股员以迄会议录、参考文书暨附则计十章，凡六十四条。《议事细则》所定以第四章会议为主，而第一章至第三章则会议之先预为筹备之事也。第五章至第十章则会议时应行遵守之事也，第十一章、第十二章则会议后应办各事及本细则施行改正之事也。《分股办事细则》所定以第七章为主，其余各章曰分股，曰股员，曰股员长，曰副股员长则股员会之组织也，曰分科，曰审查长，曰额外股员则分科会及额外股员会之组织也，曰审查及报告，曰会议录及参考文书，则股员办事之通则也，议场内全院会议则适用《议事细则》，议场外股员会议则适用《分股办事细则》。二者性质虽异，效用兼资。②

要目

第一章　　召集及开会
第二章　　开议中止、散会及展会
第三章　　议事日表
第四章　　会议
第五章　　议事录、议决录及速记录
第六章　　具奏
第七章　　质问及建议
第八章　　受理陈请
第九章　　告假及辞职
第十章　　议场秩序及惩戒
第十一章　停会及闭会
第十二章　附则

第一章　召集及开会

第一条　议员钦遵上谕指定之召集日期于上午九点钟齐集资政院。
第二条　议员到院之始，须在议员簿注到，其由各省谘议局互选之议员应并将执照交验。
第三条　议员到院满半数以上时，议长、副议长即行就坐。
第四条　议员坐位以宗室王公世爵、外藩王公世爵、满汉世爵、宗室觉罗、各部院衙门官、硕学通儒、纳税多额者、各省谘议局互选议员为序。
第五条　议长命秘书官以抽签法匀分总议员为六股，其有零数则由第一股依次递加一员，议长、副议长不在各股议员之列。
第六条　各股议员分定后，由议长、副议长奏请开会，遵照《院章》第八条办理。开会时由军机大臣或特派之亲贵大臣恭读谕旨，宣布本期应议事件。

第二章 开议中止、散会及展会

第七条 开议时刻通常以下午一点钟为始，至迟不得逾半点钟。其逾时到院者，应俟议事中止后，议员再入议场时一同入场。

第八条 届开议时，议长就坐，报告文件之后宣告开议。其未宣告以前，无论何人不得就议事发议。

第九条 会议之时，议长遇有必要情形，得酌定时刻中止议事。

第十条 议事日表所载议事已毕，由议长宣告散会。若议事未毕，已届下午五点钟，议长得宣告展会。

第十一条 议员到会不满总数三分之二以上者，议长得酌定时刻，命秘书官计算员数。若计算二次，数仍不满者，即宣告展会。

第十二条 会议之时，议员离坐，至不满总数三分之二以上者，照前条办理。

第十三条 议长宣告散会及展会之后，无论何人不得就议事发议。

第三章 议事日表

第十四条 资政院应议事件及开议日时，须记载于议事日表。

第十五条 议事日表由秘书厅编制，呈议长、副议长核定。

第十六条 议事日表记载之次序如下：

一、钦奉特旨交议事件；

二、军机大臣、各部行政大臣具奏请旨交议事件；

三、核议各省督抚与谘议局异议或谘议局互相争议事件；

四、资政院自行提议事件；

五、各省人民陈请合例可采事件。

第十七条 遇有紧急事件，经议长认为必应从速开议或议员提起倡议声请从速开议者，议长得声明理由，改定议事日表。

第十八条 议事日表所载某时应议事件，若其时刻已届，议长得停止他项议事，改议此项事件。
第十九条　议事日表所载事件，届时不能开议，或开议不能完结者，议长得改定议事日表。前项开议不能完结事件，应记载于下次议事日表之首。
第二十条　议事日表所载事件，业经议毕，议长得酌加议事日表。
第二十一条　议事日表须先期登载官报，并由秘书厅将表内所载各种议案刷印分送。

第四章　会议

第一节　提议及倡议

第二十二条　议员欲就各项事件提议，应具案附加案语，得三十人以上之赞成，会同署名，提出于议长，交秘书厅刷印分送。
第二十三条　会议之时，议员对于议案提起修正之倡议，非有三十人以上之赞成，不得作为议题。除本细则别有规定外，议员提起倡议，得三人以上之赞成，即可作为议题。

第二节　三读

第二十四条　法律案之议决，须经三次宣读。其军机大臣、各部行政大臣商请或议员十人以上声请，经到会议员三分之二以上可决者，得省略之。每届宣读，议长得命秘书官朗读议案或省略之。
第二十五条　初读应于分送议案二日以后行之，其紧急事件不在此限。
第二十六条　初读之际，军机大臣、各部行政大臣、政府特派员或提议议员应说明该议案之主旨；其核议各省事件，应由议长或命秘书长代为说明；各议员对于议案若有疑义，得声请军机大臣、各部行政大臣、政府特派员或提议议员说明之。
第二十七条　初读已毕，议长应将各该议案付该管股员审查。
第二十八条　股员审查之报告，经议员讨论大体以后，即议决应否再读。
第二十九条　凡议决不须再读之议案，即行作废。
第三十条　再读应于初读二日以后行之，但议长得咨询本院缩短时日，或与初读同日行之。

第三十一条　再读之际,议员得提起修正议案之倡议;议员得于再读以前预将修正案提出。

第三十二条　股员报告之修正案,不俟议员赞成,即可作为议题。

第三十三条　议长得更改逐条审议次序,将数条归并或将一条分晰,付之讨论。其有议员提起异议者,俟有赞成员,得不用讨论,即咨询本院决定之。

第三十四条　再读应将议案逐条议决之。

第三十五条　再读已毕,议长得将议案付该管股员,令整理议决修正之条项及字句。

第三十六条　三读以再读之议决案为议案。

第三十七条　三读应于再读二日以后行之,但议长得咨询本院缩短时日,或与再读同日行之。

第三十八条　三读之际,应议决全体议案之可否。

第三十九条　三读除改定文字外,不得提起修正之倡议。其议案中有互相矛盾事项或与现行法律有互相抵触事项,经议员提起倡议,必须修正者,不在此限。

第三节　讨论

第四十条　凡就议事日表所载议题欲发议者,应于开议以前,预将本人姓名及赞成反对之意,知会秘书厅。

第四十一条　秘书厅据前条知会之次序,记载于发议表,呈报议长。议长当讨论之始,据发议表指令反对者及赞成者依次交互发议。其不应指令者,知会作为无效。

第四十二条　预行知会之议员全数发议完毕以后,未经知会之议员亦得声请发议。

第四十三条　一方议员发议未毕,而他方议员发议已毕者,未经知会之他方议员亦得声请发议。

第四十四条　议员未经知会声请发议者,应起立自报姓名或号数,经议长允许,方可发议。

第四十五条　议员声请发议,有二人以上起立者,议长应指令先起立者发议；若同时起立，则由议长指定。

第四十六条　议员因展会及中止议事，发议未毕者，得于下次讨论之始续行发议。

第四十七条　凡发议者，应登议台。其言极简捷或特经议长允许者，不在此限。

第四十八条　军机大臣、各部行政大臣及政府特派员之发议，无论何时，议长应允许之，但不得中止议员之演说。

第四十九条　军机大臣、各部行政大臣及政府特派员，除演说答辩应登议台外，得就本坐起立发议。

第五十条　讨论不得出议题之外。

第五十一条　议员不得就一议题发议二次，其质疑、应答及声请议长整理秩序者，不在此限。

第五十二条　股员长及报告员得数次发议说明审查报告之主旨。

第五十三条　军机大臣、各部行政大臣、政府特派员或提议及倡议之议员得数次发议说明议案及提议倡议之主旨。

第五十四条　凡被议不合资格及应行惩戒之议员，得数次发议，自为声辩，但不得预于表决之数。

第五十五条　会议之时，不得朗诵说帖，其因引证将文件朗诵者，不在此限。军机大臣、各部行政大臣、政府特派员及股员长、报告员得朗诵案语及报告书。

第五十六条　议长、副议长欲自预讨论者，应改就特设议坐。议长因讨论离坐者，由副议长代理职务。议题业经表决之后，议长应复还原坐。

第五十七条　讨论终局，由议长宣告之。

第五十八条　发议者虽未全数完毕，若议员提起讨论终局之倡议，得二十人以上之赞成者，由议长咨询本院决定之。

第五十九条　讨论之际，非赞成、反对各有二人以上发议之后，不得提起讨论终局之倡议。其一方有二人以上发议而他方无声请发议者，不在此限。

第六十条　讨论终局以后，有未成议题之修正案，由议长报告之。其赞成员未满定额者，得询问议员有无赞成，并将应否再行讨论，付之表决。若决定不须讨论者，即就原案取决。

第六十一条　请付审查之倡议，虽在讨论终局以后，亦得提起，但不得涉及本议题之可否。

第六十二条　讨论终局以后，军机大臣、各部行政大臣及政府特派员有就本议题发议者，作为再行讨论。

第六十三条　议题未经讨论以前，质疑纷出，不易完结者，议员得提出即行讨论之倡议，经二十人以上之赞成，由议长咨询本院决定之。

第六十四条　凡在议场发议者，彼此称谓均用敬辞。

第六十五条　议事规则若有疑义，由议长决定之。

第四节　修正

第六十六条　军机大臣、各部行政大臣得就交议事件随时提出修正案或奏明撤销。

第六十七条　议员提起修正议案之倡议，应具案提出于议长。

第六十八条　议员所提出之修正案，应在股员会提出修正案以前取决。

第六十九条　就一议题提出数种修正案，其表决次序以与原案相差最远者为首。其有议员提起异议者，俟有赞成员，由议长咨询本院决定之。

第七十条　议员提起修正议案之倡议，业已成立者，非经本院允许，不得撤销。

第七十一条　修正案全体否决者，应就原案取决。

第七十二条　修正案及原案虽皆不得议员过半数之赞成，而本院决定不可作废者，议长得特令股员参酌具案交付会议。

第五节　表决

第七十三条　议长、副议长及议员均有表决权，其不在议场者不得加入表决。

第七十四条　届表决时，议长宣告应行表决之问题。议长宣告应行表决之问题以后，无论何人不得就议事发议。

第七十五条　届表决时，议长应令以为可者起立表决，其表决若有疑义或议员提起异议者，应令以为否者起立反证之；若仍有异议或议员提出异议得十人以上之赞成者，议长应命秘书官点唱议员姓名或号数，令再行起立表决。议员对于点唱之结果提起异议得二十人以上之赞成者，议长得以记名或无记名法，令为表决。

第七十六条　议长认为重要或经议员二十人以上之声请者，得不用起立法，以记名或无记名法，令为表决。

第七十七条　记名表决者，以为可之议员用白色票，以为否之议员用蓝色票，各记本人姓名投入票匦。

第七十八条　无记名表决者，以为可之议员用白球，以为否之议员用黑球，投入球匦，并将本人名刺投入名刺匦，其球数与名刺之数不符者，应再行表决。

第七十九条　点唱姓名、号数，或用记名、无记名表决者，应封闭议场，禁止出入。

第八十条　表决已毕，议长宣告议题表决之可否。

第八十一条　议员不得声请更正表决。

第六节　预算会议

第八十二条　预算案由议长付预算股员审查，限三十日以内告竣。

第八十三条　预算股员审查既毕，由股员长将报告书提出，议长交秘书厅刷印分送，即行会议。

第八十四条　预算会议不必经三次宣读。

第八十五条　预算案关涉法律案者，应俟法律案议决后交付会议。

第八十六条　预算案内遇有紧要事件，经军机大臣、各部行政大臣商请不付审查者，由议长咨询本院决定后，即行会议。

第八十七条　预算会议，应先议大纲，后及各项。

第八十八条　预算会议遇有更须审查事件，议长应再付预算股员审查。

第八十九条　议员提起修正预算案之倡议，非有三十人以上之赞成，不得作为议题。

第九十条　预算额数非经军机大臣、各部行政大臣提出修正案后，不得决议增加。

第七节　决算会议

第九十一条　决算会议准用第八十三条、第八十四条之规定。

第九十二条　决算会议经决算股员审查后行之。

第九十三条　前会期提出之决算案，得于次会期续行审查。

第九十四条　决算案内遇有违法及不当之支出，经本院议决后，咨行该管衙门区处。

第八节　秘密会议

第九十五条　资政院遇有下列事项，得开秘密会议：

　　一、议长、副议长或议员十人以上之提议，经本院议决停止公开者；

　　二、军机大臣、各部行政大臣商请停止公开者；

　　三、本细则别有规定者。

第九十六条　前条规定之提议，由议长令旁听人退出议场后，取决可否。

第九十七条　秘密会议之速记录，不准印行。其经本院允许者，不在此限。

第五章　议事录、议决录及速记录

第一节　议事录及议决录

第九十八条　议事录记载之事项如下：

　　一、资政院开会、停会、闭会之事项及年月日时；

　　二、开议、中止、展会、散会之月日时；

　　三、军机大臣、各部行政大臣、政府特派员到会者之姓名；

　　四、资政院钦奉谕旨事件；

　　五、议长及股员长报告事件；

　　六、会议之议题；

　　七、作为议题之倡议及倡议者之姓名；

　　八、议决之事件；

　　九、表决可否之数目；

十、资政院认为重要之事件。

第九十九条　议决录记载议场之议决。

第一百条　议员对于议事录及议决录所载事实提起异议者，议长应令秘书长答辩。议员于秘书长之答辩仍有异议者，议长得咨询本院决定之。

第一百一条　议事录及议决录应由议长、副议长、秘书长或其代理之秘书官署名画押。

第二节　速记录

第一百二条　速记录以速记法记载议事。

第一百三条　议员之发议，业经议长令其撤销者，不得记载于速记录。

第一百四条　议员之演说得于编制速记录以前订正文字，但不得更改其主旨。若因订正而他议员提起异议者，议长俟有赞成员，咨询本院决定之。

第六章　具奏

第一百五条　《院章》第十六条、第十八条、第二十一条、第二十三条、第二十四条、第五十一条规定之具奏事件，经本院议决后，由议长、副议长照各本条分别具奏。

第一百六条　前条规定之外，应行具奏事件，议长、副议长得随时具奏。

第七章　质问及建议

第一节　质问

第一百七条　议员依院章第二十条欲行质问者，应具说帖，得三十人以上之赞成，由议长咨询本院决定之。

第一百八条　质问事件由议长、副议长咨询答覆之后，军机大臣、各部行政大臣应酌定日期以文书或口头答覆。

第一百九条　议员对于答覆之理由提起倡议者，非有三十人以上之赞成,不得作为议题。

第二节 建议

第一百十条 资政院于议决案以外,若有建议事件,得具案咨送内阁会议政务处核办。

第一百十一条 资政院建议事件,未经内阁会议政务处核办者,不得于本会期内再行建议。

第八章 受理陈请

第一百十二条 各省人民陈请事件,应由本人缮具说帖,详记年岁、籍贯、职业、住址、署名盖章并取具同乡议员保结,呈递于秘书厅。

第一百十三条 法人陈请事件,由代表人署名,盖用法人印章,照前条办理。

第一百十四条 凡有陈请事件,若遇资政院业经闭会,而院内现无同乡议员者,得取具同乡京官保结,照第一百一十二条、第一百一十三条办理。

第一百十五条 陈请事件之说帖,遇有下列各项情节,不得收受:

一、陈请更改钦定宪法者;

二、对于乘舆用不敬文辞、对于政府及资政院用侮辱文辞者;

三、干预司法及行政审判者;

四、专用总代表之名义而法律上不认为有法人资格者;

五、不合陈请之名义及体裁者。

第一百十六条 秘书厅收受说帖之后,即摘录陈请事由及呈递日期并本人姓名、籍贯、职业及出具保结员之姓名,列为陈请事件表,连同说帖呈由议长付陈请股员依次审查。陈请事件表每一星期由秘书厅刷印分送各议员一次。

第一百十七条 议员提起倡议,请将某项说帖从速审查者,议长咨询本院决定之,并限定日期付陈请股员审查。

第一百十八条 陈请股员应将审查之结果报告于议场,其分类如下:

一、应交会议事件;

二、毋庸会议事件。

第一百十九条　应交会议事件，陈请股员应将详细理由特别报告。

第一百二十条　毋庸会议事件，若一星期内议员不提起倡议请交会议者，即以陈请股员会议决定之。

第一百二十一条　陈请事件之说帖交会议者，毋庸朗诵，其议员提起倡议声请朗诵者，议长得咨询本院决定之。

第九章　告假及辞职

第一节　告假

第一百二十二条　议员因事不能到会至三日以外者，应将事由及日数知会秘书厅转呈议长。假期届满仍不能到会者，应照前条续假。

第一百二十三条　议员告假每次不得过七日，会期中统计假限不得过五十日。如逾此限，经本院议决除名者，由议长、副议长奏明办理。

第二节　辞职

第一百二十四条　议员辞职，应具辞职书提出于议长。

第一百二十五条　闭会之后，议员有提出辞职书者，由议长、副议长决定于下次开会之始报告之。

第一百二十六条　钦选各项议员有辞职者，由议长、副议长具奏，请旨补选。

第一百二十七条　各省谘议局互选议员有辞职者，由议长、副议长咨行各该省督抚，以候补议员选充。

第十章　议场秩序及惩戒

第一节　议场秩序

第一百二十八条　议场秩序由议长整理之。

第一百二十九条　议场内不得挟带危险器械及零杂物件。

第一百三十条　议场内不得吸烟或任意咳唾。

第一百三十一条　会议之时，除参考外，不得阅读书籍及报纸。

第一百三十二条　会议之时，无论何人不得喧哗，妨碍演说及朗诵。

第一百三十三条　散会之际，非议长离坐之后，不得离坐。

第一百三十四条　议长鸣号铃时，无论何人均须肃静。

第二节　惩戒

第一百三十五条　议员中遇有应行惩戒事件，除《院章》及本细则别有规定外，议长得付惩戒股员审查，经本院议决后，即行宣告。

第一百三十六条　应行惩戒之议事，须开秘密会议。

第一百三十七条　前条之会议，应行惩戒之议员不得与议。其经议长允许到会声辩者，不在此限。

第一百三十八条　议员提起惩戒之倡议，非有二十人以上之赞成，不得作为议题。

第一百三十九条　前条之倡议，应于惩戒事件发觉后三日以内提起之。

第一百四十条　议员为不敬或无礼之演说者，除照《院章》第四十六条区处外，议长得于议场谴责或令自陈谢辞。

第一百四十一条　不服议长之区处或命令者，议长得认为应行惩戒事件，付惩戒股员审查。

第一百四十二条　关于惩戒事件之言论，议长得酌量禁止公布。

第十一章　停会及闭会

第一节　停会

第一百四十三条　资政院钦奉特旨停会，在会议时刻者，由议长恭读，即行停止议事，宣告散会；其不在会议时刻者，议长应令秘书官恭录刷印，传知各议员。

第一百四十四条　停会日数算入会期之内。

第一百四十五条　停会之后再行开议者，仍接续前次会议之议事。

第二节　闭会

第一百四十六条　届闭会时，由军机大臣恭读上谕，宣布于议场。

第一百四十七条　届闭会时，所有议案及建议陈请事件尚未议决者，均即止议，但得于次会期再行提出。

第一百四十八条　届闭会时，遇有重要事件，经军机大臣、各部行政大臣咨请或得其同意者，议长得令该管股员接续审查，于次会期报告之。

第十二章　附则

第一百四十九条　本细则自宣统二年八月二十日起为实行之期。

第一百五十条　本细则有提议修正者，以不背《院章》为限，得经总议员三分之二以上之可决，由议长、副议长奏明办理。

注释

① 《国风报》，"法令"，第一年廿四号。
② 《政治官报》，宣统二年八月二十日，第1043号，第1—2页。

资政院分股办事细则[1]

要 目

第一章　　分股
第二章　　股员
第三章　　股员长及副股员长
第四章　　分科
第五章　　审查长
第六章　　额外股员
第七章　　会议
第八章　　审查及报告
第九章　　会议录及参考文书
第十章　　附则

第一章　分股

第一条　资政院照院章第三十三条之规定，分总议员为六股，其数如下：

　　第一股　议员三十四人
　　第二股　议员三十四人
　　第三股　议员三十三人
　　第四股　议员三十三人
　　第五股　议员三十三人
　　第六股　议员三十三人

第二条　分股于召集日行之。其临时会仍接续前会期所分之股。

第三条　各股设股长一人，整理本股事务，由各该股职员互推。

第四条　各股设理事一人，襄理本股事务，由各该股议员用无记名法互选，以得票最多数者为当选人，票同则取年长者；年同则以抽签定之。

前项之互选以股长为管理员。

管理员于互选之日将当选人姓名报告议长。

第五条　股长有事故时，由理事代理职务。

第二章　股员

第六条　资政院股员分为二种：专任股员、特任股员。

第七条　资政院于开会之始，选举专任股员，定额如下：

预算股员，二十四人；决算股员，二十四人；税法公债股员，十二人；法典股员，十八人；陈请股员，十二人；惩戒股员，六人。

第八条　专任股员之选举，由议长指定日期及各股平均额数，令各股股员同时用无记名法就总议员中选举之，以得票多数者为当选，票同则以抽签定之。

前项之选举以股长为管理员。

管理员于选举之日将当选人姓名报告议长。

第九条　当选数股者为本股之当选人。

第十条　本股外当选数股者，依其股之次序为当选人。

第十一条　专任股员有缺额时，由该股议员照第八条之规定行补缺选举。

第十二条　专任股员非有正当理由不得辞职。

第十三条　资政院为审查特别事件，得议决选定特任股员。

第十四条　特任股员通常以六人为额，但视所付事件，得由本院议决增至十二人或十八人。

第十五条　特任股员由议长就议员中指定之。

第三章　股员长及副股员长

第十六条　专任及特任股员设股员长、副股员长各一人，由各该股员用无记名法互选，以得票最多数者为当选人；票同，则以抽签定之。

前项之互选，以首座股员为管理员。

管理员于互选之日，将当选人姓名报告议长。

第十七条　股员长整理股员会之事务，维持秩序；副股员长辅之。

第十八条　股员长有事故时，由副股员长代理职务。

股员长不在分科股员之列。

第四章　分科

第十九条　专任股员除惩戒股员外，均得分为数科如下：

预算股员之分科：

　　第一科，股员八人，掌审查度支部所管之预算事件。凡京内外衙门预算事件不在各部所管之列者皆属之。

　　第二科，股员五人，掌审查外务部、海军处、陆军部、理藩部所管预算事件。

　　第三科，股员五人，掌审查吏部、民政部、法部所管预算事件。

　　第四科，股员五人，掌审查礼部、学部、农工商部、邮传部所管预算事件。

决算股员之分科：

　　第一科，股员八人，掌审查度支部所管之决算事件。凡京内外衙门决算事件不在各部所管之列者皆属之。

　　第二科，股员五人，掌审查外务部、海军处、陆军部、理藩部所管决算事件。

　　第三科，股员五人，掌审查吏部、民政部、法部所管决算事件。

　　第四科，股员五人，掌审查礼部、学部、农工商部、邮传部所管决算事件。

税法公债股员之分科：

　　第一科，股员六人，掌审查税法事件；

　　第二科，股员五人，掌审查公债事件；

法典股员之分科：

　　第一科，股员九人，掌审查关于公法事件；

　　第二科，股员八人，掌审查关于私法事件；

陈请股员之分科：

　　第一科，股员六人，掌审查东三省、顺直、山东、山西、河南、陕西、甘肃、新疆、蒙古、回部人民陈请事件；

　　第二科，股员五人，掌审查江南、安徽、江西、浙江、福建、湖北、湖南、四川、广东、广西、云南、贵州、西藏人民陈请事件。

第二十条　各科股员因审查事件有不足者，得以他科股员兼任。

第二十一条　各分科中不得有半数以上之兼任股员。

第二十二条　各科股员及兼任股员由股员长指定，报告议长。

第五章　审查长

第二十三条　各分科中设审查长一人，整理分科会之事务，由各该科股员用无记名法互选，以各科首座股员为管理员。

第二十四条　管理员于互选之日，将当选人姓名报告股员长，转报议长。

第二十五条　审查长有事故时，得委托该科股员代理职务。

第六章　额外股员

第二十六条　专任及特任股员得于该股员中选定额外股员，其职务如下：

一、草具审查报告书案语或说帖；

二、草具修正案；

三、关于军机大臣、各部行政大臣协议事件；

四、调查特别事件。

第二十七条　额外股员长以专任或特任之股员长充之，整理额外股员会之事务。

第二十八条　额外股员由股员长指定之。

第七章　会议

第一节　股员会

第二十九条　股员会开议之日时，由股员长指定之。

股员会不得与资政院同时开议，其经本院允许者不在此限。

第三十条　股员会非有股员半数以上到会，不得开议。

第三十一条　股员长应将开议日时报告议长，咨询军机大臣、各部行政大臣及政府特派员到会发议。

第三十二条　各种股员得在股员会就同一事件数次发议。

第三十三条　股员长自预讨论之时，由副股员长代理职务。

第三十四条　议长得于股员会开议之时到会发议。

第三十五条　凡股员外之资政院议员、政府特派员外之各部院衙门官对于股员会审查事件有意见者，经股员长之允许，得到会发议。

第三十六条　股员会之议事，以到会股员之过半数议决之；可否数同，则由股员长决定。

第三十七条　股员会之开议、中止、展会、散会，皆由股员长宣告之。

第三十八条　股员会禁止议员以外之人旁听。如有秘密事件，亦得禁止议员旁听。

第二节　分科会及额外股员会

第三十九条　分科会开议之日时，由审查长指定之。

分科会不得与股员会同时开议，其经股员会允许者不在此限。

第四十条　分科会非有股员三分之二以上到会，不得开议。

分科会之议事以到会股员之过半数议决之；可否数同，则由审查长决定。

第四十一条　审查长应将开议日时报告股员长，转报议长，准用第三十一条之规定。

第四十二条　各科股员得在分科会数次发议。

第四十三条　股员长得于分科会开会之时到会发议。

第四十四条　分科会禁止本科股员以外之人旁听，其经审查长允许者不在此限。

第四十五条　分科会之开议、中止、展会、散会，由审查长宣告之。

第四十六条　额外股员会准用第二十九条、第三十条、第三十一条、第三十二条、第三十三条、第三十四条、第三十六条、第三十七条、第三十八条之规定。

第八章　审查及报告

第四十七条　凡股员之审查，以本院所付事件为限。

第四十八条　各科股员应遵本院议决之审查期限，分任审查。

第四十九条　各科股员审查既毕，由审查长报告其主旨于股员长，即行开股员会。

第五十条　各科审查长应于股员会报告本科之审查事件并说明之。

第五十一条　股员会审查毕时，由股员长作报告书，提出于议长。

第五十二条　股员长应于议场报告股员会之审查事件并说明之。

第五十三条　股员长经股员会之议决，得委托股员报告其审查事件。

第五十四条　除议长认为秘密事件之外，股员会应将报告书刷印分送于各议员。

第五十五条　股员会无故迟延报告之时，得由本院议决，改任股员。

第五十六条　在股员会以少数被黜之意见，如得到会股员三分之一以上之同意，得附股员会报告，提出说帖于议长。

第九章　会议录及参考文书

第五十七条　股员会之议事，以速记法记载之。

第五十八条　股员会议录记载之事项如下：

　　一、到会者之姓名；

　　二、表决之数目；

　　三、议决之主旨；

　　四、其他重要事件。

第五十九条　会议录中经股员长认为必须删除之言论，得删除之。

第六十条　会议录有错误时，各股员得自请更正。

第六十一条　会议录由股员长、副股员长署名画押，移交秘书厅存案。

第六十二条　股员长依股员会之议决，得声请议长咨行军机大臣、各部行政大臣，将参考文书检送到院。

　　各股员审查既毕，应将前项文书分别送还各衙门。

第六十三条　议员求阅会议录及参考文书，以不碍审查事件为限，股员长应允许之，但不得携出院外。

第十章　附则

第六十四条　本细则与《资政院议事细则》同日实行。

　　本细则之修正，准用《资政院议事细则》第一百五十条之规定。

注释

① 《国风报》，"法令"，第一年廿四号。

谘议局章程①

宪政编查馆会奏各省《谘议局章程》及案语并选举章程折

光绪三十三年（1907年）九月十三日，内阁奉上谕：朕钦奉慈禧端佑康颐昭豫庄诚寿恭钦献崇熙皇太后懿旨，前经降旨，于京师设立资政院，以树议院基础。但各省亦应有采取舆论之所，俾其指陈通省利病，筹计地方治安，并为资政院储才之阶。著各省督抚，均在省会速设谘议局，慎选公正明达官绅创办其事，即由各属合格绅民公举贤能作为该局议员，断不可使品行悖谬、营私武断之人滥厕其间。凡地方应兴应革事宜，议员公同集议，候本省大吏裁夺施行。遇有重大事件，由该省督抚奏明办理。将来资政院选举议员，可由该局公推递升，如资政院应需考查询问等事，一面行文该省督抚转饬，一面径行该局具复。该局有条议事件，准其一面禀知该省督抚，一面径禀资政院查核等因。钦此。仰见皇太后、皇上孜孜求治、重视舆论之至意，钦服莫名。臣等窃维立宪政体之要义，在予民人以与闻政事之权，而使为行政官吏之监察，故不可无议院以为人民闻政之地。

东西立宪各国，虽国体不同，法制各异，而要之，无不设立议院，使人民选举议员，代表舆论，是以上下之情通，而暌隔之弊少。中国向无议院之说，今议倡设，人多视为创举，且视为外国之法。不知虞廷之明目达聪，大禹之建鼗设铎，洪范之谋及庶人，周官之询于外朝，皆古义也。古昔盛时，无不广采舆论以为行政之准则者，特未有议院之制度耳。《记》曰："上酌民言，则下天上施。上不酌民言，则犯也。下不天上施，则乱也。"《传》曰："防民之口，甚于防川，川壅而溃，伤人必多。是故为川者，决之使导；为民者，宣之使言。"是民言之不可壅障断断然也。然为川之道，固不可使之壅塞而不流，亦不可任其泛滥而无纪，必也宽予之地，俾其畅行无阻，而仍遥筑堤防，不容溢出于界域之外。议院者，得予水畅行之地也；规则者，不容外溢之堤防也。既将创设议院，若不严定规则，事为之制，曲为之防，流弊有不可胜言者。今者钦奉明纶，于京师设立资政院外，复令各省，均在省会设立谘议局，以为各省采取舆论之所，并为资政院储才之阶。法良意美，薄海同钦。

臣等查谘议局即议院之先声，自当上承德意，下体舆情，将其规则妥为厘定，以期行之，有利而无弊。伏查各国立宪制度，皆设上下议院于国都，其下多直接地方自治之议会。惟联邦之制，各邦自有国会，帝国但总其大纲。中国地大民众，分省而治，各省之政主于督抚，与各国地方之治直接国都者不同。而郡县之制异于封建督抚，仍事事受命于朝廷，亦与联邦之各为法制者不同。谘议局之设，为地方自治与中央集权之枢纽，必使下足以裒集一省之舆论，而上仍无妨于国家统一之大权。此其要义一也。

夫议院乃民权所在，然其所谓民权者，不过言之权，而非行之权也。议政之权虽在议院，而行政之权仍在政府。即如外国监督政府之说，民权似极强矣。而议院攻击政府，但有言辞，并无实力，但有政府自行求退，议院并不能驱之使行。普鲁士、日本宪法且明载，进退宰相、任免文武官之权在于其君，此足见民权之是言非行矣。况谘议局仅为一省言论之汇归，尚非中央议院之比，则其言与行之界限尤须确切订明，不容稍有逾越。此其要义二也。

立宪之国必有议院，此一定之理；敕定宪法之国，必先期宣布开设议院年限，此亦自然之序。今资政院、谘议局已次第建立，为议院之基础矣。基础既立，则朝廷自将宣布开设议院年限，以定人心而促进步。此可预计者也。是则此日各省谘议局办法，必须与异日京师议院办法有相成而无相悖。宣布年限之后，局中议员即当随时为选入议院之预备。故议员资格、议事权限皆当于此时早为厘定。此其要义三也。

兹经臣等督饬馆员仰体圣训，博考列国立法之意，兼采外省所拟章程，参伍折衷，悉心编纂。谨拟成各省谘议局章程十二章六十二条。第一章总述纲要，明谘议局之缘起及其设立之宗旨；第二章至第五章定谘议局议员之额数、资格、分类、任期，兼及补缺、改选、辞职之事；第六章至第八章定谘议局之职任、权限，及其会议监督之法；第九章以下，定经理本局庶务、筹支经费、保持纪律之事，而以章程之施行、修改，列为附条殿焉。所有条项文句，均经斟酌再三，屡成屡易。椎轮之作，不敢即谓精密无遗，而因时制宜斟酌，亦不敢不力求详慎。谨疏通证明，加具案语附于各条之后，以便解释而免疑误。其议员选举事宜端绪繁杂，非局章所能备载。若不详细筹拟，另定专条，诚恐办理纷歧，漫无把握，故别为选举章程一百十五条，以与局章相辅而行。庶几范围不过，率由有章。谨分别缮具清单，恭呈御览。如蒙俞允，拟请明降谕旨颁行。各省即由臣馆分咨各督抚，钦遵办理。其安徽抚臣冯煦所奏谘议局章程奉旨交臣馆议奏之案，此项章程现既具奏，即无庸再行议覆。谨奏。光绪三十四年（1908年）六月二十四日奉上谕一道，已恭录卷首。谨将拟订谘议局章程附加案语缮具清单恭呈御览。

要目

第一章　　总纲

第二章　　议员

第三章　　议长、副议长及常驻议员

第四章　　任期及补缺

第五章　　改选及辞职

第六章　　职任权限

第七章　　会议

第八章　　监督

第九章　　办事处

第十章　　经费

第十一章　罚则

第十二章　附条

第一章 总纲

第一条 谘议局钦遵谕旨，为各省采取舆论之地，以指陈通省利病、筹计地方治安为宗旨。各省谘议局设于督抚所驻之地。

　　谨案：谘议局系钦奉谕旨设立，凡诸大纲俱见于光绪三十三年九月十三日上谕。本条特称钦遵谕旨者，所以示谘议局之缘起，且以见本章程所订各条皆根本圣谟敷衍厥旨，非出于拟议者之臆见也。

第二章 议员

第二条 各省谘议局以下数目为定额，用复选举法选任之：奉天五十名；吉林三十名；黑龙江三十名；顺直一百四十名；江宁五十五名；江苏六十六名；安徽八十三名；江西九十七名；浙江一百十四名；福建七十二名；湖北八十名；湖南八十二名；山东一百名；河南九十六名；山西八十六名；陕西六十三名；甘肃四十三名；新疆三十名；四川一百零五名；广东九十一名；广西五十七名；云南六十八名；贵州三十九名。京旗及各省驻防，均以所住地方为本籍。但旗制未改以前，京旗得于顺直议员定额外，暂设专额十名。各省驻防，得于该省议员定额外，每省暂设专额一名至三名。其名数由各督抚会同将军、都统定之。

　　谨案：议员定额之准则，固以比照户口之数为最当。惟中国户口，尚无确实统计，详细调查恐需岁月，不得已参酌各省取进学额及漕粮之数以定多寡。本条所定，以各该省学额总数百分之五为准。惟宁、苏两处漕粮最重而学额较少，故就漕粮每三万石加增一名，于江宁增九名，江苏增二十三名。其漕粮虽重而学额已敷，如浙江等省，不再加额。东三省及新疆地方建设行省未久，学额、漕粮俱难取准，故酌定一相当之名额。其府、厅、州、县划分名额之法，则以选举人多寡为标准，由本省督抚按照另定选举章程办理。

　　又案：各国选举议员之法，[②]有单选、复选之别。单选者，径由选举人投票选出议员是也；复选者，先由选举人选出若干选举议员人，更令选举议员人投票选出议员是也。现当初行选举之际，一切办法自以详密为宜。若遽用单选制度，恐拣择未精，不无滥竽幸进之弊。故本条采用复选举法，以示矜慎。

又案：近年迭奉谕旨，消融满汉畛域，将来旗制裁改，则旗人自应以所居地方为本籍。但旗制未改以前，旗人尚未编入民籍，京旗及驻防若不另为设额，旗人将全无与闻政事之权，似不足以昭平允。故暂为其人设议员专额，京旗则附顺直，驻防则附各省，庶免偏枯之虑。至东三省地方，即系旗人本籍，非京旗及驻防可比，所有旗、汉人等，自应一律办理，无庸另设专额，以为实行化除畛域之倡。

第三条 凡属本省籍贯之男子年满二十五岁以上，具下列资格之一者，有选举谘议局议员之权：

一、曾在本省地方办理学务及其他公益事务满三年以上，著有成绩者；

二、曾在本国或外国中学堂及与中学同等或中学以上之学堂毕业，得有文凭者；

三、有举贡生员以上之出身者；

四、曾任实缺职官文七品、武五品以上，未被参革者；

五、在本省地方有五千元以上之营业资本或不动产者。

谨案：各国选举资格，有普通选举、限制选举之别。普通选举者，于财产上之资格不加限制，使全国成年以上之男子皆有选举权者是也；限制选举者，据财产上之资格以定选举权之有无，如取一定之纳税额为标准，而付与以选举权者是也。现当初行选举之际，势不能骤用普通选举之制。然使专以财产为标准，又易启民间嗜利尚富之风。故本条参用限制选举法而推广之于财产限制之外，另设资望、学识、名位等格，以与财产并重，有一于此即为合格。既免冒滥之嫌，亦无偏重之弊，似为今日适宜之制。至第四款所指曾任实缺职官，必以未被参革为限者，因既经褫夺，即与齐民无异，不能复谓之职官矣。

第四条 凡非本省籍贯之男子年满二十五岁，寄居本省满十年以上，在寄居地方有一万元以上之营业资本或不动产者，亦得有选举谘议局议员之权。

  谨案：寄居人于寄居地方所受之利害关系，较本籍人为轻，则其权利自亦不能无所区别。故本条定寄居人之选举资格，较本籍人为特严。

第五条　凡属本省籍贯或寄居本省满十年以上之男子，年满三十岁以上者，得被选举为谘议局议员。

  谨案：本章程第六、第七、第八等条，于被选举权之限制，已极严密，故本条所定被选举资格，除年龄以外，更无何等要项。盖选举议员与任命官吏不同，国家但当指定何种人为在不应选举之列，不当更立程式，强令选举人必于何种人内行其选举权也。故各国通例，被选举资格除年龄以外，大抵无所限制。年龄资格，各国亦互有不同。法兰西、德意志、比利时等国以二十五岁为及格，英、美则以二十一岁为及格。惟日本议院法，必年满三十岁以上者，方有被选举权。本条采之者，以议员与闻政事责任綦重，未达壮年之人，识力未富，经验未深，不宜轻授以代表国民之重任也。

第六条　凡有下列情事之一者，不得有选举权及被选举权：

  一、品行悖谬、营私武断者；

  二、曾处监禁以上之刑者；

  三、营业不正者；

  四、失财产上之信用，被人控实，尚未清结者；

  五、吸食鸦片者；

  六、有心疾者；

  七、身家不清白者；

  八、不识文义者。

  谨案：选举议员及被选举为议员者，必身无过犯，并具有相当之智识及信用，而后资格乃为完全。故犯本条诸款中之一者，不得有选举权及被选举权。其第一款所谓品行悖谬、营私武断者，指宗旨歧袤、干犯名教，及讼棍土豪劣迹昭著者而言。第六款所谓有心疾者，指有疯狂痴骏等疾，精神已异于常人者而言。第七款所谓身家不清白者，指为倡优隶卒等贱业之人而言。

第七条　下列人等，停止其选举权及被选举权：

一、本省官吏或幕友；

二、常备军人及征调期间之续备后备军人；

三、巡警官吏；

四、僧道及其他宗教师

五、各学堂肄业生。

谨案：本条所定选举及被选举之限制，非以其资格缺欠之故，乃以其所处之地位，不适于选举议员及被选为议员故也；盖本省官吏幕友当行政之任，与谘议局本属对立，若与以选举议决之权，恐生旷职及干涉、勾通等弊。军人以不预政事为通例，巡警亦然。僧道教师均从事宗教，不预世务。学堂肄业学生正当精勤学业，自不宜与闻政事。故一律停止其选举权及被选举权。

第八条　现充小学堂教员者，停止其被选举权。

谨案：小学堂教员职司国民教育，责任綦重。若以被选为议员之故，致旷厥职，殊于学务有碍。故仅留其选举权，而停止其被选举权。

第九条　谘议局选举事宜。照另定选举章程行之。

谨案：选举事宜甚为繁琐，非本章程所能备载。故另立专章，相辅而行，以期周密。

第三章　议长、副议长及常驻议员

第十条　谘议局设议长一人、副议长二人、常驻议员若干人，均由议员中互选。

常驻议员，以该省议员额数十分之二为额。

议长、副议长用单记投票法分次互选，常驻议员用连记投票法一次互选，均以得票过半数者为当选。其细则由谘议局自定。

谨案：本条系定正、副议长及常驻议员之额数及其选举之法。缘谘议局不能常年开会，而一省之中临时事务甚多，久稽不议，亦非所宜。

故设常驻议员,以补救之,所以期议事之敏捷而省开会之烦数也。

又案:投票之法,有单记、连记之别。单记者,由选举人记其所举之人一名于票是也。议长与副议长职任权限不同,故用单记法,令分次互选,每次选出一人。连记者,按照应举人数,由选举人列记所举之人若干名于票是也。常驻议员彼此职任权限同,故用连记法一次互选。

第十一条　议长总理全局事务,副议长协理全局事务。议长有事故时,由副议长中一人代理。议长及副议长俱有事故时,由议员中公举临时议长代理。

谨案:本条系定议长、副议长之权限及其代理之法,一以防将来之抵牾,一以免临时之紊乱。

第十二条　常驻议员于第二十一条第九至第十二各款所列事件,若不在开会期中,得由议长委任协议办理。惟须于次期开会时,报告全体议员。

常驻议员,如督抚有时招集,亦可至会议厅以备询考。

谨案:本条系定常驻议员之权限及职务。常驻议员之协议,以不在开会期内为限。若值会期,即与寻常议员无别。协议之先必由议长之委任,事毕之后必须于次期会议报告议员。则专擅之渐,亦无自而开矣。

又案:第二项所定,因续订直省官制第六条有各省设会议厅可酌择公正乡绅与议之条。当续订官制时,尚未奉有设立谘议局之旨,是以拟有会议厅一条。现在既专设谘议局,则督抚与司局各官会议时,或招集常驻议员以资询考或议论,有不便同坐时,即不招集常驻议员,均听其便。若不在会议厅,督抚愿随时与常驻议员等晤谈询访,亦无不可。

第十三条　议长、副议长、常驻议员,均常川到局本事。

谨案:正副议长及常驻议员,既于会期以外有一定之职守,自不得不常川到局,以免旷废之弊。

第十四条　议长、副议长、常驻议员除特定职权外,其余权利义务均与议员同。

谨案:议长、副议长、常驻议员本皆由议员中互选而来,就特定职任权限言之,则谓之议长、副议长、常驻议员;就普通权利义务言之,则议长等亦一议员也。本章程内，凡以议员与议长、副议长、常驻议员对举者，专指寻常议员而言；其泛称议员者，即兼赅议长等在内。本条特声明议长、副议长、常驻议员权利义务与议员同者，恐解释者于本章程内所有泛称议员之处，亦误以议长等为不在其列也。

第四章　任期及补缺

第十五条　凡议员之任期，以三年为限。议长、副议长之任期，亦同。但常驻议员之任期，以一年为限。

　　任期以每届选举后第一次开会之日起算。

　　谨案：本条系定议长、议员等之任期。议员三年一改选者，因岁序屡易，各省情形亦有变迁。前举之人适宜与否，不可不再卜之舆论也。议长亦由议员中选出，其被选也同，故其改选也亦同。常驻议员以一年为限者，一以均劳逸，一以杜少数专擅之弊。

第十六条　议长因事出缺时，以副议长递补之。副议长因事出缺时，由议员中互选补之。若不在开会期中，得由常驻议员中互选补之。常驻议员因事出缺时，以候补常驻议员名次表之列前者递补之。议员因事出缺时，以复选候补当选人名次表之列前者递补之。

　　谨案：本条系定议长、议员等补缺之法，以免临时之紊乱，兼省再选之烦琐。

第十七条　凡补缺之议长、副议长、议员、常驻议员，其任期以补足前任未满之期为限。

　　谨案：议长、议员等改选，必归一律，不使有参差不齐之病。故本条定各项补缺者之任期，悉以补足前任未满之期为限，则齘若画一矣。

第五章　改选及辞职

第十八条　凡议员任满后，均分别改选。再被选者，得行连任。但连任以一次为限。若议员任期未满，而选举区有更改者，照旧任职。

谨案：改选议员，本以新旧相乘除。然再被选，而亦许连任者，资熟手而顺舆情也。但连任或至数次，为时太久，恐有挟持资望、蔑视同列之弊。且后起者，亦将为所抑压而不得进，甚属非计。故连任止以一次为限。

第十九条　凡议员，非因下列事由不得辞职：

一、确有疾病，不能担任职务者；

二、确有职业，不能常住本省境内者；

三、其余事由，特经谘议局允许者。

谨案：议员有应尽之义务，一经被选，不得推诿。然或真有疾病，或以事不能常住本省，则虽令强留，亦难尽职。故经审查确实，亦可听其辞退。

第二十条　凡议员于任满后再被选而欲辞职者，听之。

谨案：议员虽可连任一次，然使久从公务，或于本人私计大有妨害，是亦不近人情。故既经任满而再被选者，虽辞退，亦无不可。

第六章　职任权限

第二十一条　谘议局应办事件如下：

一、议决本省应兴应革事件；

二、议决本省岁出入预算事件；

三、议决本省岁出入决算事件；

四、议决本省税法及公债事件；

五、议决本省担任义务之增加事件；

六、议决本省单行章程规则之增删修改事件；

七、议决本省权利之存废事件；

八、选举资政院议员事件；

九、申覆资政院咨询事件；

十、申覆督抚咨询事件；

十一、公断和解本省自治会之争议事件；

十二、收受本省自治会或人民陈请建议事件。

谨案：本条系定谘议局应办事件。凡所列举，均以本省之事为止。示与资政院所定权限，有国家、地方之分。第一款总括地方庶政而言；二、三、四、五等款为监察财政事宜；六、七两款为参与立法事宜；第八款系钦遵谕旨预立议院之根基；九、十两款以备京外之顾问；十一、十二两款以平自治会之纷争，以通人民之情悃。

第二十二条 谘议局议定可行事件，呈候督抚公布施行。

前项呈候施行事件，若督抚不以为然，应说明原委事由，令谘议局覆议。

第二十三条 谘议局议定不可行事件，得呈请督抚更正施行。若督抚不以为然，照前条第二项办理。

第二十四条 谘议局于督抚交令覆议事件，若仍执前议，督抚得将全案咨送资政院核议。

谨案：以上三条，系就谘议局所议与本省大吏或合或不合之事件而定其往复之办法，以防谘议局与督抚生意外之龃龉也。其要旨有五：

一、谘议局议定可行事件，督抚若无异议，有公布施行之责；

二、督抚提议事件，谘议局如以为不可行者，有议请更正之权；

三、谘议局议定可行或不可行事件，督抚如不以为然者，有交局覆议之权；

四、交局覆议事件，督抚必须说明原委事由，否则不能令其覆议；

五、督抚及谘议局各执一见不能解决之事件，督抚应咨送咨政院以待决定。

第二十五条 第二十一条所开第一至第七各款议案应由督抚先期起草，于开会时提议。但除第二、三款外，谘议局亦得自行草具议案。

谨案：第二十一条所开第一至第七各款议案，皆与行政相关。督抚为行政长官，应预为筹画一切，故先由督抚起草。然或谘议局自有所见，足以补督抚之所不及。若不许其提议，则与采取舆论之旨不符。本条特许谘议局以自草议案者，所以通下情也。

第二十六条 谘议局于本省行政事件及会议厅议决事件，如有疑问，得呈请督抚批答。若督抚认为必当秘密者，应将大致缘由声明。

谨案：本条系申明谘议局于本省政务有与议之权，盖有问必答。虽秘密者，亦当说明其大致缘由。至详细内容，无庸宣示。

第二十七条　本省督抚如有侵夺谘议局权限，或违背法律等事，谘议局得呈请资政院核办。

谨案：本条所定，系为保护谘议局之权限，并预防督抚滥用其权力而设。盖督抚如有侵夺谘议局权限，或违背法律等事，谘议局得呈请资政院核办，则督抚限于众议，而不致有病国害民之举。顾又不令谘议局径行抗议，而必以经办之权付诸资政院，则谘议局亦不能肆行挑剔，以掣督抚之肘。凡以避上下之争突，保行政之平衡而已。

第二十八条　本省官绅，如有纳贿及违法等事，谘议局得指明确据，呈候督抚查办。

谨案：谘议局为一省舆论所集之地，官绅有纳贿、违法情事，人民必遭其冤抑，自应立予纠举，俾顺群情。其必指明确据者，以防挟嫌诬陷之弊。其必呈候督抚查办者，以保行政长官监督之权。

第二十九条　凡他省与本省争论事件，谘议局得呈请督抚咨送资政院核决。

谨案：各省壤地交错，难保无争议事件。事关两省，相持不已，督抚及谘议局俱未便定议。故非经资政院核决，不足以照平允。

第三十条　凡第二十四、二十七、二十九条所列各事项，经资政院议定后，均宜分别照行。

谨案：资政院居全国舆论最高之地位，故谘议局与督抚，或谘议局与谘议局有相持之时，则资政院应实行其解决之权。既经解决后，谘议局与督抚等即不得另有异议，所以保政治与舆论之统一也。

第七章　会议

第三十一条　谘议局会议期分常年会及临时会二种，均由督抚召集。开会之第一日，督抚应亲自莅局，行开会仪式。

谨案：谘议局为一省之议会，与国会不同，其所议系本省之事，故由本省督抚召集之。常年会照下条定期。临时会期，则督抚酌定之。

第三十二条　常年会每年一次，会期以四十日为率，自九月初一日起至十月十一日止。其有必须接续会议之事，得延长会期十日以内。

谨案：常年会以每年九、十月间为宜，盖时值秋冬，民间事务较简，且于次年预算等事，尤便调查。会期以四十日为率，可以从容集议。倘仍不足，亦可展期。其不得过十日者，所以防议事迁缓不决之弊。

第三十三条　临时会于常年会期以外遇有紧要事件，经督抚之命令或议员三分之一以上之陈请，或议长、副议长及常驻议员之联名陈请，均得召集其会期，以二十日为率。

谨案：临时会非有紧要重大事件不宜轻易召集，故开会之事，亦较郑重。会期二十日，较常年会为短者，以临时会所议事项亦简也。

第三十四条　凡召集开会，应于三十日以前，由议长将本届开会应议事件，预行通知各议员。

谨案：议事不可无准备，故必由议长早日通知，俾各议员事前有所研求，则临时自不至漫无定见矣。

第三十五条　凡会议非有议员半数以上到会，不得开议。

第三十六条　凡议案之可行与否，以到会议员过半数之所决为准。若可否同数，则取决于议长。

谨案：以上二条定开议、决议之人数。盖取决多数，乃议会之通例也。

第三十七条　凡会议时，督抚得亲临会所，或派员到会陈述意见，但不列议决之数。

谨案：谘议局议案，既多由督抚提出，则开会之时，自当到局陈述其意见。惟督抚政务甚繁，势难常自到会，故派员代理亦无不可。其不列议决之数者，以督抚及其委员本在议事者之外故也。

第三十八条　凡议案有关系议员本身亲属及职官例应回避者，该议员不得与议。

谨案：本条系为议员远嫌疑起见，故定议事时回避之例。

第三十九条 凡议员于谘议局议事范围内所发言论，不受局外之诘责。其以所发言论在外自行刊布者，如有违犯，仍照各本律办理。

谨案：议员在议会内所发言论，于议会以外不任其责，为立宪各国之通例。盖议员有代表国民之重任，自应于国计民生筹之至熟，直抒己见，不屈不挠，方为尽职。若加以束缚，致令瞻前顾后，缄默自安，殊非设立议会之本意。故本条所定不受诘责者，谓于法律上不负责任，意在导之尽言，使无顾虑，惟以所发言论在外自行刊布者，则自系一人之责，如有违犯，仍应照各本律办理。

第四十条 凡议员除现行犯罪外，于会期内，非得谘议局承诺，不得逮捕。

谨案：本条尊重议员之身体，所以防官吏妄行逮捕之弊。若现行犯罪，则情形显著，自不致涉于疑似，故不在此限。

第四十一条 凡会议，不禁旁听。其有下列事由，经议员公认者，不在此限：

一、督抚特令禁止者；

二、议长、副议长同意禁止者；

三、议员十人以上提议禁止者。

谨案：本条定议会公开之制。其应禁止旁听者，必经议员公认，所以示慎重也。

第四十二条 凡议决事件，除议长、副议长同意，认为应行秘密者外，均公布之。并应随时报告督抚及资政院。

谨案：本条定议案公布之制。督抚为一省之行政长官，资政院为全国之议事总汇，故非随时报告不可。

第四十三条 议员会议时，有违背局章及议事规则者，议长得止其发议。违者，得令退出。其因而紊乱议场秩序致不能会议者，议长得令暂时停议。

第四十四条 旁听人有不守规则或紊乱议场秩序者，议长得令其退出。

谨案：以上二条定会议之纪律，以防议员及旁听人违背章程及紊乱秩序之弊。

第四十五条　凡《议事细则》及《旁听细则》，由谘议局议定，呈请督抚批准后公布。

谨案：《议事细则》及《旁听细则》，系谘议局内部之事，均应归谘议局自行酌定。

第八章　监督

第四十六条　各省督抚，有监督谘议局选举及会议之权，并于谘议局之议案有裁夺施行之权。

谨案：本条定督抚于谘议局有监督裁夺之权。如各处选出议员，督抚查明有舞弊及不合格情事，自可即行撤销。会议如有不遵定章者，亦可随时纠正。至裁夺施行，即指第二十二、二十三两条所载事项而言，皆所以重行政长官之责任也。

第四十七条　谘议局有下列情事，督抚得令其停会：

一、议事有逾越权限，不受督抚劝告者；

二、所决事件违背法律者；

三、议员在议场有狂暴举动，议长不能处理者。

停会之期，以七日为限。

谨案：本条特将应行停会情事列举者，以防督抚之专擅。停会之期不得过七日者，以防事务之废弛。

第四十八条　谘议局有下列情事，督抚得奏请解散，并将事由咨明资政院：

一、所决事件有轻蔑朝廷情形者；

二、所决事件有妨害国家治安者；

三、不遵停会之命令，或屡经停会，仍不悛改者；

四、议员多数不赴召集，屡经督促仍不到会者。

谨案：本条定解散谘议局之权。一、二两款有关国家之安危，三、四两款有失议会之体制，自非立予解散不可。然必将事由咨明资政院，庶督抚不致滥用其权。

第四十九条　谘议局议员解散后，督抚应同时通饬，重行选举。于两个月以内，召集开会。

谨案： 谘议局一经解散，亟当重行选举，以示议会虽可暂行解散，不可久于停止。

第九章　办事处

第五十条　谘议局设办事处，经理局中文牍、会计及一切庶务，由议长、副议长监理。

第五十一条　办事处置书记长一人、书记四人，由议长选请，督抚委派。

第五十二条　办事处《办事细则》，由谘议局自定。

谨案： 以上三条，系明定局中庶务章程。委员与议员地位不同，故不用选举，而用委派。

第十章　经费

第五十三条　谘议局经费，由督抚筹指专款拨用，其款目分列如下：

一、议员旅费；

二、议长、副议长及常驻议员公费；

三、书记长以下薪金；

四、杂费；

五、预备费。

第五十四条　前条公费及薪金数目由督抚定之。

其旅费、杂费及预备费，由谘议局会议预算数目，呈请督抚核定。

第五十五条　谘议局经费由议长、副议长按月清查一次，于常年会开会时，造册清报，由议员审查之。

谨案： 以上三条，系明定局中经费章程。议员只给旅费者，以其为名誉职也。议长及常驻议员另给公费者，以其常年到局任事，必有津贴，庶可专心从事也。其费用数目，由督抚审定者，以关系议员本身之事，不便自定也。

第十一章 罚则

第五十六条 谘议局罚则，分为二种，如下：
　　一、停止到会，但以十日为限；
　　二、除名。
第五十七条 停止到会，以议长、副议长同意行之。除名，则以到会议员全体决议行之。
第五十八条 凡议员屡违局章，或语言行止谬妄者，停止到会。其情节重者，除名。
第五十九条 凡议员无故不赴常年会之召集，或赴召集后，无故不到会，延至十日以上者，均除名。
第六十条 凡议员以本局之名义干预局外之事者，停止到会。其情节重者，除名。
　　谨案：以上五条，系明定议员处罚章程。议员均由合格绅民投票公选，自应能举其职。惟流弊所至，不可不预为之防。自五十八条至六十条所指情节，均属蔑弃职守，有玷名誉，自当酌加惩罚，以肃纪纲。惟除名，必以到会议员全体决议行之者，以议员既由公选而来，亦不容以一二人之私见而去之也。

第十二章 附条

第六十一条 本章程自奏准奉旨文到之日起为施行之期。
　　谨案：本章程一经奏准，即应先事预备。故以奉旨文到之日为施行之期。
第六十二条 本章程未尽事宜，得由各省谘议局拟具草案，议定后，呈由督抚咨送宪政编查馆会同资政院核议办理。

  谨案：本章程甫经草创，难保无未尽事宜。各省谘议局既有所见，自可随时提议增添删改。其议决核定之权，仍归之宪政编查馆及资政院者，所以防各省自行改制，致有参差不一之弊。

注释

① 本部分以《大清法规大全》为底本，在参考了《大清新法令（1901—1911）》（点校本）的基础上略有更改。（《大清法规大全》，台北考正出版社据宣统年间北京政学社石印本1972年影印版，卷二，"宪政部·谘议局"，第97—111页；上海商务印书馆编译所编纂：《大清新法令（1901—1911）》（点校本），第1卷，李秀清等点校，第77—97页）

② "读宪法说明选举议员说帖"

  尝读《宪法说明》一书，其选举议员之法有二，曰普通选举，曰限制选举。凡国民、妇女、童孩无能力者之外，均有选举权，谓之"普通选举"；以法律限选举人之资格，谓之"限制选举"。选举必用投票法。其法有单记式，有连记式。单记式投票止书一人，连记式投票则一票书数人。又有"记名""无记名"之别。记名投票，票面并书被选举人、选举人之姓名。无记名投票止书被选举人姓名。诸法互有得失。视社会情形折衷为一国之法焉。日本议员不用限制选举，其法先定各府县被选举人之数，以为选举区，府县知事为选举长，选举区中设数投票区，设投票管理人，先期预备选举人名簿，查区内有选举资格者，记其姓名职业、住所、生日、纳税额等以呈上官。且供区内人民查阅期必无误。名簿已定，由选举管理人保存之。至翌年，再定名簿。届选举期投投票所，自区内之选举人中，别选数名至投票所作证。是日选举人必亲至投票所投票，管理人认非假冒，付以投票纸。其票为无记名之单记式。选举人手书被选举人姓名，亲投匦中。投票管理人必备"投票录"，详记投票始末，与见证人同签押。投票毕，即将投票匦闭锁，由投票管理人随带见证人，即日将投票匦及选举人名簿、投票录送至开票管理人。开票时，选区内选举人数名以为见证及点检，并听选举人参观、点检。已毕，报告选举长开选举会，审查投票数。以票数最多者中选。惟票不如式者无效。中选人已定，由选举长示知本人，俟其允诺而后定。有辞选者，则再行补选。盖选举议员为立宪国人民特有之权，亦地方自治之基础，不能不慎重从事也。（"读宪法说明选举议员说帖"，中国第一历史档案馆藏宪政编查馆卷宗，档号：09-01-02-0031-004）

资政院旁听规则 *

第一条　资政院旁听坐区分如下：

一、王公世爵；

二、各国外交官；

三、京外大员；

四、普通旁听人；

五、报馆主笔。

第二条　王公世爵旁听者由宗人府、陆军部、理藩部咨行资政院，酌定员数将特别旁听券送该衙门转交。

第三条　各国外交官欲旁听者，须照会外务部咨行资政院酌定员数，将特别旁听券送部转交。

第四条　京外大员欲旁听者，由本人函知资政院酌送特别旁听券。

第五条　普通旁听人欲旁听者，由介绍议员先期知会于秘书厅，酌定人数，将普通旁听券汇送股长，交介绍议员转发。

第六条　每会期由秘书厅移送长期旁听券十六张于巡警总厅转发报界公会，协议分配之。

第七条　旁听人到院之时，应将旁听券交守卫官查验，由守卫引入旁听。

第八条　凡到院旁听者，均须遵守下列之规则：

一、便服着靴；

二、不得携带零杂物件；

三、不得吸烟及任意唾痰；

四、对于议员之言论不得表示可否；

---

* "旁听规则"，中国第一历史档案馆藏民政部卷宗，档号：21-0354-0017。

五、不得喧哗、妨碍议事。

第九条　凡携带危险器械者，不得入旁听坐。

第十条　凡酒醉及有疾病之人不得入旁听坐。

第十一条　凡旁听人不得入议事场。

第十二条　资政院决定开秘密会或旁听坐有骚扰时，议长得令守卫将旁听人全数退出。

第十三条　旁听人不守第八条所列各项规则者，议长得令守卫将该旁听人退出。

硕学通儒选举资政院议员章程 *

第一条　本章程所称硕学通儒，以有下列资格之一者为限：
　　一、不由考试奉特旨赏授清秩者；
　　二、著书有裨政治或学术者；
　　三、有入通儒院之资格者；
　　四、充高等及专门学堂以上主要科目教习、接续至五年以上著有成绩者。

第二条　凡有前条所列资格之一、合资政院《院章》第九条之规定者，每届选举由资政院于前一年九月内行知学部，由该部通行京堂以上官、翰林、给事中、御史、各省督抚、提学司及出使各国大臣各搜访一人或二人，开具简明事实保送该部，由该部审查，将合格人员得保较多者择定三十人作为硕学通儒议员之被选人，造具清册，于选举年分二月以前咨送资政院。

第三条　前条被选人清册应载明下列各款：一、姓名；二、年岁；三、籍贯；四、简明事实；五、保送人姓名、官职。

第四条　资政院接到被选人清册后，即将被选人姓名及原保人姓名、官职开列清单，于选举年分三月以前奏请按额钦选为资政院议员。

第五条　硕学通儒议员有缺时，由资政院随时将本届被选人照前条开单奏请钦选补足之。

第六条　本届被选人数不足议员缺额之三倍时，应另行保送。

第七条　补缺议员之任期，以补足前任未满之期为限。

第八条　本章程与资政院《院章》同时施行。

---

* "硕学通儒选举资政院议员章程及简明办法十条"，中国第一历史档案馆藏民政部卷宗，档号：21-0277-0001。

保送资政院硕学通儒议员简明办法十条 *

一、京堂以上官翰林、给事中、御史、各省督抚、提学司及出使各国大臣，均用印文保送。

二、候补京堂各官，如或在各部丞参上行走、现充馆院处所等差者，即各用本衙门公文保送，其未兼任各项差使之候补京堂本部无从知照，自可毋庸保送。

三、各衙门保送人数照章每员各保一人或二人，如各部院堂官每堂应各保送一二人，余可类推。

四、在京各衙门无论何人保送，应于本衙门汇齐咨送过部。惟须于所保议员名下分别注明"某某保送"，以备考核。

五、所保之人无论合何项资格，须开具简明事实造册咨部，以便本部遵章审查、择定合格人数咨送资政院办理。

六、具有原章第一条第一项资格者，应以学行著称，奉特旨赏加卿衔或京衔或翰林中书等官为合格。

七、具有原章第一条第二项资格者，应于保送时将其所著之书附送到部，以备审查。

---

* "硕学通儒选举资政院议员章程及简明办法十条"，中国第一历史档案馆藏民政部卷宗，档号：21-0277-0001。

八、具有原章第一条第三项资格者，现在分科大学正筹举办、尚无堪入通儒院之人，即以东西洋留学毕业、经本部考试、得有进士出身者为合格。

九、具有原章第一条第四项资格者，系指教授各学堂每科主要课目而言（每科主要课目详见《奏定学堂章程》），应将此项教员所编讲义附送到部，并将教授成绩择要注明。

十、保送期限务于本年年内到部。

资政院官制清单

谨拟资政院官制，缮具清单，恭呈御览。

资政院以政务处改设，为立宪预备，谨遵谕旨，大权统于朝廷，庶政公诸舆论之意，设此院为采取舆论之地，以宣上德而通下情。第政府有必采舆论而施行之事，而该院无强政府以施行之权，可与政府互相维持，为他日议院之权舆焉。

第一条 资政院遴选京外才智之士，采取舆论，以通达下情，条陈治理，为立宪预备。

第二条 资政院总裁一人，即为本院议长。以王公大臣著有勋劳、通达治体者，由特旨简派。

第三条 资政院副总裁二人，即为本院副议长。以曾任尚书、侍郎、督抚及出使大臣著有才望学识者，由特旨简派。

第四条 资政院参议员以钦选、会推、保荐之法定之，共合一百三十三人。其分类如下：

一、王公世爵勋裔之已满三十五岁者，钦选十人；

二、京员已满三十岁者，会推五十四人；

三、宗室觉罗、京内外八旗士绅已满三十岁者，由宗人府、京内外将军、都统共保荐三人；

四、各省官绅士商已满三十岁者，由督抚保荐六十六人。

第五条 除上条所定员数外，其有勋德闻望之绅耆或富商报效巨款至五万金以上者，均得奉特旨钦派为额外参议员。

第六条 王公世爵待选之法，由宗人府、内阁查明合格之人，缮具全单，奏请钦选。

---

* "资政院官制清单"，中国第一历史档案馆藏民政部卷宗，档号：21-0275-0018。

第七条　京员会推之法，由各该衙门查明合格人员，造册咨送本院，由总裁、副总裁刊印名册并选举票，先期知会本人，令各书所推一人，钤印封送本院投匦，定期公开，并咨请集贤院大臣监视。

第八条　宗人府、京内外将军、都统、督抚保荐之法，由下开各项处所先行公举，以被推人数最多者定之，并将得举票数榜示。

　　一、学务公所及劝学会；

　　二、商会；

　　三、地方官监督地方自治各局所。

第九条　下开各项俱不得为本院参议员：

　　一、陆、海军人员及军人；

　　二、司法各官；

　　三、巡警各官；

　　四、收税各官；

　　五、审计官；

　　六、行政裁判官；

　　七、学堂肄业之学生；

　　八、中小学堂教员；

　　九、管理选举事务各员；

　　十、有刑事及负债人员。

第十条　督抚保荐之参议员，奉天、吉林、黑龙江、直隶、山东、山西、河南、陕西、甘肃、新疆、四川、湖北、湖南、安徽、江苏、江西、浙江、福建、广东、广西、云南、贵州等二十二省合成六十六人。应视各省人数之多少、程度之高下，由总裁、副总裁会同民政部指定每省应保几人，先期电知办理。

第十一条　每年正月二十日至四月二十日为开院之期。由总裁、副总裁请旨，特派亲贵大臣到院行开院式，宣布应议事宜。

第十二条　资政院应议事件，开列于下：

　　一、奉旨饬议事项；

　　二、新定法律事项；

三、岁出入之预算事项；
　　四、税法及公债事项；
　　五、人民陈请事项。
第十三条　前条人民陈请事件，苟有学务公所及劝学会、商会并地方官监督地方自治各局所介绍代陈者，本院不得拒绝。若未经此等处所介绍者，本院得酌量批驳。
第十四条　资政院所陈事件，由总裁、副总裁咨送内阁，请旨施行。若内阁总理大臣、副大臣以为不可行，须亲临本院或派员陈明己见，本院不得强政府施行。
第十五条　资政院于政治得失关系重要事件，经本院议定后，总裁、副总裁得联衔封奏，并得请旨入对。
第十六条　资政院会议事件如由内阁交议者，应会同内阁总理大臣、左右副大臣联衔具奏。
第十七条　资政院会议分通常、临时二种。通常会议之期日，于一个月前文电通知，并刊布官报。临时会议之期日，临时文电通知，并刊布官报。
第十八条　资政院非全院人员三分之二以上列席，不得开议。
第十九条　资政院开议时，由总裁、副总裁咨请民政部选派巡长、巡警，听候议长指挥。
第二十条　总裁有事故时，副总裁以次代理之。
第二十一条　资政院开议时，参议员中有违背规则、扰乱秩序时，议长有戒饬禁止之权，违者扶出院外。
第二十二条　资政院开议时，如全院有扰乱秩序情形，议长得饬令暂行停议。
第二十三条　资政院各员于议事范围外，不得语涉侵侮及攻发阴私。如有以上等情，被辱之员得呈请议长惩处，不得私相报复。
第二十四条　遇有上项惩处时，本院得于参议员中选派临时审查员，定惩处之法，由议长决之。其惩处事项如下：
　　一、语言谴责；

二、饬该员当场谢过；

三、停止列席若干日；

四、黜退。

资政院黜退者，须以全院三分之二以上人数决之。

第二十五条　遇上条黜退时，如为王公世爵勋裔等人，应请旨办理。

第二十六条　资政院参议员如原有专折奏事之权，于本院现行开议之事不得陈奏。

第二十七条　资政院自行提议事件，非有参议员三十人以上同意者不得开议。

第二十八条　资政院会议之事，以参议员过半人数同意时定之。若可否同数，则由议长定之。

第二十九条　资政院用抽签法，分参议员为数科，每科设置科长一人，由科员中公推，其科目由总裁、副总裁定之。

第三十条　资政院有调查事件时，可特设调查科员调查其事，事讫呈报总裁、副总裁。

第三十一条　内阁交议事件，不经调查科之调查不得议决。但事务紧急时不在此例。

第三十二条　由内阁交议预算事件，本院应选派调查科员，于一个月内调查明确，方得开议。

第三十三条　资政院遇特派调查科员时，应咨明内阁政务大臣查照。

第三十四条　资政院议定事件，由总裁、副总裁咨明内阁。若经内阁驳令再议时，得重新开议，但以三次往复为止。

第三十五条　资政院参议员得以三十人以上之同意呈递说帖，经总裁、副总裁咨商内阁候复。

第三十六条　资政院于第十三条陈请事件公议许可时，应附递说帖，咨送内阁候复。

第三十七条　凡涉及司法及行政审判之陈请事件，资政院不得收受。

第三十八条　资政院议事日记，由总裁、副总裁咨送内阁政务大臣查照。

第三十九条　资政院于开院期内，除内阁政务大臣外不得与他种衙门文书往复。

第四十条　资政院不得向人民发帖告示及传唤人民。

第四十一条　资政院参议员除现犯罪案外，当开院时期，苟未经总裁、副总裁许可者不得逮捕。

第四十二条　资政院参议员公务上之言论行为，他人不得加以诽毁侮辱或嘱托迫胁。如有以上等情，该员得实据呈控，其规条另于厘订各项法律时定之。

第四十三条　资政院应设院正、院副各一人，常川住院，监督秘书厅事务。由参议员公推正、副各三人，呈由总裁、副总裁开单，请旨简派。

第四十四条　资政院置秘书厅，应设书记官长一人，书记官数人，承总裁、副总裁之命，编纂议事日记及各种文件兼理会计庶务。

第四十五条　资政院书记官长为请简官，书记官为奏补官。

第四十六条　资政院人员以二年为一任，任满时奏请钦选，并举行公推保荐。其任满仍被推荐者，仍得连任，惟连任以二次为限。

第四十七条　资政院人员遇有被检举不合资格时，由总裁、副总裁选派调查科员查明议决。

第四十八条　资政院参议员请假时不得逾十日。如逾十日必经总裁、副总裁许可，惟不得请长假。

第四十九条　资政院参议员非确有正事先期呈明总裁、副总裁核定者，不得临时托故不到。

第五十条　资政院参议员以外，不经总裁、副总裁特许者，不得入坐旁听。

第五十一条　资政院秘书厅办事章程，由总裁、副总裁自定之。

第五十二条　资政院制应视人民进步之迟速，每年开院前变通增减，奏请施行。

资政院议场座位图

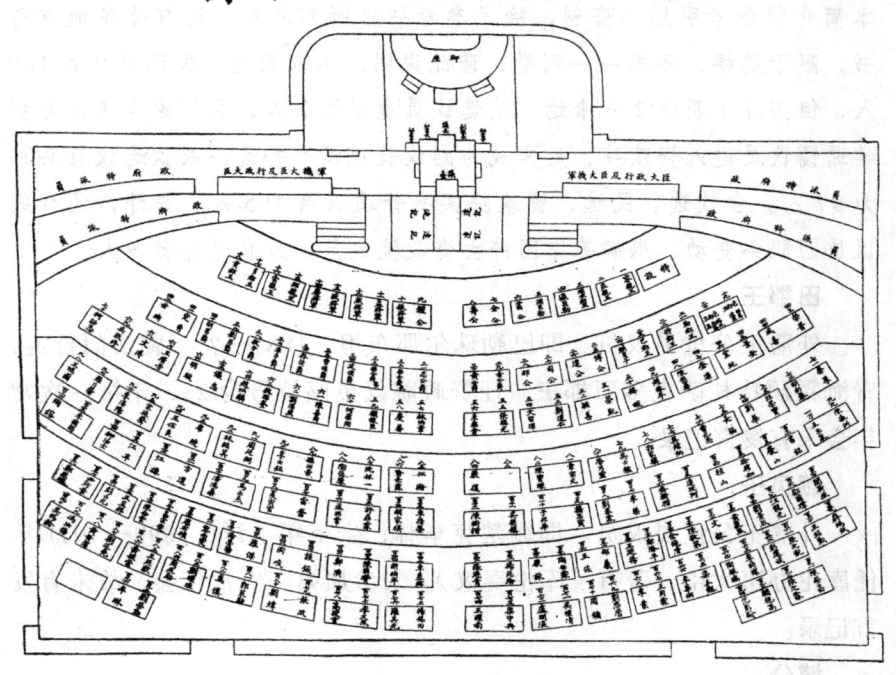

资料来源:《国风报》第一年（1910年）第廿六号卷首，得到姚光祖《清末资政院之研究》一书（第392页）之提示。

资政院第一次常年会议员简介

说明：议员简介之顺序按照议员姓氏之拼音顺序排列，以利查找。本简介所参考引用的资料，除了参考书目所列之外，还有诸多地方志书，限于篇幅，不再一一列举，谨此说明。本来钦选、民选议员各100人，但实际上新疆2人未选，钦选议员也缓派2人，且沈家本先作为硕学通儒议员进入资政院，后来成为副议长也没有补选，故钦选议员实际为97人。合钦选、民选，资政院实有普通议员195人。另外，还有些议员因职务变动、患病等原因辞去资政院议员，另有递补者多人。

巴郡王

外藩王公世爵议员。即巴勒珠尔那布坦，1887—？，乾清门行走，青海霍硕特札萨克多罗郡王。任资政院议员座位号为23，于第一次常年会未有发言记录。

绷贝子

外藩王公世爵议员。即绷楚克车林，生卒年不详，1899—1911年任库伦办事大臣，著有《库伦奏议》。未参加第一次常年会，故未有发言记录。

博公

外藩王公世爵议员。即博迪苏，博尔济吉特氏，？—1914，蒙古族。1891年封辅国公，1899年任正黄旗汉军都统，1902年署正白旗蒙古都统，寻署正红旗汉军都统。1903年，管理虎枪营，授阅兵大臣，命在御前大臣上学习行走，寻命为御前大臣。1906年衔命赴库伦规劝十三世达赖返回西藏，署镶蓝旗满洲都统，1907年任正白旗领侍卫内大臣，并由正蓝旗蒙古都统调任镶蓝旗满洲都统。1908年赏贝子衔，

1911年兼署正红旗满洲都统。1912年4月，任北京临时参议院议员，寻晋贝子、总统顾问。著有《朔漠纪程》一书。任资政院议员座位号为25，于第一次常年会共发言3次。

曹元忠

各部院衙门官议员。1866—1923，字夔一，号君直，晚号凌波居士，江苏吴县人。1884年补博士弟子，督学瑞安；1894年中举，曾参与康有为公车上书，屡应进士试和经济特科试，皆不遇；1905年充玉牒馆汉校对官、学部图书馆纂修；1907年补内阁侍读；1908年任礼学馆大清通礼纂修；1909年充实录馆详校官，并署侍读。入民国后拒绝出仕，以遗老终身，注心力于经学研究，为古文经学家、藏书家，在古文献研究方面有较深造诣。工诗，为晚清西昆派代表作家之一。著有《司马法古注礼议稿》《笺经室遗集》等。任资政院议员座位号为76，于第一次常年会共发言4次。

长福

各部院衙门官议员。1871—？，字寿卿，正黄旗人，清朝廷宗室，1901年官费留日，毕业于日本警察学校。留学期间积极参与立宪运动，并正式加入政闻社，是宗室里很具新思潮的人物。历充工巡局委员、总理衙门章京记名，改官外务部主事、驻日本神户兼管大阪正领事官，调补外务部郎中。入民国后任外交部佥事、政务司界务科科长。任资政院议员座位号为75，于第一次常年会共发言18次。

陈宝琛

硕学通儒议员。1848—1935，字伯潜、号弢庵，福建闽县人，早年受学于徐寿蘅，1868年中进士，改翰林院庶吉士，散馆授编修，1880年因清流名声充武英殿提调，1881年授翰林院侍讲学士，纂修《穆宗本纪》。1882年授江西学政，重修白鹿洞书院。翌年，以校《穆宗毅皇帝圣训》奉旨议叙，授内阁学士兼礼部侍郎。中法战争擢会办南洋事宜，因兵败及举荐唐炯等被谴，旋丁忧乡居，后主鳌峰书院，创东文学堂、师范学堂、高等学堂，以为非兴学育才不足以应事变，积极派学生赴日留学。1905年出任福建铁路总办，先后到南洋等地向华侨筹款，建成福建省第一段铁路。1909年奉诏入京，任总理礼学馆事宜。1910年补授内阁学士兼礼部侍郎、经筵讲官。在任资政院议员期间，首发昭雪戊戌党人议，并奏请请旨褒奖。宣统三年简山西巡抚，俄尔开缺，以侍郎候补，任弼德院顾问大臣、毓庆宫授读，充光绪实录馆副总裁、总裁。入民国后，隐居天津，为有名遗老，有《奏稿》《沧趣楼诗文集》等行世。任资政院议员座位号为82，于第一次常年会共发言6次。

陈国瓒

民选议员。1863—1915，字玉斋，号幼琼，一号卣存，湖北蕲州人，少负才名，倜傥拔俗，1888年中举。在任湖北省谘议局议员期间，曾提出《急筹裁汰吏役案》之提案。1911年入帝国宪政实进会。入民国后，回家隐居，以敬宗和族、培育人才为任。据张继煦《陈卣存先生家传》云："既续修陈德户宗谱而董其成，重建祀先堂，行袷祭，开族学，整理大四区小学，擘划经营，寒暑不少懈，胥观其成，为后世法。其身材适中，丰腴白皙，方面俊目，巨口修眉，掌若丹砂，见者悦服。既生于世家，少年腾达，声誉籍一时，亦颇自负，诗酒兴致，游遍江淮，断简零篇，往往为人所宝。著有《梦觉居士吟草》2卷。"任资政院议员座位号为145，于第一次常年会共发言1次。

陈敬第

民选议员。1876—1966，浙江杭州人，进士。日本法政大学毕业，曾任翰林院编修、宪政调查局会办。入民国后曾任众议院议员、浙江都督府秘书长、大总统秘书，国务院秘书长、政事堂礼制馆编纂、《民国公报》主笔、上海中华书局编辑长、商务印书馆董事、浙江兴业银行董事兼总经理办公室主任。1949年出席中国人民政治协商会议第一届全体会议，任中央人民政府委员、中国人民保卫世界和平委员会副主席。任资政院议员座位号为133，于第一次常年会共发言21次。

陈懋鼎

各部院衙门官议员。1869—1940，字徵宇，福建闽侯人，出身书香门第世家，陈宝琛之侄。1889年举人、次年中进士，历充内阁中书、宗人府主事、兵部主事、外务部主事、员外郎、郎中、参议署左参议、弼德院参议、俄文学堂监督、驻英西参赞专使等。入民国后历任外交部参事兼署秘书长、金陵关监督兼江宁交涉员、国务院讨论会委员、参众两院政府特派员、文官高等惩戒委员会委员、文官高等甄别委员会委员、政治会议委员、第一届县知事试验主试委员、政事堂礼制馆编纂、山东济南道道尹、外交部厦门交涉员、外交部顾问等。1896年与张元济等筹办通艺学堂。戊戌维新前后，与林旭往来频繁。戊戌政变后，调任总理衙门，开始了外交生涯。庚子国变后，随驻英大使张德彝前往伦敦就职任参赞3年，眼界大开，曾将《基督山伯爵》翻译成中文《岛雄记》。著有《槐楼诗钞》等。任资政院议员座位号为48，于第一次常年会共发言94次。

陈命官

民选议员。1874—1945，字纪云，号壶公，山东蓬莱人，举人。留学日本，参加同盟会，回国后曾在烟台、青岛等地兴办新学堂，颇有人望。入民国后，历任南京国民临时政府参议院议员，山东省公署外交主任、胶济铁路机要课课长、铁道部专员等职。任资政院议员座位号为154，于第一次常年会共发言6次。

陈荣昌

民选议员。1860—1935，字筱圃，号虚斋，又号铁人，云南昆明人。1883年中进士，授翰林院编修，督学贵州，迁山东提学使，归主讲经正书院，赴日本考察教育，归国后任云南高等学堂总教习。入民国后曾担任云南都督府参赞、福建宣慰使等。工书法，善诗文，著有《虚斋诗集文集》《乙巳东游日记》等。在资政院第一次常年会期间因补授山东提学使而辞职，较少参加资政院议事。任资政院议员座位号为191，于第一次常年会共发言2次。

陈善同

各部院衙门官议员。1875—1942，字雨人，河南信阳人，1903年中进士，历任翰林院编修、大理院推事、新疆道监察御史等职。民初任参政院议员，1923年任河南省河务局局长，1927年任河南省省长。主编《豫河续志》、重修《信阳县志》。对治河很有心得，抗战期间坚决不受伪职。任资政院议员座位号为61，于第一次常年会共发言2次。

陈树楷

民选议员。1870—？，字授珊，直隶大兴人，秀才，后经学政考选，入国子监为拔贡，日本法政大学毕业，帝国宪政实进会的发起人之一。1909年当选为顺直谘议局议员。1911年筹组宪政实进会。1912年1月，与于邦华等赴各国使馆请求保全中国君主立宪，未果。入民国后，加入统一党为评议员，曾任直隶大名道尹、广西省内务司长等职。一生精研易经，著有《周易补注》等。任资政院议员座位号为112，于第一次常年会共发言145次。

陈瀛洲

民选议员。1867—？，字海峰，奉天铁岭人。举人，曾拣选知县。1909年被选为奉天谘议局议员。1911年加入宪政实进会。中华民国成立后为奉天临时省议会议员，1913年被选为第一届国会参议院议员、约法会议议员、法制局调查员等。在资政院议员任内，积极参与国会请愿活动。任资政院议员座位号为99，于第一次常年会共发言24次。

成善

宗室觉罗议员。生卒年不详，正白旗人，曾任高等小学堂正教员。任资政院议员座位号为44，于第一次常年会未见其发言记录。

崇芳

各部院衙门官议员。生卒年不详，正白旗人，由监生于1833年考中翻译中书，入内阁任职，从低级文官做起，逐渐升迁，直到1857年外放四川盐茶道，1860年任登莱青兵备道，兼领东海关监督。在任上，因处理英法租地案而开罪于法人被总理衙门免职，仕途受挫而被闲置。后被起复，历任法部员外郎、律学馆提调、监察御史。于1910年11月资政院第一次常年会第十七次会议上经补选奉派为资政院议员，补张缉光缺。在吉同钧的《新订现行刑律讲义》有其序、《审判要略》有其跋，为晚清律学家。任资政院议员座位号为55，于第一次常年会共发言12次。

存侯爵

满汉世爵议员。即存兴，生卒年不详，满洲镶黄旗人，二等侍卫，三等襄勇侯。任资政院议员座位号为36，于第一次常年会未见发言记录。

达公

外藩王公世爵议员。即达木党苏伦，1861—？，札萨克河源都里雅诺尔盟札萨克镇国公，任职参赞。任资政院议员座位号为26，于第一次常年会未见发言记录。

达杭阿

民选议员。1868—？，黑龙江龙江府人，曾任蓝翎候选直隶州知州。任资政院议员座位号为105，于第一次常年会未见发言记录。

定秀

宗室觉罗议员。1862—？，满洲镶红旗人，宗人府主事。任资政院议员座位号为41，于第一次常年会共发言1次。

多郡王

外藩王公世爵议员。即多尔济帕拉穆，1871—？，御前行走，外蒙车臣汗部盟长，克鲁伦巴尔城盟札萨克多罗郡王，入民国后曾担任查办库伦事件大臣。任资政院议员座位号为17，于第一次常年会期间未见发言记录。

范彭龄

民选议员。1869—？，云南建水人，举人，曾与兄弟范嵩龄一起引进日本技术，在云南创办临安兴业公司，制造火柴。任资政院议员座位号为194，于资政院第一次常年会期间未见发言记录。

方还

民选议员。1867—1932，原名张方中，字惟一，晚号螾庵，江苏昆山人。因其幼失怙恃，入赘张家，袭姓张，中年后还复原姓，故改名方还。幼时勤奋好学，1886年秀才，补禀贡生。后两次应乡试，不中，转而投身于新式教育。曾先后创办樾阁学校、西塘小学等；组织亭林学会，仿效明末复社，以讲学为名，呼吁推行地方政治改革。又于吴县、常熟等县成立苏府学会。1906年被推举为县教育会和商会会长，参与组织江苏教育总会和发起招股筹筑江苏铁路事宜，入预备立宪公会。1908年在玉山书院开设法政讲习所。1909年当选为江苏谘议局议员。受议长张謇之托，前往顺直谘议局联络，请派代表赴上海参加速开国会会议。1911年加入宪政实进会。昆山光复，出任民政长，主持县政。入民国后历任北京高等女子师范学校校长、南通女子师范学校校长、省教育会会长、国民政府交通部秘书。1832年4月于南京去世。工诗，擅颜字，名噪江南。任资政院议员座位号为121，于第一次常年会共发言72次，颇用心力于速开国会案和请开党禁案。

冯汝梅

民选议员。1868—？，广西北流人，举人，曾任广州警察区长、海丰知县，因陈炯明纠举而去职。入民国后曾任梅县县长。任资政院议员座位号为189，于第一次常年会共发言1次。

刚达多尔济

外藩王公世爵议员。生卒年不详，乾清门行走，库伦大臣，汗山盟札萨克固山贝子，宣统二年十一月十七日于第一次常年会第二十七次会议开始顶替绷贝子担任资政院议员。任资政院议员座位号为24，于第一次常年会期间未见其发言记录。

高凌霄

民选议员。1872—1956，字石芝，亦字石痴，四川璧山人。1897年中举，会试不售，曾参与戊戌变法。历任璧山县劝学所学务总董兼视学、璧山县官立中学堂学监。1908年入京被授予内阁中书。入民国后任四川省议会秘书长，国民革命军第二十八军部秘书长，1913年，署理大竹县知事半年。1914年，署理酉阳县知事一年半。历任重庆、成都中学校教习，省立第四中学校校长。1921年，被委任大邑县知事，任职一年半。为官清廉，颇有政声。后任四川大学、华西大学等高校教授、四川省文史馆研究员。工书，善诗，编有《四千年文选》。任资政院议员座位号为178，于第一次常年会共发言62次。

贡郡王

外藩王公世爵议员。即贡桑诺尔布，1871—1930，别号乐亭，又号夔盦，是成吉思汗勋臣乌梁海济拉玛的后裔，卓索图盟喀喇沁右旗世袭札萨克多罗都楞郡王。1887年与肃亲王善耆之妹善坤结婚，1898年袭爵。1900年庚子国变，"帝后蒙尘"，贡王很受刺激，产生了兴学练兵发愤图强之念。1902年在王府开办崇正学堂，自任校长，招收旗民入学，并亲自撰写楹联"崇武尚文，无非赖尔多士；正风移俗，是所望于群公"。1904年在访日后创办毓正女子学堂、守正武学堂。1905年之后，贡王为了启发民智，积极开展办报刊、创邮电、开工厂、设商店等新政活动。宣统登基后，贝勒载涛因建立禁卫军事宜，命贡王协助招募旗兵，贡王积极响应，以蒙民轻壮组成了近卫军马队第三营，由此被钦命为御前行走，帮办盟务，驻京当差。辛亥革命后，他受日本之操纵，积极谋划内蒙古独立，未果。1912年袁世凯将贡王调离蒙古，任命其为蒙藏事务局总裁，晋爵亲王，结束了其独立运动。在蒙藏事务局总裁任上前后十六年，其间多尸位素餐，仅主持创办《回文白话报》和蒙藏学堂。晚岁经济窘迫，北伐后又当了一任蒙藏学堂校长，因学生反对而辞职。1930年因脑溢血病逝于北京。贡王一生，性恬静，平易近人，通晓蒙、满、汉、藏等文字，喜吟咏，著有《竹友斋诗集》流传于世；好属文，工书法，擅长绘事，求知欲极强，一生手不释卷。是近代少数民族人物中的佼佼者。任资政院议员座位号为18，于第一次常年会共发言1次。

顾栋臣

各部院衙门官议员。1871—1918，江苏无锡人，乃东林领袖顾宪成后裔，丁酉科副贡。两江总督端方到无锡访问东林书院遗址，寻找顾宪成、高攀龙的后代，从而找到顾栋臣。军机大臣瞿鸿禨正要为其子聘请家庭教师，端方便将顾栋臣举荐给瞿鸿禨。后任学部普通司郎中。1911年加入帝国宪政实进会。乃著名经济学家陈翰笙之岳丈，好金石字画收藏。1918年在天津病故。任资政院议员座位号为59，于第一次常年会共发言63次。

顾视高

民选议员。1878—1943，字渔隐，号仰山，云南昆明人。1904年进士，旋入进士馆学习，1906年留学日本法政大学，学法律、政治、经济等科。归国后，任翰林院编修、侍讲、贵胄学堂教习等职。1909年出任云南谘议局议员兼自治筹办处总办，1910年任蒙自芷村宝华锑矿公司总理。民国成立后在北京闲居，曾任北京临时参议院议员。1913年任云南法政学校校长，护国运动中被聘为云南军都督府秘书，不久被任命为云南富滇银行行长。不久因妻子过世而退出政坛，出任华洋义赈会董事兼司库暨云南慈善会董事、监事等职，为云南的慈善事业贡献颇多；与此同时，主持《续修昆明县志》。工书法，著有《漱石斋诗文集》《读书记》《自反斋日记》《有声集》等。任资政院议员座位号为193，于第一次常年会共发言13次。

桂山

民选议员。1878—？，黑龙江绥化人，曾任通肯裁缺笔帖式、黑龙江国会请愿代表团成员。任资政院议员座位号为104，于第一次常年会共发言16次。

郭策勋

民选议员。1960—？，名厚忠，字荩臣，四川云阳人。曾留学日本，谒选知县，分发湖北，捐候补道，赴云南，历任农工商务局督办、鳌金统捐局会办等职。在担任资政院议员后回到老家，闭门不出。清亡后誓为清廷和传统文化尽忠，民初在郭家祠堂创办维心学堂，主要招收郭姓子弟入学读经。任资政院议员座位号为181，于第一次常年会发言1次。

郭家骥

各部院衙门官议员。1869—1931，字稚良，号秋坪，顺天宛平人，毕业于京师同文馆法语科。1890年随薛福成出使，任驻英国使馆翻译生。1894年张之洞将其调到江宁洋务局办洋务，后任《时务报》法文翻译、外务部丞参厅参事，参与帝国宪政实进会。入民国后担任葡萄牙公使馆二等秘书官并代理公使事。任资政院议员座位号为78，于第一次常年会共发言3次。

何藻翔

各部院衙门官议员。1865—1930，初名国炎，字翙高、梅夏，晚号邹崖逋叟，广东顺德人。1882年中举，1892年中进士，以主事分部学习，1893年任兵部武选司帮总办，1900年任总理各国事务衙门章京，1908年任外务部考功司主事，1909年任外务部员外郎。入民国后以清室遗老身份在故乡隐居。1915年任广东通志局总纂，次年改广东全省保卫团总局长，1917年任广州医学学习馆馆长。后移居香港，曾短暂任教于圣士提反学堂，1930年去世。任资政院议员座位号为60，于第一次常年会未见其发言记录。

胡柏年

民选议员。1866—1938，湖北沔阳人，拔贡，候选主事，湖北宪政筹备会候补会计。入民国后曾任南京临时参议院议员。任资政院议员座位号为144，于第一次常年会共发言7次。

胡家祺

民选议员。1871—1928，字玉荪，直隶天津人，1897年中举，1899年直隶学务司督办胡景桂派胡家祺赴日本宏文学院学习师范。归国后，任天津府中学堂监督。学务处在天津创设天河初级师范学堂后，被任命为监督，后改为直隶第一初级师范学堂监督。1913年被推举为直隶省教育总会会长。此后，应山东按察使蔡儒楷之邀，出任山东教育厅厅长。1916年任北京政府教育部总长范源濂的秘书。1918年被任命为安徽教育厅厅长，但未就任。1919年调任江苏教育厅厅长，任内积极提倡义务教育。1922年辞职，回家闲居。他一生服膺于教育救国强国理念，并身体力行之。任资政院议员座位号为114，于第一次常年会共发言25次。

胡骏

各部院衙门官议员。1869—1934，字葆森，号补斋，四川广安人，1904年中进士，遵例选翰林院庶吉士，"散馆"后任翰林院编修，1907年加授侍读学士衔。后被派去日本考察新政，回国后历任国史馆协修，实录馆、宪政编查馆纂修等。四川保路事起，蒲殿俊等被捕，川督赵尔丰请旨要将蒲等杀害，时胡骏兼任内阁总理大臣庆亲王奕劻家的家庭教师，认为如果杀了蒲殿俊等人，事情会变得更糟，川局会更乱，遂向奕劻据理力争，并邀约一些官员具呈呼吁，奔走援救，终使蒲殿俊等免遭杀害。其间，曾发起组织辛亥俱乐部。清亡后被推为四川省议会议长，因不满当时政治的混乱，辞职。除短时间任东川道尹外，大部时间归隐田园，以金石书画自娱。其考订文字，载于《补斋日记》中。任资政院议员座位号为66，于第一次常年会未见其发言记录。

胡男爵

满汉世爵议员。即胡祖荫，1875—？，字定臣，湖南益阳人。胡林翼之孙，以县学生候选郎中，1897年援例承袭三等男爵，清廷以其为功臣之后，特诏以五品京堂候补；1900年湖南省成立全省团防总局，胡祖荫出任团练大臣，统领湖南省各县的团防。后历任通政司、邮传部参议。清亡后，以遗老隐居老家，曾拒绝谭延闿出仕之邀请。任资政院议员座位号为40，于第一次常年会未见其发言记录。

胡礽泰

各部院衙门官议员。1875—？，字伯屏，江苏宝山人，于1899年由南洋公学委派赴日留学，是南洋公学第一批留学人员六人中的一人，入日本警察学校肄业，期间是留日学生组织励志会的重要成员，属于其中的稳健一派。回国后曾任民政部郎中。入民国后曾任民国驻长崎领事、交通部航政司司长、汪伪政府司法部长等职。任资政院议员座位号为72，于第一次常年会共发言17次。

黄公爵

满汉世爵议员。即黄懋澄，生卒年不详，字赞清，福建平和人，为清初海澄公黄梧之后裔，承袭一等海澄公爵，历任乾清宫侍卫、直隶宣化镇总兵、署察哈尔都统。1913年被北京政府授予陆军中将军衔，1914年9月至1915年2月任多伦镇守使。后寓居天津。任资政院议员座位号为30，于第一次常年会共发言1次。

黄晋蒲

民选议员。生卒年不详，广西贺县人。乃顶替病故的黄乃昌出任资政院议员。任资政院议员座位号为188，于第一次常年会未见其发言记录。

黄象熙

民选议员。1876—1935，字星衢，江西临川人。举人，孝廉，江西谘议局议员，乃顶替因病辞职的喻兆蕃出任资政院议员。入民国后被选为众议院议员。任资政院议员座位号为131，于第一次常年会共发言6次。

黄毓棠

民选议员。1855—？，广东新宁人。举人，候补同知，曾参与修筑1909年通车的新宁铁路。任资政院议员座位号为186，于第一次常年会共发言4次。

籍忠寅

民选议员。1877—1930，字亮侪，直隶任丘人。幼从学于父兄，稍长，入保定莲池书院吴汝纶门下，1903年考取京师大学堂译学馆，旋即中举，以官费留日，先后就学于经纬学堂、正则英语学校、早稻田大学政治经济科。1908年尚未毕业，因病回天津就医。在家乡建高等小学堂、在京师创立知耻学社并设分社于直隶各县，历充北洋法政专门学堂教务长、顺直谘议局议员，拣选考试一等以知县任用。在任资政院议员期间，联合同志，发起宪友会，以为政党基础。据江庸《趋庭随笔》回忆，其"性最迂缓，其壁上之钟例拨快二小时，问其何意。谓快二小时，则仆人届时相促，可不至爽约也。其乘火车十恒误九。一日送客东车站，车已展轮，亮侪始至，余戏谓之曰：君非乘车，乃为火车送行耳"。1911年，直隶绅民力争开平煤矿权，他被推举为评议员。入民国后，崇尚政党政治，先发起国民协进会，出任进步党干事。后任临时参议院参议员（常任法制委员会）、参议院参议员（常任财政委员）、研究宪法委员会委员、法律编查会编查员、天津中国银行副行长、政事堂存记云南财政厅长、直隶巡按使署顾问、经界局专任评议员、众议院议员等。1913年当袁世凯收缴国民党籍议员证书，迫使国会无法开议，他曾联合其他议员上书质问：既非法使议会永无开会之日，又不欲居破坏国会之名，是何道理？是何居心？为洪宪帝制之覆灭而奔走，曾赴南京游说冯国璋反对帝制。据回忆："余初识蔡公于京师，公督办经界局，任余为评议委员。余之滇，公送余行，为介绍彼中志士。公入滇起义，歃血为盟，余参末座。及事定后，省公于上海，送其东渡养疴，遂永诀矣。"最后对民国混乱政局诸多失望，渐无意参与，致力于文化事业并以文字自娱。其一生，前三十年勤学精进，后三十年置身政界，晚年致力于文化事业。著有《病吟集》《困斋文集》和《困斋诗集》等。任资政院议员座位号为109，于第一次常年会共发言118次。

江瀚

民选议员。1857—1935，字叔海，别号石翁山民，室名慎所立斋，福建长汀人。1893年应川东兵备道黎庶昌聘，任重庆东川书院山长。1896年兼致用书院主讲。1898年保送经济特科，分省试用，历保至道员，后赴日考察回国。1905年任江苏高等学堂监督兼总教习。1906年代理两级师范学堂监督。同年受招入京，任学部总务司行走、学部参事官兼参议上行走，署京师大学堂师范馆监督兼教务提调。1908年任京师大学堂经学分科教授兼女子师范学堂总理。1910年曾署理河南布政使。1912年充京师图书馆馆长。后担任四川盐运使、政事堂礼制馆馆员、参政院参政、总统府顾问等。1927年后历任礼制馆馆长、京师大学堂代理校长、故宫博物院理事会代理理事长等。近代法学家江庸即为其子。著有《石翁山房札记》《慎所立斋文集》《中州从政录》《南游草》《北游草》《孔学发微》《故宫方志目·普通书目》等，1935年去世。在资政院第一次常年会期间因为河防任务吃紧而辞职，完全未参加资政院议事。

江谦

民选议员。1876—1942，字易园，号阳复，原籍安徽婺源，附生。1896年授业于张謇门下，嗣后考入南洋公学师范班。后留学日本法政大学，曾任分部员外郎。自1898年开始即协助张謇创办通州师范学院，任校长长达14年。以所辑"两汉学风"治校,并以能耕能读为校训,开办农场为实习场所,矫正空读风气,使得通州师范在全国颇有影响。1910年被推举为江苏谘议局议员。1914年为江苏省教育厅厅长,亲赴沪、宁、苏、常等地视学,谢绝应酬迎送。翌年被聘为南京高等师范校长,开国文专修等科,亲授说文句读;治校三年,成绩卓著,由省长韩紫石报请授予三等嘉禾章。后因积劳致疾,养病沪上,晚年皈依佛门。1942年坐化于上海。曾经编辑《佛光》月刊,著有《阳复斋诗偈集》《说音》《佛教三字经注》等。任资政院议员座位号为122,于第一次常年会共发言14次。

江辛

民选议员。1873—1946,原名绍录、绍翰,字是坪、士屏,号疆园,安徽旌德人。1904年以优贡中举,1906年与任翰林院编修的族人江志伊创办了官立旌阳高等小学堂。1909年当选安徽谘议局议员。1911年加入同盟会,曾任北京临时参议院议员等。北伐后任安徽省教育厅第三科科长、省督学、安徽大学文牍、宁郡第八中学校长、宣城师范学校校长等职。终身从事教育、爱好书法、诗歌,有《宁属六县联中校歌》(江辛作词)留世。任资政院议员座位号为123,于第一次常年会共发言49次。

蒋鸿斌

民选议员。1863—?,山东滕县人。京师法律学堂毕业,举人,1909年被选为山东谘议局议员。任资政院议员座位号为159,于第一次常年会共发言13次。

景安

宗室觉罗议员。生卒年不详,镶红旗人,陆军部候补笔帖式,帝国宪政实进会成员。任资政院议员座位号为45,于第一次常年会未见其发言记录。

敬子爵

满汉世爵议员。即敬昌,生卒年不详,满洲正白旗人,镶白旗满洲副都统,正蓝旗护军统领,三等子爵。任资政院议员座位号为38,于第一次常年会共发言1次。

铠公

宗室王公世爵议员，即载铠，生卒年不详，1897年封三等辅国将军，1905年袭不入八分镇国公，二等侍卫。其祖上为康熙第二十子爱新觉罗·胤祎。任资政院议员座位号为9，于第一次常年会共发言3次。

康咏

民选议员。1862—1916，字步崖，号漫斋，福建汀州人，1882年中举，1887年25岁赴京从侍郎宝廷（竹坡），学习诗文。1890年任潮州东山书院山长，是为其从事于教育事业之始。1892年中进士，曾任内阁中书。甲午战争爆发，上书请投笔从戎，未果。甲午战败后即无意从政，毅然返乡从教，在汀州龙山书院讲学；1902年，自费东渡日本考察教育，回国后致力于办新学。次年，在潮汕创办同文学校；一年后返汀创办汀郡中学堂；不久，被选为长汀县教育会首任会长。1909年当选为福建谘议局议员。1910创办新俊小学校。入民国后兴办实业，倡议汀人集资在潮州办盐业公司，被推为总经理。凡地方兴革，无不倾力相助，深受汀人推崇。1916年在潮州病逝。诗词造诣颇深，著有《漫斋诗稿》等。任资政院议员座位号为140，于第一次常年会共发言33次。

柯劭忞

各部院衙门官议员。1848—1933，字凤荪，凤笙，号蓼园，山东胶州人。1870年中举，之后，他广交各省学吏，曾先后应聘于晋、粤、辽东等地书院担任主讲。1886年中进士，入翰林院为庶吉士，散馆后任翰林院编修，1901年出任湖南学政。1905年回京后曾先后担任国子监司业、贵胄学堂总教司和翰林院日讲起居注官等职。1906年，受命赴日本考察教育，回国后出任贵州提学使。两年后调回京城，在学部先后任丞参上行走、补右参议、迁左丞、京师大学堂经科监督。1910年10月，受资政院委派，出任山东宣慰使兼督办山东团练大臣。不久被调回京城任典礼院学士，赐紫禁城骑马，伴宣统皇帝溥仪读书。1912年中华民国成立后，柯劭忞以遗老隐居，拒绝出仕。1914年清任史馆代馆长、总纂。1927年完成了《清史稿》总纂,并撰写了天文、时宪、灾异三志和部分传稿、总纂纪稿。此间,他还潜心致力于《元史》的重修工作。他从《永乐大典》、金石文字、野史、秘集中,广征博引,精心研究,并汲取邵远平的《元史类编》、魏源的《元史新编》、洪均的《元史译文证补》等著作的精髓,拾遗补缺,于1922年完成了《新元史》的编纂工作。1925年10月,主持了《四库全书提要》,亲手整理经部易经类提要152条。1933年逝世。著有《新元史》《穀梁补笺》《蓼园集》《文选补注》《文献通考校注》《尔雅补注》等,是近代著名的史学大家。任资政院议员座位号为70,于第一次常年会未见其发言记录。

奎廉

各部院衙门官议员。满洲正白旗人,1873—?,荫生,花翎三品衔,度支部员外郎。任资政院议员座位号为47,于第一次常年会未见其发言记录。

劳乃宣

硕学通儒议员。1843—1921,字玉初,号矩斋,晚号韧叟,浙江桐乡人。1871年中进士。1879—1900年间,历任南皮、完县、吴桥等知县,勤民爱士,称为循吏。因在吴桥任上镇压义和团且知时事不可为,以回籍修墓去官。期间曾任杭州求是书院监督、浙江大学堂监督。1908年奉诏进京,以四品京堂候补,任宪政编查馆参议,后历任江宁提学使、京师大学堂总监督、学部副大臣及代理大臣。其间,以新刑律有妨碍于伦教纲常,先后在宪政馆、资政院与法派人士辩驳,是晚清修律礼法之争的礼派重要代表人物。辛亥革命后,反对共和,主张还政清室,移家涞水,后居青岛,闭门以著述自娱。宣统复辟时被遥授法部尚书、学部尚书,具疏以衰老请开缺。失败后,复隐于青岛,曾修订《皇朝续文献通考》。1921年7月21日逝世于青岛。《清史稿》有这样的评价:"乃宣诵服儒先,践履不苟,而于古今政治,四裔情势,靡弗洞达,世目为通儒。"值得一提的是他很重视教育,主张普及等韵字母之学,推行汉语简字拼音,曾奏设简字学堂于南京;曾长期从事于古代数学研究；1914年，与德国人尉礼贤在山东尊孔文社内建立藏书楼，为青岛第一座图书馆。著有《韧叟自订年谱》《修正刑律草案说帖》《各国约章汇录》《义和拳教门源流考》《简字谱录》《读音简字通谱》《筹算浅释》《共和正解》《续共和正解》《约章纂要》《归来吟》等，后人辑录有《桐乡劳先生遗稿》等。任资政院议员座位号为80，于第一次常年会共发言30次。

勒郡王

外藩王公世爵议员。即勒旺谋尔布，生卒年不详，御前行走，锡林郭勒盟札萨克多罗额尔德尼郡王。任资政院议员座位号为21，于第一次常年会未见其发言记录。

雷奋

民选议员。1877—1919，字子琴，又字继舆，江苏华亭人，附生，为清末状元张謇门生。初就学于上海南洋公学，1898年被派赴日本研习政法，卒业于早稻田大学，期间曾在《译书汇编》社编译介绍欧美法政名著。归国后，绝意仕进，任上海《时报》编辑，主编"本埠新闻"栏目，并在城东女学、务本女塾和江苏学务总会开办的法政研究会等任教。同时投身地方公益，锐意力任，声誉日隆，入苏抚程德全幕府。1908年预备立宪公会决定与宪政公会、政闻社发起成立国会期成会，下设国会研究所，他被推举调查各国议会制度。1909年当选江苏省谘议局议员、自治筹备所副所长、谘议局研究会主任。1910年国会请愿代表团成立，他被推举为干事，专任修改请愿书之责。张謇誉之为"谘议局之英""上流之辩才"。在资政院第一次常年会期间，表现优异，被称为"资政院三杰"之一。曾主编《法政杂志》，发表了很多关于立宪的政论文章，成为知名立宪人士。1911年5月，他随张謇由武汉进京，力劝张謇到彰德拜会袁世凯，曾云："清政权断无不倒之理，假如爱好和平的各省谘议局议员大家不肯出头，将酿成全国混战，人民涂炭，不可收拾的局面"；"切勿因为自己是清朝状元，要确守君臣大义，而躲避现实。须知皇帝与国家比较，则国家重于皇帝。"革命后再度辅佐程德全，任江苏巡抚幕僚，于酝酿组织临时政府时期，多所奔走，为南京会议江苏代表。一度担任浙江军政府财政司司长；袁世凯任总统，许多法律规章由雷奋起草。及袁有称帝图谋，即退出政界。回松后，松江市成立自治公所，被推为总董。1917年短期任财政部参事。旋感时不我予，退出官场，在上海执业为律师，颇负盛名。1919年以伤时而逝。《时报》有一则关于雷氏在任资政院议员的短评："雷奋君者，今日议场之健将也。眼光犀利，口齿明快。"任资政院议员座位号为117，于第一次常年会共发言146次。

黎尚雯

民选议员。1866—1918，字瑞章，号桂荪，湖南长沙府浏阳县人。附生，日本法政大学毕业。1895年浏阳大旱，民不聊生，欧阳中鹄奉命成立救灾机构，黎尚雯参赞其事，出其储粮救济灾民。1897年，与欧阳中鹄等人办浏阳算学社、不缠足会，次年协助谭嗣同、唐才常等创立南学会、时务学堂，办《湘报》。1900年追随唐才常组建自立军准备起义之工作。失败后避居衡州，投身教育事业。1903年任湖南高等师范学堂教务长，后又任湖南中路师范斋务长。1905年协助禹之谟创办惟一学堂，主持教务工作，后任广益英算专修科监督。与禹之谟、宁调元等公葬陈天华于岳麓山。1906年与李剑农在长沙成立同盟会湖南支部。1909年当选为湖南省谘议局议员。期间，向省谘议局提出速修粤汉铁路、倡导实业、整顿教育、禁止鸦片以及改厘税为统捐等案。1911年初，成为辛亥俱乐部的发起人之一。入民国后曾任湖南高等工业学校校长、临时参议院参议员、江汉大学校长等职。在江汉大学校长任上，在校内设铁血团，联络当地驻军，共图讨袁。事泄，江汉大学被解散，多人蒙难，黎尚雯被捕，后经熊希龄竭力营救出狱。蔡锷云南起义讨袁，他与龙璋在湖南响应，驱逐都督汤芗铭。1917年孙中山就任大元帅于广州，组织非常国会，电召黎尚雯赴广州议政，不幸积劳成疾，未能成行。次年2月病逝于长沙，公葬于岳麓山。他顶替病故的冯锡仁出任资政院议员。任资政院议员座位号为151，于第一次常年会共发言56次。

李国筠

民选议员。1878—？，字裴君，李鸿章侄孙，云贵总督李经羲次子，安徽合肥人。一品荫生、庚子辛丑并科举人，保应经济特科，分省补用道。历任安徽庐州官立中学堂监督、合肥县教育会会长、庐州商会总理，安徽谘议局副议长。入民国后，历任安徽都督府参事、安徽内务司长兼任安徽财政司长、国税厅筹办处处长、广东巡按使、经济调查局总裁。任资政院议员座位号为125，于第一次常年会未见其发言记录。

李华炳

民选议员。1862—？，字少九，一字文园，号朴庵，山西武乡人。山西令德堂肄业，1899年中举，主讲襄垣县漳川书院。1904年中进士，翰林院编修，任兵部主事，旋改学部主事。1911年发起组织宪友会山西支部。后因母亲年迈，弃官养亲。后充任太谷书院山长、学务公所议长。1912年任长子县知事，一年余即辞职归里，充任本县商会会长、公款局经理等职。著有《职方史略》《诵芬轩吟草》等。任资政院议员座位号为166，于第一次常年会未见其发言记录。

李搢荣

民选议员。1872—？，字笏臣，直隶武清人。廪生，历充武清县劝学员、县立高等小学校长。1909年任顺直谘议局议员。入民国后曾任众议院议员。任资政院议员座位号为113，于第一次常年会共发言11次。

李经畬

各部院衙门官议员。1858—1935，字伯雄，号新吾，别号谲洲，李瀚章长子，安徽合肥人。1882年江南乡试举人，1890年恩科进士，殿试二甲，朝考一等。改翰林院庶吉士，历任翰林院编修、侍讲、实录馆提调、兵部武选司员外郎，二品顶戴，赐紫禁城骑马，诰授光禄大夫。为官清廉，故生活较为拮据。晚年以书画自娱，拒绝殷汝耕伪政权的利诱，坚持民族气节。他识音律，懂戏曲，出任当时北京最大的票友组织"春阳友社"的董事长，使南北各派戏曲名流相互交流，有助于民族文化的发展。任资政院议员座位号为56，于第一次常年会共发言

3次。

李榘

民选议员。1873—？，字访渔，直隶束鹿人。光绪甲辰科进士，选翰林院庶吉士，后授侍读衔翰林院编修。1905年兼任《束鹿县乡土志》总校。1907年被派赴日本留学。1908年毕业于日本法政大学速成科，同年归国。保定府教育会成立，被推举为会长。先后任直隶法律学堂监督，同时被选为顺直谘议局议员。在担任资政院议员期间，积极参与速开国会请愿活动，作为发起人之一积极组织宪友会。入民国后曾任临时参议院议员、大总统府政治咨议、约法会议议员、平政院评事。1915年在直隶公民推戴书上签名，列名杨度领导的宪政协进会，拥护袁世凯称帝。后曾出任北洋法政专门学堂监督。任资政院议员座位号为107，于第一次常年会共发言22次。

李慕韩

民选议员。1878—1947，字荆瞻，号町民，晚号栖霞老人，福建泉州人，1904年优贡，候补知府。1909年被选为福建谘议局议员。入民国后在惠安创办新民小学。1927年惠安县农运中被视为土豪劣绅受到冲击。工诗文，善书法。福州泉州等地诸多景点都留有他的墨迹。著有《怀蓼斋诗文存》。任资政院议员座位号为143，于第一次常年会未见其发言记录。

李时灿

民选议员。1866—1943，字敏修，号暗斋，河南汲县（今卫辉）人。1886年中进士，翰林院庶吉士散馆后任编修、刑部主事。1894年丁父忧。1899年河南大旱，主持赈灾。其间先后主讲长垣蒲城书院、武陟致用精舍和禹县颍滨精舍。后任河南学务公所议长、河南优级师范学堂监督、中州公学学董、河南谘议局副议长，协同提学使孔祥霖创设河南图书馆。入民国后历任河南都督府秘书长、河南教育司司长、众议院议员、安福国会参议院议员等，力促河南通俗图书馆的设立。他治教严谨，反对浮华，在清末民初主张"学无新旧，唯其是耳"，大力引进西学；提倡"知一字，行一字，知一名，行一句"；要求"敬以修己，乐于诲人，处世为公，视人如己，决不以身累天下。"致力于教育，在各地设帐授课，育化桃李，门生满天下。一生治学勤奋，著作甚丰，有《论语之政治学》《中州人物稿》《中州学系考》《汲县志》稿等。任资政院议员座位号为163，于第一次常年会共发言2次。

李士钰

纳税多额议员。1855—1917，字幼香，直隶天津人，祖籍江苏昆山县，乃"津门八大家"之首的李家子孙。早年应举子业，因性喜经世理财之学，三试不售，乃入赀为刑部郎中，先后以家财赈济晋北旱灾、江浙水灾，获赐戴花翎、三品冠服。从1882年起长期负责长芦盐场之经理与售卖。1908年与人合伙创立北洋水火保险股份公司，任总理。1910年与人合伙创立津浦殖业银行，任银行总理。鼎革之后，继续主持全国盐政多年，与李石曾创大豆公司于巴黎，获利甚丰。任资政院议员座位号为90，于第一次常年会未见其发言记录。

李素

民选议员。1869—1944，字位斋，亦名畏斋，又字味斋，山西平定人。从小在私塾学习，1893年中举，后以优异成绩毕业于保定府法政学堂，获拣选知县职衔。曾任山西谘议局议员、省女子学堂董事、提学使公署议绅等。在成为山西省谘议局议员后曾签名于《国会代表请愿书》，被谘议局推举为第一次进京请愿速开国会代表团成员。任资政院议员期间，在速开国会案、弹劾军机案中有突出表现。辛亥变起，参加了太原起义，被推为山西军政府参谋、山西都督府全权代表，赴南京参与组织临时中央政府。其后任南京临时政府参议院议员，参与起草《临时约法》。1913年入进步党。及至袁世凯复辟事起，忧心忡忡，积极参加倒袁行动。及至袁世凯被迫撤销帝制复居总统职位时，李素与十几省的公民发表公开声明，号召"国人速以决心，再接再厉，扑杀此獠，以绝乱种"。1917年随孙中山南下广州，参加护法运动。1922年在广州被选为宪法起草委员，后又任总统府顾问、谘议等职。陈炯明叛乱之后，从广州北返，寓居北京。"七七事变"后，在北平寓所，拒绝出任伪职，杜门不出，从事著述。著有《水帘洞诗稿》《论语质疑》《读易志疑》等。乃顶替被控在案、被交地方官察看的刘绵训而递补出任资政院议员。任资政院议员座位号为168，于第一次常年会共发言13次。

李文熙

民选议员。1879—1923，字辑安，四川奉节人。1897年中举，1903年赴德国福彼特大学（今柏林大学）留学，攻读物理学。后又在京师大学堂师范科毕业，曾任内阁中书、浙江道御史。其间积极参与四川保路运动，1909年被选为四川省谘议局议员。在资政院与宪政编查馆权限纠葛争议中表现突出。1912年任孙中山总统府科学顾问，1913年当选为第一届国会众议院议员，入进步党。1916年袁世凯称帝，积极参加蔡锷的讨袁护国大业。1923年曹锟贿选大总统，因拥护孙中山而反对曹锟之丑闻，拒绝受贿，离京南下至邯郸，被曹锟设计毒死。同乡毛子献有挽联云："策马过邯郸，平地一声惊梦醒；啼鹃闻蜀道，倒流三峡送魂归。"任资政院议员座位号为177，于第一次常年会共发言69次。

李湛阳

纳税多额议员。1874—1920，号觐枫，云南昭通人。1894年甲午科副贡，日本东京宏文学校师范班毕业，先后任分省补用道驻渝矿务招商转运局坐办、贵州转运局暨招商渝局会办，充蜀商总董赴日本大阪博览会考察商务，不久调充广东商务局会办、将弁学堂总办、禁烟局会办、重庆造币总厂会办。因与端方交好，1911年端方带兵入蜀，遂任命为新巡防军统领。后巡防军起义，重庆光复，被推为都督，坚决拒绝。此后蜀军政府成立，李湛阳担任蜀军政府财政部长。民国成立后，任四川财政司长，政事堂存记道尹，参政院参政兼内国公债局协理，1914年被全国商会联合会选举为约法会议议员。二次革命时，陈其美在上海组织讨袁军，李湛阳捐助三万银元，此后不时接济，获孙中山手书横幅"高瞻远瞩"。任资政院议员座位号为96，于第一次常年会共发言2次。

李子爵

满汉世爵议员。即李长禄，生卒年不详，湖南邵阳人，湘军将领李臣典的后裔，承袭一等子爵，广西候补知府，曾于清末在广西负责厘金局事。因熟悉广西情形，在资政院讨论广西禁烟案中颇有表现。任资政院议员座位号为37，于第一次常年会共发言8次。

梁守典

民选议员。1872—1931，字成甫，陕西乾州人，出生于书香世家。父梁式，举人，博学能文，省内名儒，曾任延安府教授，主讲乾阳书院。梁守典早年聪敏好学，癸卯科举人，曾代理宁陕厅儒学训导。1907年创办乾州高等小学堂，并担任首任堂长，力主废除读经讲经，开设格致等新学科；提倡女子天足，应与男子享受学校教育。因创办家乡教育被选为陕西省谘议局议员。入民国后，仍然从事基础教育事业，与友人先后创办女子高小、甘泉高小。由于县中教育经费拮据，开支无章，遂筹建乾县教育经费处，自任处长；为赈济贫困，设义生善堂，自任堂长。《咸阳市志》评价其"治学严谨，待人和蔼，奖掖后进，不遗余力……每长其事，恪尽职守，详尽章程，清正廉明，人恒敬之"。任资政院议员座位号为173，于第一次常年会共发言1次。

林炳章

各部院衙门官议员。1874—1923，字惠亭，福建侯官人，林则徐曾孙。1894年恩科进士，钦点翰林，累迁至翰林院编修。1895年与陈宝琛长女成婚，与戊戌六君子之一的林旭成戚友。1902年曾进行了长达九个月的南洋考察，开阔了眼界。1903年曾到日本考察教育、聘任教员，将考察心得写成《癸卯东游日记》。回国后委朝廷为钦差大臣，回福建考察宪政，行辕设于文忠公祠，极一时重振门风之盛。1904年在籍丁忧，之后协助陈宝琛办学、禁烟。1905年投资10万元，设立福建电力公司，1906年任福建师范学堂副监督；不久，转任福建高等学堂监督，兼任"去毒总社"社长，负责组织戒除鸦片烟毒，1908年因邮传部尚书陈璧的荐举，回京任邮传部丞参上行走，候补四品京堂。在担任资政院议员期间，对禁烟案出力甚多，并兼任中国国民禁烟总会会长。1911年出任内阁法制院参议。入民国后出任福建军政府盐政督办。1914年主持兴办福州市政及水利。他疏浚西湖，兴建公园，收回西湖被占土地；倡议重修《西湖志》。1919年任福建财政厅长，1920年任闽海关监督、福建水利局长等，集资40万元，在夏道开办实业公司，生产酒类、皮革等。任资政院议员座位号为57，于第一次常年会共发言34次。

林绍箕

纳税多额议员。生卒年不详，福建闽县人，晚清时在福州经营商业，为福州总商会成员。任资政院议员座位号为92，于第一次常年会共发言8次。

刘春霖

民选议员。1877—1944，字润琴，号石筼，直隶肃宁人，家道贫寒，世代为农，8岁时入私塾读书，后入莲池书院，颇得山长吴汝纶赏识；同时在官书局管账，以维持生计。1904年中甲辰科状元，中国历史上最后一名状元。授翰林院修撰，旋被派往日本，入法政大学。1907年归国，任保定高等学堂监督，后历任记名福建提学使、直隶法政学校提调、北洋女子师范学校监督。1908年直隶绅民请愿速开国会，他被推举为请愿书领衔人和赴京代表。1909年当选为顺直谘议局议员。1911年发起组织宪友会直隶支部。入民国后一度隐居，后出任袁世凯大总统府内史，编写历代皇帝言行录，供袁世凯参考阅读；后直接参与了袁世凯称帝劝进。1917年任中央农事试验场场长。在徐世昌、曹锟当大总统期间，被授予总统府秘书帮办兼代秘书厅厅长。后又任直隶省教育厅厅长、直隶自治筹备处处长等。曾两次代表徐世昌到山东曲阜主持孔子大成节典礼，并因此名噪一时。1928年辞官，赋闲北平，以诗书自慰，以鬻字自给。其"群玉山房"中，收藏各类书籍一万余册，古籍以明清刻本居多，其藏书印有"刘春霖印""石云鉴藏之章""石云收藏""润琴刘春霖"等。1934年曾拒绝了伪满国务总理郑孝胥的出仕邀请。七七事变后为宋哲元延聘讲《四书》，宋师事甚谨。抗战期间始终保持民族气节，曾怒斥伪华北政务委员会委员长王揖唐，坚拒出仕伪政权。善书法，尤以小楷为著，时有"大楷学颜，小楷学刘"之誉。他对古文学、史学、金石学和传统小学皆造诣深邃。任资政院议员座位号为108，于第一次常年会共发言29次，他为人直率刚正，绝不俯仰趋时，是民选议员中特能坚持原则者，始终保有书生本色。

刘道仁

各部院衙门官议员。1870—？，字伯刚，湖北沔阳人。廪贡生，两湖书院肄业，经张之洞选派以湖北官费到日本留学，先后入成城学校、日本陆军士官学校中华队第一期步兵科，后来到日本近卫步兵第四联队任见习士官，其间参与编辑《湖北学生界》，入同盟会。回国后任湖北农务学堂堂长。后随铁良进京，历任练兵处军令司储材科监督、陆军部参议厅一等谘议官、补授陆军副参领，开缺之后以民政部郎中候补，任民政部参议上行走、补授民治司郎中，捐奖花翎，记名巡警道、简放广东巡警道。1911年任内务部疆理司长。入民国后为南京临时政府参议员，加入辛亥俱乐部。后历任大总统府筹备处边事股员、湖北都督府顾问官、内务部顾问官、简任宜昌关监督兼署宜昌交涉员、沙市交涉员、内务部卫生司司长、中央防疫处处长、荆南道尹、江汉道尹等。任资政院议员座位号为53，于第一次常年会共发言7次。

刘景烈

民选议员。1879—？，字晓愚，江西赣县人。曾就读于江南陆师学校，为中国第三批留日陆军游学生，于1901年左右东渡日本，先后就读于成城学校、陆军士官学校，1904年9月毕业归国。历任江西常备中军第二营营官、江南陆师学校学生队长、下士养成所监督、陆军第九镇正执法官、太湖秋操审判官、永平秋操办事官。1909年当选为江西谘议局议员。1912年2月被选为江西临时议会议长，后任众议院议员、四川嘉陵道尹等。任资政院议员座位号为130，于第一次常年会共发言92次。

刘懋赏

民选议员。1870—1931，字劝功，山西平鲁人。早年入山西令德堂学习，1902年考入山西大学中斋，并于同年中举。1904年作为山西大学中斋高等科优秀生，被选送赴日本明治大学分校经纬学堂速成师范班留学，于1905年毕业，其间加入同盟会。回国后创办《晋阳学报》，又和同学创办山西中学堂。1906年与渠本翘等人共同发起保晋矿务公司。1909年任山西学务公所议绅，当选为山西谘议局议员。1910年在朔县合伙创办广裕水利公司，并改建六合水利公司。入民国后曾任众议院议员。1912年任归化关监督，在袁世凯任中华民国临时大总统后离职回晋，因与阎锡山政见不合，遂不再过问政事，专心办实业，曾开办富山水利公司。1927年中原大战爆发，刘懋赏任山西各界组织的救济委员会会长，救济战乱中的受难百姓。晚年身体欠佳且失明，1931年5月病逝于老家。任资政院议员座位号为165，于第一次常年会共发言5次。从第一次常年会第十四会议起顶替渠本翘出席资政院常年会。

刘男爵

满汉世爵议员。即刘能纪，生卒年不详，刘坤一之侄子，过继给刘坤一为后，湖南新宁人。刘坤一病逝后清廷加封其子孙官职，服丧期满后于1906年进京承袭一等男爵，散秩大臣，农工商部丞参上行走。后清廷数次召他进京履职，均乞假南归。他一直住在老家邵阳，1948年终老于刘氏息园。任资政院议员座位号为39，于第一次常年会未见其发言记录。

刘荣勋

民选议员。生卒年不详，贵州安顺人，廪生，贵州自治学社重要成员，1909年当选为贵州谘议局议员。民国初期曾反对滇军干涉贵州内政，主张黔人治黔。乃顶替病故的钟振玉出任资政院议员。任资政院议员座位号为195，于第一次常年会共发言4次。

刘述尧

民选议员。生卒年不详，广东信宜人，1903年中举，从邮传部交通书吏做起，由主事而员外郎、郎中，1909年被选为广东谘议局议员。任资政院议员座位号为187，于第一次常年会共发言15次。

刘纬

民选议员。1880—？，字鸿岷，四川荣县人。生员，四川高等学堂毕业。历任荣县小学校长、县视学员。1909年被选为四川谘议局议员。入民国后任临时参议院议员、众议院议员等。任资政院议员座位号为

180，于第一次常年会共发言23次。

刘曜垣

民选议员。1864—？，广东香山人。举人，曾任香山县农务分会理事。1909年入顺城自治研究会，随后被选为广东谘议局议员。任资政院议员座位号为183，于第一次常年会共发言5次。

刘泽熙

各部院衙门官议员。1870—？，湖南善化人。日本法政大学银行科毕业，廪贡，曾任清宪政编查馆统计局馆员、度支部候补主事，清理财政处预科总核帮办，盐务处潞东科参事等。刘泽熙与杨度关系密切，辛亥革命爆发后与杨度等共同筹建共和促进会，发表《共和促进会宣言书》，赞成共和。民国后曾任财政部筹备处股员、财政部参事等职。著有《中国预算要略》《法政萃编·商法会社手形》等书。任资政院议员座位号为62，于第一次常年会共发言49次，为资政院预算股股员长，主持审查预算，贡献很大，实乃钦选议员中的佼佼者。

刘志詹

民选议员。1877—？，字苏佛，山西凤台人。拔贡，1903年赴日本法政大学留学，1906年任山西谘议局筹备处课长。此后陆续担任山西全省自治研究所教务长、宪政研究会教员、教育总会会长。1909年被选为山西谘议局议员。1911年任宪友会山西支部候补干事。入民国后1913年当选为第一届国会众议院议员，曾任山西育才馆教授、晋城医学馆馆长等。任资政院议员座位号为169，于第一次常年会共发言5次。

柳汝士

民选议员。1869—1932，字冠民，安徽凤阳人。禀生，补行庚子辛丑恩正并科举人。1909年当选为安徽谘议局议员。1912年12月任安徽省议会议员兼凤阳县民政局长，任内曾到蚌埠请驻军来凤阳，使预谋洗劫凤阳的土匪撤走，维护了乡梓的安宁。1916年当选安徽省议会议长。任内他向安徽省公署提议导淮入江，该案经安徽省议会通过，省长批准。安徽省加盐税附捐的议案在他的反对下未能在安徽省议会通过。1917年当选为安福国会参议院议员，后出任安徽省议会议长、安徽省禁烟处处长。因禁烟政令阻力重重，难以推行，遂转而从事教育事业，任安徽省第一、第四中学校长。晚年辞官回故里，潜心研究中医中药，并免费给贫苦百姓诊治施药。任资政院议员座位号为124，于第一次常年会未见其发言记录。

卢润瀛

民选议员。1970—？，陕西城固人。优贡，曾任内阁中书，1909年被选为陕西省谘议局议员。任资政院议员座位号为172，于第一次常年会共发言1次。

陆宗舆

各部院衙门官议员。1876—1941，字润生，浙江海宁人。1898年赴日本早稻田大学政治经济科学习，1902年回国后在北京崇文门管理税务，任进士馆及警官学堂教习、巡警部主事。1905年参加学务处举行的第一次考验游学毕业生，获举人出身。1906年以二等参赞身份随载泽等五大臣出国考察宪政，由此见赏于徐世昌。宪政编查馆成立，充帮提调兼政务处参议。奕劻重其才，荐授四品京堂。1907年徐世昌出任东三省总督，奏请调任其为奉天洋务局总办兼管东三省盐务。1910年11月资政院第一次常年会第十七次会议上被补选奉派为资政院议员，接替刘华。1911年秋任交通银行协理、印铸局局长。武昌起义后，任度支部右丞并代副大臣。入民国后任中华民国总统府财政顾问、参议院议员、宪法起草委员、驻日全权公使，为袁世凯称帝积极奔走。袁世凯去世后任交通银行股东会长、参议院议员、中日合办的中华汇业银行总理，多次经手向日本借款。之后，又任币制局总裁，与曹汝霖同为新交通系中坚分子。五四运动中被免职。1925年后一度出任临时参政院参政。1927年任张作霖安国军外交讨论会委员；同年任交通银行总理。旋辞职，寓居天津。1940年出任汪伪政府行政院顾问，1941年在北京过世。著有《五十自述记》等。任资政院议员座位号为74，于第一次常年会共发言65次。

罗杰

民选议员。原名寿昌,后更名杰,1867—?,字峙云,别号唾庵,湖南长沙人。早年曾在求忠书院和岳麓书院学习,补县学生员。做过家庭教师和龙阳小学教员。后成附贡生,先后补用县丞、统带振字全军左营文案、统带遵义罗斛各军文案。1904 年自费赴日本法政大学速成科学习,1905 年 5 月毕业归国,从事于新式教育为主的地方自治事业。1906 年创办立达学堂,出任监督。1908 年与杨度、杨德邻等创立宪政公会,随后积极参与速开国会运动。1909 年创设自治研究所,在当选为湖南谘议局议员后又设立议员研究所,为议员讲解《谘议局章程》和宪政大略。谘议局开议后,被选为全院审查长和常驻议员。年底被推为湖南请愿速开国会代表。1910 年 1 月代表团进京,被公推前往谒见当权满洲亲贵,说服他们赞成速开国会。及至成为资政院议员,在第一次常年会期间,资政院上速开国会奏稿后,曾单独上书摄政王载沣,请摄政王"力排群议,代行乾断,俯允即开","倘国会即开,旋召瓜分之祸,酿内乱之忧,请斩杰之头,以谢天下,以为莠言乱政者戒"。1911 年,作为辛亥俱乐部的重要发起人,当选为评议员。同年年底,在湖南因受都督派遣赴南京联络成立中央政府事被暗杀,幸未致命。民国成立后,回长沙致力于教育事业。1914 年 6 月任政事堂法制局参事。袁世凯图谋复辟帝制,称疾隐退,未被批准后潜赴天津、上海,后短暂出任上海群治大学校长等职。不久返回湖南老家,彻底退出了政界。任资政院议员座位号为 149,于第一次常年会共发言 138 次。

罗乃馨

纳税多额议员。生卒年不详,广东新会人。副贡生,1901 年 7 月在秦晋赈捐局报捐同知,加捐道员,指分广西试用。1905 年随户部侍郎戴鸿慈考察宪政。曾在东莞设垦牧公司。1911 年,因振兴实业获商部奏奖,被任命为商部三等顾问官加二品顶戴。任资政院议员座位号为 97,于第一次常年会共发言 1 次。

罗其光

民选议员。1877—?,甘肃静宁州人。举人,曾任陕西直隶州州同。1909年被选为甘肃谘议局议员。任资政院议员座位号为176，于第一次常年会共发言11次。

马士杰

民选议员。1865—1946，字隽卿，江苏高邮人，祖籍安徽和县，举人，花翎内阁中书，荐为御史，派赴日本考察。早年在扬州、高邮等地开设典当、钱庄、货号。其著者如1900年与人合股，开设三垛同泰昌。因受明治维新思想影响，逐渐倾向革命，曾参与前山西巡抚丁衡甫等人电请清帝退位之举。中华民国成立后，历任江苏都督府民政司司长、内务司司长、江苏筹浚江北运河工程局总办等职。在高邮创办江苏河海工程测绘养成所，培养水利工程人才。为了解决扬州、镇江的交通安全问题，他捐赠钢壳蒸汽机载客渡轮一艘，交镇江商会管理，定名为"普济"号。他会同韩国钧和张謇等人创办泰源盐垦公司，一面开垦苏北沿海垦区，一面组织灶民生产食盐。与黄炎培等创立专门搜集史料、编辑图书杂志索引的人文类编辑出版机构甲子社，后改名人文社，编辑出版《人文月刊》，筹办人文图书馆。抗战爆发后，携家辗转上海，汉奸殷汝耕曾两度邀其任职伪政府，均遭拒绝。1944年托辞返回高邮，闭门养病。任资政院议员座位号为119，于第一次常年会未见其发言记录。

孟昭常

民选议员。1871—1919，字庸生，江苏武进人，幼孤，由其兄著名历史学家孟森教授学业。1891年中举，1898年执教于南洋公学。1905年由郑孝胥资助与其兄孟森同赴日本法政大学速成科学习。在留学期间参与革命团体青年会的活动，与杨廷栋等出版《江苏》杂志。1906年和孟森、秦瑞玠等人发起法政学交通社，编辑《法政学交通社杂志》，同时加入沈其昌组织的法政学报社。1907年回国后加入预备立宪公会，颇受重用，被推举为驻会办事员，实际主持会务。曾代表预备立宪公会致函上海商务总会等，建议其参与制定商法，在预备立宪公会下建立商法研究所，任编辑。1908年《预备立宪公会会报》创刊，在其中任编辑，亲自撰写了多篇宣传预备立宪的论著。1909年被推举为预备立宪公会副会长,同时被选为江苏谘议局议员。同时积极参与速开国会请愿活动,被推举为请愿国会代表团书记。辛亥革命爆发后,其兄孟森连电促其自北京资政院南归,回上海。1913年张謇出任农商总长,为其为参事,拟订编纂农工商矿诸条例。1915年前往黑龙江创办垦荒公司。经营不佳,心情抑郁。1919年病逝于南归途中。著有《公民必读初编》《城镇乡地方自治宣讲书》等。是近代中国宪制史上一位值得注意的人物。任资政院议员座位号为116,于第一次常年会共发言64次,为民选议员中的佼佼者。

牟琳

民选议员。1879—1950,字贡三,贵州遵义人。1902年入贵州大学堂学习,1903年中举,1905年被选送留学,日本宏文师范学院理化专修科卒业。回国后先后担任遵义中学、师范学校校长,劝学所总董,1909年当选为贵州谘议局副议长。1911年参与组建辛亥俱乐部,推选为评议员;同年宪政实进会成立,当选为审议员。1912年加入国民共进会。1913年当选为第一届国会众议院议员,入进步党,任交际科主任。曾联名上书袁世凯,质问取消国民党籍议员资格的法律依据。1916年当袁世凯称帝紧锣密鼓之际,回贵州积极参与讨袁行动。1917年被选为护法"非常国会"议员。1935—1936年任贵州省政府委员、贵州省禁烟委员会委员。1946年任遵义县参议会议长。后短暂担任遵义市政协副主席直至去世。任资政院议员座位号为196,于第一次常年会共发言41次。

闵荷生

民选议员。1847—1936,江西奉新人,字少窗,1876年于恩科会试中进士,不久获授内阁中书,历任户部主事、员外郎、郎中、大名府知府。故宫博物院明清档案部编辑的《清末筹备立宪档案史料》即收有他在户部员外郎任上于1906年9月20日所上的奏折《建言官制不必多所更张呈》,曾签名于《国会代表请愿书》。1909年被选为江西谘议局议员。任资政院议员座位号为127,于第一次常年会共发言10次,是民选议员中保守派之代表,著名数学家闵嗣鹤的祖父。

那公

外藩王公世爵议员。名那木济勒错布丹，或那木济尔策布丹，生卒年不详，1887年袭爵西藏唐古忒札萨克辅国公，不久被授予理藩部额外侍郎。任资政院议员座位号为28，于第一次常年会未见其发言记录。

那亲王

外藩王公世爵议员。1867—1938，即那彦图，字钜甫，又字巨甫、巨父，姓博尔济吉特氏，蒙古赛音诺颜部人，庆亲王奕劻之婿。祖先策凌参与平定厄鲁特叛乱有功，乾隆帝亲封札萨克亲王（即喀尔喀亲王），世袭罔替。1874年袭爵蒙古喀尔喀亲王，幼年曾陪光绪"伴读"。为了辖制蒙古王公的势力，加上与奕劻的翁婿关系，他受到清廷的重用。历任御前大臣、八旗都统兼领侍卫内大臣、上驷院大臣等。1898年更补授阅兵大臣。1900年8月，庚子国变，那彦图率兵沿途护驾，更为慈禧赏识。1903年又任銮仪卫事务大臣、镶黄旗满洲都统。1909年他奏准创办"殖边学堂"，并参与创办蒙古实业公司。1910年被钦选资政院议员。武昌起义爆发后，组建了蒙古王公联合会，自任会长，以联合会的名义给内阁总理大臣袁世凯发函反对清王室退位。因大势所趋，复通电拥戴袁世凯。民国成立，以倡率蒙族力赞共和懋著功绩选充参议院议员，署乌里雅苏台将军、政治会议议员。1917年任北京政府参议院副议长、参政院参政、绥威将军、善后会议议员、国宪起草委员会委员等职位。国民政府时期曾任行政院高等顾问、蒙古地方自治政务委员会委员。1938年去世。那王秉性忠贞，好读书，是蒙古王公中的佼佼者。任资政院议员座位号为15，于第一次常年会共发言7次。

潘鸿鼎

民选议员。1865—1915，字铸鱼，江苏宝山人，乃著名社会学家潘光旦之父。1865年出生。早年肄业龙门书院，1897年中举，次年会试中进士，旋即改翰林院庶吉士，1900年散馆授翰林院编修，充国史馆协修。时值新政勃兴，乃入进士馆习法政，毕业后派赴日本考察。1907年任宝山绘文学堂堂长，培养宝山县、昆山县的土地清丈人才。1908年筹设蚕桑学堂，提倡实业；任宝山县清丈局长。民初任国务院参事，1915年去世。辑有《续东华录》等传世。任资政院议员座位号为120，于第一次常年会共发言10次。

彭运斌

民选议员。1865—？，字佑文，河南邓州人。日本法政大学毕业，1903年中举，1904年中进士，历任翰林院编修、刑部主事、河南优级师范学校监督。1908—1909年回原籍帮助河南巡抚吴重熹筹集河南省谘议局，1909年被选为河南谘议局议员。入民国后历任河南临时省议会议员、洛潼铁路协理、河南水利会会长、众议院议员等。1919年去世。平生多有善举，如水灾后多方筹款、组织平粜以救济灾民，使数万人不致成为饿殍。任资政院议员座位号为162，于第一次常年会共发言2次。

彭占元

民选议员。1870—1942，字青岑，又名东半，山东鄄城人。附生，1903年毕业于山东优级师范学校，随后留学日本，入法政大学速成科。在日本读书时即加入同盟会，被推为山东同盟会支部长。回国后创立普通中学，1909年被选为山东谘议局议员。1911年辛亥革命爆发，积极响应，被选为山东独立会副会长，后成为组织南京临时政府山东代表。入民国后先后担任南京临时参议院议员、北京临时参议院议员、众议院议员等。后不满军阀混战，遂辞职返回故里，投身于家乡教育事业，集各乡绅士募捐创办南华小学；带头捐出家中宅基地，建彭楼小学堂。1935年黄河决口，彭氏在家乡主持赈灾修堤，造福乡梓。晚年定居曹州，经营盐务。抗战爆发山东沦陷后，坚拒日本出山要求。任资政院议员座位号为156，于第一次常年会共发言2次。

溥伦

议长。1876—1927，字煦斋，满洲镶红旗人，本皇族亲贵，乃道光之曾孙（道光帝长子隐志郡王奕纬的长孙、贝勒载治第四子），宣统之从兄。因咸丰只有一独子同治，同治又无后，所以道光之后裔为晚清皇室最核心层。1884年袭封"贝子"爵位，后加贝勒衔，成人后以皇族宗室而特受重用。1904年以朝廷特使身份赴美，主持办理圣路易万国博览会。在这次出访中，他大开眼界，应邀参加了各种庆典，带去的瓷器、茶叶、丝绸、地毯等几乎销售一空。他还考察了美国的宪政，向各地华侨和记者表示了自己急图自强、振兴国脉以改变积弱局面的决心，表示自己归国后一定在教育方面努力，《纽约时报》评价溥伦为清皇室中"最为民主的成员"。1907年8月任崇文门正监督这一要缺，9月任资政院总裁，时年31岁，为清朝廷着意培养主持新政的宗室人才；同年冬天又以全权大臣的身份报聘日本，重点考察日本国会制度。回国后见闻日增，颇获慈禧和光绪的青睐。在担任资政院总裁期间，主持第一次常年会，于调停新旧议员、沟通议院与朝廷颇为得力。1911年转任农工商部大臣，辛亥革命爆发后，赞同清帝逊位，在南北和谈之时担任清廷代表。清亡后曾一度向袁世凯劝进，获封参政院长。袁氏失败后转而支持溥仪。1927年病逝于北京。

齐树楷

民选议员。1869—1953，字荫斋，号隐斋，直隶蠡县人。1893年中举，见国事日非，遂放弃仕途，潜心在家乡办教育，曾在高阳教书，从学者甚众。留学日本，先后在早稻田大学开设的政法特别班、日本法政大学学习。回国后本拟先回高阳继续教书，刚至天津，因直隶省财政厅长高凌蔚挽留，任财政厅课长数月后即辞职创办天津私立法政学校，后又在天津创建觉民中学，在保定创办育德中学。1909年被选为顺直谘议局议员。1911年先后加入帝国宪政实进和宪友会。入民国后历任北京将弁学堂监理员、天津私立法政学校校长、京兆尹公署内务科长，后长期担任北平四存（存性、存学、存治、存人）学校校长。一生致力于教育事业和传统文化的整理与研究。辑著有《移民论》《论语大义》《史记意》《中国名学考略》等。任资政院议员座位号为106，于第一次常年会共发言23次。

庆蕃

各部院衙门官议员。1868—？，满洲镶白旗人，为礼部尚书贵恒之子。荫生，曾以兵部职员参议立宪事宜，后历任陆军部右参议、福建兴泉永道、厦门道等。1921年北京政府任命其担任正白旗满洲副都统。

任资政院议员座位号为58，于第一次常年会未见其发言记录。

庆将军

宗室王公世爵议员。即庆恕，1840—1919，字云阁，满洲镶黄旗人，室名养正山房。1870年中举，1876年中进士，被授予户部主事，不久升任员外郎、郎中，1896年因京官考核卓异，被任命为凉州知府，不久转任兰州知府。1904年升任青海大臣。二等侍卫，奉国将军。年轻时喜读儒书，但未及岐黄。年26岁时，其母有病几为庸医所误诊，"因思为人子者，不可不知医"，开始学习"岐黄之术"，购书苦读，涉猎十载，稍能入室，渐渐对中医造诣精深，于1896年初在北京出版《医学摘粹》一书，在晚清医学界影响很大。民国成立后由西宁返奉天家居。他居官30余年，医书从未释手，且结重案，平番乱，政绩卓著，清廉自持。解任之时，幸赖同乡、同仁资助，始得返回，赁屋以居，行医自给。由于中医学术造诣较深，曾被张奎彬聘为"中国医学研究所"名誉所长。医术精湛，疗效显著，受人敬重。任资政院议员座位号为14，于第一次常年会未见其发言记录。

庆山

民选议员。生卒年不详，吉林省吉林府人，隶属满洲正蓝旗，1872年出生，曾任二品衔分省试用道、吉林自治会副会长等，积极参与国会请愿运动。任资政院议员座位号为103，于第一次常年会未见其发言记录。

渠本翘

民选议员。1868—1919，原名本桥，字楚南，号湘笙，山西祁县人。其家以开票号致富，在山西同业中很有名。为家中长子，早年即博通经史，有"神童"之誉，1886年参加乡试，中解元。1892年中进士，授内阁中书。后曾游学日本。回国后历任翰林院编修、内阁中书，1902年与乔家合资，开办山西很早的民营企业双福火柴公司。1903年以外务部司员派驻日本横滨总领事，1905年回国，创办祁县中学堂，并着手经营票号。1906—1907年领导从英国人手中收回福公司矿权运动，成立保晋矿务公司，任总理，朝廷以其功劳，赏其四品京堂衔。因其经理有方，数年后即成为山西金融界翘楚。1909年被授予三品京堂候补，作为议事部副总参议参与山西谘议局筹备，谘议局成立后被选为议员，积极加入速开国会运动，曾签名于《国会代表请愿书》。1909—1910年间曾任山西大学堂监督。因国会请愿活动失败，思想发生转变，倾向于革命。于资政院第一次常年会第十二次会议上宣告辞职，在十四次会议上由刘懋赏替补。辛亥革命起，被阎锡山委任为财政部委员，筹款支持独立。同时被清政府加授典礼院直学士，简派为山西省宣慰使，几经犹豫才勉强上任，不久即辞职。之后一直隐居天津，不再出仕，致力于收藏和著述，广购珍版古籍与名家字画；征集文献，整理刊行。林琴南在《祁县渠公墓表》中云："少有检格，于文史多有所涉。既遭国变，无聊不平，一寓之于酒，想其酒酣耳热，西望崇陵，血泪填满胸臆矣。"任资政院议员座位号为165，于第一次常年会共发言5次。

全公

宗室王公世爵议员。即全荣，生卒年不详，东陵守护奉恩镇国公，曾于1906年入陆军贵胄学堂学习。任资政院议员座位号为7，于第一次常年会共发言4次。

荣公爵塾

满汉世爵议员。即荣塾，生卒年不详，汉军正白旗人。委散秩大臣，稽查三海大臣，续顺公。任资政院议员座位号为37，于第一次常年会未见其发言记录。

荣公爵泉

满汉世爵议员。即荣泉，满洲镶黄旗人，委散秩大臣，三等承恩公。任资政院议员座位号为32，于第一次常年会未见其发言记录。

荣厚

各部院衙门官议员。1873—？，字淑章（一作叔章）、仆侪，号朴斋、不成山民，满洲镶蓝旗人。贡生，考中库使，选授刑部赃罚库库使，补授笔帖式，保升主事。历充工巡总局委员、内城巡捕西局帮办、总办，京察一等，保升以刑部员外郎，即补外城西分局帮办、内城巡捕、东局总办，调署内城巡警总厅警务处参事官，补总务处佥事、民政部参议上行走、奉天民政局佥事、署锦州府知府、奉天清理财政处正监理官等。入民国后曾任南京临时参议院参议员、奉天内务司长、奉天辽沈道道尹、黑龙江省财政厅厅长、吉林省财政厅厅长。伪满时期，历任中央银行首任总裁、参议府参议兼满日文明协会会长等职。任资政院议员座位号为71，于第一次常年会未见其发言记录。

荣凯

各部院衙门官议员。1858—？，字佩卿，满洲镶黄旗人。出生于奉天新民，生员，曾任新民府参事会长、新民县保卫团总理、巩昌府知府、花翎盐运使衔理藩部郎中等。任资政院议员座位号为51，于第一次常年会未见其发言记录。

荣普

宗室觉罗议员。1850—？，满洲正蓝旗人。即补知府。任资政院议员座位号为43，于第一次常年会未见其发言记录。

睿亲王

钦选宗室王公世爵议员。名魁斌，1864—1915，12岁袭爵，后历任镶白旗满洲都统、宗人府右宗正，1915年去世，是第十二代，也是最后一位睿亲王。生活腐朽，见识浅陋，乃清室衰败之象征。任资政院议员座位号为1，于第一次常年会未见其发言记录。

润贝勒

宗室王公世爵议员。即载润，1878—1963，字寄云，号德轩，常号渊清堂主人，惠亲王奕详长子。自幼在府上学习满文、汉文，1886年袭爵。1889年光绪大婚，获恩赏入上书房读书。1895年充御前行走。1896年为右翼近支第三族族长。1905年署理泰宁镇总兵兼管内务府大臣。1909年出任正黄旗总族长，补授正黄旗汉军都统。1910年出任陆军贵胄学堂大臣；1913年补授紫禁城小朝廷御前大臣等职。从1924年始，居家赋闲，读书以自娱。1949年后被聘为北京市文史馆馆员。一生工书善诗，于1963年过世。任资政院议员座位号为5，于第一次常年会共发言14次。

色郡王（锡林郭勒盟）

外藩王公世爵议员。即色隆托济勒，生卒年不详，御前行走，1902年袭爵锡林郭勒盟札萨克多罗额尔德尼郡王。入民国后曾支持蒙古活佛哲布尊丹巴的独立活动。任资政院议员座位号为20，于第一次常年会未见其发言记录。

色郡王（昭乌达盟）

外藩王公世爵议员。即色凌敦鲁布，1863—1933，成吉思汗第二十九代孙，1887年在乾清门行走，1894年加辅国公衔，1905年初任御前行走，1906年袭爵多罗郡王，1911年任敖汉右翼旗札萨克多罗郡王。中华民国成立后，为加强蒙汉关系，晋封亲王。任资政院议员座位号为19，于第一次常年会未见其发言记录。

邵羲

民选议员。1875—1918，浙江杭州人，原名孝羲，字仲威，号蕙孙。廪贡，袭云骑尉世职。曾任上海南洋公学译书院日文翻译，后赴日本法政大学学习。其间加入孟森等人发起的法政学交通社，参与创办《法政交通社杂志》。1907年归国，历任预备立宪公会事务所编辑员、预备立宪公会商法编辑所编辑、《中国商事习惯调查案理由书》编辑员等，《法政杂志》的发起人之一，积极参与晚清商事立法活动和速开国会运动，曾在报上公开发表《代拟浙江士民请开国会公呈》，作为浙江代表赴京，请都察院呈递速开国会请愿书。1909年担任浙江省地方自治和谘议局筹办处司选科科长、被选为浙江省谘议局议员。1911年与沈钧儒等发起创刊《法政杂志》，加入宪友会。1912年加入了杨度组织的共和促进会，为袁世凯出任临时大总统有所筹画，一度担任安徽省芜湖关监督。后列名筹安会、宪政协进会，1918年过世。著有《民律释义》《世界列国议会组织一览表》《地文学问答》《十九世纪列国政治文编》等，译有《日本宪法解》等。任资政院议员座位号为137，于第一次常年会共发言159次。

沈家本

副议长。1840—1913，字子惇，别号寄簃，出生于浙江湖州的书香门第。其父沈丙莹为 1845 年中进士，曾为刑部主事、员外郎、郎中等职，谙熟律例。沈家本五岁随父至北京，秉承父学。1864 年由监生报捐郎中，签分刑部，自此开始学律。1865 年举乡试，此后却连年失意科场，1883 年得中进士，朝考引见，奉旨以刑部郎中即用。之后在刑部历任奉天司主稿兼秋审处坐办、律例馆帮办提调、协理提调等职，精研案牍、奏谳之学，"以律鸣于时"。1893 年出任天津府知府，1897 年调保定府知府，1900 年升署直隶按察使。尚未成行，庚子拳乱事起，八国联军入保定，沈家本因曾因保定教案力争，受诬告曾助拳匪，遭拘留入狱数月。获释后到西安行在，不久擢升刑部右侍郎。1902 年被任命为修订法律大臣，主持了长达十年的晚清法律改革。历任大理院正卿、法部右侍郎、资政院副总裁等职。1911 年任法部左侍郎、袁世凯内阁司法大臣。1913 年病故。作为晚清法律改革的最重要主持者，他在中国法律近代转型中起了举足轻重的作用。

沈林一

硕学通儒议员。1866—？，江苏无锡人。举人，历任山西试用道、官报局局长、宪政编查馆统计局局长、政务处提调、广西桂平梧道。对地理学有一定造诣，著有《五洲属国纪略》《亚洲各小国纪略》《中西钱币考略》等。任资政院议员座位号为 87，于第一次常年会共发言 51 次。为保守议员之代表。故倾向于激进的《民立报》批评其有两副面孔，一副对于政府尽其议员义务，一副对于议员尽其抵抗议员之手段。

盛将军

宗室王公世爵议员。即盛昆，生卒年不详，肃亲王豪格后裔，父为辅国将军恒训。袭爵奉国将军，掌浙江道监察御史。任资政院议员座位号为 13，于第一次常年会未见其发言记录。

世珣

宗室觉罗议员。1871—？，满洲镶白旗人。1906 年任辽沈道监察御史。任资政院议员座位号为 39，于第一次常年会未见其发言记录。

寿公

宗室王公世爵议员。即寿全，生卒年不详，奉恩辅国公。任资政院议员座位号为8，于第一次常年会未见其发言记录。

书铭

民选议员。1873—？，字祉贞，奉天开原人。附生，曾选用巡检，在日本法政大学接受新式教育。为庆恕将军之门人。师生同为资政院议员，也属佳话。任资政院议员座位号为101，于第一次常年会共发言2次。

顺承郡王

宗室王公世爵议员。即纳勒赫，？—1917，礼亲王代善后裔，曾在陆军贵胄学堂学习，第十五代顺承郡王，1881年袭爵。任资政院议员座位号为3，于第一次常年会未见其发言记录。

司公

外藩王公世爵议员。即司迪克，生卒年不详，新疆巡检属回部辅国公。任资政院议员座位号为27，于资政院第一次常年会未见其发言记录。

宋振声

纳税多额议员。生卒年不详，字鹭于，甘肃狄州道（今临洮县）人，拔贡，曾任长芦盐务缉私营帮统。1911年加入帝国宪政实进会。民初曾担任北京临时参议院参议员、安福国会众议院议员。任资政院议员座位号为95，于第一次常年会共发言2次。

孙以芾

纳税多额议员。生卒年不详，奉天复州（今辽宁新金）人。任资政院议员座位号为89，于第一次常年会共发言1次。

索亲王

外藩王公世爵议员。即索特那木扎木柴，生卒年不详，乾清门行走，盟长副将军，1886年袭爵鄂因济哈图部落札萨克和硕亲王。任资政院议员座位号为16，于第一次常年会未见其发言记录。

谈钺

民选议员。1854—？，湖北兴山人。拔贡，曾任湖北农务学堂堂长，1909年当选为湖北省谘议局议员，是著名学者谈锡恩之父。任资政院议员座位号为147，于第一次常年会共发言2次。

汤鲁璠

民选议员。1857—？，号稚庵，湖南善化人。举人，曾办理湖南陆军小学，据革命党人宁调元云，此期间，"种种弊窦，湘人闻之切齿。"历任云南候补道、署粮道，云南讲武堂总办。吴恭亨曾有《代挽汤鲁璠联》，大致道出其生平："两庠为后进，六诏爵属僚，临安平贼又厕前驱，大风嘘送羽毛，提携跻我青云上；八桂荐特科，三湘督团练，资政开山俨称代议，改玉暌违颜色，丧乱哭公沧海流。"1909年当选为湖南省谘议局议员。任资政院议员座位号为150，于第一次常年会未见其发言记录。在资政院议员记名投票表决剪发易服议案时，汤没有出席会议，有议员冒其名投票，还在议场引起了小风波。

唐右桢

民选议员。1851—1925，本名滋棠，榜名佑祯，字咏南，湖南常德人。年少时家贫，无钱延师。年届束发，才寄读于舅家。手不释卷，发愤读书。弱冠中秀才。二十岁成为廪生，1876年中举。因父母年高，家境贫困，只好放弃功名，设馆授徒，后在慈利渔浦书院讲学。1889年中进士，旋改翰林院庶吉士，即丁母忧。散馆后于1892年任广西融县知县。在任肃清匪患，清断狱讼，倡办书院，发展新式学堂教育，政声显赫。1898因父亲年高病重，获准卸任回乡。为造福乡梓，主讲德山书院，出任西路师范学堂监督，并在县城东湖巷与维新志士戴展诚创办了明达学堂，为县内普通新学之始。1909年当选为湖南省谘议局议员。生前著有《退翁琐记》一书，可惜今已失传。其书法笔锋雄奇，刚劲有力。有题岳阳楼楹联传世，云："仙去避妖氛，三醉千秋，上界也应怜下界；楼存思政绩，重修一辙，后贤当不让前贤。"任资政院议员座位号为152，于第一次常年会未见其发言记录。

陶葆廉

硕学通儒议员。1862—1938，字拙存，别署淡庵居士，两广总督陶模之子，浙江秀水人，少年入学，为优贡生，秉性俭约，好学不倦，博览群书。1891年随父万里入新疆，以日记方式记述途中所见所闻，著成《辛卯侍行记》，是晚清西北史地学的一部力作。1902年代理浙江大学堂总理，1907年应召入对内廷，授陆军部军机司郎中，后任财政处总办、记名提学使等。著有《求己录》，说时务而引诸宋儒之说为本，甚得时誉，有"通才"之称。辛亥革命后寓居上海，对嘉兴地方公益事业颇多关注。1914年，浙江通志局成立，被聘为分纂，对整理地方史料颇多贡献。1919年11月，曾奉命会办苏浙太湖水利工程。抗战爆发后避居桐乡以终身。著有《辛卯侍行记》《求己录》《测地肤言》《舌鉴辨证》《医学答问》等。任资政院议员座位号为88，于第一次常年会共发言2次。

陶葆霖

民选议员。1871—1920，字惺存、号景藏，浙江嘉兴人，两广总督陶模之子、陶葆廉之弟。1895年补嘉兴府学生员，后纳资为候选主事，居嘉兴，任邑学校长。1902年游学日本法政大学，归国后特赏员外郎，应张元济邀请入商务印书馆。1904年创立嘉郡图书馆。1911年任《政法杂志》（商务印书馆创办，1915年停刊）主编。清末民初活跃于法学界，其论宪制和法治的论述多被收入《惺存遗著》，由上海商务印书馆1922年出版，还有《陶模行述》一书传世。1919年《东方杂志》遭陈独秀、罗家伦批评后，陶葆霖接替杜亚泉任《东方杂志》主编，直至去世。任资政院议员座位号为139，于第一次常年会共发言1次。

陶峻

民选议员。1877—？，湖北孝感人。优贡，日本法政大学毕业。乃顶替被控在案的黄文润出任资政院议员。任资政院议员座位号为148，于第一次常年会共发言53次。

陶镕

民选议员。1866—1924，字寿民，安徽舒城人，1886年中举，曾任两淮补用盐经历。1898年接受新思潮，拥护变法维新。后留学日本法政大学，在日期间加入同盟会。回国后积极参与安徽绅商争回路矿权利活动，1909年当选为安徽省谘议局议员，曾签名于《国会代表请愿书》。1912年加入统一党，任参事；1913年被选为第一届国会众议院议员，曾与其他议员联名上书袁世凯，质问取消国民党意义之法律依据以及民国是否需要国会存在。1915年列名杨度等领导的宪政协进会，上书袁世凯早登大位。后任湖北江陵县知事，在任严厉禁烟，缴获大量鸦片，并亲自督促将其销毁。1920年任安徽财政厅厅长。任资政院议员座位号为126，于第一次常年会共发言62次。

陶毓瑞

民选议员。1871—？，河南宝丰人。拔贡，1922年曾担任众议院议员。任资政院议员座位号为164，于第一次常年会共发言1次。

特郡王

外藩王公世爵议员。即特古斯阿勒坦呼雅克图，？—1916，内蒙古伊克昭盟鄂尔多斯左翼中旗人，博尔济吉特氏，成吉思汗31代孙，额尔齐木毕里克子。1902年袭爵札萨克多罗郡王，任伊克昭盟副盟长。1911年辛亥革命时，坚决反对蒙古哲布尊丹巴策划的分离活动。1912年以其翊赞共和，民国政府晋升之为和硕亲王。任资政院议员座位号为22，于第一次常年会未见其发言记录。

万慎

民选议员。1856—1923，字斐成，原名万人敌，四川泸州人，监生。生前丧父，生后丧母，由伯母、三叔抚养成人。18岁时受四川学政张之洞的赏识而被破格拔为秀才。张之洞勉励其"才诚堪敌万人，然以此命名，毋乃涉夸"，为之改名"慎"。1882年捐资为翰林院孔目，以"小京官"资格赴顺天府乡试，不第。后又多次乡试不第。1893年入川东兵备道黎庶昌幕府。甲午战争期间，入山东巡抚李秉衡幕。后任川南书院、鹤山书院、安岳凤山书院山长等。1904年任永宁中学堂、叙永中学堂教席。1909年任泸州中学堂校长，被选为四川谘议局议员。1912年曾入驻泸州川军第一师师长周骏幕，后任铜梁县知事。1913年分发江西九江县，因铜梁判词失当（民国法律，死刑只有枪决而无斩首）被人揭得布告原件邮寄北京大理院，旋被撤职。1916年出狱后家居，注热情于方志之编纂，担任叙永、泸州修志局总纂。一生长于对联，其所总纂的光绪《续修永宁县合志》在记载晚清新事物方面很有特色。吴虞有《题万慎子文》诗，云："七载京华笔有神，扬云秋室任生尘。乱头粗报堪倾国，海水天风渐逼人。"任资政院议员座位号为182，于第一次常年会共发言11次。

汪荣宝

各部院衙门官议员。1878—1933，字衮甫，小字梦珊，号太玄，江苏吴县人，汪凤瀛长子。9岁即熟读群经，文辞斐然。1893年以优等送江阴南菁书院。1897年拔贡，次年朝考，除七品小京官，签分兵部。1900年庚子国变，赴南洋公学为师范生，有江南才子之名。1901年自费留日，进入日本早稻田大学及庆应义塾，治东西洋历史，旁逮政法。求学时即为留学生中领袖，参与雷奋等组织译书汇编社，著有《中小学中国文典》与《中国史教科书》。1902年与张继等组织青年会，明白揭示以民族主义为宗旨、破坏主义为目的，此为留学生中最早之革命团体。回国历充京师译学馆教员、补巡警部参事、民政部左参议、协赞宪法大臣、民政部左丞，很为军机大臣奕劻及肃亲王善耆等器重。清末宪法，属草为多；宪政馆拟的《资政院院章》《谘议局章程》多出其手笔；于汪精卫刺杀载沣案，曾出大力使汪免于难。民元复被举临时参议院议员、众议院议员、1914年出任比利时全权公使兼考察宪法。袁世凯称帝前欲召其任以法制，答以"愿公为华盛顿，不愿公为拿破仑也"。1918年任驻瑞士公使，1922年始任驻日公使十年之久，"九一八"事变之后主战未被当局采纳，自此不复论国事。工诗词与考据，书法亦颇有名。于过世后，章太炎撰有《驻日本公使汪君墓志铭》。著有《汪荣宝日记》《金薤琳琅斋文存》《法言义疏》《清史讲义》《清会典台湾事例》《思玄堂诗集》等，编有新名词工具书《新尔雅》等。任资政院议员座位号为73，曾充任法典股副股员长，于第一次常年会共发言279次，乃钦选议员最活跃者。其中《汪荣宝日记》是研究晚清法政的珍贵材料。他在担任资政院议员时期颇为舆论所讥讽，认为其有两面派的投机嫌疑，在议场慷慨陈词，昏夜却奔走于权贵之门。

汪龙光

民选议员。1862—？，字勉斋，江西浮梁人。举人，曾任内阁中书，在南浔铁路局任过事，工诗。九江琵琶亭有其对联："忽忆故乡，为问买茶人去否；只余风月，依然司马客归时。"1909年被选为江西谘议局议员，后曾签名于《国会代表请愿书》。1910年第一次谘议局联合会成立，当选为审查员，提出各省衙门局所卷宗应登报公布议案。1911年先后加入辛亥俱乐部和宪政实进会。四川谘议局负责人被总督拘捕，他与其他议员一起拜谒副议长达寿，请其转达内阁，不要听信四川总督赵尔丰一面之词，遽指谘议局负责人为乱党首要。任资政院议员座位号为129，于第一次常年会共发言74次。

王玉泉

民选议员。1866—1914，字濂溪，奉天海城人，1866年出生，1885年中举后在腾鳌设馆教学，后曾任拣选知县、奉天自治养成会会员、奉天自治调查员、奉天谘议局筹备处顾问。1909年被选为奉天谘议局议员。后出任宁远州知州，不久因双亲年迈多病而辞职，病逝于乡。任资政院议员座位号为100，于第一次常年会未见其发言记录。

王鸿图

纳税多额议员。1874—1932，字筱斋，云南弥勒人，著名商人。作为长子，他继承父亲王炽产业，经营"同庆丰"商号，更以生产蔗糖致富，担任云南商会总理，捐了道员，短期东渡日本考察。王鸿图联合19位云南富商向云南劝业道禀呈，于1910年成立商办的云南耀龙电灯有限公司，任董事。1912年，合伙建立中国第一个水电站，即云南石龙坝水电站。还筹建了自来水公司。到辛亥前后，与清王朝关系密切的"同庆丰"产生了巨大的亏损。当时借贷给清王朝各级官员的公私款，无处讨要。因经商失利，晚年穷困潦倒而过世。任资政院议员座位号为98，于第一次常年会未见其发言记录。

王璟芳

各部院衙门官议员。1876—1920，湖北恩施人，16岁中秀才，乡人誉为"施南才子"。1899年以官费东渡日本留学，入高等商业学堂。在日本时，是留日学生组织励志会的重要成员，属于其中的激进一派。与康、梁来往密切，曾为张之洞所指斥，认为他"所发议论，专宗《清议报》之邪说，设立私会，奖助乱人，赞美逆谋，极为悖谬"。1904年归国，为湖北学务公所监督梁鼎芬、湖北巡抚端方所动，忏悔在日期间的激进行为，清廷赏以钦赐商科举人，敕予"破格奖用"，任度支部主事。辛亥变起，同官多散去，独留衙署，升为度支部右参议。1912—1913署理北京政府国务院审计处总办，着力划分两税和复验土地旧契；1916年出任山东财政厅长，曾考察各省及美洲财政，成为民初有名的财政专家。后任财政部次长，在任内创设财政印铸局，专门印刷纸币，鼓铸银铜等硬币，又创设财政人员讲习所，北京证券交易所等。1918年被选为众议院议员，时身体已衰，但信佛尤力，后卒于京师。作为我国最早留学日本归来的一批会计学者，对我国近代审计理论建设、审计实务的开展和审计人才队伍建设，起了开创性作用。任资政院议员座位号为67，于第一次常年会共发言51次。

王绍勋

民选议员。1857—1923，字熙陶，晚号池山遗黎，河南辉县人。1885年中举，1889年中进士，交吏部掣签，分发各省以知县即用。出任蓬莱知县，任内关注民生，重视书院，选吴佩孚为秀才，并多加关照。旋丁母忧，期满后主讲于新乡鄘南书院。不久回乡开挖煤矿，任宏豫铁厂总理。1909年因为他在地方上的贡献被选为河南谘议局议员。清亡后返回家乡，自此田园耕稼，课子读书，潜心《周易》，埋头著述，有《周易遵孔一贯解》传于世。其间仅1920年出任辉县第一任水利分会会长，筹画兴修水利，以改变地方十年九旱的穷困面貌。因其在蓬莱知县任上对吴佩孚有知遇之恩，故吴佩孚为其撰《诰授朝议大夫赐进士出身山东蓬莱县知县王君墓志铭》。任资政院议员座位号为160，于第一次常年会共发言5次。

王廷献

民选议员。1871—？，广东海阳人。举人，曾任潮州郡城保安局董事、度支部郎中，1909年被选为广东谘议局议员。任资政院议员座位号为185，于第一次常年会未见其发言记录。

王廷扬

民选议员。1866—1937，本名王景福，字孚川，1905年任留日学生监督时改字维新，廷扬为其榜名，浙江金华人。从小家境贫寒，由外祖父资助并授读。1898年中进士，任工部屯田司主事、知县加同知衔、襄办龙州边防。亲历甲午、庚子事变，朝局日非，维新救国之念愈烈。1905年东渡日本，任留日学生监督，兼习法政之学。其间加入同盟会，晤孙中山，后颇有书信往来。回国后历任浙江两级师范学堂监督、浙江省视学等职。1907年，清政府以苏杭甬铁路权抵押向英国借款，浙江各界人士开特别会抵制，被推举为副会长，主持会务，颇得人望。1909年被选为浙江谘议局议员。入民国后，任浙江省都督府顾问，出任义乌县民政长。后当选第一届国会众议会议员、浙江省议会议员。1914年起，任江西高等审判厅书记官长。1921年联省自治风潮兴起，积极参与浙江自治，发起省宪期成会，并制定简章，当选为第二届省议会议员。1924年自治法会议召开，被选为起草委员。曾在家乡创办蒲塘初级小学堂。回故乡省亲，每到村口，必下轿落马，步行而进。他说："桑梓父母出生之地，不敢妄自尊大。"1934年，蒲塘大旱，饿殍载道，毅然倾其所有购买粮食，拯救村民。晚年退出政坛，以书画自娱，颐享天年。1936年在杭州举行七十寿诞宴会，蒋介石亲临祝寿。工书法，善榜书，常赖此自给。一生不置私产，至老栖止无所。在临终前数小时手书一联，云："少为身后子孙计，先恤眼前受苦人。"著有《湖山草堂集》《山鸟山花馆文稿》等。任资政院议员座位号为136，于第一次常年会共发言15次。

王曜南

民选议员。1862—？，字有轩，号午天，甘肃静宁人。1888年中举，1894年中进士。其父王源瀚亦于1886年中进士，父子进士，在甘肃非常难得，成为该省科举佳话。曾参与康有为发起的公车上书，同时甘肃举子76人联名写了《请废马关条约的呈文》，王曜南具名第九。中进士后以四川即用知县去成都候差，任粥厂厂长，后被派朱窝屯员，委管孔撒、麻书、白利一土司兼代士勇，管理赋讼等事。1909年被选为甘肃谘议局议员。辛亥革命后辞官归里，构筑学古书屋，教子读书，颐养天年。1920年海原大地震波及静宁，全城房屋夷为平地，与有关人士合议，重建文庙，深受民众赞誉。有《学古轩诗草》行世。任资政院议员座位号为174，于第一次常年会未见其发言记录。

王用霖

民选议员。生卒年不详，字靖宣，山西榆次人。1899年任山东博平知县，任内很关注地方志的修纂。曾于1907年任保晋公司协理，1909年被选为山西谘议局议员，1911年任宪友会山西支部副干事。乃顶替被控在案的解荣辂出任资政院议员。任资政院议员座位号为167，于第一次常年会共发言6次。

王昱祥

民选议员。1867—？，山东长山人。附贡生，曾任劝学会总董，1909年被选为山东谘议局议员。任资政院议员座位号为155，于第一次常年会共发言3次。

王佐

民选议员。1853—1931，字寄顾，浙江绍兴人。1889年恩科举人，1890年任《上虞县志》分纂。为家乡教育事业倡导开拓，历尽艰辛，"广兴各种学堂，讲求切实有用之学，以图自强"，1898年开办上虞算学堂。1903年任八县学务公所纠察部长。还为故乡脱贫致富尽心竭力，1905年任上虞县商务分会总理，1907年任浙江省保路会副会长。1909年被选为浙江谘议局议员。1911年任永嘉教谕。不久即返回家乡，创设春泽垦牧股份有限公司，提倡实业，改良农田，振兴地方经济。后又创办春晖中学，出任校董事会首届董事长。1931年过世。一生主张教育和实业救国，并能身体力行，蔡元培赞他为"东南砥柱，学界泰斗"。任资政院议员座位号为138，于第一次常年会未见其发言记录。

王佐良

纳税多额议员。1872—1935，字纬宸，山东兰山人，为将门之后，且有文才。后捐资为秀才、贡生，授江苏省候补道等。清末因多次剿匪，有功于地方稳定，为江北行督蒋雁行任命为海州军政支部长，进而担任赣榆县知事，兼任海属警备队统带官。1912年就任江苏省赣榆县第一任民政长，长期主政赣榆县直到1925年奉系入主江苏。1927年复任赣榆县县长。1928年被北伐军逮捕，由南京特别法庭判处无期徒刑。1931年保外就医，经历三年牢狱之苦，被"释放"回到老家时，身心交瘁，奄奄一息。不久过世。他认为振兴地方，实业尤为重要，种植技艺是"实业中一大要图"，尤其对赣榆更是如此，故著有《树艺浅说》，以为提倡。曾为自己的画像作"自嘲辞"，其文曰："体不胖，貌不扬，须稀眉浓，鼻高颈长。声粗而壮，色白而黄，心直口快无留藏。幼习科举业，壮且事农桑。虽秀才不酸腐，当少爷不荒唐。分统海胜军，身此列戎装。备员资政院，国事得参详。十载知事，捍卫家乡。愿祝永为军人，吁！建功立业于疆场！"足见其简略生平及志趣所在。任资政院议员座位号为94，于第一次常年会共发言44次。

魏联奎

各部院衙门官议员。1849—1925，又名星五，字文垣，晚年号爇余老人，河南汜水人。幼年家贫，无力上学，乃常在私塾旁听，后受塾师赏识，得以免费入学。后来考入大梁书院。1882年中举，1886年中进士，以主事分刑部学习。历任刑部主事、员外郎、郎中，曾长期从事秋审事宜。1906年中央官制改革后，任法部右参议、法律馆提调，1908年任法部左参议，1909年任法部右丞，1911年转法部左丞。"历刑部、法部垂三十年……治狱精审敏决，一字出入，终夜为之不眠。依弼教之旨，务求其平。"戊戌政变后，"心是康、梁之说而深病其太激。杞忧益深，感伤悲郁，发须为白"，于是自号"爇余生"。清亡后自忖从政无济时艰，回归故里。"及清帝逊位，食不下咽者累日，下诏前二日，浩然归里，自是亦绝口国是矣！"民初组织了漕粮商榷会，为河南各县成功实现减漕，减轻了当地的负担。晚年为建设郑州贾鲁河水利公司而奔走操劳，1916年历尽艰辛修成"魏公堤"，减轻当地水患，在当地甚有口碑。"平生见义勇为，于一切公益事业，尤具热心。"一生的座右铭为："作人须竖起脊梁，不可阘冗，不可倚傍，不可存胜人之见，不可存自恕之心。""言必宗诸孔孟，行必期于久大"。其学宗宋儒，认为义利之辨是人禽之别,"卒前三日,尚为家人讲《孟子》数章,谆谆义利之辨"。晚年居山西平陆,课子教孙。过世后百姓以"魏公"尊之。著有《爇余诗集》《知行辩》和《减漕录》等。任资政院议员座位号为63,于第一次常年会共发言5次。

文龢

民选议员。1874—?,字狷庵,江西萍乡人。举人,曾任内阁中书、江苏候补道四品卿衔、四川正监理财政官等。民国成立任皖岸权运局局长,1917年任陕西潼关监督,旋改任江苏烟酒公卖局局长、江苏省两淮盐运使、江苏财政厅长,曾被北京政府授予陆军少将衔。虽官运亨通,但官声不佳。文氏为萍乡巨族,文廷式与文龢为亲族。任资政院议员座位号为132,于第一次常年会共发言28次。

文溥

各部院衙门官议员。1870—?,蒙古正蓝旗人。1894年中进士,授内阁中书。后入陆军贵胄学堂学习,任外务部郎中,清末出任浙江宁绍道。编译有《平时国际公法》等。任资政院议员座位号为68,于第一次常年会共发言22次。

文哲珲

各部院衙门官议员。1863—?,蒙古正黄旗人。举人,历任绥远旗员、绥远城协领、归化城副都统、理藩部郎中等。在归化城副都统任上,曾与督办垦务的绥远将军贻谷互讼,掀起了在晚清民初影响巨大、经年不结的贻谷被参案,"于垦政进行久参机要,悉其底蕴。官位既显,觉副都统去将军一阶耳,而贻谷目使颐令,无殊畴曩,文哲珲意不能平,遂交恶,驯致互劾,贻谷罪状乃上闻"。1910年以理藩部郎中被钦选为资政院议员。任资政院议员座位号为54,于第一次常年会共发言1次。

吴纬炳

各部院衙门官议员。1867—?,字经才,又字贞木,浙江钱塘人。1895年中进士,改翰林院庶吉士,1898年散馆授翰林院编修,历任云南乡试正考官、甘肃学政。1908年任掌陕西道监察御史,1910年任掌京畿道监察御史。曾上折奏请禁革买卖奴婢等。工诗，有少量诗作传世，是晚清较有风骨之言官。任资政院议员座位号为77，于第一次常年会共发言2次。

吴赐龄

民选议员。1874—1911，别号荫久，广西融县人，出生于清贫之家，1893年中乡试副榜，常帮人写状子，为主流社会所拒斥，但有一定的社会影响。1902年当地水旱灾害并发，饥民与游勇相聚为盗，县内设安全局，被任命为督办。虽于1904年被撤职，但在省内已颇有人望。此后家居，提倡林业，振兴学校。1909年被选为广西谘议局议员。1910年进京参加国会请愿活动，担任第一届谘议局联合会审查员，联合会刊物《国民公报》的发行和编辑人。1911年成为，宪友会的发起者和文书员。缺席第二届常年会，其间在上海抵达武昌过程中，因误会和无证件被俘，为仇人所害，觅尸不获。据其妻说，他在直隶石家庄时，被人喊出去而从此失踪，杳无音信。任资政院议员座位号为190，于第一次常年会共发言93次，为民选议员中激进者之一。

吴德镇

民选议员。1876—？，字清藩，号寅升，直隶新城人。1904年恩科进士，翰林院庶吉士，散馆获授翰林院编修。后入日本法政大学学习。1909年被选为顺直谘议局议员。入民国后曾任察哈尔政务厅长。任资政院议员座位号为111，于第一次常年会期间未见其发言记录。

吴怀清

民选议员。1861—1928，字廉期，号莲溪，陕西山阳人，祖籍湖北通山。两岁时，太平军扶王陈得才攻陷山阳，"方襁褓，匿岩洞噤不得啼，如是者数年"，终身不爱言谈，口齿讷讷，故自号"呐呐子"。"公生而岐嶷精明，内含外浑朴，不苟色笑。年二十列胶庠，名籍甚。商州牧李素器之，招致幕中，由是学益渊博。"1882年中举，1890年中进士，选翰林院庶吉士，散馆后授编修，任满秘书郎，京察一等。1902年任会试同考官；1903年奉旨典试山东，出任山东乡试副考官，后因丁父忧返乡，"朝夕啜泣者五六年"。三年丁艰期满，接受地方敦聘，先后出任商州中学堂监督、陕西师范学堂监督、省劝学所总董等，1909年被选为陕西谘议局议员。1910年以特旨任翰林院秘书郎、中英教育会会员，赏戴花翎加头品顶戴，诰授光禄大夫。在翰林院期间，修订完成《德宗实录》《宣统政纪》两部翔实权威的编年体史料长编。清帝退位，以遗老自居，"恸宗社已墟，欲哭不可，益含辛茹叹，椎胸顿足，抑郁无可与语。俯仰身世，从此长为离乱人矣"，自号"哑道人"，以"朱耷（八大山人）第二"自诩，绝口不谈时事，著书立说以自娱。1914年民国政府设立清史馆，被馆长赵尔巽礼聘为协修，从始至终，历时十四年，撰《清史稿》之《地理志》陕西一卷、《食货志》征榷卷等。另有《关中三李年谱》、诗集《借浇集》刊行问世。工诗，兼擅书、画，在祖祠曾有楹联，可见其生平志业，"梓里别廿年，春梦方醒，愧乏余光及宗族；桑田经几变，冬心独抱，敢亏大节辱先人"。民国《山阳县志》的"吴怀清传"有这样的评论："总计一生学问行谊，俱臻极地。不立崖岸，不事躁进，行己于清浊之间，可谓笃行君子矣。"任资政院议员座位号为171，于第一次常年会期间未见其发言记录。其自述在资政院甚少发言的理由为："人杂言庞，多挟私植党。非其党，论虽正亦众嗤以鼻。道人虽欲鸣不平，而唇厚舌笨，口张面赤，仍嗫嚅不能发声，每呼负负。"

吴敬修

各部院衙门官议员。1867—1936，字念慈，号菊农，河南光州（潢川县）人，1894年中甲午恩科进士，改翰林院庶吉士，散馆后于1895年授编修，1901年调任广西学政。官至吏部右参议，候补三品京堂。入民国后曾担任肃政厅肃政史、平政院评事等。工书法，有《吴菊农日记》存世。任资政院议员座位号为69，于第一次常年会期间未见其发言记录。

吴士鉴

硕学通儒议员。1868—1934，字绗斋，号公督，一号含嘉，别署式溪居士，浙江钱塘人。1892年中进士，高居壬辰科榜眼，授翰林院编修，后升任翰林院侍读、南书房行走、江西学政。入民国后任清史馆纂修。近代著名藏书家、金石学家，以评骘金石、考订碑板、精研史籍而名重一时。与父吴庆坻笃志藏书，早岁有书屋名"含嘉室"；民国初因得商钟9件，遂以"九钟精舍"名其书室。著有《商周彝器例》《九钟精舍金石跋尾》《含嘉室诗文集》《含嘉室日记》《含嘉室自订年谱》等。任资政院议员座位号为79，于第一次常年会共发言4次。

吴廷燮

民选议员。1865—1947，字向之，又字次夔，晚年号景牧，江苏江宁人。1895年中举，由誊录叙通判，1901年调署太原府同知，翌年任太原府知府。1905年补巡警部警政司郎中，后历任巡警部右参议兼宪政编查馆编辑、度支部参议、内阁法制院参议、兼弼德院参议，参与了沈家本主持的晚清变法修律事业，多有著述。于1910年11月资政院第一次常年会第十七次会议上补选奉派为资政院议员，补江瀚缺。1912年任袁世凯大总统府秘书。1916年任政事堂主计局局长，兼任清史馆总纂。1928年被阎锡山聘为顾问；因曾为张学良史学老师，后被张聘为奉天通志馆总纂，为《奉天通志》补撰大事沿革、职官、金石诸志。1931年返回南京。惜晚节不保，曾担任汪伪政权监察院监察委员。1947年被聘为国民政府国史馆纂修。是民国时期学者和史学家，精力过人，博闻强记，喜研讨近代历史，精于表谱学之研究，专力于史籍及其他有关方镇资料的研究，著有《景牧堂文集》《明督抚年表》《唐方镇年表》《东三省沿革表》《晋方镇年表》《北宋经抚年表》《南宋制抚年表》等。任资政院议员座位号为85，于第一次常年会共发言4次。

希公爵

满汉世爵议员。即希璋，生卒年不详，蒙古正白旗人，正红旗汉军副都统，一等义烈公。任资政院议员座位号为29，于第一次常年会未见其发言记录。

锡嘏

各部院衙门官议员。1874—？，满洲镶蓝旗人。贡生，候补四品京堂，陆军部右参议等。为人豪侠仗义疏财，颇有古风。其父过世时留给其遗产多达30万两。见诸亲友多贫困，于是出10万分给他们。八国联军入京，因为住所离城市较远，免于焚掠，为拯救被难亲友，又花费10余万两。他有一个经营洋货店的朋友，因为欠债的原因，同业商会商定发彩券拍卖，中头彩者即得该店，恰好他得了头彩。有人愿出10万购买这个头彩，他予以谢绝，无偿送还其朋友，嘱咐他好自经营之，"其友不安，坚请其领受此店。竟焚票据，避匿西山。"任资政院议员座位号为50，于第一次常年会未见其发言记录。

席绶

纳税多额议员。1886—1945，又名席启骝，字季五，又字克南，湖南东安人，乃清代名臣席宝田之子。附生，后自东安民立高等小学校毕业，加入同盟会，任同盟会湖南支部副部长，法部郎中，创办《国民日报》与《国风日报》。入民国后历任湖南南路保安总会会长。1913年当选为第一届国会众议院议员。在长沙创办《天民日报》，被查禁后在上海创办《太日报》，反对袁世凯专权和称帝。后随孙中山南下广东护法，出任大元帅府参议。孙中山逝世后，他抱病家居，办理地方公益。任资政院议员座位号为93，于第一次常年会共发言17次。

夏寅官

民选议员。1866—1943，字虎臣，又字浒岑，号穄舫，晚号忏摩生，江苏东台人。1888年中举，1890年中进士，选翰林院庶吉士，散馆后授职编修，历任国史馆协修、实录馆协修、顺天乡试磨勘官、戊戌会试同考官、保送知府、江苏自治局协理、编译官书局撰修、南洋劝业会协赞会协理。其间致力于家乡教育事业，于1905年创办了东台县中学堂、师范学堂，1907年担任县教育会会长、省教育总会会员、评议员。入民国后于1912年创办私立淮南法政学堂，因政府经费不足，个人捐款兴学，并获教育部表彰。曾任众议院议员、平政院肃政史。一生著述甚丰，计有《求志居诗文集》《悔庵笔记》《师友汇略》《科学丛谈》等，均未刻印成书，遗稿亦已散佚，编有《清儒学案》传世。任资政院议员座位号为118，于第一次常年会共发言5次。

徐穆如

民选议员。1872—？，吉林伊通人。岁贡，法政毕业。任资政院议员座位号为103，于第一次常年会共发言2次。

许鼎霖

民选议员。1857—1915，字久香，江苏赣榆人。少年时因父蒙冤，艰苦备尝。1882年中举，1890年捐资任内阁中书，1893年为秘鲁领事官。1896年到1903年间，在安徽任职，先后任盐运使、庐州知府、署理凤阳知府、大通税监、安徽道员、代理芜湖道署务。1902年与吕韵生制定警察章程，试办警察；1903年调浙江省任洋务局总办。在安徽、江苏都曾妥善处理过棘手的教案，有能吏之名。东三省设立行省，调任奉天交涉使，未赴任，转而回老家致力于以实业为核心的地方自治。1904年与张謇合办耀徐玻璃公司，后又办海丰面粉公司、赣丰机器油饼厂等企业。"教育会、农会、商会、谘议局、自治局之属，皆倚君为重，君亦奋发尽其力。"1909年被选为江苏谘议局议员，1911年曾短暂出任资政院总裁。入民国后历任江苏省议会议长、江苏安徽赈务督办等。因救灾积劳成疾而去世。平生与张謇为好友，颇有功于江苏地方实业之振兴。过世后，有陈三立撰文、张謇书写的墓志铭，这样评价他："魁梧雄论辩，而条理缜密，片言解纠纷，人人意满。尤以习外事，折冲御变，显于世。晚岁，自愧碌碌从政役，所补微，思自效工贾，为国塞漏卮，兴大利，遂兼营玻璃、面粉、饼油、垦牧诸公司。"任资政院议员座位号为115，于第一次常年会共发言133次，其立论常调和于朝廷与资政院之间。

延侯爵

满汉世爵议员。即延秀，1873—？，汉军镶黄旗人。田雄九世孙，1878年袭封二等顺义侯，委散秩大臣。任资政院议员座位号为34，于第一次常年会共发言1次。

严复

硕学通儒议员。1854—1921，字又陵，又字几道，福建侯官人。早年师事同里黄宗彝，后入福建船政学堂，毕业后入海军工作，1876年赴英学海军，回国后任福州船政学堂教习，李鸿章奏调为北洋水师学堂总教习、总办。1895年在《直报》发表《论事变之亟》《原强》等一系列政论，宣传维新变法，救亡图强，影响颇大。1897年与夏曾佑等人在天津合办《国闻报》。1898年翻译出版《天演论》，后又译《原富》《群己权界论》《名学》等七书，合称"严译八大名著"，以古奥之文而阐发新理，对晚清思想界尤其政法界影响甚巨。1900年被举为国会与自立会副会长，曾参与撰写自立会英文文告。清廷设海军部后任海军协都统，1910年获赐"文科进士"，任学部参议上行走、学部名词馆主任、京师大学编译主任。1912年任京师大学堂监督。与袁世凯过从密切，担任大总统府外交法律顾问，列名筹安会，但未参与其活动，亦未声明反对之意。帝制失败，受通缉，避居天津，自叹"当断不断，虚与委蛇，名登黑榜，有愧古贤。"后又任约法会议议员。近代中国，士大夫得窥西学堂奥，严复居功甚伟；及至鼎革，其洞瞩时艰，力主轻己重群之说，毅然以先觉自任，危言竦论，足以惕发深省。甚至影响于当世，可谓闳矣。任资政院议员座位号为84，于第一次常年会共发言3次。

俨忠

各部院衙门官议员。1860—？，满洲正白旗人。监生，先后任河南道、京畿道监察御史。任资政院议员座位号为65，于第一次常年会未见其发言记录。

燕将军

宗室王公世爵议员。即载燕，1858—1911，爱新觉罗氏，二等辅国将军奕枨第六子。头等侍卫，1877年袭爵奉国将军。任资政院议员座位号为12，于第一次常年会未见其发言记录。

杨廷纶

民选议员。1876—？，字芸朗，福建侯官人。1903年进士，改翰林院庶吉士，入进士馆学习，散馆后授翰林院编修，历任福建官立法政学堂副监督、福建去毒社社长。1909年在福州府中学堂第一任监督任上被选为福建谘议局议员。任资政院议员座位号为141，于第一次常年会共发言2次。

杨锡田

民选议员。1872—？，甘肃甘谷人。举人，1909年被选为甘肃谘议局议员。任资政院议员座位号为175，于第一次常年会共发言4次。

宜纯

宗室觉罗议员。生卒年不详，镶黄旗人。附生，署左翼觉罗族长。任资政院议员座位号为46，于第一次常年会未见其发言记录。

易宗夔

民选议员。1874—1925，原名鼐，戊戌变法失败后改名宗夔，字蔚儒，又字纬舆，湖南湘潭人，家贫，刻苦自学，成为廪生。他以弱冠之年即撰文《中国宜以弱为强说》登于梁启超创办的《湘报》，为朝廷计议，提出四条主张，为激烈之全盘西化，即中西法相互参酌、中西教并行、君权与民权两重、黄人与白人互婚，以我就人，消弭外患，转弱为强。此种主张一传播，致群士大哗，为乡里舆论所不容，之后易名宗夔。1902年与人联合创办湘潭县学堂。1903年赴日入法政大学学习，期间曾参与革命杂志发行。后以学费无以为继归国，曾任湘潭学务公所董事，倡导新学，先后在明德学堂、湖南高等学堂执教，主讲政治学。1906年当选为湖南学务总会干事。1908年作为湖南请愿速开国会代表之一，赴京将陈请书送都察院要求代递上闻。1909年当选为湖南省谘议局议员。1910年经湖南谘议局议员互选为资政院议员。1911年5月，第二届谘议局联合会召开，与其他会员两次上书，反对皇族内阁，遭朝廷申饬，公开发文予以反驳；发起组织宪友会和辛亥俱乐部。1912年任法典编纂会纂修，加入国民党，任政事部干事。1913年被选为第一届国会众议院议员，旋被选为宪法起草委员。国会解散（1914年）后，携眷回湘，经营实业。1916年第一次恢复国会时，仍任众议院议员；1922年第二次恢复国会时，再任众议院议员。1923年3月，任北京政府国务院法制局局长。1924年5月被免职。著有《中国宜以弱为强说》《新世说》《湖海楼诗文集》等。任资政院议员座位号为153，于第一次常年会共发言419次，是发言次数最多的议员，是激进派议员代表，被当时舆论戏称为"《水浒传》中的李大哥"。

尹祚章

民选议员。1874—？，字倬云，山东肥城人。增贡，山东法政学堂毕业。1909年被选为山东谘议局议员。1917—1920年担任诸城县知事，任上重修超然台。任资政院议员座位号为157，于第一次常年会共发言9次。

瀛贝勒

宗室王公世爵议员。即载瀛，1875—1930，道光之孙，惇亲王奕誴第四子。初封二等镇国将军，1900年袭爵贝勒，历任正蓝旗护军统领、宗人府宗正、内廷行走、御前行走、镶黄旗汉军副都统、东陵守护大臣、马兰镇总兵、镶黄旗汉军都统等职务。工画，尤善画马，有《绘境轩读画记》等。任资政院议员座位号为4，于第一次常年会未见其发言记录。

盈将军

宗室王公世爵议员。即毓盈，1881—1922，字损之，自号十丈愁城主人。定慎郡王溥煦第四子，晚清军机大臣毓朗之弟，兄弟关系甚笃。1903年袭封镇国将军，曾在陆军贵胄学堂就读，任民政部郎中参议上行走。著有《述德笔记》，记述其兄毓朗一生事迹，尤其是读书、从政经历甚详，被誉为纪实之作，是研究晚清政治史的重要资料。任资政院议员座位号为11，于第一次常年会共发言1次。

于邦华

民选议员。1869—1918，字泽远，直隶枣强人，贡生，18岁应童子试，名列全县之冠。后受学于吴汝纶、贺松坡，特被器重。曾与王明远同赴日本考察教育，归国后致力于家乡教育事业。1909年当选为顺直谘议局议员。发起组织直隶宪政研究会，积极参与速开国会运动。在议场内外，痛陈时政积弊，提倡改革。遂被互选为资政院议员。1911年作为主要发起人之一，筹建帝国宪政实进会，当选为副会长。一直坚持君主立宪，1912年初组织同志联合会，会见英国驻华公使朱尔典，要求其赞助君宪。1913年入进步党，任庶务科副主任。后多次婉拒政府入仕邀请，而选择在家乡从事教育、撰著。著有《海国疆域考》《痴庵文存》《贯一堂史论》《痴庵诗存》等。任资政院议员座位号为110，于第一次常年会共发言199次。其在资政院发议颇精彩，《国民公报》

评论云："燕赵古多慷慨悲歌之士，吾于于邦华之演说见之，其一种悲壮苍凉之气，令人不忍卒闻。"

喻长霖

硕学通儒议员。1857—1940，字志韶，浙江黄岩人。出身耕读人家，少年丧父，由母亲教养成人，"回首髫龄失怙时，寒机课读母为师。"16岁就读于其舅父王棻创办的九峰书院。1887年中举，1895年进士及第，高中榜眼。授职翰林院编修，后任国史馆协修、武英殿和功臣馆纂修。与康有为同年，但政见不同。据传，他曾与康有为辩论。康言："非变法不能自强，有法斯有人，法是人之祖父，人为法之子孙。"而他则说："法非人不能自变，有人斯有法，人为法之祖父。"1900年庚子之役，任顺天乡试同考官，提出改设河南开科，能使举子入试，不废一届科举。1903年因张百熙荐举，担任宗室觉罗八旗第三学堂和第六学堂提调。1904年因浙江巡抚聂仲芳之敦请归里，与王舟瑶在家乡创办黄岩公学，受聘为台州学务处总理兼三台中学堂监督。曾于1907—1908年受翰林院派遣，去日本考察学务。1909年任实录馆纂修。1910年任京师女子师范学校总理。辛亥革命后，袁世凯多次请其出任要职，谢绝归里。1914年任浙江通志局提调，参与编纂《浙江通志》。孙传芳踞浙，多次请其出仕，以终身不事二君辞谢。1926年主修《台州府志》，1931年成书140卷。1930年台州水灾，积极募款以赈济灾民。晚年客寓上海卖文鬻字。擅长诗文与书法，潜心经史，著有《惺諟斋初稿》《清儒学案》《古今中外交涉考》《清大事记》《九通会纂》《经义骈枝》《两浙文征》等18部经史著作，并整理王棻《台学统》和选辑《柔桥文钞》。《宁波市志外编》收录有《象山东门岛灯塔记》一文。任资政院议员座位号为86，于第一次常年会共发言23次。

喻兆蕃

民选议员。1862—1920，字庶三，又字艮麓，江西萍乡人。1889年中进士，选庶吉士，散馆后授工部主事。1892年丁父忧。1895年萍乡遭逢大旱，遍地饿殍，在萍乡设筹荒局，数十万生民得以活命，惠及浏阳、醴陵等地。1904年补浙江宁波知府，围海造田、发展海运，创办学校。离任时，百姓为其立"去思碑"。因功升道员衔，予二品顶戴。创立宁波教育会，改月湖书院孝廉堂为师范学校，创办法政学校等。1906年，创办萍乡中学堂，调补杭州知府，旋升宁绍台海防兵备道。1907年任浙江布政使，不久丁母忧，仍在家乡开办学校，启发民智。1909年任萍乡教育会会长，被选为江西谘议局议员、副议长。入民国后继续在家乡从事教育事业，钻研著述。著有《既雨轩文抄》《既雨轩诗抄》《问津录》《温故录》等。《宁波市志》收录有其在宁波知府任上的公文《宁波府知府为堕民设立育德小学堂告示牌》，指出堕民亦为民人，皆有受教育之权。被选为资政院议员后，在资政院第一次常年会期间因病辞职，完全未参加资政院议事。

余镜清

民选议员。1875—？，字民进，浙江宁波人。廪贡，1906年发起组织镇海教育会。1909年被选为浙江谘议局议员。1911年底曾出任浙江宁波军政府分府参议部副部长，有功于宁波光复。任资政院议员座位号为134，于第一次常年会共发言53次。

毓善

各部院衙门官议员。1875—？，字蔼如，宗室，满洲镶蓝旗人。1895年荫生，签分礼部，以员外郎候补，1903年补授吏部员外郎，1907年授吏部右参议，次年改左参议。1911年以裁缺吏部左参议任典礼院直学士。任资政院议员座位号为52，于第一次常年会未见其发言记录。

霱公

宗室王公世爵议员。即溥霱，1879—1934，1902年袭爵镇国公，1904年被派守护西陵。任资政院议员座位号为6，于第一次常年会未见其发言记录。

曾侯爵

满汉世爵议员。即曾广銮，1873—1920，字君和，曾国藩之孙，曾纪泽第三子，湖南湘乡人。荫生，花翎郎中衔，承袭一等毅勇侯，云骑尉世职，都察院左副都御史，诰授光禄大夫、建威将军。入民国后不再出仕，隐于老家。任资政院议员座位号为35，于第一次常年会共发言12次。

张缉光

各部院衙门官议员。1873—1925，字劭熙，湖南长沙县人，廪生，丁酉科优贡，庚子辛丑并科举人，经济特科，早年入瞿鸿禨幕府，历任刑部员外郎、学部员外郎升郎中、京师译学馆教务提调、文典处总理、学部普通司总办、实业司总办。当选资政院议员后于资政院第一次常年会第七次会议上宣告辞职，后由崇芳接补。入民国后历任广西抚署秘书长、清理财政局会办、参议厅提调、交通部秘书、筹备邮便储金委员会委员长、长沙关监督、川粤汉铁路湘鄂线工程局副局长、广西南宁道道尹等。编有《汉译新法律辞书》(京师译学馆出版1905年版)等。任资政院议员座位号为55，于第一次常年会共发言1次。

张选青

民选议员。1867—1929，字鹜文，福建汀州人，举人，保举知县。主要从事新式教育事业。1905年任汀郡中学堂学监，1907年任长汀县教育分会会长，1908年任汀郡中学堂监督，次年去职。1909年被选为福建谘议局议员。1911年加入帝国宪政实进会。民国后任福建省议会议员，1912—1917年担任汀州中学校校长。1914年任当涂县教育会长。1929年为古城暴动行动委员会以劣绅枪决。任资政院议员座位号为142，于第一次常年会未见其发言记录。

张政

民选议员。1879—1928，字梓忠，号悔斋，四川江油人。十岁丧父，由慈母教养成人。1903年中举。后历任江油高等小学教员、校长及县视学员。1909年被推举为四川省谘议局议员，寻被互推为资政院议员。1911年以县知事分发湖北，未及赴任而辛亥革命爆发。成都军政府成立后，被委任为剑州知事，是为中华民国剑阁县第一任知事。到任后靖境安民，劝学兴农。1914年卸任后，在川军某师部任文职。1916—1925先后任三台、盐亭、乐至等地县知事。在任期间，均注重发展地方文教事业和兴修农田水利设施。公余之暇，整理李榕遗著

《十三峰书屋文集》、业师陈经畲诗稿《潺亭诗集》。1926年任《剑阁县志》总纂，在中坝省二中任国文教习。1928年应刘湘之邀赴渝，乘船至三台县石板滩因船触礁而遇难。张政一生秉性忠厚，内严外恕。工诗文，好藏书。居官所得，置古籍万卷。著有《悔斋诗文集》二十余卷。与同为资政院议员的万慎为忘年交。任资政院议员座位号为179，于第一次常年会共发言4次。

张之霖

民选议员。1878—1945，字泽深，云南姚州（大姚县）人。1901年中举。1902年开始步入纺织业。1907—1908年入云南省法政学堂讲学科学习，1909年被选为云南省谘议局议员。1911年回昆明，任云南省临时参议院议员、临安知府兼建水县知事，任内大力扫平地方匪患。1914—1918年任云南省第一届参议会副议长、代理议长，兼富滇银行协理。1920年改任元永井一等场知事，参与一平浪盐矿开发。1922年起，任东川矿业公司协理，创办了自来水厂、耀龙电力公司、戏院、糖厂、火柴厂等实业。1943年被选任盐丰县参议会议长。晚年家居，修桥补路，施药济贫，为人称道。任资政院议员座位号为192，于第一次常年会共发言7次。

张之锐

民选议员。1868—1924，字子晋，河南邓州人，1894年中举，1895年进士。历任翰林院编修，江西武宁、赣县、万载、萍乡等县知县，直隶州知州，1909年被选为河南省谘议局议员。入民国后又任江西省军法处处长、河南省吏治调查所所长、河南省实业厅厅长、河南省水利局局长等职。所到之处，兴教育，办工厂，惩匪患，重农业，多有政声。著有《求等斋文录》《易象阐微》《新考证墨经注》等。任资政院议员座位号为161，于第一次常年会共发言2次。

章宗元

硕学通儒议员。1877—？，字伯初，浙江乌程人。附生，肄业于上海南洋公学，1900年赴加利福尼亚大学商科留学，1907年回国，获法政科进士。留学期间出版译著《美国独立史》（原著是普利策奖得主爱德华·钱宁的 A History of the United States）和《美史记事本末》。回国后历任外务部主事、翰林院编修、修订法律馆纂修、宪政编查馆纂修、财政学堂监督、清理财政处总办、大清银行监理官。在修订法律馆工作时，曾参与《大清民律》草案的修订工作。1912—1913 年任民国北京政府财政部次长，1913 年任审计处总办，1914 年任币制局副总裁，1915 年任币制委员会委员长，1918 年出版《计学家言》一书，1917 年到 1920 年，担任唐山工业专门学校校长。此后他还曾编著《中国泉币沿革》。1930 年代，曾担任过上海总商会书记长、上海四行储蓄会秘书等职务。为近代杰出的经济学、财政学专家。任资政院议员座位号为81，于第一次常年会共发言 119 次。

赵炳麟

各部院衙门官议员。1876—1927，字竺垣，号清空居士，广西全州人。1891 年中举，1895 年中进士，授予翰林院编修。其间经历戊戌维新、庚子国变，忧时之念愈烈。1905 年回乡丁忧，与乡绅一起创办新式学堂。1906 年任京畿道监察御史。上任次日即上疏"正纲纪，重法令，养廉耻，抑幸臣"，希望学习日本明治维新，立宪之初宜慎始慎终。1908 年宣统即位，为小皇帝侍讲。1909 年上《劾袁世凯疏》，1910 年上奏弹劾庆亲王奕劻，因不畏权贵而誉满全国。1911 年以四品京堂候补，回广西任桂全铁路督办。1913 年第一届国会众议院议员。因与袁世凯交恶，回广西，隐居于故居，筑"万松草堂"，躬耕陇亩，并创办"裕国公司"。及袁氏帝制自为，随陆荣廷讨袁。1917 年应阎锡山之邀，任山西实业厅长，行前赋诗云："此行不作服官看，半为游山半避嚣。" 1925 年来京养病，1927 年病逝。乃晚清著名言官，"三菱公司"（赵启霖、江春霖与赵炳麟）成员之一。任资政院议员座位号为64，任陈请股股员长，于第一次常年会共发言 3 次。著有《赵柏严集》。

赵椿年

各部院衙门官议员。1867—1942，字剑秋，一字春木，晚号坡邻，江苏武进人，乃乾嘉学者赵翼之后裔。南菁书院肄业，从学于俞樾。1888 年中举，次年会试未中，考取内阁中书，历充本衙门撰文、国史馆校对、玉牒馆分校兼中书科诰敕房事务，以捐资并纂修实录议叙保以知府用并加盐运使衔分省补用，1898年中进士，旋分发江西，历办江西抚署文案兼清赋局提调，署瑞州府知府，以新政能员闻名。农工商部奏调，署参议上行走、度量权衡局提调、盐政处咨议官、京师自来水公司监督。辛亥年南北上海和谈期间，与族叔赵凤昌相谈甚欢。人民国后历任审计院副院长、崇文门监督、财政部次长等职。1928年北京政府垮台，辞次长职，任北京自来水公司总理等。不久辞职回乡闲居，整理旧作。1942年去世。工书法及诗歌，有《覃研斋石鼓十种考释》1卷、《诗稿》3卷等传世。任资政院议员座位号为49，于第一次常年会共发言2次。

振将军

宗室王公世爵议员。即载振，1876—1947，字育周，庆亲王奕劻长子。1902年任出使英王爱德华七世加冕典礼专使，并到法、比、美、日四国进行访问。1903年赴日本考察第五届劝业博览会。回国后积极参与新政，奏请成立商部，任尚书。1906年清廷改革官制，改为农工商部尚书。1907年因杨翠喜案被御史江春霖弹劾，被其父责令辞职。1909年署镶蓝旗副都统，再度奉派赴日。后任蒙古正白旗副都统。1911年任弼德院顾问大臣。清亡后居天津，从事金融商业活动，远离政治。任资政院议员座位号为10，于第一次常年会共发言3次。

郑潢

民选议员。1862—？，湖北武昌人。廪贡，日本留学，曾任安徽候补道。任资政院议员座位号为146，于第一次常年会共发言1次。

郑际平

民选议员。1873—1943，字平甫，浙江台州府黄岩县人。青年时期倾心新学，自费东渡，入日本明治大学攻读政治学，毕业归国后参加学部留学生考试，获授法政科举人。1909年被选为浙江省谘议局议员，后曾签名于《国会代表请愿书》。1911年加入辛亥俱乐部。辛亥革命爆发后，积极谋求浙江光复。1913年当选为第一届国会参议院议员。后任浙江法政专门学校教员、北京女子师范学校教员等。追随孙中山南下护法，参加"非常国会"。喜爱山水，经常戴蓑笠独自徒步旅行，晚年在家行医。工行楷，善画兰。任资政院议员座位号为135，于第一次常年会共发言16次。

郑熙嘏

民选议员。1856—？，字洛三，亦作乐三，山东日照人。1879年举人，会试未中，授掖县教谕。1909年被选为山东谘议局议员，1911年加入帝国宪政实进会。工于诗、古文，著有《惜余轩古文钞》等。任资政院议员座位号为158，于第一次常年会未见其发言记录。

志公爵

满汉世爵议员。即志钧，1866—1921，字宝臣，满洲镶黄旗人，道光皇帝第六女寿恩公主额驸景寿季子，1886年袭三等承恩公爵。后任镶红旗汉军副都统，镶红旗护军统领。入民国后曾任五族国民合进会副会长等。任资政院议员座位号为31，于第一次常年会未见其发言记录。

周廷弼

纳税多额议员。1852—1923，字舜卿，晚号耐叟，江苏无锡人。出身农家，先在上海利昌煤铁号当学徒，其间自学英语，数年不辍。成店员后常与外商联系，重信誉，业务日精。后入英人开设的大明洋行任职。1878年开设升昌五金煤铁号，获利很多。陆续在国内和日本长崎开设7家分号，为英怡和洋行代销钢铁器材。1896年又在上海、苏州开设丝、纱厂。1900年与胡德培在上海合办新源来冶坊，生产铁锅，规模列江苏冶坊之首。1904年在无锡创办无锡第一家机器缫丝厂，所产丝远销欧美等国。1905年组建锡金商会和锡金农会，任会长。1906年在上海开办商业储蓄银行，首创储蓄业务。辛亥革命后，继续在东南办理各种实业，有"煤铁大王"之誉。先后在周新镇创办廷弼小学和廷弼商业中学。1921年捐巨款赈济河北、湖南灾民，曾获北洋政府颁发奖章。1923年卒于周新镇廷弼中学。任资政院议员座位号为91，于第一次常年会未见其发言记录。

周廷励

民选议员。1878—？，字向晨，广东茂名人。举人，曾筹办高州贫民习艺所，直隶补用知府。1909年被选为广东谘议局议员。入民国后担任高州安抚使、高州绥靖处会办、参议院议员、广东实业厅长等。积极参与康有为、陈焕章等组织的孔教会活动，编有《广东通志茂名艺文略》等。任资政院议员座位号为184，于第一次常年会共发言7次。

周镛

民选议员。1875—？，陕西泾阳人，进士，曾任陕西师范学堂斋务长、陕西高等学堂监督、法部主事。1909年被选为陕西谘议局议员。任资政院议员座位号为170，于第一次常年会未见其发言记录。

庄亲王

宗室王公世爵议员。即载功，1859—1916，1880年封二等镇国将军，1902年袭爵庄亲王，内大臣，正红旗总族长，镶黄旗蒙古都统。任资政院议员座位号为2，于第一次常年会共发言4次。

邹国玮

民选议员。1872—？，江西安仁人。拔贡，曾任大理院推事，为邹韬奋的同族长辈。1909年被选为江西谘议局议员，1911年入帝国宪政实进会。民国时期曾短暂出任新淦县知事。任资政院议员座位号为128，于第一次常年会共发言1次。

简介参考文献：

白蕉：《袁世凯与中华民国》，中华书局2007年版。

卞孝萱编：《民国人物碑传集》，团结出版社1995年版。

陈三立：《授光禄大夫奉天交涉使许君墓志铭》，载卞孝萱等编：《辛亥人物碑传集》，团结出版社1991年版。

陈万卿编著：《荥阳先贤年谱二种（魏联奎先生年谱、陈子怡先生年谱）》，大象出版社2006年版。

陈万卿编著：《荥阳先贤年谱·魏连奎先生年谱》，大象出版社2006年版。

陈玉堂编著：《中国近现代人物名号大辞典》，浙江古籍出版社2005年。

戴鸿慈：《出使九国日记》，湖南人民出版社1982年版。

高拜石：《新编古春风楼琐记》，作家出版社2004年版。

〔日〕宫内肇：《清末广东的地方自治与顺德地方精英》，《学术研究》2011年第1期。

郭敬安编：《唾庵年谱》，《北京图书馆藏珍本年谱丛刊》，第191册，北京图书馆出版社1999年版。

韩策等整理：《汪荣宝日记》，中华书局2013年版。

侯宜杰：《逝去的风流：清末立宪精英传稿》，北京师范大学出版社2013年版。

胡健国编著：《近代华人生卒简历表》，2003年印行。

黄源盛：《民初法律变迁与裁判（1912—1928）》，2000年版。

金梁辑：《近世人物志》，北京图书馆出版社2007年版。

金启孮：《我所知道的那彦图亲王》，《蒙古史研究》第七辑（2003年）。

李贵连：《沈家本年谱长编》，山东人民出版社2010年版。

李克明：《民国初期的法学家——李素》，《沧桑》1995年第1期。

刘寿林等编：《民国职官年表》，中华书局1995年版。

刘泱泱整理：《宋教仁日记》，中华书局2014年版。

罗训森主编，中华罗氏通谱编纂委员会编：《中华罗氏通谱》，中国文史出版社2007年版。

马鸿谟编：《〈民呼〉〈民吁〉〈民立〉报选辑》，河南人民出版社1982年版。

缪钺：《纪念籍忠寅先生》，《文献》1986年第3期。

钱实甫：《清季新设职官年表》，中华书局1961年版。

邱涛点校：《直省谘议局议员联合会报告书汇录》，北京师范大学出版社2013年版。

山阳县地方志编纂委员会编：《山阳县志》，陕西人民出版社1991

年版。

陶善耕:《经正书舍的藏书借阅及其流布——纪念李时灿诞辰140周年》,《河南图书馆学刊》26卷第6期。

〔日〕田边种治郎编:《东三省官绅人民录》,文海出版社1973年。

〔日〕田原天南编:《清末民初中国官绅人民录》,文海出版社1973年。

王春兰:《渠本翘其人其事》,《沧桑》2005年第3期。

王红雨、闫广芬:《早期教育现代化进程中的规训与抵制:以清末民初学校时间管理为例》,《四川师范大学学报(社会科学版)》2017年第4期。

吴恩和、邢复礼:《贡桑诺尔布》,载《内蒙古文史资料》(第一辑),内蒙古人民出版社1979年版。

吴海慧:《林炳章研究》,福建师范大学历史学系硕士学位论文,2014年。

吴怀清:《哑道人传》,韩光裕、吴怀清修,陈愈愚、魏子征纂:《增修山阳县志》,1936年抄本。

吴士鉴编:《含嘉室自订年谱》,《北京图书馆藏珍本年谱丛刊》,第192册,北京图书馆出版社1999年版。

熊月之主编:《晚清新学书目提要》,上海书店出版社2007年版。

杨鹏程主编:《湖南咨议局文献汇编》,湖南人民出版社2010年版。

杨天石等编:《宁调元集》,湖南人民出版社2008年版。

杨向真、万芳:《清末奉天府名医庆云阁与张奎彬从医办学事记》,《中医文献杂志》2011年第3期。

姚光祖:《清末资政院之研究》,台湾大学政治研究所硕士论文,1977年,"附录四 资政院议员名录"。

姚怀亮:《"哑道人"吴怀清评传》,《商洛日报》2007年4月21日。

叶骏:《王廷扬:蒲塘走出的民国名士》,《金华日报》2014年8月7日。

佚名辑:《清末职官表》,文海出版社1968年版。

俞江:《近代中国的法律与学术》,北京大学出版社2008年版。

喻菊芳:《怀念榜眼喻长霖》,黄岩新闻网2015年11月18日。

毓盈:《述德笔记》,民族出版社2009年版。

张建军:《清末资政院时代的蒙古议员及其活动——以〈大公报〉所载史料为中心的考察》,《蒙古史研究》第10辑。

张朋园:《立宪派与辛亥革命》,吉林出版集团2007年版,"附录二 资政院议员名录"。

张世明:《清末贻谷参案研究》,《中国人民大学学报》2014年第4期。

张伟仁主编:《中国法制史书目》,"中央研究院"历史语言研究所专刊之六十七,1976年出版。

张一麐:《直皖秘史》,中华书局2007年版。

赵永康:《泸县万慎子先生年谱简编》,网文。

中国社科院"近代史资料"编辑部主编:《民国人物碑传集》,四川人民出版社1997年版。

《最近官绅履历汇录》,北京敷文社1920年版。

左攀、耿悦:《广西乡贤吴赐龄生平与政治思想考论》,《玉林师范学院学报》2014年第6期。

左攀:《广西谘议局的筹备及活动概况考略——以广西谘议局档案为中心》,《广西科技师范学院学报》2017年第2期。

政府特派员简介

宝熙

即爱新觉罗·宝熙，1871—1942，字瑞臣，号沉盦，室名独醒庵，满洲正蓝旗人，豫亲王多铎九世孙，奎润之子，1892年中进士。历任翰林院编修、侍读、国子监祭酒、内阁学士兼礼部侍郎、修订法律大臣、总理禁烟事务大臣、度支部右侍郎等职。入民国后，任总统府顾问闲职，后入伪满洲国，任内务处长等职。工书法，能诗，嗜好收藏，著有《工余谈艺》等。时为宪政编查馆特派员（法典股）。

曹汝英

1870—1924，字粲三，又作灿三，室名直方大斋，广东番禺人。1882年入广东实学馆学习，1886年入广东博学馆（水陆师学堂前身）学习海军驾驶。1890年毕业后被派北洋舰队实习。甲午战后回广东，任广东水陆师学堂教习、两广大学堂总教习等职。1906年任保定贵胄学堂教习、监督。后调充陆军部候补郎中。1909年充海军筹备处第三司司长兼一等参谋官，赴法、德、奥、俄、意、美六国考察海军。1910年清政府设立海军部，任军学司司长。入民国后，先后在交通部和广东省政府任职。时为海军处特派员（法典股）。

陈锦涛

1871—1939，广东南海人。幼年就读于香港皇仁书院，后任北洋大学堂教习。1901年赴美，入哥伦比亚大学、耶鲁大学攻读，获博士学位。1906年归国参加学部考试，获授法政科进士。历任度支部预算司长、统计局局长、币制改良委员会会长、大清银行副监督、度支部副大臣。入民国后历任南京临时政府、北京政府、广东护法军政府财政总长。1930年曾任教于清华大学经济学系。抗战时期出任"维新政府"财政部长兼"兴华银行"总裁。时为度支部特派员（财政股）。

陈籙

1887—1939，字任先，号止室，福建闽侯人。早年入福州马尾船政学堂，后毕业于武昌自强学堂法文班，留校教授法文。1903年以"留学生领班"身份护送八名被清政府选派的学生赴德，后入巴黎大学学习法律，1907年获法学学士学位。返国后参加清廷留学生考试，获法科进士，授翰林院编修。历任修订法律馆纂修、法部主事、外务部郎中、外务部政务司司长。曾负责《大清民律草案》继承编的起草工作。入民国后，继续从事外交工作。受北京政府第一任外交总长陆征祥的重用，历任外交部政务司司长、中国驻墨西哥公使等职。与蒙古交涉出力尤多，在中、俄、蒙三方的恰克图会议中任中方"会议外蒙古事件全权专使"。因其折冲樽俎获得声誉，出任都护使兼驻扎库伦办事大员，成为当时中国处理蒙古事务的首席长官。1917年底回京出任外交部次长、随后代总长。后出任驻法公使和中国驻国联代表。1928年国内政局动荡，在上海执律师业。1934年出任国民政府外交部顾问。1937年抗战爆发后出任"中华民国维新政府"外交部长一职，1939年被军统特工制裁毙命于上海法租界家中。著有《恰克图议和日记》《奉使库伦日记》《蒙事随笔》等，译有《法国民法正文》《英法尺牍译要》等。时为外务部特派员（法典股）。

陈毅

字士可，1873—？，蕲州黄陂人。附生，曾入两湖书院学习，应经济特科试，太常博士补学部参事，兼充京师图书馆纂修、法律馆纂修、宪政编查馆统计科员等职。入民国后历任北洋政府总统府秘书、蒙藏院参事、筹备国会事务局委员、文官高等甄别委员会委员，1917年宣统复辟时被任为"邮传部侍郎"。后任库伦都护使、西北筹边使、西北边防司令、蒙藏总务厅总办等职。著名藏书家，藏书处曰"究斋"，后人编有《陈毅藏书目录》，可见其藏书规模。著有《魏书官氏志疏证》《邺中记校辑》《邺城故事校辑》《邺县图经校辑》等，曾参与拟定《癸卯学制》。时为邮传部特派员（法典股）。

存德

生平不详，时为理藩部特派员（法典股）。

达寿

1870—1939，字荛一，号挚甫，一号智甫，满洲正红旗人。1894年中恩科进士，入翰林院为庶吉士。次年散馆后获授编修。1905年任学部右侍郎，1907年奉派为考察宪政大臣赴日考察，1908年任理藩部左侍郎。1911年出任资政院副总裁，后任袁世凯内阁理藩部大臣。入民国后曾任高等文官惩戒委员会委员、宪法起草委员会委员、内务部次长、镶白旗汉军都统、蒙藏院副总裁等职务。是晚清对宪制有相当了解的为数不多的满洲亲贵。时为宪政编查馆特派员（法典股）。

戴展诚

1867—1935，湖南常德人。1891年中举，曾参与公车上书，1895年中进士，改翰林院庶吉士。散馆后任小京官，积极参与湖南维新运动，1902年赴日考察国民教育。1904年任湖南全省师范学堂监督，后入京供职，历任学部总务司员外郎、郎中、右参议。时为学部特派员（法典股）。

董康

1867—1947，字授经，号涌芬室主人，江苏武进人。1889年中举，1898年中进士，分发刑部，任主事。1901年因庚子国变期间维护京城秩序之劳，得以擢升刑部郎中，旋即丁母忧去职回家守制。回京后任修订法律馆总纂、提调等职，直接参与清末变法修律各项立法和法律修订工作。自1905年起，曾多次东渡，调查日本裁判和监狱制度，聘请日本法律家来华讲学、帮助清政府修律等事宜。辛亥革命爆发，再次东渡日本留学，专攻法律。1914回国，署大理院院长、法律编查会副会长，兼中央高等文官惩戒委员会委员长。1918年任修订法律馆总裁，1920年出任靳云鹏内阁司法总长。1922年出任财政总长，旋即赴欧考察商务。其间专门赴法国国家图书馆调研敦煌文书，抄录了一些唐代法律史料，有功于法律史学研究。1924年任教于东吴大学法律学院、任上海法科大学校长。1926年因受孙传芳的通缉，赴日避难。其间访求古籍，著成《书舶庸谭》一书。1927年回国后继续在教育界任职，并执业律师。抗战爆发后，董康先后出仕伪华北政权和汪伪国民政府，历任临时政府委员、议政委员会常委、司法委员会委员长、最高法院院长等职。抗战胜利后，董康被以汉奸罪逮捕，1947年病逝于北京医院。为近代著名的法律专家，著述甚丰，现有《董康法学文集》问世。时为宪政编查馆特派员（财政股）。

恩华

1872—1946，字咏春，又字韵村，号缄庵、适斋，江苏镇江籍驻防镶红旗蒙古旗人，原姓巴鲁特，汉姓杨，官京口驻防。1902年中举，1903年中进士，分发吏部任主事，后留学日本法政大学。归国后历任学部总务司帮稿、江南三江师范学堂提调、学部员外郎、八旗学务处协理、变通旗制处提调、总务司司长、弼德院参议等，民国后任众议院议员、乌里雅苏台都护副使、蒙藏院副总裁、司法部《司法公报》处处长、司法部次长等，与蔡元培共创私立华北大学并任校长，著有《八旗艺文编目》等。时为学部特派员（法典股）。

范源濂

1875—1927，字静生，湖南湘阴人。早年就学于长沙时务学堂，戊戌政变后东渡日本，先后入大同学校、东京高等师范学校、东京弘文学院速成师范科、法政大学法政科学习。1905年回国，任学部主事、参事，参与创办清华学堂，并在京师大学堂任教。入民国后，曾任北京政府教育次长、教育总长、中华书局总编辑等职。在教育总长任上，曾举荐蔡元培出任北京大学校长。1917年与黄炎培、蔡元培等发起创办中华职业教育社。后多次赴美考察教育事业。1919年与梁启超等发起组织尚志学社，邀美国学者杜威等来华讲学。1923年赴英与英政府商洽将庚子赔款用于教育事业。回国后，北京国立高等师范正式改为北京师范大学，为首任校长，提倡人格教育，旋因经费问题而辞职。后曾任中华教育文化基金委员会董事长、南开大学董事、北京图书馆代理馆长等。1927年病逝于天津。时为学部特派员（法典股）。

冯元鼎

1866—1917，字次台，广东高要（今属肇庆）人。1891年中举，奏保知县分直隶省补用，历保直隶州知府，以道员仍留原省，仍交军机处存记。1906年经邮传部调部派充主稿，1907年奏保堪任丞参，调充东三省总督公署秘书官。后担任专使美国二等参赞官。1909年任津浦铁路总公所总文案、海关道，1910年任邮传部丞参上行走，以三四品京堂候补。1912年3月奉派帮办津浦铁路事宜，4月出任交通部次长。1913年6月令赴汉口接管执行汉粤川铁路督办职权，任铁路协会评议员。1914年7月因病辞职，1917年初病逝。时为邮传部特派员（法典股）。

傅兰泰

生卒年不详，字梦岩，蒙古正黄旗人，1895年中乙未科二甲进士，以主事分部学习。1905年充崇文门税务委员，1907年任度支部右丞。1908年获庆亲王奕劻保荐堪任方面。1911年改任度支部左丞。时为度支部特派员（财政股）。

高而谦

1863—1919，亦名尔谦，字子益，福建长乐人。1883年以诸生考入马尾船政学堂制造班，专攻法语和造船专业，1885年毕业后赴法国巴黎大学法学院学习国际法。1890年归国，一直在广东官场办理洋务，不甚得志。1905年参加学部留学生考试，被授予举人资格。1907年任外务部右参议；1908年任外务部右丞，旋即担任云南交涉使，着手谈判处理1907年云南发生的误杀法国军官的"马白关事件"；1909年任澳门勘界谈判中方代表，折冲樽俎，维护了国家主权；1910年任外务部左丞；1911年任云南布政使。辛亥革命爆发被革命者礼送出云南，寓居上海。1913年重返外交界，任驻意大利全权公使，曾出席联邦大和会，力争中国主权；1915年因袁世凯称帝而去职。1917年因中德宣战事宜紧急，赋闲在家的高而谦被邀请重新出山，任外交部次长，1918年因病请辞。1919年病逝于上海。时为外务部特派员（财政股）。

顾鳌

1879—1956，字巨六，四川广安人。1903年中举，1905年赴日本明治大学留学。归国后初任内阁中书，历任京师巡警厅警官、司法处佥事、京师地方审判厅民科第二庭庭长、民政部参议厅帮办、宪政编查馆统计处提调、京师译学馆教习等职。在宪政编查馆任内，在汪精卫刺杀案中对汪氏多暗中维护。入民国后初任北京总统府顾问，旋为内务部参事，成为袁世凯在法律领域的亲信；1913年任筹备国会事务局委员，后任政治会议秘书长。1914年任约法会议秘书长、政事堂法制局局长、内务部筹备立法院事务局局长；1915年任国民会议事务局局长、袁氏称帝大典筹备处法律科主任。由于其多年来作为袁世凯亲信，积极参与袁氏称帝活动，在失败后以"帝制祸首"之一被通缉；1916年又积极参与到张勋主导的宣统复辟事件中去。迭次参与复辟，声名狼藉。北伐后脱离政坛，随杨度到上海成为杜月笙门下清客，并执业律师，因生意清淡，又改做古董掮客。1956年病逝于上海。时为宪政编查馆特派员（财政股）。

胡子明

1868—1946，字伯寅，号省暗，湖北天门人。优廪生，1895年拔贡，次年朝考一等第三名，签分工部七品小京官；1902年中式顺天乡试举人，任农工商部公务司员外郎、郎中。入民国后返乡，创办天门中学，成为首任校长。1913年任湖北财政司总务科长并主管预决算事务；1914年作为湖北特派员到北京参加财政会议。不久分发福建，先后任尤溪、浦城、建阳、晋江等县知事，多有政声。在浦城，百姓曾为其建去思亭、德政碑多处。1924年归里，任内务班教员；1935年曾短暂担任湖北财政厅科长；1937年因时局动荡，由汉口博学中学回乡设馆讲学。1946年病逝于武昌。时为农工商部特派员（法典股）。

华世奎

1863—1942，字启臣，号璧臣，祖籍江苏无锡，出身于津门八大家之一的华家。1881年中举，由内阁中书考入军机处，逐渐荐升为领班章京。1911年任奕劻内阁三品衔阁丞；到袁世凯组阁时，成为正二品高官。《清廷逊位诏书》即为其所书。清亡后弃官隐居天津,在意租界购置房产,以遗老自居,保持不做贰臣的气节,自号"北海逸民",终生不剪辫子,不用民国年号,不再参与政事,惟以诗文、书法自娱。虽忠于清室,但保有民族气节,伪满成立,坚拒下水。一生以书法知名,被誉为津门四大书法家之首,"天津劝业场"牌匾即为其所书。有《思暗诗集》(取名于其诗句"忠孝我今都已矣,泣题斋额曰思暗")、《津门华世奎孝经帖》等作品留世。时为军机处兼宪政编查馆特派员。

吉同钧

1854—1936,字石笙,晚年自署顽石山人,陕西韩城人,以律学名世。幼年适逢陕西回捻战乱,虽艰辛备尝,但努力向学。1873年成秀才,肄业关中书院。1883年中举,1887年中进士,分刑部任职,多受先贤薛允升和赵舒翘指点栽培,律学日渐精进。至晚清修律前后,以法部郎中承政厅会办兼修订法律馆总纂,分主律学馆、京师法律学堂、京师法政学堂、大理院讲习所四处教习,主讲传统律例之学,一时执弟子礼者千数百人。入民国后弃官归隐。有《大清律例讲义》《乐素堂文集》《乐素堂诗存》《审判要略》《东行日记》等多种著述传世。时为法部特派员(财政股)。

吉章

生平不详。时为理藩部特派员(财政股)。

李家驹

1871—1938,字柳溪,号昂若、毅人,广州汉军正黄旗人。1894年中进士。1898年任新成立的京师大学堂提调,旋赴日本考察学务。1903年任湖北学政,次年调任东三省学政。1906年任京师大学堂总监督,大力推行教育改革,组织大规模的运动会,名动一时。1907年任驻日公使,不久即被任命为考察宪政大臣,在此期间曾深入研究日本政治、法律、财政制度。回国后获授内阁学士,渐为朝廷中枢所注目,成为著名的新政干才,入宪政编查馆供职。1911年担任纂拟宪法大臣,出任资政院总裁。入民国后隐居青岛,以遗老自居。著有《日本司法制度考》《日本会计制度考》《日本租税制度考》等。时为宪政编查馆特派员（法典股）。

李景铭

1880—？，字石芝，又字石之，号石部，福建闽县人。1904年中进士，入进士馆学习，分发户部任主事。后东渡日本留学，入早稻田大学政治经济科专门部。回国后参加学部留学生考试，获优等，奖升度支部员外郎。1909年与方兆鳌东渡日本，考察邮政，合编《调查日本邮电堂报告书》二卷。宣统初年曾任教宣南法政专门学校。历任盐政处委员、财政研究所评议员、清理财政处总核。入民国后历任财政部秘书、财政讨论会委员、财政调查委员会副会长、财政部税赋司司长兼充政治会议议员，1920年任财政部印花税处总办、参事上行走，兼管理特种财产事务局评议、德华银行总清理处帮办、经济调查局副总裁。1927年出任中央修改税则委员会副主任。编著有《太平洋日记》《三海见闻志》《修改税则始末记》《闽中会馆志》等，翻译北鬼三郎的《大清宪法案》《日本帝国教育会沿革并事业概览》等。时为度支部特派员（法典股）。

李盛和

生卒年不详，1904年中进士，1911年任陆军部军实司司长。时为陆军部特派员（财政股）。

梁士诒

1869—1933，字翼夫，号燕孙，广东三水人。1889年中举，翌年赴京会试落第而归；两年后再应会试，仍不第。南归途中，逗留上海，开始倾力搜罗新书，究治财政、河渠、农业等实学。1894年中二甲进士，任翰林院编修。时清廷鼓励翰林回乡振兴教育，数年后可按业绩授职，遂告假返乡，受聘为凤冈书院主讲。1897年回京，先后入武英殿、国史馆、编书处任协修。庚子国变，避祸离京，仍回凤冈书院主讲。1903年清廷诏开经济特科，首场虽名列第一，却因康党嫌疑而落第。福祸相依，声名鹊起。旋入直隶总督袁世凯幕，任洋总书局总办。1905年协助唐绍仪代表清廷与英国谈判西藏事宜。1906年任铁路总文案，从此涉入交通实业领域，终成为清末民初该领域巨擘。该年即以五品京堂候补，在外务部丞参上行走。1906年邮传部设立，即调邮传部，专务铁路事宜。1907年任邮传部五路提调处提调，后又出任铁路总局局长兼交通银行帮理。1911年袁世凯组阁，出任邮传部副大臣、大臣。入民国后袁氏当国，被任命为总统府秘书长、交通银行总理，获"梁财神"之号。1916年因积极赞助袁世凯称帝而被列名"帝制祸首"被通缉，遂避居香港。1918年获特赦后回京任交通银行董事会董事长，为帮助段祺瑞掌握北京政府实权，组织安福国会，当选为参议院院长。1920年曾一度担任国务总理，因与日借款而为舆论抨击，被迫离职赴日本、香港。直系当国时期，长期在外游历。及至直系战败，段祺瑞组织执政府，应邀赴京参加善后会议，先后任财政善后委员会委员长、交通银行总理、宪法起草委员会主席和关税特别委员会委员。北伐时又被国民政府通缉，避难香港。至此，结束了其辉煌的财政实业生涯。1933年病逝于上海。时为邮传部特派员（财政股）。

林灏深

生卒年不详，字朗溪，福建闽侯人。1895年中进士，后以主事分部学习。1906年授学部右参议，1907年改任学部左参议，1911年任弼德院参议。1925年曾担任段祺瑞执政府的国宪起草委员会成员。工书法，有《桂林梁先生遗书序》等文留世。时为学部特派员（法典股）。

刘若曾

？—1928，字仲鲁、号沂庵，直隶盐山（今河北黄骅）人。1885年中乡试第一，即解元。1889年中二甲进士，选翰林院庶吉士，散馆授编修。1892年担任科举会试分校官。1894年任河南乡试主考官。1895年进入内廷任清秘堂办事。后历任国史馆武英殿纂修、庶常馆提调官、文渊阁校理、正黄旗官学考校、宗室觉罗八旗官学副总办之职。1902年为湖南辰州府知府，兼任木盐官督。经湖南巡抚举荐，于1905调补长沙府知府。所到之处，颇有政声。后又随五大臣出洋考察宪政。在考察期间，被授予江苏常镇通海道，后又被授三品京堂候补，充任考察政治馆提调。1906年归国后任太常寺卿，随后改授大理院少卿，兼任宪政编查馆提调。1911年充任修订法律大臣、大理院正卿。入民国后本欲闭门不出，但放不下苍生苦难，应当国者之邀，短暂出任直隶布政司长，兼任内务司和财政司司长，又改任直隶民政长官；后又担任政治会议委员、参政院参政、公府高等顾问等闲职。之后看淡世事，以隐居终身。平生笃行孝道，推重纲常名教，乡誉为"刘孝子"。时为宪政编查馆特派员（法典股）。

刘钟琳

1868—？，字璞山，号朴生，江苏宝应人。1891年中举，以知县候补。1903年中经济特科试，后出任比利时留学监督，1905年随五大臣出洋考察宪政。归国后到法部任参事一职。入民国后隐居，曾与其师冯煦等组织桑梓义赈事宜。时为法部特派员（财政股）。

龙建章

1872—？，字伯扬，广东顺德人。1904年中甲辰恩科进士，入京师大学堂仕学馆及进士馆学习。历任内阁中书、户部主事、吏部员外郎、邮传部郎中、金事、京察一等。1905年随五大臣出洋考察宪政。归国后记名道府、丞参、保送御史、候补参议，任邮传部参议。1912年任交通部参事，1913年任交通部电政司司长、交通部航政司司长。1913年底升任邮传局局长，兼任政治会议议员；1914年任约法会议议员；不久外任贵州省黔中道道尹、署理贵州巡按使，于护国战争中去职。1917年曾署理李经羲内阁交通总长。时为邮传部特派员（法典股）。

楼思诰

1870—？，字谐孙，号欧荻，原籍诸暨，浙江钱塘人。1904年中甲辰恩科进士，后任户部主事。著有《各国法制大意》等。时为度支部特派员（财政股）。

卢静远

1874—1945，字惺源，别号新远，湖北竹溪人。早年入两湖书院，以优等生毕业，附生，精数学、理化，1898年被湖广总督张之洞选派赴日留学，入成城学校、日本陆军士官学校中华队第一期炮兵科，后入日本近卫野战炮兵联队做见习士官，1902年归国，同年考中恩科举人，旋入张之洞幕，担任湖北将弁学堂教习，兼理化、译述，后任营务处参议，因以"武事精能，劳绩卓著"，为两湖总督张之洞及学政赵尔巽所器重，向朝廷力荐。遂进京任军令司运筹科监督，军咨府科长、第一厅厅长，并赏给二品衔陆军正参领。1910年赏副都统衔。入民国后曾任陆军部参谋司司长，1914年被授予陆军少将衔，1923年晋陆军中将。1931年附逆，1934年任"伪满"第五军区少将参谋长，1938年任汪伪华北临时政府行政委员会参议，1945年病逝于成都。时为陆军部特派员（财政股）。

陆梦熊

1881—1940，字渭渔，上海崇明人。1904年东渡日本，入早稻田大学学习，1906年获商学士学位归国，参加清廷举办的留学生考试，被授予商科进士，在邮传部路政司任职，嗣任宪政编查馆统计局科员、京师大学堂教习等职。入民国后，长期担任交通部参事，其间兼任京汉铁路局副局长等职。1927年赴南京任胶济铁路理事。1931年任胶济铁路管理委员会委员。1937年投敌，与赵琪一起组织青岛治安维持会。1939年任青岛警察局长，旋调任日伪华北政务委员会实业部次长。1940年病逝于北京。时为宪政编查馆特派员（财政股）。

陆宗舆

1876—1941，字润生，浙江海宁人。1898年赴日本早稻田大学政治经济科学习，1902年回国后在北京崇文门管理税务，任进士馆及警官学堂教习、巡警部主事。1905年参加学务处举行的第一次考验游学毕业生，获举人出身。1906年以二等参赞身份随载泽等五大臣出国考察宪政，由此见赏于徐世昌。宪政编查馆成立，充帮提调兼政务处参议。奕劻重其才，荐授四品京堂。1907年徐世昌出任东三省总督，奏请调任其为奉天洋务局总办兼管东三省盐务。1910年11月资政院第一次常年会第十七次会议上被补选奉派为资政院议员，接替刘华。1911年秋任交通银行协理、印铸局局长。武昌起义后，任度支部右丞并代副大臣。入民国后任中华民国总统府财政顾问、参议院议员、宪法起草委员、驻日全权公使，为袁世凯称帝积极奔走。袁世凯去世后任交通银行股东会长、参议院议员、中日合办的中华汇业银行总理，多次经手向日本借款。之后，又任币制局总裁，与曹汝霖同为新交通系中坚分子。五四运动中被免职。1925年后一度出任临时参政院参政。1927年任张作霖安国军外交讨论会委员；同年任交通银行总理。旋辞职，寓居天津。1940年出任汪伪政府行政院顾问，1941年在北京过世。著有《五十自述记》等。时为宪政编查馆特派员（财政股），后被任命为资政院各部院衙门官议员。

罗维垣
生卒年不详，1890年中进士，曾任汝宁府知府，后入京，任法部郎中、右参议，1911年转法部左参议，不久升任法部右丞。曾参与《大清现行刑律》的编纂。时为法部特派员（财政股）。

罗泽炜
生平不详。时为陆军部特派员（财政股）。

吕铸
1878—？，字寿生，云南祥云人。光绪庚子辛丑并科（1902）举人，由内阁中书转补巡警部主事，充统计处提调，升补员外郎，充统计处总核兼著作权注册局副局长、内阁统计局副局长署参事。1912年任大总统府办事员兼参议院政府委员，旋任内务部职方司司长，历充土地调查筹备处处长、第三届知事试验襄办委员、经界局经界评议委员会副委员长、内务部民政司司长兼自治模范讲习所所长等职。时为民政部特派员（财政股）。

彭巽占
生平不详。时为法部特派员（财政股）。

彭祖龄
生平不详。时为学部特派员（财政股）。

饶宝书
1858—1912，字经衡，号简香，广东兴宁人。1889年中举，1892年中进士，授户部主事。1896年考选为总理各国事务衙门章京。1899年任京师大学算学教习。1901年调任外务部主事。因核算庚子赔款，挽回白银三千万两的损失，又与沙俄使节交涉茶箱一案，追回俄币49

万卢布。1903年因功补授外务部榷算司主事。1906年升任外务部和会司员外郎。1908年升外务部榷算司郎中。入民国后任外交部通商司司长，不久即卒于北京。时为外务部特派员（财政股）。

阮忠枢

1867—1917，字斗瞻，安徽合肥人。出身于淮军将领之家，由李鸿章推荐入新建陆军，管理军制饷章文牍机务，成为袁世凯亲信参谋。入民国后历任总统府秘书处副秘书长、内史长。时为邮传部特派员（法典股）。

单镇

1876—1965，字束笙，又字殿侯。原名绍镇，字叔荪，江苏吴县人。1900年优贡，1904年中进士，签分刑部湖广清吏司行走，咨送商部，考取奏补保惠司主事，不久提升商部会计司员外郎。改农工商部商务司员外郎，后升农工商部工务司郎中，历任农务司主稿、工务司掌印、统计处提调、农工商部佥事等。入民国后曾任工商部首席秘书兼总务厅厅长、江苏国税厅筹备处处长、江苏审计分处处长、审计院第三厅厅长等职。晚年多参与社会慈善事业。好收藏，编有《桂阴居藏书录》等。时为农工商部特派员（财政股）。

善佺

生卒年不详，1911年以法部左参议转右丞，不久署左丞。辑有《考闱唱和诗集》一卷。时为法部特派员（财政股）。

邵从恩

1871—1949，字明叔，四川眉山人。幼年从父读书，1891年入学为秀才，不久补为廪生，入成都尊经书院学习。1897年拔为贡生，选送北京京师大学堂深造。1902年中举，1904年中进士，授山东烟台知县，辞不赴任。后留学日本，入东京帝国大学学法政，1908年回国，获授法部主事，于晚清法官考试多有贡献。因川督赵尔巽奏请，回川襄赞新政，创办四川法政学堂，任监督。入民国后因大力推动保路运动之解决，军政府成立后任川南宣慰使、四川军政府民政司司长。1913年任国务院法制局参事，兼北京政法大学教授，讲授宪法。1923年曹锟贿选，对政局失望，赴天津学佛，长斋茹素。伪满成立，拒绝下水。1933年日军侵入华北，为免汉奸纠缠，举家迁回四川。1935年初被刘湘聘为省政府顾问。1944年与张澜等发起组织民主宪政促进会。1945年在重庆参加政协，被誉为"和平老人"，1949年在成都病逝。时为法部特派员（法典股）。

邵福瀛

1880—？，字海父，江苏常熟人，举人，补内阁中书，由商部章京补授主事，提升员外郎、参议上行走，补授郎中，旋升右参议，兼任宪政编查馆副科员。入民国后曾任吉林滨江关监督、江西九江关监督兼办通商交涉事宜等。时为农工商部特派员（财政股）。

施绍常

1873—？，字伯彝，浙江吴兴（今湖州）人。举人，1903年由出使俄国钦差大臣胡惟德奏派为驻俄国钦差大臣随员，后历任驻荷兰、意大利、德国等国使馆一等参赞。入外务部储才馆学习，1910年任外务部和会司员外郎。1914年任北京政府外交部参事，次年任驻马尼拉总领事。1917归国，仍任外交部参事，旋即出任吉林滨江道尹兼铁路交涉总局总办。1918年任黑龙江黑河道尹。1920年任外交部特派黑龙江交涉员，不久改任外交部政务司司长。1926—1928年任驻秘鲁公使。1929年任国民政府外交部条约委员会顾问。著有《中俄条约注解》等。时为外务部特派员（法典股）。

施肇基

1877—1958，字植之，江苏吴江人。早年就读上海圣约翰书院。1893年随同中国驻美国公使杨儒赴美，任驻美使馆翻译生。1897年伍廷芳代杨儒为驻美公使，升任随员，旋辞职入美国康奈尔大学学习。1902年获康奈尔大学文学硕士学位后回国，任湖广总督张之洞洋务文案兼鄂省留美学生监督。1905年随五大臣出洋考察宪政，任一等参赞。1906年任邮传部右参议兼京汉铁路局总办，后又任京奉铁路局总办。1910署吉林洋务，任外务部右丞，1911年转左丞，奉派为驻美国、墨西哥、秘鲁、古巴等国公使，但未及赴任，清已覆亡。1912

年入唐绍仪内阁，任交通总长。后出任财政总长，不久辞职。1914—1921年任驻英全权公使，是中国出席1919年巴黎和会的五位全权代表之一。1921—1929任驻美全权公使，曾出席华盛顿会议。1930年出席国际联盟会议，任国联理事会中国全权代表。1933—1937年再任驻美公使、大使。1945年出席旧金山会议任高等顾问。1948—1950年任国际复兴开发银行顾问委员会委员。1954年，因脑溢血逐渐淡出外交舞台。1958年病逝于美国哥伦比亚特区华盛顿市。为近代著名职业外交家，著有《施肇基早年回忆录》等。时为外务部特派员（法典股）。

时屯

生平不详，时为理藩部特派员（法典股）。

苏锡第

1874—1924，字暮东，安徽太平人。1897年应江南乡试中举，1901年在顺直赈捐案内报捐郎中，分工部虞衡司学习行走。1902年帮主稿上行走、兼充收掌官，在山东贩捐案内报捐花翎。为陆军部尚书铁良所器重，调任陆军部兼充文案委员。1903年由外务部委派，任茶磁赛会公司总理，自筹资金选运茶叶、瓷器，随贝子溥伦参加美国圣路易博览会展销，颇获外界赞赏。1904年返国，继续供职陆军部，不久丁忧去职，期满后于1906年被铁良调至陆军部军需总监任军需司长，不久改任陆海军会计审查处处长。入民国后曾于1923年短暂出任财政部次长。晚年回乡兴学育人，修路建桥，善举颇多，饮誉乡里。时为陆军部特派员（财政股）。

孙培

1991—？，字泽蕃，安徽桐城人。日本法政大学毕业。历任民政部主事、员外郎。入民国后历充内务部参事、筹备国会事务局委员、大总统府政治谘议、高等文官惩戒委员会委员、财政部预算委员会委员长、第一届知事试验主任委员等。时为民政部特派员（法典股）。

谭学衡

1871—1919，字奕章，广东新会人。1885年入广东水陆师学堂第一期读水师班，毕业后赴英国入海军学校读书。1896年受清廷委派，与程璧光等往英国订造"海天""海圻"巡洋舰,并兼监制,1898年率舰回国。1907年海军处成立,被任命为副使。1909年任筹建海军事务处参赞。1910年事务处改设海军部,被任为副大臣。1911年任海军大臣。1912年任南京民国临时政府海军部正首领,旋被解职。后回广东老家服务乡梓,曾倡修围堤水利及疏浚天沙河旧河等事务。时为海军处特派员(财政股)。

唐宝锷

1878—1953,原名宗鎏,字秀锋(秀丰),祖籍广东香山,出生于上海,为唐绍仪之侄。1896年考中秀才,旋被总理衙门选派留日学习。1899年从亦乐书院毕业后,被清廷任命为驻日本长崎领事馆代理副领事,后调任驻东京公使馆承担翻译事务。在担任翻译期间,到早稻田大学学习国际法,与资政院秘书长金邦平同学,并兼任宏文书院讲师。毕业后回国参加清廷留学生考试,被授予法科进士。历任北洋司法官养成学校监督、洋务局会办、陆军部一等首席参事官、川粤铁路督办等职。辛亥年南北和议中,任北方总代表唐绍仪的参赞。后历任众议院议员、大总统顾问、直隶都督府顾问、外交科长、绥远将军署高等顾问、荣旗垦务督办署秘书长、归绥警务处处长等职。1924年退出政界后在北京、天津两地开办律师事务所,并在天津定居专执律师职业,为近代天津知名大律师,曾担任全国律师协会代表大会会长。时为陆军部特派员(法典股)。

王季烈

1873—1952,字晋余,号君九,又号螾庐,江苏长洲人。1894年中举后到浙江兰溪作幕宾。1896年到上海江南制造局,与傅兰雅合作翻译了《通物电光》一书,并将藤田丰八翻译的教科书重新编写,并定名为《物理学》。1900年到汉阳制造局,受到张之洞的器重与资助。1904年中进士。分发学部,历任主事、专门司郎中,兼京师译学馆的理化教员、监督。其间主持编印了《物理学语汇》,同时又兼任商务印书馆理科编辑,翻译、编写了多种理、化教材,并在北京创办五城学堂。入民国后基本退出政坛,专意于实业和教育事业,在天津办乐利农垦公司及华昌火柴公司、扶轮小学和中学；晚年居住于大连和苏州，专注于昆曲欣赏和研究。时为学部特派员（法典股）。

王思衍

1866—1938，字仲蕃，号源亭，山东兰陵人。1894年中举，1898年中进士，分部任刑部主事。庚子国变期间离职归家。1901年受清廷征召回京，为受兵燹之灾的宫廷书写匾额，从而官复原职，继续京官生涯。1910年因病归乡，开始田园生活，在家乡热心公益事业。1938年因日军进犯，耻作亡国奴而自缢过世。以书法知名，博取米、王、颜、赵，篆刻宗秦玺汉印，博取众家之长，融会创新，自成一格。著有《木石居印存》《老子盲说》《文字盲说》等。时为法部特派员（法典股）。

魏震

生平不详，时为农工商部特派员（财政股）。

文斌

1873—？，字伯英，满洲正蓝旗人，1898年中进士，授翰林院编修。历升翰林院侍讲、宪政编查馆总务处帮总办、理藩部谘议官、八旗高等学堂监督。入民国后担任蒙藏事务局秘书参事、宪法研究委员会委员、普通文官甄别委员会委员等职。时为理藩部特派员（法典股）。

文华

生卒年不详，湖北荆州人，曾留学日本陆军士官学校炮兵科，1910年曾随载涛考察国外禁卫军。时为陆军部特派员（法典股）。

吴廷燮

1865—1947，本名承荣，字向之，祖籍江苏江宁，生于山西榆次。1895年中举，初任通判，1901年任太原府同知，次年即升任太原府知府。1905年补巡警部警政司郎中，后历任巡警部右参议、宪政编查馆编纂、度支部参议、内阁法制院参议、署副使、弼德院参议。1912年任大总统府秘书，1913年任政事堂主计局局长，其间兼任清史馆总纂，历十五年纂清史商例、修本纪及诸表。后应张学良之邀，主讲沈阳萃升书院，充《奉天通志》馆总纂。著有《明督抚年表》《唐方镇年表》《东三省沿革表》《晋方镇年表》《北宋经抚年表》《南宋制抚年表》等。时为宪政编查馆特派员（财政股）。

夏循垲

1879—1952，字爽夫，号蕊卿，浙江杭州人。留学日本习法政，于1900年在日本加入励志会。1905年由载振奏调回国，先后任农工商部学习主事、庶务司主事、商学科副科长、商政科科长、曾兼任进士馆商法教习、图书馆馆长。1911年升任农工商部佥事。入民国后曾任农商部商标登记局筹备处长、第四科科长、农商部参事、四川实业厅厅长等职。时为农工商部特派员（法典股）。

徐承锦

1874—？，字伯章，号尚之，别号絅斋，贵州铜仁人。1897年考取优贡，1902年签分户部，任主事，入京师大学堂仕学馆，1907年授民政部员外郎，旋补授民政部参事，记名御史，1909年赏加三品衔，1911年授民政部左参议。民国成立，充第一届国会议员，历任司法部秘书、肃政厅肃政史、平政院评事等。能诗善画，著《絅斋诗草》四卷、《铜仁徐氏先世事略》等。时为民政部特派员（财政股）。

徐文蔚

本应名为徐文霨，1878—1937，字蔚如，号藏一，浙江海盐人。自幼随母读书，经史之外，兼习算学。因受母亲影响，从小就礼佛诵经。1898年科举落第，入京捐资为户部郎中，兼任京浙学堂算学教习，后任京师内城地方审判厅推事、度支部通阜司郎中、清理财政处帮办、财政研究所评议员等。辛亥革命爆发后，他携眷南归。入民国后被选为浙江省第一届省议员，受浙江都督朱瑞委托，主办《浙江日报》。由于袁氏当国，党禁严厉，省议会无形停顿。除1914年再度短暂入京在财政部会计司任会办外，遍访名师古刹，潜心研究佛典，刊刻佛经，专以弘扬佛法为务。"卢沟桥事变"爆发，平津相继沦陷，无数难民流落街头。他悲天悯人，奔走呼吁，与佛教居士设立"妇孺临时救济院"，收容难民，终于积劳成疾而逝世。时为度支部特派员（财政股）。

许宝蘅

1875—1961，字季湘、公诚，号巢云，晚号耄斋、夬庐居士，浙江仁和（杭州）人。1902年应浙江乡试中举。1906年后历任内阁中书、学部主事、军机章京、承宣厅行走。入民国后，因熟悉案牍，为袁世凯赏识，历任北京临时大总统府秘书、国务院秘书、国务院铨叙局局长、内务部考绩司司长等职。因袁氏恢复帝制失败，作为袁氏旧人，被迫卸职赋闲。其间积极参与张勋主导的宣统复辟事件之中。复辟失败后，北洋政府重新组阁，经王克敏推荐，他重入大总统府为秘书。以其幕僚品质，甚得钱能训、徐世昌的信任，后历任内务部次长、法制局局长、国务院秘书长等职。1927年底兼故宫博物院图书馆副馆长兼管掌故部，出版了《掌故丛编》。北伐政局变动，且因经济窘迫，遂于1928年应奉天省长翟文选之邀任奉天省政府秘书长，后又任黑龙江省政府顾问，继续其幕僚生涯。1931年"九一八"事变后，伪满成立，他曾任伪满执政府秘书、大礼官、宫内府总务处处长等职，到1939年因年老退职。1945年回北平家居，终老于此。工书法，中山公园内原石坊上"公理战胜"四字，即为其手书。著有《说文形系》《文字溯源》《魏石经考》等，晚年曾与恽公孚合作点校《方望溪文集》《唐大诏令集》《光绪东华录》等古籍；现有《许宝蘅日记》整理出版。为宪政编查馆特派员（财政股）。

许同莘

1878—1951，字溯伊，号石步山人，江苏无锡人。1899年随舅父张曾畴在湖广总督张之洞幕中学习办事，至1902年因赴科举离幕。1902年中光绪壬寅补行庚子辛丑恩正并科举人。1905年留学日本，就读于日本法政大学速成科，次年毕业。归国后入张之洞幕，担任文案委员。1909年张之洞去世，遂离开张幕，供职于宪政编查馆。入民国后历任外交部总务厅文书科佥事、文书科长、通商司第六科长，此后十余年，完成了清对外条约、《张文襄公年谱》的编纂工作、刊刻《许文肃公（景澄）遗集》等。国民政府时期曾任河北省政府主任秘书等。在此期间，主要精力用于公牍学研究，先后写成《治牍要旨》《公牍铨义》，最后写成传世之作《公牍学史》。晚年居无锡老宅，不久过世。时为宪政编查馆特派员（财政股）。

延鸿

1882—？，字达臣，满洲镶红旗人，附生，曾于日本弘文学院习警务，历任国史馆誊录、工巡总局委员、习艺所委员、巡警部主事、员外郎、民政部员外郎等。1907 年升任民政部右参议，后转左参议，升任右丞，1911 年转左丞。其间还曾兼任宪政编查馆统计局正科员、习艺所监督、崇陵工程处监督、考试留学生主试官。入民国后曾任平政院评事。时为民政部特派员（财政股）。

彦德

生卒年不详，满洲正黄旗人，字明允，曾任清政府学部总务司郎中、京师学务局长，管理历史博物馆筹备事宜。时为学部特派员（法典股）。

晏安澜

1851—1919，本名晏文采，字海澄，号丹右，别号虚舟，陕西镇安人。1875 年入三原宏道书院读书，同年中举，1877 年中进士，分发户部，历官山东司主事、员外郎、度支部管榷司郎中、承政厅郎中、盐政院院丞、清理财政处总办等职，兼任宪政编查馆二等谘议官，长期负责管理盐务。1898 年黄河决口，河北、山东二十多个县受灾，以户部员外郎身份四处调查灾情，积极赈灾。1909 年曾对江苏、浙东、河南等七省盐场进行了半年调查，深入了解盐政弊端和民众疾苦，在此基础上，次年起草了《整顿盐政办法》24 条，经清政府批准施行。1912 年出任四川盐运使，仍然着手实地调查，针对当地盐商欺行霸市、盐利大量外流等情况，制定了集中散盐、筹设专卖机构、改官运为私运等办法，成效卓著。著有《盐法纲要》《两淮盐法录要》等。时为度支部特派员（法典股）。

杨度

1875—1931，原名承瓒，字晳子；后改名度，别号虎公、虎禅，又号虎禅师、虎头陀，湖南湘潭人。1893 年顺天乡试中举，师从王闿运就学于衡阳石鼓书院。戊戌变法期间，与康有为、梁启超结识。1902 年自费留日，入东京弘文书院，发起创办留学生刊物《游学译编》。

1903年回国参加清廷经济特科考试，因康党嫌疑被除名。再度留日，作《湖南少年歌》，发表于《新民丛报》，轰动一时，逐渐成为留日学生领袖。1905年与孙中山相识，但他主张君主立宪，反对革命主张。同年当选为留日学生总会干事长。1907年创办《中国新报》，发表《金铁主义说》，主张军事、经济立国说，要求君主立宪。该年10月杨度返国奔伯父丧，参与国会请愿活动。同年，写就《中国宪政大纲应吸收东西各国之所长》和《实施宪政程序》，作为立宪专家开始为清廷注目。1908年，袁世凯和张之洞联名保奏其"精通宪法，才堪大用"，被授四品京堂衔，任宪政编查馆提调，逐渐靠近朝廷中枢。不久，由袁世凯建议，在颐和园向朝廷亲贵演讲立宪精义。此后上陈限期开设国会说帖。1910年资政院第一次常年会期间，杨度作为宪政编查馆特派员，在会场作了关于新刑律主旨的长篇演说，影响甚大。入民国后，因与袁世凯私交甚笃，作为策士、以帝师自居，发起组织筹安会，积极推动袁世凯复辟帝制，希望能实现其君宪救国主张。及至帝制失败，作为祸首被通缉，遂避难天津租界，遁世学佛。1916年恩师王闿运过世，所送挽联道出其追求："旷古圣人才，能以逍遥通世法；平生帝王学，只今颠沛愧师承。"1919年五四运动后，逐渐认可当年孙中山为其所谈的革命主张。1927年曾积极参与营救挚友李大钊。1928年到上海，成为杜月笙门下清客，晚年在上海加入共产党，成为其秘密党员，做了一些情报工作。弥留之际，自拟挽联总结其一生："帝道真如，如今都成过去事。匡民救国，继起自有后来人。"时为宪政编查馆特派员（财政股）。

杨寿枢

1863—1944，字荫伯、伯年，一字荫北，江苏金匮人。1889年中举，1892年报捐内阁中书，1893年考取军机章京，后奏保侍读。1898年签分刑部直隶司行走。1900年奏补湖广司郎中。1908年领班军机上行走，次年补领班军机章京。1910年兼充宪政编查馆总核，旋即署光禄寺少卿。1911年，以军机三品章京授奕劻内阁制诰局局长。入民国后曾任参政院参政。爱好艺术和收藏，与黄宾虹交好。时为军机处兼宪政编查馆特派员。

易乃谦

1880—1936，别名丰卿，字举轩，湖北汉阳人。1897年以秀才入武昌经心书院，与吴禄贞、李书城等同学。1898年赴日本陆军士官学校留学，仍与吴禄贞、李书城等同学。1901年毕业回国，入陆军部供职，到1911年已任军制司司长，其间仍与吴禄贞等来往密切，思想倾向于革命反清。1911年武昌事起，随陆军大臣荫昌督师南下，任参谋长。入民国后曾任安徽省警务处处长。1936年病逝于天津。时为陆军部特派员（法典股）。

尤桐

1870—1938，原名廷桢，字干臣，别号日新居士，江苏无锡人，附贡生，曾任法部主事，后转邮传部主事。入民国后历任交通部主事、佥事、总务厅文书科科、财务委员会总务股主任等职，撰有《尤氏宗谱》《务实学堂课文》等。时为法部特派员（财政股）。

曾鉴

生卒年不详，四川华阳人，字焕如，进士，曾任大理院审判官、福建道监察御史、京畿道监察御史。1907年任法部右丞，旋改左丞，兼任宪政编查馆一等谘议官，1910年署法部左侍郎，1911年任袁世凯内阁法部副大臣。1914年任平政院评事、第二庭庭长，同年奉派入川办理赈务，任筹赈督办，1916年调任川南宣慰使。时为法部特派员（财政股）。

曾述棨

1865—？，字霁生，河南固始人。增生，1891年中举，1892年中进士，成翰林院庶吉士，散馆后以主事用，签分工部。因考取总理各国事务衙门章京，改外务部主事，补考工司主事。1908年任外务部榷算司员外郎，和会司郎中。历充和会、榷算、考工等司掌印主稿、帮掌印、帮主稿、丞参上行走、记名海关道、外务部左参议、右丞。入民国后曾任唐绍仪内阁交通部秘书长、肃政厅肃政史、平政院评事兼庭长、税务处提调等职。时为外务部特派员（财政股）。

曾维藩

1877—？，字介白，四川永川人。庚子辛丑并科（1901年）举人，选内阁中书，调充外城巡警总厅委员，署六品警官。历充文牍会计科科长、补五品警官，署外城左分厅知事、右分厅知事兼民政部承政厅行走，奏补外城右分厅知事，民政部承政厅庶务科科长，京察一等，充会计科科长，截取免补知府，以道台分省补用，补民政部参事兼宪政筹备处帮办、实录馆校对。简授民政部右参议，荐任大理院书记官。入民国后历充文牍统计科科长、内务部佥事，充考绩司第四科科长、职方司司长等。时为民政部特派员（财政股）。

曾习经

1867—1926，又名刚甫，号蛰庵居士，广东揭阳人。1888年就读广州广雅书院，深得山长梁鼎芬赏识。旋转于广州学海堂就读，与梁启超、麦孟华同窗。次年中举，1890年登进士。初任户部主事，受知于户部尚书翁同龢，不久升员外郎。1906年户部改为度支部，升任度支部右丞，官至度支部左丞，兼任法律馆协修、大清银行监督、税务处提调、印刷局总办等职。当时部务新创，举要挈纲，制定章约，多出其手。同时参与改币制、创税校、设纸厂、开印局等要务。在清帝逊位前一日辞官，归隐京师，躬耕不辍。袁世凯复辟帝制及随后的北京政府当道，多邀其出仕，皆予拒绝。生平经、史、子、集无所不读，尤爱好藏书，工诗词，能书善画，著有《蛰庵诗存》《秋翠斋词》等，梁启超曾为其作序，赋《曾习经进士像赞》，略云："其施于政事者，文理密察而不失其器宇之俊伟；其发为文辞者，幽怨悱恻而愈显其怀抱之清新。既不能手援天下之溺，则归洁其身，年四十四全节以去，六十而返其真。呜乎，此揭阳曾刚甫右丞，有清易代之际第一完人。"时为度支部特派员（财政股）。

扎拉芬

生卒年不详，曾任理藩部帮印员外郎。时为理藩部特派员（财政股）。

张茂炯

1875—1936，字仲清，别署艮庐，号君鉴，江苏吴县（今苏州）人。出身仕宦世家，为南宋状元、名词人张孝祥后裔。禀生，1897年中举，1904年参加甲辰恩科殿试，中二甲进士，分发户部任主事、陕西司学习行走。历充正主稿上行走，湖北造币新厂会办，邮传部邮政司额外正主稿，度支部军饷司主事、副司长、司长，度支部丞参厅上行走，财政研究所评议员，统计处帮办，清理财政处帮办，核捐处管股。入民国后历任币制调查局局员、币制局坐办、盐政处参事提调兼秘书、盐政院总务厅厅长、财政部参事、调盐务署参事，主编《清盐法志》300卷。晚年退居苏州，绝意仕途，以吟咏为乐。工诗词书法，著有《艮庐词》《艮庐唱和诗钞》等。时为度支部特派员（财政股）。

章宗祥

1879—1962，字仲和，浙江吴兴人。清禀贡生，日本第一高等学校毕业，日本东京帝国大学法学士。归国后参与清廷留学生考试，被授予法科进士，历任北京进士馆教习，农工商部主事，法律馆纂修官，1905年帮助商部尚书载振编纂商法。1909年任北京内城巡警厅丞，曾参与审理谋刺摄政王载沣未遂案。1910年任宪政编查馆编制局副局长。1912年任袁世凯总统府秘书、法制局局长，不久转任大理院院长、修订法律馆总裁，1914年任司法总长，1916年担任驻日公使，1919年代表北京政府参加巴黎和会，回国后因五四运动被免职。后转入实业界，先后担任中华汇业银行总经理、北京通商银行总经理等职。国民政府时期长期寓居青岛。1942年短暂出任伪华北政务委员会咨询委员和电力公司董事长。抗战胜利后，寓居上海，直至去世。著有《日本留学指南》《东京三年纪》，与董康合译《日本刑法》等。时为宪政编查馆和民政部特派员（法典股）。

周嵩尧

1873—1953，字峋芝，号薰士，晚年改号芝叟，江苏淮安人，为周恩来之伯父。1897年中举，后在漕运总督府做文案。受江北提督王士珍推荐，进入邮传部，曾任路政司郎中。入民国后曾任江西、江苏督军专署秘书长等职。后因反对袁世凯称帝而去职，返居扬州闲居。1951年被聘为中央文史馆馆员。时为邮传部特派员（法典股）。

周学熙

1866—1947，字缉之，号止庵，安徽至德（今东至）人。其父周馥曾任两广、两江总督。举人，1897年入开平矿务局，先后任会办、总办。1901年被清廷派往山东济南，山东巡抚袁世凯委任其筹办山东大学堂，从此受知于袁氏。袁氏调直隶总督，被委任为天津候补道兼办直隶银元局。次年，赴日本考察。回国后提出创办"直隶工艺总局"，以天津为中心，大力发展实业，其著者如启新洋灰股份有限公司为全国第一个近代水泥生产企业等，享誉全国，与著名状元资本家张謇并称"南张北周"。1908年总理京师自来水事宜。入民国后，虽两度居北洋政府的财政总长，但他的志向和主要精力放在实业建设方面。1919年，主持创办华新纺织公司、中国实业银行、耀华玻璃公司等，产品除在国内畅销外，还远销美国、日本、菲律宾及南亚各国。时为农工商部特派员（财政股）。

简介参考文献：

柴松霞：《论清末出洋考察大臣达寿的宪政观》，《法律史评论》2012年卷。

崔学森：《再论清末〈大清宪法案〉稿本问题》，《历史档案》2017年第2期。

丁进军选编：《清练兵处主要官员履历》，《历史档案》1997年第5期。

丁文江、赵丰田编：《梁任公先生年谱长编（初稿）》，中华书局2010年版。

东方杂志社编：《民国职官表》，载沈云龙主编：《近代中国史料丛刊续编》，第八十六辑，文海出版社1981年影印版。

"国务总理段祺瑞呈大总统核议已故前交通部次长冯元鼎恤典办法文"，《政府公报》，第四二七号，1917年3月20日。

华世奎:《思暗诗集》,天津人民美术出版社2014年影印版。

黄源盛:《民初法律变迁与裁判(1912—1928)》,2000年版。

吉同钧:《乐素堂文集》,闫晓君整理,法律出版社2014年版。

金兆丰撰:《镇安晏海澄(安澜)先生年谱》,载沈云龙主编:《近代中国史料丛刊》,第五十辑,文海出版社1970年影印版。

李欣荣:《吉同钧与清末修律》,《社会科学战线》2009年第3期。

林国平等:《李景铭与〈闽中会馆志〉》,《福建学刊》1991年第2期。

刘寿林编:《辛亥以后十七年职官年表》,载沈云龙主编:《近代中国史料丛刊续编》,第五辑,文海出版社1966年影印版。

内阁印铸局编:《宣统三年冬季职官录》,载沈云龙主编:《近代中国史料丛刊》,第二十九辑,文海出版社1968年影印版。

潘崇:《科举废除前新政人才结构透视——以清末五大臣出洋考察团为例》,《近代史研究》2014年第2期。

钱志伟:《许同莘先生事略补证》,《秘书》2018年第4期。

尚小明:《留日学生与清末新政》,江西教育出版社2002年版。

《施肇基早年回忆录》,传记文学出版社1967年版。

石建国:"高尔谦:从外交重臣到外交次长",《世界知识》2012年第6期。

王树枏:《清大理院正卿刘公及配刘夫人合葬墓志铭》,国家图书馆拓本。

吴廷燮:《景牧自订年谱》,《近代人物年谱辑刊》,第十册,北京图书馆出版社2012年版。

许恪儒整理:《许宝蘅日记》,第五册,中华书局2010年版。

杨之峰:《徐文爵与北京刻经处》,《图书馆研究与工作》2010年第2期。

俞江:《清末修律中的吉同钧》,载《近代中国的法律与学术》,北京大学出版社2008年版。

《最近官绅履历汇录》，北京敷文社1920年版。

左玉河编：《中国近代思想家文库·杨度卷》，中国人民大学出版社2015年版，导言。

初版致谢

对《资政院议场会议速记录》(以下简称《速记录》)一书的整理和点校终于告一段落，总算已了却近几年在近代法研究领域的一段心事。

在整个点校过程中，最费劲的是为二百议员撰写较为翔实可靠的简介。自晚清以降，革命运动在中国政治舞台上逐渐占据主角地位，与之相对的事件和人物在长时期内被贴上"改良"的政治标签而"失语"，时间一久，就真正被遗忘了。因此，这个工作做起来很困难，基本上是一个吃力不讨好的事情。之所以要做，主要是基于学术角度的考虑，诚如先贤所云："读其书，诵其诗，不知其人，可乎？是以论其世也。"(《孟子·万章》)要深入理解《速记录》所载各位议员之言论，就需略微了解其生平经历及志业。一方面因为资料之缺乏，另一方面是有些资料失真需要辨别和审慎采择，点校者之才疏学浅，实在是勉力为之，疏漏缺失，所在多有，还望读者贤达批评指正，不胜感激。

这些工作能得以最终完成，离不开很多同道师友的启发、点拨和鼓励。

先要感谢业师李贵连教授，是他最先点拨我，让我逐渐意识到《速记录》对于研究晚清君宪乃至整个近代中国宪制史的重要价值。我现今仍清晰记得，在李老师燕北园寓所的客厅里，师生二人对坐，老师总是将其读书思考心得和人生体悟对我娓娓道来，时间就这样不知不觉过去了。每次这样的聊天结束后，我都会不由自主回味许久。更重要的是，每次听完老师的教诲，这种感觉就越来越强烈：原来，认真读书和独立思考是这么一种有意思的生活方式，对我来说，能致力于此实乃一种幸福人生。就是在这样的某一次谈话中，老师告诉我《速记录》的重要性，并感慨现有关于资政院的研究对《速记录》重视不够，是一大缺憾。

　　要感谢台湾政治大学的黄源盛教授。应黄教授的邀请和安排，我于2009年获得中华文化基金会的资助，有机会赴政治大学进行为期两个月的访学。虽然，这次访学的主要研究课题是大陆祭田和台湾祭祀公业的比较研究，但我还是抽空查到了一些跟资政院相关的资料。其间，与黄教授在其办公室聊天，得知他本已将《速记录》的校点列入工作计划，闻知我已在进行之中，遂放弃了此项计划。我深知，此项工作如果由黄教授来做，其质量会更有保障。念及此，我更不敢懈怠，怕辜负黄教授的信任。

　　要感谢我的研究生杨楠楠同学，是她不辞辛劳，将《速记录》全部录入电脑。《速记录》原本乃竖排繁体，没有任何标点，印刷工艺较差，一些地方比较模糊，尚须仔细辨识。如非有专门素养，录入时的错误肯定极多。杨楠楠同学在录入时非常细心和严谨，为方便录入，还进行了初步标点；在遇有字迹模糊等拿不准的地方即予醒目批注。她所做的这一切，为我进行《速记录》的整理、点校工作帮了大忙。

　　还要感谢我的朋友贺维彤先生。没有他的支持和鼓励，也许我会中途放弃此项工作。在接近完成之际，他又给我打理出版事宜。我们在一起以酒助兴畅快天南海北之时，多次感慨近代中国依宪执政之路太曲折，希望能以自己的微薄之力做点什么。本书之出版，当可算作我们一起合作之见证。同门胡震、孙家红还为我提供了一些与晚清资政院相关的资料，在法史领域，资料是研究的根本，他们能将自己辛苦搜集的资料给我分享，说再多感谢的话都是应该的。

2010 年 11 月
李启成于燕园陈明楼办公室